TRAITÉ

DE LA

JURIDICTION ADMINISTRATIVE

NANCY, IMPRIMERIE BERGER-LEVRAULT ET Cie

TRAITÉ

DE LA

JURIDICTION ADMINISTRATIVE

ET DES

RECOURS CONTENTIEUX

PAR

E. LAFERRIÈRE

VICE-PRÉSIDENT DU CONSEIL D'ÉTAT

TOME PREMIER

NOTIONS GÉNÉRALES — LÉGISLATION COMPARÉE

HISTOIRE — ORGANISATION — COMPÉTENCE

Deuxième Édition

BERGER-LEVRAULT ET Cⁱᵉ, LIBRAIRES-ÉDITEURS

PARIS	NANCY
5, RUE DES BEAUX-ARTS	18, RUE DES GLACIS

1896

Tous droits réservés

PRÉFACE DE LA DEUXIÈME ÉDITION

La période de sept années qui s'est écoulée depuis la première publication de cet ouvrage a été assez riche en documents nouveaux, pour que nous puissions offrir au lecteur une édition largement revisée, et non une simple réimpression de notre *Traité de la juridiction administrative.*

Les changements les plus nombreux et les plus importants survenus, pendant cette période, dans les institutions administratives se sont produits à l'étranger; aussi la partie de cet ouvrage consacrée à la législation comparée est de celles que nous avons dû le plus remanier. Il n'en faut cependant pas conclure que l'Europe ait réalisé des progrès inconnus en France, car les réformes accomplies à l'étranger semblent le plus souvent s'inspirer des idées françaises.

Ainsi l'Italie, qui avait supprimé ses tribunaux administratifs en 1865, vient de les rétablir. Ses jurisconsultes et ses hommes d'État ont reconnu que cette suppression profitait moins aux tribunaux judiciaires qu'aux pouvoirs discrétionnaires de l'administration : — « Il ne s'agit pas, « disait M. Depretis dans l'exposé des motifs des lois « nouvelles, d'envahir le domaine réservé à l'autorité ju « diciaire, mais de donner des juges à des affaires qui ac « tuellement n'en ont plus. »

Deux lois ont réalisé cette réforme en Italie : la loi du 31 mars 1889 qui rétablit la juridiction contentieuse du Conseil d'État, et celle du 1ᵉʳ mai 1890 qui organise des tribunaux administratifs de premier ressort analogues à nos conseils de préfecture.

L'Espagne, qui avait également décrété, en 1868, la suppression de ses tribunaux administratifs — mais qui les avait rétablis dès 1875, — les a réorganisés, a mieux défini leurs attributions et leur procédure par la loi organique du 14 septembre 1888.

Dans l'empire d'Allemagne et dans les principaux États qui le composent, — Prusse, Bavière, Wurtemberg, Saxe, Bade, — des tribunaux administratifs fonctionnent en vertu d'une série de lois échelonnées de 1872 à 1884 et qui n'ont donné lieu, dans ces dernières années, à aucune innovation notable. Mais on doit signaler, en Prusse, l'importante loi du 3 juillet 1891 sur l'administration des communes rurales, qui supprime, dans ces communes et dans les « districts de terre indépendants », les derniers vestiges d'un régime quasi féodal.

En Angleterre, nous avons continué d'assister à la remarquable évolution qui achemine cet État vers une administration relativement centralisée. Après la longue suite de lois qui avaient déjà groupé les principaux services d'intérêt général dans des *Unions* placées sous la surveillance directe du pouvoir central, le législateur britannique a remis en question l'antique organisation des comtés, des bourgs et des paroisses, et les nouvelles institutions qu'il leur a données s'éloignent de plus en plus des types anciens du *Selfgovernment* local. Cette réforme opérée dès 1882 pour les bourgs, s'est accomplie en 1888 pour les comtés et en 1894 pour les paroisses. Toutes ces administrations sont actuellement reliées au pouvoir central, représenté par le Bureau de gouvernement local (*Local government Board*) qui est devenu, sous ce titre modeste, un puissant organe de centralisation, de tutelle et même de juridiction administrative.

Il n'est pas sans intérêt de rapprocher le mouvement de concentration qui se produit dans les États les plus décentralisés, — et que l'on commence à observer même en Amérique, — du mouvement inverse qui se manifeste en France et qui tend à restreindre l'action du pouvoir central sur les affaires locales. Au fond, les deux tendances ne diffèrent pas sensiblement, car elles paraissent avoir pour objectif commun l'établissement d'un régime administratif moyen, également éloigné de la concentration excessive et de l'extrême décentralisation.

Au surplus les progrès que les idées de décentralisation sont vraisemblablement appelées à réaliser en France ne pourraient que donner une nouvelle importance au rôle de la juridiction administrative. Il ne saurait être question, en effet, de décentraliser la loi, et quand son unité nécessaire n'est plus assurée par l'intervention du pouvoir central, il faut bien qu'elle le soit par les arrêts d'une juridiction. C'est ainsi que les lois du 10 août 1871 et du 5 avril 1884, en étendant le droit de décision des conseils généraux et municipaux, ont eu déjà pour conséquence de soumettre à la juridiction du Conseil d'État beaucoup d'affaires qui ne relevaient antérieurement que de l'autorité administrative supérieure.

On n'en est plus d'ailleurs à compter les nouvelles lois administratives ou fiscales qui étendent le domaine de la juridiction contentieuse. Chaque législature y contribue, soit en créant des recours nouveaux, soit en fournissant de nouveaux aliments aux recours existants. Les lois du 18 mars 1889 sur le rengagement des sous-officiers, du 15 juillet 1889 sur le recrutement de l'armée, du 8 août 1890 sur la réforme de l'impôt foncier des propriétés bâties, du 8 juillet 1890 sur les délégués mineurs, du 29 décembre 1892 sur les occupations temporaires, et bien d'autres, nous en offrent des exemples.

L'intérêt qu'inspire aux pouvoirs publics le bon fonctionnement de la juridiction administrative s'est en outre manifesté par des lois qui tendent à améliorer les procédures, et à permettre au Conseil d'État de juger annuellement un plus grand nombre d'affaires. Ici la matière est délicate, parce que l'organisation du Conseil d'État statuant comme cour de justice administrative, la composition de sa *section* et de son *assemblée* du contentieux, les règles qui président à l'instruction et au jugement des affaires, forment un ensemble où tout se tient, et dont la bonne ordonnance a été pour beaucoup dans les mérites de cette haute juridiction. Aussi l'on n'y saurait toucher qu'avec beaucoup de circonspection et de réserve. C'est dans cet esprit qu'a été faite la loi du 26 octobre 1888 instituant une seconde section du contentieux, dite « temporaire » mais en réalité permanente, qui seconde efficacement la tâche du Conseil, sans altérer l'organisation existante. Le même esprit prudent et pratique à la fois inspirerait certainement les autres innovations que des besoins croissants pourraient rendre nécessaires.

Les conseils de préfecture ont aussi obtenu une loi importante, celle du 22 juillet 1889 qui les a dotés d'un véritable Code de procédure, et dont nous avons eu à commenter les nouvelles dispositions.

Nous n'avons pas besoin de dire que la jurisprudence, aussi bien que la législation, a été suivie pas à pas, et que les plus récents arrêts du Conseil d'État ont été recueillis dans toutes les matières que traite notre ouvrage. Parmi les plus intéressants figurent ceux qui ont mis fin à d'anciennes controverses sur la juridiction « ordinaire » du Conseil d'État, sur les attributions des ministres en matière contentieuse, ainsi que d'importantes décisions qui ont consacré de nouvelles applications du *recours pour excès de pouvoir*.

Ce recours, qui permet à toute partie lésée par un acte administratif illégal d'en demander l'annulation au Conseil d'État, demeure une des créations les plus caractéristiques de la jurisprudence française. Il n'existe dans aucun pays avec la même étendue, et l'on peut dire qu'il est hautement apprécié par les jurisconsultes étrangers, même dans des États que nous considérons à tort comme étant mieux dotés que notre pays, au point de vue des garanties de bonne justice offertes aux citoyens contre les décisions administratives irrégulières.

Qu'il nous soit permis de citer à ce sujet l'opinion d'un jurisconsulte américain, M. le professeur Frank Goodnow, de New-York, qui estime que le système de contrôle judiciaire des actes administratifs en vigueur aux États-Unis n'est pas aussi complet que le nôtre :

« La juridiction française, dit-il, est plus large que la « juridiction administrative de nos cours, car *en sus de* « *toutes les voies de recours que nous avons*, le droit « français permet au particulier, dans tous les cas où un « droit actuel est lésé, de faire réformer la décision par « un tribunal administratif, et de se pourvoir directement « à la Cour suprême (Conseil d'État) contre un acte quel-

« conque d'un agent administratif, sur le terrain de *l'ex-*
« *cès de pouvoir* ([1]). »

Nous avons également recueilli avec soin les dernières
décisions du Tribunal des conflits. On sait que les arrêts
de ce tribunal souverain, composé de délégués du Conseil
d'État et de la Cour de cassation, tracent aux tribunaux
judiciaires et administratifs les limites de leur compétence
respective ; son haut arbitrage, accepté avec une égale
déférence par les deux juridictions, tend à établir de plus
en plus une jurisprudence uniforme sur les questions de
compétence. Aussi le nombre annuel moyen des conflits,
qui avait été de 21 de 1870 à 1879, qui s'était élevé à 44
pendant la période quinquennale 1880-1884, est descendu
à 10 pendant la période quinquennale suivante (1885-1889),
et n'a plus été que de 8 pendant la dernière (1890-1894).

Il est permis d'entrevoir un jour où l'exercice du droit
de conflit ne sera plus qu'un fait accidentel, grâce aux
progrès de la jurisprudence et à la diffusion de ses enseignements.

Novembre 1895.

---

1. Frank Goodnow, *The executive and the courts ; Political Science quaterly,* 1886,
p. 557 et suiv. — On trouvera les développements donnés à cette idée par M. le professeur Goodnow, ainsi que l'exposé comparatif des systèmes français et américain,
dans notre chapitre consacré aux États-Unis, tome Ier, p. 117 et suivantes.

INTRODUCTION DE LA PREMIÈRE ÉDITION

Le Droit administratif répond à deux idées : l'idée d'Administration, l'idée de Droit.

A la première, se rattache l'étude de l'*Organisation administrative*, c'est-à-dire des différents organes de la vie publique dans l'État, le département et la commune, des services qu'ils assurent, des ressources qui alimentent ces services.

A la seconde, se rattache l'étude du *Contentieux administratif*, c'est-à-dire des contestations juridiques auxquelles l'action administrative peut donner lieu, des juridictions instituées pour en connaître et pour en assurer, entre l'administration et les particuliers, l'observation des lois et des contrats.

Le contentieux administratif, qui est à la fois la partie la plus générale et la plus juridique du Droit administratif, est cependant la moins connue.

On l'approfondit peu dans les Écoles ; on n'a guère occasion de l'apprendre au Palais. Aussi voit-on souvent des magistrats et des administrateurs éclairés hésiter sur les questions les plus simples de compétence et de légalité administrative.

Si, d'autre part, on considère que l'École et le Palais sont à peu près les seuls foyers d'instruction juridique où les hommes publics puisent la connaissance du droit, on s'explique que l'œuvre législative elle-même, lorsqu'elle touche à des questions de contentieux administratif, se ressente parfois de la lacune trop réelle qu'on a laissée subsister dans l'éducation juridique de notre pays.

Pour combler cette lacune, ce ne serait pas trop des efforts réunis de ceux qui enseignent le Droit administratif et de ceux qui ont mission de l'appliquer. Des œuvres utiles et durables ont déjà été publiées, dans ce but, par des jurisconsultes éminents appartenant aux Facultés de droit, au Conseil d'État ou à son barreau. En publiant cet ouvrage, j'essaie de concourir à cette tâche et d'atténuer quelques-unes des difficultés qu'elle présente pour les personnes étrangères au fonctionnement de la juridiction administrative.

Ces difficultés tiennent principalement à la manière dont s'est formée la doctrine juridique en Droit administratif, aux différences qui existent entre ses sources, ses méthodes, et celles des autres branches du Droit.

Le Droit civil, commercial, criminel est codifié ; le Droit administratif ne l'est pas, et il est douteux qu'il puisse l'être. — Nos Codes sont des œuvres méthodiques, dans lesquelles le législateur a lui-même réuni et coordonné les préceptes de droit que le juge doit appliquer ; nos lois administratives sont des lois d'organisation et d'action, qui se préoccupent plus d'assurer la marche des services publics que de prévoir et de résoudre des difficultés juridiques. — Pour le Droit codifié, l'exégèse des textes est la méthode dominante, et la jurisprudence ne peut être qu'un auxiliaire. Pour le Droit administratif, il n'en est pas de même ; l'abondance des textes, la diversité de leurs origines, le peu d'harmonie qu'ils ont souvent entre eux, risquent d'égarer le commentateur qui voudrait leur appliquer les mêmes méthodes qu'au Droit codifié. La jurisprudence est ici une des sources essentielles de la doctrine, parce qu'elle seule peut faire la part entre les principes permanents et les dispositions contingentes, établir une hiérarchie entre les textes, remédier à leur silence, à leur obscurité, à leur insuffisance, en s'inspirant des principes généraux du Droit et de l'équité.

De là l'importance exceptionnelle que présente la jurisprudence du Conseil d'État : « C'est la source la plus abondante et la plus « sûre du Droit administratif, dit M. Serrigny, à tel point que je « ne crains pas d'affirmer que, sans l'existence de ce Conseil, « jamais cette partie de la législation ne se serait élevée à l'état de « science ([1]). »

Une autre jurisprudence doit être également méditée, celle du

---

1. Serrigny, *Traité de la compétence administrative,* préface, p. VI.

Tribunal des conflits à qui il appartient, depuis 1872, d'assurer l'application du principe de la séparation des pouvoirs et de résoudre les difficultés de compétence qui s'élèvent entre les autorités administrative et judiciaire.

Lors donc que l'on a recueilli et commenté les règles de droit peu nombreuses, et généralement très concises, qui ne font que jalonner le vaste domaine du contentieux administratif, il faut s'y orienter à l'aide de la jurisprudence, chercher en elle les éléments des solutions juridiques, et compléter ce travail d'analyse par une synthèse qui condense et précise la doctrine.

Cette synthèse doit être faite avec prudence ; elle ne doit pas être trop hâtive dans les matières qui n'ont donné lieu qu'à des solutions partielles et isolées ; mais elle peut et elle doit être réalisée dans toutes les questions parvenues à maturité : non seulement parce qu'elle seule permet de vulgariser les doctrines, mais encore parce qu'elle contribue à en assurer la fixité, qui est une des garanties dues au justiciable.

Telle est la méthode qui nous paraît s'imposer, pour expliquer les principes du contentieux administratif et leur application aux différentes branches de l'administration. Je dis à dessein « les principes », car c'est à tort que la jurisprudence administrative est quelquefois représentée, faute d'études assez approfondies, comme un assemblage de décisions particulières dont on ne saurait dégager des doctrines générales.

Il est vrai que le Conseil d'État, à la différence de la Cour de cassation, n'a pas l'habitude d'exposer, dans ses arrêts, toutes les déductions juridiques qui motivent ses décisions ; mais ces déductions n'en existent pas moins ; elles ont été d'autant moins changeantes, même à travers la variation des régimes politiques, qu'elles se sont toujours inspirées d'un grand respect des *précédents,* et qu'elles ont pour base, lorsque les textes font défaut, des principes traditionnels, écrits ou non écrits, qui sont en quelque sorte inhérents à notre Droit public et administratif.

Je m'efforcerai de dégager ces principes, de montrer en quoi ils diffèrent des principes du Droit privé, pourquoi ils en diffèrent, et quelles garanties légales ils assurent aux particuliers dont les droits sont en contact avec ceux de l'administration.

Je dois maintenant donner quelques explications sur le plan de cet ouvrage.

Il m'a semblé que les deux notions primordiales, autour desquelles peuvent le mieux se grouper les principes juridiques du droit administratif, sont la *juridiction administrative* et lès *recours contentieux.*

En effet, l'une assure, les autres provoquent l'application de ces règles du droit ; tous deux les font connaître sous un double aspect. De là, la division de l'ouvrage entre ces deux grands sujets d'étude.

J'ai d'abord réuni dans un *Livre préliminaire* quelques aperçus qui faciliteront l'accès des parties plus techniques : ils ont pour objet le contentieux administratif en général, et le système de juridiction qui lui est appliqué en France et dans les principaux États étrangers.

La législation comparée offre ici d'utiles enseignements. Elle montre que la juridiction administrative n'est pas, comme on l'a dit quelquefois, une institution spéciale à la France, elle existe dans tous les grands États à tendances unitaires ; ceux d'entre eux qui avaient cru pouvoir y renoncer (Italie, Espagne) l'ont rétablie après des expériences décisives ; elle a pénétré même en Angleterre, par le *Local government board,* même aux États-Unis, par la *Court of claims.*

Mais, si les institutions de justice administrative ne sont point particulières à notre pays, celles qui fonctionnent en France n'en portent pas moins l'empreinte de nos traditions nationales et de notre génie propre. Elles se rattachent si étroitement à notre histoire, qu'on ne peut les bien comprendre qu'en se rendant compte de l'action successivement exercée sur elles par l'ancien régime, la Révolution, le Consulat, et par la législation moderne.

Le *Livre Ier* est consacré à cette étude et retrace l'histoire de la juridiction administrative en France, depuis ses origines jusqu'à l'époque actuelle.

Cette évolution historique a abouti aux institutions qui sont en vigueur aujourd'hui. Elles sont étudiées dans le *Livre II,* dans lequel j'expose l'organisation, les attributions et le fonctionnement des tribunaux administratifs de tout ordre : le Conseil d'État, les conseils de préfecture, les conseils du contentieux des colonies, la Cour des comptes, les conseils de revision, les conseils de l'instruction publique.

Je traite, dans ce même livre, des attributions des ministres en matière contentieuse ; j'examine les difficultés et les controverses qui se sont élevées à ce sujet, et les solutions qu'elles ont reçues.

La juridiction administrative étant ainsi connue dans son passé et dans son organisation actuelle, il faut rechercher quelles sont les limites de sa compétence au regard des deux autorités qui lui confinent : d'un côté l'autorité judiciaire, de l'autre l'autorité gouvernementale.

Les limites qui séparent le contentieux administratif du contentieux judiciaire sont étudiées dans le *Livre III*. Notre législation ne les a pas toujours tracées avec une égale précision. Le plus souvent, ces limites apparaissent avec le relief et la netteté que leur donne le principe constitutionnel de la séparation des pouvoirs ; elles sont alors comme des frontières naturelles auxquelles nul ne peut se tromper. Mais souvent aussi, ce ne sont que des frontières conventionnelles, indiquées par des textes qui prêtent à controverse, rendues plus indécises encore par la diversité des litiges, par les proportions très variables dans lesquelles peuvent s'y combiner les éléments de la compétence administrative et de la compétence judiciaire, et quelquefois aussi, — pourquoi ne pas le reconnaître — par la subtilité des légistes et les hésitations de la jurisprudence.

Il n'y a pas, à notre avis, de matières juridiques où la subtilité soit plus nuisible et la mobilité moins permise que les questions de compétence. Les solutions qui leur sont données doivent être facilement comprises, parce qu'elles sont destinées à guider les justiciables ; elles doivent être stables, parce qu'elles tracent des règles aux tribunaux de tout ordre, et que ceux-ci seraient moins portés à les observer, si les juridictions supérieures, après avoir tracé ces règles, se laissaient trop facilement aller à les modifier.

Cette clarté et cette stabilité ne pourraient pas être obtenues par de simples solutions d'espèces. Il faut qu'il se dégage de la jurisprudence un courant de doctrine assez puissant et assez régulier pour qu'on sente son influence dans chaque décision particulière.

C'est dans cet esprit que je me suis efforcé de traiter les questions de compétence. J'ai pensé qu'il ne suffisait pas d'étudier ces difficultés isolément, à mesure qu'elles se présentent dans les différentes matières qui peuvent donner lieu à des rivalités d'attributions entre l'administration et les tribunaux ; qu'il valait mieux chercher à grouper les questions de compétence, à les éclairer les unes par les autres, à rattacher leur solution à des principes de droit formant un corps de doctrine.

Les éléments de cette synthèse juridique sont d'abord fournis par la loi, par les règles qu'elle a posées sur la séparation des pouvoirs et sur les attributs essentiels des tribunaux et de l'administration ; ils le sont aussi par la jurisprudence du Conseil d'État et du Tribunal des conflits, acceptée aujourd'hui, sur presque tous les points, par la Cour de cassation.

Il m'a donc paru possible de rattacher les principes de compétence et leurs applications les plus importantes à un certain nombre de questions générales, où l'on trouve des règles de droit assez sûres pour faciliter la solution des difficultés secondaires. Ces questions générales ont pour objet : — les droits individuels, — la propriété, — les contrats, — la répression des actes criminels ou délictueux, — les quasi-délits, c'est-à-dire les fautes dommageables imputées aux fonctionnaires, aux ministres ou à l'État ; — enfin les matières administratives déférées à l'autorité judiciaire par des dispositions spéciales de la loi.

Il y a peu de questions de compétence, pouvant donner lieu à des conflits entre l'administration et les tribunaux, qui ne puissent trouver place dans ces divisions.

Les limites du contentieux administratif doivent être également étudiées du côté du pouvoir exécutif.

Ce pouvoir ne se borne pas à administrer, il gouverne. Les actes qu'il accomplit dans l'exercice de sa haute fonction politique ne relèvent pas, en général, de la juridiction administrative, mais de la responsabilité ministérielle et des Chambres. La loi n'a pas pris soin de tracer la ligne de démarcation, souvent délicate, qui sépare les actes d'administration des actes de gouvernement, mais elle a montré l'importance qu'elle attache à cette distinction, en permettant au Gouvernement de soustraire au Conseil d'État, même par la voie du conflit, « les affaires qui n'appartiendraient pas au contentieux administratif ([1]) ».

En outre, il y a des actes d'administration qui n'émanent pas du pouvoir exécutif, mais qui sont faits directement par les Chambres : par exemple la déclaration d'utilité publique des travaux les plus importants, de nombreux actes de tutelle administrative intéressant l'État, les départements et les communes, des décisions de nature très diverse prises par les Chambres, par leurs commissions ou par leur bureau. Ces actes échappent à la juridiction administrative contentieuse, — non pas à raison de leur nature intrinsèque, puisqu'ils sont de véritables actes d'administration, faits sous forme législative, — mais à raison de l'autorité dont ils émanent.

Les limites de la compétence administrative, tant à l'égard de l'autorité gouvernementale que de l'autorité parlementaire, sont étudiées dans le *Livre IV*.

Le domaine du contentieux administratif étant ainsi délimité, il faut l'explorer avec soin, étudier les différents recours contentieux qui mettent en mouvement la juridiction administrative, ainsi que la nature et les effets des décisions qu'ils provoquent. Quatre livres sont consacrés à cet examen. Chacun d'eux correspond à l'une des grandes divisions que j'ai cru devoir adopter, comme se prêtant à une étude méthodique du contentieux administratif, divisions qui sont les suivantes :

1° *Le contentieux de pleine juridiction* (Livre V). — Il comprend les litiges sur lesquels les tribunaux administratifs statuent en fait et en droit, et exercent, à l'égard de l'administration, des pouvoirs très étendus de contrôle, de réformation, de condamnation.

---

1. Lois organiques du Conseil d'État du 3 mars 1849, art. 47, et du 24 mai 1872, art. 26.

2° *Le contentieux de l'annulation* (Livre VI). — Il comprend les litiges sur lesquels la juridiction administrative ne prononce qu'en droit, avec le pouvoir d'annuler, mais non de réformer les décisions attaquées.

Le plus important des recours qui se rattachent à ce contentieux est le *Recours pour excès de pouvoir*, tendant à l'annulation des actes administratifs contraires à la loi : précieuse garantie, dont on chercherait vainement l'équivalent dans la plupart des législations étrangères. Ce recours a été créé par la jurisprudence beaucoup plus que par les textes. Il mériterait depuis longtemps, par l'importance qu'il a prise dans la doctrine et dans la pratique, d'être l'objet d'un traité spécial ; aussi ai-je cru devoir lui consacrer des développements assez étendus.

3° *Le contentieux de l'interprétation* (Livre VII). — Comme son nom l'indique, il comprend les affaires où la juridiction administrative n'intervient que pour interpréter des actes administratifs obscurs ou pour apprécier leur validité. Cette intervention se produit le plus souvent au cours d'instances judiciaires ; elle résulte du renvoi de questions préjudicielles, que les tribunaux sont tenus de résumer à l'autorité administrative, lorsque des questions de son ressort se trouvent mêlées à des litiges judiciaires.

4° *Le contentieux de la répression* (Livre VIII). — Cette dernière division correspond aux attributions spéciales qui ont été données à la juridiction administrative, pour reconnaître, réprimer et réparer les empiétements commis sur le domaine public et les atteintes portées à sa destination légale.

Le contentieux de la répression pourrait rentrer dans le contentieux de pleine juridiction à raison des pouvoirs étendus que possède le juge administratif, mais j'ai cru devoir l'en distinguer à raison du caractère tout spécial de ces pouvoirs qui comprennent exceptionnellement le droit de réprimer les contraventions.

Tel est le plan général de cet ouvrage. J'ai essayé d'appliquer aux matières qu'il traite, surtout aux questions de compétence et à la classification des recours contentieux, des méthodes dont il m'a été donné de faire l'expérience dans un enseignement public.

Appelé, en 1883, en vertu d'une délégation spéciale et temporaire du Ministre de l'instruction publique, M. Jules Ferry, à inaugurer un cours qui venait d'être créé à la Faculté de Droit de Paris pour introduire le Droit administratif dans les programmes du doctorat, j'ai pris pour sujet de ce cours l'objet même de cet ouvrage. J'ai pu ainsi, avant d'écrire ce livre, le soumettre aux impressions d'un auditoire studieux, au jugement des jurisconsultes qui me faisaient l'honneur de suivre mon enseignement, au contrôle de maîtres qui ont tant fait pour la science du droit, et dont il m'était donné d'être passagèrement le collaborateur.

Je serais heureux que cet ouvrage, fruit d'une pratique déjà longue, pût contribuer à vulgariser les principes du contentieux administratif non seulement parmi les membres de l'administration et des professions judiciaires, mais encore parmi les étudiants de nos Écoles, auxquels on doit toujours penser, parce qu'ils sont les magistrats, les administrateurs, les hommes publics de demain.

c

TRAITÉ

DE LA

JURIDICTION ADMINISTRATIVE

ET DES RECOURS CONTENTIEUX

LIVRE PRÉLIMINAIRE

NOTIONS GÉNÉRALES ET LÉGISLATION COMPARÉE

SOMMAIRE DU LIVRE PRÉLIMINAIRE

CHAPITRE Ier

NOTIONS GÉNÉRALES

———

I. — NATURE DU CONTENTIEUX ADMINISTRATIF.

Dans toutes les lois qui ont régi, depuis le commencement du siècle, l'organisation et les attributions de la juridiction administrative en France, on trouve ces expressions indifféremment employées pour exprimer la même idée : Affaires contentieuses [1], matières administratives contentieuses [2], contentieux de l'administration [3], contentieux administratif [4]. Mais aucun texte n'a jamais défini l'ensemble des difficultés et des litiges compris sous ces dénominations générales. Le législateur s'est même refusé, toutes les fois qu'il en a été sollicité, à donner une définition du contentieux administratif ou à déterminer par voie d'énumération les affaires qui le composent.

Lors des débats parlementaires auxquels donna lieu la loi organique du Conseil d'État du 19 juillet 1845, M. Dufaure insistait pour qu'on définît les « affaires contentieuses » que l'article 18 de cette loi déclarait soumises à la juridiction du Conseil d'État. Son esprit habitué à la rigueur des définitions juridiques que comporte la législation civile ou pénale, admettait difficilement que la loi ne

———

1. Arrêté du 5 nivôse an VIII ; Décret du 11 juin 1806 ; Décret du 22 juillet 1806 ; Ordonnances du 26 août 1824, du 5 novembre 1828, du 2 février 1831; Loi du 15 janvier 1849; Décret-Loi du 25 janvier 1852 ; Décret-Loi du 3 octobre 1870; Loi du 24 mai 1872.

2. Ordonnance du 18 septembre 1839 ; Loi du 19 juillet 1845.

3. Ordonnance du 29 juin 1814 ; Ordonnance du 23 août 1815.

4. Loi du 15 janvier 1849.

pût préciser par quelque formule bien étudiée la nature du contentieux, et déterminer exactement le domaine de la juridiction administrative. M. Odilon Barrot lui répondit : « Avez-vous la prétention
de déterminer par une disposition de loi ce qui s'appelle contentieux
dans notre législation ? Avez-vous la prétention de régler cette limite entre ce qui est administratif et ce qui est contentieux, de
résoudre le plus vaste problème qui se soit peut-être présenté non
seulement à l'égard des légistes mais des publicistes, un problème
qui ne se résout que par les questions mêmes, par le sens intime
du juge, par la nature qui se modifie à l'infini des contestations et
des litiges administratifs ([1]). »

Pendant la préparation de cette même loi du 19 juillet 1845, la
commission de la Chambre des députés examina un projet préparé
par un de ses membres et contenant plus de deux cents articles, où
étaient énumérées les affaires réservées à la juridiction administrative. Mais si longue que fût la nomenclature, elle était incomplète et l'on reconnut l'impossibilité de lui donner un caractère
limitatif.

M. Vivien, faisant allusion à ces tentatives dont il avait été le
témoin, les apprécie ainsi dans ses *Études administratives* ([2]) : « Il a
souvent été question de dresser la nomenclature des affaires contentieuses, mais ce travail serait impossible. Il faudrait prendre
une à une toutes les lois administratives pour rechercher dans chacune les dispositions qui confèrent des droits aux citoyens, et pour
en attribuer la connaissance à telle ou telle juridiction administrative. En supposant que cette recherche ne fût pas vaine, la loi qui
en consacrerait les résultats deviendrait presque aussitôt incomplète, toute loi administrative ajoutant de nouvelles pierres à l'édifice du contentieux administratif. Il serait donc impossible de faire
la liste des affaires qui lui appartiennent. Elles sont innombrables,
mobiles, incessantes ; ce n'est point en vertu d'un texte de loi,
parce qu'il aura pour ainsi dire plu à un législateur d'en disposer
ainsi, qu'elles ressortissent au contentieux, mais bien par leur nature propre. Aucune loi spéciale n'a dû intervenir pour les y classer,

1. Chambre des députés, séance du 27 février 1845.
2. Tome I, p. 127-128.

il en faudrait une pour les en distraire ; elles composent entre elles un ensemble légal, un corps de droit ; les lois et les principes généraux qui les concernent forment le droit commun de l'administration, comme le Code civil est celui des intérêts privés et des transactions ordinaires des citoyens. »

Inspirons-nous de ces réflexions d'un des maîtres de la science administrative pour chercher, dans la notion même de l'administration et de sa fonction sociale, les éléments essentiels du contentieux administratif.

Une double mission incombe à l'autorité administrative. D'une part, elle est chargée de veiller à la gestion de la fortune publique et à son emploi, d'assurer la perception des revenus de toute nature destinés à pourvoir aux charges communes, et leur affectation aux services publics. Les actes qu'elle accomplit pour remplir cette mission sont ceux que l'on appelle *actes de gestion.*

D'un autre côté, l'administration est dépositaire d'une part d'autorité, de puissance, qui est un des attributs du pouvoir exécutif. Elle est chargée de faire exécuter les lois, d'édicter les prescriptions secondaires destinées à assurer leur application, de régler la marche des services publics et de procurer aux citoyens les avantages d'une bonne police ; elle intervient par voie de prescriptions générales ou individuelles, d'injonctions ou de défenses, adressées à ceux qui s'écartent des règles prescrites ou qui nuisent à l'intérêt général. L'administration agit alors comme autorité, comme puissance, et ses actes sont dits *actes de commandement* ou de *puissance publique.*

Dans l'accomplissement de cette double mission, l'administration rencontre nécessairement des intérêts rivaux de ceux qu'elle doit servir, et aussi des droits opposés à ceux qu'elle prétend avoir. Le contribuable à qui elle réclame un impôt, l'entrepreneur ou le concessionnaire de travaux publics avec qui elle est en désaccord sur l'exécution d'un marché, le citoyen ou l'autorité locale à qui elle adresse ses prescriptions ou ses défenses, peuvent se trouver lésés dans leurs intérêts ou dans leurs droits et réclamer contre ses décisions. S'ils ne sont lésés que dans leurs intérêts, il appartient à l'administration d'apprécier l'opposition qui se produit entre l'intérêt général et l'intérêt particulier, et de faire pencher la balance du côté où l'équité et la bonne administration semblent l'incliner. C'est ce que l'on appelle la *juridiction gracieuse* de l'administration ; — expression d'ailleurs impropre, car le mot de *juridiction* (*jus dicere, juris dictio*) ne saurait exactement s'appliquer lorsqu'il n'y a point à dire le droit, mais seulement à trancher des questions d'équité et d'opportunité.

Il arrive aussi que la résistance opposée à l'acte de gestion ou à l'acte de puissance publique se fonde sur un droit que l'administration aurait méconnu, sur une erreur de fait ou de légalité qu'elle aurait commise dans ses rapports avec les citoyens ou avec les administrations locales, et qui aurait pour résultat une violation ou une fausse application de la loi, une atteinte à des droits acquis. Si la partie lésée se croit fondée à opposer son droit propre au droit invoqué par l'administration, il y a matière à contestation, à litige ; le contentieux administratif naît aussitôt du choc des prétentions en présence ; un acte de *juridiction contentieuse* est nécessaire pour résoudre la difficulté.

En d'autres termes, tandis que l'intérêt froissé n'éveille que l'idée d'utilité, d'opportunité et de décision gracieuse, le droit méconnu éveille l'idée de justice, de sanction légale et de juridiction contentieuse. Dans le premier cas, la partie lésée ne peut que solliciter et se plaindre, dans le second elle peut requérir la vérification de son droit et exiger qu'on le respecte.

Il n'existe donc pas à proprement parler des catégories d'affaires administratives ayant par elles-mêmes le caractère contentieux ; toutes les affaires où des questions de légalité peuvent se soulever, où un conflit de droits peut se produire, sont, par cela seul, susceptibles de devenir contentieuses. Quoi de plus étranger, à première vue, à toute idée de litige et de débat juridique qu'un classement de chemin, une délimitation du domaine public, une nomination ou une révocation de fonctionnaire, une autorisation donnée, refusée ou retirée en matière de voirie ou de police de l'industrie ? Et pourtant ces actes d'administration peuvent donner lieu à des débats contentieux, à des litiges dont le champ est plus ou moins étendu selon la nature des décisions prises et des griefs invoqués. Il suffit pour cela qu'on relève contre elles une infraction au droit.

Aussi ne saurions-nous adopter la terminologie employée par quelques auteurs qui réservent la dénomination de « contentieux administratif » aux litiges sur lesquels la juridiction administrative exerce un arbitrage complet, en fait aussi bien qu'en droit, et qui la refusent aux réclamations portant sur le droit seul et tendant uniquement à l'annulation de l'acte ou de la décision attaquée. Sans doute les pouvoirs de la juridiction administrative ne sont pas les mêmes à l'égard de toutes les décisions qui peuvent être attaquées devant elle : tantôt elle a le droit de reviser, de réformer ces décisions et d'imposer à l'administration des décisions nouvelles ; tantôt elle doit se borner à annuler l'acte illégal qui lui est déféré, sans pouvoir l'amender ni le remplacer. Mais si ces distinctions sont utiles à retenir quand on étudie les différentes divisions du contentieux administratif, elles sont sans influence quand il s'agit de déterminer sa nature essentielle et d'en déduire la mission générale de la juridiction administrative. A ce point de vue, nous le répétons, il n'y a que deux éléments à considérer : d'un côté un acte, un contrat, une obligation ayant un caractère administratif, de l'autre une réclamation d'ordre juridique dirigée contre l'administration.

Mais ici une distinction apparaît. Parmi les contestations qui relèvent du contentieux administratif, les unes lui appartiennent *par leur nature,* les autres *par la détermination de la loi.* Les premières sont celles qui ont pour objet des actes de la puissance publique, ou des opérations de nature administrative telles que les opérations électorales, le recrutement, la répartition et l'assiette de l'impôt direct. Tout débat qui tend à infirmer ou à modifier des actes et opérations de cette nature, à discuter leur portée légale et leur validité, constitue par sa nature même un litige administratif. Par cela seul il échappe, en principe, à la compétence judiciaire en vertu des règles de droit public qui interdisent aux tribunaux « de troubler de quelque manière que ce soit les opérations des corps administratifs » et de « connaître des actes d'administration de quelque espèce qu'ils soient » ([1]). Ne pouvant pas connaître de

1. Loi des 16-24 août 1790, titre II, art. 13, et loi du 16 fructidor an III.

ces actes, les tribunaux ne peuvent pas les juger. Ces actes échapperaient donc à tout contrôle juridictionnel, ils ne relèveraient que de l'administration elle-même s'ils ne pouvaient pas être attaqués et débattus devant une juridiction spéciale. M. Vivien a pu dire avec raison des litiges de cette espèce : « Aucune loi spéciale n'a dû intervenir pour les classer dans le contentieux administratif, il en faudrait une pour les en distraire. »

Mais il existe aussi, dans le droit administratif français, un grand nombre d'affaires contentieuses qui n'échappent à la compétence judiciaire qu'en vertu de dispositions législatives particulières. La loi leur a imprimé un caractère administratif qui ne s'imposait pas de plein droit, qui ne résultait pas nécessairement du principe de la séparation des pouvoirs. Telles sont les contestations qui intéressent l'administration considérée non comme puissance publique, mais comme partie contractante, comme sujet actif ou passif d'obligations qui se rattachent à la gestion des services publics. Pour les affaires de cette nature, dans lesquelles la puissance exécutive et le droit de commandement ne sont pas en jeu, la formule de M. Vivien cesserait d'être exacte ; un texte est nécessaire pour en attribuer la connaissance à la juridiction administrative.

On pourrait donc, en l'absence de définition légale du contentieux administratif, proposer une définition doctrinale qui en résumerait ainsi les éléments essentiels : Le contentieux administratif comprend l'ensemble des réclamations fondées sur un droit ou sur la loi, et qui ont pour objet, soit un acte de puissance publique émané de l'administration, soit un acte de gestion des services publics déféré à la juridiction administrative par des dispositions de loi générales ou spéciales.

La distinction que nous venons d'indiquer entre les contestations qui sont administratives *par leur nature* et celles qui n'ont ce caractère que *par la détermination de la loi* n'est pas purement théorique. Elle peut présenter un sérieux intérêt pratique lorsqu'il s'agit d'apprécier quels peuvent être, à l'égard de l'administration, les effets d'une décision rendue par l'autorité judiciaire sur une affaire étrangère à ses attributions.

Si la décision rendue par les tribunaux n'a méconnu qu'une loi de compétence, si elle a prononcé par erreur sur un contrat, sur des obligations pécuniaires dont le contentieux est attribué à la juridiction administrative, l'administration n'en doit pas moins exécuter la sentence parce que l'autorité de la chose jugée couvre les erreurs de compétence aussi bien que les erreurs de fait et de droit que le juge peut commettre.

Mais si la décision judiciaire incompétemment rendue a méconnu, non de simples lois d'attributions juridictionnelles, mais le principe même de la séparation des pouvoirs ; si elle a statué sur des réclamations qui relèvent, par leur nature propre, de la juridiction ou de l'autorité administrative ; si elle a ainsi empiété non seulement sur le domaine d'un autre juge, mais sur le domaine même de l'autorité publique et de la puissance exécutive, cette décision n'est plus seulement illégale, elle est *inconstitutionnelle*. Or le vice d'inconstitutionnalité n'est pas de ceux qui peuvent être couverts par l'autorité de la chose jugée. La décision judiciaire demeurera donc, dans ce cas, non avenue pour l'administration, qui ne pourrait y déférer sans s'associer à un acte contraire aux lois fondamentales de l'État. C'est à cette dernière hypothèse que doit s'appliquer la déclaration contenue dans l'instruction législative du 8 janvier 1790 : « Tout acte des tribunaux ou des cours de justice tendant « à contrarier ou à suspendre le mouvement de l'administration « étant inconstitutionnel, demeurera sans effet et ne devra pas arrêter « les corps administratifs dans l'exécution de leurs opérations. « tions. »

Cette distinction ne doit pas non plus être perdue de vue par ceux qui raisonnent sur l'état de notre législation et sur la part plus ou moins large qui pourrait être faite à la compétence judiciaire. Aucun motif d'ordre constitutionnel ne s'opposerait *à priori* à ce que le contentieux des travaux publics, des marchés de l'État, de certaines obligations pécuniaires du Trésor, fût porté devant les tribunaux, comme l'est déjà le contentieux des contributions indirectes et de la plupart des affaires domaniales. Sans doute, une telle réforme ne devrait être abordée qu'avec beaucoup de circonspection et elle ne pourrait guère être tentée avec nos lois actuelles d'organisation judiciaire et de procédure. Mais elle pourrait être inopportune sans être inconstitutionnelle. Au contraire, si l'on attribuait en bloc à l'autorité judiciaire toutes les contestations qui relèvent des tribunaux administratifs, y compris celles qui touchent aux actes de la puissance publique, on porterait atteinte au principe de la séparation des pouvoirs et aux règles fondamentales de notre droit public.

Le contentieux administratif, considéré au point de vue le plus général, c'est-à-dire comme constituant l'ensemble des contestations juridiques auxquelles donne lieu l'action administrative, n'est pas, on le voit, une création artificielle de la législation française et de quelques législations similaires ; il est dans la nature même des choses, il fait partie de ce qu'on peut appeler le droit commun des États ; il existe avec une extension plus ou moins grande partout où fonctionne une administration soumise au régime des lois ; il naît du désaccord entre l'administration et les citoyens, comme le contentieux civil ou commercial naît du désaccord des individus entre eux. Ce qui diffère, selon les législations, ce n'est pas l'essence même du contentieux administratif, c'est la répartition des affaires qui en relèvent entre l'administration active, les tribunaux administratifs et les tribunaux judiciaires.

Essayons de donner un rapide aperçu des systèmes qui sont actuellement en vigueur, en France et dans les principaux États étrangers, pour le jugement des contestations administratives.

II. — Aperçu général du système français.

Le système actuel de la législation française repose sur les trois idées suivantes : — interdiction aux tribunaux judiciaires de connaître des actes d'administration ; — institution de tribunaux administratifs ; — droit attribué à l'administration de revendiquer par la voie du conflit les affaires administratives qui seraient portées à tort devant les tribunaux judiciaires.

Reprenons ces trois éléments.

1° Interdiction aux tribunaux de connaître des actes d'administration. — Cette interdiction est une des règles les plus anciennes de notre droit public. Avant d'être formulée dans les lois de l'Assemblée constituante et de la Convention, elle l'a été dans les Édits et les Déclarations des rois de France : il est même intéressant, lorsqu'on rapproche ces différents textes, d'y retrouver, malgré la différence des époques et du droit public en vigueur, les mêmes idées exprimées en termes presque semblables. Cela tient à ce que les différents régimes qui se sont succédé en France, depuis que l'unité gouvernementale et administrative a commencé de s'y établir, ont considéré comme une nécessité de gouvernement d'assurer l'indépendance des administrations publiques à l'égard des corps judiciaires, et d'empêcher qu'on ne puisse, selon l'énergique expression de Loysel, « mettre la couronne au greffe ». Sous l'ancien régime, cette nécessité gouvernementale était en quelque sorte instinctive ; après 1789 elle est devenue raisonnée, et l'Assemblée constituante l'a rattachée au principe constitutionnel de la séparation des pouvoirs.

On a souvent fait remarquer que l'Assemblée constituante, tout en proclamant le principe de la séparation des pouvoirs, l'avait interprété d'une manière plus favorable à l'administration qu'aux tribunaux. L'esprit de sa législation sur ce point ne saurait être contesté ; il domine encore tout notre droit public et administratif. Mais il ne faut pas s'en étonner. En effet, lorsqu'on parle de séparation des pouvoirs, on ne peut pas avoir en vue une séparation absolue, mathématique. Les pouvoirs constitutionnels, c'est-à-dire les divers attributs de la souveraineté, ne sauraient être entièrement isolés les uns des autres ; il y a entre eux des zones limitrophes souvent très étendues, qui sont réunies à l'un ou à l'autre domaine selon les tendances de chaque société, et selon le besoin qu'elle éprouve de fortifier tel ou tel pouvoir de l'État.

Ainsi, entre le pouvoir législatif et le pouvoir exécutif, il y a une attribution intermédiaire, celle qui consiste à faire les règlements, à édicter les prescriptions secondaires nécessaires à l'application des lois ; cette faculté est attribuée au législateur ou au Gouvernement, ou bien elle est diversement partagée entre eux, selon que la constitution générale de l'État tend à faire plus ou moins prévaloir l'influence du Parlement ou celle du pouvoir exécutif. De même, entre le pouvoir exécutif et le pouvoir judiciaire, il y a une mission mixte à remplir, celle qui consiste à prononcer sur les contestations

administratives. Cette mission est mixte à un double point de vue :
d'abord parce que l'administrateur, par la nature même de ses fonctions, est obligé d'exercer dans beaucoup de cas une sorte d'arbitrage de fait et de droit, sans lequel son action risquerait d'être paralysée par toutes les oppositions qu'elle rencontre ; d'où il suit
que le fait d'administrer implique forcément le droit de décider ;
— en second lieu, parce que le droit de décision inhérent à la fonction administrative et la force exécutoire qui y est attachée ne
doivent pas, en bonne justice, s'imposer aux citoyens sans que
ceux-ci puissent les contester devant une autorité plus désintéressée, plus accessible à des débats juridiques contradictoires.
L'autorité qui sera ainsi appelée à contrôler la décision administrative fera à la fois office de juge, puisqu'elle tranchera un différend,
et office d'administrateur supérieur, puisqu'elle redressera une erreur ou une illégalité de l'administration.

Ce pouvoir intermédiaire, qui tient à la fois de l'exécutif et du
judiciaire, peut être réuni à l'un ou à l'autre selon que les traditions
d'un pays, les conditions générales de son organisation administrative et judiciaire, le portent à fortifier l'influence des tribunaux
ou celle de l'administration. En France, l'organisation centralisée
du pays, l'importance des services confiés à l'administration, les
responsabilités qu'ils entraînent, ont paru incompatibles avec le
contrôle des corps judiciaires. Ainsi l'attribution du contentieux
administratif à l'autorité administrative ou à des juridictions spéciales, déjà pratiquée sous l'ancien régime, a été admise, depuis
1789, comme une application normale du principe de la séparation
des pouvoirs.

On a quelquefois contesté la portée des règles édictées à cette
époque ; on s'est demandé si elles n'avaient pas uniquement pour
but d'interdire l'intervention spontanée du juge dans les affaires
de l'administration, mais non son intervention purement juridictionnelle provoquée par des réclamations contentieuses. La législation de la période révolutionnaire n'a point tenu compte de cette
distinction. Son but n'aurait pas pu être atteint s'il avait suffi des
réclamations d'une partie pour provoquer et justifier l'intervention
des tribunaux judiciaires dans le domaine administratif. En effet
ces réclamations et les décisions qui s'ensuivent peuvent avoir pour

effet de modifier ou d'infirmer, directement ou indirectement, une décision de l'administration : directement si les conclusions tendent à l'annulation ou à la réformation de l'acte ; indirectement si elles tendent à le faire interpréter, à faire statuer sur sa validité et sa portée légale, à faire dire que la partie pourra passer outre et que l'acte sera non avenu à son égard, ou enfin à faire condamner l'administration à payer des indemnités pour le dommage que l'acte a pu causer. Ces dernières sortes de réclamations, tout en paraissant laisser hors de cause l'existence même de l'acte administratif et sa force exécutoire, tendent à grever le Trésor public d'une responsabilité pécuniaire par cela seul que l'acte reçoit application. Le trouble ainsi apporté à l'action administrative n'est pas moins grave, car il peut imposer à l'administration, par une inévitable contrainte, le retrait de sa décision.

Sans doute l'annulation d'actes illégaux, la réformation de décisions contraires aux droits des particuliers, la condamnation de l'État à des indemnités à raison de fautes de ses agents ne répugnent pas à notre législation ; loin de là, de telles décisions sont tenues pour conformes à la justice et aux garanties dues aux citoyens dans un pays où il y a tant de points de contact entre les droits individuels et l'action administrative. Mais ce qui serait contraire à l'esprit de nos lois, ce serait que l'influence exercée sur l'administration par des décisions de cette nature appartînt aux corps judiciaires. La grande et légitime puissance dont ces corps sont investis pour l'application du droit privé et du droit pénal, aurait risqué, aux yeux du législateur de 1789, de devenir une véritable omnipotence s'il s'y était joint un droit de juridiction dans le domaine du droit public et de l'action administrative. L'exercice de cette double puissance par les mêmes hommes, par les mêmes corps de judicature, portait ombrage au législateur de 1789 ; il aurait craint de trouver en eux les véritables maîtres de l'État.

2° **Tribunaux administratifs.** — L'institution des tribunaux administratifs n'a pas été une conséquence immédiate du principe de la séparation des pouvoirs. Proposée, dès le début, par le comité de l'Assemblée constituante chargé de préparer la loi d'organisation judiciaire des 16-24 août 1790, elle fut écartée comme entraînant

d'inutiles complications. L'Assemblée estima que les représentants de l'administration active, — gouvernement central, directoires de département, commissions spéciales, — étaient suffisamment aptes à prononcer sur les réclamations en matière administrative. Pendant toute la période révolutionnaire, le contentieux de l'administration se confond avec l'administration même et relève des mêmes autorités.

L'organisation de tribunaux administratifs séparés de l'administration active ne commence à se dessiner qu'en l'an VIII. Les conseils de préfecture, le Conseil d'État et sa commission du contentieux, la Cour des comptes, sont successivement organisés sous le Consulat et sous l'Empire ; plus tard, les conseils de révision et les conseils privés des colonies statuant en matière contentieuse. Mais plus d'un demi-siècle s'écoule avant que le Conseil d'État, qui domine l'ensemble des juridictions administratives, exerce un droit de juridiction propre. Il n'est d'abord considéré que comme le conseil du Chef de l'État, l'assistant dans l'exercice de sa juridiction personnelle, préparant les décrets ou les ordonnances que le souverain signe et par lesquels il est censé rendre lui-même ses arrêts. Deux fois le gouvernement républicain, modifiant sur ce point la tradition monarchique, confère au Conseil d'État un droit de juridiction propre, d'abord par la loi organique du 3 mars 1849, puis par celle du 24 mai 1872. Ainsi se trouve complétée, dans ce qu'elle a d'essentiel, l'évolution accomplie en France par la juridiction administrative, d'abord confondue avec l'administration proprement dite, puis confiée à des corps consultatifs qui se transforment progressivement en tribunaux. On peut donc dire que, depuis 1872, les tribunaux administratifs sont devenus un des éléments essentiels du système français.

A la vérité on s'est demandé, et l'on se demande encore aujourd'hui si notre législation a laissé subsister, à côté de cette organisation juridictionnelle, une organisation toute différente dans laquelle des représentants de l'administration active, les ministres et même les préfets et les maires, exerceraient une véritable juridiction en matière contentieuse. On a aussi soutenu, — et cette opinion conserve encore quelques partisans, — que les ministres sont non seulement des juges, mais encore les juges ordinaires du contentieux administratif. Nous espérons établir dans la suite de cet ouvrage que cette anomalie n'existe pas dans notre législation, que les attributions importantes qui appartiennent aux ministres en matière contentieuse ne sont pas des attributions d'ordre juridictionnel, et que celles-ci résident tout entières dans les tribunaux administratifs.

Les pouvoirs des tribunaux administratifs n'ont pas la même nature et la même étendue dans toutes les matières contentieuses. Ce sont, selon les cas : des pouvoirs de *pleine juridiction,* comportant l'exercice d'un arbitrage complet, de fait et de droit, sur le litige ; — ou des pouvoirs d'*annulation* limités au droit d'annuler les actes entachés d'illégalité, sans que le juge administratif ait le pouvoir de les réformer et de leur substituer sa propre décision ; — ou des pouvoirs d'*interprétation,* consistant uniquement à déterminer le sens et la portée d'un acte administratif ou à apprécier sa valeur légale, sans faire l'application de l'acte aux parties intéressées ; — ou enfin des pouvoirs de *répression* consistant à réprimer les infractions commises aux lois et règlements qui protègent le domaine public et en assurent la destination légale.

A ces diverses natures d'attributions correspondent les divisions suivantes, qui peuvent faciliter l'étude du contentieux administratif :

Contentieux de pleine juridiction ;
Contentieux de l'annulation ;
Contentieux de l'interprétation ;
Contentieux de la répression.

Essayons de donner un rapide aperçu des principaux litiges compris dans ces quatre divisions du contentieux administratif.

Contentieux de pleine juridiction. — Cette première branche du contentieux administratif comprend de nombreuses catégories d'affaires dans lesquelles la juridiction administrative exerce les pouvoirs les plus larges. Elle est juge du fait et du droit, elle prononce entre l'administration et ses contradicteurs comme les tribunaux ordinaires entre deux parties litigantes ; elle réforme les décisions prises par l'administration, non seulement quand elles sont illégales, mais encore lorsqu'elles sont erronées ; elle leur substitue des décisions nouvelles ; elle constate des obligations et prononce des condamnations pécuniaires.

A cette division du contentieux administratif se rattachent les contestations qui s'élèvent entre l'administration et les particuliers, au sujet de divers contrats intéressant la marche des services publics et dont le contentieux a été réservé à la juridiction administrative par des dispositions de lois générales ou spéciales. Tels sont : les marchés passés pour l'exécution des travaux publics, sans qu'il y ait lieu de distinguer si les travaux sont exécutés par l'État, les départements, les communes ou les établissements publics ; les marchés de fourniture, mais seulement lorsqu'ils sont passés par l'État ; les conventions intervenues entre l'État et les particuliers en matière d'emprunts, d'émissions et de conversions de rentes et d'autres opérations du Trésor public ; et d'une manière générale les conventions d'où résulte une créance contre l'État, à moins qu'elles n'aient le caractère de contrats prévus et régis par le droit privé.

Outre les engagements nés des contrats, le contentieux de pleine juridiction comprend les débats qui s'élèvent sur les obligations pécuniaires de l'État nées des autres sources d'obligations, des quasi-contrats, des quasi-délits, de la loi. Telles sont les réclamations d'indemnités formées contre le Trésor public à raison de faits imputables à l'État ou de fautes commises par ses agents ; celles qui ont pour objet des dommages causés par les travaux publics, par les occupations de terrains et les extractions de matériaux se rattachant à ces travaux, quelle que soit l'administration qui les fasse exécuter ; telles sont encore les réclamations relatives aux traitements, soldes et pensions des fonctionnaires civils et militaires.

Appartiennent enfin au contentieux de pleine juridiction les contestations qui s'élèvent au sujet d'opérations administratives d'où résultent des obligations ou des droits : comptabilité publique ; assiette et recouvrement de l'impôt direct et des taxes assimilées ; partages de biens communaux ; recrutement ; opérations électorales, etc. ; notons toutefois que le contentieux du recrutement et celui de la comptabilité publique ressortissent, pour l'exercice de la pleine juridiction, à des tribunaux spéciaux (Cour des comptes, conseils de révision), dont la compétence ne s'étend pas à d'autres natures d'affaires.

Contentieux de l'annulation. — Lorsque les actes et décisions de l'administration ont le caractère d'actes de commandement et de puissance publique, ils ne peuvent pas être revisés et réformés par la juridiction administrative ; ils ne peuvent être qu'annulés, et seulement pour illégalité, non pour inopportunité ou fausse appréciation des faits. Le seul recours contentieux qui puisse être dirigé contre les actes de cette nature est le recours à fin d'annulation qui porte le nom de *recours pour excès de pouvoir.*

Ce recours a été à bon droit signalé comme une des créations les plus intéressantes de la jurisprudence française ; il n'a été explicitement reconnu par des textes législatifs qu'après avoir été consacré et développé, pendant un demi-siècle, par une lente élaboration de la jurisprudence administrative, qu'on a quelquefois comparée à l'œuvre ingénieuse et patiente accomplie dans le droit romain par la jurisprudence du préteur. Il fallait en effet un effort soutenu et prudent à la fois pour placer entre les mains du juge administratif un pouvoir qui avait longtemps passé pour un attribut exclusif de l'administration supérieure, le pouvoir de rapporter et de mettre à néant un acte de la puissance publique dénoncé comme illégal et attentatoire à un droit. Aussi est-ce uniquement au Chef de l'État que la législation de l'Assemblée constituante avait remis le droit de prononcer l'annulation des actes administratifs, en se réservant pour elle-même, comme dépositaire de la souveraineté nationale, le droit de contrôler les décisions royales. Encore cette législation ne prévoyait-elle que l'annulation pour « incompétence », en donnant à ce mot son sens le plus restreint, celui d'un empiétement de l'autorité administrative sur les attributions d'une autre autorité.

Le Conseil d'État, associé après l'an VIII à cette attribution d'ordre gouvernemental, l'étendit progressivement aux différents cas d'illégalité que sa jurisprudence réunit sous la dénomination générale d'*excès de pouvoir :* incompétence, vice de forme, violation de la loi, abus d'un pouvoir légal détourné de sa destination régulière. A vrai dire, ce droit de cassation souverainement exercé sur

les actes illégaux de l'administration par la juridiction administrative supérieure a conservé longtemps, du moins en théorie, le
caractère d'une attribution de la puissance exécutive ; c'était en
effet le Chef de l'État qui était censé annuler, sur l'avis de son conseil, la décision d'une autorité inférieure, ou rapporter sa propre
décision lorsqu'elle était reconnue illégale. Grâce à cette fiction,
l'acte annulé semblait encore ne relever que du souverain et non
d'une juridiction. Mais la fiction même a disparu le jour où le
Conseil d'État a été investi d'une juridiction propre ; l'annulation
des actes administratifs par la voie contentieuse est alors devenue
un acte de juridiction, et le législateur de 1872 a marqué sa volonté
de lui reconnaître ce caractère, en mentionnant expressément le
recours pour excès de pouvoir parmi les matières soumises à la
juridiction souveraine du Conseil d'État ([1]).

Les pouvoirs d'annulation et de cassation que la juridiction administrative supérieure exerce à l'égard des actes administratifs,
s'appliquent également à des décisions ayant un caractère juridictionnel, lorsque ces décisions émanent de juridictions spéciales statuant en dernier ressort, telles que la Cour des comptes, les conseils
de révision, le conseil supérieur de l'instruction publique. Les décisions rendues par ces tribunaux spéciaux ne relèvent pas du Conseil d'État en appel, elles ne peuvent pas être revisées et réformées
par lui ; mais elles peuvent être cassées si elles sont entachées
d'incompétence, d'excès de pouvoir et, dans certains cas, de violation de la loi, c'est-à-dire d'erreur de droit.

Contentieux de l'interprétation. — L'interprétation litigieuse des
actes administratifs rentre dans le contentieux de ces actes ; par
suite, elle est réservée à la juridiction administrative, alors même
qu'elle se discute entre parties privées, au cours d'une contestation
relevant des tribunaux judiciaires. Le débat qui s'élève sur l'interprétation de l'acte administratif invoqué dans un litige judiciaire,
se distingue et se détache du fond même de ce litige ; il le tient
en suspens jusqu'à ce que la question préjudicielle d'interprétation ait été résolue par le juge compétent. Il en est de même si

_____

1. V. l'article 9 de la loi du 24 mai 1872.

la contestation engagée devant les tribunaux judiciaires, au lieu de porter sur l'interprétation de l'acte administratif, porte sur sa validité. Dans un cas comme dans l'autre, l'acte administratif est en cause : de là l'intervention du juge administratif.

Cette application du principe de la séparation des pouvoirs est-elle excessive ? On l'a soutenu en faisant remarquer que le fond du débat s'agite entre parties privées ; que l'acte administratif n'est en cause que d'une manière indirecte, comme un moyen invoqué par une de ces parties et non comme l'objet même de la contestation ; que les effets du jugement à intervenir sont limités à ces parties et ne peuvent atteindre l'administration, ni altérer, à son égard, le sens ou l'efficacité de l'acte qu'elle a fait. D'où l'on a conclu que l'administration et la juridiction administrative devraient rester étrangères à ces contestations quand le fond même du débat leur échappe. Mais la doctrine contraire a toujours prévalu, comme étant seule conforme au principe de la séparation des pouvoirs.

En effet, dans les cas très nombreux où l'administration confère à des particuliers des titres qu'ils peuvent invoquer devant les tribunaux judiciaires, — tels que des concessions de mines, des actes d'aliénation de domaines nationaux, des approbations ou autorisations administratives nécessaires à la validité de certaines conventions, — l'action de l'autorité administrative pourrait être paralysée par un jugement qui méconnaîtrait le sens ou la valeur légale de ces actes ; les parties seraient ainsi privées par décision judiciaire des droits qui leur auraient été conférés par l'autorité administrative, et cette autorité serait elle-même atteinte dans ses prérogatives.

Au surplus, la règle qui consacre la division des compétences dans les litiges judiciaires qui soulèvent des questions préjudicielles d'interprétation ou de validité d'actes administratifs, s'applique avec une entière réciprocité aux litiges administratifs qui soulèvent des questions préjudicielles du ressort des tribunaux judiciaires, telles que les questions d'état civil ou de domicile, les questions d'interprétation ou de validité d'actes ou de contrats de droit commun.

Il est à remarquer que si le débat préjudiciel a porté sur la validité de l'acte administratif et si l'acte est reconnu illégal, la décision de la juridiction administrative qui constate et déclare cette illégalité n'a nullement pour effet de mettre l'acte à néant. N'intervenant que comme élément d'un jugement à rendre par un autre tribunal, elle laisse subsister l'acte même qu'elle condamne. A ce point de vue, le contentieux de l'interprétation diffère essentiellement du contentieux de l'annulation : l'un et l'autre peuvent porter sur une question identique, celle de savoir si l'acte administratif contesté est ou non légal et valable ; mais tandis que le pouvoir d'annulation permet de mettre l'acte à néant comme conséquence de son illégalité reconnue, le pouvoir d'interprétation ne permet d'émettre qu'une simple déclaration d'invalidité. Il pourra même arriver que cette déclaration soit prononcée sur un acte qu'aucune annulation ne pourrait plus atteindre, parce qu'il aurait acquis un caractère définitif, soit par suite du temps écoulé, soit par quelque autre circonstance. Ainsi paraît justifiée la distinction que nous croyons devoir établir entre le contentieux de l'annulation et celui de l'interprétation, dans la notion générale du contentieux administratif.

Contentieux de la répression. — Les contestations qui rentrent dans cette dernière division du contentieux administratif diffèrent des précédentes en ce qu'elles ont pour objet immédiat non des actes ou décisions de l'autorité administrative, mais certains actes émanés de particuliers et dénoncés comme illicites par l'administration qui en requiert la répression. Ces actes sont ceux qui portent atteinte à l'intégrité et à la destination légale de la grande voirie, — c'est-à-dire de la partie du domaine public qui comprend les voies de communication naturelles ou artificielles servant à la circulation générale : routes de terre, voies ferrées, cours d'eau navigables ou flottables, canaux, ports maritimes, rivages de la mer, — ainsi que de divers ouvrages que la loi a placés sous le même régime de protection légale, tels que les ouvrages de fortification, les lignes télégraphiques, les travaux d'endiguement dûment autorisés, etc...

L'atteinte portée à ce domaine et à ces ouvrages constitue une infraction spéciale dite *contravention de grande voirie,* dont la répression et la réparation sont confiées à la juridiction administrative.

Dans l'exercice de cette attribution, les tribunaux administratifs sont juges du fait et du droit ; on pourrait donc, à ne consulter que la nature de leurs pouvoirs, faire rentrer cette division du contentieux administratif dans le contentieux de pleine juridiction. Mais deux motifs semblent justifier la classification de ces sortes d'affaires dans une division spéciale. D'une part, en effet, la juridiction administrative intervient exceptionnellement, en cette matière, comme juridiction répressive, alors que toute infraction aux lois et règlements, tout acte illicite susceptible de répression légale, relève en principe de l'autorité judiciaire. D'un autre côté, la matière de la grande voirie présente une particularité qui justifie la dérogation faite aux règles ordinaires de la compétence en matière répressive ; elle est dominée tout entière par le principe d'inaliénabilité et d'imprescriptibilité du domaine public, nous dirions volontiers, en termes plus absolus encore, par le principe d'inviolabilité de ce domaine.

Ce principe, qui place les choses du domaine public au-dessus des atteintes de tous, qui incorpore en quelque sorte en elles une part de puissance publique et de souveraineté, donne à la protection dont elles sont l'objet un caractère essentiellement administratif. Aussi les mesures répressives édictées par cette législation spéciale, ainsi que les restitutions et les réparations qu'elle ordonne, relèvent-elles du droit administratif beaucoup plus que du droit pénal. Tels sont les motifs qui ont fait attribuer, depuis l'an X, à la juridiction administrative ce contentieux, auquel le développement des grands travaux publics, et la création des réseaux électriques soumis à la même protection, ont donné une importance particulière.

3° **Conflit d'attributions.** — Le *conflit* est le troisième élément du système français. Il en est la sanction ; il permet à l'autorité administrative de revendiquer les affaires de sa compétence qui auraient été portées à tort devant les tribunaux judiciaires, et d'assurer ainsi l'observation du principe de la séparation des pouvoirs.

Le conflit constitue un moyen exceptionnel mis à la disposition de l'administration pour décliner la compétence judiciaire. Il diffère essentiellement de ceux qui sont offerts aux parties privées pour faire régler les questions de compétence qui les intéressent. Les conclusions que ces parties peuvent prendre, les exceptions d'incompétence qu'elles peuvent soulever sont des actes de procédure ; le conflit est un véritable acte de puissance publique. Il émane de l'administration considérée non comme plaideur, mais comme autorité ; il a pour effet immédiat de suspendre l'action du tribunal judiciaire jusqu'à ce que la question de compétence ait été souverainement appréciée par la juridiction instituée comme arbitre des compétences judiciaire et administrative.

Le conflit étant l'acte d'une autorité et non celui d'une partie, il en résulte que l'administration peut l'élever, non seulement lorsqu'elle est citée à raison de ses actes devant les tribunaux judiciaires, mais encore dans des litiges où elle n'est pas personnellement en cause et où ses actes ne sont invoqués et discutés qu'entre des parties privées. Il en résulte aussi que l'administration, lorsqu'elle est partie en cause, peut user du droit qui appartient à tout plaideur, de soulever, dans les formes ordinaires, l'exception d'incompétence, sans être privée du droit qui lui appartient, en tant qu'autorité publique, d'élever ultérieurement le conflit. Elle conserve même ce droit en présence d'une décision passée en force de chose jugée qui aurait rejeté son exception d'incompétence.

Le même caractère exceptionnel appartient au *déclinatoire* qui doit précéder l'arrêté de conflit, et qui constitue une sorte d'invitation, de mise en demeure adressée à l'autorité judiciaire de se dessaisir elle-même d'un litige réputé administratif avant qu'elle y soit obligée par un arrêté de conflit. Moins énergique et moins décisif que le conflit, le déclinatoire est cependant comme lui un acte de l'autorité publique, qui ne saurait se confondre avec les moyens de procédure dont disposent les parties.

Mais si l'autorité administrative a le droit de suspendre, par le déclinatoire et l'arrêté de conflit, l'action d'un tribunal judiciaire, elle n'a pas le pouvoir de la paralyser indéfiniment. Pour que le dessaisissement s'accomplisse, il faut que l'arrêté de conflit soit confirmé par une décision qui statue souverainement sur la revendication d'attributions formulée par l'autorité administrative. Si cette revendication est reconnue mal fondée, ou même si elle est entachée d'un vice de forme, l'arrêté de conflit tombe et la juridiction judiciaire reprend son cours, qui ne peut plus être désormais suspendu.

Le jugement qui est ainsi rendu participe du caractère exceptionnel que nous avons signalé dans le déclinatoire et l'arrêté de conflit. Quelles que soient les formes de la sentence et les procédures qui la préparent, ce jugement est moins un acte de juridiction qu'un acte de souveraineté accompli dans des formes juridictionnelles. Devant le juge des conflits il n'y a pas à proprement parler de parties ; celles qui sont en cause dans le procès n'ont que le droit d'assister à ce débat de compétence qui n'est pas engagé par elles, qui a pour objectif l'arrêté de conflit lui-même, et qui s'agite entre les autorités administrative et judiciaire (¹).

Le juge du conflit, constitué arbitre entre ces deux autorités, statue sur l'étendue de leurs attributions respectives avec une puissance propre qui s'impose aux deux pouvoirs, et qui résulte d'une véritable délégation de souveraineté donnée à ce juge pour le règlement des compétences et pour l'application du principe de la séparation des pouvoirs.

Aussi la législation française, sous tous les régimes qui se sont succédé jusqu'en 1872 — sauf une courte interruption de 1849 à 1851 — avait-elle placé dans le Gouvernement lui-même le droit de décision en matière de conflits d'attributions ; en 1790, elle l'avait confié au roi, sauf recours devant l'Assemblée nationale ; en l'an III, au Directoire exécutif, qui pouvait en référer au Corps législatif ; en l'an VIII, au premier Consul statuant en Conseil d'État, puis au Chef de l'État, roi ou empereur, statuant dans les mêmes formes. Ces décisions étaient considérées toujours comme rendues, non en matière administrative contentieuse, mais sur des questions d'ordre public et de haute police gouvernementale.

Ce pouvoir a été transféré, d'abord par la législation de 1849,

---

1. Ces observations ne s'appliqueraient pas au conflit dit *négatif,* qui se produit lorsque les autorités administrative et judiciaire se déclarent l'une et l'autre incompétentes. Il n'y a évidemment, dans ce cas, aucune revendication à exercer contre l'autorité judiciaire, puisqu'elle décline elle-même sa compétence. Il n'y a lieu qu'à règlement de juges et il est naturel qu'il puisse être provoqué par les parties. Il est naturel aussi que ce règlement de juges relève du Tribunal des conflits, arbitre suprême des compétences, quoiqu'il n'y ait pas, à proprement parler, de conflit.

puis par celle de 1872, à un tribunal spécial, le Tribunal des conflits, composé d'éléments administratifs et judiciaires et présidé
par le Garde des sceaux, ministre de la justice. Ces lois ont-elles
ainsi modifié la nature propre des décisions sur conflit? En ont-
elles fait de simples actes de juridiction au lieu d'actes empreints
de la puissance gouvernementale? Nous ne le pensons pas. Elles
ont entouré de garanties nouvelles l'application des lois de compétence entre les autorités administrative et judiciaire, mais elles
n'ont pas modifié l'essence même de ces décisions qui restent ce
qu'elles ont toujours été, un suprême arbitrage entre des pouvoirs
publics, et non un jugement entre des plaideurs.

A cet ordre d'idées peut se rattacher, ce nous semble, l'explication d'un fait qu'on a quelquefois critiqué dans l'organisation du
Tribunal des conflits; nous voulons parler de l'attribution de la
présidence au ministre de la justice.

On a dit que l'intervention d'un membre du Gouvernement
dans les délibérations de ce tribunal risquait de rompre, au profit
de l'administration, l'équilibre des éléments judiciaires et administratifs. On a dit, en sens inverse, que la présidence du Garde
des sceaux tendait à assurer une prédominance à l'autorité judiciaire. « L'élément judiciaire, — disait M. Serrigny en appréciant
l'organisation du Tribunal des conflits de 1849, — prédominait
dans la composition du Tribunal, à raison de la présidence attribuée au ministre de la justice, qui était ordinairement un ancien
magistrat étranger à la science du droit administratif ([1]). »

Quoi qu'il en soit de ces appréciations, si l'on ne veut voir dans
le Tribunal des conflits qu'une juridiction spéciale jugeant des difficultés de compétence entre l'administration et des particuliers,
on ne peut nier que la présence d'un ministre parmi les juges peut
présenter quelque chose d'insolite. Le législateur l'a pensé lui-
même, puisque dans les lois organiques du Conseil d'État, il a
refusé au ministre de la justice, quoiqu'il soit le président de ce
corps, le droit de prendre part au jugement des affaires contentieuses. Mais si l'on voit dans la décision sur conflit ce qui s'y
trouve réellement, c'est-à-dire un règlement d'attributions entre

---

1. Serrigny, *Questions de droit administratif*, v° *Affouage*, p. 36.

deux pouvoirs publics en désaccord, une application des lois fondamentales qui limitent leurs compétences respectives et leur interdisent de mutuels empiétements, il est difficile de ne pas reconnaître que l'autorité gouvernementale a le droit d'être représentée dans cette œuvre, non pour incliner systématiquement vers un sens plutôt que vers l'autre des décisions qui doivent toujours s'inspirer de la loi, mais pour conserver au gouvernement de l'État la place qui lui appartient dans cette mission d'ordre public.

Nous avons indiqué, dans ses traits généraux, le système de la législation française touchant la séparation des pouvoirs et le jugement des litiges administratifs. Essayons maintenant d'exposer, dans leurs éléments essentiels, les systèmes en vigueur dans les principaux États étrangers.

CHAPITRE II

LÉGISLATION COMPARÉE — ÉTATS SE RAPPROCHANT DU SYSTÈME FRANÇAIS

———

Division. — La grande diversité que présentent les législations étrangères, pour la classification et le jugement des affaires administratives contentieuses, rend un exposé méthodique difficile. Cependant il n'est pas impossible de coordonner les systèmes en vigueur dans les différents États et de les ramener à quelques types principaux.

Nous placerons dans un premier groupe les États qui se rapprochent le plus du système français, et où dominent les mêmes éléments : séparation des pouvoirs, tribunaux administratifs, conflits. Ces États sont : l'Espagne, le Portugal, l'Italie (¹), l'empire d'Allemagne et les principaux États qui le composent : — Prusse, Bavière, Wurtemberg, grand-duché de Bade, — l'empire austro-hongrois, et quelques cantons de la Suisse.

Dans un second groupe se placent les États où il n'existe pas de tribunaux administratifs, mais où la fonction administrative demeure distincte et séparée de la fonction judiciaire. Dans ces États, les tribunaux ordinaires statuent sur toutes réclamations ayant le caractère d'actions contentieuses, mais ils ne peuvent s'immiscer dans les attributions de l'administration active ni prononcer l'annulation de ses actes ; l'indépendance de la fonction administrative

---

1. Dans notre première édition, nous n'avions pas pu comprendre l'Italie dans ce premier groupe. Elle s'en était détachée, en 1865, en supprimant ses tribunaux administratifs ; mais elle y est rentrée en 1889-1890 par les importantes lois, exposées ci-après, qui ont rétabli la juridiction contentieuse du Conseil d'État et institué des tribunaux administratifs de premier ressort.

à l'égard des tribunaux peut, au besoin, être revendiquée au moyen du conflit. A ce groupe d'États appartiennent : la Belgique, la Suède et la Norwège, le Danemark, la Grèce, la plupart des cantons de la Suisse, quelques États secondaires de l'empire d'Allemagne.

Enfin nous placerons dans un troisième et dernier groupe l'Angleterre et les États-Unis d'Amérique, dont le système diffère profondément de tous ceux qui sont en vigueur dans l'Europe continentale. Dans ces États, les tribunaux judiciaires ont plénitude de juridiction ; ils l'exercent non seulement sur les contestations qui s'élèvent entre l'administration et les particuliers, mais encore sur la fonction administrative elle-même ; ils peuvent adresser aux administrateurs des injonctions et des défenses auxquels ceux-ci doivent obtempérer sous peine d'encourir des condamnations pénales.

Ce système correspond d'ailleurs à une organisation toute spéciale des fonctions administratives, à leur caractère électif et décentralisé et à l'absence presque complète de hiérarchie administrative, d'où il résulte que les pouvoirs d'une autorité supérieure sont remplacés, du moins en partie, par ceux de l'autorité judidiaire.

Nous nous occuperons successivement des trois groupes d'États que nous venons de mentionner, en commençant par ceux qui se rapprochent le plus du système français, et en limitant notre étude aux principaux États de chaque groupe, afin d'éviter d'inutiles répétitions.

Section I. — Espagne.

Principes et organisation générale. — Il n'y a pas, dans la constitution espagnole, de textes proclamant le principe de la séparation des pouvoirs en termes aussi nets que l'ont fait, en France, les lois de la Constituante et de la Convention. Mais ce principe n'en est pas moins considéré comme faisant partie du droit public de la Péninsule, et l'institution d'une juridiction administrative est regardée comme une de ses conséquences nécessaires.

« Le principe fondamental de la séparation et de la mutuelle indépendance des pouvoirs constitutionnels, dit M. Colmeiro ([1]), exige l'institution de cette justice d'ordre public (la justice administrative). Si l'administration n'avait pas le pouvoir d'interpréter elle-même ses actes, de statuer sur les réclamations que suscitent les mesures qu'elle prend, de résoudre les doutes et les difficultés relatives à leur exécution, si elle ne pouvait pas écarter les obstacles mis à sa marche par un intérêt légitime ou par les réclamations d'un tiers, sa liberté d'action n'existerait plus, et sans cette liberté on ne pourrait lui imposer aucune responsabilité politique ou morale. C'est sur ces principes constitutionnels que se fonde la prérogative inhérente à la Couronne de statuer sur les conflits de compétence qui s'élèvent entre les autorités administratives et judiciaires, et que se fonde aussi le droit de juger définitivement et en dernier ressort toutes les questions contentieuses de l'administration. »

Tel est le principe. Appliqué largement, trop largement peut-être, pendant plus d'un demi-siècle, il reçut une sérieuse atteinte après la révolution de 1868. Un décret du 13 novembre 1868 abolit la juridiction administrative et supprima la section du contentieux du Conseil d'État, dont les attributions furent transférées à une chambre spéciale du Tribunal suprême, créée en 1870. Mais un décret-loi du 27 janvier 1875 a rétabli la juridiction contentieuse du Conseil d'État et a fait revivre, dans toutes ses parties essentielles, l'état de choses qui était en vigueur avant 1868.

La législation de 1875 a été modifiée à son tour, non dans ses principes, mais dans l'organisation des tribunaux chargés de les appliquer, par la loi du 14 septembre 1888.

Pour se rendre compte de ce mouvement de la législation, il est nécessaire de donner d'abord un rapide aperçu du régime qui a été en vigueur de 1875 à 1888.

Législation de 1875. — Le décret-loi du 27 janvier 1875 confiait l'exercice de la juridiction administrative aux *commissions provinciales* en premier ressort, et au *Conseil d'État* en appel ; celui-ci

---

1. *Derecho administrativo español*, par Don Manuel Colmeiro, chef de l'administration civile et professeur à l'université de Madrid, 1865, tome II, p. 338.

était aussi juge unique de certaines contestations portées directement devant lui.

La *commission provinciale* est un corps administratif, analogue à nos commissions départementales, et formé au sein de la *députation provinciale*, assemblée élective qui concourt avec le gouverneur à l'administration de la province.

La juridiction des commissions provinciales comprenait notamment les affaires suivantes ([1]) : usage et partage de biens et revenus provinciaux et communaux ; contributions générales, provinciales et municipales donnant lieu à des réclamations de particuliers ; — contentieux des chemins publics, soit en ce qui touche la part contributive des communes et hameaux aux frais de construction et d'entretien des chemins, soit pour les questions de limites, d'usurpation et de servitudes d'utilité publique ; — réclamations d'indemnités pour dommages causés par l'exécution de travaux publics ; — difficultés relatives à l'écoulement des eaux, à la navigation et au flottage des rivières et canaux, et à l'usage des eaux pour l'industrie et l'agriculture ; — opposition des tiers à l'établissement d'usines, ateliers ou machines, à raison de danger ou d'insalubrité (mais le refus d'autorisation ne peut faire l'objet d'un recours contentieux de la part de l'industriel, ce refus étant considéré comme rentrant dans les pouvoirs discrétionnaires de l'administration) ; — démolition et réparation des édifices menaçant ruine, alignement et hauteur des constructions nouvelles, quand la loi et les règlements prévoient que l'on doit procéder par la voie contentieuse ; — contentieux des listes électorales municipales ; — répression des contraventions de voirie, de chasse et de pêche ; — contestations relatives aux contrats et marchés passés avec les provinces et les communes pour toute espèce de travaux et de services publics ; contentieux des ventes de biens de l'État opérées par l'administration provinciale.

Toutes les décisions des commissions provinciales relevaient du Conseil d'État, soit en appel, soit par un recours en cassation fondé sur l'un des moyens suivants ([2]) : incompétence de la juridiction

---

1. V. Colmeiro, *op. cit.*, t. II, p. 361 et suiv. — Voy. aussi D. M. Alcubilla, *Dictionnaire d'administration espagnole*.

1. Colmeiro, *op. cit.*, t. II, p. 391.

administrative ; composition irrégulière du tribunal ; violation expresse de la loi ou des règlements ; incapacité de l'une des parties pour plaider ; omission de mettre une partie en cause ; refus d'admettre la preuve pour établir un fait décisif.

Le Conseil d'État exerçait la juridiction administrative supérieure, non en vertu d'un droit de juridiction propre, mais comme organe du Chef de l'État exerçant sa justice retenue au moyen de décrets royaux délibérés en Conseil. Toutefois, le droit du Gouvernement de ne pas ratifier les décisions du Conseil était plutôt théorique que réellement exercé dans la pratique ; le Gouvernement ne pouvait d'ailleurs en user que dans le délai d'un mois à dater de la réception de la délibération du Conseil d'État, et sa décision devait être prise sous la forme d'un décret motivé, délibéré en conseil des ministres, contresigné par le président du Conseil, et publié dans la *Gazette de Madrid*.

Le Conseil d'État connaissait : — 1° comme juge d'appel, des affaires soumises en premier ressort aux commissions provinciales, et de certaines contestations portées d'abord devant les alcades, les gouverneurs des provinces ou les ministres considérés comme juges de premier ressort ; — 2° comme juge de cassation, des recours formés contre les décisions du tribunal des comptes (*Tribunal de cuentas*), mais seulement pour vice de forme ou infraction manifeste à la loi ; — 3° comme juge unique des réclamations formées contre les actes et décisions de l'autorité centrale, notamment en matière de marchés de travaux ou de fournitures passés par le Gouvernement, ou par les directions générales des services publics civils ou militaires.

Les décisions du Conseil en matière contentieuse pouvaient être prises sous trois formes, selon la nature et l'importance de l'affaire : elles pouvaient être rendues par la *Section du contentieux*, par la *Chambre (sala) du contentieux* ou par l'assemblée plénière du Conseil d'État.

La *section* du contentieux était composée de treize membres, dont cinq au moins jurisconsultes (*letrados*), et l'administration y était représentée par un officier du ministère public (*Fiscal*), assisté de quatre adjoints et ayant mission de représenter et de défendre l'administration, soit dans l'instruction écrite, soit dans le débat oral.

La *chambre* du contentieux, chargée de juger les affaires les plus importantes, était composée de la section du contentieux et d'un délégué de chaque section administrative ; deux membres au lieu d'un étaient délégués par la section correspondant au ministère intéressé ([1]).

L'assemblée plénière du Conseil d'État pouvait aussi se constituer en chambre du contentieux dans des cas exceptionnels, notamment pour statuer sur les recours dirigés contre des décisions de l'administration qui avaient été instruites et préparées par l'assemblée plénière, et sur des recours en révision formés contre des décisions de la section ou de la chambre du contentieux.

Législation de 1888. — La loi du 14 septembre 1888 a substitué aux corps administratifs, précédemment chargés de la juridiction, de véritables tribunaux auxquels elle donne le nom de tribunaux du contentieux administratif (*Tribunales de lo contencioso administrativo*). La réforme est complète en ce qui touche les tribunaux de premier ressort qui cessent de résider dans les commissions provinciales et deviennent entièrement distincts de l'administration active. Il n'en est pas tout à fait de même pour le tribunal supérieur qui, tout en acquérant une existence propre et un droit de juridiction indépendant de toute sanction royale ([2]), n'est pas entièrement séparé du Conseil d'État. Ses membres continuent à faire partie de ce corps, sans cependant participer à toutes les délibérations de son assemblée générale.

En même temps que la loi de 1888 imprime un caractère nettement juridictionnel à l'organisation des tribunaux administratifs, elle soumet leur procédure à des règles précises qui la rapprochent beaucoup de la procédure judiciaire.

Enfin, une autre particularité de cette loi, c'est qu'elle s'efforce de définir le contentieux administratif dans son titre Ier, intitulé : « Nature et conditions générales du recours contentieux adminis-

---

1. Les sections administratives du Conseil d'État sont les suivantes : Grâce et Justice, — Guerre et Marine, — Finances (*Hacienda*), — Intérieur (*Gobernacion*), — Commerce, — Colonies (*Ultramar*).

2. L'article 8 de la loi de 1888 porte que la juridiction est exercée au nom du roi et par délégation de ses pouvoirs.

tratif ». On sait que le législateur français a reculé devant cette
tâche et a préféré s'en remettre à des règles générales et aux déductions qui en sont tirées par la jurisprudence ; il est permis de
dire que le législateur espagnol n'échappera pas non plus à cette
nécessité, car la plupart des règles qu'il pose avaient déjà place
dans la doctrine, dans la jurisprudence, quelquefois même dans
des textes législatifs, et l'on y voit réunies de véritables solutions
de principes et de simples règles de recevabilité qui figureraient
mieux dans une loi de procédure (¹).

Tribunal supérieur du contentieux administratif. — Ce tribunal se
compose de onze membres conseillers d'État, tous gradués en droit

1. Voici le résumé des règles posées dans ce titre Ier :

Le recours contentieux administratif peut être formé contre les décisions administratives qui sont susceptibles d'exécution actuelle, qui émanent de l'administration
dans l'exercice de ses facultés légales et qui violent un droit antérieurement acquis
au demandeur en vertu d'une loi, d'un règlement, ou d'un autre acte administratif
(art. 1er). Les décisions contre lesquelles on peut recourir par la voie gouvernementale (*por la via gubernativa*), ou qui ne sont ni définitives ni tout au moins interlocutoires, ne sont pas susceptibles de recours (art. 2).

Le recours contentieux peut également être formé contre les actes qui ne sont que
l'application de décisions d'un caractère général, si celles-ci ont méconnu des droits
résultant de la loi ; et il n'est pas nécessaire que ces droits aient été reconnus au
réclamant personnellement, il suffit qu'ils l'aient été à des personnes se trouvant
dans le même cas que lui (art. 2, § 3, et art. 3).

La juridiction administrative continue de connaître de toutes les questions relatives à l'exécution, à l'interprétation, à la rescision des contrats passés par les administrations centrales provinciales et municipales pour les travaux ou les services publics de toute nature (art. 5).

Ne sont susceptibles d'aucun recours contentieux : les décisions émanées du pouvoir discrétionnaire de l'administration ; — celles qui soulèvent des questions d'ordre
civil ou pénal relevant des tribunaux judiciaires ; — celles qui se bornent à reproduire ou à confirmer des décisions antérieures non attaquées dans les délais légaux ;
— celles qu'un texte de loi soustrait expressément au recours contentieux ; — les
décisions royales qui confèrent des grades ou des récompenses à des officiers des
armées de terre ou de mer pour actions d'éclat, ou qui prononcent des retraits ou
des rétrogradations de grades dans les formes de droit ; — les décisions rendues après
avis du conseil supérieur de la guerre et de la marine délibérant comme conseil de
l'ordre du Mérite militaire et d'autres ordres conférés à l'armée (art. 4).

Les recours formés contre le recouvrement d'impôts et autres revenus publics, ou de
créances liquidées au profit du Trésor, n'est recevable que si le réclamant en a préalablement effectué le paiement, à moins qu'il ne produise un certificat d'indigence
(art. 6).

En règle générale, aucun recours contentieux n'est recevable plus de trois mois
après la notification de la décision attaquée, ou après sa publication dans la *Gazette
de Madrid* ou dans le *Bulletin officiel* de la province, s'il s'agit d'un acte ne pouvant
être notifié individuellement à tous les intéressés (art. 7).

(*Letrados*) ; le président doit être pris parmi les anciens ministres de la Couronne, et le vice-président parmi les membres du Conseil d'État ou de la Cour suprême, en fonctions depuis deux ans au moins. Tous sont soumis aux mêmes règles d'inamovibilité et de discipline que les membres de la Cour des comptes (art. 12 et 14).

Le tribunal fait partie du Conseil d'État ; ses membres siègent avec voix délibérative à l'assemblée plénière du Conseil, quand celle-ci est appelée à délibérer : 1° sur les conflits de compétence entre les autorités administrative et judiciaire ; 2° sur des règlements et instructions générales pour l'exécution des lois ; 3° sur des réclamations formées contre des décisions non susceptibles de recours contentieux. Toutefois, la participation des membres du tribunal à ces délibérations de l'assemblée plénière n'est obligatoire que dans le premier cas ; dans les deux autres, elle est facultative pour le Gouvernement (art. 9).

La compétence du tribunal s'étend à toutes les affaires qui, d'après les lois de 1875 et de 1888, rentrent dans le contentieux administratif, sous réserve de la juridiction de premier ressort qui appartient soit aux tribunaux provinciaux, dans les affaires qui étaient antérieurement jugées par les commissions provinciales, soit aux ministres, gouverneurs et alcades dans quelques affaires déterminées. Dans toutes les autres affaires contentieuses, le tribunal statue comme juge unique.

L'administration est représentée devant le tribunal supérieur par un commissaire du Gouvernement (*Fiscal*), assisté d'un substitut et de six avocats fiscaux (*abogados fiscales*). Ils sont chargés de défendre, dans l'instruction écrite et le débat oral, l'administration et les corporations placées sous sa tutelle. Si le commissaire estime que la décision attaquée ne peut pas être défendue, il en fait rapport au ministre intéressé qui décide s'il y a lieu de persister dans la défense ou d'acquiescer à la demande. Le Gouvernement peut aussi, dans des affaires déterminées, se faire représenter par des commissaires spéciaux ([1]).

Un secrétaire chef et dix secrétaires sont attachés au tribunal.

---

1. L'organisation et le fonctionnement du ministère public font l'objet du titre II, chap. IV, art. 19 à 25.

Tribunaux provinciaux du contentieux administratif ([1]). — Ces tribunaux sont composés d'éléments mixtes où domine l'élément judiciaire. La présidence appartient au président de la cour provinciale et, à son défaut, au président du tribunal criminel de la province. Les membres sont au nombre de quatre titulaires et de quatre suppléants, désignés pour un an et pris par moitié parmi les magistrats de l'ordre judiciaire et parmi les membres de la députation provinciale gradués en droit. Si la députation provinciale ne peut fournir le nombre voulu de titulaires et de suppléants remplissant cette condition d'aptitude, il est procédé à un tirage au sort parmi les magistrats retraités, les professeurs de droit et les avocats ayant dix ans d'exercice, résidant au siège du tribunal. On voit que l'élément administratif peut être ainsi très effacé.

De même que devant le tribunal supérieur, la procédure est écrite et suivie d'un débat oral à l'audience. Elle est astreinte à des formes rigoureuses tant pour l'introduction et la marche des instances que pour les enquêtes et les autres incidents ([2]).

Des jugements et de leur exécution. — Nous nous bornerons à signaler ici quelques règles qui sont également applicables au tribunal supérieur et aux tribunaux provinciaux, et qui appartiennent en propre à la législation espagnole.

En ce qui touche les jugements, la loi de 1888 permet de déroger au secret des délibérations ; elle autorise les juges dont l'opinion n'a pas prévalu à « sauvegarder leur vote » (*salvar su voto*) en le transcrivant avec ses motifs à la suite de la décision, et, ce qui est plus remarquable encore, en le faisant publier et notifier avec le texte de l'arrêt ([3]). On ne peut nier qu'il n'y ait là une précieuse garantie du droit de la minorité, mais on peut se demander si les intérêts de la majorité et l'autorité morale de la chose jugée ne lui sont pas quelque peu sacrifiés.

En ce qui touche l'exécution à l'égard de l'administration, les décisions définitives sont communiquées, dans les dix jours, au

---

1. Titre II, chapitre III de la loi.

2. La procédure devant le Tribunal supérieur est détaillée dans le chapitre Ier du titre III (art. 32 à 62), et celle des tribunaux provinciaux dans le chapitre II du même titre.

3. Art. 62 et 63, § 5.

ministre ou à telle autre autorité compétente, lesquels doivent accuser réception dans les trois jours et rendre compte, dans le délai d'un mois, de l'exécution donnée à la sentence. Si toutefois l'administration estime que, pour des raisons d'intérêt public, l'exécution doit être suspendue, elle a le droit de surseoir, à condition d'en informer le tribunal et de lui faire connaître ses motifs. Le tribunal peut alors allouer une indemnité à la partie qui subit le sursis. Le Gouvernement doit, en outre, rendre compte de tous les cas de suspension aux Cortès, ou aux autres assemblées compétentes, provinciales ou municipales, que la décision intéresse [1].

Si un crédit spécial est nécessaire pour que la sentence puisse être mise à exécution, le Gouvernement doit le demander dans le délai d'un mois, soit aux Cortès, soit aux assemblées locales [2].

L'infraction à ces règles engage la responsabilité personnelle des ministres et des autres administrateurs chargés de l'exécution de la décision ; elle constitue une « désobéissance punissable » (*desobediencia punible*) qui peut donner lieu à des poursuites devant la juridiction civile ou criminelle [3].

Conflits. — Les questions de compétence sont tranchées par décret royal rendu après délibération de l'assemblée plénière du Conseil d'État, à laquelle prennent part les membres du tribunal supérieur du contentieux administratif, comme nous l'avons vu ci-dessus. La loi du 14 septembre 1888 a maintenu pour le jugement des conflits la législation antérieure. Cette juridiction du Gouvernement en Conseil d'État s'exerce : 1° lorsqu'il y a conflit d'attributions, positif ou négatif, entre les ministres ou entre diverses autorités administratives ; 2° lorsque la décision d'une autorité ou d'un tribunal administratif est attaquée devant le Gouvernement, pour incompétence ou pour excès de pouvoir, par une autorité judiciaire qui se prétend lésée dans ses attributions ; 3° lorsqu'il y a conflit positif ou négatif entre l'autorité administrative et l'autorité judiciaire.

1. Loi de 1888, art. 84.
2. Art. 85.
3. Art. 86.

Le droit d'élever le conflit devant les tribunaux judiciaires, pour empiétement prétendu sur la fonction ou sur la juridiction administrative, appartient aux gouverneurs de province. La délibération du Conseil d'État, prise en assemblée plénière, sur le rapport de la section de grâce et justice, est transmise au président du conseil des ministres, et en outre au ministre de l'intérieur et aux parties intéressées dans le litige. Pendant un délai de quinze jours, chaque ministre peut demander que la question soit soumise au conseil des ministres, sinon un décret royal est rendu conformément à la délibération du Conseil d'État. Les décrets sur conflit sont considérés, dans le droit public espagnol, non comme des actes de juridiction administrative supérieure, mais comme de véritables actes de puissance gouvernementale et de prérogative royale, « le roi étant le supérieur commun de l'administration et de la justice et le régulateur suprême de toutes les juridictions » ([1]).

Poursuites contre les fonctionnaires. — Le droit public espagnol rattache également à la prérogative royale, exercée en Conseil d'État, les décisions à rendre sur la demande en autorisation de poursuites formée contre les fonctionnaires publics à raison d'actes de leurs fonctions. Les règles qui étaient appliquées en France avant l'abrogation de l'article 75 de la Constitution de l'an VIII sont encore en vigueur en Espagne ; on considère que le chef du pouvoir exécutif, de qui émanent les délégations de pouvoir et d'autorité faites aux agents de l'administration, a seul qualité pour apprécier les fautes et abus commis dans l'exercice de cette délégation. Sa décision est rendue après avis de l'assemblée plénière du Conseil d'État, quand la poursuite est dirigée contre les fonctionnaires supérieurs de l'administration, et après avis de la section correspondant au service intéressé, quand il s'agit d'agents inférieurs de l'État ou d'agents de l'administration provinciale ou communale.

1. Colmeiro, *op. cit.*

SECTION II. — ALLEMAGNE.

§ 1ᵉʳ. — LÉGISLATION FÉDÉRALE.

Réformes législatives accomplies depuis 1871. — La législation de l'Allemagne a subi, depuis 1871, d'importantes modifications.

Avant cette époque, la Prusse et les États qui forment avec elle l'empire fédéral allemand, n'avaient pas de tribunaux administratifs. Certaines contestations intéressant les services publics étaient portées devant les tribunaux judiciaires ; les autres, et c'était le plus grand nombre, relevaient uniquement de l'administration active et de l'autorité ministérielle. La limite imposée à la compétence judiciaire était souverainement appréciée, soit par l'autorité gouvernementale, soit par une juridiction spéciale où dominait l'élément administratif. Ces autorités ou juridictions, statuant sur les conflits élevés par l'autorité administrative, déclaraient par des décisions sans appel si la *voie de droit (der Rechtsweg)* était ou non ouverte aux parties. Cette voie étant ouverte, le litige était porté devant les tribunaux judiciaires ; dans le cas contraire, les parties n'avaient de recours que devant l'administration.

Ce système a été notablement amélioré ; mais on ne peut aller jusqu'à dire qu'il ait été complètement transformé, soit par la législation fédérale de l'empire allemand, soit par les lois particulières des États.

La législation fédérale, et spécialement le Code d'organisation judiciaire allemand du 27 janvier 1877 (¹), ont posé des règles générales sur plusieurs points importants, règles qui doivent se combiner avec les principes de droit public restés en vigueur en Allemagne et avec la législation particulière que les États ont eu la faculté d'édicter. Elles sont relatives notamment : à la compé-

---

1. Voir l'édition de ce Code, traduite en français avec une introduction par M. Dubarle, ancien magistrat, et publiée sous la direction de la Société de législation comparée. — Imprimerie nationale, 1885.

tence, aux poursuites dirigées contre les fonctionnaires et aux conflits.

Règles de compétence. — Le Code d'organisation judiciaire (art. 13) pose en principe que « les tribunaux ordinaires connais-« sent de toutes les affaires contentieuses et criminelles qui ne sont « pas de la compétence des autorités administratives ». Il semblerait résulter de là que les tribunaux judiciaires ont la juridiction ordinaire en matière administrative contentieuse, et que des dispositions spéciales de la loi sont nécessaires pour attribuer compétence aux autorités administratives. Mais en parlant d'affaires contentieuses, la loi fédérale s'en réfère à la distinction que le droit public allemand a consacrée de tout temps entre les réclamations qui sont dirigées contre l'État considéré comme *fisc,* ou contre l'État considéré comme *puissance publique.*

Cette distinction, loin d'être abandonnée par la législation et la jurisprudence allemandes, est toujours enseignée dans les traités les plus récents comme une des règles essentielles du droit administratif. « L'État, dit M. von Rönne, peut agir de deux manières : comme *puissance publique,* c'est-à-dire comme État dans le sens éminent ; ou comme association productive pour se procurer les moyens nécessaires à la marche de l'État, c'est-à-dire comme *fisc.* Agissant comme puissance publique, l'État ne peut se trouver soumis aux règles et aux obligations du droit privé ; comme fisc, au contraire, l'État peut acquérir des droits et avoir des obligations selon les règles du droit commun ([1]). »

Les actes de l'État considéré comme puissance publique relèvent de l'administration seule. La *voie de droit* reste fermée, soit devant les tribunaux judiciaires, soit même devant les tribunaux administratifs, pour toute réclamation qui tend à faire annuler ou réformer un acte d'administration impliquant l'exercice de l'autorité publique, ou à obtenir une indemnité à raison du dommage que cet acte a pu causer. Ainsi toutes les décisions du chef de l'État, des ministres et des autres représentants de l'administration centrale, qui

---

1. Von Rönne, *Das Staatsrecht der preussischen Monarchie.* 4e édition. Berlin, 1883 ; t. III, p. 5 3.

n'ont pas uniquement pour objet des contrats passés par l'État, ou la gestion de ses intérêts financiers, toutes les décisions où apparaît à un degré quelconque la délégation de l'autorité publique ou le droit de commandement, restent en dehors du contentieux administratif ; elles sont assimilées à ce que nous appelons en France des actes de gouvernement. « La voie de droit, dit encore M. de Rönne, n'est pas ouverte contre l'État puissance publique, qui ne peut discuter avec ses subordonnés sur ses droits éminents et leurs conséquences (¹). »

Chose remarquable, le droit public allemand comprend parmi les prérogatives de la puissance publique qui échappent au contrôle de toute juridiction, le droit d'assujettir les citoyens à des impôts perçus pour le compte de l'État. Les réclamations en matière de contributions publiques, pour lesquelles les tribunaux sont si largement ouverts en France, — tribunaux administratifs ou judiciaires selon que les contributions sont directes ou indirectes, — ne peuvent être portées, en général, que devant les administrations financières supérieures.

A la vérité, quelques tempéraments ont été apportés à cette règle ; ainsi, la législation prussienne a permis, depuis 1861, de porter devant les tribunaux judiciaires les réclamations contre l'impôt des successions et contre l'impôt du timbre. Quelques États ont admis la même règle pour les droits de douane ; mais l'interdiction du recours contentieux subsiste pour les impôts directs. La voie de droit n'est ouverte en cette matière que si le contribuable, sans discuter l'assiette de la taxe, soutient qu'il est libéré par paiement ou par prescription. C'est seulement à ces sortes de discussions que s'applique la compétence judiciaire prévue, en matière d'impôts d'État, par une des dispositions de l'article 70 du Code fédéral allemand.

Les lois prussiennes les plus récentes ont implicitement confirmé les règles que nous venons de rappeler. En érigeant en tribunaux administratifs les *comités de cercle* et *de district* dont nous parlerons ci-après, elles leur ont attribué le contentieux des taxes locales qui s'établissent par addition au principal des contributions

---

1. *Op. cit.*, t. III, p. 485.

directes ; mais elles ont expressément stipulé que le principal de ces contributions, qui représente l'impôt d'État, ne pourrait pas être discuté devant ces tribunaux administratifs.

Une légère atténuation a été récemment apportée à cette règle par la loi sur les patentes du 24 juin 1891. Elle ouvre un recours au tribunal administratif supérieur contre les décisions de l'autorité de district (*Bezirksregierung*) qui connaît, en appel, des réclamations portées d'abord devant les commissions fiscales ; mais le recours au tribunal administratif ne peut être fondé que sur la violation de la loi ou sur un vice essentiel de la procédure ([1]).

Il résulte de là que l'expression de *fisc* a, en Allemagne, une signification toute spéciale ; elle ne s'applique pas aux services qui sont considérés en France comme des services fiscaux par excellence, à ceux qui président à l'assiette et au recouvrement de l'impôt ; elle vise uniquement ce que nous appelons en droit administratif français l'État personne civile, l'État partie contractante, l'État débiteur, par opposition à l'État puissance publique.

Par application de ces idées générales, le Code d'organisation judiciaire allemand (art. 70) et plusieurs lois fédérales antérieures, notamment celle du 31 mars 1873, ont consacré la compétence des tribunaux judiciaires dans les affaires suivantes : marchés de travaux publics ; dommages causés par ces travaux ; marchés de fournitures ; demandes de traitements et de pensions formées par les fonctionnaires fédéraux et les magistrats de l'ordre judiciaire ([2]) ; réclamations des fonctionnaires contre les décisions de débet prises contre eux à raison de déficit relevé dans leur gestion ([3]) ; et, en général, toutes les actions contre le « fisc » lorsqu'elles n'impliquent pas la discussion et la critique d'un acte de la puissance publique. Une action en indemnité fondée sur un acte de cette nature ne serait pas recevable, parce que l'obligation pécuniaire alléguée contre l'État ne viserait pas exclusivement le fisc.

---

1. Loi du 24 juin 1891, art. 35-37, *Annuaire de législation étrangère*, 1892, p. 259.

2. Pour les autres fonctionnaires des États, la compétence peut être judiciaire ou administrative d'après la législation de ces États ; elle est judiciaire en Prusse depuis la loi du 24 mai 1861.

3. Sur ce point encore, la législation fédérale a étendu à tous les États la règle de compétence qui était en vigueur en Prusse, depuis l'ordonnance du 21 janvier 1844.

Poursuites contre les fonctionnaires. — Avant 1871, la législation de plusieurs États contenait des dispositions analogues à l'article 75 de la Constitution de l'an VIII ; une autorisation préalable était nécessaire pour poursuivre un fonctionnaire devant les tribunaux à raison d'actes commis dans l'exercice de ses fonctions. En Prusse, l'article 95 de la Constitution du 5 décembre 1848 a aboli l'autorisation préalable, puis l'article 97 de cette Constitution, revisée le 31 janvier 1850, a remis à une loi spéciale le soin de déterminer sous quelles conditions les poursuites pourraient avoir lieu. Cette loi, rendue le 13 février 1854, décida que les fonctionnaires pourraient être poursuivis devant les tribunaux, mais que l'administration aurait le droit d'élever le conflit pour faire préalablement décider si le fonctionnaire avait commis une faute de nature à justifier les poursuites. Ce conflit était porté devant le *Tribunal de compétence,* qui déclarait si la voie de droit était ou non ouverte ([1]).

La législation fédérale allemande s'est inspirée de ce dernier état de la législation prussienne. Elle pose en principe que les tribunaux judiciaires sont compétents pour connaître des poursuites à fins pénales ou civiles dirigées contre les fonctionnaires ; elle interdit toute procédure d'autorisation préalable ; mais elle permet que la législation particulière des États subordonne les poursuites à la solution d'une question préjudicielle, celle de savoir si le fonctionnaire incriminé a commis « un abus de pouvoir ou une omission d'un acte nécessaire de ses fonctions » ([2]). Cette question doit être soumise à la cour de justice administrative dans les États où elle est instituée, et au *Tribunal de l'Empire,* haute juridiction fédérale, dans les États où il n'existe pas de cour de justice administrative.

Ces juridictions remplissent, on le voit, une mission analogue à celle du Tribunal des conflits de France lorsque celui-ci apprécie, en vertu de sa jurisprudence, si l'acte du fonctionnaire poursuivi devant les tribunaux a le caractère d'une faute personnelle ou d'un acte administratif, même entaché d'irrégularité ou d'erreur ([3]).

---

1. Von Rönne, *op. cit.,* t. III, p. 571 et suiv.
2. *Code d'organisation judiciaire,* art. 70, et Loi de mise en vigueur du Code, art. 11.
3. On trouve une application de la jurisprudence en vigueur en Allemagne dans

Conflits. — Le conflit a toujours été considéré en Allemagne comme la sanction nécessaire de la séparation des pouvoirs administratif et judiciaire. La législation fédérale l'a expressément maintenu, mais elle a voulu en fixer les règles essentielles afin de prévenir la diversité des systèmes et les abus qui en étaient résultés dans quelques États. Elle a dû aussi étendre l'usage du conflit : il ne s'appliquait autrefois qu'aux revendications de compétence faites par l'administration active, seule autorité qui pût être opposée à l'autorité judiciaire lorsqu'il n'existait pas de tribunaux administratifs ; mais depuis que ces tribunaux ont été institués dans les principaux États de l'Allemagne, la législation fédérale a permis que le conflit fût employé pour revendiquer les affaires de leur compétence qui seraient portées à tort devant les tribunaux judiciaires.

En ce qui touche le jugement des conflits, le Code d'organisation judiciaire laisse aux États l'option entre deux systèmes. Ou bien ce jugement est confié à la juridiction judiciaire supérieure, ou bien il appartient à un tribunal spécial de compétence (*Competenzgerichtshof*), institué d'après des règles posées par la législation fédérale.

Le premier système est pratiqué dans les États et principautés secondaires de l'Allemagne (Reuss, Anhalt, Saxe-Altenbourg, Saxe-Meiningen, Saxe-Weimar, Lippe, Schaumbourg-Lippe, etc.). Le conflit y est jugé par le tribunal suprême.

Au contraire, dans les principaux États (Prusse, Bavière, Wurtemberg, Saxe, Bade), ainsi que dans quelques États secondaires

---

une décision du tribunal administratif supérieur de Berlin du 6 octobre 1882, rapportée par M. von Rönne. Un fonctionnaire de la police est poursuivi pour coups et violences dans l'exercice de ses fonctions. En fait, étant préposé à la surveillance d'un lieu public, il a, pour contenir l'affluence, écarté et repoussé vivement des assistants et a porté à l'un d'eux un coup au visage. Le tribunal décide que cette voie de fait constitue un abus de pouvoir, à raison duquel il peut être poursuivi, mais que les faits moins graves qui ont précédé rentrent dans l'exercice de la fonction et ne peuvent pas être retenus comme élément de la poursuite.

Un autre auteur, M. Löning (*Lehrbuch des deutschen Verwaltungsrechts*, Leipzig, 1884, p. 785) fait remarquer que l'acte du fonctionnaire, même entaché d'illégalité, n'est pas, par cela seul, un acte de droit privé. C'est à l'autorité administrative qu'il appartient de l'apprécier, « pour éviter qu'un tribunal ne condamne un fonctionnaire à des dommages-intérêts à raison d'actes que l'administration reconnaîtrait comme valables ».

(Brunswick, Saxe-Cobourg, etc.), le jugement des conflits appartient à un tribunal de compétence.

Les règles fondamentales posées par la législation fédérale pour l'organisation d'un tribunal de compétence sont les suivantes ([1]) :

Les membres du tribunal doivent être nommés à vie ou, s'ils sont fonctionnaires, pour toute la durée de leurs fonctions ; ils ne peuvent être relevés de ces fonctions que dans les conditions prévues pour les membres du Tribunal de l'Empire. — La moitié au moins des membres du tribunal de compétence doit appartenir à une juridiction judiciaire de l'Empire ou de l'État, c'est-à-dire au Tribunal de l'Empire, au tribunal suprême de l'État ou à un tribunal régional supérieur. — La décision ne peut être rendue que par cinq juges au moins, et, dans tous les cas, le nombre des juges doit être impair, de manière qu'il n'y ait ni arrêt de partage ni voix prépondérante du président. — L'instruction doit avoir lieu contradictoirement entre l'administration et les parties en cause ; la décision ne peut être rendue qu'en audience publique, après débat oral ; — l'administration ne peut plus élever le conflit lorsque le tribunal judiciaire a rendu une décision passée en force de chose jugée sur la question de compétence.

Telles sont les règles générales auxquelles les États ont dû se conformer. En conséquence, des tribunaux de compétence ont été organisés ainsi qu'il suit dans les principaux États :

En Prusse, le tribunal de compétence est composé de onze membres dont six doivent appartenir au tribunal supérieur de Berlin ; les cinq autres doivent réunir les conditions d'aptitude exigées pour les fonctions supérieures de l'administration ; ils sont nommés par le roi sur la proposition du ministre d'État. Le conflit est élevé par l'autorité centrale et par ses représentants dans les provinces. Le tribunal devant lequel le conflit est élevé doit suspendre toute procédure ; il joint ses observations à celles que les parties sont invitées à déposer ; des observations sont également jointes au dossier par le tribunal judiciaire supérieur lorsque le conflit est élevé devant un tribunal inférieur. Le tribunal de compétence

---

1. *Code d'organisation judiciaire,* article 17.

statue sur les conflits négatifs, à la requête de la partie la plus diligente (¹).

1. Nous croyons devoir reproduire ici les principales dispositions de l'ordonnance législative du 1er août 1879 qui règle en Prusse la matière des conflits. Cette ordonnance a été rendue par le Gouvernement en vertu de l'article 17, § 2, de la loi de mise en vigueur du Code d'organisation judiciaire ; nous empruntons à l'*Annuaire de législation étrangère* la traduction de M. R. Dareste. (Année 1880, p. 191.)

Art. 1er. — Le jugement des contestations sur le point de savoir si la voie de droit est ouverte appartient, dans les cas déterminés par la présente ordonnance, au tribunal des conflits.

Art. 2. — Le tribunal est composé de onze membres dont six doivent appartenir au tribunal supérieur de Berlin. Les cinq autres doivent réunir les conditions exigées pour servir dans l'administration ou pour remplir les fonctions judiciaires. Pour être nommé membre, il faut avoir l'âge de trente-cinq ans accomplis. Les membres sont nommés pour toute la durée des fonctions qu'ils exercent au moment de leur nomination. S'ils n'exercent aucune fonction à ce moment, ils sont nommés à vie. Leur révocation ne peut être prononcée que dans les conditions exigées pour les membres du Tribunal de l'Empire. Le président et les autres membres sont nommés par le roi sur la proposition du ministre d'État.

Art. 3. — Le tribunal rend ses décisions à sept membres.

Art. 4. — Le tribunal décide, dans les cas où l'autorité administrative, dans un procès civil engagé devant les tribunaux, considère la voie de droit comme non ouverte et où, en conséquence, le conflit est élevé. Le conflit de compétence ne peut pas être élevé quand, dans l'affaire, la voie de droit a été déclarée ouverte par un jugement passé en force de chose jugée.

Art. 5. — Le conflit ne peut être élevé que par l'autorité administrative centrale et par celle de la province. Ces autorités peuvent aussi élever le conflit quand elles prétendent que la compétence pour la décision de l'affaire appartient aux tribunaux administratifs.

Art. 6. — Le conflit est élevé devant le tribunal où l'affaire est pendante, par une déclaration écrite de l'autorité administrative portant que la voie de droit paraît n'être pas ouverte. Cette déclaration doit être motivée.

. . . .

Art. 10. — Après que les parties ont déposé leurs mémoires ou, s'il n'y a pas de mémoires déposés, après l'expiration du délai d'un mois, le tribunal envoie les pièces avec son avis au tribunal supérieur qui, à son tour, y joint son avis et envoie le tout au ministre de la justice. Le ministre de la justice envoie au tribunal des conflits les pièces et les avis des tribunaux et donne connaissance de cet envoi au chef de l'administration intéressée.

Art. 12. — La décision du tribunal des conflits sur le conflit est rendue après débat oral en audience publique.

Art. 21. — Lorsque, dans une affaire, les tribunaux d'une part et d'autre part les autorités administratives ou les tribunaux administratifs se sont déclarés incompétents par des décisions devenues définitives, les tribunaux ayant reconnu la compétence de l'administration ou des tribunaux administratifs, et ceux-ci ayant reconnu la compétence judiciaire, en ce cas le conflit est jugé par le tribunal des conflits à la requête d'une des parties intéressées. Cette requête est présentée au tribunal devant lequel l'affaire était pendante en première instance. Elle est notifiée d'office à la partie adverse. Celle-ci peut, dans le délai d'un mois, présenter un mémoire sur le conflit. Au surplus doivent être observées les dispositions des articles 9 à 17 et 20 de la présente ordonnance. Le tribunal des conflits annule dans sa décision toutes décisions contraires et renvoie l'affaire à être instruite et décidée par qui il appartiendra.

Dans le grand-duché de Bade, le tribunal de compétence est composé de huit membres du tribunal supérieur de Carlsruhe et de cinq membres de la cour administrative ou hauts fonctionnaires de l'administration, tous nommés par le Gouvernement. Le conflit est élevé par le ministre intéressé.

En Bavière, le tribunal est composé de six membres du tribunal suprême ou d'un des tribunaux supérieurs, et de cinq membres de la cour administrative. Le conflit est élevé par l'administration centrale ou par les directeurs des cercles. Il peut l'être aussi par le ministère public près la cour administrative, agissant spontanément ou sur injonction de la cour.

Dans la Saxe royale, le tribunal est composé de six membres du tribunal supérieur de Dresde, dont le président et cinq conseillers ministériels. Le conflit est élevé par l'autorité administrative supérieure.

En Wurtemberg, le tribunal est composé de quatre juges du tribunal supérieur de Stuttgard et de trois membres de la cour administrative ou hauts fonctionnaires de l'administration. Le conflit est élevé par le ministre ou par la cour de justice administrative.

Dans le duché de Brunswick, le tribunal comprend trois membres du tribunal supérieur de Brunswick et deux fonctionnaires administratifs ; le conflit est élevé par les représentants de l'administration agissant sous l'autorité du ministre.

Dans le duché de Saxe-Cobourg, la « commission ducale des conflits » est composée de quatre membres du tribunal supérieur et de deux membres de l'administration ; elle est présidée par le ministre de la justice. Le conflit est élevé par le ministre intéressé ou par les autorités centrales.

Tribunaux administratifs. — La législation fédérale prévoit des tribunaux administratifs, mais elle n'oblige pas les États à en établir ; elle ne règle ni leur organisation ni leurs attributions ; elle laisse la législation particulière de chaque État libre de statuer à cet égard, à condition d'observer les limites de la compétence administrative, telles que la législation fédérale les a fixées par rapport à l'autorité judiciaire.

Les États de l'empire allemand ont diversement usé, depuis

1872, de la faculté qui leur était laissée. Dans les petits États, où les litiges administratifs sont peu nombreux et peu importants, il n'a point été institué de tribunaux spéciaux ; la compétence a continué à se partager entre les tribunaux judiciaires et l'administration active. Dans les grands États, au contraire, — Prusse, Bavière, Wurtemberg, Saxe, Bade, — des tribunaux administratifs ont été créés. Ils forment en général deux degrés de juridiction, quelquefois trois ; la juridiction de dernier ressort appartient à un tribunal unique qui prend le nom de « Tribunal administratif supérieur » ou de « Cour de justice administrative ».

Les attributions de ces tribunaux, même dans les États où elles sont les plus étendues, sont loin de représenter l'ensemble des attributions contentieuses qui étaient réservées à l'administration avant 1871. Les contestations qui intéressent les administrations centrales sont rarement du ressort des tribunaux administratifs ; la plupart continuent à relever des ministres, et celles dont ils ont été dessaisis ne relèvent que du tribunal supérieur, sans jamais être soumises aux tribunaux locaux. Ceux-ci ne connaissent en réalité que du contentieux des administrations provinciales et communales, mais ils en connaissent très largement et exercent presque complètement les attributions contentieuses qui appartenaient antérieurement aux autorités locales. Nous verrons d'ailleurs que ces tribunaux sont eux-mêmes des autorités locales, qui réunissent le contrôle administratif à la juridiction contentieuse, en modifiant, dans certains cas, leur organisation et leur procédure.

Dans cette matière, ce n'est donc plus la législation fédérale, mais la législation particulière des États que nous devons interroger.

§ 2. — PRUSSE.

Tribunaux administratifs. — L'organisation de l'administration et des tribunaux administratifs, entreprise en Prusse en 1871, ne s'est pas opérée d'un seul jet. Elle est résultée d'une série de lois échelonnées de 1872 à 1884, quelques-unes plus récentes, qui se complètent, se modifient, se reproduisent ou s'abrogent, de manière à former un ensemble un peu hésitant. Cette législation semble cependant avoir pris une forme assez durable à la suite de la revision et de la codification qui ont été opérées par la loi du 3 juillet 1883 sur l'administration générale et par celle du 1er août 1883 sur la compétence des autorités et des tribunaux administratifs, lois qui sont entrées l'une et l'autre en vigueur le 1er avril 1884 (¹).

La législation de 1883 a eu, en outre, pour effet de mettre fin à des difficultés auxquelles avait donné lieu la législation antérieure, en ce qui touche la force exécutoire des décisions rendues par les nouveaux tribunaux administratifs. On avait soutenu et fait quelquefois admettre en justice que ces décisions ne faisaient pas obstacle à un débat ultérieur devant les tribunaux judiciaires ; mais il a été expressément décidé par la loi du 1er août 1883, qu'elles constituaient des décisions complètes sur les litiges, avec force exécutoire et autorité de chose jugée.

Le système qui résulte de la législation de 1883 a quelque analogie avec celui qui avait prévalu en France de 1790 à l'an VIII, en ce qu'il confie la juridiction administrative à des autorités collectives et élues qui participent en même temps à la direction et au contrôle de l'administration active. Avant 1883, il y avait dans chaque district un tribunal administratif exclusivement chargé de la juridiction contentieuse, mais il a été supprimé, et ses attributions ont été remises au comité de district. Il n'existe plus actuellement qu'un tribunal administratif entièrement séparé de l'administration active, c'est le tribunal administratif supérieur, qui siège à Berlin et dont la compétence s'étend à tout le royaume.

La réunion du contrôle administratif et de la juridiction contentieuse entre les mains des mêmes autorités locales, — le comité

---

1. Les lois antérieures, auxquelles il est encore utile de se référer, sont :
La loi du 22 décembre 1872 sur l'administration des cercles, modifiée par la loi du 19 mars 1882 ; — la loi du 28 juin 1875 sur l'administration des provinces, modifiée par celle du 22 mars 1881 ; — la loi du 3 juillet 1875 sur la juridiction administrative, modifiée par celle du 2 août 1880 ; — la loi sur la compétence du 26 juillet 1876.
Ces lois, ainsi que celles des 3 juillet et 1er août 1883 qui les ont revisées et codifiées, ont été traduites ou analysées dans le précieux recueil publié chaque année par la Société de législation comparée sous le titre d'*Annuaire de législation étrangère*. On les y retrouve à leur date.

de district et le comité de cercle, — a obligé le législateur prussien
à faire des distinctions entre les recours qui s'adressent à ces comités en qualité de supérieurs hiérarchiques et ceux qui les saisissent
comme juridictions contentieuses. Cette distinction est d'autant
plus nécessaire que les deux recours ne peuvent pas toujours être
cumulés ; et elle est d'autant plus difficile que le recours administra-
tratif et le recours contentieux sont portés devant les mêmes autorités, introduits dans le même délai (ordinairement deux semaines)
et soumis à des formes très analogues de procédure écrite et même
orale. La loi prussienne s'est efforcée de distinguer les deux recours
au moyen d'une terminologie rigoureuse. Elle appelle *action* (*Klage*)
le recours contentieux, et *plainte* (*Beschwerde*) le recours administratif ([1]). A l'action correspond le jugement (*Entscheidung*), à la
plainte correspond la décision administrative (*Beschluss*).

Ainsi que nous l'avons dit ci-dessus, la compétence des tribunaux administratifs est restreinte au contentieux des affaires d'administration locale et ne s'étend pas au contentieux d'État. Ainsi
limitée, elle a cependant, en Prusse, une certaine importance. Les
attributions juridictionnelles sont exercées par trois espèces de
corps ou tribunaux administratifs : 1° le *comité de cercle*, qui exerce
sa juridiction dans le cercle (*Kreis*), circonscription analogue à
notre arrondissement, mais généralement plus étendue ([2]) ; — 2° le
comité de district, qui siège dans le district (*Bezirk*), circonscription
qui peut être comparée à notre département, mais qui est beaucoup
plus vaste ([3]) ; — 3° le *tribunal administratif supérieur,* qui siège à
Berlin et constitue une juridiction unique ([4]).

1. Sur la distinction de l'action et de la plainte, on peut consulter les articles 50,
54, 129 de la loi d'administration générale du 30 juillet 1883.

2. L'organisation et l'administration des cercles sont régies par les lois du 13 décembre 1872 et du 19 mars 1881 (*Annuaire de législation étrangère*, 1873, p. 275, et
1882, p. 195) auxquelles s'ajoutent quelques dispositions de la loi du 3 juillet 1891
sur l'organisation des communes rurales.

3. L'organisation et l'administration des districts sont régis par la loi du 29 juin
1875 et par diverses dispositions des lois des 26 juillet 1873, 26 juillet 1880,
30 juillet et 1er août 1883, rapportées à leur date dans l'*Annuaire de législation
étrangère.*

4. Il est à remarquer que la province, formée de la réunion de plusieurs districts,
ne constitue pas un ressort pour l'exercice de la juridiction administrative. Les autorités de la province (président supérieur, diète provinciale, conseil et comité provincial) ne rendent pas de décisions en matière contentieuse.

Voyons comment fonctionnent ces trois juridictions.

Comité de cercle. — L'organisation de ce comité varie selon que le cercle est *rural* ou *urbain*.

Le cercle rural comprend les communes rurales, les bourgs, les villes ayant moins de 10,000 habitants, et certains territoires dits « districts de terre indépendants ». Le comité de cercle rural (*Kreisausschuss*), qui concourt à l'administration du cercle et qui y exerce en même temps la juridiction administrative, se compose du conseiller provincial (*Landrath*) qui le préside, et de six membres élus pour six ans par la diète du cercle (*Kreistag*) parmi les habitants du cercle remplissant les conditions d'aptitude fixées par la loi.

Les attributions de ce comité ont pris une nouvelle importance depuis la loi du 3 juillet 1891 sur l'organisation des communes rurales [1]. Les recours administratifs et les réclamations contentieuses auxquels peuvent donner lieu des questions nouvelles de délimitations de territoires, de partages de biens communaux, de taxes, etc., ont sensiblement accru le nombre des affaires soumises à ces comités.

Les villes dont la population dépasse 25,000 habitants constituent par elles-mêmes un cercle urbain (*Stadtkreis*) [2]. Leur comité, dit comité de Ville (*Stadtausschuss*), se compose du bourgmestre, président, et de quatre membres de la municipalité élus par elle pour toute la durée de leurs fonctions municipales. Le président du comité et un de ses membres au moins doivent avoir l'aptitude requise pour les fonctions judiciaires ou pour les fonctions administratives supérieures.

---

1. La loi du 3 juillet 1891 (*Annuaire de législation étrangère*, 1892, p. 271) modifie profondément la législation antérieure des communes rurales, qui avait pour base la loi du 14 avril 1856 revisée en partie par celle du 13 décembre 1872. Elle tend à affranchir ces communes des traditions féodales ; elle leur assure les organes essentiels de la vie municipale (conseil, maire, échevins), les moyens de se créer des ressources locales, par des taxes additionnelles ou des impôts spéciaux directs ou indirects ; elle donne au gouvernement le droit de dissoudre et de fusionner les communes que l'insuffisance de leur population et de leur territoire rendrait « incapables de remplir leurs obligations de droit public » (art. 1 et 2).

2. La ville de Berlin, soumise à un régime spécial, forme à elle seule non un cercle, mais un district.

Le comité de cercle est, en général, compétent pour statuer sur le contentieux de l'administration locale dans l'étendue de sa circonscription, et pour juger les contestations qui s'élèvent soit entre les particuliers et l'administration des communes, des « districts de terre indépendants », des bourgs et des villes, soit entre plusieurs administrations locales, établissements publics, communautés d'habitants ou corporations. Sa compétence à cet égard peut cependant être limitée par des dispositions spéciales de la loi attribuant compétence au comité de district.

La juridiction des comités de cercle comprend principalement :

1° Les difficultés qui s'élèvent entre des communes ou districts de terre indépendants au sujet de leurs limites et de la répartition des charges communes, notamment en matière de chemins, d'écoles, de taxes locales, de cojouissance des établissements publics ou des biens de la commune ;

2° Les réclamations relatives à la jouissance et à la perte de la qualité de membre de la commune ou du droit de bourgeoisie ;

3° Le contentieux des listes électorales municipales et des élections à la représentation communale ;

4° Les difficultés relatives au refus ou à la démission de fonctions communales (lesquelles sont, en général, obligatoires) ; aux déchéances encourues par les membres de l'administration communale pour inobservation de leurs obligations légales ou pour absences non justifiées ; à la discipline des préposés des communes et des districts de terre indépendants ;

5° Les réclamations en matière de traitements et de pensions des fonctionnaires communaux ;

6° Les recours formés par les autorités communales contre les décisions du préposé de direction communale (*Gemeindevorsteher*) [1], lorsque celui-ci suspend leurs décisions comme entachées d'excès

---

1. Ce préposé est élu par le corps municipal, sous réserve de l'approbation du conseiller provincial (*Landrath*), qui ne peut la refuser qu'avec l'avis conforme du comité de cercle (loi du 3 juillet 1891, art. 66). Il est l'agent exécutif de la commune et, dans beaucoup de cas, celui du pouvoir central. Son titre n'est pas le même dans toutes les localités ; tantôt il porte le nom de maire (*Schultze*), tantôt celui de juge (*Richter*), ou de juge de village (*Dorfrichter*) ; la loi de 1891 (art. 74) a consacré ces diverses dénominations par égard pour les traditions locales.

de pouvoir ou de violation de la loi ([1]) ; les recours contre les ordonnances du *Landrath* portant inscription d'office au budget des
communes pour dépenses obligatoires ;

7° Les difficultés en matière de logements militaires et de prestations en nature fournies à l'armée en temps de paix ;

8° Diverses contestations relatives à la police de la voirie, de la
chasse, de la pêche, des eaux, des constructions, du commerce et
de l'industrie, sous réserve de la compétence attribuée au comité
de district selon la nature et l'importance des affaires ;

9° Les recours contre les arrêtés de police (*polizeiliche Verfügungen*)
émanés des autorités chargées de la police locale dans les communes
rurales et dans les villes, dépendant d'un cercle rural, dont la population ne dépasse pas 10,000 habitants. Le recours contre ces
arrêtés ([2]) ne peut être fondé que sur deux moyens : l'atteinte portée aux droits du plaignant par suite d'une violation ou fausse application de la loi ou des ordonnances de l'autorité compétente, ou
l'inexistence matérielle des faits qui ont motivé l'arrêté.

Comités de district. — Au-dessus des comités de cercle sont les
comités de district.

La législation de 1883 leur a conféré les attributions contentieuses précédemment exercées par les tribunaux administratifs de
district, qui ont été supprimés. Le comité de district comprend des
fonctionnaires nommés par le roi et des membres élus. Les premiers sont : le président de gouvernement qui représente l'administration centrale dans le district et qui préside le comité, et
deux membres nommés à vie, dont l'un doit réunir les conditions
exigées pour les hautes fonctions administratives, l'autre pour les
fonctions judiciaires ; les membres élus, au nombre de quatre, ne
sont pas directement choisis par le corps électoral, mais par le co-

---

1. Ce droit de suspension et le recours auquel il peut donner lieu sont prévus par
la loi du 1er août 1883, titre V, art. 29.

2. Les arrêtés de police dont il s'agit ici ne sont pas des arrêtés réglementaires,
contre lesquels il n'y a pas de recours contentieux, mais des décisions individuelles
rendues en matière de contraventions de police et prononçant de véritables condamnations. Les peines que l'administration peut ainsi infliger sont l'amende, les arrêts
pendant quinze jours et la confiscation. (Voy. le Code d'instruction criminelle allemand,
art. 453 et 459, et Demombynes, *op. cit.*, t. II, p. 849.)

mité provincial, qui est lui-même une émanation de l'assemblée
provinciale, et qui élit ces membres parmi les habitants remplissant les conditions nécessaires pour être éligibles à cette assemblée.

Le comité de district fait fonction de juridiction d'appel à l'égard
des comités de cercle. Le droit d'appel appartient aux parties ou
au président du comité du cercle ; mais seulement, dans ce dernier cas, si l'intérêt public est en jeu. La question de savoir si
l'appel du président du cercle s'inspire d'un intérêt public constitue
une sorte de question préjudicielle, et l'appel est déclaré non recevable si le comité de district estime que cet intérêt n'est pas en
cause.

Le comité de district exerce, à l'égard des cercles ruraux et urbains et des villes de plus de 10,000 habitants, la même juridiction
contentieuse que les comités de cercle à l'égard des communes et
des districts de terre indépendants ; il statue en outre sur les affaires communales qui excèdent la compétence du comité de cercle,
notamment sur la plupart de celles qui intéressent les communes
urbaines. Il connaît des contestations concernant les limites, les
répartitions de charges communes, la cojouissance des établissements publics et des biens ; — les élections ; — les réclamations
relatives à l'acquisition ou à la perte des droits de bourgeoisie ; —
les affaires scolaires concernant les écoles des villes (prestations,
taxes spéciales, contribution aux frais de construction et de réparation des écoles) ; — la voirie urbaine ; — les recours des associations formées pour l'usage des eaux contre les décisions du
Landrath relatives à cet usage ; — la police des établissements
industriels lorsqu'elle excède la compétence des comités de cercle,
notamment en matière d'autorisation, retrait d'autorisation et fermeture d'établissements dangereux ou insalubres ; — les réclamations relatives aux logements militaires et aux prestations en nature
pour les besoins de l'armée en temps de paix, lorsqu'elles sont requises dans les villes ; — les contestations entre les *unions charitables* (associations de communes ou de hameaux) pour l'assistance
des indigents ; — les réclamations en matière de traitements et de
pensions formées par les fonctionnaires des cercles et des villes.

Les recours contre les arrêtés de police sont portés devant le
comité de district lorsque ces arrêtés émanent des autorités du

cercle, ou de celles qui sont chargées de la police locale dans un
cercle urbain ou dans une ville ayant plus de 10,000 habitants. Le
recours ne peut être fondé, comme devant le comité de cercle,
que sur les moyens tirés de la violation de la loi ou de l'inexistence
matérielle des faits.

Le comité de district exerce en premier ressort, et sauf appel au
tribunal supérieur, la juridiction disciplinaire sur les membres des
comités de cercle et de ville.

Comme complément de ces indications sur la compétence des
comités de cercle et de district, il faut noter que la loi du 7 avril
1885 a délégué au Gouvernement le droit d'attribuer, par ordonnance royale, aux tribunaux administratifs prussiens la connaissance
de litiges pour lesquels la législation de l'Empire a prévu une procédure administrative contentieuse sans spécifier le tribunal compétent. Plusieurs ordonnances ont édicté ces attributions de compétence, soit pour des litiges prévus par la législation antérieure à
1885, soit pour des contestations pouvant naître de l'application de
lois nouvelles. Parmi ces dernières, on peut mentionner l'ordonnance du 9 avril 1892 qui défère aux comités de district les contestations relatives aux assurances contre la maladie et contre les
accidents, ainsi que les recours formés contre le refus de certaines
autorisations administratives.

Tribunal administratif supérieur. — La juridiction supérieure
en matière administrative appartient à un tribunal unique siégeant
à Berlin, le « tribunal administratif supérieur » (*Oberverwaltungs-
gericht*).

Ce tribunal, organisé par la loi du 3 juillet 1875 (titre IV), est
composé de membres nommés à vie par le roi, et dont une moitié
doivent remplir les conditions· exigées pour les hautes fonctions
administratives, une autre moitié les conditions d'aptitude judiciaire. Ils sont répartis en sections (*Senat*) composées de cinq membres au moins et qui statuent soit séparément, soit en réunion plénière selon l'importance des affaires. Afin d'assurer l'unité de
jurisprudence dans les affaires portées devant les sections, une disposition spéciale de la loi porte que « si une section veut s'écarter,
« dans une question de droit, d'une décision antérieure d'une autre

« section ou des sections réunies, elle doit renvoyer l'affaire et la
« décision à rendre à l'assemblée plénière (¹) ».

Des doutes s'étant élevés sur la question de savoir si l'assemblée
plénière doit uniquement statuer sur le point de droit ou évoquer
la contestation tout entière, la loi du 27 mai 1888 a décidé que la
décision de cette assemblée ne serait rendue que sur le point de
droit, mais qu'elle serait obligatoire pour la section chargée de
juger l'affaire (²).

Le tribunal administratif supérieur connaît des affaires contentieuses soit en appel, soit en premier et dernier ressort, soit comme
juge de cassation.

Il connaît, en appel, de la plupart des décisions rendues par les
comités de district, et il peut statuer en troisième instance sur des
affaires jugées par le comité de cercle et sur lesquelles le comité de
district a déjà statué en appel.

Il prononce comme tribunal de cassation sur les demandes en
revision formées contre les décisions rendues en dernier ressort.
La revision ne peut être demandée que pour violation ou fausse
application de la loi ou des ordonnances émanées des autorités
compétentes, et pour vices essentiels de la procédure. Si les
moyens de revision sont reconnus fondés, le tribunal supérieur
casse la décision attaquée et renvoie le fond de l'affaire devant le
tribunal compétent ; cependant il a aussi la faculté d'évoquer le
fond.

Le tribunal supérieur statue en premier et dernier ressort : sur
les recours formés contre les décisions administratives rendues par
le président de gouvernement ou par le président supérieur, lorsqu'ils statuent sur des réclamations dirigées contre des arrêtés de
police pris par les autorités locales dans les cercles de ville ou
dans la ville de Berlin ; — sur les recours des présidents supérieurs des provinces contre les décisions de l'assemblée provinciale

---

1. Loi du 3 juillet 1875, article 29.
2. La loi de 1888 a ainsi appliqué à la juridiction administrative supérieure le
principe déjà posé par la loi fédérale du 17 mars 1886 (modifiant l'article 137 du Code
d'organisation judiciaire), qui limite la compétence de l'assemblée générale du Tribunal de l'Empire, en matière de contestations judiciaires, à la connaissance du point
de droit.

ou du comité provincial, qui seraient entachées d'excès de pouvoir;
— sur les conflits de compétence entre l'administration et les tribunaux administratifs.

Le tribunal supérieur exerce la juridiction disciplinaire de dernier ressort à l'égard des fonctionnaires et des membres des corps administratifs du cercle et du district [1].

L'organisation que nous venons de résumer n'est encore qu'à son début; un certain effort semble avoir été nécessaire pour rompre avec l'ancien système qui n'admettait pas de milieu entre la compétence judiciaire et le pouvoir discrétionnaire de l'administration; aujourd'hui encore ce pouvoir profite de la difficulté qu'il y a à déférer aux tribunaux judiciaires des affaires dans lesquelles l'action administrative est en jeu. Peut-être arrivera-t-on à étendre les attributions des tribunaux administratifs à des matières contentieuses qui sont encore aujourd'hui sans juges, notamment la plupart de celles qui intéressent l'administration centrale. Des vœux ont été plusieurs fois exprimés en ce sens, notamment par M. le professeur Stengel [2]. Cet auteur voudrait que la juridiction administrative reçût le contentieux des impôts et que, dans un grand nombre de cas, les décisions des ministres, qui sont souveraines, pussent être déférées au tribunal administratif supérieur, par analogie avec ce qui se passe en France.

§ 3. — Autres États de l'Allemagne.

Les principaux États de l'empire allemand (Bavière, Wurtemberg, Bade, Saxe royale) ont adopté un système très analogue à celui qui est en vigueur en Prusse : ils ont une cour de justice ad-

---

1. Lois du 29 juin 1875, du 2 août 1880 et du 8 mai 1889.

Un des derniers comptes rendus annuels des travaux du tribunal supérieur constate que 832 affaires contentieuses ont été portées devant cette haute juridiction, 80 en premier et dernier ressort, 200 en appel et 552 en troisième instance; il faut ajouter à ce chiffre 436 plaintes contre des fonctionnaires. — Parmi les 832 affaires contentieuses, on relève les suivantes : 61 recours contre les arrêtés et décisions des présidents de province et de district; 48 recours contre les ordonnances et contraintes émanées des autorités de police ; 82 affaires municipales concernant des communes rurales ; 36 affaires concernant les cercles, etc.

2. Stengel, *Die Organisation der preussischen Verwaltung.* Leipzig, 1884, p. 556.

ministrative et, au-dessous d'elle, des juridictions inférieures qui connaissent des affaires contentieuses locales et dont les attributions se rapprochent beaucoup de celles des comités prussiens. Aussi nous bornerons-nous à quelques indications sur les lois qui ont organisé la juridiction administrative dans ces États.

Bavière. — La Cour de justice administrative a été organisée par la loi du 8 août 1878 ([1]). C'est à elle qu'il appartient de résoudre, en cas de poursuites dirigées contre les fonctionnaires, la question préjudicielle que la législation fédérale a permis de réserver à la juridiction administrative, celle de savoir si le fonctionnaire a commis un excès de pouvoir ou a négligé un acte nécessaire de ses fonctions. Elle connaît de diverses questions relatives à l'exercice des droits politiques, notamment celles qui concernent l'acquisition et la perte de la qualité de citoyen allemand ou bavarois, l'exercice des droits civiques et la prestation du serment constitutionnel, la liberté d'émigration d'un État dans l'autre, la dissolution des associations, l'obligation d'accepter certaines fonctions publiques, par exemple celles de membre d'un comité de contributions. Elle prononce sur les difficultés auxquelles donnent lieu la cession forcée de la propriété, la création de servitudes d'utilité publique, le rachat des droits de pacage, des droits forestiers et d'autres charges foncières.

La Cour de justice administrative fait fonction de juridiction supérieure à l'égard des *régences de cercle* et des *conseils de district* dont les attributions sont très analogues à celles des comités prussiens. Elle connaît aussi en dernier ressort de certaines contestations en matière de douanes et en matière de mines qui sont d'abord soumises au *comité supérieur des mines* et à l'*administration générale des douanes.*

La Cour de justice administrative de Bavière se compose d'un président et du nombre de conseillers nécessaire aux besoins du service ; ses membres jouissent des mêmes droits et prérogatives que ceux du tribunal régional supérieur. Les débats sont publics en principe, mais la loi permet qu'ils aient lieu à huis clos si le

---

1. *Annuaire de législation étrangère.* Année 1879, p. 179.

bon ordre et l'intérêt général semblent l'exiger [1]. Une disposition spéciale de la loi organique prouve que la Bavière n'a pas réagi sans quelque effort contre les traditions qui avaient antérieurement consacré l'autorité absolue des ministres en matière contentieuse administrative ; elle porte que « les sentences rendues par la Cour « dans les limites de sa compétence ne peuvent pas être réformées « par décision ministérielle [2] ».

Wurtemberg. — La Cour de justice administrative est régie par la loi organique du 16 décembre 1876 [3], qui a remplacé la loi du 13 novembre 1855 sur les recours en matière contentieuse administrative. Ses membres sont nommés par le roi sur la présentation du conseil des ministres et sont assimilés, comme en Bavière, à ceux des tribunaux judiciaires supérieurs.

La Cour connaît en appel des décisions rendues par les *régences de cercle,* le *conseil supérieur des mines,* la *direction centrale de l'agriculture* et la commission instituée par la loi du 8 octobre 1874 pour statuer sur les difficultés relatives à l'abolition des droits féodaux. Elle statue en premier et dernier ressort sur un certain nombre d'affaires qui lui sont attribuées par la loi organique ou par des lois spéciales. Elle prononce notamment : sur la question préjudicielle d'excès de pouvoir à laquelle sont subordonnées les poursuites dirigées contre les fonctionnaires à raison d'actes de leurs fonctions et sur les demandes d'annulation formées contre certains actes de l'autorité administrative.

Cette dernière attribution, qui semble s'inspirer de la législation française sur les recours pour excès de pouvoir, est prévue par l'article 13 de la loi organique de 1876. D'après ce texte, la Cour statue sur « tout recours d'un particulier, d'une association ou d'une cor- « poration, tendant à l'annulation d'une décision ou d'un arrêté « de l'autorité administrative pour illégalité, violation d'un droit ou « imposition d'une charge contraire à la loi ». Cette disposition a une réelle importance au point de vue de la garantie des droits

---

1. Loi du 8 août 1878, article 28.
2. Même loi, article 15.
3. *Annuaire de législation étrangère.* Année 1877, p. 811. Notice par M. Daguin, avocat à la Cour d'appel de Paris.

privés; mais il ne faut pas s'en exagérer la portée; elle n'est, en effet, applicable qu'aux décisions des autorités locales et elle laisse en dehors de l'annulation par la voie contentieuse les actes émanés des autorités administratives centrales et spécialement du Chef de l'État et des ministres.

Bade. — La Cour de justice administrative a été organisée par la loi du 24 février 1880 sur les mêmes bases que dans les autres grands États d'Allemagne, avec juridiction d'appel à l'égard des *conseils de district* et juridiction de premier et dernier ressort dans les cas prévus par la loi. Ses attributions sont peu étendues et ne comprennent pas le droit d'annuler les actes administratifs illégaux; ses décisions n'ont même pas toujours le caractère de décisions définitives. Le gouvernement badois n'a pas voulu entièrement renoncer à ses anciennes prérogatives de justice retenue, même à l'égard de la Cour administrative; il s'est réservé le droit d'annuler ses arrêts pour incompétence et excès de pouvoir par ordonnance du grand-duc rendue en conseil des ministres.

Saxe royale. — Il n'y a pas encore, en Saxe, de Cour de justice administrative permanente; la juridiction supérieure est exercée par les ministres compétents qui forment auprès d'eux une sorte de tribunal composé de quatre assesseurs dont deux appartiennent à l'ordre administratif et deux à l'ordre judiciaire. La juridiction inférieure est exercée en premier ressort par le *comité de district,* et en appel, par le *conseil de cercle,* qui connaît également des recours formés contre les décisions du grand bailli et contre celles des conseillers de ville en matière de contributions locales et d'élections (¹).

Alsace-Lorraine. — Les conseils de préfecture qui existaient dans les départements français du Haut-Rhin et du Bas Rhin ont été supprimés par la loi du 30 décembre 1871 et remplacés par des conseils de département (*Bezirksräthen*). Au-dessus de ces juridictions siège le Conseil impérial (*Kaiserlicher Rath*), présidé par le

---

1. Loi du 21 avril 1873.

secrétaire d'État d'Alsace-Lorraine. La procédure devant ces conseils a été réglée, eh dernier lieu, par l'ordonnance du 23 mars
1889 ([1]).

SECTION III. — AUTRICHE-HONGRIE.

Institutions communes aux territoires cisleithans. — Les territoires qui composent la monarchie austro-hongroise forment deux
groupes de provinces ou d'États qui ne sont soumis ni au même
régime politique, ni aux mêmes lois d'organisation administrative
et judiciaire : d'un côté, l'Autriche proprement dite ou *Cisleithanie*,
comprenant les États héréditaires de la couronne d'Autriche ; de
l'autre, la *Transleithanie*, comprenant la Hongrie et les autres États
de la couronne de Saint-Étienne ([2]).

Parlons d'abord des territoires cisleithans qui relèvent directement de l'empire d'Autriche, et qui sont représentés par un parlement commun, le *Reichsrath*.

Ils n'ont pas l'autonomie politique, mais ils ont conservé dans
une large mesure l'autonomie administrative. Leurs *diètes* ne sont
pas seulement des assemblées administratives, mais de véritables
parlements provinciaux qui font des lois soumises à la sanction de
l'empereur sur les matières d'intérêt provincial, ainsi que les règlements administratifs nécessaires à leur application. L'exécution
de leurs décisions est confiée à un *comité exécutif*; l'exécution des
lois générales est surveillée par un gouverneur ou président qui
représente le pouvoir central.

Les territoires se subdivisent en *cercles* ou en *districts*, administrés par un conseil électif et par un comité permanent. Ce comité
contrôle les décisions des autorités communales et est contrôlé à
son tour par le comité exécutif émané de la diète ([3]). Dans cette

---

1. *Annuaire de législation étrangère*, 1890, p. 288.

2. La dénomination de ces deux groupes de territoire vient de leur situation géographique par rapport à la Leitha, affluent du Danube. Les États cisleithans sont en
deçà de la Leitha, les États transleithans, au delà.

3. V. la loi sur l'administration des cercles et des communes du 5 mars 1862.

organisation, les pouvoirs de contrôle administratif et de juridiction sont exercés par les mêmes autorités.

Il n'y a pas, à proprement parler, de tribunaux administratifs dans la province. Pendant longtemps il n'y en a pas eu non plus dans l'État ; les décisions des corps administratifs étaient souveraines en matière contentieuse ; souvent même elles statuaient entre particuliers, dans des affaires qui auraient dû être réservées aux tribunaux judiciaires ; il y avait d'ailleurs beaucoup d'incertitude sur les attributions respectives de l'administration et des tribunaux, et il n'existait pas, jusqu'en 1867, de juridiction supérieure qui pût régler les compétences. Il n'existait pas non plus de cour de justice administrative ayant le pouvoir de redresser ou d'annuler les décisions rendues dans les limites de la compétence administrative, mais en violation de la loi ou des droits des parties. Les diètes et leurs comités dans les affaires de la province, les ministres dans les affaires intéressant l'État, jouissaient des pouvoirs les plus étendus et les plus complètement affranchis de tout contrôle juridictionnel.

Cet état de choses a été modifié par les lois constitutionnelles du 21 décembre 1867 ([1]) et par les lois organiques rendues pour leur exécution.

La loi du 21 décembre 1867 sur le pouvoir judiciaire, voulant remédier à la confusion des pouvoirs judiciaire et administratif et aux inconvénients de décisions administratives affranchies de tout recours, a posé les principes suivants dans ses articles 14 et 15 : « La justice et l'administration sont séparées à tous les degrés de « juridiction. — Dans tous les cas où une autorité administrative, « d'après les lois existantes ou celles qui interviendraient à l'avenir, « est appelée à statuer sur des contestations entre particuliers, la « partie qui serait lésée dans ses droits par la décision administrative « est libre de recourir contre son adversaire par les voies judiciaires

---

1. Ces lois, au nombre de six, en date du 21 décembre 1867, forment la Constitution de la Cisleithanie. Elles ont pour objet : 1° les droits généraux des citoyens ; 2° la représentation de l'empire ; 3° l'exercice du pouvoir gouvernemental et exécutif ; 4° la création d'un tribunal de l'empire ; 5° le pouvoir judiciaire ; 6° les affaires communes à tous les pays de l'empire austro-hongrois et la manière de les traiter. (V. le texte de ces lois dans l'*Annuaire de législation étrangère*. Année 1875, p. 238 et suiv.)

« de droit commun. — En outre, quiconque se prétend lésé dans ses
« droits par une décision ou une mesure de l'autorité administrative
« a le droit de porter sa réclamation contre elle devant la Cour de
« justice administrative, qui statue après débat public et oral. »

Pour assurer l'application des principes ainsi posés par la loi
constitutionnelle, deux hautes juridictions ont été instituées : le
Tribunal de l'empire (Reichsgericht) et la *Cour de justice administrative*
(Verwaltungs-Gerichtshof), qui siègent l'un et l'autre à Vienne et
exercent leur autorité dans toute l'étendue des territoires cisleithans.

Tribunal de l'empire. — Ce Tribunal a été institué par une des
lois constitutionnelles du 21 décembre 1867, et organisé par la loi
du 18 avril 1869, qui règle son fonctionnement et sa procédure. Il
se compose d'un président et d'un vice-président nommés à vie par
l'empereur et de douze membres titulaires et de quatre suppléants,
nommés également à vie sur une liste de candidats proposés par
chacune des deux Chambres du Reichsrath. Il est à la fois le tribunal régulateur des compétences et le juge des différends qui
s'élèvent entre l'empire et les territoires de la Cisleithanie, ou
entre plusieurs territoires, communes ou corporations.

Ses attributions, en ce qui touche le règlement des compétences,
s'étendent à tous les conflits d'attributions qui s'élèvent, soit entre
les autorités administratives, soit entre celles-ci et l'autorité judiciaire ; ses pouvoirs sont ainsi définis par la loi fondamentale du
21 décembre 1867 (art. 1, 2 et 3) : « Il est créé un Tribunal de
« l'empire pour trancher les conflits d'attributions et les questions
« contentieuses de droit public dans les royaumes et pays repré-
« sentés au Reichsrath. — Il statue définitivement sur les conflits :
« 1° entre les autorités judiciaires et administratives, sur la ques-
« tion de savoir si une affaire doit être décidée par les voies judi-
« ciaires ou par les voies administratives, dans les cas déterminés par
« la loi ; 2° entre la représentation d'un pays et les autorités gou-
« vernementales supérieures, lorsqu'elles revendiquent l'une contre
« l'autre le droit de statuer sur une affaire administrative ; 3° entre
« les autorités locales et indépendantes des divers pays, dans les
« affaires dont elles ont la direction et l'administration. »

Comme juge des questions contentieuses de droit public entre les différentes administrations des territoires cisleithans, le Tribunal de l'empire statue définitivement sur les réclamations formées par l'un des royaumes ou pays représentés au Reichsrath contre l'État tout entier, ou par l'État entier contre un de ces royaumes ou pays ; ou par un de ces royaumes ou pays contre un autre ; sur les réclamations d'une commune, d'une corporation ou d'un particulier contre un de ces royaumes ou pays, quand elles n'ont pas pour objet des matières réservées aux tribunaux judiciaires.

Le Tribunal de l'empire peut donc être considéré, dans l'exercice de cette attribution, comme une sorte de tribunal fédéral servant d'arbitre entre les différents territoires compris dans la Cisleithanie, ou entre eux et l'État central. Il est en même temps un tribunal administratif supérieur, chargé de statuer sur les réclamations des particuliers contre l'État central ou contre un des territoires qui le composent.

Dans tous ces cas, le Tribunal de l'empire est seul juge de sa compétence : s'il se reconnaît compétent et statue sur un litige, tout recours ultérieur est fermé devant les tribunaux judiciaires ; s'il renvoie l'affaire devant une juridiction judiciaire ou une autorité administrative, celles-ci n'ont pas le droit de décliner leur compétence.

Cour de justice administrative. — Cette Cour forme, comme le Tribunal de l'empire, une juridiction unique pour toute la Cisleithanie. Elle se compose d'un président, de présidents de section et de conseillers nommés à vie par l'empereur sur la présentation du conseil des ministres et assimilés, quant aux droits et prérogatives, aux membres de la Cour suprême ([1]).

La Cour se divise, pour l'instruction et le jugement des affaires, en sections composées de quatre conseillers et d'un président ; une section permanente connaît des affaires d'impôts. Les recours formés devant elle doivent l'être dans le délai de soixante jours ; ils font l'objet d'une instruction écrite, puis d'un débat oral en audience publique.

---

1. La Cour suprême est la juridiction supérieure de l'ordre judiciaire.

Dans quels cas et contre quelles décisions ces recours peuvent-ils être formés ? Les règles posées à cet égard par la loi du 22 octobre 1875 sont les suivantes : « Le recours devant la Cour de justice administrative est ouvert à toute personne qui se prétend lésée dans ses droits par une décision ou mesure illégale d'une autorité administrative centrale, provinciale ou communale. Sont exceptées de la compétence de la Cour, les affaires dont la connaissance appartient aux tribunaux judiciaires ou au Tribunal de l'empire et celles qui, à raison de leur nature et des intérêts en cause, rentrent dans les affaires communes à l'Autriche et à la Hongrie. Sont également exceptées les affaires dans lesquelles l'administration exerce, en vertu des lois, une autorité discrétionnaire, et celles qui relèvent de juridictions administratives spéciales, telles que les juridictions disciplinaires et les commissions de répartition des impôts. »

Les recours formés devant la Cour de justice administrative ont plutôt le caractère de recours en annulation et en cassation que de recours en réformation ; ils ont été institués pour assurer la légalité des décisions administratives et l'unité de la jurisprudence, plutôt que pour protéger les parties contre les erreurs de fait et d'appréciation commises par les administrateurs.

Aussi la loi pose en principe que le recours n'est recevable que si la partie a épuisé les recours ouverts devant les autorités administratives supérieures, et la décision doit être rendue d'après les faits tels qu'ils résultent de la dernière instance administrative. Cependant, en cas de contradiction dûment établie entre les faits et la teneur des actes, ou en cas de vice essentiel de l'instruction et de la procédure, la Cour a le droit de prescrire une instruction nouvelle, mais elle n'y procède pas elle-même et elle ne peut que la renvoyer à l'autorité administrative (¹). Le recours ayant le caractère d'un pourvoi en cassation, ne peut être fondé que sur la violation de la loi ou sa fausse application aux faits constatés. Dans ce cas, la Cour annule, mais elle ne réforme pas ; elle se borne à renvoyer les parties devant l'autorité administrative qui prend une décision nouvelle, mais qui doit se conformer, dans

---

1. Loi du 22 octobre 1875, articles 5 et 6.

cette décision, aux principes de droit établis par la sentence de la Cour (¹).

Les attributions de la Cour de justice administrative et celles du Tribunal de l'empire sont très rapprochées dans certaines matières ; la loi a dû prévoir que des difficultés de compétence pourraient s'élever entre ces deux hautes juridictions. Pour les résoudre, elle institue une juridiction mixte dans laquelle le Tribunal de l'empire et la Cour administrative sont représentés chacun par quatre de leurs membres, et dont la présidence est confiée au président de la Cour suprême.

Hongrie. Tribunal financier. — La législation que nous venons de résumer ne s'applique pas à la Hongrie et aux autres provinces transleithanes (Transylvanie, Croatie, Slavonie). Pour ces États, l'autonomie administrative est entière ; le lien fédéral qui les unit à l'empire d'Autriche n'existe qu'au point de vue politique et économique, pour un certain nombre d'affaires, dites *communes*, qui sont énumérées par une des lois fondamentales du 21 décembre 1867 (²), et parmi lesquelles ne figurent ni l'organisation judiciaire, ni l'organisation administrative.

La Hongrie n'a pas eu, jusqu'à ces dernières années, de juridiction administrative. Toutes les contestations, même celles relatives aux impôts, relevaient uniquement de l'administration active, représentée au premier degré par les *comités d'administration*, et en dernier ressort, par les ministres.

Ces comités d'administration ont une organisation mixte : ils sont formés de délégués de l'assemblée provinciale (*Comitat*) et de

---

1. Même loi, article 7.

2. Cette loi fondamentale est intitulée : « Loi concernant les affaires communes à tous les pays de la monarchie autrichienne et la manière de les traiter. » Ces affaires sont : les affaires étrangères et militaires, celles qui touchent au commerce général, à la législation douanière, aux impôts indirects (mais seulement en tant que ces impôts sont étroitement liés à la production industrielle); le système monétaire, les règlements relatifs aux lignes de chemins de fer communes ; l'établissement des moyens de défense. On sait que ces affaires communes sont décidées par un corps représentatif mixte composé de *délégations* du Reichsrath autrichien et de la Diète hongroise qui délibèrent séparément, et qui ne se réunissent en assemblée plénière que si trois communications entre elles sont restées sans résultat.

L'exécution des décisions prises par les délégations est confiée à un ministère commun, distinct du ministère autrichien et du ministère hongrois.

fonctionnaires administratifs et judiciaires, réunis sous la présidence du préfet (*Fo-Ispan*). Les principales affaires contentieuses soumises à leur décision sont celles qui concernent l'administration communale, les travaux publics, l'exploitation des chemins de fer, les postes et télégraphes, le service militaire. Mais les décisions des comités d'administration peuvent être réformées par les ministres, sur le recours des parties intéressées ou du Fo-Ispan, de sorte que le contentieux administratif aboutit, en réalité, aux bureaux des ministères ([1]).

En matière d'impôts directs ou indirects, les réclamations ne pouvaient être portées, jusqu'en 1883, que devant les agents des services financiers et, en dernier ressort, devant le ministre des finances. Cet état de choses a provoqué des réclamations dont le gouvernement hongrois a tenu compte. Deux lois promulguées le 21 juillet 1883 ([2]) ont coordonné les dispositions relatives au recouvrement des impôts, aux réclamations et aux poursuites qui s'y rattachent, et ont institué un tribunal dit *Tribunal administratif financier* siégeant à Budapest, qui connaît en dernier ressort du contentieux des contributions publiques.

Ce Tribunal est composé d'un président et de membres, dont le nombre doit être fixé d'après les besoins du service, et qui doivent remplir les conditions requises pour les fonctions judiciaires ou pour les fonctions administratives. Ils sont assimilés, au point de vue des droits et prérogatives, aux magistrats des tribunaux judiciaires supérieurs. Le Tribunal financier connaît des recours formés, soit par les contribuables, soit par l'administration, contre les décisions des autorités qui statuent en premier ressort sur le contentieux des impôts, c'est-à-dire les agents des contributions et les commissions administratives.

Deux sortes de recours — qui n'ont, ni l'un ni l'autre, un effet suspensif — peuvent être formés contre ces décisions : des recours en réformation, qui sont de véritables appels, et des recours en an-

---

1. Voir une étude de M. Hoffmann, professeur à l'université de Budapest, sur l'administration hongroise. (*Annuaire de législation étrangère.* Année 1887, p. 367.)

2. Ces lois sont dénommées, d'après l'usage hongrois, Lois XLIII et XLIV de 1883. Voir leur analyse par M. Dareste, avocat au Conseil d'État et à la Cour de cassation. (*Annuaire de législation étrangère.* Année 1884, p. 410.)

nulation pour vice de forme ou excès de pouvoir. Dans ce dernier cas, si le grief d'annulation est reconnu fondé, le Tribunal casse la décision attaquée et renvoie l'affaire devant l'autorité compétente pour qu'elle statue dans les formes de droit. L'annulation peut aussi être prononcée d'office par le Tribunal.

Le législateur de 1883 a paru craindre que la juridiction nouvelle ne fût tentée d'étendre ses pouvoirs aux dépens du ministre des finances, qui conserve des attributions importantes quand les difficultés en matière d'impôt n'intéressent pas uniquement les droits du contribuable. Il a permis au ministre de revendiquer par la voie du conflit les affaires qu'il croirait de sa compétence ; dans ce cas, le ministre des finances doit d'abord décliner la compétence du Tribunal, qui rend une décision spéciale sur le déclinatoire. Le conflit peut ensuite être élevé, et il est porté devant le conseil des ministres, à qui il appartient d'y statuer.

Par une juste réciprocité, la même procédure est mise à la disposition des contribuables, pour réclamer le renvoi au Tribunal financier, d'affaires que les agents du Trésor déféreraient à tort au ministre.

Il est permis de penser que l'institution du Tribunal financier de Hongrie n'est pour cet État qu'un premier pas vers le régime juridictionnel qui semble se généraliser dans toute l'Europe centrale.

SECTION IV. — SUISSE.

La Suisse est ordinairement citée parmi les États où la compétence judiciaire est générale et où il n'existe ni juridiction administrative ni conflits. Il nous semble plus exact de la rattacher au groupe d'États que nous venons d'étudier, car la législation fédérale et les lois des cantons contiennent plusieurs dispositions qui attribuent à des autorités ou juridictions administratives la connaissance de certaines contestations. Elles admettent aussi l'usage du conflit.

Dans les contestations qui intéressent la Confédération ou dans lesquelles un ou plusieurs cantons sont en cause, la compétence appartient au *Tribunal fédéral,* autorité judiciaire qui a, en principe, plénitude de juridiction aussi bien en matière administrative qu'en matière ¸civile ou criminelle (¹). Mais la Constitution permet de déférer à d'autres autorités « les contestations administratives à déterminer par la législation fédérale (art. 113, § 4) ». La loi organique du 27 juin 1874 a appliqué cette réserve aux contestations qui portent sur les matières suivantes : droits des Suisses établis ; liberté de conscience et exercice des cultes ; état civil ; sépultures ; — liberté du commerce et de l'industrie ; monnaies et billets de banque ; poids et mesures ; — validité des élections et des votations cantonales ; — droits de consommation et droits d'entrée sur les boissons ; péages internationaux ; patentes ; — écoles primaires publiques des cantons ; — diplômes et certificats de capacité.

Les contestations qui sont ainsi exceptées de la compétence du Tribunal fédéral relèvent du *Conseil fédéral* (²), à qui appartient « l'autorité directoriale et exécutive supérieure de la Confédération », et qui est soumis à l'*Assemblée fédérale*, en qui réside l'autorité législative et parlementaire. C'est devant cette Assemblée que sont portées « les réclamations contre les décisions du Conseil fédéral relatives à des contestations administratives (³) ». C'est également elle qui prononce sur les conflits de compétence entre les autorités fédérales, et notamment entre les autorités exécutive et judiciaire de la Confédération.

Les principales lignes de ce système se retrouvent dans la plupart des cantons. Leurs constitutions consacrent, en principe, la compétence judiciaire pour les litiges de toute nature, mais elles maintiennent la séparation de la fonction administrative et de la fonction judiciaire (⁴) ; elles permettent de déférer à des autorités ou juridictions spéciales les contestations où dominerait le caractère administratif.

Les matières qui sont le plus ordinairement réservées par la

---

1. Voy. Constitution fédérale du 29 mai 1874, articles 106 et suiv.

2. Voy. Constitution de 1874, articles 95 et suiv. Ce Conseil est un directoire exécutif de sept membres nommés par l'Assemblée fédérale parmi les citoyens éligibles au Conseil national.

3. Constitution, article 85, § 12.

4. « Les pouvoirs administratif et judiciaire sont séparés dans tous les degrés de l'administration de l'État. » (Constitution du canton de Berne du 31 juillet 1846, art. 11.)

législation cantonale sont : les élections, le droit de bourgeoisie, la jouissance des biens communaux, l'exploitation des mines et des carrières, etc. Ces dispositions se retrouvent dans la législation de Berne, de Zurich, de Neuchâtel, du Tessin, du Valais. Les travaux publics sont également réservés dans le canton du Valais où un tribunal spécial de contentieux administratif a été organisé par la loi du 1er décembre 1877.

La législation des cantons prévoit les conflits d'attributions entre l'autorité administrative et l'autorité judiciaire. Elle confie le soin de les résoudre soit à l'autorité parlementaire (*le grand Conseil* dans les cantons de Berne et de Neuchâtel) [1], soit à un tribunal des conflits (*la Cour des conflits de compétence* dans le canton du Valais), soit, dans la plupart des autres cantons, à une commission mixte composée de membres du Gouvernement et du tribunal judiciaire supérieur.

SECTION V. — ITALIE.

La législation de l'Italie présente un intérêt particulier, parce que cet État, après avoir pratiqué le système français jusqu'en 1865, l'a abandonné à cette époque et a presque entièrement supprimé ses tribunaux administratifs ; puis il les a rétablis en 1889 et 1890, à la suite d'une expérience qui lui a paru démontrer leur nécessité.

Législation de 1865. — L'Italie a conservé, depuis la formation du royaume en 1860, jusqu'à 1865, le régime qui était en vigueur en Sardaigne avant 1860, et qui présentait la plus grande analogie avec le système français. Le jugement des affaires administratives contentieuses était partagé entre les conseils de préfecture siégeant au chef-lieu de chaque province et des juridictions spéciales dont la plus importante était la Cour des comptes. La juridiction supérieure était exercée par le Conseil d'État, qui statuait comme tribunal d'appel à l'égard des tribunaux administratifs inférieurs et comme tribunal de cassation à l'égard de la Cour des comptes.

---

1. Voir, pour le canton de Neuchâtel, la loi sur l'organisation judiciaire du 13 juillet 1874, article 2.

Cet état de choses fut vivement attaqué lors de la réorganisation administrative de 1865. L'abolition de la juridiction administrative fut alors présentée comme une application nécessaire des principes libéraux que le Parlement italien s'efforçait de faire prévaloir dans l'organisation nouvelle. Cette abolition fut prononcée par la loi du 20 mars 1865 qui supprima les attributions des conseils de préfecture et du Conseil d'État en matière contentieuse, et qui consacra, en principe, la compétence des tribunaux judiciaires dans les litiges de toute nature.

Mais, ce principe proclamé, il parut nécessaire de lui faire subir des restrictions. La loi de 1865 réserva à l'administration active ou à des juridictions spéciales un certain nombre d'affaires qui ne parurent pas pouvoir être placées dans les attributions des tribunaux, savoir : la comptabilité publique, les pensions, le contentieux des emprunts d'État ; les réclamations relatives à l'assiette de l'impôt sur le revenu ; le contentieux du recrutement ; celui de l'enseignement public ; les prises maritimes ; les difficultés en matière de concessions de mines ; de travaux intéressant le régime des eaux ; les contestations entre l'administration et les autorités ecclésiastiques, spécialement les questions de saisie du temporel.

Comment furent réparties les affaires ainsi réservées par la loi du 20 mars 1865 ? La plupart continuèrent d'appartenir aux juridictions spéciales qui en connaissaient antérieurement : Cour des comptes, conseil supérieur de l'instruction publique, conseils de recrutement, commissions diverses dont la plus importante est la commission centrale pour les réclamations en matière d'impôts directs [1]. Le Conseil d'État conserva, par exception, la connaissance de toutes les contestations entre l'État et ses créanciers touchant l'interprétation des contrats et des lois sur la dette publique, ainsi

---

1. Au-dessous de la commission centrale instituée par la loi du 24 janvier 1865, fonctionnent deux commissions inférieures réorganisées par la loi du 23 juin 1877 et le décret du 24 août suivant : 1° la commission de première instance qui siège dans chaque canton et qui est composée de quatre membres élus par le conseil communal et d'un président nommé par le Gouvernement; 2° la commission provinciale, composée de cinq membres nommés par le conseil provincial, la chambre de commerce, la direction des impôts directs et le préfet. Les décisions rendues par la commission provinciale sur l'appel formé contre la commission de canton peuvent être déférées en dernier ressort à la commission centrale.

que le contentieux des opérations qui s'y rattachent, telles que les transferts de rentes et les paiements d'arrérages.

Les autres affaires ont été renvoyées aux représentants de l'administration active qui statuent par décision motivée, sauf recours au ministre.

En ce qui touche les actes d'administration qui intéressent l'exercice de l'autorité publique, et qui ne sont pas compris dans les réserves ci-dessus, la loi du 20 mars 1865 consacre un système mixte qui tend à concilier la compétence judiciaire avec les droits réservés à l'administration. Aux termes de l'article 4, « quand la « contestation porte sur un droit que l'on prétend lésé par un acte « de l'autorité administrative, les tribunaux se bornent à connaître « des effets de cet acte par rapport à l'objet du procès. L'acte ad-« ministratif ne pourra être modifié que sur le recours aux autorités « administratives compétentes, lesquelles se conformeront au juge-« ment porté en l'espèce par les tribunaux ».

Cette disposition s'inspire de deux idées que nous retrouverons dans le système belge : l'acte administratif peut être interprété, sa validité peut être appréciée par les tribunaux, en tant que cet acte constitue un élément du litige qui leur est soumis, et l'administration est tenue de se conformer « en l'espèce » à la décision rendue ; mais elle seule peut prendre une mesure ayant pour effet de rapporter l'acte ou de le modifier. Aucune action en annulation ou en réformation de cet acte ne peut être directement formée devant une juridiction administrative ou judiciaire.

Résultats de la législation de 1865. — Par suite de ces réserves favorables à l'administration, — surtout celle relative au droit de décision des ministres, sans recours au Conseil d'État, dans les affaires non déférées aux tribunaux, — les auteurs de la loi de 1865 émettaient l'idée que « l'administration n'avait aucune raison sérieuse de redouter les effets de la suppression du contentieux administratif » ([1]).

Cette prévision n'était que trop justifiée, et l'expérience ne tarda

1. Discours de M. Mancini à la séance de la Chambre des députés du 8 juin 1864.

pas à montrer que, dans beaucoup de matières, la loi nouvelle avait plutôt accru que restreint les pouvoirs des administrateurs, et plutôt diminué qu'augmenté les garanties dues aux administrés.

D'une part, en effet, sous le régime de la loi de 1865, de nombreuses affaires, parmi lesquelles celles qui touchent de plus près au contentieux de l'impôt et aux droits des contribuables, n'avaient d'autres juges que des commissions administratives moins aptes à contrôler l'administration financière que des juridictions plus fixes et plus élevées ; l'unité de leur jurisprudence n'était assurée que d'une manière incomplète par un recours devant la Cour de cassation, recours que la loi limitait aux cas d'incompétence et d'excès de pouvoir, et qui ne pouvait s'étendre à la fausse application des lois.

D'un autre côté, il s'en fallait de beaucoup que les attributions des tribunaux administratifs supprimés fussent toutes transférées aux tribunaux judiciaires ; elles ne pouvaient pas l'être, toutes les fois qu'elles intéressaient l'exercice de la puissance publique ; il en est résulté que l'héritage de ces juridictions s'est divisé ; une part seulement est venue accroître le domaine judiciaire, l'autre n'a profité qu'à l'administration active, à l'autorité ministérielle et préfectorale.

Aussi l'expérience de ce régime ne tarda pas à produire des déceptions. Une publication juridique estimée, l'*Archivio juridico,* s'en faisait déjà l'écho dès 1872 : « On a voulu donner aux parties des garanties nouvelles, en renvoyant à la justice ordinaire des causes qui étaient antérieurement dévolues à la justice administrative. Mais dans la réalité, voici ce qui arrive dans beaucoup de cas : des affaires qui jusqu'ici avaient un juge, pris à la vérité dans le sein de l'administration, mais enfin un juge, n'en ont plus aujourd'hui aucun ni dans l'administration, ni dans les tribunaux. Ces sortes d'affaires rentrent dans les attributions de l'administration et sont traitées sans forme précise comme de simples intérêts administratifs..... Il est de fait que chez nous, dans bien des cas, les affaires n'ont plus de juges, tandis que les Français, que nous avons cru laisser en arrière, trouvent au moins un juge dans l'ordre administratif. »

Ces inconvénients, d'abord signalés par les légistes, furent bientôt reconnus par le Gouvernement lui-même. En 1884, M. Depretis, ministre de l'intérieur et président du Conseil, saisit le Sénat d'un projet de loi tendant à restituer au Conseil d'État des attributions de juridiction contentieuse. « Il convient, disait l'exposé des motifs, de rétablir cette juridiction, non pour envahir le domaine réservé à l'autorité judiciaire, mais pour donner un juge à des affaires qui actuellement n'en ont pas. » L'organe du Gouvernement ajoutait que « la nécessité de rétablir ces attributions du Conseil d'État a été constamment reconnue » ([1]).

C'est de ce mouvement d'opinion et de l'initiative du Gouvernement que sont nées les deux importantes lois du 31 mars 1889 et du 1er mai 1890, qui ont rétabli la juridiction administrative en Italie et dont nous devons faire connaître les dispositions essentielles.

Réforme de 1889-1890. Conseil d'État ([2]). — La loi du 31 mars 1889 crée, au Conseil d'État, une quatrième section spécialement chargée d'exercer la juridiction administrative supérieure, et définit les recours qui pourront être portés devant elle.

Elle établit d'abord, en termes généraux, un « recours pour incompétence, excès de pouvoir ou violation de la loi » contre les actes ou décisions émanés d'une autorité administrative ou d'un corps délibérant. Elle tend ainsi à remédier au principal défaut de la législation de 1865, qui, ainsi que nous venons de le voir, ne donnait aucun juge aux particuliers ou aux administrations locales lésées par un acte administratif, et ne leur laissait d'autre ressource que de se pourvoir par la voie hiérarchique devant l'autorité administrative supérieure. Quand l'acte émanait d'un ministre, la seule voie ouverte était un recours au ministre mieux informé. Depuis 1889, tout acte argué d'illégalité peut être déféré au Conseil d'État, au moyen d'une procédure analogue à notre recours pour excès de pouvoir, mais plus coûteuse, car elle est assujettie, comme tous les autres recours, au ministère d'un avocat au Conseil d'État.

---

1. Exposé des motifs du projet de loi déposé le 18 février 1881 devant le Sénat.
2. Voy. Pietro Bertolini, *Delle Garanzie della legalità in ordine alla funzione amministrativa*. Rome, 1890. Cet ouvrage traite avec ampleur la question générale de la juridiction administrative et expose avec beaucoup de clarté l'origine, l'élaboration et la portée de la réforme accomplie en Italie.

Cette importante innovation est accompagnée de quelques restrictions (art. 24) : en premier lieu, le recours pour excès de pouvoir n'est recevable que si l'acte attaqué a fait préalablement l'objet d'un recours hiérarchique et est devenu définitif par le rejet de ce recours ; en second lieu, le recours n'est ouvert que pour incompétence et excès de pouvoir, non pour violation de la loi, quand il s'agit de décisions rendues en matière de recrutement et de douane.

Enfin, — et c'est là la restriction la plus grave, — aucun recours n'est admis contre les actes ou décisions émanés du Gouvernement dans l'exercice du pouvoir politique (*nel esercizio del potere politico*). Cette dernière restriction a été très contestée lors de la discussion de la loi, et sa véritable portée est restée difficile à déterminer : s'applique-t-elle aux actes faits dans un but politique, ou seulement à ceux qui, par leur nature même, sont d'essence politique et gouvernementale ? La controverse paraît exister sur ce point comme elle a longtemps existé en France sur la question des « actes de gouvernement » ([1]).

Un autre recours d'un caractère général est prévu par l'article 25, § 6, de la loi de 1889, qui le définit ainsi : — « recours « direct pour obliger l'autorité administrative à se conformer, en ce « qui concerne l'espèce jugée, aux sentences des tribunaux qui ont « reconnu la violation d'un droit civil ou politique ». Ce recours vise la disposition de la loi de 1865, rapportée plus haut, qui permet aux tribunaux judiciaires non de modifier ou d'annuler l'acte administratif lésant un droit, mais de reconnaître ce droit et de déclarer l'acte administratif non avenu en ce qui le concerne. Cette disposition étant dépourvue de sanction, il pouvait arriver que l'administration paralysât la décision judiciaire par mauvais vouloir ou par simple inertie. C'est pour combler cette lacune de la loi de 1865, que la loi de 1889 a institué un recours devant le Conseil d'État tendant à obtenir l'exécution de la décision judiciaire. Mais comment cette exécution pourra-t-elle être assurée, si la résistance de l'administration subsiste après la décision du Conseil d'État comme après celle du tribunal judiciaire? Sera-ce par une exécution forcée,

1. Voy. P. Bertolini, *op. cit.*, p. 209.

par un mandement dont l'inexécution pourrait engager la responsabilité ministérielle, par une condamnation éventuelle de l'administration récalcitrante à des dommages-intérêts ? Le texte de la loi,
qui se borne à créer le recours, ne résout pas ces délicates questions qui paraissent être controversées entre les commentateurs
de la loi comme elles l'ont été entre ses auteurs ([1]).

En dehors de ces dispositions générales, la loi de 1889 (art. 25)
énumère diverses contestations d'ordre administratif qui peuvent
faire l'objet d'un recours à la quatrième section du Conseil d'État,
savoir : — difficultés entre l'État et ses créanciers sur l'interprétation des contrats d'emprunt, des lois relatives à ces emprunts et des
autres lois sur la dette publique ([2]) ; — séquestre des biens ecclésiastiques et mesures concernant les attributions respectives des
pouvoirs civil et religieux ; — contestations entre les communes de
provinces différentes au sujet de l'application de la taxe établie par
la loi du 11 août 1870, et entre toutes communes ou provinces au
sujet de leurs limites ; — difficultés relatives aux routes communes
à plusieurs provinces, et aux eaux publiques ; — recours contre le
refus d'autorisation d'ester en justice opposé à des personnes morales soumises à la tutelle administrative ([3]).

La loi de 1889 avait été votée par les Chambres avec une certaine défiance d'elles-mêmes et de l'opinion ; elles craignaient que
celle-ci ne fût défavorable, surtout dans les milieux judiciaires, au
rétablissement de la section du contentieux. Cela explique pourquoi
la loi de 1889, tout en rétablissant cette section, ne lui a pas rendu
son nom, s'est bornée à l'appeler « la quatrième section », et ne
lui a donné que les attributions strictement nécessaires.

Mais, à la suite du bon accueil fait à la loi de 1889 par l'opinion
et par les corps judiciaires eux-mêmes, ces attributions ont été

---

1. Voy. P. Bertolini, *op. cit.*, p. 215, et une intéressante dissertation de M. le professeur Giuseppe Leporini, publiée dans l'*Archivio di Diritto publico*. Ann. I, fasc. 2,
1891.

2. Ces contestations étaient déjà réservées au Conseil d'État par la loi du 20 mars
1865. L'article 25, § 3, confirme en outre la compétence du Conseil d'État sur toutes
les matières que la loi de 1865 soumettait à sa décision. (Voy. ci-dessus, p. 69.)

3. En France, les recours contre les décisions des conseils de préfecture refusant
l'autorisation de plaider sont aussi portés devant le Conseil d'État, mais ils n'ont pas
un caractère contentieux et ils sont soumis, non à la section du contentieux, mais à
la section de l'intérieur.

élargies par la loi du 1er mai 1890, qui ne devait d'abord avoir pour objet que la juridiction de premier ressort des juntes provinciales.

D'après cette dernière loi, la quatrième section du Conseil d'État connaît en outre des affaires suivantes : — recours contre les arrêtés préfectoraux relatifs à l'administration des biens des sections de communes, ou aux intérêts des paroisses, qui se trouvent en opposition avec ces communes ou d'autres sections ; — réclamations en matière d'établissements dangereux ou insalubres ; — contestations sur les dépenses obligatoires de l'État, des provinces et des communes en matière de salubrité et d'assistance hospitalière ; en matière de travaux hydrauliques et de travaux d'amélioration du sol ; — recours contre les arrêtés préfectoraux et les délibérations de la junte provinciale en matière de construction ou d'entretien de routes provinciales et communales, de péages sur les routes ou les ponts ; — recours contre les arrêtés préfectoraux pris en matière de travaux publics exécutés par l'État ou par les provinces.

Le contentieux électoral ne figure pas dans les énumérations qui précèdent et la question s'est posée de savoir si le Conseil d'État peut en connaître. La raison de douter venait non seulement du silence des lois de 1889 et de 1890, mais encore de dispositions de la loi provinciale et communale du 20 mars 1865 d'après laquelle les réclamations formées contre les élections sont portées devant la députation provinciale, sauf appel devant le conseil provincial ; « ce conseil prononcera définitivement, sans qu'il puisse être formé de recours *devant les tribunaux* » ([1]). L'exclusion de tout recours aux « tribunaux » pouvait-elle être interprétée comme s'appliquant à la quatrième section du Conseil d'État, qui n'existait pas dans le système de 1865, et qui a été rétablie avec toutes les attributions d'une juridiction supérieure en matière administrative ? Le Conseil d'État ne l'a pas pensé, et il s'est reconnu compétent en vertu des dispositions générales de la loi de 1889 ([2]).

Cette jurisprudence paraît tout à fait conforme à l'esprit de la nouvelle législation, qui tend à rétablir un recours contentieux

---

1. Loi comm. et prov. du 20 mars 1865, article 161.

2. Arrêt du 24 novembre 1893, élection de la province de Cagliari. (*Revue générale d'administration*, décembre 1894.)

contre les décisions des autorités et des corps électifs préposés à l'administration active.

Loi du 1ᵉʳ mai 1890. Juridiction de la junte provinciale. — La législation de 1890, tout en maintenant les juridictions administratives spéciales que la loi de 1865 avait elle-même conservées, a créé une nouvelle juridiction de premier ressort, très analogue à celle des conseils de préfecture, et qui est exercée par la *junte provinciale*. La junte dont il est ici question diffère sensiblement de la junte élective qui se forme dans le conseil provincial et qui rappelle la commission départementale de nos conseils généraux. Quand il s'agit de statuer au contentieux, la junte est présidée par le préfet ou par son représentant, et elle se compose de quatre juges pris par moitié parmi les membres du conseil de préfecture et parmi ceux de la junte provinciale administrative. L'élément administratif domine donc ici l'élément électif.

La juridiction de la junte s'exerce, en général, sur le contentieux des affaires provinciales et communales. Elle peut non seulement annuler mais réformer, sur la réclamation des intéressés, les délibérations des conseils provinciaux et municipaux et les arrêtés des maires (syndics), en matière d'édilité et de police locale, d'hygiène publique et de contraventions aux lois sur les travaux publics; elle connaît des recours en matière de *consortium* pour travaux hydrauliques et d'amélioration du sol, non subventionnés par l'État; des recours des employés provinciaux ou communaux et des administrateurs des œuvres pies contre les décisions qui les révoquent, ou les suspendent pendant plus de trois mois (¹).

La junte connaît aussi, mais seulement pour incompétence, excès de pouvoir ou violation de la loi, des recours contre les décisions portant refus d'autoriser certaines professions et agences publiques, et contre les décisions disciplinaires prononcées contre les employés provinciaux, communaux, etc., en dehors des cas prévus ci-dessus (²).

Les décisions de la junte sont susceptibles de recours devant la

---

1. Loi du 1ᵉʳ mai 1890, article 1ᵉʳ.
2. Même loi, article 2.

quatrième section du Conseil d'État, mais seulement pour incompétence, excès de pouvoir et violation de la loi, conformément à la règle, générale et peut-être trop restrictive, que la loi de 1889 a posée pour les recours contre les décisions des diverses autorités administratives.

Cour de cassation et conflits. — La Cour de cassation de Rome est, depuis 1877, le juge suprême des compétences et des conflits auxquels elles peuvent donner lieu.

Antérieurement, deux autres systèmes avaient été suivis. D'après la loi sarde du 20 novembre 1859 (rendue applicable au royaume d'Italie en 1860), il était statué sur les conflits par décret royal rendu en conseil des ministres après avis de l'assemblée générale du Conseil d'État. D'après la loi du 20 mars 1865, le Conseil d'État, au lieu de donner un simple avis, exerçait une juridiction propre et statuait souverainement sur le conflit. Cet état de choses fut critiqué à un double point de vue : on reprocha comme une inconséquence à la loi de 1865 de donner juridiction au Conseil d'État sur les conflits, alors qu'elle la lui retirerait dans les matières contentieuses ; en outre, on accusa le Conseil d'État d'avoir exercé cette attribution dans un esprit trop favorable à la compétence administrative. L'idée d'un tribunal mixte, analogue au Tribunal des conflits de France, fut proposée mais écartée. La Cour de cassation de Rome, qui venait d'être instituée par la loi du 15 novembre 1875, fut chargée du jugement des conflits par la loi du 7 avril 1877.

Il est à remarquer que cette loi, par une innovation plus spécieuse que véritablement juridique, a refusé la dénomination de conflit aux revendications de compétence exercées par l'administration active. Dans ce cas, a-t-on dit, il n'y a pas de conflit, puisque le conflit suppose un débat entre deux juridictions rivales et que l'administration n'a plus, depuis 1865, de pouvoir juridictionnel ; en conséquence, la loi du 7 avril 1877 a réservé la dénomination de conflit aux revendications faites en faveur des commissions et tribunaux administratifs spéciaux, et elle a considéré comme de simples requêtes à fin d'incompétence celles qui émanent de l'administration active. Les conséquences de cette distinction sont d'ailleurs plus théoriques que pratiques.

Les dispositions de la loi de 1877 sur les conflits peuvent être ainsi résumées ([1]) :

L'administration peut, lorsqu'elle est partie dans une instance ou qu'elle a le droit d'y intervenir, opposer l'incompétence de l'autorité judiciaire ; dans tous les cas, elle peut user du moyen exceptionnel de provoquer directement sur cette question d'incompétence un arrêt de la Cour de cassation. Si l'administration est partie, elle peut employer ce recours extraordinaire tant que l'affaire n'est pas définitivement jugée en premier ressort ; si elle n'est pas partie, tant que l'autorité judiciaire n'a pas rendu de décision passée en force de chose jugée sur la compétence (art. 1er). — La requête qui tend à saisir la Cour de cassation est formée par arrêté du préfet, notifié aux parties en cause et au ministère public. Cet arrêté a pour effet de suspendre toute procédure, sauf pour des mesures purement conservatoires, jusqu'à la solution des questions de compétence (art. 2). — Il appartient exclusivement à la Cour de cassation de Rome : 1° de statuer sur la compétence de l'autorité judiciaire, chaque fois que l'administration publique use du recours exceptionnel ci-dessus ; 2° de régler la compétence entre l'autorité judiciaire et l'autorité administrative, quand l'une et l'autre se sont déclarées incompétentes ; 3° de juger les conflits de juridiction positifs ou négatifs entre les tribunaux ordinaires et d'autres juridictions, et d'annuler les décisions de ces juridictions pour incompétence ou excès de pouvoir (art. 3).

Cette dernière disposition de l'article 3 de la loi du 7 avril 1877, qui reconnaît à la Cour de cassation un droit général d'annulation pour incompétence à l'égard de toutes les « juridictions spéciales », a fait naître une question des plus graves, à la suite de la loi de 1889 rétablissant la juridiction contentieuse du Conseil d'État. Cette question est celle de savoir si la quatrième section du Conseil d'État peut être comprise parmi les « juridictions spéciales » visées par l'article 3 et si, par suite, la Cour de cassation peut annuler ses décisions pour incompétence et excès de pouvoir.

La solution négative paraissait devoir être adoptée, car d'une part les juridictions spéciales visées par la loi de 1865 étaient celles

1. Voir la traduction de cette loi par M. P. Henry, docteur en droit, dans l'*Annuaire de législation étrangère*. Année 1878, p. 334.

dont cette loi avait prévu le maintien et parmi lesquelles ne pouvait figurer la juridiction alors supprimée du Conseil d'État ; d'autre part, cette juridiction, rétablie en 1889, n'est pas « spéciale », mais générale en matière administrative, elle a son domaine propre comme les tribunaux judiciaires ont le leur ; enfin le Conseil d'État étant précisément le juge, — et le juge suprême d'après le vœu de la loi de 1889, — des griefs d'incompétence et d'excès de pouvoir relevés contre les décisions administratives, il cesserait de l'être dans certains cas si ses décisions pouvaient être frappées d'une sorte d'appel devant la Cour de cassation sur ces mêmes questions d'incompétence et d'excès de pouvoir.

Ces considérations n'ont cependant pas prévalu devant la Cour de cassation de Rome. Un arrêt rendu, toutes chambres réunies, en 1893 ([1]) a décidé que le recours pour incompétence pouvait être formé devant la Cour de cassation contre les décisions de la quatrième section du Conseil d'État, et a prononcé l'annulation de la décision attaquée ([1]). On doit reconnaître qu'une telle jurisprudence, si elle était maintenue, diminuerait la portée de la réforme accomplie en 1889 et pourrait même mettre en échec le principe de la séparation des pouvoirs.

Cour des comptes ([2]). — La Cour des comptes d'Italie mérite une mention particulière, parce qu'elle n'a pas seulement pour mission, comme en France et dans presque tous les États d'Europe, de juger les opérations de recettes et de dépenses ; elle exerce en outre de hautes attributions de contrôle administratif et même gouvernemental ([3]). Sa législation repose principalement sur la loi organique du 14 août 1862, et sur les décrets du 2 et du 5 octobre 1862 qui règlent les procédures à suivre, soit en matière contentieuse, soit en matière non contentieuse.

1. Cour de cassation de Rome, 21 mars 1893 (*Compagnie des travaux publics de l'Italie méridionale contre la ville de Tarente et le ministre des travaux publics*).

2. Voy. Giovanni Pasini, *Legge sulla instituzione della Corte dei Conti*, 1883. — Voy. Marcé, *La Cour des comptes italienne* (*Annales de l'École des sciences politiques*, 1889, p. 270) ; — Biollay, avocat général à la Cour des comptes, *Discours de rentrée*, du 3 novembre 1882.

3. Le système italien est également en vigueur en Hollande, en Belgique et, depuis 1886, en Portugal. Le système français est pratiqué en Allemagne, Autriche-Hongrie, Espagne, Suède, Grèce, Turquie.

Par son organisation, la Cour des comptes italienne se rapproche de la nôtre ; elle se compose de magistrats inamovibles dont une partie fait fonction de rapporteurs, et d'un parquet dirigé par un procureur général ([1]). Elle s'en rapproche aussi dans l'exercice de la juridiction qu'elle exerce sur les comptes, sauf quelques particularités que nous mentionnerons plus loin. Mais elle possède en outre des attributions étendues de contrôle préventif, non seulement à l'égard des ordonnateurs et pour les décisions qui engagent directement une dépense, mais encore à l'égard du Gouvernement tout entier, et même pour des actes qui n'ont pas de répercussion financière.

C'est ce contrôle préventif que nous devons tout d'abord expliquer, car il rentre dans le système général de garanties de la légalité des actes administratifs, tel qu'il a été conçu par le législateur italien.

La forme la plus générale et la plus caractéristique de ce contrôle est l'*Enregistrement* qui doit être demandé à la Cour pour les décrets royaux de toute nature. D'après l'article 13 de la loi organique de 1862, « tous les décrets royaux, quel que soit le ministère dont ils « émanent, et quel qu'en soit l'objet, sont présentés à la Cour pour « qu'elle appose son visa et procède à l'enregistrement ([2]) ». Cette disposition a pour but d'organiser un contrôle préventif de la légalité des décrets ; mais elle pourrait avoir pour résultat de remettre à un corps de magistrats inamovibles et irresponsables des questions relevant de la responsabilité ministérielle, si la loi n'avait pas reconnu au Gouvernement le droit d'assurer l'exécution de ses actes, ainsi que leur appréciation par le Parlement, nonobstant l'opposition de la Cour.

1. Le personnel de la Cour consiste en un président, deux présidents de section, douze conseillers, vingt rapporteurs ou référendaires (*ragionieri*). La Cour est divisée en trois sections et peut être appelée à délibérer en sections réunies.

Les membres de la Cour ne peuvent être relevés de leurs fonctions ou mis à la retraite que sur l'avis conforme d'une commission composée des présidents et vice-présidents de la Chambre des députés et du Sénat. (Loi du 14 août 1862, art. 4.)

2. La loi n'excepte aucun décret, mais dans la pratique on est d'accord pour ne pas soumettre à l'enregistrement les actes qui émanent de la prérogative personnelle du roi, et qui n'engagent pas la responsabilité ministérielle, par exemple les nominations et promotions dans les ordres de chevalerie, ainsi que les décrets qui nomment des sénateurs, et qui sont réservés à la vérification du Sénat lui-même. (Marcé, *op. cit.,* p. 281.)

A cet effet, le Gouvernement peut exiger que la Cour donne un visa avec réserve (*visto con riserva*). Voici comment on procède: La Cour ayant pris une délibération motivée par laquelle elle fait connaître l'illégalité ou l'irrégularité qui lui paraît faire obstacle à l'enregistrement pur et simple, cette délibération est transmise au ministre intéressé ([1]). Si celui-ci veut maintenir son acte, il porte la question devant le conseil des ministres, et si le conseil partage son avis, la Cour est appelée à délibérer, toutes sections réunies. Si le conflit subsiste, l'acte est visé avec réserve et le Parlement est saisi du différend par la Cour qui doit lui communiquer directement, tous les quinze jours, les enregistrements faits avec réserve et les délibérations auxquelles ils ont donné lieu ([2]). On voit qu'au moyen de cette procédure la responsabilité du ministre intéressé est d'abord mise en jeu, puis, s'il y a lieu, la responsabilité solidaire du cabinet. La solution définitive appartient aux Chambres.

En dehors de ce contrôle préventif général, la Cour des comptes exerce un contrôle spécial et également préventif sur tous les actes qui peuvent avoir pour effet d'engager une dépense. A la différence de la loi française qui n'admet aucun contrôle préalable de la Cour sur les actes de l'ordonnateur, la loi italienne lui soumet, pour qu'elle appose son visa, tous les décrets et les actes ministériels « qui approuvent des contrats et qui autorisent des dépenses, tous « les actes de nomination, promotion et déplacement de fonction- « naires et ceux qui confèrent des traitements, des pensions et au- « tres assignations à la charge de l'État ([3]) ».

De même que pour les décrets, l'enregistrement d'un contrat n'en préjuge pas la validité qui peut être ultérieurement contestée devant toute juridiction compétente, aussi bien par l'État que par toute autre partie intéressée.

Enfin les actes qui engagent directement les dépenses, c'est-à-dire les ordonnancements, sont soumis à l'examen de la Cour qui doit vérifier leur régularité au point de vue budgétaire, l'imputation

---

1-2. Loi organique de 1862, articles 14 et 18, et loi du 15 août 1867. Cette dernière loi a fixé le délai de quinzaine pour la communication des réserves aux Chambres.

3. Loi organique de 1862, article 19. Quelques exceptions sont cependant prévues par le règlement général de comptabilité du 4 septembre 1870, notamment pour les allocations non renouvelables n'excédant pas 2,000 fr.

des dépenses sur les crédits correspondants, la disponibilité ou l'épuisement de ces crédits, et doit refuser le visa s'il y a lieu. L'exécution des budgets est ainsi placée, selon l'expression de M. Pasini, « sous la tutelle de la Cour des comptes ([1]) ». Celle-ci exerce d'avance, sur les actes de l'ordonnateur, le contrôle qu'elle n'exerce, en France, qu'après coup, soit par le *compte moral* des administrateurs et les *déclarations* auxquelles il donne lieu, soit par le jugement des comptes où le comptable fait apparaître l'exécution donnée aux décisions de l'ordonnateur.

La surveillance des actes d'exécution du budget se manifeste en outre par l'examen des dépenses réellement effectuées, d'après les comptes mensuels des trésoreries centrales et des intendances de finances. C'est le contrôle postérieur (*controllo postumo*) qui vient compléter le contrôle préventif exercé sur l'ordonnateur, mais qui a, comme lui, un caractère administratif et non juridictionnel.

Le caractère juridictionnel apparaît au contraire dans le jugement des comptes qui appartient à une autre section de la Cour que celle qui est chargée du contrôle administratif ([2]).

Mais il est à remarquer que la juridiction de la Cour n'atteint pas seulement le comptable proprement dit, mais aussi l'ordonnateur, en la personne « du chef de la comptabilité » qui, dans chaque ministère, est chargé de délivrer les mandats et est responsable de leur régularité.

En Italie, le comptable proprement dit, le payeur, n'est responsable que de la régularité en quelque sorte matérielle du paiement, de sa conformité aux énonciations du mandat ; il n'est pas chargé, comme en France, de vérifier la régularité du mandat au point de vue de l'imputation du crédit et de la justification du service fait. Cette tâche incombe au « chef de la comptabilité », soumis à la juridiction de la Cour. Cette juridiction est donc plus étendue, quant aux personnes, qu'elle ne l'est en France, mais en réalité elle ne l'est pas davantage quant aux actes, car elle se borne à relever séparément dans la personne du chef de la comptabilité et dans celle

---

1. G. Pasini, *op. cit.*, p. 549.
2. Le contrôle administratif appartient à la première section et le jugement des comptes à la troisième. Quant à la seconde section, elle est chargée de la liquidation administrative des pensions.

du payeur deux éléments de responsabilité que le système français réunit dans la personne du comptable.

Les observations qui précèdent ne sont d'ailleurs relatives qu'à la comptabilité de l'État. La juridiction de la Cour est beaucoup plus restreinte pour les comptes des provinces et des communes ; ceux-ci ne relèvent, en principe, que des conseils de préfecture, et la Cour n'en connaît que sur appel et dans la limite des questions soulevées par l'appelant.

Actions en responsabilité contre les fonctionnaires et contre l'État [1]. — La législation de 1865 a maintenu la règle qui était antérieurement en vigueur, et d'après laquelle les fonctionnaires ne peuvent être poursuivis, pour faits relatifs à leurs fonctions, qu'en vertu d'une autorisation administrative. D'après la loi provinciale et communale de 1865 (art. 8 et 110), les préfets, les sous-préfets, les maires et ceux qui les remplacent « ne peuvent être « appelés à rendre compte de l'exercice de leurs fonctions, si ce « n'est par l'autorité administrative supérieure, ni mis en jugement « pour actes de leurs fonctions sans autorisation du roi, après avis « du Conseil d'État ».

On a longtemps discuté, en doctrine, la question de savoir si l'autorisation exigée pour les poursuites à fins pénales est également nécessaire pour des réclamations civiles à fin de dommages-intérêts. Les termes généraux de la loi, qui ne permettent aux fonctionnaires de rendre compte de l'exercice de leurs fonctions qu'à leurs supérieurs hiérarchiques, ont paru consacrer une règle uniforme que la jurisprudence a adoptée quelle que soit la nature des poursuites. La jurisprudence admet en outre que les règles du droit commun sur la responsabilité pour faute comportent des tempéraments à l'égard des fonctionnaires ; ceux-ci ne sont pas considérés comme responsables de simples erreurs de droit, « à moins qu'elles ne révèlent une complète ignorance des règles élémentaires de la profession », ni de fautes commises « en présence d'une impossibilité absolue de se conformer à la loi », ni d'actes faits « en exécu-

---

1. Voy. P. Bertolini, *op. cit.*, p. 230 ; — Bonasi, *Della responsabilita penale e civile dei ministri et degli ufficiali pubblici* (Bologne, 1874) ; — Giorgi, *Teoria delle obbligazioni*, t. V (Florence, 1882).

tion d'ordres de l'autorité légitime n'ayant pas un caractère manifestement dolosif et illégal ([1]) », ni enfin d'actes accomplis « dans
un cas d'extrême urgence et en vue de l'intérêt public ([2]) ».

En ce qui touche la responsabilité pécuniaire que l'État peut
encourir par le fait de ses agents, on retrouve en Italie la controverse qui a été longtemps agitée en France, sur la question de savoir si les règles du droit civil qui consacrent la responsabilité du
commettant en cas de faute de son préposé, sont applicables à
l'État. La plupart des auteurs et la jurisprudence des tribunaux se
prononcent pour la négative, et résolvent la question par la distinction suivante :

S'il s'agit d'actes accomplis *jure imperii,* c'est-à-dire dans l'exercice de la puissance publique et en vue d'un intérêt général, l'État
est réputé avoir agi comme souverain et il échappe à toute responsabilité ; mais s'il s'agit d'actes faits *jure gestionis,* par l'État agissant comme personne civile, comme propriétaire ou contractant,
les règles du droit commun lui sont applicables ([3]).

Les questions concernant la responsabilité de l'État sont jugées
par les tribunaux judiciaires, sous réserve du droit de conflit si
l'administration estime que l'acte a été fait *jure imperii.*

1. Bonasi, *op. cit.,* p. 330, 346, 349.

2. Giorgi, *op. cit.,* t. **V**, p. 284.

3. Cette distinction entre le *jus imperii* et le *jus gestionis* (qui correspond à notre
distinction entre les actes de puissance publique et les actes de gestion) a été consacrée notamment par un arrêt de la Cour d'appel de Lucques du 24 mai 1888, et
par un arrêt de la Cour de cassation de Florence du 27 juin 1889, rapportés par
Bertolini, *op. cit.,* p. 235, note 1. — Cf. Giorgi, *op.* et *vol. cit.,* p. 471, 472.

CHAPITRE III

LÉGISLATION COMPARÉE (Suite). — BELGIQUE
ET ÉTATS DU SYSTÈME BELGE.

———

Avec la Belgique nous abordons un autre système, qui est également en vigueur en Suède, en Danemark, en Grèce, et qu'on peut appeler le « système belge », pour le distinguer du système français et germanique dont nous venons de parler, et du système anglo-américain que nous examinerons en dernier lieu.

L'Italie a appartenu à ce groupe de 1865 à 1889 ; mais nous avons vu qu'après cette expérience de près d'un quart de siècle elle est revenue au système français, et a rétabli ses tribunaux administratifs, tout en laissant à l'autorité judiciaire les attributions qu'elle possède depuis 1865.

Dans le système belge, il n'y a pas de tribunaux administratifs ; l'autorité judiciaire est compétente, en principe, sur les litiges de toute nature ; mais la loi maintient le principe de la séparation des pouvoirs entre la fonction judiciaire et l'administration active ; elle interdit aux tribunaux toute décision qui usurperait ou qui entraverait directement la puissance exécutive ; elle admet le conflit comme moyen d'assurer cette interdiction.

Examinons comment ce système s'est établi en Belgique et comment il y fonctionne.

Historique et principes de la législation. — La Belgique, soumise jusqu'en 1815 au système de la législation française, manifesta pour lui un éloignement qui n'était que trop justifié par les abus auxquels il avait donné lieu sous le gouvernement impérial. Les jurisconsultes belges citent encore aujourd'hui, comme exemples de ces abus, les décrets impériaux qui, sous prétexte de conflit, évoquaient des causes civiles et criminelles et portaient directement atteinte, même en matière pénale, à l'autorité de la chose jugée ([1]). Assurément, de telles décisions, qui n'avaient aucune base dans la législation de l'an VIII, et qui n'étaient que des actes isolés d'une souveraineté sans contrôle, ne pouvaient pas servir à caractériser l'ensemble de la législation. Celle-ci se reflétait mieux dans la jurisprudence modérée que le Conseil d'État cherchait à faire prévaloir ; mais ces abus n'en avaient pas moins produit une impression profonde sur les esprits, et provoqué une vive réaction contre tout ce qui pouvait rappeler l'ingérence du pouvoir dans les affaires de la justice.

Le gouvernement des Pays-Bas, auquel la Belgique fut rattachée après sa séparation de la France, dut aussi céder à ce mouvement de l'opinion et rassurer la magistrature et les citoyens, par des dispositions formelles de l'acte fondamental du 24 août 1815, contre la confusion des pouvoirs et contre l'abus des conflits. L'article 165 de l'acte constitutionnel posa en principe que « les contestations « qui ont pour objet la propriété ou les droits qui en dérivent, des « créances ou des droits civils, sont exclusivement du ressort des « tribunaux ». Bientôt après, une loi du 16 juin 1816, appliquant ce principe à des procédures engagées pendant la période impériale, déclara nuls et non avenus tous les conflits élevés dans des litiges portant sur des questions de propriété, de droits civils ou de créances.

Mais après qu'on eut ainsi largement restitué aux corps judiciaires les affaires de leur compétence, on s'aperçut que les règles nouvelles pouvaient aussi provoquer des abus en sens inverse. A la prédominance de l'administration sur les tribunaux avait succédé la prédominance des tribunaux sur l'administration ; l'action des

---

1. Voy. le *Droit administratif belge*, par M. de Footz, professeur à la Faculté de droit de Liège. L'auteur cite le sénatus-consulte du 28 août 1813, rendu en exécution d'un décret donné à Dresde le 14 août 1813, qui ordonne de remettre en jugement des agents municipaux d'Anvers acquittés par le jury de Bruxelles (t. I, p. 225 et suiv.). Voy. aussi le *Droit administratif de la Belgique*, par M. Giron, conseiller à la cour d'appel et professeur à l'université de Bruxelles.

pouvoirs publics était exposée à de sérieuses entraves par des recours judiciaires dirigés contre les actes de l'administration et
contre les fonctionnaires de qui ils émanaient.

De là l'arrêté royal du 5 octobre 1822 qui revendiqua l'indépendance de l'autorité administrative et rétablit, pour l'assurer, la
procédure de conflit. D'après cet arrêté, lorsqu'il était parvenu à la
connaissance d'un gouverneur de province que des administrations
ou des administrateurs étaient cités devant les tribunaux à raison
de leurs actes, ou que la légalité de ces actes était contestée devant
les tribunaux, ce fonctionnaire devait leur signifier que l'administration intervenait dans la cause et que la connaissance lui en appartenait. Le ministre de la justice présentait un rapport sur le
conflit, et le roi statuait par ordonnance. Les Pays-Bas n'ayant pas
de tribunaux administratifs, le conflit se pratiquait au profit de
l'administration active seule ; il ne déplaçait pas le procès, il le
supprimait par simple ordonnance royale. La Couronne déclarait
en outre que les ordonnances rendues sur les conflits n'étaient pas
susceptibles d'engager la responsabilité ministérielle, et qu'elles
échappaient au contrôle des Chambres ([1]).

On avait donc encore une fois oscillé d'une extrémité à l'autre :
sous prétexte de réagir contre l'omnipotence judiciaire, on avait
rétabli l'arbitraire gouvernemental. On provoqua ainsi une réaction nouvelle des corps judiciaires et de l'opinion libérale, qui
firent définitivement prévaloir leurs vues après la révolution du
25 août 1830.

La Constitution belge du 7 février 1831 contient plusieurs dispositions qui s'expliquent par les vicissitudes de la législation antérieure, et qui ont pour but d'en prévenir le retour. Elle pose en
principe que « les cours et tribunaux n'appliqueront les arrêtés et
« règlements généraux, provinciaux et locaux qu'autant qu'ils se-
« ront conformes aux lois » (art. 107). — Les contestations qui ont
« pour objet *les droits civils* ([2]) sont exclusivement du ressort des
« tribunaux (art. 92). — Les contestations qui ont pour objet des
« *droits politiques* ([3]) sont du ressort des tribunaux, sauf les excep-

1. Message royal du 11 décembre 1829.
2-3. La rédaction primitive du texte constitutionnel réunissait les articles 92 et 93
en un seul ainsi rédigé. — « Toutes les contestations qui ont pour objet *des droits*

« tions établies par la loi (art. 93). — Nul tribunal, nulle juridic-
« tion contentieuse ne peut être établie qu'en vertu d'une loi. Il
« ne peut être créé de commissions ni de tribunaux extraordinaires
« sous quelque dénomination que ce soit (art. 94). »

Il n'était cependant pas dans la pensée du législateur constituant de reconnaître aux tribunaux une compétence illimitée dans
toutes les affaires qui pouvaient toucher à l'exercice de l'autorité
publique. Aussi la Constitution contient, dans son article 106, la
reconnaissance expresse du droit de conflit ; elle défère le jugement
des conflits à la Cour de cassation ([1]).

Telles furent et telles sont encore les dispositions constitutionnelles qui servent de base à la compétence judiciaire ; voyons
quelles applications en sont faites, tant par les lois spéciales que
par la doctrine et la jurisprudence.

Juridictions spéciales. Réformes de 1869 et de 1881. — Expli-
quons d'abord l'usage qui a été fait des juridictions spéciales dont
la création était autorisée par l'article 93 de la Constitution pour
les contestations ayant pour objet des droits politiques. Cette
réserve n'a été appliquée qu'aux matières suivantes : inscriptions
sur les listes électorales ; élections des conseils municipaux et
provinciaux, des tribunaux de commerce et des conseils de prud'-
hommes ; contributions directes ; recrutement des milices ; comptabilité des deniers publics de l'État, des provinces et des communes.

Le contentieux de la comptabilité publique entre l'administration et les comptables appartient à la Cour des comptes, qui peut

---

politiques et civils sont de la compétence des tribunaux, *sauf les exceptions établies
par la loi.* » D'après cette rédaction, des exceptions à la compétence judiciaire auraient pu être établies pour les questions de droits civils aussi bien que de droits
politiques : c'est ce que ne voulut pas la section centrale du Congrès ; elle sépara
les deux dispositions de manière à n'admettre la possibilité de ces exceptions qu'en
matière de droits politiques, et à l'exclure entièrement en matière de droits civils.
— Voir une intéressante étude de M. Romieu, maître des requêtes au Conseil d'État,
sur *la séparation des pouvoirs en Belgique.* (*Annales de l'École libre des sciences politiques,* 1887, p. 364.)

1. D'après l'article 106 de la Constitution, une loi devait régler la procédure en
matière de conflits, mais cette loi n'a jamais été faite. Il a seulement été décidé que
la Cour de cassation doit statuer toutes chambres réunies et que la présence de
quinze membres est nécessaire. (V. la loi du 4 août 1832, art. 15.)

être considérée comme une institution d'ordre constitutionnel. En effet, les règles essentielles de son organisation et de ses attributions sont posées dans l'article 116 de la Constitution de 1831 (¹). Elle rend des arrêts exécutoires sur les comptes des comptables ou des personnes étrangères à l'administration qui se seraient ingérées dans le maniement des deniers publics.

Les autres matières ci-dessus mentionnées (contentieux des listes électorales, des élections, des impôts directs et du recrutement des milices) furent déférées, en 1831, aux *députations permanentes* des conseils provinciaux. Ces contestations étaient considérées comme ayant pour objet l'exercice de droits politiques, et comme rentrant ainsi dans l'exception prévue par l'article 93 de la Constitution ; le contentieux des contributions directes se rattachait au même ordre d'idées à raison de l'influence que les questions d'impôt pouvaient exercer sur la capacité électorale et sur l'éligibilité, sous le régime censitaire qui était en vigueur en Belgique avant la revision constitutionnelle de 1894.

L'exercice de cette juridiction contentieuse semble avoir d'abord été très restreint : jusqu'en 1860, les contestations électorales étaient si rares qu'une séance par an suffisait à les expédier, et que toutes les décisions à rendre étaient réunies dans un seul et même arrêté des députations provinciales (²). Mais après 1860, les modifications apportées à la législation électorale mirent en éveil les intérêts des partis ; les députations provinciales furent saisies de difficultés plus nombreuses, et furent souvent accusées de ne pas les résoudre avec une impartialité suffisante : de là une première réforme qui fut accomplie par la loi du 5 mai 1869, et qui eut

---

1. Cet article 116 est ainsi conçu : « Les membres de la Cour des comptes sont nommés par la Chambre des représentants et pour le terme fixé par la loi ; cette Cour est chargée de l'examen et de la liquidation des comptes de l'administration générale et de tous les comptables envers le Trésor public. Elle veille à ce qu'aucun article des dépenses du budget ne soit dépassé et qu'aucun transfert (virement) n'ait lieu. Elle arrête les comptes des différentes administrations de l'État et est chargée de recueillir à cet effet tout renseignement et toute pièce comptable nécessaire. Le compte général de l'État est soumis aux Chambres avec les observations de la Cour des comptes. Cette Cour est organisée par une loi. » — La loi organique en vigueur est celle du 29 octobre 1846.

2. Voy. *Annuaire de législation étrangère*, 1882, p. 427, et la notice de M. Louiche Desfontaines, avocat à la Cour d'appel de Paris, qui sert d'introduction à la loi du 30 juillet 1881.

pour effet de transférer aux cours d'appel le contentieux des listes
électorales. La loi du 30 juillet 1881 a achevé de dessaisir les
députations provinciales et elle a réparti ainsi qu'il suit leurs autres attributions contentieuses :

Les réclamations en matière de contributions directes et de redevances de mines sont portées devant les directeurs provinciaux des
contributions qui statuent par décisions motivées (¹) ; le recours est
porté devant la cour d'appel du ressort. Ce recours a-t-il le caractère d'un véritable appel ? N'est-ce pas plutôt une réclamation contentieuse unique formée contre la décision purement administrative des directeurs provinciaux, et dont la cour d'appel connaît
comme juge de premier et dernier ressort ? C'est dans ce dernier
sens que les auteurs de la loi de 1881 ont paru comprendre le
rôle respectif de l'administration des contributions et de la cour
d'appel.

Il en est de même pour les réclamations en matière d'inscription
ou d'omission sur les listes électorales, qui font d'abord l'objet
d'une décision administrative rendue par le collège des bourgmes-
tres et des échevins.

En matière d'élections aux tribunaux de commerce et aux conseils de prud'hommes, la cour d'appel statue directement sur les
réclamations à fin d'annulation « pour irrégularité grave ». Quant
aux élections municipales et provinciales, elles ne font plus l'objet
de réclamations contentieuses proprement dites ; elles sont vérifiées,
qu'elles soient ou non l'objet de protestations, par les assemblées
provinciales dont les décisions sont définitives.

Enfin, les réclamations en matière de recrutement des milices,
notamment celles qui sont relatives aux cas d'exemption et d'exclusion, aboutissent également aux cours d'appel après avoir été préalablement soumises à un *conseil de revision* qui siège dans chaque
province et est composé de sept membres, trois militaires, trois
membres de la députation permanente et le gouverneur de la province président (²).

Les arrêts des cours d'appel dans toutes les matières ci-dessus

---

1. Loi du 30 juillet 1881, art. 23.

2. Loi du 30 juillet 1881, section III, et lois sur la milice des 3 juin 1870 et 18
septembre 1873.

énoncées peuvent être déférées à la Cour de cassation pour violation des formes ou de la loi.

**Compétence judiciaire. Ses limites à l'égard des actes d'admi-
nistration.** — Ainsi qu'on vient de le voir, la réforme législative
de 1881 n'a laissé subsister aucune des attributions contentieuses
antérieurement confiées aux députations provinciales ; elle a géné-
ralisé la compétence judiciaire, même dans les matières les plus
étrangères au droit commun. A plus forte raison, cette compétence
est-elle hors de doute pour toutes les contestations qui ont pour
objet des « droits civils » dans le sens de l'article 92 de la Constitution. Cette expression de « droits civils » est prise ici dans son
acception la plus large ; elle s'applique à tous les contrats, à tous
les engagements pécuniaires de l'État, à tous les actes de gestion
qu'il fait dans l'intérêt des services publics. Dans l'accomplissement de ces actes, l'État est considéré comme personne *civile,* par
opposition à la personne *politique* qu'il représente lorsqu'il exerce
la puissance publique. Cette distinction, faite par tous les auteurs,
se rapproche beaucoup, on le voit, de celle que font les jurisconsultes allemands entre le fisc et l'autorité publique.

La jurisprudence de la Cour de cassation et des cours d'appel a
toujours maintenu cette interprétation des textes constitutionnels
que l'administration avait quelquefois contestée au début. Elle a
déclaré nulles et non avenues comme contraires à l'ordre des juridictions les clauses de cahiers des charges qui soumettaient à l'administration les contestations des entrepreneurs de travaux publics (¹) ; elle a également écarté toutes les tentatives faites par
l'administration pour ressaisir la compétence en matière de dommages causés à la propriété par les travaux publics (²), et en matière de contraventions de grande voirie (³).

A l'égard de l'État considéré comme puissance publique, la
nécessité de concilier la compétence judiciaire en matière contentieuse avec les droits et la responsabilité de l'administration dans

1. Cass. 21 février 1832 ; — Liège, 9 décembre 1833.
2. Liège, 11 novembre 1835.
3. Cass. 11 janvier 1833.

l'exercice de ses pouvoirs, a fait consacrer quelques règles fondamentales qui peuvent se résumer ainsi :

En premier lieu, les tribunaux ne sont pas liés par les dispositions réglementaires émanées des autorités centrales ou locales qu'ils jugeraient contraires à la loi. Le droit qu'ils ont de passer outre et de leur refuser toute sanction pénale est expressément consacré par l'article 107 de la Constitution : « Les cours et tribu- « naux n'appliqueront les arrêtés et règlements généraux, provin- « ciaux et locaux, qu'autant qu'ils seront conformes aux lois. » Il n'y a pas lieu d'insister sur cette règle qui tient à l'essence même du pouvoir judiciaire et qui est consacrée, en France, par une jurisprudence constante et par l'article 471, § 15, du Code pénal, lequel permet au juge de refuser toute sanction aux règlements illégaux. Mais les tribunaux belges n'ont pas plus que les tribunaux français le droit de prononcer l'annulation de dispositions réglementaires illégales ; ils ne peuvent que refuser de les appliquer. Le droit qui appartient en France aux parties lésées, de former un recours pour excès de pouvoir contre une disposition réglementaire illégale et de la faire annuler par le Conseil d'État, n'existe, en Belgique, devant aucune juridiction. Aussi la Cour de cassation a-t-elle décidé que les tribunaux excèdent leurs pouvoirs s'ils annulent un règlement administratif argué d'illégalité (Cass. 16 avril 1849).

La règle de compétence est la même et elle comporte la même restriction, quand il s'agit des actes de la puissance publique qui n'ont pas le caractère réglementaire, de ceux que l'article 107 de la Constitution désigne sous le nom d'*arrêtés* et qui sont, à proprement parler, les *actes d'administration* dont les lois françaises de 1790 et de l'an III interdisent la connaissance aux tribunaux. Lorsque ces actes sont invoqués devant les tribunaux belges, il n'y a jamais lieu de renvoyer à l'administration une question préjudicielle relative à leur interprétation ou à leur validité ; les parties peuvent discuter et les tribunaux apprécier le sens et la légalité de ces actes, mais seulement dans la mesure où ils sont invoqués au débat. La jurisprudence et la doctrine sont nettement fixées en ce sens. « Lorsque l'autorité judiciaire, dit la Cour de cassation belge dans un arrêt du 25 décembre 1845, est appelée, soit par un particulier, soit par le ministère public, à prendre pour règle de la décision qu'on lui demande, un acte de l'autorité administrative, soit centrale, soit provinciale, soit communale, si elle estime que cet acte est entaché d'illégalité, elle doit s'abstenir de lui prêter son concours, mais elle ne peut ni en prononcer l'annulation, ni même y apporter aucune modification. » La Cour de cassation a consacré la même doctrine dans un arrêt du 23 janvier 1879, rejetant le pourvoi formé contre un arrêt de la Cour de Liège du 4 avril 1877, qui avait rejeté une demande en dommages-intérêts formée par l'évêque de Liège contre le bourgmestre, à la suite d'un arrêté interdisant les processions ([1]).

La Cour de Bruxelles décide également que les tribunaux ne peuvent connaître de la légalité des actes administratifs qu'autant qu'ils sont appelés à concourir à leur exécution, c'est-à-dire autant qu'on leur en demande l'application pour obtenir une condamnation, soit civile, soit pénale, ou pour s'y soustraire (Arrêt du 21 mai 1853). Ainsi, dit M. de Footz, « le juge ne peut jamais prononcer la nullité d'un acte émané de l'administration agissant dans sa personnalité souveraine ; mais incidemment à une question principale dont il est saisi, il peut ne pas tenir compte d'un acte de ce genre ([2]) ».

Par application de ces principes, plusieurs arrêts ont décidé que les tribunaux ne peuvent annuler les décisions des députations permanentes relatives à la police des cours d'eau non navigables, ni ordonner la suppression des établissements autorisés par elles sur ces cours d'eau, mais qu'ils peuvent allouer des indemnités aux propriétaires qui ont subi des dommages ([3]). — Les tribunaux n'ont pas non plus le droit d'annuler ou de restreindre des concessions de mines accordées par le Gouvernement, mais ils peuvent interpréter les actes de concession et en apprécier la régularité à l'occa-

---

1. On lit dans l'arrêt de la Cour de Liège du 4 avril 1877 : « Attendu... que si le pouvoir judiciaire n'a pas qualité pour contrôler l'opportunité de l'arrêté pris par le bourgmestre, et s'il ne lui est pas permis de statuer sur une demande qui tendrait directement à faire déclarer l'illégalité de l'arrêté, il peut cependant examiner la validité d'un acte émané de l'autorité administrative lorsque, comme dans l'espèce, les défendeurs au procès, qui ont agi comme fonctionnaires de l'administration, se fondent pour repousser l'action sur la légalité de l'acte qu'ils ont été chargés d'appliquer. »

L'arrêt examine ensuite et reconnaît la légalité de l'arrêté du bourgmestre.

2. De Footz, *op. cit.*, t. I, p. 313.

3. Cass. 9 juillet 1846.

sion d'un litige entre le concessionnaire et le propriétaire de la surface, et refuser d'en tenir compte pour la solution de ce litige ([1]).

En matière de pensions, les attributions respectives de l'administration et des tribunaux ont donné lieu à de longues controverses et à des hésitations de la jurisprudence. Celle-ci semble cependant fixée en ce sens que, s'il appartient au pouvoir exécutif de liquider la pension, les réclamations formées contre la liquidation doivent être considérées comme se rattachant à un « droit civil » et comme rentrant, à ce titre, dans la compétence judiciaire ([2]).

En résumé, les tribunaux ne peuvent pas adresser des injonctions à l'administration, ni lui prescrire l'accomplissement d'aucun acte. Encore moins peuvent-ils, sur la demande d'un particulier agissant par action principale et directe, examiner la légalité d'un acte administratif en vue d'en arrêter l'exécution poursuivie par l'administration. Le recours en annulation pour excès de pouvoir n'existe pas : c'est un point qu'il ne faut pas perdre de vue lorsqu'on compare le système belge au nôtre.

Actions en responsabilité contre l'État et les fonctionnaires. — La compétence judiciaire s'applique sans restriction aux demandes d'indemnité formées contre l'État agissant comme personne civile, soit qu'il s'agisse de réclamations fondées sur l'inexécution de contrats, soit qu'il s'agisse de fautes commises dans la gestion des services soumis aux règles du droit commun, tels que les travaux publics, les usines nationales, les chemins de fer, les messageries et autres services gérés par l'État.

Mais il en est autrement des réclamations fondées sur le dommage que causerait un acte de puissance publique. Si cet acte est légal, il est de principe que les gênes et les dommages qu'il cause ne peuvent donner lieu à aucune action en indemnité ([3]). La doctrine est la même si l'acte n'est entaché que de vice de forme et d'irrégularités d'ordre administratif. Mais si son illégalité résulte d'une atteinte aux droits individuels, d'un empiétement de l'admi-

---

1. Cass. 18 juin 1868.
2. Cass. 12 juin 1883 ; — Cf. Romieu, *op. cit.*, p. 370.
3. Cass. 7 novembre 1851, et de Foolz, *op. cit.*, t. I, p. 813.

nistration sur les droits propres du citoyen, l'action en indemnité est recevable.

L'administration peut-elle être rendue responsable devant les tribunaux des dommages causés par les fautes ou les négligences personnelles de ses agents ? Cette question a été discutée, mais la doctrine et la jurisprudence semblent fixées dans le sens de l'irresponsabilité de l'État et des administrations locales. « On s'est demandé, dit M. de Footz, si la responsabilité de l'agent en faute réagit contre l'État, la province, la commune. On a invoqué l'article 1384 du Code civil (qui rend le commettant responsable des fautes de son préposé) ; mais le Code civil ne réglant que des intérêts d'ordre privé, des intérêts d'homme à homme, il s'ensuit que les qualifications de commettants et de préposés que cet article renferme doivent être restreintes au cas où des commissions ont été conférées dans un intérêt privé, et sont inapplicables aux charges et fonctions publiques nées des lois qui intéressent l'ordre public et l'administration de l'État. En d'autres termes, l'article 1384 ne s'étend pas à l'administration publique, en tant que celle-ci se produit comme application de la souveraineté et dans sa personnalité politique. »

Telle est aussi la jurisprudence de la Cour de cassation et celle des cours d'appel. Elles ont souvent jugé que l'État, la province, la commune, ne sont pas civilement responsables des fautes de leurs agents (¹), notamment d'actes illégaux et vexatoires commis par des agents des douanes, de déprédations commises par des troupes, d'accidents survenus à des navires dans des ports ou sur des canaux, par suite de fausses manœuvres d'agents de la navigation (²).

Cependant, les communes sont responsables, en vertu de la loi du 10 vendémiaire an IV, demeurée en vigueur en Belgique, des dommages causés par les troubles et émeutes survenus sur leur territoire.

En ce qui concerne les fonctionnaires, aucune fin de non-recevoir n'est opposable aux poursuites dirigées contre eux personnellement. L'article 75 de la Constitution de l'an VIII a cessé d'être

---

1. Cass. 28 décembre 1855.
2. Cass. 28 décembre 1855 et 9 décembre 1880.

en vigueur en Belgique depuis 1815, et l'article 24 de la Constitution de 1831 a interdit le rétablissement de l'autorisation préalable ([1]). Mais la jurisprudence assimile la responsabilité des fonctionnaires administratifs à celle des magistrats et fonctionnaires judiciaires ; elle ne l'admet que dans le cas de dol, de fraude, de négligence grave ayant causé un dommage. « Les fonctionnaires, dit l'auteur déjà cité, ne peuvent être rendus responsables des dommages qu'ils causent par une interprétation même erronée de la loi, quand elle est rationnelle et consciencieuse. S'il en était autrement, l'administration deviendrait impossible et la société courrait le risque de n'être plus gouvernée faute d'administrateurs. Une erreur de ce genre doit être assimilée aux erreurs judiciaires commises par les tribunaux dans l'application des lois ([2]). »

On voit que les doctrines en vigueur en Belgique sont, dans leur ensemble, prudentes et modérées. Bien que le rôle de l'administration dans cet État soit loin d'avoir la même importance que dans les grands États de l'Europe, les tribunaux se sont préoccupés de ne point lui créer d'entraves et d'opposer des jurisprudences très fermes aux réclamations téméraires que l'esprit de parti, ou un sentiment exagéré de l'intérêt personnel pourrait quelquefois inspirer. Aussi, l'administration, bien qu'elle ait la faculté d'élever le conflit dans les affaires où ses prérogatives sembleraient menacées, n'a-t-elle presque jamais eu recours à ce moyen ; on ne cite, depuis 1831, que deux ou trois cas de conflits, tous fort anciens.

---

1. L'article 24 porte : « Nulle autorisation préalable n'est nécessaire pour exercer des poursuites contre les fonctionnaires publics pour faits de leur administration, sauf ce qui est statué à l'égard des ministres. »

2. De Footz, *op. cit.*, t. I, p. 342.

CHAPITRE IV

LÉGISLATION COMPARÉE (Suite et fin).
SYSTÈME ANGLO-AMÉRICAIN.

Section I. — Angleterre.

Aperçu du système anglais ([1]). — Le système qu'il nous reste à examiner, d'abord en Angleterre, puis aux États-Unis qui l'ont emprunté à leur ancienne métropole, diffère profondément de tous ceux qui sont pratiqués dans les États du continent.

Les traits caractéristiques de ce système sont : la compétence générale de l'autorité judiciaire dans tous les cas où l'application de la loi est requise, aussi bien dans les litiges administratifs que dans les autres ; le droit qui appartient au juge, saisi d'une plainte contre un acte illégal, et même contre une inaction fautive, d'adresser à l'administrateur des injonctions ou des défenses.

On a même vu en Angleterre, jusqu'à une époque toute récente, des fonctions d'administration active réunies à des fonctions de judicature, notamment en la personne des juges de paix des comtés ;

---

1. On peut consulter : Fischel, *La Constitution d'Angleterre* ; — Gneist, *Droit public et administratif de l'Angleterre* ; — Glasson, *Histoire des institutions politiques, civiles et judiciaires de l'Angleterre.*

Pour les lois récentes, qui ont modifié l'ancien droit administratif anglais, notamment les lois sanitaires du 14 août 1871 et du 11 août 1875, la loi du 18 août 1882 sur l'administration des bourgs, celle du 13 août 1888 sur l'administration des comtés, voyez l'*Annuaire de législation étrangère,* où ces lois se trouvent à leur date, accompagnées de notices de MM. Edmond Bertrand, Alexandre de Haye, Lucien Guérin, etc.

Voyez aussi une intéressante étude de M. Boutmy, directeur de l'École des sciences politiques, publiée dans la *Revue* de l'École, t. Ier, p. 166 : *Le Gouvernement local et la tutelle de l'État en Angleterre.*

ce cumul d'attributions n'a pris fin que par la loi du 13 août 1888 qui a profondément modifié, dans les comtés, l'ancien régime administratif.

Pendant longtemps aussi, il n'y a pas eu, à proprement parler, de hiérarchie administrative. Le pouvoir central gouvernait mais n'administrait pas ; il n'y avait pour ainsi dire pas d'autre intermédiaire que le juge entre le Parlement et les autorités locales. D'un côté le Parlement faisait non seulement la loi, mais les règlements et les *chartes*. C'est lui seul qui déterminait par des actes spéciaux le régime administratif de tels *bourgs*, de telles *unions de paroisses*, de tels *districts sanitaires* ; il accomplissait même dans certains cas des actes de tutelle administrative : autorisations de ventes, d'emprunts, déclarations d'utilité publique, expropriations, etc. D'un autre côté, les autorités locales exécutaient les bills : non des autorités uniques, préposées comme en France à l'administration générale d'une circonscription déterminée, mais des autorités multiples et fractionnées : comités, bureaux, magistrats, gardiens (*committee, boards, magistrates, guardians*) chargés de services spéciaux et limités, dans des territoires ou des fractions de territoires presque aussi variables que les fonctions (¹).

Entre ces deux points extrêmes, l'ancien droit administratif anglais ne laissait guère de place qu'aux tribunaux, soit aux cours supérieurs, soit aux tribunaux des comtés ou des bourgs ; tout intéressé pouvait les saisir d'une demande tendant à faire exécuter la loi, le règlement, la charte soit par les particuliers, soit par les autorités. Le contrôle judiciaire remplaçait la hiérarchie administrative.

Le Gouvernement lui-même, dans les cas rares où il jugeait nécessaire d'intervenir, n'avait guère d'autre ressource que de s'adresser à ces tribunaux pour obtenir, sous forme d'ordonnances (*writs*), des injonctions ou des défenses ayant force exécutoire à l'égard des autorités locales.

Tel était l'esprit général du système connu sous le nom de *Self-government*. Il avait pour bases la tradition, l'attachement aux

---

1. Voy. Boutmy, *op. cit.*, p. 165. Il compte jusqu'à 48 autorités, indépendantes les unes des autres, dans la seule agglomération de Liverpool.

libertés locales, l'influence séculaire et méritée de la *Gentry* ([1]) qui, dans les comtés, représentait à la fois la grande propriété, l'administration et la justice réunies en la personne des *juges de paix*. Mais ce système se prêtait mal aux nécessités modernes ; il laissait en souffrance les services administratifs qui ont besoin d'une certaine concentration de forces et d'une certaine unité de vues et de direction.

De là l'évolution de la législation administrative, qui a commencé vers 1830 et qui se poursuit encore de nos jours : évolution d'abord timide et lente, puis rapide et accentuée. Ses tendances peuvent être ainsi caractérisées : diminuer le nombre et le fractionnement des autorités locales et augmenter leurs attributions ; séparer les fonctions d'administration active des fonctions de judicature ; rattacher les autorités administratives locales au pouvoir central par un lien de surveillance et même d'autorité hiérarchique qui aboutit au *Bureau de gouvernement local* (*Local Government Board*), important organe d'unité et de centralisation administratives ; attribuer à ce bureau une partie des pouvoirs de tutelle d'abord réservés au Parlement, et même des attributions contentieuses qui rappellent, dans beaucoup de cas, celles de la juridiction administrative.

Lois nouvelles tendant à l'unité et à la centralisation administratives. — Il ne peut rentrer dans le cadre de notre étude d'exposer en détail les actes législatifs qui ont réalisé ces nouvelles tendances ; nous devons cependant mentionner les principales lois qui ont contribué à établir l'état de choses actuel.

Lois sur l'assistance, la salubrité, l'instruction publique. — Le service de l'assistance publique est le premier dont l'unification a paru nécessaire. La loi des pauvres de 1834 (*Poor law amendment act*) lui appliqua un régime de centralisation relative en créant des *unions de paroisses*, administrées par des *bureaux de gardiens* (*boards of guardians*), autorités locales électives chargées de lever la taxe des pauvres, d'en employer le montant aux œuvres d'assistance, notamment à la fondation de maisons de travail (*workhouses*). Ces

---

1. Voy. sur la *Gentry,* et sur les juges de paix avant la réforme de 1888, la note 1 de la page 109.

autorités furent rattachées à un bureau central, le *poor law board*.
Ce bureau, d'abord composé d'agents secondaires de la couronne,
reçut, en 1847, une organisation plus forte; les principaux ministres furent appelés à y siéger, des actes successifs du Parlement
l'investirent d'un véritable pouvoir hiérarchique à l'égard des bureaux des unions. Ce pouvoir a été transféré, par la loi des pauvres
de 1876, au Bureau de gouvernement local.

Une œuvre semblable a été progressivement accomplie pour les
services locaux intéressant la salubrité publique : d'abord par l'acte
de 1848, puis par celui du 2 août 1858 qui formèrent des *districts
sanitaires* administrés par les *guardians* et fonctionnant comme les
unions de paroisses. Ces administrations, d'abord placées sous la
surveillance du secrétaire d'État de l'intérieur, ont été rattachées
au Bureau de gouvernement local par la loi du 14 août 1871; leur
régime a été revisé et fortifié par la loi du 11 août 1875 « confirmant et amendant les actes relatifs à la santé publique en Angleterre ».

Cette loi est un véritable code de la matière. Elle divise l'Angleterre en districts sanitaires urbains et ruraux formés par des
décisions du Bureau de gouvernement local, ratifiées, mais seulement pour la forme, par des actes du Parlement. Ces districts, administrés par des bureaux reliés au bureau central, ont dans leurs
attributions : les travaux de salubrité, les établissements et les
logements insalubres, l'assistance publique, les hôpitaux, les routes,
la voirie urbaine, les lavoirs publics, les marchés, les abattoirs, etc.
A ces attributions il faut encore ajouter celles qui résultent de
la loi du 15 août 1876 « sur la corruption des rivières » et qui
comprennent les travaux et les mesures de police intéressant l'as-
sainissement des eaux.

Parallèlement à ces mesures qui centralisaient les services d'assistance et de salubrité, le législateur anglais a réalisé une réforme analogue pour l'instruction publique. Il a d'abord créé un
modeste *comité d'éducation,* destiné à veiller à la répartition des
subventions votées par le Parlement en faveur des écoles. En
1856, ce comité est devenu un *Bureau* présidé par le vice-président
du conseil privé; en 1870, ce bureau a été investi de pouvoirs
étendus, notamment de celui de créer d'office, dans les localités,

un *bureau scolaire* (*school board*), autorisé à fonder des écoles et à lever un impôt spécial à cet effet.

Viennent enfin deux grandes lois d'une portée encore plus générale : celle du 18 août 1882 sur l'administration des bourgs, et celle du 13 août 1888 sur l'administration des comtés, qui revisent et même transforment les règles relatives à ces centres séculaires d'administration locale.

Loi de 1882 sur l'administration des bourgs. — La loi municipale du 18 août 1882 (*municipal corporations act*) [1] complète et met en harmonie plusieurs actes du Parlement qui s'étaient succédé depuis celui du 9 septembre 1835. Elle partage l'administration du bourg entre le conseil municipal, les *aldermen* élus par les bourgeois ou citoyens de la cité, et le maire (*mayor*) élu par les conseillers et les aldermen. Ce qui caractérise principalement cette loi, c'est le lien de surveillance hiérarchique qu'elle établit entre ces administrations et le pouvoir central représenté par le Bureau de gouvernement local et, dans certains cas, par le conseil privé de la reine (*privy council*).

Nous voyons apparaître ici une tutelle administrative fort analogue à celle qu'exercent, en France, les préfets et le ministre de l'intérieur. Ainsi les *lois locales* ou règlements (*byelaw*), que les corps municipaux ont le droit d'édicter avec des pénalités pécuniaires s'élevant jusqu'à 5 livres (125 fr.), ne sont exécutoires qu'après des délais pendant lesquels le conseil privé peut suspendre leur exécution, et même la paralyser par une désapprobation formelle (2).

Les actes qui engagent le patrimoine du bourg : vente, hypothèque, longs baux, emprunts, doivent être autorisés en principe par le Parlement, mais le sont, en fait, par le Bureau central qui prépare lui-même les bills (3).

Les taxes de bourgs sont levées sous la surveillance du Bureau, et la comptabilité municipale tout entière est soumise à son contrôle, par l'intermédiaire d'inspecteurs spéciaux, d'*auditeurs des*

1. Voy. le texte et le commentaire de cette loi, par M. Alexandre de Haye, *Annuaire de législation étrangère*, 1883, p. 103.
2. Loi de 1882, article 23.
3. Loi de 1882, articles 108 et suiv. — Boutmy, *op. cit.*, p. 200.

comptes qui sont de véritables fonctionnaires du ˉgouvernement central ([1]).

Loi de 1888 sur l'administration des comtés. — En ce qui touche l'administration des comtés, la loi du 13 août 1888 ([2]) a consacré des réformes plus importantes encore. Elle ne s'est pas bornée à rajeunir le système existant, elle l'a transformé de toutes pièces.

On sait qu'avant cette réforme l'administration des comtés, de même que la justice, était confiée aux juges de paix agissant soit isolément, soit en *petites sessions,* soit en *sessions trimestrielles.* On signalait comme une des institutions les plus remarquables de la vieille Angleterre, la dualité d'attributions de ces magistrats appelés à la fois à juger, à administrer, et même à lever les taxes, sans mandat électif et en vertu d'une simple commission de la Couronne. On expliquait cet état de choses par le culte des traditions, par l'influence encore respectée de la *gentry* et de la grande propriété, et aussi par la bonne administration et l'esprit de justice de ceux qui exerçaient de si grands pouvoirs.

Mais ces considérations ne pouvaient pas indéfiniment prévaloir contre un courant d'idées plus modernes.

Le Parlement, en opérant dans l'administration des comtés la réforme qu'on a justement appelée une véritable révolution, n'a fait en réalité qu'obéir à des principes et à des nécessités déjà acceptés par tous les États européens. Il a séparé les fonctions judiciaires des fonctions d'administration active ; il a doté les comtés du régime représentatif déjà établi dans les bourgs, en instituant des *conseils de comté* qu'il a chargés d'administrer le comté et de lever les taxes, et il n'a plus laissé aux juges de paix que l'exercice des fonctions judiciaires. Quant aux pouvoirs de police, qui confinent à la fois à l'administration et à la justice, la loi de 1888 les a confiés à des comités mixtes où le conseil et les magistrats sont représentés.

La nouvelle administration des comtés se rapproche de celle des bourgs. Le conseil est élu par les électeurs des bourgs auxquels s'adjoignent, dans les paroisses, les électeurs de comté déjà créés par la loi du 16 mai 1888. Le comté, comme le bourg, a des alder-

1. Loi de 1882, articles 25 et suivants.
2. Voy. le texte et le commentaire de cette loi, par MM. Al. de Haye et Lucien Guérin, *Annuaire de législation étrangère,* 1889, p. 42.

men ([1]), des bureaux et des comités locaux qui correspondent avec le conseil et qui sont soumis, comme lui, à la surveillance du Bureau de gouvernement local. Ce Bureau, et dans certains cas le conseil privé et le Parlement lui-même, exercent les mêmes pouvoirs de tutelle et de contrôle que dans les bourgs, en matières de taxes locales, de comptabilité et de règlements.

Le Bureau de gouvernement local. — Le Bureau se compose actuellement d'un président nommé par la reine, du lord président du sceau privé, des principaux secrétaires d'État et du chancelier de l'Échiquier.

L'aperçu qui précède a déjà donné une idée du rôle considérable qui lui appartient comme organe de centralisation, de contrôle et d'autorité hiérarchique à l'égard des services locaux que la loi a successivement groupés dans sa sphère d'action : les services de salubrité en 1872 et 1874 ; l'assistance publique en 1876, les prisons en 1877, l'administration des bourgs en 1882, celle des comtés en 1888. Sous son titre modeste, il est devenu un véritable ministère de l'intérieur, et comme l'autorité directrice de toutes les administrations locales.

Outre les pouvoirs de tutelle dont nous avons déjà fait mention, et qui s'exercent soit au moyen de décisions directes, soit au moyen de *bills* préparés par le Bureau et enregistrés plutôt que délibérés par le Parlement, le Bureau possède des pouvoirs qui égalent, et parfois même dépassent ceux qui, en France, appartiennent aux ministres.

Il peut, dans certains cas et en vertu de la délégation qu'il a reçue du législateur, accroître, modifier les attributions conférées aux autorités locales par leurs chartes particulières et même par des lois générales. L'exemple le plus remarquable de cette attribution apparaît dans la loi de 1888 sur l'administration des comtés, qui autorise le bureau central à transférer aux conseils de comtés « des « pouvoirs conférés par des statuts au conseil privé, à un secrétaire « d'État, au bureau du commerce, au département de l'éducation

---

1. A la différence des *aldermen* des bourgs qui sont élus par le corps électoral, ceux des comtés sont élus par les conseillers.

« et à tout autre département ministériel, et ses propres pouvoirs
« de Bureau de gouvernement local. Il peut limiter et modifier ces
« attributions comme il le juge convenable, le tout conformément
« à l'ordre de la Reine en conseil privé » ([1]).

Il peut aussi changer les règlements particuliers des bureaux
locaux, anciens ou nouveaux, en vertu d'une ordonnance provisoire
qui devient définitive si elle n'a pas été déférée au Parlement dans
un délai déterminé.

La législation nouvelle a été moins hardie en ce qui touche une
attribution importante de l'autorité hiérarchique, le droit de se
substituer aux autorités locales en accomplissant d'office les actes
de leur fonction qu'elles auraient négligés. Ainsi que nous le verrons plus loin, les pouvoirs de contrainte et de coercition légales
sont toujours réservés, en principe, à l'autorité judiciaire; c'est à
elle que les pouvoirs publics, comme les particuliers, doivent s'adresser pour obtenir des mandements exécutoires. Le législateur n'a
pas encore voulu abandonner cette règle de l'ancien droit public
anglais, ou du moins il ne l'a fait que dans une mesure très restreinte, en faveur des nouvelles autorités administratives.

Cependant le Bureau de gouvernement local a reçu le pouvoir
d'accomplir d'office, notamment dans l'intérêt des services sanitaires, certains actes prescrits par la loi et que l'autorité locale aurait
négligés. Dans ce cas, le Bureau, après enquête, met cette autorité
en demeure d'agir dans un certain délai. Si l'exécution n'a pas lieu,
il peut la prescrire par un *writ of mandamus* ([2]). Il peut aussi charger un citoyen qu'il délègue à cet effet d'exécuter l'acte au lieu et
place de l'autorité locale défaillante ([3]). Il peut même le charger
de recouvrer les taxes prévues par la loi et d'en appliquer le montant au service resté en souffrance ([4]).

Le Bureau de gouvernement local a aussi de véritables attributions contentieuses qui rappellent celles des ministres en France,
lorsqu'ils statuent soit d'office, soit sur la réclamation d'une partie
intéressée. Mais, comme il n'existe pas en Angleterre de juridic-

1. Loi du 13 août 1888, article 10.
2. Voy. sur les *writs*, ci-après, page 107.
3. Loi du 11 août 1875, article 299.
4. Même loi, article 300.

tion analogue à notre Conseil d'État à qui l'on puisse déférer les décisions du Bureau, celles-ci sont sans appel. Les réclamations auxquelles elles pourraient exceptionnellement donner lieu devant la Cour suprême ne pourraient être fondées que sur un excès de pouvoir manifeste.

Les questions de police sanitaire sont de celles où les pouvoirs de juridiction administrative du Bureau de gouvernement local sont les plus étendus. « Pour ces affaires, dit Fischel, on a été dans ces dernières années jusqu'à établir extrajudiciairement un recours administratif au secrétaire d'État de l'intérieur (aujourd'hui le Bureau de gouvernement local) dont la compétence à cet égard ne souffre aucun partage. » — Et plus loin : « Il est seul compétent pour recevoir le pourvoi au contentieux sur la validité de l'acte et sur les voies de contrainte pour le paiement des travaux. Il se trouve ainsi seul juge d'appel dans des questions de propriété très importantes ([1]). »

C'est également au Bureau que doivent être adressées les réclamations des particuliers qui se prétendraient lésés dans leurs droits par les décisions des autorités sanitaires. Après communication de ces recours à l'autorité intéressée, le Bureau prononce ; il peut interdire l'exécution des mesures prescrites par l'autorité locale et même condamner celle-ci à des dommages-intérêts envers la partie lésée ([2]).

Il participe, en outre, quoique dans une mesure restreinte, à l'exercice de la juridiction contentieuse électorale, car c'est lui qui prononce sur les réclamations formées contre les élections des inspecteurs (*guardians*) des pauvres.

Enfin le Bureau possède des attributions importantes en ce qui touche la comptabilité des unions de paroisses, des districts sanitaires et, depuis les lois de 1882 et de 1888, celle des bourgs et des comtés. Il est assisté, à cet effet, par des fonctionnaires relevant directement de lui, les « auditeurs des comptes » qui contrôlent les recettes et les dépenses et rendent de véritables décisions à l'égard des comptables. Ceux-ci peuvent faire appel au Bureau de

---

1. Fischel, *La Constitution d'Angleterre*, t. II, p. 84 et 121.
2. Loi du 11 août 1875, article 268.

gouvernement local qui, paraît-il, a l'habitude de faire remise aux agents de bonne foi du montant de leur débet, même quand il confirme la décision des auditeurs. Mais, comme le fait justement observer M. Boutmy « cette indulgence ne change pas le caractère de la juridiction. C'est bien ici de la juridiction administrative » ([1]).

Cette introduction, dans le droit administratif anglais, d'éléments tout nouveaux, que de longues traditions semblaient en exclure, et que l'avenir ne fera probablement que développer, est assurément digne d'attention. Mais il ne faut pas en exagérer la portée et croire que le rôle prépondérant qui appartient aux cours judiciaires a cessé d'exister. Si l'on ne s'en rapporte plus uniquement à elles du soin d'assurer la sanction des règles administratives nouvelles, ce n'est pas par défiance, mais *celeritatis causa*, et comme conséquence de la création d'un pouvoir hiérarchique dont les attributions rappellent, dans beaucoup de cas, celles d'un juge. L'application litigieuse des lois administratives et les mesures de contrainte qu'elle peut rendre nécessaires, n'en continuent pas moins d'appartenir, en principe et le plus souvent en pratique, aux cours de justice.

Voyons maintenant d'après quelles règles et quelles traditions ces cours exercent leurs pouvoirs.

Pouvoirs étendus de la magistrature anglaise. — C'est une vieille et belle maxime des jurisconsultes d'outre-Manche que « à tout tort il y a remède en droit ». Ce remède c'est la loi qui doit le fournir et c'est le juge qui doit l'appliquer, quelle que soit la nature du tort et quel que soit son auteur — à moins toutefois que cet au-

---

1. Boutmy, *op. cit.*, p. 200. — M. Alex. de Haye, dans son commentaire de la loi de 1888, estime que les pouvoirs du Bureau de gouvernement local vont jusqu'à lui conférer une *véritable omnipotence*. « Il n'est guère, dit-il, de difficulté qu'il ne soit chargé de résoudre, d'autorisation qu'on ne soit obligé de lui demander, de question financière dont la solution ne lui revienne, de plainte ou d'appel qui ne relève de sa juridiction... Les conseils de comté sont en réalité placés sous sa tutelle. Ils n'exercent en général leurs larges pouvoirs que sous condition d'être approuvés par lui. » (*Annuaire de législation étrangère*, 1889, p. 70-71.)

M. Boutmy dit aussi, dans l'étude que nous avons déjà citée : « Le *Selfgovernment* anglais est trop vivace pour que l'on puisse lui compter les jours. Il n'en est pas moins entamé très profondément et condamné à se transformer en se rapprochant plus ou moins de notre organisation administrative. » (*Annales de l'école libre des sciences politiques*, t. I, p. 203.)

teur ne soit l'État, car nous verrons que sa souveraineté le met, en principe, à l'abri de toute action judiciaire.

C'est également aux tribunaux qu'il appartient, en général, de prêter main-forte à l'autorité publique pour contraindre une autorité inférieure à accomplir les devoirs de sa fonction.

Il est vrai que la nouvelle législation administrative a, comme nous venons de le voir, attribué dans certains cas, au Bureau de gouvernement local, un pouvoir d'injonction et d'exécution d'office, mais ce n'est là qu'une exception, et le Bureau, loin de chercher à l'étendre, la restreint aux cas urgents, et continue de recourir à l'autorité des tribunaux toutes les fois que les circonstances le comportent (¹).

Cette autorité réside principalement dans la *Cour du Banc de la Reine,* réunie depuis 1873 à la Cour suprême dont elle forme une des sections (²).

Si une autorité administrative ou judiciaire excède ses pouvoirs, le Banc de la Reine peut lui adresser des défenses par un *writ of prohibition* ; ou lui adresser une mise en demeure, et même réformer sa décision par un *writ of certiorari* (³) ; ou lui intimer un ordre par un *writ of mandamus.* L'autorité ou le citoyen à qui cet ordre est notifié peut présenter au Banc de la Reine un mémoire explicatif ; mais, si les explications ne sont pas accueillies, ou si l'exécution du *writ of mandamus* est trop retardée, la Cour peut réitérer et accentuer son injonction par un ordre plus pressant, *writ of peremptory mandamus,* auquel on ne peut désobéir sans se rendre coupable de rébellion, de mépris de la loi et de la Cour (*contempt*), et encourir des pénalités.

1. Boutmy, *op. cit.,* p. 202.

2. Voy. la loi du 5 août 1873 sur l'organisation de la Cour suprême de justice, *Supreme Court,* qui réunit les hautes juridictions, tant de loi commune que d'équité, autrefois partagées entre la *Cour du Banc de la Reine,* la *Cour des plaids communs,* la *Haute-Cour de chancellerie* et la *Cour de l'Échiquier.* (*Annuaire de législation étrangère,* année 1874, p. 9, texte et notice par M. Alex. Ribot.)

La réforme de 1873 a été complétée par la loi du 11 août 1875 (*Annuaire,* 1876, p. 120, traduction et notice de MM. Georges Louis, Droz et Weil) ; par celle du 11 août 1876 (*Id.,* année 1877, p. 16, notice de M. Georges Louis), et par celle du 27 août 1881 (*Id.,* année 1882, p. 14).

3. Le *Writ of certiorari* peut être défini « un moyen de droit pour examiner si l'acte administratif est conforme à la loi en vigueur, si le fonctionnaire dont il émane était compétent, et si la loi a été bien interprétée ». (Gneist, *op. cit.,* p. 304.)

Il existe d'autres *writs* dont la jurisprudence a pendant long-temps fait usage pour remédier aux irrégularités administratives; tel est le *writ de quo warranto* qui oblige une personne exerçant une charge publique à justifier de son titre et à en faire vérifier la légalité. Le Banc de la Reine en faisait souvent usage pour vérifier la régularité des élections, avant que le législateur eût édicté les règles actuellement en vigueur, et que nous indiquerons ci-après, sur le contentieux électoral.

Il résulte de ces anciennes règles et de la jurisprudence qui en a fait application que la Cour suprême peut exercer, sur les actes administratifs illégaux, une juridiction analogue à celle qui appartient, en France, au Conseil d'État, comme juge des « excès de pouvoir ». En effet, une décision contraire à la loi peut être paralysée, un refus d'agir illégal peut être réprimé, un acte entaché d'incompétence peut être mis à néant par un *writ*. La Cour peut aussi être saisie d'un recours tendant à l'annulation de règlements édictés par les Conseils municipaux des bourgs, par les conseils de comté, ou par les autorités sanitaires. Ces règlements peuvent être attaqués devant elle, nonobstant l'approbation qu'ils auraient reçue du Bureau de gouvernement local, s'ils sont contraires à la loi, et même s'ils sont contraires à la raison (*unreasonable*). Cette jurisprudence rappelle celle qui s'est établie en France à l'égard des actes administratifs attaqués devant le Conseil d'État non seulement pour illégalité flagrante, mais encore pour « détournement de pouvoir », c'est-à-dire pour abus d'un pouvoir légal qu'on emploie dans un but illégal ([1]).

Magistrats conservateurs de la paix. — Ces attributions de la Cour du Banc de la Reine se rattachent à une conception élevée et originale du droit public anglais, celle du magistrat « conservateur de la paix de la Reine, *guardian of the peace of the Queen* ». Le rôle du juge conservateur de la paix consiste à assurer, en toutes matières et entre toutes parties, l'ordre, l'observation des lois, la répression des délits, la réparation des torts, en un mot la paix sociale et privée, la paix de la Reine.

---

1. Voy. au tome II (liv. VI, chap. III, § IV), la théorie du *Détournement du pouvoir*, d'après la Jurisprudence du Conseil d'État.

C'est en la personne des juges du Banc de la Reine que cette attribution est la plus complète ; mais elle appartient aussi à d'autres magistrats, notamment aux *juges de paix* des comtés : leur nom vient de là, car ces magistrats n'ont point d'analogie avec nos modestes juges de paix cantonaux ; ceux-ci cherchent à maintenir la paix entre les plaideurs, ceux-là veillent à toutes les exigences de la paix publique.

Leurs attributions ne sont cependant plus aujourd'hui ce qu'elles étaient avant la loi du 13 août 1888 sur l'administration des comtés. Ils ne cumulent plus avec leurs attributions judiciaires les pouvoirs d'administration et de police qui leur appartenaient antérieurement, et que la loi de 1888 a transférés aux Conseils de comtés. Mais s'ils n'ont plus désormais, comme les juges de paix des bourgs, que des fonctions de judicature, celles-ci n'ont rien perdu de leur ampleur et elles continuent d'embrasser les contestations administratives, aussi bien que les affaires civiles, correctionnelles, et même criminelles qui ne sont pas réservées à d'autres juridictions. Comme par le passé, ils exercent leur fonction judiciaire, selon la nature et l'importance des affaires, soit isolément, soit réunis en sessions, et assistés ou non d'un jury (¹).

1. Dans notre première édition, nous exposions ainsi le caractère tout spécial de la fonction des juges de paix, telle qu'elle existait avant 1888.

« Ces magistrats, agissant isolément ou réunis en sessions, lèvent des taxes, font des règlements, nomment des agents administratifs, ordonnent les dépenses, vérifient la comptabilité, exercent la juridiction en matière civile ou pénale. En présence d'attributions aussi complexes, on comprend que lord Coke (cité par Fischel) ait pu dire : Cette magistrature bien remplie n'a point de pareille dans la chrétienté.

« Ce qui n'est pas moins digne de remarque, c'est la manière dont les juges de paix sont investis de cette magistrature presque universelle. Ils ne sont point élus, bien qu'ils lèvent des impôts ; ils ne sont pas des agents de la couronne, bien qu'ils rendent des décisions en son nom ; ils n'ont pas de cadres fixes quoiqu'ils président à des services réguliers et permanents ; ils ne sont pas rétribués, quoiqu'ils doivent tout leur temps à ces services. Ils représentent à la fois les privilèges et les charges du *Selfgovernment* local, l'influence et le dévouement de la *gentry* dans la gestion des intérêts provinciaux. Ici l'organisation administrative et judiciaire a ses racines dans l'organisation sociale elle-même et dans les traditions auxquelles l'Angleterre est demeurée le plus attachée.

« C'est, en effet, à la *gentry* que le comté, c'est-à-dire la province anglaise rurale, a dû dans le passé la défense de son indépendance locale et doit encore, dans le présent, les moyens de la conserver. La *gentry* n'est cependant pas une caste nobiliaire, une classe sociale à part, elle ne constitue pas une aristocratie de droit ; mais elle forme une aristocratie de fait, fondée sur la respectabilité des personnes, sur les intérêts qui les attachent à la région, sur le souvenir des services rendus et la

A cette fonction judiciaire se rattache le droit de décerner des *writs,* soit pour empêcher l'exécution d'un acte administratif illégal, soit pour imposer à un administrateur l'accomplissement d'un acte prescrit par la loi.

Dans les sessions trimestrielles (*quarter session*), qui sont les plus importantes, les juges de paix ont compétence pour connaître des difficultés relatives aux travaux publics, à la voirie, aux mesures de police sanitaire, ainsi que pour juger les réclamations formées contre la plupart des taxes de comtés, et contre celles des bourgs, lorsque les bourgs ne sont pas le siège de cours de sessions spéciales. Mais la juridiction des juges de paix ne s'étend pas, en général, aux taxes d'État autres que l'*income tax* ; celles-ci sont soumises à des commissions spéciales.

Actions formées contre l'État. — Les services directement gérés par l'État sont moins nombreux en Angleterre que dans les États du continent. Il ne faut pas confondre, en effet, avec des services de l'État, ceux dont nous venons de parler et qui ont leur siège dans les comtés ou dans les bourgs. Quoique surveillés par des représentants élevés du pouvoir central, ils conservent le caractère de services locaux au point de vue de leur exécution et des ressources qui les alimentent. Quant aux travaux publics autres que ceux prévus par la législation sanitaire, ils sont exécutés par les comtés, ou par des unions ; les plus importants, tels que les chemins de

confiance dans les services à rendre. Les propriétaires fonciers, les hommes publics rentrés dans la vie privée, les gens de loi, les industriels et les commerçants, qui se sont retirés des affaires pour vivre dans le comté et qui s'y sont créé des intérêts territoriaux, composent la *gentry.*

« Les juges de paix se recrutent parmi les membres de cette société provinciale qui justifient d'un revenu foncier de 100 livres (2,500 fr.) ou qui sont héritiers présomptifs d'un capital de 600 livres (15,000 fr.). Ils ne sollicitent pas le choix du gouvernement, ils se bornent à lui demander un titre qui consiste dans une commission délivrée par la chancellerie sous la forme d'une ordonnance de *dedimus potestatem...* »

Les observations ci-dessus, relatives au mode de recrutement des juges de paix, sont toujours vraies, car la nouvelle législation des comtés n'a pas innové sur ce point. Mais il est probable que la *gentry* ne se montrera pas à l'avenir aussi empressée que dans le passé à remplir des charges devenues purement judiciaires, et auxquelles ne s'attachera plus le même prestige, la même influence qu'autrefois. Si cette prévision vient à se réaliser, les juges de paix des comtés ressembleront à ceux des bourgs, magistrats d'ordre purement judiciaire, qui sont principalement recrutés parmi les hommes de loi, et dont beaucoup sont rétribués.

fer et les canaux, sont exécutés par des concessionnaires agissant à leurs risques et périls. Ces concessionnaires doivent seulement être pourvus d'un acte, en forme de *bill privé*, délivré par le Parlement ; mais cet acte ne constitue qu'une autorisation soumise à certaines clauses et il n'engage ni les finances, ni la responsabilité de l'État.

Les services propres de l'État n'embrassent guère que les objets suivants : les impôts d'État (excise, douane, timbre, taxe somptuaire, *income tax*) ; le domaine de la Couronne et les droits divers qui en dépendent ; l'armée et la marine. A ces services se rattache nécessairement un contentieux assez étendu. Il relève, en principe, de l'autorité judiciaire, qu'il s'agisse d'actions dirigées par des particuliers contre le Trésor ou par le Trésor contre des particuliers.

Cependant les contestations de cette nature ont été et demeurent encore soumises à des règles spéciales, bien que l'unité de juridiction et de procédure tende de plus en plus à s'établir, depuis que la juridiction spéciale du Trésor, la *Cour de l'Échiquier,* a été réunie à la Cour suprême (¹).

Bien que l'Échiquier ne fût institué que pour le jugement des affaires fiscales et domaniales et en général des actions concernant la Couronne, soit en demande, soit en défense, sa juridiction s'était étendue, au moyen de certaines fictions, à des procès civils entre particuliers. Une de ces fictions les plus ingénieuses consistait à dire que la perte de droits ou de biens litigieux pourrait avoir pour

---

1. La *Cour de l'Échiquier* était primitivement un conseil de la Couronne, composé des « barons de l'Échiquier », qui assistait le roi pour la gestion de ses domaines et revenus et qui connaissait, à l'exclusion des tribunaux ordinaires, des actions et réclamations de toute nature intéressant les finances royales.

Cette institution avait beaucoup d'analogie avec l'ancienne *Chambre des comptes* de France, et surtout avec l'Échiquier de Normandie dont elle procédait directement. Sa dénomination avait la même origine : elle venait de ce que les barons de l'Échiquier avaient l'habitude de siéger autour d'une table dont le tapis, quadrillé de blanc et de noir, rappelait un échiquier. — Voy. sur l'origine et les attributions de la Cour de l'Échiquier : Gneist, *Das Englische Verwaltungsrecht*, 3ᵉ édition ; Berlin, 1883 ; livre II, chap. 3, section 3.

Au xviᵉ siècle, l'Échiquier fut constitué en une cour de justice qui prit place parmi les tribunaux d'équité et qui demeura rattachée à la Couronne par son principal dignitaire, le chancelier de l'Échiquier.

La Cour de l'Échiquier, de même que celle du Banc de la Reine, forme une section de la Cour suprême depuis la loi du 5 août 1873.

effet de rendre le plaideur insolvable, de le mettre hors d'état d'acquitter ses impôts et redevances envers la Couronne, que celle-ci était ainsi intéressée au procès et qu'elle devait le laisser porter devant sa propre juridiction. L'action d'un particulier venait ainsi à se combiner avec une action fictive de la Couronne. Ces fictions juridiques, ainsi que les complications de procédure auxquelles donnaient lieu les actions exercées par la Couronne, ont pris fin à la suite des réformes opérées dans la procédure anglaise par la loi du 5 juillet 1865.

Il ne faudrait pourtant pas croire que les actions dirigées contre le fisc soient assimilées, en Angleterre, aux réclamations administratives ordinaires pour lesquelles l'accès des tribunaux est si largement ouvert. Pendant longtemps, la jurisprudence anglaise a rigoureusement appliqué la maxime : *non est actio contra fiscum*. Il n'y avait point d'action en justice contre le Trésor ou le domaine ; on ne pouvait agir contre eux qu'en vertu d'une décision du lord-chancelier rendue sur pétition, et par la voie gracieuse. Ce droit d'autorisation préalable existe encore aujourd'hui ; il est exercé par l'attorney général, ou plus exactement par la reine, après avis de ce magistrat. Mais si le consentement de la Couronne à l'introduction d'une action contre elle-même est toujours nécessaire, on admet actuellement qu'il n'a pas un caractère discrétionnaire et qu'il ne doit être refusé que si l'attorney général considère la réclamation comme manifestement dénuée de tout fondement.

L'attorney général est d'ailleurs responsable devant le Parlement des avis qu'il donne en cette matière, et sa responsabilité est de même nature que celle qu'il peut encourir lorsqu'il empêche, par un *nolle prosequi,* qu'il soit donné suite à une accusation. Le droit anglais a, en effet, rapproché ces idées qui semblent si différentes ; il a vu, dans la réclamation formée contre le Trésor, une sorte d'accusation contre l'agent qui aurait méconnu les équitables intentions du roi et lésé un citoyen. Aussi, pendant longtemps, l'instance se suivait devant l'Échiquier dans la forme d'une procédure *in contumaciam* dirigée contre la Couronne et où le représentant du Trésor représentait fictivement l'accusé. Ces formes ont été simplifiées depuis la loi du 5 juillet 1865 sur les procès de la Couronne, mais les instances sont toujours longues et coûteuses. Une jurisprudence récente permet de mettre les frais à la charge de l'administration lorsque le jugement donne gain de cause au réclamant ([1]).

L'action est plus directe et la procédure moins compliquée quand il s'agit, non de revendications contre le Trésor ou le domaine, mais de simples réclamations en matière d'impôts. Ces réclamations sont portées : en matière d'*income tax* devant les cours de sessions des comtés, en matière de douane et d'accise devant des commissions spéciales relevant des lords de la trésorerie ou de l'Échiquier.

Responsabilité des fonctionnaires et irresponsabilité de l'État. — On a souvent cité l'Angleterre comme un des pays où la responsabilité personnelle des fonctionnaires envers les citoyens lésés est le plus largement pratiquée. Cette responsabilité existe, en effet, bien qu'avec des restrictions consacrées par la loi et par la jurisprudence ; mais on ne doit pas perdre de vue qu'elle est tout à fait exclusive de la responsabilité de l'État. C'est un principe fondamental du droit public anglais que « le roi ne peut faire aucun tort, *the King can do no wrong* » ; le roi ici personnifie l'État, lequel ne peut être rendu judiciairement responsable ni des conséquences dommageables de ses actes, ni des fautes ou des excès de pouvoir de ses agents.

La responsabilité des fonctionnaires et l'irresponsabilité de l'État sont la double application d'un même principe ; on peut même dire que le principe unique est l'irresponsabilité de l'État, et que la responsabilité personnelle du fonctionnaire en dérive ([2]) : « L'irresponsabilité du pouvoir suprême à raison d'actes dommageables, dit une décision des lords du conseil privé, ne pourrait être maintenue avec une apparence de raison, si ses agents n'étaient pas personnellement responsables ; cette responsabilité leur incombe, soit que leur acte ait été spontané, soit qu'il ait été accompli en vertu d'ordres supérieurs ; dans ce dernier cas, l'État est moralement tenu d'indemniser son agent et il serait dur de ne pas

---

1. Gneist, *op. cit.*, p. 275.
2. Voy. *Smith's leading cases*, 7e édit., vol. I, p. 714. Telle est aussi la doctrine des auteurs. — Cf. Gneist, *op. cit.*, p. 376 ; Stephen's *Commentaries on the laws of England*, 9e édit., 1883, vol. III, p. 666.

le faire, mais le droit à réparation qui appartient à la partie lésée ne saurait dépendre des résolutions prises à cet égard. »

Il n'y a donc jamais d'action, de « pétition de droit », contre la Couronne à raison de torts et dommages qui seraient imputés à ses agents.

Parmi les décisions de la jurisprudence qui ont fait application de cette règle, et qui constituent des cas-types (*leading cases*) rapportés comme des précédents décisifs, on peut citer : la décision *Viscount Canterbury versus the attorney general,* qui refuse toute action en indemnité contre l'État au propriétaire d'une maison à laquelle le-feu avait été communiqué par l'incendie du palais du Parlement, action fondée sur ce que le sinistre aurait eu pour cause la faute et l'imprudence d'employés de l'État ; — la décision *Tobin versus the Queen,* qui déclare non recevable l'action en indemnité formée contre l'État par le propriétaire d'un navire qu'un capitaine de la marine royale aurait saisi et détruit à tort comme se livrant à la traite des nègres ([1]). Mais dans ces deux espèces, l'impossibilité d'actionner l'État n'impliquait pas le refus de toute action contre l'agent incriminé ; la décision *Tobin versus the Queen* semble même réserver au plaignant un recours contre le capitaine de vaisseau qui avait pratiqué la saisie ([2]).

La même jurisprudence s'est affirmée, en 1887, dans des circonstances particulièrement graves. En décembre 1886, le vaisseau cuirassé anglais *le Sultan,* à l'ancre dans le Tage, rompit ses amarres et dériva sur le paquebot français la *Ville-de-Victoria* qu'il aborda et qui sombra aussitôt. Trente personnes périrent et le chargement fut perdu. Des demandes d'indemnité furent présentées au gouvernement britannique par les familles des victimes ainsi que par les armateurs et les chargeurs ; mais elles furent rejetées, par le motif que l'État ne pouvait pas, en droit, être rendu pécuniairement responsable de l'accident ; les parties furent en même temps renvoyées à se pourvoir ainsi qu'elles aviseraient contre le commodore King, commandant du *Sultan.*

A peine est-il besoin de faire remarquer combien une telle juris-

---

1. *Common Bench reports,* N. S., vol. XVI, p. 310.
2. Cf. Broom, *Constitutional law,* 1866, p. 246.

prudence diffère de celle qu'une idée toute différente de la justice due par l'État à ceux qu'il a involontairement lésés a fait consacrer par la jurisprudence française (¹). Celle-ci admet que l'État doit réparation à ceux qu'il a lésés par le fait d'agents agissant en son nom et en vertu d'une délégation de ses pouvoirs ; elle ne fait d'exception que pour les cas où l'autorité souveraine des chambres ou du gouvernement est en jeu. Il en résulte, pour le citoyen lésé, des garanties plus grandes au point de vue de la solvabilité de son débiteur, car l'État est toujours présumé solvable, tandis qu'un fonctionnaire, même en se ruinant, ne pourrait le plus souvent offrir qu'une compensation dérisoire des pertes qu'il a causées.

Ajoutons que le fonctionnaire anglais ne peut être déclaré personnellement responsable que si l'on peut relever contre lui une véritable culpabilité. Même lorsqu'il commet des fautes et des illégalités (*trespass*), la tendance de la jurisprudence est de ne le déclarer responsable que s'il y a faute lourde, excès de pouvoir manifeste assimilable au dol ou à l'acte méchamment fait (*malicious act*). A l'égard des juges de paix, il est même intervenu des dispositions législatives spéciales qui les mettent à l'abri des réclamations vexatoires, en cas d'erreurs non dolosives commises dans leurs fonctions, et qui soumettent l'action en responsabilité à une très courte prescription (six mois) quel que soit le grief invoqué. « On ne regarde pas, disait le lord chief justice Abbot (²), si ce qu'ils ont fait a été réellement bien fait, mais quels ont été leurs mobiles. La loi ne les atteint que si ces mobiles ont été coupables. Punir des hommes qui administrent gratuitement un office public, pour une erreur ou une méprise, est incompatible avec la jurisprudence de ce royaume. »

Contentieux électoral. — Le contentieux électoral mérite, en Angleterre, une mention particulière, parce qu'il est plus étendu que dans les autres États ; il comprend, en effet, non seulement les réclamations contre l'élection des corps administratifs, mais encore

---

1. Voy. au Tome II, le chapitre II du Livre V, relatif aux « actions en responsabilité pour dommages et pour fautes ».
2. Cité par Fischel, *op. cit.*, t. II, p. 168.

les protestations dirigées contre l'élection des membres du Parlement. Il relève, dans ces deux cas, de l'autorité judiciaire ou de commissaires délégués par elle.

L'attribution aux juges anglais des contestations relatives aux élections parlementaires, — contestations qui sont réservées partout ailleurs à l'appréciation souveraine du Parlement lui-même, — est une des applications les plus remarquables des principes du droit britannique sur l'étendue du pouvoir judiciaire. Elle a été consacrée par la loi du 12 juin 1868, modifiée par celle du 15 août 1879. Les réclamations contre l'élection des membres de la Chambre des communes sont portées devant deux juges de la Cour suprême ([1]) qui instruisent l'affaire, procèdent à l'audition des parties et de leurs témoins et provoquent, au besoin, une décision de la Cour sur les difficultés d'ordre juridique que soulèverait la réclamation. L'accord des deux juges est nécessaire pour que l'élection soit annulée ; elle peut cependant l'être s'il n'y a désaccord que sur des points accessoires. Un rapport spécial joint au jugement rend compte à la Chambre des communes de tous les dissentiments qui ont pu se produire entre les deux juges. La juridiction de ces magistrats ne s'étend pas aux questions d'éligibilité qui continuent à relever de la Chambre des communes comme intéressant les privilèges du Parlement ([2]).

Pour les élections des corps municipaux des bourgs et des membres des bureaux d'administration locale, la loi du 6 août 1872 ([3]) confirmée, pour les bourgs, par la loi municipale du 18 août 1882 (art. 88), a organisé un système particulier. Les réclamations sont portées devant une « Cour électorale, *Election Court* », formée de membres du barreau (*Barristers*) délégués à cet effet par les juges des élections législatives ; ces jurisconsultes doi-

---

1. D'après la loi de 1868, il était statué par un seul juge. (V. Demombynes, *op. cit.*, t. I, p. 21-23 et notes, et *Annuaire de législation étrangère*, année 1880, p. 2.)

2. Le Parlement se réserve aussi de prendre des mesures exceptionnelles lorsque des cas graves de corruption électorale résultent du jugement ou des enquêtes. Ainsi par un *bill* du 22 août 1881, il a prononcé contre sept bourgs la privation de tout droit de participer aux élections législatives pendant un délai déterminé. (V. Demombynes, *loc. cit.*, et *Annuaire de législation étrangère*, 1882, traduction et notes de M. Morgand.)

3. *Annuaire de législation étrangère*, année 1873.

vent avoir quinze ans d'exercice, et ils ne peuvent être chargés de juger les élections locales qu'en dehors du ressort judiciaire auquel ils sont attachés. Leurs pouvoirs sont très étendus ; ils peuvent prononcer, outre la décision relative à la validité des élections, des condamnations à l'amende et à l'emprisonnement pour fraude ou corruption. Leurs décisions sont susceptibles d'appel lorsqu'elles infligent des pénalités ou qu'elles impliquent la solution d'une question de droit.

Les mêmes règles ont été appliquées aux élections des conseils de comtés par la loi du 13 août 1888 (art. 75).

Les « cours électorales » ne sont pas aussi largement ouvertes aux réclamations que le sont, en France, les conseils de préfecture ou le Conseil d'État. Tandis que, devant nos juridictions, les recours sont exemptés de tous frais, même des droits de timbre et d'enregistrement, ils sont soumis, en Angleterre, à un cautionnement qui peut s'élever jusqu'à 500 livres (12,500 fr.), et qui doit être fourni, sous peine de déchéance, dans le délai fixé par le juge.

SECTION II. — ÉTATS-UNIS D'AMÉRIQUE ([1]).

Esprit général de la législation. — Les États-Unis ont emprunté aux traditions de leur ancienne métropole le principe de l'unité et

---

1. On peut consulter : sur les institutions politiques et administratives des États-Unis en général : de Tocqueville, *La Démocratie en Amérique* (qui a cessé de répondre, le plus souvent, à l'état de la législation) ; — Story, *Commentaire de la Constitution des États-Unis*, traduction de M. Paul Odent, Paris, 1845 ; — James Bryce, *The American Commonwealth*, publié à Londres, par Mac-Millan ; — Ruttiman, *Das nordamerikanische Bundes-Staatsrecht*, publié à Zurich, par Orell Fussli ; — Cooley, *General Principles of constitutional law in the United States*. Boston, 1880.

Sur le gouvernement local : Howard, *Local Constitutional history of the United States,* ouvrage publié par l'Université John Hopkins, à Baltimore.

Sur les rapports de l'administration et des tribunaux : F. R. Mechem, *Treatise of the law of public offices and officers,* publié à Chicago par Callaghan, et un savant article de M. Frank Goodnow, professeur au Columbia College de New-York : *The executive and the Courts,* publié par la *Political Science Quarterly,* volume I, n° 4, décembre 1889 (New-York, Ginn et C°). — Voy. l'ouvrage du même auteur où la législation administrative des États-Unis est comparée à celle des États européens : *Comparative administrative law,* 2 vol. New-York, 1893.

Nous devons remercier particulièrement M. le professeur Frank Goodnow du préde la prééminence du pouvoir judiciaire. Cette prééminence est plus accentuée encore en Amérique qu'en Angleterre, car elle peut s'exercer dans une certaine mesure à l'égard du législateur lui-même, lorsqu'il s'agit de sauvegarder les règles fondamentales inscrites dans la Constitution fédérale ou dans celles des États. Si ces règles paraissent mises en échec par quelque disposition légis-lative, le juge a le droit de tenir cette disposition pour non avenue. Sans doute il ne peut pas l'annuler, mais il peut en infirmer l'au-torité morale et même en paralyser l'efficacité légale en ne tenant pas compte des prescriptions qu'il jugerait inconstitutionnelles.

En Amérique de même qu'en Angleterre, il appartient aux tri-bunaux d'adresser aux autorités administratives des ordonnances ou *writs* portant injonction ou défense, lorsque ces autorités vio-lent la loi ou négligent de l'exécuter; l'efficacité de cette interven-tion est garantie par des sanctions pénales. La contrainte légale ainsi exercée par le juge remplace l'autorité d'un supérieur hié-rarchique partout où celle-ci fait défaut, c'est-à-dire dans presque toutes les administrations locales.

La situation n'est pas tout à fait la même au regard des admi-nistrations supérieures, celles des États et surtout de l'Union. Là aussi règne l'unité du pouvoir judiciaire, du moins dans les cours supérieures, mais ses attributions sont moins étendues qu'à l'égard des administrations locales, parce que la souveraineté des tribunaux se trouve en présence de la souveraineté des États ou de la Confé-dération tout entière. Le contrôle à exercer sur les actes du prési-dent des États-Unis ou des gouverneurs des États n'appartient pas, en principe, aux cours de justice mais à la législature. En outre, les États ou la Confédération, même quand ils sont mis en cause comme personnes civiles, ne font pas complètement abstraction de leurs attributs de puissance publique; ils bénéficient de règles spéciales et d'immunités analogues à celles que nous avons signa-lées en Angleterre. Ainsi, le principe de l'irresponsabilité de l'État a passé du droit public britannique dans le droit public américain; par suite, ni l'Union, ni les États ne peuvent être actionnés de-

cieux concours qu'il a bien voulu nous prêter, en nous signalant les points par les-quels péchait l'étude publiée dans notre première édition, et en nous procurant les moyens de la rendre moins imparfaite.

vant aucun tribunal à raison de torts et dommages causés par leurs
agents ; ce privilège n'existe pas pour les administrations locales.

Les rapports de l'administration et des tribunaux doivent donc
être successivement examinés : 1° dans le gouvernement fédéral ; —
2° dans le gouvernement des États ; — 3° dans les administrations
locales.

Administration fédérale. — On sait que la Constitution américaine n'a consacré la souveraineté de la Confédération que pour les
affaires qu'elle a distraites de la souveraineté des États, celles dont
la centralisation lui a paru nécessaire pour assurer le lien fédéral.
Les principales matières ainsi attribuées au gouvernement de
l'Union sont : les affaires étrangères, l'armée, la marine, le commerce avec l'étranger et entre les divers États, les monnaies, le
service des postes [1]. A ces attributions correspond le droit de lever
des impôts fédéraux, de faire des emprunts et de centraliser les
services de perception et de comptabilité qui s'y rapportent.

De même que l'Union a son pouvoir législatif représenté par le
Congrès, et son pouvoir exécutif représenté par le président, elle a
son pouvoir judiciaire confié à la Cour suprême, ainsi qu'aux cours
inférieures dont la Constitution a prévu et autorisé la création.
La compétence du pouvoir judiciaire fédéral comprend, d'après la
Constitution, tous les cas en droit ou en équité qui naîtront de la
Constitution, des lois des États-Unis, des traités conclus ou à conclure, et, en outre, toutes les contestations dans lesquelles les
États-Unis sont partie, ainsi que celles qui s'élèvent entre différents États ou entre leurs citoyens, ou entre un État et les citoyens d'un autre État ou d'un pays étranger [2].

Les réclamations dirigées contre l'Union, et dont les tribunaux
fédéraux ont seuls le droit de connaître, ne peuvent pas s'exercer
en toute matière, même quand elles ne tendent qu'à des allocations pécuniaires.

Ainsi que nous l'avons dit, l'Amérique a emprunté à l'Angleterre la maxime que « l'État ne peut causer aucun tort, *State can*

---

1. *Constitution des États-Unis*, article I, section 8.
2. Id., article III, section 2.

do no wrong ». L'Union ne peut donc pas être l'objet de demandes d'indemnités à raison de fautes de ses agents. Ainsi se trouve supprimée toute une catégorie de litiges administratifs largement admis par la jurisprudence française. A la vérité, celui qui se prétend lésé peut, comme en Angleterre, actionner personnellement l'auteur du dommage. Nous avons déjà exposé et apprécié ce système, dans le chapitre relatif à l'Angleterre : il nous suffit d'y renvoyer (pages 113 et suiv.).

En ce qui touche les autres contestations qui intéressent l'Union, elles n'ont relevé pendant longtemps que du Congrès, et plus spécialement du Sénat qui les faisait examiner par ses comités. Elles sont actuellement portées devant une cour spéciale, dite Cour des réclamations (*Court of claims*) instituée par une loi du 24 février 1855 (¹). Cette cour connaît des contestations auxquelles donnent lieu les marchés et autres contrats passés avec le gouvernement fédéral, ainsi que des réclamations dont l'examen lui est spécialement déféré par les lois du Congrès ou par les règlements d'un département exécutif.

Une loi du 9 mai 1866 attribue compétence à cette cour spéciale, sur les demandes des comptables en deniers ou matières tendant à obtenir décharge de leur responsabilité pour perte de fonds, objets ou papiers à eux confiés. Ces affaires étaient autrefois portées, par voie de pétition, devant l'une des Chambres du Congrès qui les faisait examiner par un comité spécial. Encore aujourd'hui, la voie de pétition peut être suivie, mais la Chambre saisie renvoie à la *Court of claims*. Si le réclamant obtient gain de cause, la somme reconnue due par le gouvernement est acquittée par le secrétaire de la Trésorerie sur les fonds destinés au paiement des réclamations privées (²).

La *Court of claims*, par la spécialité de sa compétence, peut être considérée comme un tribunal administratif fédéral; mais elle se

---

1. Cette loi a été complétée par des lois du 3 mars 1863, du 9 mai 1866 et du 25 juin 1868.

2. La *Court of claims* ne siège qu'à Washington ; afin de rendre la juridiction plus accessible, une loi de 1887 attribue aux Cours ordinaires fédérales de circuit et de district le jugement de réclamations dirigées contre l'Union au-dessous d'un certain chiffre. Ces affaires sont jugées sans l'assistance du jury. (Voy. *Goodnow, op. cit.,* T. II, p. 158.)

rattache, en cas d'appel, à l'organisation judiciaire générale, car l'appel est porté devant la cour suprême des États-Unis.

Le droit d'appel contre des décisions de la *Court of claims* est moins largement accordé aux parties qu'au gouvernement ; celui-ci peut l'exercer dans tous les cas, les réclamants ne le peuvent que si le litige excède 3,000 dollars.

Un autre tribunal, qui relève également de la cour suprême eu appel, mais qui a un caractère nettement administratif par la nature de ses attributions, a été institué par le bill Mac-Kinley sur le régime douanier. Il connaît des contestations relatives à la perception des droits et à l'application des lois et règlements en matière de douanes. Une autre Cour spéciale a été créée par une loi du 3 mars 1891 pour le jugement des réclamations relatives aux concessions de terre.

Le gouvernement fédéral, à raison de sa souveraineté, n'est pas soumis aux injonctions, aux *writs* des tribunaux fédéraux. Ce point n'a jamais fait doute pour les actes du président et de ses ministres ; il pouvait prêter à contestation lorsqu'il s'agit des agents fédéraux qui leur sont subordonnés ; mais la jurisprudence de la Cour suprême a depuis longtemps décidé que ces agents ne relèvent que de leurs supérieurs hiérarchiques pour tous les actes qui rentrent dans l'exercice de leurs fonctions.

Cette solution se justifie, en droit, par les dispositions mêmes de la Constitution qui, en instituant les tribunaux fédéraux et en déterminant leurs attributions, n'ont fait aucune mention du droit de délivrer des *writs* contre les fonctionnaires de l'Union. Elle est également justifiée par l'organisation même de l'administration fédérale, qui est centralisée et soumise à une véritable hiérarchie. A la différence des agents des administrations locales, qui sont électifs, indépendants les uns des autres, et n'ont pas de supérieurs hiérarchiques, les fonctionnaires fédéraux sont nommés par le gouvernement, peuvent être révoqués par lui et agissent sous le contrôle direct des ministres. L'intervention du juge n'est donc pas nécessaire pour assurer leur obéissance à la loi et aux instructions du gouvernement.

Il y a cependant un *writ* que les cours fédérales ont le droit de délivrer contre tous les fonctionnaires de l'Union, quels qu'ils

soient, c'est le *writ d'habeas corpus* qui garantit la liberté individuelle. Elles tiennent cette attribution des lois mêmes du Congrès.

On doit mentionner aussi les pouvoirs particuliers qui appartiennent à la Cour suprême du district de Colombie, c'est-à-dire du
territoire très restreint dont Washington est la capitale et qui est
le siège du gouvernement fédéral ([1]). Cette Cour n'est pas considérée comme une juridiction fédérale n'ayant que les attributions
déterminées par la Constitution et les lois du Congrès, mais comme
une Cour de *Common law* ayant les attributions judiciaires les plus
étendues. Aussi lui reconnaît-on le droit de délivrer des *writs* non
seulement contre les autorités locales du district de Colombie, mais
encore contre tous les fonctionnaires fédéraux, lorsqu'ils agissent
dans le ressort de sa juridiction. On peut faire appel de ses décisions devant la Cour suprême ([2]).

Administration centrale de l'État. — La fonction de l'État est
plus restreinte aux États-Unis que partout ailleurs. Cela tient à
une double cause. Les différents États qui composent la Confédération ont dû abandonner au gouvernement fédéral tous les attributs de souveraineté qui touchent aux rapports de l'État, soit avec
les pays étrangers, soit même avec les autres États de l'Union,
ainsi que le droit d'entretenir des forces de terre et de mer ([3]) ; ils ont
également remis à l'Union la direction de services civils intéressant la Confédération tout entière tels que les monnaies, les postes,
etc. L'État n'a conservé dans ses pouvoirs propres que l'organisation de son régime intérieur. D'un autre côté, les conditions
historiques et géographiques dans lesquelles ce régime intérieur
s'est formé, ont fait prévaloir partout le *Selfgovernment*.

L'activité nationale, au lieu de se porter au centre, a afflué vers
les groupes élémentaires dont la réunion a formé des États, c'est-
à-dire vers les communes ; au sein même de la commune, les services publics se sont partagés entre des autorités électives indé-

---

1. La Constitution des États-Unis (art. I, sect. 8, § 17) autorisait le Congrès à acquérir un territoire n'excédant pas dix milles carrés pour y établir le siège du gouvernement fédéral. Ce territoire, acheté au Maryland, forme le district de Colombie.

2. Voy. F. Goodnow, *Comparative administrative Law*, T. II, p. 211 et suiv.

3 Les milices des États ne sont organisées qu'en vue d'assurer la sûreté intérieure.

pendantes les unes des autres, et non moins indépendantes du gouvernement central qui n'a sur elles ni droit de nomination, ni droit de suspension ou de révocation, ni autorité hiérarchique.

Le rôle de l'État consiste donc presque exclusivement à servir de lien politique entre les centres d'administration autonome d'un même territoire, à veiller à l'observation générale des lois, à entretenir entre l'État et l'Union les rapports prévus par la Constitution.

Au point de vue administratif l'État n'a d'attributions propres que pour un petit nombre de services : la milice, certains travaux publics, quelques établissements d'instruction, ainsi que l'assiette, la perception et la comptabilité des taxes correspondant à ces services. On doit cependant remarquer que plusieurs États manifestent actuellement une tendance à centraliser un plus grand nombre de services et à créer, à côté des autorités décentralisées, des autorités nouvelles directement rattachées à l'État et chargées par lui de pourvoir à des intérêts généraux. Nous y reviendrons plus loin dans un paragraphe spécial ([1]).

Si restreinte que soit la sphère d'action de l'État, elle n'en comporte pas moins des actes, des décisions, des marchés et autres contrats, qui peuvent donner lieu à des contestations.

Originairement ces litiges ne relevaient pas des tribunaux, mais de la législature et particulièrement du Sénat et de ses comités. Il n'en est plus de même aujourd'hui, du moins dans la plupart des États. Ces contestations peuvent être portées devant la Cour suprême de l'État ou devant des juridictions spéciales relevant de cette Cour en appel ; mais il arrive encore souvent que la législature se réserve un droit de contrôle sur les décisions.

Ainsi, dans l'État de New-York, il existe pour le jugement des réclamations contre l'État un « bureau des réclamations, *board of claims* » analogue à la *Court of claims* de l'Union, et qui relève, en appel, de la Cour suprême de l'État de New-York. Mais les décisions ne sont exécutoires qu'en vertu d'un bill spécial de la législature, qui a seule le droit d'allouer les fonds nécessaires à l'acquittement des condamnations prononcées contre l'État.

En ce qui touche les actes des fonctionnaires de l'État, il faut

1. Voy. ci-après, page 128.

distinguer entre le gouverneur et les autres officiers. Le gouverneur ne relève en principe que de la législature et non des tribunaux, à moins qu'il n'ait à rendre compte de cas de trahison et autres délits graves (*misdemeanours*) qui peuvent donner lieu à la procédure extraordinaire d'*impeachment*. Il en est de même, dans quelques États, pour les chefs des départements exécutifs. Mais il est à remarquer que les officiers de l'État ne sont pas à proprement parler les subordonnés du gouverneur ; ils tiennent ordinairement leurs pouvoirs de l'élection, ou d'une décision du Sénat, et ils ne peuvent pas être révoqués par le gouverneur, même dans les États très peu nombreux où c'est lui qui les nomme. Celui-ci ne possède donc pas à leur égard une véritable autorité hiérarchique, mais seulement un droit de surveillance assez restreint. Il suit de là que les actes de ces officiers de l'État, comme ceux des autorités décentralisées, sont soumis à la juridiction des Cours, et que celles-ci ont le droit de décerner contre eux des *writs* ou des *bills d'injonction* (¹) s'ils prennent des décisions contraires à la loi ou bien s'ils refusent ou négligent d'accomplir des actes de leur fonction.

Il résulte de ce qui précède que le contentieux administratif de l'État est très peu étendu. Mais il est possible qu'il prenne un jour plus d'importance par suite du développement des services centralisés qui se remarque dans plusieurs États. La législature pourra alors, à son choix, laisser les affaires nouvelles suivre leur cours devant les juges ordinaires, ou créer des juridictions spéciales, comme on l'a déjà fait dans l'État de New-York.

Administrations locales décentralisées. — Tous les pouvoirs que la Constitution des États-Unis ou les lois du Congrès n'ont pas réservés au gouvernement fédéral appartenant aux États, leur législation particulière peut librement créer une administration centralisée ou décentralisée, soumise au contrôle des tribunaux ou à celui d'autorités supérieures organisées hiérarchiquement. Mais ce dernier système, contraire aux traditions et au génie propre des Américains, n'a été adopté dans aucun État. Partout au contraire a prévalu le système du *Selfgovernment*. Comme consé-

1. Voy. ci-après, page 129.

quence de l'indépendance qu'il assure aux diverses autorités, la loi a largement consacré l'intervention du juge dans les affaires administratives. Cette intervention est en effet la seule qui puisse assurer l'ordre légal, à défaut de discipline hiérarchique. Mais si cette idée générale domine dans les différents systèmes d'administration locale, ces systèmes eux-mêmes présentent diverses modalités. Leur type varie non seulement d'État à État, mais souvent aussi dans les différentes parties d'un même État. On peut cependant distinguer trois systèmes entre lesquels se partagent trois principaux groupes d'États. Ce sont, en les classant d'après la situation géographique de ces groupes :

1° Le système dit de la *Nouvelle-Angleterre,* en vigueur dans la plupart des États du Nord ;

2° Le système *du Sud ;*

3° Le système *du Centre,* appelé aussi le système *du compromis* (¹)

Essayons de déterminer les principales particularités de chacun d'eux.

Système de la Nouvelle-Angleterre. — Dans ce système, qui domine dans les États du Nord (sauf cependant l'État de Massachusetts), la commune est le siège principal de l'administration, non seulement pour ses propres services, mais pour les services d'État, notamment pour l'assiette et la perception de tous les impôts. De même que la commune a son autonomie dans l'État, la plupart des services locaux ont leur autonomie dans la commune ; ils sont confiés à des délégués indépendants les uns des autres et pourvus de mandats électifs spéciaux : assesseurs qui lèvent les taxes, collecteurs qui les recouvrent, constables qui veillent à la police, commissaires des routes, des écoles, de la salubrité, etc.

Le nombre et la répartition de ces emplois n'ont rien de fixe ; ils varient selon les communes, et ils peuvent varier dans une même commune selon les besoins des services. Le Congrès ne s'est pas reconnu le droit de faire des lois générales sur l'administration municipale. Seules les lois émanées de la législature de l'État

---

1. Nous empruntons cette classification à l'ouvrage de M. Howard : *Local constitutional law of the United States.*

peuvent donner aux communes des statuts qui organisent l'administration municipale, lui créent une représentation permanente
au moyen d'un conseil et d'un maire qui choisissent certains
agents communaux. Mais ces statuts eux-mêmes sont locaux, ils
visent les localités qui les ont sollicités, ils n'ont pas le caractère
de loi municipale générale, mais plutôt de chartes spéciales, malgré les dispositions semblables qui se retrouvent dans plusieurs
d'entre eux.

Dans les communes qui n'ont pas ce régime, la délégation des
pouvoirs émane directement de l'assemblée de la cité (*Town meeting*)
qui désigne les *selectmen* (généralement au nombre de trois), et
les agents des services spéciaux. C'est aussi cette assemblée, dans
les communes qui n'ont pas de conseil municipal, qui délibère
directement sur les règlements, sur les dépenses à faire et sur les
taxes destinées à y pourvoir. Ces dépenses et ces taxes doivent, en
général, être autorisées par la législature de l'État, elles peuvent
même être imposées par elle quand elles ont pour objet un service
de l'État.

Dans la Nouvelle-Angleterre, le *comté*, c'est-à-dire la province,
a généralement peu d'importance au point de vue de l'action administrative. Il ne constitue guère qu'une circonscription territoriale
pour l'administration de la justice et les élections. N'ayant pas ou
presque pas de services qui lui soient propres, le comté ne possède
pas de représentation spéciale ni d'officiers investis d'attributions
importantes.

Système du Sud. — Ce système est presque l'inverse du précédent : le principal centre de l'action administrative est le comté
au lieu d'être la commune. Celle-ci ne conserve dans ses attributions que les affaires locales proprement dites; elle n'est pas chargée de pourvoir à des services plus étendus. C'est dans l'administration du comté que sont centralisées toutes les affaires d'intérêt
général que l'État ne s'est pas réservées.

Le comté est ordinairement administré par un comité ou bureau (*Board*) formé de trois commissaires élus par les électeurs du
comté. Ils ont principalement dans leurs attributions les finances
du comté, les routes et l'ensemble des services d'assistance pu-

blique. Ils sont chargés d'asseoir et de percevoir toutes les taxes, tant locales que d'État, conformément aux décisions de la législature.

Dans quelques États du Sud, par exemple dans la Caroline du Nord et dans la Floride, le comté est encore administré d'après l'ancien système anglais, c'est-à-dire par des juges de paix nommés par le gouvernement de l'État et qui sont ordinairement pris parmi les grands propriétaires fonciers. Ce système a été primitivement en vigueur dans tous les États de l'Union, qui l'avaient emprunté à l'Angleterre. Les idées plus modernes qui l'ont fait abandonner par les Anglais, en 1888, l'ont fait plus anciennement délaisser par les Américains. On ne le retrouve plus que dans un petit nombre d'États du Sud, où l'on a voulu éviter l'introduction du régime électif de peur que les hommes de couleur ne fussent appelés à des fonctions publiques.

Il convient de remarquer aussi que l'homogénéité du comté, considéré comme centre d'administration, semble menacée par la création de districts spéciaux, les *districts scolaires*, circonscriptions administratives nouvelles, qui ont leurs autorités propres et qui ont été formées pour assurer le développement de l'instruction publique dans les États du Sud.

Système du Centre (ou du compromis). — Ce système, qui a été adopté dès l'origine dans la plupart des États du Centre, repose, comme son nom l'indique, sur une combinaison des deux premiers. Il partage à peu près également les pouvoirs administratifs entre la commune et le comté. Du centre il s'est propagé vers l'ouest et le nord-ouest ; il a été adopté par la plupart des États nouveaux, et il paraît destiné à devenir le type prédominant de l'administration locale aux États-Unis.

Dans le système du compromis, le comté a plus d'importance que dans celui de la Nouvelle-Angleterre, il en a moins que dans celui du sud. Mais l'administration du comté présente encore de grandes variétés. On peut y distinguer deux types principaux : — d'une part, le type de l'État de New-York, où le comité de comté se compose de *supervisors* représentant chacune des communes du comté, et où il exerce, en dehors de ses attributions propres pour les affaires du comté, un droit de contrôle et de surveillance, une sorte de tutelle administrative sur les administrations municipales ; — d'autre part, le type de l'État de Pensylvanie, où le comité de comté, au lieu d'être une sorte de syndicat des communes, est comme une délégation de l'État, assurant ses services et le recouvrement de ses taxes, présidant à la formation des listes du jury, aux élections, etc. En même temps, il dirige l'administration propre du comté, dont le cercle est d'ailleurs restreint.

Dans le système du compromis, la commune se rapproche de celle de la Nouvelle-Angleterre par la division des pouvoirs locaux et par leur indépendance respective ; mais elle en diffère en ce qu'elle est rarement chargée de services d'État, et qu'elle est soumise à la surveillance plus ou moins étroite des autorités du comté.

Autorités nouvelles centralisées. — Aux différents systèmes d'administration locale que nous venons d'esquisser s'est ajouté, et en quelque sorte superposé un réseau d'autorités nouvelles correspondant aux développements relativement récents de grands services administratifs : les travaux publics (chemins de fer, canaux), la salubrité, le service pénitentiaire, celui des aliénés, la surveillance des ateliers et manufactures, etc. On aurait pu, conformément à la pratique ancienne, ajouter ces attributions à celles des agents déjà en fonction dans la commune ou le comté. On a préféré créer des autorités nouvelles rattachées à l'État par un lien hiérarchique, et on les a investies non seulement des pouvoirs nécessaires à ces services, mais encore de certaines attributions limitrophes qui étaient confiées antérieurement à des agents de la commune ou du comté, de manière à éviter le morcellement de l'autorité dans une même branche de l'administration.

Ainsi, dans l'État de New-York, nous trouvons un surintendant des travaux publics, qui a sous ses ordres un corps d'ingénieurs et d'agents secondaires répartis dans tout l'État, et qui assurent le service des canaux et des autres travaux entrepris par l'État ; — un inspecteur des manufactures, assisté d'inspecteurs locaux, qui veille à l'exécution des lois sur le travail des femmes et des enfants ; — un surintendant de l'instruction publique, qui a des pouvoirs étendus de contrôle sur les services scolaires de l'État ;

— une commission de santé de l'État, qui surveille les commissions locales de santé ; — un surintendant des prisons ; — une commission des aliénés indigents, qui a été récemment substituée aux autorités du comté d'abord chargées de ce service. Toutes ces autorités relèvent directement de l'État.

N'y a-t-il pas là l'indice d'un mouvement analogue à celui qui se poursuit en Angleterre et qui, sans altérer dans leur essence les traditions du *self-government,* tend à les concilier avec des besoins nouveaux et avec les procédés de centralisation administrative dont ces besoins suggèrent et imposent quelquefois l'emploi?

Modes d'action des tribunaux à l'égard des administrateurs. — Nous avons vu par ce qui précède que si l'existence d'autorités centralisées n'est pas exclue de l'organisation administrative américaine, elle n'y est encore qu'une exception ; la règle est l'indépendance des autorités locales et l'absence de lien hiérarchique. Ce lien fait défaut non seulement entre ces autorités et le pouvoir central, mais encore entre les différents organes d'une même administration locale. On y supplée par l'intervention du juge chargé de faire respecter non seulement la loi générale, mais les statuts particuliers des communes, et les règlements qui sont édictés par la législature de l'État, ou, dans certains cas, par le *town meeting.* Ces lois, statuts et règlements entrent ordinairement dans des détails très minutieux, afin que la décision du juge puisse s'appuyer sur un texte.

L'intervention des tribunaux dans l'administration peut se manifester sous des formes différentes : — 1° par le jugement du contentieux administratif proprement dit en matière de contrats et autres obligations pécuniaires ; — 2° par le contrôle, l'annulation, la réformation des actes d'administration émanés des agents locaux : c'est particulièrement dans ce cas que le juge fait fonction de supérieur hiérarchique ; son autorité se manifeste par des *writs* et des *bills d'injonction ;* — 3° par l'exercice de la juridiction pénale, sanction très fréquente des obligations administratives, qui n'atteint pas non seulement les délits, mais encore les simples fautes, et même l'inaction ou la négligence des administrateurs.

Ces pouvoirs appartiennent aux cours de justice ordinaires,

d'après les règles de leur compétence territoriale, et aux cours supérieures en appel. Ils sont ordinairement réservés aux cours supérieures, statuant en premier et dernier ressort, lorsqu'il s'agit de délivrer des *writs* ou des *bills d'injonction.*

Mais la compétence des cours, quelle que soit la forme de leur juridiction, est soumise à certaines restrictions qui l'empêchent d'avoir, même pour les affaires locales, autant d'ampleur que n'en a, en France, la compétence des tribunaux administratifs.

En effet, le droit américain établit une distinction entre deux espèces d'actes administratifs : d'une part, les « actes ministériels, *ministerial acts* », qui peuvent être déférés au juge ; d'autre part, les « actes discrétionnaires, *discretionary acts* », qui échappent à leur compétence [1]. Cette distinction n'aurait rien que de rationnel si le mot « discrétionnaire » était pris ici dans le sens français et ne s'appliquait qu'à des actes qui ne peuvent blesser que des intérêts, non des droits. Mais il n'en est pas ainsi : l'acte discrétionnaire, en droit américain, se rapproche plutôt de ce que nous appelons l'acte « de puissance publique ». Ainsi la jurisprudence considère comme des actes discrétionnaires : les actes réglementaires, les décisions qui intéressent une collectivité, alors même qu'elles peuvent léser ses droits ou ceux de certains de ses membres ; et souvent même des décisions individuelles qui portent plus particulièrement l'empreinte de la puissance publique, telles que certaines décisions en matière de salubrité, de voirie, etc. Le caractère d'acte discrétionnaire peut même s'étendre à des actes de répartition et d'assiette d'impôts d'État, qui sont ainsi soustraits à tout contrôle juridictionnel.

Le droit de recours dépend donc de la nature de l'acte, non de la question de savoir s'il lèse un droit ou un simple intérêt [2]. Or, la classification des actes administratifs en actes discrétionnaires ou ministériels, et par suite la reconnaissance ou la négation du droit de recours, dépend de la jurisprudence des tribunaux, qui est loin d'être concordante, quoique ses tendances soient généralement libérales.

1. Goodnow, *The executive and the Courts, op. cit.,* p. 554.
2. Goodnow, *op. cit.,* p. 553, 554.

Des textes législatifs ont été quelquefois nécessaires pour que des décisions en matière fiscale, assimilées par la jurisprudence à des actes discrétionnaires, puissent trouver un juge. C'est ainsi que la législature de l'État de New-York a décidé, par des lois de 1880 et de 1886, que les cours auraient le droit de réformer les actes de l'administration en matière d'assiette d'impôts directs et de licences pour la vente des boissons.

Faisons toutefois remarquer que la jurisprudence n'étend pas aux administrations locales le principe d'irresponsabilité qu'elle applique à l'Union et aux États ; elle assimile ces administrations à de simples corporations pouvant, comme des personnes privées, être passibles de dommages-intérêts envers des parties lésées, mais sous réserve de la responsabilité personnelle de l'agent à qui une faute dommageable serait imputable.

Quant aux contrats passés par ces administrations, et en général aux actes de gestion qu'elles accomplissent dans l'intérêt de leur domaine ou de leurs services publics, ils peuvent faire l'objet des mêmes contestations judiciaires que les contrats et les actes privés.

Après ces indications générales sur la sphère d'action des tribunaux, nous devons donner quelques explications sur les différents *writs* et sur les *bills d'injonction* par lesquels ils peuvent intervenir dans les actes administratifs susceptibles de recours.

Nous trouvons là les traditions de la jurisprudence anglaise (voy. p. 107) ; mais, ainsi que nous l'avons déjà fait remarquer, ce n'est pas uniquement le souvenir de ces traditions qui les a fait adopter aux États-Unis, c'est aussi l'identité de situation créée par l'adoption du régime de *self-government*, par l'absence de hiérarchie administrative dans la sphère des intérêts locaux, et par la nécessité de soumettre les administrateurs à un régime de surveillance judiciaire, à défaut de surveillance hiérarchique.

En Amérique, comme en Angleterre, les personnes ou les autorités intéressées peuvent solliciter, devant les cours supérieures, des *writs of mandamus, of prohibition,* ou *of certiorari,* selon qu'il s'agit de faire ordonner, interdire ou réformer certains actes. Le droit américain a particulièrement développé le *writ of certiorari.* Ce recours, qui ne pouvait atteindre primitivement que des cas d'incompétence ou d'illégalité grave, est devenu un moyen de faire réformer des décisions administratives non seulement pour infraction à la loi, mais encore pour de simples erreurs de fait, par exemple en matière d'évaluation des propriétés servant de base aux impôts.

On a aussi fréquemment recours au *writ de quo warranto,* qui est devenu (comme en Angleterre avant l'institution des cours électorales) le moyen ordinaire de vérifier la légalité d'une élection, lorsque la loi n'a pas autrement organisé le jugement du contentieux électoral.

Mentionnons, en dehors des *writs* proprement dits, le *bill d'injonction,* dont il est fréquemment fait usage, et qui a pour but d'empêcher l'administration d'exécuter une décision illégale.

Ce sont là des formes variées et efficaces du contrôle judiciaire appliqué à l'administration. Les administrateurs doivent se soumettre aux *writs* sous peine d'encourir des pénalités, car le seul fait d'enfreindre les ordres du juge constitue un délit passible d'amende et d'emprisonnement. Mais il convient d'ajouter que l'usage de ces procédures présente certaines difficultés ; elles sont compliquées et coûteuses, et surtout elles exposent celui qui y a recours à des fins de non-recevoir et à des forclusions, pour peu qu'il se trompe de procédure. On ne peut pas, en effet, recourir indifféremment à un *writ* ou à un autre, ni à un *writ* ou à un *bill d'injonction* ; ces recours ont des caractères juridiques et des applications différentes : les uns sont des moyens *de droit,* les autres des moyens *d'équité* dont les règles de recevabilité ne sont pas les mêmes. Il y a loin de là, il faut le reconnaître, à notre « recours pour excès de pouvoir » si simple, si peu coûteux et d'une application si générale.

La loi pénale peut atteindre l'administrateur de plusieurs manières : d'abord, en le punissant pour infraction aux ordonnances du juge. En outre, elle prévoit, en dehors des délits qui figurent dans toutes les législations pénales tels que la concussion, la corruption, la rébellion, etc., un grand nombre de délits spéciaux qui consistent non seulement à commettre les actes interdits à l'administrateur, mais encore à refuser ou à négliger d'accomplir les actes de la fonction. On pourrait citer des cas où tous les *select-*

men d'une commune ont été punis d'amende et même d'emprisonnement, à raison de ces délits d'administration. La pénalité peut atteindre non seulement les administrateurs, mais ceux qui refusent de l'être; ainsi, dans plusieurs États, l'habitant d'une commune qui est appelé à un emploi public est tenu de l'accepter sous peine d'amende, au moins pendant sa durée ordinaire qui est d'une année.

Toute partie intéressée peut provoquer des poursuites contre l'administrateur délinquant ou négligent. Il était nécessaire d'admettre cette espèce d' « action populaire », car l'administration décentralisée ne comporte pas d'inspecteurs, de surveillants chargés de porter plainte au juge. Mais ce système n'est pas sans inconvénient, car si la plainte se produit sans peine quand l'intérêt particulier est lésé, il n'en est pas de même quand c'est l'intérêt public. Dans ce dernier cas, on a été amené à encourager la dénonciation, soit en allouant une part des amendes à l'agent du fisc chargé de les recouvrer, soit en provoquant par le même moyen les plaintes des particuliers.

Il pourrait arriver que ni les injonctions, ni les condamnations prononcées par le juge ne réussissent à soumettre une administration ouvertement récalcitrante. Dans ce cas, la loi reconnaît-elle aux tribunaux, comme sanction pratique de leurs décisions, le droit de faire procéder d'office à l'exécution de leurs ordres? Cette sanction pratique des décisions du juge n'est pas prévue par la législation générale, ni admise par la jurisprudence des cours. Le juge ne pourrait faire procéder d'office aux mesures qu'il a prescrites que s'il y était autorisé par des dispositions spéciales de la loi. Mais ces dispositions sont très rares, et leur application plus rare encore.

Conclusion. — Nous n'essaierons pas d'établir un parallèle entre le système anglo-américain et celui qui est en vigueur dans notre pays. Les traditions et les milieux sont trop différents; on doit d'ailleurs admettre que chaque État peut être conduit, par ses traditions propres et par l'ensemble de ses institutions administratives et judiciaires, à des conceptions très différentes de l'action, de la discipline et de la juridiction en matière administrative. Ce dont il faut avant tout se garder, c'est de prétendre transporter de toutes pièces un système d'un pays à un autre, surtout d'un pays de décentralisation poussée à l'extrême dans un pays d'unité et de hiérarchie administratives.

Le *self-government* a assurément sa grandeur, mais si les mérites du système hiérarchique avaient besoin d'être démontrés, ils le seraient par cela seul qu'il dispense de recourir aux procédés que nous venons de rappeler. Il est permis de penser que l'obéissance des administrateurs à la loi est peut-être assurée d'une manière plus digne pour eux, plus prompte et plus efficace pour la chose publique, par l'action des règlements et de la discipline hiérarchique que par celle de la loi pénale et de la contrainte judiciaire.

En ce qui touche la juridiction administrative proprement dite, on peut douter que le système français ait quelque chose à envier au système anglo-américain, soit au point de vue des garanties de bonne justice, soit au point de vue de la simplicité et de l'économie des procédures.

Ces doutes sont partagés par un jurisconsulte américain très versé dans la connaissance des lois françaises et qui, après avoir fait une étude comparative des deux systèmes, conclut ainsi ([1]) :

« La juridiction française est plus large que ce que nous avons appelé la juridiction administrative de nos cours, car en sus de toutes les voies de recours que nous avons, le droit français permet au particulier : — 1° dans tous les cas où un droit actuel est lésé, de faire réformer la décision par les tribunaux administratifs ; — 2° de se pourvoir directement à la cour suprême (Conseil d'État) contre un acte quelconque d'un agent administratif sur le terrain de « l'excès de pouvoir ». Non seulement la juridiction française est plus large que celle de nos cours ordinaires, mais le remède est d'une application plus facile, car il n'y a pas de différence à faire entre les procédures à engager. Il n'y a pas à se demander si une forme déterminée, comme celle du *mandamus*, de l'*injonction*, du

---

1. F. Goodnow, *The executive and the Courts, Political science Quaterly*, décembre 1886, p. 557 et suiv.

certiorari est la forme convenable. Un simple recours suffit dans tous les cas.

« La seule difficulté qui peut s'élever est relative à la compétence des tribunaux administratifs eux-mêmes. Le principe de la séparation des pouvoirs peut donner et donne souvent lieu à des conflits de juridiction entre les tribunaux administratifs et judiciaires qui sont tranchés par un tribunal spécial, le Tribunal des conflits. Mais une fois la juridiction du tribunal administratif admise, il n'y a pas de difficulté sur la procédure. Personne ne peut être forclos pour avoir choisi un mauvais mode de recours. En outre, la procédure administrative en France est très simple et peu coûteuse. »

Le même auteur se demande si l'institution de tribunaux administratifs spéciaux, aux États-Unis, ne serait pas désirable :

« On a vu, dit-il, que la juridiction administrative dans le sens européen n'est pas absolument étrangère à notre droit, mais au contraire a été adoptée dans certains cas. Les raisons qui ont conduit à cette adoption partielle sont les mêmes qui ont amené les Français à pratiquer le système avec beaucoup plus d'extension. Et l'on peut certainement se demander s'il ne serait pas avantageux pour nous, soit d'adopter un système analogue, soit d'étendre la juridiction de nos cours ordinaires... Nous pouvons nous servir des institutions qui existent et éviter les conflits qui résultent de la présence de deux séries de cours dont la compétence est souvent difficile à distinguer. Mais cette solution de la question a aussi ses désavantages. Les litiges administratifs exigent, pour la solution bonne et correcte des nombreuses questions qu'ils soulèvent, une certaine somme de connaissances spéciales chez les juges. Ces connaissances se rencontrent rarement chez les juges de nos cours ordinaires, qui sont seulement versés dans la science du droit et, en général, seulement dans une de ses branches, le droit privé. »

Si l'on rapproche de ces réflexions le mouvement qui s'est déjà opéré aux États-Unis en faveur de la centralisation de certains services de l'Union ou des États ; — l'évolution à laquelle on assiste en Angleterre ; — les réformes qui ont élargi la juridiction administrative en Allemagne, l'ont consolidée en Espagne, l'ont rétablie en Italie après un abandon passager, — peut-être reconnaîtra-t-on que rien dans l'expérience des peuples contemporains, aussi bien que dans notre propre expérience, ne saurait faire regretter à la France ses institutions de justice administrative. Les principes sur lesquels elles reposent sont précisément ceux qui pénètrent actuellement dans les États qui leur avaient paru les plus réfractaires.

———————

LIVRE PREMIER

HISTOIRE DE LA JURIDICTION ADMINISTRATIVE EN FRANCE

SOMMAIRE DU LIVRE PREMIER

CHAPITRE Ier

ANCIEN RÉGIME

Division. — Aussi haut que l'on remonte dans notre histoire, depuis que des juridictions régulières ont été instituées, on ne trouve pas d'époque où les corps judiciaires chargés d'appliquer les lois civiles et criminelles aient été en même temps appelés à statuer sur les difficultés en matière d'administration publique.

Aux premiers temps de la monarchie, il n'y avait pas d'administration et de contentieux administratif dans le sens que nous attachons aujourd'hui à ces mots ; l'une et l'autre ne se dégagèrent avec quelque netteté que sous Louis XIII, lorsque Richelieu eut jeté les bases de l'unité et de la centralisation administratives. Mais on n'en voit pas moins apparaître, dans la seconde partie du moyen âge et dès le règne de Philippe le Bel, la préoccupation de maintenir une distinction entre les affaires d'intérêt public et celles d'intérêt privé, et d'en confier l'examen à des autorités différentes.

Au xive et au xve siècle, les affaires financières du roi éveillèrent tout d'abord la sollicitude des légistes de la Couronne. Des règles spéciales furent établies pour la perception et le contrôle des revenus royaux provenant des biens du domaine, des redevances féodales ou des impôts, pour l'affectation de ces revenus aux besoins de la maison du roi et des services publics. Tout ce qui concernait l'administration des biens domaniaux, le recouvrement des créances, la liquidation et le paiement des dettes, la comptabilité des agents préposés à la recette et à la dépense releva de la *Chambre des comptes*, chargée à la fois d'exercer le contrôle administratif et la juridiction en matière domaniale et financière. Puis, lorsque le système des impôts se développa, les *Cours des aides* et plusieurs juridictions spéciales se partagèrent les différentes branches de ces services.

Plus tard, lorsque l'action de la Couronne, se dégageant de plus en plus des entraves féodales, s'étendit progressivement sur tous les points du territoire, lorsque les rois voulurent non seulement posséder, mais gouverner et administrer leur royaume, le nombre des affaires réservées s'accrut à mesure que des objets nouveaux intéressèrent l'autorité royale. Partout où le roi commandait, directement ou par ses délégués, il considéra l'exécution de ses ordres et les difficultés auxquelles elle pouvait donner lieu comme relevant de sa propre juridiction, de sa « justice retenue », et il fit exercer cette juridiction par des conseillers et des agents de la Couronne étrangers aux corps judiciaires.

A cette période de notre histoire administrative correspond le rôle prépondérant du *Conseil du roi* et des *Intendants* dans toutes les matières administratives contentieuses. Mais le développement de ces juridictions suscita, de la part des corps judiciaires, des résistances et des conflits dont nous aurons à retracer les principaux incidents.

On peut donc distinguer, dans l'étude historique du contentieux administratif sous l'ancien régime, deux périodes : l'une qui s'étend du xiv⁰ siècle à la première partie du xvii⁰ siècle, et pendant laquelle la juridiction administrative est presque exclusivement organisée en vue des affaires domaniales, fiscales et de comptabilité publique ; la seconde, qui s'étend depuis Richelieu jusqu'à 1789, et pendant laquelle cette juridiction s'étend aux matières administratives les plus nombreuses et les plus diverses.

I. — JURIDICTIONS EN MATIÈRE DOMANIALE, FISCALE ET DE COMPTABILITÉ PUBLIQUE.

Chambre des comptes. — Sous Philippe le Bel, l'introduction des légistes dans les conseils de la Couronne détermina la division en trois corps distincts du Conseil unique, appelé la *Cour du roi*, qui, sous Louis VIII, avait succédé à la *Cour des pairs*.

Les attributions nombreuses et confuses de la Cour du roi furent alors mieux définies et réparties entre trois cours ou conseils investis d'attributions différentes : 1° le *grand Conseil* ou *Conseil étroit* (c'est-à-dire conseil secret), qui était le conseil politique de la Couronne pour les questions de législation et de gouvernement ; 2° le *Parlement,* chargé de rendre la justice au nom du roi ; 3° la *Chambre des comptes,* chargée de surveiller les domaines et les finances de la Couronne et de contrôler les recettes et les dépenses.

Le contrôle et la juridiction de la Chambre des comptes, institués et développés par les ordonnances de janvier 1319, mars 1388 et mars 1408, s'exerçaient sur tous les officiers chargés d'administrer les biens du roi, d'en percevoir les revenus et d'acquitter les dépenses publiques. Il est intéressant de retrouver dans l'ordonnance de Charles V du 1er mars 1388 (1), plusieurs règles de comptabilité qui diffèrent peu de celles actuellement en vigueur, notamment pour l'ordonnancement des dépenses et pour les cédules, décharges et pièces justificatives nécessaires à la validité des paiements. Les personnes étrangères à l'administration des biens et deniers royaux pouvaient devenir justiciables de la Chambre des comptes si elles étaient détenteurs de domaines ou débitrices de sommes ou redevances envers la Couronne.

Ces attributions et plusieurs autres sont rappelées dans le préambule de l'ordonnance de Charles VI, de mars 1408, qui résume l'état de la législation à cette époque et qui contient les passages suivants (2) :

« En la Chambre de nos comptes à Paris, doivent être vus et
« examinés les comptes et états de tous les trésoriers, vicomtes, re-
« ceveurs et autres gens qui se sont entremis des recettes de nos
« deniers et finances ordinaires et extraordinaires... pour iceux,
« leurs héritiers, ayants cause et détenteurs de leurs biens, être
« contraints de rendre et payer ce qu'ils sont tenus devoir par les-
« dits comptes, tant pour la dépense de notre hôtel que pour des
« fiefs, aumônes, gages d'officiers et autres choses raisonnables à
« eux passées et allouées en compte ; — et avec ce, à nos dits gens
« de comptes appartient toute connaissance de causes au cas de re-

1. Isambert, *Anciennes lois françaises,* t. VI, p. 657.
2. Isambert, *op. cit.,* t. VII, p. 194.

« fuser ou obtempérer lettres de dons, rémissions ou quittances,
« refus, répits ou délais, de nous faire devoirs de foi et hommage
« et féauté, bailler aveux et dénombrements ; de mettre par gens
« d'église hors de leurs mains rentes et possessions non amorties ;
« — de nous payer finances de reliefs, rachats, quints deniers, de
« garde de mineurs, et autres dons ou aliénations d'aucuns nos
« domaines ou deniers à iceux appartenant ; — et aussi en matière
« de réunir à notredit domaine aucunes choses qui en auraient été
« distraites ; — de bailler ou faire bailler à notre profit aucunes
« parties de notre domaine non convenables à tenir en notre main ;
« — et avec ce, de refuser ou obtempérer lettres d'amortissement,
« anoblissement, bourgeoisie, manumission, légitimation, et géné-
« ralement de tout ce que l'on peut dire non valable s'il n'est passé
« et expédié en ladite Chambre de nos comptes. »

La déclaration de mars 1390 attribue, en termes plus généraux
encore, à la Chambre des comptes « toutes choses et besognes
quelconques touchant et regardant l'héritage du roi ».

Bien que les attributions aient été ainsi déterminées dès le début,
des conflits ne tardèrent pas à s'élever entre la Chambre des comptes et le Parlement sur des questions que les ordonnances n'avaient
pas explicitement résolues, notamment sur la question des appels.

Le Parlement prétendait que la Chambre des comptes n'avait le
droit de statuer qu'en premier ressort lorsque ses décisions avaient
le caractère de jugements rendus sur des comptes litigieux, sur des
revendications domaniales, ou sur des liquidations de dettes ou de
créances contestées. La Chambre des comptes, de son côté, revendiquait la plénitude de juridiction dans les matières de son ressort
et n'admettait d'autre recours qu'un recours en révision devant elle-
même. On s'obstina de part et d'autre jusqu'à frapper d'amende et
de prison les parties qui portaient leur recours devant la juridiction
rivale.

Ces conflits furent tranchés en faveur de la Chambre des comptes
par plusieurs ordonnances, notamment par celle de Charles V du
7 août 1375, qui contient les motifs suivants [1] :

« S'il était souffert que l'on appelât de nos dits gens des comptes

---

1. Isambert, *op. cit.*, t. V, p. 449.

« et de leurs arrêts et sentences, l'on ne pourrait avoir paiement
« de ceux qui ont reçu et manié nos finances ou de leurs héritiers,
« ayants cause ou détenteurs de leurs biens, qui moult souvent par
« malice, pour délayer et empêcher notre paiement, se voudraient
« efforcer d'appeler de nosdits gens des comptes, et par ce ne pour-
« rait être payée notre dépense, et aussi nos autres affaires en
« pourraient être retardées. Et en outre, il faudrait qu'on portât ou
« exhibât au Parlement ou ailleurs les livres, registres, comptes et
« écrits de nos domaines et finances qui ont accoutumé d'être gar-
« dés si secrètement au temps passé, que quand nos prédécesseurs
« rois de France les voulaient voir pour aucunes nécessités, ils
« allaient de leur personne les voir à ladite Chambre pour obvier
« au dommage qui se peut ensuivre de la révélation et portation
« foraine d'iceux écrits... A ces causes, mandons et défendons
« expressément que vous ne passiez ou scelliez commission ni
« ajournement pour complainte qu'aucuns feraient de sentences,
« ou griefs qu'ils voudraient maintenir contre eux avoir été faits
« en notre Chambre des comptes par les gens d'icelle, ni ne don-
« niez sur ce autres commissaires que de ladite Chambre contre
« la teneur desdites ordonnances, en renvoyant tout en notredite
« Chambre et non ailleurs pour en connaître et ordonner selon ce
« qu'il appartiendra. »

On voit, par cette dernière disposition, que l'ordonnance de
1375, en même temps qu'elle interdisait l'appel au Parlement, ins-
tituait le recours en revision devant la Chambre des comptes elle-
même, recours qui existe encore aujourd'hui.

L'interdiction des appels, méconnue pendant la minorité de
Charles VI, fut renouvelée en termes très énergiques par l'ordonnance de mars 1408 [1] : « Et si aucuns avaient appelé ou appelaient
« dorénavant, nous dès à présent irritons, annulons et mettons au
« néant lesdites appellations faites ou à faire ; et ne voulons qu'à
« icelles poursuivre aucuns soient reçus ni ouïs en notre chancelle-
« rie, en notredit Parlement ni ailleurs, et le défendons très expres-
« sément à notre chancelier, à nos amés et féaux gens de notre Par-
« lement et à tous nos autres justiciers et officiers. »

1. Isambert, *op. cit.*, t. VII, p. 197.

Ainsi s'affirmait, dès le xive et le xve siècle, la distinction que la Couronne avait établie entre ses propres affaires et celles des parties privées. Un légiste du xve siècle, dans un mémoire manuscrit retrouvé par M. R. Dareste, expliquait la juridiction de la Chambre des comptes en termes qui méritent d'être cités comme exprimant les idées du temps sur l'indépendance de la Couronne au regard des compagnies judiciaires : « Le fait et la juridiction de ladite Chambre des comptes est plus propre au roi que n'est le Parlement qui est commun à tout le monde ; par quoi s'ensuit que le roi ne veut pas ni ne doit vouloir qu'elle soit sujette au Parlement ; car aussi comme le roi est sur la communauté et n'est sujet aux lois communes, aussi la juridiction qui est propre à lui, et ne traite nulles choses fors tant seulement celles qui ont aucun regard à son hôtel, doit être non sujette à aucune autre (1). »

A cette autorité de la Chambre des comptes dans l'ordre juridictionnel s'ajoutaient, au début, d'importantes attributions d'ordre politique et financier. La Chambre des comptes partageait en effet avec le Grand Conseil le rôle de conseiller de la Couronne, et elle l'exerçait presque seule pour tout ce qui touchait à l'administration financière. C'est elle qui préparait l'*État du roi*, c'est-à-dire le budget des recettes et des dépenses, qui veillait à l'équilibre des ressources. Elle possédait tous les secrets du trésor royal et lui prêtait le secours de ses légistes pour justifier les expédients financiers auxquels il était trop souvent réduit.

Cette grande situation s'affaiblit peu à peu. Dès le xvie siècle les attributions politiques de la Chambre des comptes se séparent des attributions juridictionnelles et tendent à se concentrer dans le conseil politique de la Couronne, le *Conseil du roi*.

La principale cause de cette évolution tient au changement qui s'était opéré dans le mode de recrutement de la Chambre. Composée aux débuts de légistes choisis parmi les conseillers de la Couronne, d'auxiliaires dévoués de l'autorité royale, elle prit un autre caractère quand la vénalité et l'hérédité des offices furent appliquées aux charges des gens des comptes, comme aux autres

---

1. Dareste, *la Justice administrative*, page 9. Le savant auteur attribue ce mémoire à un substitut du procureur du roi près la Chambre des comptes.

offices de judicature. On craignit alors de livrer le secret des finances de l'État à des magistrats qui n'étaient plus rattachés à la Couronne par les mêmes liens qu'autrefois. C'est pourquoi on leur retira, pour la confier aux membres du Conseil, la préparation de l'*État du roi*, qui exigeait la connaissance de toutes les ressources et de tous les besoins du trésor royal, et l'examen de l'*État au vrai* qui présentait l'ensemble des dépenses faites et des services effectués (¹).

Mais la Chambre des comptes conserva le jugement des comptes individuels des comptables, et le contentieux de la comptabilité publique. Elle dut toutefois partager cette attribution avec d'autres chambres des comptes créées dans les provinces, mais sur lesquelles la Chambre de Paris semble avoir toujours conservé une certaine prééminence (²).

Cours des aides. — Le domaine de la Couronne et les droits et redevances qui s'y rattachaient furent, pendant la première partie du moyen âge, la source presque exclusive des finances royales ; mais lorsque la sphère d'action de la Couronne s'étendit et que ses charges s'accrurent, il fallut recourir aux impôts.

Les premiers créés furent les *Aides*, destinées à « aider » le roi pendant la guerre de Cent ans, qui avait nécessité l'entretien de troupes permanentes. Des *Généraux des aides* furent créés pour veiller au recouvrement de cet impôt. Mais à qui devait-on attribuer juridiction entre l'État et les redevables, en cas de contestation sur l'assiette et sur le montant de la taxe ? La royauté, fidèle au système qu'elle avait suivi pour les ressources provenant du domaine, refusa de comprendre ces sortes de litiges dans les attributions des compagnies judiciaires ; les généraux des aides furent chargés par l'ordonnance du 9 février 1387 de connaître de « tous « plaids, débats ou questions touchant lesdites aides, circonstances « et dépendances ».

---

1. De même que l' « état du roi » correspondait à la loi du budget, « l'état au vrai » correspondait à la loi des comptes.

2. Au xvie siècle, il y avait huit chambres des comptes dans les provinces ; elles furent supprimées en 1566 par l'ordonnance de Moulins, mais presque aussitôt rétablies. Elles étaient au nombre de douze en 1789, outre la Chambre de Paris.

Ainsi se formèrent les *Cours des aides* qui restèrent chargées jusqu'à la Révolution d'une partie du contentieux des contributions publiques.

Aux autres impôts de l'ancien régime correspondaient d'autres juridictions spéciales qui, pour la plupart, relevaient des cours des aides en appel. Tels étaient : les *Élections* pour le contentieux des tailles, les *Greniers à sel* pour l'impôt sur le sel, les *Juges des traites* pour les douanes ou traites. Mais dans la seconde période de l'administration monarchique, celle où le contentieux administratif tend à se concentrer entre les mains du Conseil du roi et des intendants, la juridiction de ces autorités remplaça celle des tribunaux spéciaux pour presque toutes les taxes de création nouvelle. L'organisation de ces tribunaux, par suite de la vénalité des offices, était devenue semblable à celle des tribunaux judiciaires ; elle avait perdu le caractère administratif qu'elle avait au début; aussi la Couronne était peu portée à étendre les commissions qu'elle leur avait primitivement données et qui s'étaient transmises par succession ou par vente ; elle préférait confier à ses agents directs, à ses « intendants de justice, police et finance », le contentieux des taxes nouvelles, directes ou indirectes, non comprises dans ces commissions.

Bureaux de finances. — Il faut aussi mentionner parmi les juges spéciaux des affaires fiscales et domaniales, les *Bureaux de finances* tenus par les *Trésoriers de France*. La création de ces officiers remonte au xiv⁰ siècle. Sous Henri II, ils furent établis dans toutes les généralités et furent principalement chargés de surveiller l'administration des domaines de la Couronne. L'édit d'avril 1627 leur conféra un droit de juridiction pour juger, chacun dans le ressort de sa généralité, « tous procès et différends qui se pourront « mouvoir et intenter pour raison de notre domaine, cens, surcens, « rentes, et autres droits, circonstances et dépendances d'icelui, « toutes matières d'aubaines, épaves, bâtardise, déshérence et au- « tres droits de biens vacants... ensemble de toutes entreprises et « usurpations qui ont été faites et se feront sur notredit domaine ».

A ces attributions contentieuses, qui intéressaient la conservation et les revenus du domaine de la Couronne, s'en ajoutèrent d'autres relatives à la police de ce domaine, dans l'acception large et générale que l'ancienne législation donnait à ce mot.

On sait, en effet, que la législation antérieure à 1789 ne distinguait pas, comme la législation moderne, entre le *domaine public*, destiné à l'usage de tous, administré plutôt que possédé par l'État, et le *domaine de l'État*, composé des biens qu'il possède privativement et dont il perçoit les revenus. L'ordonnance de Moulins de 1566, en soumettant ces deux domaines, réunis sous le nom de domaine de la Couronne, au principe d'inaliénabilité et d'imprescriptibilité, avait eu pour effet de confirmer cette confusion, qui avait, d'ailleurs, sa raison d'être dans l'ancien régime, car il était devenu aussi nécessaire de défendre le domaine du roi, source de revenus publics, contre les convoitises des courtisans et les libéralités du souverain, que de protéger le domaine public 'lui-même contre les aliénations et les usurpations.

De là résultait, pour les biens du domaine pris dans leur ensemble, une double administration qui comprenait, d'une part, la gestion des biens du roi, de l'autre, la police du domaine public. Les deux branches de cette administration furent tantôt séparées, tantôt réunies. Henri IV avait rattaché la police du domaine public à la charge de grand-voyer créée pour Sully. Après la mort de Sully, elle fut comprise dans les attributions des trésoriers de France qui eurent ainsi, chacun dans sa généralité, la police du domaine public et de la grande voirie.

Les trésoriers de France exerçaient, en cette matière, deux sortes d'attributions : attributions réglementaires pour les mesures de police intéressant la conservation et l'administration du domaine public ([1]) ; attributions juridictionnelles pour le jugement des contraventions commises sur ce domaine.

Toutefois, ils partageaient ces dernières attributions avec les juridictions spéciales des eaux et forêts. Il est à remarquer que les

---

1. Les règlements de grande voirie émanés des trésoriers de France sont au nombre de ceux que la loi du 22 juillet 1791 a maintenus en vigueur; mais, comme la compétence territoriale de leurs auteurs était limitée au ressort de chaque généralité, la jurisprudence du Conseil d'État n'a considéré ces actes que comme des règlements locaux applicables seulement dans les parties du territoire correspondant à ces généralités.

appels des décisions rendues en matière de voirie par les trésoriers de France étaient, comme celles des eaux et forêts, portés devant le Parlement en vertu de l'édit d'avril 1627.

Nous venons de passer rapidement en revue les diverses juridictions qui, dans l'ancien régime, connaissaient des affaires domaniales, fiscales, et de comptabilité publique, c'est-à-dire des intérêts financiers de l'État. Nous avons maintenant à nous occuper d'un contentieux administratif plus général, embrassant toutes les matières qui intéressaient l'autorité royale et l'exercice de la puissance publique. Le Conseil du roi et les intendants tiennent ici la première place. Leur juridiction diffère des précédentes en ce qu'elle n'est pas exercée par des tribunaux proprement dits, mais par des représentants directs de l'autorité royale agissant et statuant au nom du souverain.

II. — JURIDICTIONS EN MATIÈRE D'ADMINISTRATION GÉNÉRALE.

Origine de la juridiction du Conseil du roi. — Les rois de France se sont réservé de tout temps le droit d'exercer directement leur juridiction sur des affaires qui, par leur nature ou par la qualité des parties, semblaient se placer en dehors des litiges ordinaires. L'incertitude qui régnait sur les compétences et sur l'étendue des délégations faites aux cours souveraines laissait un champ assez vaste à cette justice retenue. Le roi se déclarait l'arbitre suprême des compétences ; en outre, il se réservait d'évoquer par lettres spéciales des affaires qui rentraient dans la compétence de ses cours de justice, mais qu'il lui convenait d'attirer à lui. Pour l'exercice de cette juridiction propre, il eut de tout temps des auxiliaires, officiers de sa maison ou membres de ses conseils.

Ces auxiliaires étaient, au début, les *maîtres des requêtes de l'hôtel*. Ainsi que l'indique leur nom, ils recevaient les requêtes et placets apportés à l'hôtel du roi, en rendaient compte au roi, entendaient les parties et les amenaient quelquefois en présence du souverain qui statuait lui-même sur le différend ([1]). Les maîtres des requêtes

---

1. La légende de saint Louis, rendant lui-même la justice aux portes de son château de Vincennes, semble très véridique, car elle est attestée par le sire de Join-

de l'hôtel portaient aussi le nom de *Juges de la porte* ou *Juges des plaids de la porte*, parce qu'ils se rendaient ordinairement à l'entrée du palais pour y recevoir les plaignants. Lorsqu'il s'agissait de questions importantes, intéressant l'autorité du roi, les maîtres des requêtes ne statuaient pas eux-mêmes, ils se bornaient à présenter un rapport au roi en son Conseil, et le Conseil prononçait ([1]).

Le Conseil qui assistait ou représentait le roi pour l'exercice de sa juridiction propre était le même qui siégeait auprès de lui comme Conseil politique de la Couronne ; c'était le Conseil intime, « étroit » du roi et de l'État, appelé aussi, pour cette raison, *Conseil du roi, Conseil d'État, Grand Conseil*. Il était composé des princes du sang, des grands officiers de la Couronne, des prélats et des légistes qu'il convenait au souverain d'y appeler.

A la fin du xve siècle, la juridiction royale cessa d'être exercée par le Conseil du roi tout entier. Elle fut confiée à une partie seulement de ses membres qui formèrent un groupe distinct sous le nom de *Grand Conseil*. Ce nom, qui avait longtemps appartenu à l'ensemble du Conseil du roi, commença dès lors à ne désigner que la fraction de ce Conseil en qui résidait la juridiction royale. Le Conseil politique du souverain fut plus ordinairement appelé Conseil d'État ou Conseil du roi.

L'organisation et les attributions du Grand Conseil en matière juridictionnelle firent l'objet de deux ordonnances rendues à un an d'intervalle, l'une par Charles VIII à la fin de son règne (2 août 1497), l'autre par Louis XII à son avènement (13 juillet 1498) [2]. L'ordonnance de Charles VIII fixait à dix-sept, outre le chancelier, le nombre des conseillers « tant d'église que laïcs, gens clercs et bien expérimentés au fait de justice ». Ce nombre fut élevé à vingt par Louis XII, plus un procureur général et un greffier.

---

ville qui était un des maîtres des requêtes de l'hôtel et qui avait été personnellement témoin de cette justice patriarcale. Le souvenir, sinon la pratique, en avait longtemps subsisté à la cour des rois de France, car on trouve dans le recueil d'Isambert (t. XI, p. 293) un « ordre royal » du 22 décembre 1497, par lequel Charles VIII enjoint à son chancelier de « rechercher la forme qu'ont tenue nos prédécesseurs rois à donner audience au pauvre peuple, et même comme Monseigneur Saint Louis y procédait ».

1. Cf. Aucoc, *le Conseil d'État avant et depuis* 1789, p. 34.

2. Isambert, *op. cit.*, t. XI, p. 292 et 296. L'ordonnance de 1493 n'est guère qu'une confirmation de la précédente.

L'ordonnance de 1498 porte que « dorénavant nuls autres con-
« seillers de quelque dignité et condition qu'ils soient, n'entre-
« ront ni assisteront en notredit Grand Conseil, si nommément n'y
« étaient convoqués par notredit chancelier ». Quant aux attributions, la même ordonnance rappelle qu'il était de règle de porter au
Grand Conseil « les plus grandes matières et affaires du royaume »,
et elle charge le procureur général d'y « poursuivre et défendre
« nos droits, autorités, prérogatives et prééminence de la chose
« publique de notredit royaume ».

Le Grand Conseil devait être l'arbitre souverain des différends
intéressant l'autorité royale ; mais bientôt il dévia de sa voie et son
autorité s'affaiblit. Deux choses y contribuèrent : d'abord la vénalité des offices, qui livra peu à peu aux hasards de l'hérédité et de
la cession, des charges qui étaient toutes de confiance. Il se pro-
duisit alors pour le Grand Conseil, érigé en juridiction et soumis
au régime des offices, le même changement que pour la Chambre
des comptes. Le lien qui rattachait à la Couronne ces juridictions
d'État se relâcha, et les affaires intéressant l'autorité royale refluè-
rent peu à peu vers le corps qui était resté par excellence le gardien
de cette autorité, c'est-à-dire vers le Conseil d'État, le conseil intime et politique du souverain.

L'autre cause d'affaiblissement du Grand Conseil provint de la
déviation qu'il fit subir à ses attributions, en les étendant à des
contestations privées, étrangères aux matières de politique et d'administration. De là des démêlés avec les juridictions judiciaires
dont il usurpait la compétence, et des protestations du Parlement
de Paris qui refusa plus d'une fois de reconnaître l'autorité des
décisions du Grand Conseil.

Sous l'impulsion de ces deux causes, le déclin du Grand Conseil
fut rapide. A la fin du xvie siècle, il ne vivait déjà plus que d'attributions contestées, et il ne gardait le titre pompeux mais stérile
de Cour souveraine, que grâce à la pénurie du Trésor, qui ne permettait pas de rembourser à ses membres le prix de leurs offices.

Le Conseil du roi, qui commença sous Henri II à remplacer le
Grand Conseil pour l'exercice de la justice retenue, n'eut pas, dès
le début, l'organisation stable et régulière que l'on remarque au
xviie et au xviiie siècle. Ce Conseil, d'abord trop largement ouvert

aux dignitaires et aux courtisans, se prêtait mal à l'examen des affaires. On est surpris du grand nombre d'ordonnances qu'il fallut rendre pour limiter le nombre des personnages ayant entrée au Conseil et pour déjouer l'obstination de ceux qui y pénétraient sans y être autorisés : ordonnance de Henri II du 3 avril 1547, qui désigne tous les membres du Conseil et défend aux huissiers du Conseil, « sous peine de privation de leur office et d'être punis corporelle-« ment, de laisser entrer aucun autre de quelque état qu'il soit » ; ordonnance de Charles IX du 24 juin 1564, qui renouvelle cette défense, réitérée moins de deux ans après dans le règlement du 18 février 1566 ; on la retrouve encore dans les règlements de Henri III du 1er mars 1579 et du 31 mai 1582 ([1]).

Ces deux derniers règlements, ainsi que celui du 4 mai 1584, s'efforcèrent de régler l'ordre des travaux et la répartition des affaires, mais ce résultat ne commença d'être atteint que sous Henri IV, qui ne promulga pas d'ordonnances nouvelles, mais parvint à mieux faire observer celles de ses prédécesseurs ([2]).

L'importance et l'extrême variété des attributions du Conseil ont été mises en lumière par la savante publication de M. Noël Valois : *Inventaire des arrêts du Conseil d'État sous le règne de Henri IV* ([3]), où

---

1. D'autres ordonnances de Henri III (17 septembre 1574, 11 août 1578) donnèrent cependant un large accès aux magistrats des parlements et autres Cours souveraines parmi les membres du Conseil du roi. Le règlement de 1578 y admit avec voix délibérative les présidents et les gens du roi du parlement de Paris, le premier et le second président de la Chambre des comptes et le premier président de chacun des parlements de province. (Voy. sur l'époque de Henri III, Noël Valois, *Inventaire des arrêts du Conseil d'État*, t. I, p. 212 et suiv.; — Guillard, *Histoire du Conseil du roi*, p. 41 ; — Aucoc, *le Conseil d'État avant et depuis 1789*, p. 37.)

2. On voit fonctionner, sous Henri IV, auprès du Conseil du roi un *Conseil des affaires* dans lequel, dit du Haillan, « le roi appelle quelque petit nombre de ceux qu'il répute ou les plus sages et expérimentés et plus féables à lui, ou ceux qu'il aime le plus ». Sa composition variait selon la nature des affaires à traiter ; ainsi pour les affaires militaires, il ne convoquait jamais « les gens de robe longue ni d'écritoire », mais seulement « ses plus confidents et intelligents serviteurs faisant profession des armes ». Sully était un de ceux que le roi appelait le plus souvent au Conseil des affaires ; mais il semble que c'était moins un Conseil organisé qu'un groupe de personnes parmi lesquelles le roi choisissait habituellement celles qu'il voulait consulter sur les affaires de l'État, affaires politiques plutôt qu'administratives. — V. Noël Valois, *op. cit.*, p. 44 ; — du Haillan, *De l'État et succès des affaires de France*, p. 177.

3. Ouvrage publié par l'*Imprimerie nationale*, 2 vol. in-4°, 1886 et 1893. Le tome Ier contient une introduction historique dans laquelle M. Noël Valois a réuni les résultats

sont rapportées les notices de 16,653 arrêts rendus de l'année 1592 à l'année 1610 ; on y trouve toutes les décisions qui correspondaient à l'exercice de l'autorité royale en matière de règlements, de tutelle administrative, de finances, de juridiction contentieuse ou gracieuse et même de juridiction pénale appliquée le plus souvent à des faits de malversation ou de rébellion. On y remarque aussi un grand nombre d'arrêts d'évocation retirant aux parlements ou aux Cours des aides, la connaissance d'affaires intéressant des agents de l'autorité royale ou du fisc, des fermiers de gabelles, des collecteurs de taille, etc. ([1]).

Le rôle prépondérant du Conseil du roi dans la direction des affaires administratives et dans la solution des difficultés qu'elles rencontraient, se manifeste surtout pendant le règne de Louis XIII, sous l'influence des idées de centralisation gouvernementale et administrative qui caractérisent le ministère de Richelieu.

Cette extension d'attributions fut affaire de pratique plutôt que de législation. Les règlements assez nombreux qui furent faits à cette époque visent surtout des questions d'organisation et de service intérieur, rarement des questions d'attributions. (Règlements des 1er et 2 septembre 1624, du 26 août 1626, du 3 janvier 1628 et surtout du 18 janvier 1630.) Ce dernier règlement est intéressant à consulter, parce qu'il contient l'énumération des affaires et leur répartition entre les différents conseils dont l'ensemble composait le Conseil du roi ([1]).

Ces affaires y sont classées sous les rubriques suivantes : « Af-« faires que Sa Majesté ordonne être traitées et résolues au Con-« seil d'État et des finances qui se tiendra le jeudi ; — ce que Sa « Majesté veut et ordonne pour le Conseil privé le samedi ; — pour

des recherches les plus récentes sur l'origine des différents Conseils et les modifications qu'ils ont subies.

1. En même temps que Sully remettait l'ordre dans les finances, la Couronne jugeait nécessaire de conserver sous sa propre juridiction tous les agents d'ordre fiscal et financier, soit pour les protéger contre les résistances locales, soit pour les punir. Le Conseil ordonnait souvent l'élargissement de ces agents quand les parlements les faisait arrêter. Un arrêt du 20 janvier 1601 prescrit directement une enquête « sur les excès commis par le sieur de Pusignan qui aurait fait fouetter Jean Lecomte, collecteur de tailles ».

2. Voir le texte de ce règlement dans l'*Histoire de l'administration monarchique*, par M. Chéruel, t. I, appendice II.

« le Conseil des finances qui se tiendra le mercredi ; — l'ordre que
« le roi veut être tenu en son Conseil des affaires et dépêches le
« mardi. » Nous nous bornons à mentionner ici ces divisions du
règlement de 1630, nous réservant d'exposer plus loin la nature
et la répartition des affaires telles qu'elles furent fixées sous
Louis XIV et maintenues, sauf des modifications secondaires, jusqu'à la fin de la monarchie.

Origine de la juridiction des intendants. — Le rôle du Conseil
du roi ne doit pas être séparé d'une autre institution qui occupe, à
partir du règne de Louis XIII, une place considérable dans l'administration du royaume, l'institution des intendants.

Le Conseil du roi et les intendants, l'un placé au centre, auprès
du souverain dont il inspire et rédige les décisions, les autres ré-
pandus dans les provinces où ils propagent l'action du pouvoir
central, forment en réalité un instrument unique de gouvernement.
Les ordres du roi, formulés en dépêches ou en arrêts du Conseil,
sont exécutés par les intendants qui souvent les provoquent eux-
mêmes pour les besoins de leur administration ; les actes d'exécution de ces arrêts et les décisions propres des intendants sont protégés par des ordres royaux contre les résistances locales et contre
l'opposition fréquente des parlements. C'est seulement par ce double ressort que commence de fonctionner, sous la main énergique
et parfois violente de Richelieu, la centralisation gouvernementale
et administrative qui ne cesse de se développer dans les deux derniers siècles de la monarchie ([1]).

L'institution des intendants n'a pas été, comme on l'a dit quelquefois, une création de Richelieu, mais plutôt l'usage d'une fonction et d'un titre anciens pour une œuvre nouvelle. Longtemps
avant Louis XIII, les rois de France avaient éprouvé le besoin
d'envoyer dans les provinces des hommes investis de leur confiance,
chargés de vérifier l'état de leurs affaires et d'en faire rapport au
Conseil. Ces messagers de l'autorité royale étaient ordinairement
des maîtres des requêtes envoyés en mission temporaire et faisant
des « chevauchées » dans les provinces qui leur étaient désignées.

---

1. Cf. de Tocqueville, *l'Ancien Régime et la Révolution*, p. 75 et suiv.

Au xvie siècle les chevauchées, tout en demeurant temporaires, devinrent plus fréquentes, et les officiers qui en étaient chargés prirent le titre de « commissaires départis pour les ordres du roi ». En même temps, ils adoptèrent comme ressort d'inspection les « généralités », circonscriptions administratives qui n'avaient d'abord été tracées que pour l'administration des finances et du domaine, et qui comprenaient les territoires soumis à la surveillance des généraux des finances.

Dès le début de son administration (1621), Richelieu s'efforça d'accroître l'autorité des intendants et la durée de leur séjour dans les provinces. Les pouvoirs conférés à ces officiers, au moyen de commissions délivrées sous le sceau royal, placèrent les corps judiciaires eux-mêmes sous la surveillance de l'intendant. Ces commissions portaient : « Voulons et entendons que vous puissiez pour-« voir à tout ce qui regarde le bien de notre service et l'observa-« tion de nos ordonnances, touchant la justice, police et finances, « et le bien et devoir de nos sujets dans toute l'étendue de ladite « généralité..., connaître de toutes injustices, foules et oppressions « que les sujets du roi pourraient souffrir des officiers et ministres « de la justice par corruption, négligence, ignorance ou autrement, « en quelque sorte que ce soit. » Les anciens commissaires départis devinrent ainsi les « intendants de justice, police et finance » ; en même temps leur séjour dans les provinces se prolongea ; il devint permanent après l'édit de mai 1635, qui transféra aux intendants les attributions les plus importantes des trésoriers et généraux des finances.

Ces réformes provoquèrent une vive opposition de la noblesse et des parlements, contre lesquels elles étaient en réalité dirigées. La lutte de Richelieu avec la noblesse, la part qu'y prirent les intendants et le Conseil du roi ne rentre pas dans le cadre de cette étude ; mais nous devons brièvement retracer les conflits qui s'élevèrent avec les parlements, sur le terrain administratif et judiciaire, car ils eurent une influence durable sur les institutions administratives de l'ancienne monarchie.

Conflits des parlements avec les intendants et le Conseil du roi. — Avant le règne de Louis XIII, les parlements avaient eu sou-

vent des démêlés, soit avec la Chambre des comptes, le Grand
Conseil, les cours des aides, soit avec les commissaires départis et
le Conseil du roi lui-même. Mais ces conflits n'avaient été le plus
souvent que des querelles de légistes et des conflits de juridiction ;
ils devinrent sous Richelieu de véritables conflits politiques.

Dès 1626, les parlements portèrent leurs doléances au roi contre
les pouvoirs donnés aux intendants ([1]). Ils dénoncèrent l'étendue
et la durée de leurs missions comme un « nouvel usage » qu'il
fallait supprimer pour revenir aux simples chevauchées d'autrefois :

« Reçoivent vos parlements grand dommage d'un nouvel usage
d'intendants qui sont envoyés ès ressorts et étendue desdits parlements, près de Messieurs les gouverneurs et lieutenants-généraux
de Votre Majesté en ces provinces, ou qui sur autres sujets résident
en icelles plusieurs années, fonctions qu'ils veulent tenir à vie. Ce
qui est, sans édit, établir un chef et officier supernuméraire de
justice sans payer finance, exauctorant les chefs des compagnies
subalternes, formant une espèce de justice, faisant appeler les
parties en vertu de leurs mandements et tenant greffiers ; dont sur-
viennent plusieurs inconvénients et, entre autres, de soustraire de
la juridiction, censure et vigilance de vosdits parlements les officiers des sénéchaussées, bailliages, prévôtés et autres juges subalternes. Ils prennent encore connaissance de divers faits dont ils
attirent à votre Conseil les appellations au préjudice de la juridiction ordinaire de vosdits parlements... C'est pourquoi Votre Majesté
est humblement suppliée de les révoquer, et que telles fonctions ne
soient désormais faites sous prétexte d'intendance ou autrement.
Sauf et sans préjudice du pouvoir attribué par les ordonnances aux
maîtres des requêtes de votre hôtel faisant leurs chevauchées dans
les provinces. »

Ces doléances ne furent pas accueillies. Elles étaient au fond
justifiées en droit, car aucune ordonnance n'avait consacré les
graves innovations apportées au contrôle de la justice et des finances au moyen de simples commissions dont la teneur pouvait varier

---

1. Chéruel, *op. cit.*, t. I, p. 292. — Ces doléances sont d'autant plus intéressantes
à consulter, qu'elles énoncent les principales attributions d'ordre juridictionnel que
les intendants commençaient à exercer à cette époque et qui étaient relevées comme
autant de griefs par les parlements.

et s'étendre au gré de la Couronne ; mais Richelieu voyait dans les intendants des auxiliaires nécessaires de sa politique et il défendait les commissions nouvelles comme n'étant que l'application, peut-être étendue mais non dénaturée, des usages anciennement suivis pour les missions des maîtres des requêtes. Il ne pouvait d'ailleurs songer à ériger les intendances en offices qui eussent été, pour de telles fonctions, une sorte d'aliénation de l'autorité royale. Ce qu'il voulait, c'étaient des agents fidèles de cette autorité et il les prenait de préférence parmi les hommes nouveaux, les gens du tiers état, parce que, disait-il lui-même, « l'intérêt qu'ils avaient au temps présent était la meilleure caution de leur fidélité (¹) ».

Dès lors, le conflit s'engagea entre les parlements, appuyés le plus souvent par les autres cours souveraines, et les intendants soutenus par le Conseil du roi. Les parlements réclamèrent le droit d'enregistrer les commissions des intendants ; ceux-ci reçurent l'ordre de ne consentir à l'enregistrement que comme simple mention des pouvoirs qu'ils tenaient du roi, sans reconnaître aux parlements le droit de restreindre ces pouvoirs ni d'en contrôler l'exercice. Le Conseil du roi intervenait par des injonctions auxquelles le parlement répondait par des arrêts ; l'intendant à son tour faisait casser par le Conseil les arrêts du parlement. A Bordeaux, le parlement fait à l'intendant Servien défense d'instrumenter ; trois fois le Conseil du roi casse son arrêt, et trois fois le parlement renouvelle son interdiction (²). A Toulouse, le parlement rend un arrêt contre l'intendant Miron qui le fait casser par le Conseil ; un nouvel arrêt lui ordonne de surseoir jusqu'à ce que des remontrances aient été faites au roi, et l'intendant fait encore casser l'arrêt de surséance. Le Conseil du roi mande le président et les principaux magistrats, mais le parlement déclare que leur présence à Toulouse

---

1. *Mémoires de Richelieu,* livre XXII. — Chéruel, *op. cit.,* t. I, p 292.
2. Caillet, *Administration du cardinal de Richelieu,* p. 41. — Guillard, *Histoire du Conseil du roi,* p. 78. Voir dans cet auteur le résumé du dernier arrêt rendu dans ce conflit par le Conseil du roi et donné le 29 juin 1628 au camp devant La Rochelle. Il ordonne, entre autres prescriptions, que les minutes des trois arrêts du Parlement de Bordeaux seront extraites du registre et portées au roi par le greffier qui y sera contraint, si besoin est, par emprisonnement et 3,000 livres d'amende ; il ordonne aussi que l'arrêt du Conseil sera transcrit sur les registres du Parlement à la place des minutes supprimées.

est exigée par le service du roi et l'intérêt des justiciables, et leur défend de se rendre à cet appel (¹).

A Paris, les conflits furent encore plus graves. Le parlement eut le plus souvent le beau rôle, car il luttait contre une extension abusive des commissions à des affaires de justice criminelle. Richelieu, plein de défiance à l'égard des parlements, avait confié à des commissaires extraordinaires le jugement des accusations de crimes d'État, de fausse monnaie, de rébellion contre l'autorité du roi. Ces commissaires étaient pour la plupart des maîtres des requêtes, très dévoués à la politique et même aux passions du cardinal, et parmi lesquels Laffemas et Laubardemont ont laissé une sinistre renommée (¹). Le parlement cita plusieurs fois ces commissaires à sa barre et leur fit défense d'instruire et de juger ; ses arrêts furent cassés par arrêts du Conseil et les magistrats furent réprimandés. A l'occasion d'un de ces conflits, Louis XIII manda le parlement au Louvre, se fit remettre le registre où venait d'être transcrit un arrêt de remontrances et le lacéra de ses propres mains.

Ces regrettables écarts de l'autorité royale s'expliquent, sans se justifier, par la lutte que Louis XIII avait eu à soutenir contre un retour offensif de l'aristocratie féodale appuyée sur des princes du sang et sur le propre frère du roi. A la noblesse, devenue ennemie, il opposait des « gens du roi », des représentants directs de son autorité, investis de pouvoirs souvent excessifs ; la résistance des parlements à l'exercice de ces pouvoirs lui apparaissait comme un encouragement à la rébellion.

Mais à cette période de troubles, de luttes et d'excès d'autorité, succéda bientôt une période plus calme où l'exercice de la « justice retenue », tout en s'affirmant avec énergie, se contint et se précisa par des textes législatifs.

Un de ces textes les plus importants est l'édit de Saint-Germain

1. Dom Vaissette, *Histoire du Languedoc*, t. X. (Édit. de M. du Mège.)

2. C'est par ces tribunaux d'exception que furent jugés les procès de de Thou, du maréchal de Marillac, du duc de La Valette. Ce dernier, accusé de trahison, s'était enfui. Louis XIII voulut présider lui-même la commission chargée de le juger par contumace ; il y avait appelé des membres du parlement qui refusèrent courageusement, malgré les injonctions et les menaces du roi, d'opiner en dehors de toutes les formes de la justice criminelle. (Voy. de Sainte-Aulaire, *Histoire de la Fronde*, Introd., p. 25 ; et Caillet, *Administration du cardinal de Richelieu*, p. 215.)

de février 1641 ([1]). Le préambule de cet édit, vraisemblablement
rédigé de la main même de Richelieu, rappelle que le parlement
de Paris s'était ingéré dans le gouvernement du royaume pendant
la minorité du roi : « il avait cru, après avoir disposé du gouverne-
« ment de l'État, qu'il pouvait en censurer l'administration et de-
« mander compte du maniement des affaires publiques... Or, comme
« l'autorité royale n'est jamais si bien affermie que lorsque tous les
« ordres d'un État sont réglés dans les fonctions qui leur sont
« prescrites par le prince, nous nous sommes résolus d'y apporter
« un règlement général, afin qu'une chose qui est établie pour le
« bien du peuple ne produise des effets contraires, comme il arri-
« verait si les officiers, *au lieu de se contenter de cette puissance qui*
« *les rend juges de la vie de l'homme et des fortunes de nos sujets, vou-*
« *laient entreprendre sur le gouvernement qui n'appartient qu'au*
« *prince...* A ces causes, nous avons déclaré que notredit parlement
« de Paris et toutes nos autres cours *n'ont été établis que pour rendre*
« *la justice à nos sujets* ; leur faisons très expresses inhibitions et
« défenses, non seulement de prendre à l'avenir connaissance d'au-
« cunes affaires semblables à celles qui sont ci-devant énoncées,
« *mais généralement de toutes celles qui peuvent concerner l'État, admi-*
« *nistration ou gouvernement d'icelui...* Déclarons dès à présent
« toutes délibérations et arrêts qui pourront être faits à l'avenir
« contre l'ordre de la présente déclaration nuls et de nul effet
« comme faits par personnes qui n'ont aucun pouvoir de nous de
« s'entremettre du gouvernement de notre royaume. »

Les parlements ne subirent qu'à contre-cœur les injonctions de
l'ordonnance de 1641. Aussi, quelques années après, lorsque la
mort de Louis XIII, suivant de près celle de son ministre, eut
rendu courage aux partis ligués contre l'œuvre de Richelieu, le
parlement prit parti pour la Fronde contre Mazarin qui s'efforçait
de maintenir les conquêtes faites par l'autorité royale.

Le rôle du parlement de Paris dans la Fronde est trop connu
pour que nous ayons à le retracer ici. Mais, ce qu'il n'est pas inutile de rappeler, ce sont les efforts qu'il fit pour abaisser l'autorité

---

1. Isambert, *op. cit.*, t. XVI, p. 529.

du Conseil du roi et des intendants. La suppression de ce pouvoir rival fut un de ses objectifs constants pendant la Fronde ; il la réclama expressément par les clauses du traité fait avec Mazarin, après la victoire passagère que les princes et le parlement avaient remportée sur la Cour.

Les conditions de ce traité furent arrêtées, en juillet 1648, dans les délibérations dites « de la Chambre Saint-Louis », par le parlement réuni aux deux autres cours souveraines, la Chambre des comptes et le Grand Conseil([1]). Ces délibérations contenaient les clauses suivantes : « Art. 1er. Les intendants de justice et toutes « autres commissions extraordinaires non vérifiées ès cours souve- « raines seront révoquées dès à présent. — Art. 10. Toutes les or- « donnances ou jugements rendus par les intendants de justice se- « ront cassés et annulés ; défenses sont faites aux sujets du roi de « les connaître pour juges ni se pourvoir devant eux à peine de « 10,000 livres d'amende. — Art. 17. Toutes affaires qui gisent « en matière contentieuse seront renvoyées aux Parlements et au- « tres cours souveraines auxquelles la connaissance en appartient « par les ordonnances, sans que par commissions particulières elles « puissent leur être ôtées ; toutes commissions contraires et extra- « ordinaires, même évocations générales ou particulières accordées « aux fermiers et traitants pour leurs baux et contrats, sont dès à « présent révoquées, et les procès pendant ès Conseil du roi de la « connaissance desdites cours dès à présent renvoyés en icelles. « Défense aux parties de se pourvoir au Conseil pour raison de ce, « à peine de nullité. »

Toutes ces conditions furent ratifiées par la Cour. La déclaration du 18 juillet 1648 supprima les intendants, et n'en maintint provisoirement qu'un petit nombre dans quelques provinces (Languedoc, Bourgogne, Provence, Picardie), mais sous la condition expresse qu'ils ne pourraient « faire aucune fonction de juridiction contentieuse ». Le cardinal de Retz rapporte que ce sacrifice fut un de ceux que Mazarin ressentit le plus vivement : « la Cour, dit-il, se sentit toucher à la prunelle de l'œil par la suppression des inten-

---

1. « Délibérations arrêtées en l'assemblée des cours souveraines tenue et commencée en la Chambre Saint-Louis du 30 juin au 8 juillet 1648. » Voir le texte en 27 articles dans le recueil d'Isambert, t. VII, p. 72.

dances. » Ce qu'on sacrifiait, en effet, c'était l'instrument de centralisation gouvernementale et administrative que la royauté s'était efforcée de créer. Les pouvoirs des intendants blessaient à la fois les privilèges de la noblesse et ceux des cours souveraines. Ainsi s'explique ce fait rare de notre histoire et qui caractérise la Fronde : l'alliance des parlements avec la noblesse contre l'autorité royale.

La victoire des parlements fut de courte durée. Dès que le pouvoir royal fut raffermi, les intendants reprirent leurs fonctions dans les généralités, et le Conseil du roi redevint le centre de l'administration active et de la juridiction contentieuse. Le Conseil affirma, par plusieurs arrêts énergiques, ses prérogatives et la prééminence qu'il prétendait avoir sur les corps judiciaires.

Un de ces documents les plus importants est l'arrêt du Conseil du 19 octobre 1656 qui casse, comme attentatoires aux droits du Conseil, les arrêts de plusieurs parlements qui mandaient à leur barre des maîtres des requêtes en mission. Le préambule de cet arrêt résume la doctrine des légistes de la Couronne sur le rôle du Conseil du roi : — « Tous les rois ont trouvé nécessaire d'avoir
« auprès de leur personne un Conseil, par l'avis duquel ils puis-
« sent souverainement et de puissance absolue régler toutes les
« autres juridictions, décider les différends qui naissent entre elles,
« pourvoir aux évocations de droit, donner des juges non suspects
« à leurs sujets, et *retenir à soi la connaissance des affaires dont ils*
« *ont voulu se réserver la connaissance pour des considérations quelque-*
« *fois importantes à l'État.* »

Survint enfin l'arrêt du Conseil du 8 juillet 1661 qui peut être considéré comme ayant mis fin aux conflits. Il fut un des premiers actes par lesquels Louis XIV devenu majeur manifesta son autorité. Le roi alla jusqu'à menacer de son « indignation » les compagnies judiciaires qui refuseraient de se soumettre. — « Le roi or-
« donne à toutes les compagnies souveraines dans toute l'étendue
« des pays de son obéissance, parlements, Grand Conseil, Cham-
« bres des comptes, Cours des aides et autres, sous quelque nom
« qu'elles soient établies, de déférer aux arrêts de son Conseil, leur
« faisant très expresses inhibitions et défenses de prendre aucune
« connaissance des affaires et procès dont Sa Majesté aurait retenu

« et réservé le jugement à soi et à son Conseil, à peine d'encourir
« son indignation ; sauf auxdites compagnies de s'adresser à Sa
« Majesté par voie de supplications et de remontrances sur les in-
« convénients qu'elles jugeraient pouvoir arriver, sur lesquelles Sa
« Majesté fera toujours grande considération... Défend à tous ses
« avocats et procureurs généraux et à leurs substituts de prendre
« aucunes conclusions contraires aux arrêts de son Conseil pour
« en empêcher ou surseoir l'exécution (¹). »

En affermissant l'autorité du Conseil du roi, les arrêts du Conseil
de 1656 et de 1661 affermissaient en même temps l'autorité des
intendants, car ils la mettaient à l'abri de l'opposition des corps
judiciaires et ils permettaient de surmonter aisément cette opposition si elle venait encore à se produire.

D'ailleurs le Conseil du roi, en prêtant son appui aux intendants,
ne faisait que fortifier un des rouages de sa propre organisation,
car les intendants étaient presque tous des maîtres des requêtes,
se rattachant au Conseil par une origine et des traditions communes
et même par des liens hiérarchiques ; ils étaient en quelque sorte
les délégués permanents du Conseil dans les généralités. En 1715,
dans la liste des quatre-vingt-quatre maîtres des requêtes en fonctions auprès du Conseil, figurent vingt-trois intendants inscrits
chacun à leur rang sur le tableau de la maîtrise (²).

Cet état de choses ne fut pas modifié, quant aux rapports établis
entre les autorités administratives et les corps judiciaires, par les
événements qui relevèrent, dans le cours du XVIIIᵉ siècle, l'influence
politique des Parlements. Lorsque le Parlement de Paris cassait
le testament de Louis XIV et organisait la régence, lorsqu'il con-
damnait par ses arrêts la bulle *Unigenitus*, la banque territoriale
de Law ou les réformes économiques de Turgot, il demeurait aussi
étranger que par le passé à la marche de l'administration et à la
solution des difficultés contentieuses. A l'époque même où ses pré-

---

1. Le texte entier de cet arrêt est rapporté par Guillard, *Histoire du Conseil du
roi*, p. 171.
2. Voy. dans Guillard (*Histoire du Conseil du roi*, p. 146) la liste qui est intitulée :
« Noms de Messieurs les maîtres des requêtes suivant la liste de 1715, qui fera connaître ceux qui étaient nommés à quelque intendance de province. »

tentions politiques étaient les plus hautes et l'entraînaient à des entreprises que la Cour punissait par des sentences d'exil, il laissait passer sans protestation, comme une clause de style acceptée de tous, la disposition qui termine, au XVIIIᵉ siècle, presque tous les édits et arrêts du Conseil, touchant à des matières administratives ou financières : « Ordonne en outre Sa Majesté que toutes les contestations qui pourront survenir sur l'exécution des présentes seront portées devant l'intendant pour être jugées par lui, sauf appel au Conseil ; défendons à nos cours et tribunaux d'en prendre connaissance. »

Essayons maintenant de nous rendre compte des matières dans lesquelles le Conseil du roi et les intendants avaient juridiction, et de la manière dont ils l'exerçaient, dans le dernier siècle de la monarchie.

Attributions du Conseil du roi en matière contentieuse. — Le Conseil du roi, considéré comme juridiction, réunissait les attributions qui sont aujourd'hui partagées entre le Tribunal des conflits, la Cour de cassation et le Conseil d'État.

Il était l'arbitre suprême des compétences entre les corps administratifs et les corps judiciaires. Il revendiquait pour lui-même ou pour les intendants les litiges administratifs portés devant un tribunal judiciaire. En cas de résistance de ce tribunal, il évoquait l'affaire, et il cassait et annulait les procédures et les jugements, comme le Tribunal des conflits, lorsqu'il valide un arrêté de conflit, met à néant les décisions judiciaires rendues contrairement au principe de la séparation des pouvoirs.

Le Conseil du roi exerçait en outre, à l'égard des compagnies judiciaires, des attributions très analogues à celles que possède la Cour de cassation, et même plus étendues. Il recevait les pourvois des parties contre les arrêts des Parlements et autres Cours souveraines argués d'incompétence, de vice de forme ou de contravention aux ordonnances (¹). L'ordonnance civile d'avril 1667 lui

---

1. Le roi en son Conseil s'attribuait même le droit de condamner à des dommages-intérêts envers les parties, les juges qui auraient rendu des arrêts en violation des ordonnances. (Ordonnance civile d'avril 1667, titre Iᵉʳ, art. 8.)

réservait même l'interprétation préjudicielle des ordonnances, déclarations et lettres patentes dont le sens était contesté au cours d'un procès (¹). Le Conseil admettait aussi, dans des cas exceptionnels, que des arrêts lui fussent déférés pour « iniquité évidente » (²). Il statuait, comme surveillant suprême de la fonction judiciaire, sur les conflits de juridictions entre deux Cours souveraines, sur les règlements de juges, sur les dénis de justice, sur les récusations pour parenté ou alliance ou pour suspicion légitime.

Enfin, et c'était là une attribution féconde en abus, le Conseil du roi évoquait à sa barre les contestations les plus diverses, lorsque la nature du procès et la qualité de la partie lui semblaient justifier cette mesure. Malgré les édits qui avaient plusieurs fois interdit l'évocation des causes de partie à partie (³), les personnes de marque obtenaient souvent que leurs différends fussent enlevés aux juges ordinaires et transférés au Conseil, soit au moyen d'une évocation spéciale visant une affaire déterminée, soit au moyen d'une évocation générale s'étendant à toutes leurs affaires et même à celles de leurs parents et de leurs serviteurs. Ces évocations étaient le plus souvent sollicitées par des gouverneurs de province, des intendants ou autres représentants de l'autorité royale, qui se plaignaient de ne pouvoir trouver justice auprès des tribunaux de la province (⁴).

1. Ordonnance d'avril 1667, titre Iᵉʳ, art. 7.

2. La jurisprudence du Conseil sur ce point était ainsi expliquée par Guillard (*op. cit.*, p. 81) : « On doit présumer que les juges supérieurs jugent bien et selon leur conscience, mais comme la présomption cesse où l'évidence paraît, le Conseil du roi a toujours eu un droit d'inspection sur leurs jugements en cas qu'on y trouve une *iniquité évidente*, ou des contraventions formelles aux ordonnances, qui ont toujours été reçues comme de bons moyens de cassation. »

3. V. notamment l'édit de Henri IV, de janvier 1597, art. 15. (Isambert, *op. cit.*, t. XV, p. 120.)

4. La *Correspondance administrative sous le règne de Louis XIV*, publiée par M. Depping, contient des lettres très curieuses de gouverneurs et d'intendants, sollicitant de Colbert des arrêts d'évocation. Voir, par exemple (t. II, p. 26), la lettre du sieur Bouchu, intendant de Bourgogne, sollicitant une évocation générale « pour lui, sa mère et ses domestiques », et rappelant que ses oncles et son frère l'ont déjà obtenue : « Il y a bien des affaires du roi, dit-il, qui ont aigri les officiers du Parlement, de sorte qu'il n'en est point dont on puisse attendre justice. » — Voir aussi (t. II, p. 172) la lettre du marquis de Saint-Luc, gouverneur en Gascogne : « Étant obligé de m'opposer la plupart du temps aux entreprises du Parlement, j'ai cru que je devais prévoir le chagrin des plus emportés, et pour cet effet être muni d'une

Toutes ces affaires, qui avaient le caractère de véritables contestations judiciaires, étaient portées devant le *Conseil des parties*, où elles étaient instruites et jugées suivant des procédures tracées par les règlements, et avec le concours d'un collège spécial d'avocats seuls autorisés à représenter les parties devant le Conseil ([1]).

Enfin le Conseil du roi exerçait la juridiction administrative, soit comme juge de premier et dernier ressort, soit comme juge d'appel des intendants et autres commissaires délégués par le roi. Les affaires administratives contentieuses étaient portées devant deux Conseils qui étaient à la fois les centres d'impulsion et de directions administratives, et les organes de la juridiction contentieuse : le *Conseil des dépêches* et le *Conseil des finances*. Ces deux Conseils se divisaient eux-mêmes en *bureaux* entre lesquels se partageait le travail.

Il faut ici se garder de l'erreur où l'on est quelquefois tombé en considérant le *Conseil privé* ou *Conseil des parties* comme l'unique organe de la juridiction exercée par le Conseil du roi. Il ne connaissait que des affaires entre *parties*, c'est-à-dire, ainsi que l'explique Guillard, « celles qui s'élèvent entre les particuliers et où le roi et ses finances ne sont pas intéressés ([2]) ». Guyot a aussi grand soin de faire remarquer, dans son *Traité des offices* ([3]), qu'on doit entendre en ce sens le règlement du 30 juin 1597 portant que « toutes les instances et différends où il y aura requête présentée et appointements pris *entre les parties* ne pourront être jugés ailleurs qu'au Conseil privé et que les parties qui se pourvoiront dans un autre Conseil seront condamnées à l'amende ». Dans les affaires

évocation en faveur de mes domestiques .. il serait difficile de voir que sous quelque méchant prétexte on mit la main sur quelqu'un de mes gens pour me donner du déplaisir. »

1. L'institution des avocats au Conseil du roi remonte à Henri III. Elle a fait l'objet de divers règlements en date du 1ᵉʳ juin 1597, du 26 juillet 1626, du 15 septembre 1643 et du 10 septembre 1738. Plusieurs dispositions de ce dernier règlement sont encore actuellement applicables à l'ordre des avocats au Conseil d'État et à la Cour de cassation, qui exerce le même ministère auprès des deux hautes juridictions judiciaire et administrative. Voir la savante introduction de M. Hérold aux *Tableaux de l'ordre des avocats au Conseil d'État et à la Cour de cassation*, publiés en 1880 par le Conseil de l'ordre.

2. Guillard, *op. cit.*, p. 93.

3. Guyot, *Traité des offices*, t. II, p. 197.

intéressant le roi et l'administration, la règle était toute différente. Le Conseil des finances exerçait même une autorité si absolue dans les affaires de son ressort que les décisions émanées des autres Conseils étaient non avenues à son égard ([1]).

Le *Conseil des dépêches*, organisé en 1617 et qui siégeait aussi sous le nom de *Conseil de direction*, connaissait des affaires de l'administration centrale qui lui étaient présentées par les secrétaires d'État. Il correspondait, soit directement, soit par l'intermédiaire des secrétaires d'État, avec les gouverneurs des provinces et les intendants. Il leur transmettait ses instructions et ses décisions sur toutes les affaires d'administration qui n'étaient pas spécialement dévolues au Conseil des finances. Il décidait également les réponses à faire aux officiers de justice, aux villes, aux communautés « sur l'ordre que le roi voulait être observé en exécution de ses édits, recouvrement de ses deniers, administration de la justice, police et finances et affaires publiques et particulières ([2]) ».

Ces dépêches, réponses et décisions prononçaient à la fois sur les mesures administratives prises ou à prendre et sur les réclamations qu'elles pouvaient provoquer. Ces réclamations étaient appréciées, selon leur nature et leur importance, soit sur le vu du dossier administratif préparé par l'intendant, soit sur le rapport spécial d'un maître des requêtes chargé de faire l'instruction et de proposer une décision. Dans les affaires exigeant des vérifications particulières, le travail du maître des requêtes rapporteur était soumis à un *Bureau,* c'est-à-dire à une commission spéciale, avant d'être présenté au Conseil des dépêches.

Le *Conseil des finances,* qui fonctionnait depuis Henri III, tantôt réuni en Conseil du roi, tantôt séparé, fut rétabli avec une organisation propre en 1661, après la disgrâce de Fouquet et la suppression de la charge de surintendant des finances. Il exerçait en ma-

---

1. Guyot, *Traité des offices*, t. II, p. 193.
2. Voir le tableau synoptique des conseils et de leurs attributions dressé vers le milieu du xviie siècle par un membre du Conseil du roi et publié par Guillard, d'après le manuscrit original. (*Histoire du Conseil du roi*, p. 85 et suiv.)

tière financière et fiscale, les mêmes attributions que le Conseil des dépêches en matière d'administration générale. Il représentait à la fois la direction, le contrôle et la juridiction ; il guidait et surveillait l'administration des intendants et des trésoriers de France, et prononçait sur les difficultés auxquelles elle pouvait donner lieu.

Toutes les contestations intéressant les finances royales, soit en recette, soit en dépense, relevaient, en principe, du Conseil des finances. Telles étaient : les difficultés entre le Trésor et les fermiers des impôts sur l'exécution de leurs baux ou marchés, et même celles qui survenaient entre les traitants et leurs associés lorsque l'État y était intéressé ; — les difficultés auxquelles donnaient lieu les charges de trésorier de l'épargne, des parties casuelles, des deniers extraordinaires ; de trésorier de la maison du roi, des menus, de la grande écurie, des gardes du corps, des gardes françaises et suisses, etc.; — les demandes et contestations relatives au paiement des dettes du roi : billets, mandements, rescriptions, pensions, paiement de gages, assignations tirées sur les recettes ou sur les fermes ; celles concernant le domaine du roi, les aliénations faites aux engagistes, « et généralement toutes les finances du roi (¹) ».

A ce Conseil étaient aussi portés la plupart des appels formés contre les décisions des intendants et des trésoriers de France, dans toutes les affaires financières, fiscales et domaniales de leur ressort (²).

Devant le Conseil des finances les affaires contentieuses étaient traitées dans des formes plus rigoureuses que devant le Conseil des dépêches. La nature des litiges et les intérêts pécuniaires souvent considérables qu'ils mettaient en jeu avaient fait adopter une procédure d'instruction écrite et contradictoire, qui offrait de sérieuses garanties aux parties. Ces affaires étaient presque toujours soumises à l'examen préalable de *bureaux*, dont quelques-uns étaient permanents. Il y en avait un pour les affaires du domaine

---

1. Guillard, *op. cit.*, p. 87.

2. Il y avait cependant certaines décisions des intendants et trésoriers de France, en matière fiscale et domaniale, dont l'appel était porté non devant le Conseil du roi, mais devant les Cours des aides.

et des aides, un autre pour les affaires de gabelles et pour les cinq principales fermes d'impôt. « Dans chacun de ces bureaux, dit Guillard, il y a ordinairement quatre ou cinq maîtres des requêtes qui sont les rapporteurs-nés des affaires qui s'y discutent ([1]). »

Louis XVI s'appliqua à développer cette organisation juridictionnelle en créant, par l'édit de juin 1777, le *Comité du contentieux des finances*. Plus tard, il voulut étendre les mêmes règles à toutes les affaires administratives contentieuses portées devant le Conseil du roi. Il créa, dans ce but, le *Comité du contentieux des départements*, qui devait examiner les affaires contentieuses précédemment portées au Conseil des dépêches et faire fonction de section du contentieux. Mais ce dernier comité, organisé par le règlement du 9 août 1789, alors que le Conseil du roi allait disparaître devant les institutions nouvelles, eut à peine le temps de se constituer.

Bien que ce règlement n'ait eu qu'une existence passagère, nous croyons utile d'en faire connaître les principales dispositions :

« Pour que les affaires contentieuses qui étaient portées par les « secrétaires d'État au Conseil des dépêches soient à l'avenir vues « et discutées dans une forme capable de préserver des variations « et des surprises, Sa Majesté a jugé convenable de former, pour ces « sortes d'affaires, un comité semblable à celui qui existe pour les « affaires contentieuses du département des finances : elle espère « trouver dans cet établissement les mêmes avantages et la même « utilité que le comité contentieux des finances a constamment pro- « curés depuis son institution. — Toutes les demandes et affaires « contentieuses qui étaient rapportées au Conseil des dépêches par « les secrétaires d'État seront renvoyées de chaque département à « un comité que S. M. établit sous le nom de *Comité du contentieux* « *des départements*. — Le comité sera composé de quatre conseillers « d'État, et il y sera attaché quatre maîtres des requêtes en qualité « de rapporteurs. — Les avis du comité seront remis au secrétaire « d'État du département ; et, dans le cas où une affaire aura paru « d'une nature et d'une importance telles qu'il doive en être rendu « un compte particulier au roi, S. M. appellera à son conseil les

1. *Histoire du Conseil du roi*, p. 142.

« conseillers d'État composant ledit comité et le maître des requê-
« tes rapporteur pour, sur son rapport, être statué par Sa Majesté. »

Ne semble-t-il pas que nous assistons ici aux premières origines
de la section du contentieux ?

Attributions des intendants en matière contentieuse ([1]). — Les
attributions des intendants en matière contentieuse étaient en
quelque sorte une délégation des pouvoirs du Conseil du roi ; ils les
exerçaient en premier ressort, et sous le contrôle supérieur du
Conseil. L'intendant d'Aube marque ainsi le lien qui unissait ces
deux autorités : « Toutes les matières pour lesquelles nos rois
n'ont point établi de juges, ils sont censés en avoir réservé la connaissance à eux et à leur Conseil, et c'est par cette raison qu'il a
été sagement établi que dans chaque province ou généralité l'intendant membre du Conseil du roi en connaîtrait. Mais bien entendu que s'il jugeait mal sur ces matières ou ordonnait mal à
propos, tout ce qui serait réparable pourrait être réparé par les
ordres du roi même. »

L'appel au Conseil était donc réservé, en principe, contre toutes
les décisions contentieuses rendues par l'intendant. Mais il était
également de principe que cet appel n'était pas suspensif, la célérité des affaires administratives exigeant que les décisions qui les
règlent soient exécutées par provision. Ce principe, souvent rappelé dans les ordonnances et arrêts du Conseil qui établissent la
compétence de l'intendant, ne souffrait aucune exception, sauf
dans un cas unique prévu par l'arrêt du Conseil du 24 mai 1781 :
celui d'un recours formé par l'adjudicataire général des fermes
contre la décision de l'intendant ordonnant de lever la saisie de
marchandises réputées prohibées.

La compétence de l'intendant en matière contentieuse ne résultait pas de textes législatifs généraux énumérant ou définissant les
affaires soumises à sa juridiction, mais de dispositions spéciales

---

1. Consulter spécialement sur ce sujet le chapitre LXXXII du *Traité des offices* de
Guyot, intitulé *Des Intendants des provinces*. Voir aussi le *Mémoire* de M. d'Aube
« concernant MM. les intendants départis dans les provinces et généralités du
royaume » (Collection Depping), et l'ouvrage précité de M. Dareste, chap. V.

insérées dans les édits, déclarations, arrêts du Conseil qui statuaient sur des matières d'administration ou de finances, dans les lettres patentes portant concession de travaux publics, de mines, de travaux de desséchement, dans les marchés et baux passés pour la construction ou l'entretien d'ouvrages publics, dans les nombreux règlements faits pour la police du commerce et de l'industrie.

Ces dispositions étaient devenues, au XVIIIe siècle, de véritables clauses de style. Quelquefois, lorsque l'attribution de compétence à l'intendant pouvait faire difficulté, on ne la créait que pour un temps limité ; mais, ce temps expiré, on ne manquait pas de la proroger, puis de la rendre définitive (¹).

Dans la ville de Paris, où il n'y avait pas d'intendant, ces attributions contentieuses étaient partagées entre le prévôt des marchands et les échevins, le bureau des finances et le lieutenant de police. La part de ce dernier était de beaucoup la plus considérable.

Essayons de dégager de tous les actes spéciaux, qui forment la législation administrative des XVIIe et XVIIIe siècles, quelques notions générales sur la compétence des intendants en matière contentieuse. Nous les classerons sous les indications suivantes : impôts directs et indirects ; travaux publics et voirie ; services publics civils et militaires ; contentieux des communes ; juridiction en matière de police.

Impôts directs et indirects. — La tendance constante du gouvernement royal, depuis Louis XIV, fut de remettre aux intendants, sauf appel au Conseil, les contestations en matière fiscale qui relevaient primitivement des Cours des aides et des nombreuses juridictions spéciales placées sous leur contrôle. Contrairement aux prétentions des magistrats possesseurs d'offices qui composaient ces tribunaux, la Couronne soutenait que leur compétence n'était pas générale et ne s'étendait pas à tous les impôts créés ou à

---

1. Exemple : L'arrêt du Conseil du 27 janvier 1739 portant règlement sur l'industrie des papiers établit la juridiction de l'intendant pour cinq ans (art. 60). L'arrêt du Conseil du 19 mars 1783, art. 6, défère aux intendants les contestations entre les concessionnaires de mines et les propriétaires de la surface « et ce pendant trois années seulement ». On pourrait citer beaucoup d'autres exemples de compétence provisoire bientôt transformée en compétence définitive.

créer, mais seulement aux taxes existantes lors de la délivrance des commissions primitives qui s'étaient transmises avec les offices. Cette doctrine pouvait être contestée, et elle le fut effectivement par les Cours des aides ; mais la jurisprudence du Conseil du roi la fit prévaloir, non seulement pour les impôts nouvellement créés, mais encore pour ceux qui n'étaient que remaniés. Elle reconnut au roi la faculté de déléguer juridiction à tels juges ou commissaires qu'il lui plairait de désigner. L'attribution en fut presque toujours faite aux intendants ; elle résulta de clauses insérées dans les ordonnances relatives à ces impôts.

Ainsi, la déclaration du 18 janvier 1695, qui établit la capitation, contient la disposition suivante : « Voulons et ordonnons que « toutes les contestations qui pourraient survenir pour le fait de « l'imposition et recouvrement de ladite capitation soient jugées « sommairement et sans frais par lesdits intendants et commis- « saires départis... Voulons que ce qui sera ordonné par eux soit « exécuté par provision, sauf l'appel en notre Conseil. »

En ce qui concerne la taille, impôt ancien, le contentieux appartenait à des juridictions spéciales, notamment celle des *élus*. Sans les déposséder entièrement, de nombreux édits créèrent concurremment la juridiction de l'intendant ; ils l'établirent d'abord dans les provinces où la taille était personnelle, puis dans celles qui furent réunies à la Couronne par les traités des Pyrénées et d'Aix-la-Chapelle, quel que fût le mode d'assiette de la taille. Enfin, dans les autres provinces, des pouvoirs importants furent donnés à l'intendant dans les opérations de répartition et d'assiette de la taille, et eurent pour conséquence son droit de juridiction en cas de réclamation des intéressés (¹).

Ces pouvoirs consistaient à contrôler les déclarations sur la valeur des biens servant d'assiette, à la faire expertiser en cas de doute, à infliger une amende à ceux qui faisaient de fausses décla-

1. Il y avait quatre degrés de répartition ou « départements » de la taille : 1º entre les provinces soumises à la taille, par le roi en Conseil ; 2º entre les *élections* d'une province par l'intendant et les trésoriers de France avec approbations du roi ; 3º entre les paroisses d'une élection par l'intendant et un trésorier de France en présence de trois élus ; 4º entre les personnes taillables d'une paroisse par les collecteurs et par l'intendant taxant d'office. Cette dernière répartition pouvait seule donner lieu à des réclamations contentieuses.

rations, et surtout à taxer *d'office* les personnes à l'égard desquelles les collecteurs n'avaient pas une liberté suffisante, par crainte de leurs ressentiments ou par espoir de leurs faveurs. L'intendant, placé au-dessus des influences locales, inscrivait lui-même ces taillables au rôle, puis il statuait sur leurs oppositions ; les habitants de la paroisse étaient admis à contester ces oppositions devant lui, comme ayant intérêt au maintien d'une taxe dont la réduction ou la décharge pouvait accroître leur propre cotisation ([1]). Il est à remarquer qu'en cette matière les appels des décisions de l'intendant relevaient des Cours des aides et non du Conseil du roi, du moins depuis 1759. Quant aux oppositions formées par des taillables aux rôles dressés par les collecteurs, elles n'étaient pas portées devant l'intendant, mais devant les *Élus,* sauf recours à la Cour des aides.

A l'intendant, sauf appel au Conseil, appartenaient toutes les contestations relatives à l'assiette et au recouvrement des taxes extraordinaires, dites droits du cinquantième, du vingtième, du dixième, qui étaient assises sur le revenu des maisons, des autres biens-fonds et des offices, et qui étaient levées pour subvenir aux dépenses des guerres ([2]).

Le contentieux des droits domaniaux et des taxes indirectes, d'abord réservé aux Chambres des comptes et aux Cours des aides, suivit, au xviiiᵉ siècle, la même voie que le contentieux des contributions directes. A mesure que des taxes nouvelles furent créées, ce fut à l'intendant, sauf appel au Conseil, que les ordonnances réservèrent le jugement des contestations. Cette attribution de

1. Déclaration du 23 avril 1778, art. 2.
2. Arrêts du Conseil du 8 mai 1742, du 23 décembre 1751, du 26 avril 1778, etc. Signalons dans ce dernier arrêt du Conseil (art. 5) une disposition intéressante, en ce qu'elle consacre deux règles actuellement en vigueur dans le contentieux des contributions directes, l'une relative à la communication de l'avis des agents de l'administration sur la réclamation des contribuables, l'autre relative à la notification de la décision en vue de l'appel. — « Il ne pourra être statué sur les requêtes et mémoires que les propriétaires contribuables se croiront dans le cas de présenter aux sieurs intendants qu'après que les réponses dont lesdites requêtes et mémoires seraient susceptibles auront été communiquées auxdits contribuables, afin qu'ils soient à portée de s'expliquer de nouveau sur les faits et moyens qui leur auront été opposés. Et il leur sera délivré une expédition de l'ordonnance motivée qui interviendra pour qu'ils puissent, s'ils le jugent à propos, se pourvoir au Conseil de S. M. en la manière accoutumée. »

compétence se retrouve notamment dans les arrêts du Conseil établissant ou remaniant les droits d'*amortissement*, de *nouvel acquêt*, de *franc-fief*, de *contrôle*, de *petit-scell*, de *centième denier*, qui correspondaient à nos droits d'enregistrement ; dans ceux qui règlent la perception des droits de *greffe*, de *présentation*, de *congés*, de *défauts* (¹), etc. Lorsque les droits étaient affermés, la clause était reproduite le plus souvent dans le bail (²).

La même évolution s'opéra pour le contentieux des douanes. La juridiction de l'intendant, sauf appel au Conseil, s'établit, pour les droits nouveaux, parallèlement à celle des *juges des traites* et des Cours des aides. Elle fut surtout rigoureusement stipulée toutes les fois que la législation douanière eut un caractère politique, soit pour fermer la frontière aux produits de nations ennemies, soit pour protéger l'industrie nationale contre la concurrence étrangère. Ainsi, l'arrêt du Conseil du 13 août 1772, qui interdit l'introduction des toiles et mousselines, donna compétence à l'intendant pour connaître des contraventions, et le Conseil du roi cassa toutes les décisions de la Cour des aides de Paris et de la juridiction des traites de Rouen intervenues sur cette matière. Mêmes dispositions dans l'arrêt du Conseil du 1er février 1724, prohibant l'importation d'étoffes et marchandises des Indes, de la Chine et du Levant, et dans celui du 17 juillet 1785 interdisant l'entrée de certaines denrées et marchandises étrangères.

Travaux publics et voirie. — La compétence des intendants, en matière de travaux publics, était très étendue. Mais, de même qu'en matière fiscale, elle ne résultait pas de dispositions générales de la législation, mais d'un grand nombre de dispositions spéciales.

---

1. Voy. Guyot, *op. cit.*, t. III, p. 345, et le grand nombre d'arrêts du Conseil et de lettres patentes cités sur ce sujet.

2. Citons, à titre d'exemple, la disposition suivante de la déclaration du 9 mars 1700, baillant à un sieur Chapelet la ferme de plusieurs droits domaniaux : « Voulons que lesdits droits soient payés en vertu de contraintes dudit Chapelet, sur simples quittances visées par l'un des contrôleurs généraux de nos domaines, et que les redevables puissent se pourvoir par opposition à l'exécution desdites contraintes dans les six mois du jour de leur signification, que lesdites oppositions soient instruites sommairement par-devant lesdits intendants et commissaires départis, et que ce qui sera par eux ordonné soit exécuté nonobstant et sans préjudice de l'appel en notre Conseil. »

Chaque ouvrage public avait, en quelque sorte, sa loi particulière dans les actes qui en ordonnaient ou en concédaient l'exécution ; tous ces actes contenaient des clauses attribuant aux intendants, sauf appel au Conseil du roi, le jugement des contestations.

Cette attribution de compétence se trouve dans tous les édits et lettres patentes portant concession de grands travaux publics : canal du Midi (octobre 1666), canal d'Orléans (mars 1679), canal du Loing (novembre 1719), etc. Il est même à remarquer que dans les pays d'États, où la direction des travaux publics était moins centralisée que dans les pays d'élections, et où le service et le budget des ponts et chaussées dépendaient principalement des états provinciaux, la juridiction de l'intendant était acceptée sans difficulté et réservée dans les actes de concession. Elle l'était aussi dans les arrêts du Conseil autorisant les travaux exécutés par entreprise, et dans les baux d'entretien des routes et autres ouvrages publics.

La compétence de l'intendant n'était pas limitée aux contestations entre l'administration et les entrepreneurs sur l'exécution de leurs devis et marchés ; elle s'étendait aussi aux réclamations des propriétaires atteints par l'expropriation, par les dommages résultant des travaux publics, et par la servitude d'extraction de matériaux [1].

La jurisprudence du Conseil du roi avait étendu la compétence de l'intendant au cas de dommages causés par les travaux publics exécutés par les communes [2].

En dehors des travaux publics proprement dits, la juridiction de l'intendant s'appliquait en matière de desséchement de marais et de défrichements ; elle était stipulée par les lettres patentes accor-

---

1. L'arrêt du Conseil du 7 septembre 1755, relatif aux extractions de matériaux, qui reconnaît le droit des propriétaires à une indemnité et prévoit une expertise confiée à trois experts (art. 3), ne contient pas la clause ordinaire sur la juridiction de l'intendant ; mais l'arrêt de 1755 n'a fait que confirmer celui du 22 juin 1706 qu'il vise expressément et qui contient in fine la disposition suivante : « Fait S. M. défense auxdits propriétaires de se pourvoir ailleurs que par-devant lesdits sieurs intendants et commissaires départis à peine de 500 livres d'amende. »

2. On peut citer en ce sens un arrêt rendu le 16 juin 1764 et qui contient ce considérant de doctrine : « Si l'intendant a le droit de permettre les ouvrages pour être exécutés de son autorité, il est également en droit, par une suite nécessaire, de juger sur l'avis des directeurs de ces ouvrages s'ils causent des dommages aux possessions voisines. »

dant la concession ([1]). Elle s'appliquait aussi aux contestations survenant entre les concessionnaires de mines et les propriétaires de
la surface pour dommages causés par les travaux d'exploitation, et
au règlement des indemnités ([2]).

En ce qui touche la voirie, les trésoriers de France conservèrent
longtemps la juridiction qui leur avait appartenu avant la création
de la charge de grand-voyer et qui leur avait été rendue après sa
suppression. Mais au xviii° siècle, ils virent s'établir auprès d'eux,
comme toutes les anciennes juridictions administratives, la juridiction rivale de l'intendant.

C'est à l'intendant que furent successivement confiés : les travaux
de rectification, d'élargissement et de plantation des routes avec le
droit de juger les réclamations des riverains et les contraventions
relevées contre eux ([3]) ; la répression des empiétements commis sur
le sol des routes, avec le droit de prononcer l'amende et la restitution du sol usurpé ([4]) ; la police du roulage, en tant qu'elle intéres-
sait la conservation des chemins ([5]) ; la direction et l'administration
des ouvrages intéressant la navigation fluviale, notamment des travaux de la Loire, avec la police de la navigation sur ce fleuve, et le
droit de « connaître seuls et privativement à tous autres juges des
« règlements généraux et particuliers concernant les ouvrages des
« turcies et levées, ensemble de la police pour la liberté de la navi-
« gation et du flottage et le nettoiement de la Loire et des rivières
« y affluentes et même des affluents d'icelle ([6]) ».

Services publics civils et militaires. — L'intendant étant, selon la
pittoresque expression de Guyot, « l'œil du Gouvernement dans sa
province ([7]) », il était naturel qu'une grande part lui fût réservée
dans la gestion, le contrôle et la juridiction des services de toute
nature intéressant l'État et le public. Aussi le voyons-nous investi

1. Voy., par exemple, l'article 21 des lettres patentes du 19 décembre 1779 portant
concession au sieur Vaudermey du desséchement des marais des moëres en Flandre ;
et l'article 12 de l'arrêt du Conseil du 30 mars 1784 relatif au desséchement de terres
voisines de la Scarpe.

2. Arr. du Conseil du 19 mars 1783.

3. Arr. du Conseil du 26 mai 1705 et du 3 mai 1720.

4. Arr. du Conseil du 17 juin 1721.

5. Arr. du Conseil du 7 avril 1771.

6. Arr. du Conseil du 22 juillet 1783. Titre II, art. 1er.

7. Guyot, *op. cit.,* t. III, p. 252.

de la compétence la plus large pour juger les difficultés relatives au service des postes, soit qu'il s'agisse des faits de charge des officiers, commis, courriers, postillons et des contraventions par eux commises, soit qu'il s'agisse des réclamations des voyageurs et des expéditeurs [1]. Le service des coches, diligences et messageries est également placé sous sa juridiction [2].

Lorsque la loterie royale est établie, c'est encore à l'intendant (et au lieutenant de police à Paris) que sont renvoyées toutes les contestations relatives au tirage et à l'attribution des lots [3].

Les pouvoirs et la juridiction de l'intendant s'étendaient aussi à des parties importantes de l'administration militaire. Il présidait aux levées des troupes et aux opérations du recrutement. On sait que la conscription par voie de tirage au sort était pratiquée, dès la fin du règne de Louis XIV, pour le recrutement de régiments dits « régiments provinciaux ». Un édit fixait le contingent total et le répartissait entre les généralités ; le contingent assigné à chaque généralité était réparti entre les paroisses par l'intendant ; puis celui-ci faisait procéder par son subdélégué aux opérations du tirage, entre les habitants de chaque paroisse, célibataires et veufs sans enfants [4].

L'intendant statuait sur les difficultés auxquelles pouvait donner lieu le tirage au sort, ainsi que sur les questions d'exemptions et de substitutions. Il avait également compétence pour la levée des matelots classés et des canonniers garde-côte [5].

---

1. Édit de janvier 1692 et arrêt du Conseil du 2 décembre 1704. Voy. aussi Dareste, *op. cit.*, p. 131 et la note.

2. Voir l'arrêt du Conseil du 7 août 1715 qui « évoque *toutes les causes* qui pourront être mues pour raison de l'exploitation du privilège ; les renvoie pour être jugées en première instance, sauf l'appel au Conseil, aux sieurs intendants chacun en droit soi dans sa généralité. »

3. Arr. du Conseil du 30 juin 1776, art. 14. (Isambert, *op. cit.*, t. XXIV, p. 28.)

4. Voir, à titre d'exemple, l'ordonnance du 1er décembre 1774 (Isambert, t. XXIII, p. 87). Elle fixe à 55,428 hommes le contingent total. Elle décrit dans tous leurs détails les opérations du tirage au sort qui se faisaient, non au moyen de numéros, mais au moyen de bulletins dont les uns étaient blancs et les autres portaient la mention « soldat provincial ». Les exemptions prévues par le titre V de l'ordonnance sont nombreuses. Le titre VI traite des remplacements et des substitutions. Voy. aussi le règlement du 1er décembre 1775. (Isambert, t. XXIII, p. 285.)

5. Ordonnances du 13 décembre 1778 et du 3 janvier 1779. (Isambert, *op. cit.*, t. XXV, p. 464.)

La juridiction de l'intendant n'était pas limitée au recrutement ; elle s'étendait à certains cas intéressant la discipline militaire.

L'ancien intendant d'Aube, dans le mémoire déjà cité, explique
le partage des attributions entre l'intendant et les autorités militaires : il distingue d'une part les affaires de service et de subordination qui relèvent des commandants et des conseils de guerre, et
d'autre part les rapports des troupes avec l'administration civile et
les habitants, qui relèvent de l'intendant. En conséquence, dit-il,
celui-ci « a le droit d'informer quant à la façon de vivre, désordres
et abus des troupes étant en marche et en garnison, de faire réparer
tous désordres, même par retenue sur la paie des corps, et de faire
et parfaire le procès à tous gens de guerre coupables de crimes jusqu'à jugement définitif inclusivement et en dernier ressort ».

C'est à cette compétence générale que se rattachait la juridiction
de l'intendant pour toutes les contestations relatives aux étapes et
convois militaires, aux fournitures et réquisitions de denrées, au
logement des troupes, aux occupations temporaires de terrains pour
l'établissement des camps et des champs d'exercices, aux dommages
causés aux récoltes par les campements et les manœuvres, et aux autres faits analogues intéressant les habitants ou les communautés (¹).

Contentieux des communes. — M. de Tocqueville intitule ainsi
l'un des chapitres de son livre sur l'*Ancien Régime et la Révolution* :
« Comment ce qu'on appelle aujourd'hui la tutelle administrative
est une institution de l'ancien régime. »

Rien n'est plus vrai, et l'on en peut voir une saisissante démonstra-
tion dans les pages du grand écrivain. Cette tutelle que Louis XVI,
à la fin de son règne, avait voulu remettre aux assemblées provinciales, avait toujours appartenu jusque-là aux intendants qui l'exerçaient très rigoureusement surtout dans les pays d'élections. Dans
l'exercice de ces pouvoirs, ils statuaient sur les autorisations de
plaider, soit en demande, soit en défense (²) ; ils donnaient ou refu-

---

1. Voy. notamment, pour l'attribution de juridiction à l'intendant, l'ordonnance du
3 octobre 1778 sur les étapes et convois, art. 5.

2. Déclaration du 2 octobre 1703, et Guyot, *op. cit.*, t. III, p. 152.

saient leur approbation aux délibérations des corps municipaux
ordonnant des travaux ou créant d'autres obligations à la charge
des communes. Ils exerçaient aussi une véritable juridiction en
matière de liquidation des dettes des communes. « Si nous lisons
les commissions des intendants, dit M. d'Aube, nous y trouverons
qu'il leur est attribué de vérifier les dettes des communautés, de
juger de leur validité ou invalidité, de décider sur tous procès ou
différends, mus et à mouvoir pour raison desdites dettes ou de
leurs cautions dont les communautés sont garantes, et d'accorder
auxdites communautés les délais et surséances que lesdits intendants estimeront nécessaires. » On voit combien ces pouvoirs créés
par simples commissions étaient étendus ; on peut dire avec M. Dareste qu'ils entraînaient pour les intendants le droit de juger presque toutes les affaires contentieuses, les tribunaux ordinaires ne
conservant plus de juridiction à cet égard que sur les questions de
propriété ([1]).

Juridiction en matière de police. — Les légistes de la Couronne
reconnaissaient que la répression des délits et contraventions devait
appartenir aux juges ordinaires, mais ils admettaient que le roi
pouvait évoquer à des commissions particulières et spécialement
aux intendants les infractions à certains règlements d'ordre public. En dehors même de ces évocations, la pratique semblait
s'être établie de confier tout à la fois aux Parlements et aux intendants l'exécution des lois de police et la répression des contraventions.

Telle est du moins la doctrine qui ressort d'une réponse faite,
en 1740, par le chancelier d'Aguesseau au Parlement de Besançon
qui se plaignait que l'intendant de Franche-Comté eût été chargé,
en même temps que le Parlement, de pourvoir à l'exécution d'une
loi de police : « On n'a fait, écrit le chancelier, que suivre ce qui
se pratique ordinairement à l'égard des lois qui concernent la police. Quoiqu'elles soient adressées aux Parlements et qu'ils soient

---

1. Dareste, *la Justice administrative*, p. 147 et suivantes. Voyez aussi dans Guyot
(*op. cit.*, t. III, p. 299 et suivantes, l'article intitulé : « Liquidation et paiement des
dettes des communautés. »

principalement chargés de les faire exécuter, on ne laisse pas aussi de les envoyer à Messieurs les intendants, afin qu'ils tiennent aussi la main à leur exécution dans les cas qui peuvent se présenter devant eux. » Rien de moins clair que cette réponse. Guyot, qui la rapporte, reconnaît que la ligne de démarcation entre les deux autorités était très difficile à saisir pour les jurisconsultes de son temps (¹).

Mais, ce qui se détachait avec beaucoup de netteté sur cette partie obscure et incertaine de la législation, c'était la compétence exclusive des intendants dans toutes les matières de police qui leur étaient spécialement attribuées et qui étaient fort nombreuses. Elles comprenaient à peu près tous les règlements intéressant la santé publique, notamment les mesures contre les épidémies et les épizooties ; les règlements relatifs au commerce des grains et des farines ; à la police de l'imprimerie et de la librairie, à l'importation et au transit des livres étrangers ; les règlements imposés au commerce et à l'industrie : forges, verreries, fabriques de porcelaine, fabriques de papiers, etc. (²).

Il résulte du rapide examen que nous venons de faire des attributions du Conseil du roi et des intendants en matière contentieuse, que le domaine de la juridiction administrative était beaucoup plus vaste sous l'ancien régime qu'il ne l'est de nos jours.

Cette juridiction s'exerçait en effet sur toutes les matières d'administration que la législation moderne a maintenues dans son ressort ; et, de plus, elle s'étendait à un grand nombre d'affaires qui relèvent actuellement des tribunaux judiciaires. Tels étaient notamment : les contributions indirectes, les douanes, les affaires du domaine, l'expropriation pour cause d'utilité publique, le contentieux des postes, les réquisitions militaires, les dettes des communes, les règlements d'indemnité entre les concessionnaires de mines et les propriétaires de la surface, et un grand nombre de contraventions de police. On ne considérait alors, pour attribuer juridiction à l'autorité administrative, que le lien qui pouvait rattacher

1. Guyot, *op. cit.* ; t. III, p. 252.
2. L'arrêt du Conseil du 24 juin 1772 sur les fabriques de papiers évoquait même les contestations entre maîtres et ouvriers qui pouvaient survenir pour l'exécution de cet arrêt.

le litige à des intérêts généraux, l'influence que la décision pouvait avoir sur l'action et sur les moyens financiers de l'administration. On ne tenait pas compte d'autres principes que la législation moderne a reconnus, notamment de ceux qui consacrent la compétence exclusive de l'autorité judiciaire sur les questions de propriété et de répression pénale, ainsi que sur le contentieux des taxes indirectes, de quelque nature qu'elles soient.

CHAPITRE II

———

I. — ESPRIT GÉNÉRAL DE LA LÉGISLATION

L'Assemblée constituante ne laissa subsister aucune des cours de justice, aucune des juridictions ou des autorités administratives que nous avons vues fonctionner sous l'ancien régime. De 1789 à 1791, elle les fit toutes disparaître.

Les Parlements furent atteints les premiers par le décret du 3 novembre 1789, qui les mit « en vacances indéfinies », en attendant que la loi des 16-24 août 1790 les eût dissous. Les intendants furent supprimés par la loi du 22 décembre 1789, qui établissait une administration nouvelle dans les provinces transformées en départements. Le Conseil du roi fut d'abord privé de ses pouvoirs d'ordre judiciaire par la loi du 1er décembre 1790, qui transférait au Tribunal de cassation les attributions du Conseil des parties, puis il fut dissous par la loi des 27 avril-25 mai 1791, sur l'organisation du ministère, dont l'article 35 supprime les conseillers d'État et les maîtres des requêtes. Les cours des aides, les bureaux de finances, les élections, les greniers à sel, furent abolis par la loi des 7-11 septembre 1790. Les chambres des comptes, supprimées en principe par le décret du 2 septembre 1790, furent conservées à titre provisoire pendant un an, et définitivement dissoutes par la loi des 17-29 septembre 1791, qui ordonna l'apposition des scellés sur leurs greffes, dépôts et archives.

Ainsi disparurent toutes les juridictions qui, dans l'ancien régime, avaient connu des affaires d'administration, de finances et de comptabilité publique. Par quelles autorités nouvelles furent-elles remplacées ?

Séparation des pouvoirs. — Et d'abord quels principes, quelles tendances générales présidèrent aux réformes ? Ces tendances étaient moins opposées qu'on n'a souvent paru le croire, à celles qui avaient inspiré la monarchie dans son organisation administrative et dans ses rapports avec les corps judiciaires. Même défiance de l'intervention des tribunaux dans les affaires de l'administration, même attachement aux idées d'unité et de concentration gouvernementale et administrative. Cette double préoccupation domine dans toutes les applications que l'Assemblée constituante a faites du principe de la séparation des pouvoirs ; elle applique rigoureusement ce principe à toute immixtion des tribunaux dans le domaine administratif, moins sévèrement dans le cas inverse.

Les défiances de l'Assemblée constituante à l'égard des corps judiciaires se manifestent dans l'organisation qu'elle donne aux tribunaux par la loi des 16-24 août 1790 : elle ne veut plus ni grandes compagnies judiciaires, ni cours souveraines, à l'exception du Tribunal de cassation, qui ne juge que le point de droit. Elle charge les tribunaux de district et les juges de paix de rendre la justice aux citoyens : aux citoyens seuls, car l'Assemblée ne pense pas que la mission du juge s'étende aux différends qui s'élèvent entre les particuliers et les autorités publiques.

« Il faut interdire toute fonction politique aux juges, disait Duport à la séance du 29 mars 1790 ; ils doivent être chargés simplement de décider les différends qui s'établissent entre les citoyens ; honorable et sainte fonction qui semble placer ceux qui la remplissent dignement au-dessus de l'humanité même... J'ai dit que les juges n'étaient institués que pour appliquer les lois civiles. Les lois civiles sont les conventions que les hommes font entre eux pour régler l'usage de leurs propriétés et l'exercice de leurs facultés naturelles. »

Ces idées étaient celles du comité de l'Assemblée chargé de préparer la loi d'organisation judiciaire. Thouret, dans un discours prononcé au nom du comité et imprimé par ordre de l'Assemblée ([1]),

---

1. Séance du 24 mars 1790.

s'exprimait ainsi : « Un des abus qui ont dénaturé le pouvoir judiciaire en France était la confusion des fonctions qui lui sont propres avec les fonctions incompatibles et incommutables des autres
pouvoirs publics. Rival du pouvoir administratif, il en troublait les
opérations, en arrêtait le mouvement et en inquiétait les agents.
Les ministres de la justice distributive ne doivent point se mêler
de l'administration, dont le soin ne leur en est pas confié. Le comité a consigné ces principes dans les articles du titre Ier de son
projet. Ils établissent l'entière subordination des cours de justice
à la puissance législative et séparent très explicitement le pouvoir
judiciaire du pouvoir d'administrer. »

C'est pourquoi le comité proposait et l'Assemblée adoptait la
disposition de la loi d'organisation judiciaire des 16-24 août 1790,
qui est encore aujourd'hui un des textes fondamentaux de notre
droit public : « Les fonctions judiciaires sont distinctes et demeu-
« reront toujours séparées des fonctions administratives ; les juges
« ne pourront, à peine de forfaiture, troubler de quelque manière
« que ce soit, les opérations des corps administratifs ni citer devant
« eux les administrateurs pour raison de leurs fonctions ([1]). »

Il ne suffit pas à la Constituante d'inscrire ce principe dans la
loi d'organisation judiciaire ; elle le rappelle encore dans les textes
constitutionnels et dans les lois d'organisation administrative :

  « Les tribunaux ne peuvent... entreprendre sur les fonctions ad-
« ministratives ou citer devant eux les administrateurs pour raison
« de leurs fonctions. (Constitution du 3 septembre 1791, art. 3.)
« — Les administrations de département et de district ne pourront
« être troublées dans l'exercice de leurs fonctions administratives
« par aucun acte du pouvoir judiciaire. (Loi du 22 décembre 1789,
« section 3, art. 7.) — La Constitution serait violée si le pouvoir
» judiciaire pouvait se mêler des choses de l'administration et
« troubler de quelque manière que ce fût les corps administratifs
« dans l'exercice de leurs fonctions. Tout acte des tribunaux et des
« cours de justice tendant à contrarier ou à suspendre le mouve-
« ment de l'administration, étant inconstitutionnel, demeurera sans
« effet et ne devra pas arrêter les corps administratifs dans l'exé-

1. Loi de 1790, titre II, art. 13.

« cution de leurs opérations. » (Instruction législative du 8 jan-
« vier 1790.) — Les réclamations d'incompétence à l'égard des
« corps administratifs ne sont dans aucun cas du ressort des tribu-
« naux, elles seront portées au roi, chef de l'administration géné-
« rale... Aucun administrateur ne peut être traduit devant les tri-
« bunaux pour raison de ses fonctions publiques, à moins qu'il n'y
« ait été renvoyé par l'autorité supérieure, conformément aux lois. »
(Loi des 7-14 octobre 1790.)

Centralisation. — Cette préoccupation constante de soustraire
l'administration et les actes de ses agents à toute ingérence des
corps judiciaires, cette revendication de l'indépendance administrative, s'expliquent par la haute mission que l'Assemblée constituante réservait aux corps administratifs, au Gouvernement, à elle-
même dans l'œuvre de la régénération nationale. L'unité politique
et administrative du royaume lui paraissait être le premier résultat
à atteindre, parce qu'elle comptait sur cette unité pour effacer les
distinctions de classes, de coutumes et presque de nationalités, que
le pouvoir royal n'avait pas pu faire disparaître. Aussi ne reculait-
elle pas devant les décisions les plus graves pour réaliser cette
idée. Une des plus hardies fut la suppression des anciennes provinces et leur remplacement par les départements, territoires nouveaux méthodiquement tracés sur les débris de la vieille France.
La proclamation du 11 août 1789, annonçant au pays sa transfor-
mation, l'expliquait en ces termes :

« Une Constitution nationale et la liberté publique étant plus
« avantageuses aux provinces que les privilèges dont quelques-
« unes jouissaient et dont le sacrifice est nécessaire à l'union in-
« time de toutes les parties de l'empire, il est déclaré que tous les
« privilèges particuliers des provinces, principautés, pays, cantons,
« villes et communautés d'habitants sont abolis sans retour et de-
« meureront confondus dans le droit public des Français. » —
L'Assemblée disait encore dans son instruction législative du 8 janvier 1790 : « L'État est un. Les départements ne sont que des
« sections d'un même tout. Une administration uniforme doit donc
« les embrasser tous dans un régime commun... Le principe cons-
« titutionnel sur la distribution des pouvoirs administratifs est que

« l'autorité descende du roi aux administrations de département,
« de celles-ci aux administrations de district, et de ces dernières
« aux municipalités, à qui certaines fonctions relatives à l'adminis-
« tration générale pourront être déléguées... »

L'idée dirigeante de l'Assemblée constituante n'était donc point
la décentralisation, mais au contraire une étroite unité. Le département, ainsi formé par le morcellement des provinces, n'était pas
un centre d'administration autonome ; il n'avait guère de services
publics à gérer pour son propre compte ; les impôts qu'il aidait à
percevoir étaient presque exclusivement des impôts d'État ; il n'a-
vait pas de biens, pas d'établissements publics, pas de travaux, sauf
quelques travaux de routes, dont il partageait la dépense, mais
dont la direction appartenait aux ingénieurs de l'État (¹). Les districts, circonscriptions purement administratives, les communes
hâtivement dessinées d'après l'ancien territoire des paroisses, ne
réalisaient pas davantage l'idée de la vie locale et du *selfgovernment* (²). L'État conservait la direction et la responsabilité de tous
les services publics de quelque importance ; les directoires de département et de district n'étaient en réalité que des auxiliaires de
l'État chargés de concourir à l'administration générale, et soumis
à l'autorité des ministres, du chef de l'État et de l'Assemblée elle-
même.

A la vérité, le mode de nomination des directoires, tous élus par
les citoyens, et auprès desquels le pouvoir central n'avait pas de
délégué direct, se prêtait mal à la subordination hiérarchique. De
là les mesures prises par la Convention pour se faire représenter
dans les départements par des « représentants en mission », et plus
tard par le Directoire pour établir au siège de chaque département

---

1. Voy. sur cette première organisation du département, le *Traité du département*,
de MM. Bouffet et Périer, publié par le *Répertoire du droit administratif* (t. IX et X).
Voy. aussi une étude de M. Aucoc : *Controverses sur la décentralisation administrative*, publiée par la *Revue politique et parlementaire* (avril et mai 1895).

2. On lit dans l'instruction législative du 8 janvier 1790:

« Un des points essentiels de la Constitution en cette partie est l'*entière et absolue
subordination* des administrations et des directoires de district aux administrations
et aux directoires de département. Sans l'observation exacte et rigoureuse de cette
subordination, l'administration cesserait d'être régulière et uniforme dans chaque
département. Les efforts des différentes parties pourraient bientôt ne plus concourir
au plus grand bien du tout... »

un « commissaire » chargé de correspondre avec le pouvoir central. Il ne faut donc pas chercher, dans la législation de la période révolutionnaire, ce qu'on appelle de nos jours une législation « libérale »; elle est avant tout une législation d'État. Ce caractère de nos lois politiques et administratives ne fait que s'affirmer et se coordonner sous le Consulat, à qui l'on a voulu trop souvent attribuer le tort ou le mérite de l'avoir consacré.

Cette indication générale des tendances qui dominent dans la législation des assemblées révolutionnaires n'est pas inutile, quand on veut bien comprendre la portée de cette œuvre en matière de juridiction administrative.

Nous étudierons successivement les réclamations qui ont pour objet un acte de la puissance publique, puis celles qui sont relatives aux actes de gestion, aux impôts, aux marchés de l'État, aux droits et obligations du Trésor ; nous terminerons par la jurisprudence des autorités révolutionnaires en matière de conflits.

II. — Réclamations contre les actes de la puissance publique.

Recours hiérarchiques. — Contre les actes d'administration qui impliquent une délégation de la puissance publique, aucune réclamation contentieuse n'est admise soit devant les tribunaux judiciaires, soit devant des corps administratifs constitués en juridiction. La doctrine des assemblées révolutionnaires est très nette sur ce point. D'après elle, le contrôle et le redressement de ces actes constituent par eux-mêmes des actes d'administration qui ne peuvent émaner que de l'autorité administrative elle-même. Nulle différence, à cet égard, entre le contrôle que cette autorité peut exercer d'office et celui qui est provoqué par les réclamations de tiers intéressés ; pas de différence non plus entre les réclamations fondées sur un intérêt lésé ou sur un droit méconnu. Dans tous les cas, le seul recours possible contre l'acte de puissance publique est un recours à l'administration mieux informée ou à l'autorité supérieure.

Quelle est l'autorité hiérarchique compétente pour réformer

l'acte administratif, en cas de réclamation d'un tiers, ou pour le réformer d'office, soit pour illégalité, soit pour inopportunité ou pour infraction aux ordres donnés ?

Sous la Constituante, cette autorité appartient aux directoires de département à l'égard des directoires de district ; au roi à l'égard des directoires de département ([1]) ; le roi peut aussi annuler directement les actes des « sous-administrateurs » lorsque les administrateurs de département ont négligé de le faire ([2]). Dans les cas exceptionnels, notamment lorsque l'annulation est prononcée pour incompétence, et qu'elle intéresse à ce titre la répartition légale des pouvoirs, le roi lui-même, quoiqu'il soit qualifié « chef de l'administration générale ([3]) », relève de l'Assemblée nationale, à qui appartient la décision de dernier ressort ([4]).

Sous ce régime, le rôle individuel des ministres, comme supérieurs hiérarchiques des administrations locales, est assez effacé, mais ils assistent collectivement le roi pour l'exercice de ses prérogatives. A cet effet, la loi sur l'organisation du ministère des 27 avril-25 mai 1791 organise sous le nom de *Conseil d'État* un conseil des ministres dans les attributions duquel il place « l'examen « des difficultés et la discussion des affaires dont la connaissance « appartient au pouvoir exécutif, tant à l'égard des objets dont les « corps administratifs et municipaux sont chargés sous l'autorité du « roi que sur toutes les autres parties de l'administration générale ; « la discussion des motifs qui peuvent nécessiter l'annulation des « actes irréguliers des corps administratifs et la suspension de « leurs membres conformément à la loi ([5]). »

Sous la Convention, le recours au supérieur hiérarchique est porté d'abord devant le conseil exécutif provisoire, composé des ministres collectivement investis du pouvoir exécutif; puis, après la suppression des ministres, devant les commissions qui leur sont substituées par la loi du 12 germinal an II.

La Convention se réservait à elle-même l'examen des recours formés contre les actes de ceux de ses membres qu'elle envoyait

---

1. Constitution du 3 septembre 1791, t. III, chap. IV, sect. II, art. 5 et 6.
2. Constitution de 1791, titre III, chap. IV, section II, art. 7.
3-4. Loi des 7-14 octobre 1790.
5. Loi des 27 avril-25 mai 1791, art. 17.

dans les départements avec le titre de représentants en mission, et elle exigeait que ces recours fussent formés devant elle dans un délai de six mois, à peine de déchéance [1]. Mais, dans tous les autres cas, elle renvoyait aux délégués du pouvoir exécutif les réclamations et les demandes d'annulation formées contre les actes des corps administratifs [2].

Sous le Directoire, les ministres deviennent les véritables dépositaires de l'autorité administrative et de la juridiction qui y est alors inhérente. Ils ne forment plus un conseil ; ils correspondent directement avec les autorités qui leur sont subordonnées ; ils sont responsables de l'inexécution des lois et des arrêtés du Directoire [3] ; ils peuvent annuler, chacun dans sa partie, les actes des administrations de département contraires aux lois ou aux ordres des autorités supérieures. Toutefois, l'annulation prononcée par les ministres ne devient définitive que par la confirmation formelle du Directoire. Celui-ci peut aussi annuler directement et *omisso medio* les actes des administrations départementales ou communales [4]. Des commissaires révocables placés par le Directoire auprès de chaque administration locale facilitent le contrôle ministériel et directorial et l'action du pouvoir hiérarchique [5].

Quelle que soit donc l'organisation du pouvoir exécutif pendant la période de 1789 à l'an VIII, ses attributions restent les mêmes à l'égard des actes administratifs qui lèsent l'intérêt public ou privé. Elles comprennent à la fois le contrôle, la réformation et l'annulation de ces actes, soit pour incompétence, illégalité, atteinte aux

1. Lois du 26 janvier 1793 et du 25 ventôse an IV. — Le Conseil d'État a eu à faire application de ces lois à des recours dont il était saisi contre des décisions prises par des représentants en mission. — Voir un arrêt du 11 février 1818 (*Allègre*) qui oppose à un recours de cette nature la déchéance de la loi du 25 ventôse an IV.

2. Par décret du 8 nivôse an III, la Convention renvoie au conseil exécutif provisoire un recours formé devant elle par les sieurs Régent et Bernard, libraires, contre un arrêté de la section de l'Unité et contre un arrêté confirmatif du département de Paris ; lesdits arrêtés étaient argués d'incompétence et d'excès de pouvoir comme mettant obstacle à l'exécution de décisions judiciaires. Ce décret porte : « Considérant que c'est par-devant le conseil exécutif que doivent être immédiatement portées les réclamations contre les corps administratifs qui s'écartent de la ligne de leurs fonctions et entreprennent sur l'ordre judiciaire. »

3. Constitution du 5 fructidor an III, art. 149, 151, 152.

4. Constitution de l'an III, art. 193 à 196.

5. Constitution de l'an III, art. 191.

droits acquis ; soit pour inopportunité administrative et infraction aux ordres donnés. La nature et la forme des décisions sont les mêmes, qu'elles soient rendues d'office ou sur la réclamation des parties intéressées ; elles se confondent toutes dans une notion unique, celle de l'autorité hiérarchique.

Poursuites contre les fonctionnaires. — En se réservant l'appréciation des actes administratifs, le pouvoir exécutif se réservait aussi un droit de contrôle et de veto sur les poursuites dirigées contre les fonctionnaires.

Les législateurs de 1789 et de l'an III ne voulaient pas que les tribunaux, incompétents pour connaître des actes de l'administration, pussent en être indirectement saisis au moyen de poursuites dirigées contre les agents chargés de faire ou d'exécuter ces actes. A vrai dire il y a un lien presque nécessaire entre ces deux ordres d'idées. Mais parmi les différents systèmes qui peuvent assurer, dans ce cas, la séparation des pouvoirs, la législation révolutionnaire adopta l'un des plus absolus, celui qui soumet les poursuites à l'autorisation préalable du Gouvernement.

La portée de cette législation a été contestée, d'abord par Toullier [1], puis par plusieurs jurisconsultes qui faisaient campagne comme lui contre l'ancien article 75 de la Constitution de l'an VIII, et contre les abus auxquels il avait donné lieu en subordonnant les poursuites contre les fonctionnaires à une autorisation préalable et discrétionnaire du Conseil d'État. On s'explique la tendance qui portait alors les jurisconsultes de l'école libérale à enlever au système de l'autorisation préalable le haut patronage de lois fondamentales de l'Assemblée constituante, et à l'isoler dans la Constitution de l'an VIII dont le prestige était devenu moindre. La vérité historique oblige pourtant à reconnaître que le système de l'autorisation préalable existait, et qu'il était très rigoureusement pratiqué, pendant toute la période révolutionnaire.

Il avait pour bases législatives : 1° la loi municipale du 14 décembre 1789, art. 61 : « Tout citoyen actif pourra signer et pré- « senter contre les officiers municipaux la dénonciation des délits

---

1. Toullier, *Droit civil français*, t. I, p. 198-199.

« d'administration dont il prétendra qu'ils se seraient rendus cou-
« pables ; mais avant de porter cette dénonciation devant les tribu-
« naux, il sera tenu de la soumettre à l'administration ou au direc-
« toire du département qui, après avoir pris l'avis de l'administration
« de district ou de son directoire, renverra la dénonciation, s'il y
« a lieu, devant les juges qui doivent en connaître ; » — 2° la loi
des 22 décembre 1789-8 janvier 1790 (sect. 3, art. 7) qui se borne
à déclarer que les administrations de département « ne pourront
« être troublées dans l'exercice de leurs fonctions administratives
« par aucun acte du pouvoir judiciaire », mais qui fut aussitôt interprétée par l'Assemblée constituante comme soumettant implicitement toute poursuite à une autorisation préalable ; — 3° la loi
des 7-14 octobre 1790 (art. 2) qui consacre cette interprétation :
« Conformément à l'article 7 de la section 3 du décret du 22 dé-
« cembre 1789 sur la constitution des assemblées administratives,
« et à l'article 13 du titre II du décret du 16 août 1790 sur l'orga-
« nisation judiciaire, aucun administrateur ne peut être traduit
« devant les tribunaux, pour raison de ses fonctions publiques, à
« moins qu'il n'y ait été renvoyé par l'autorité supérieure confor-
« mément aux lois ; » — 4° l'article 196 de la Constitution du
5 fructidor an III : « Le Directoire peut suspendre ou destituer
« immédiatement, lorsqu'il le croit nécessaire, les administra-
« tions soit de département, soit de canton, et les envoyer devant
« les tribunaux de département lorsqu'il y a lieu. »

Pour contester la portée de ces textes, on a soutenu que les « délits d'administration » prévus par la loi du 14 décembre 1789 devaient être distingués des délits de droit commun et des quasi-délits,
pour lesquels la poursuite serait restée libre, même quand ils se rattachaient à l'exercice des fonctions ; on a dit aussi que l'article 196
de la Constitution de l'an III ne visait qu'une faculté donnée au
Gouvernement de mettre en accusation les fonctionnaires (¹), et

1. Cette mise en accusation était aussi prévue par la Constitution de 1791 (t. III,
chap. IV, sect. 2, art. 8) : « Toutes les fois que le roi aura prononcé ou confirmé la
suspension des administrateurs ou sous-administrateurs, il en instruira le Corps législatif. Celui-ci pourra ou lever la suspension ou la confirmer, ou même dissoudre
l'assemblée coupable et, s'il y a lieu, renvoyer tous les administrateurs ou quelques-uns d'eux aux tribunaux criminels, ou porter contre eux le décret d'accusation. »

qu'il n'excluait pas le droit des particuliers ou du ministère public de déférer librement aux tribunaux les actes réputés délictueux qui se rattachaient aux fonctions. Mais la loi interprétative des 7-14 octobre 1790 ne laisse aucun doute sur les conséquences que l'Assemblée constituante entendait tirer de ses lois administratives et de ses déclarations de principe sur la séparation des pouvoirs ; d'un autre côté, la jurisprudence du Directoire relative à l'application de l'article 196 de la Constitution de l'an III consacre formellement le système de l'autorisation préalable. Ce texte est expressément invoqué dans les nombreux arrêtés pris par le Directoire pour paralyser, au moyen du conflit, les poursuites dirigées contre les fonctionnaires, sans même en excepter les poursuites criminelles. On en trouvera des exemples plus loin, dans le paragraphe relatif aux conflits pendant la période révolutionnaire.

III. — Contentieux des impôts, des travaux publics, de la voirie, des élections, etc.

Projet de tribunaux d'administration. — La législation révolutionnaire, qui écarte tout débat contentieux pour les actes de puissance publique, est loin d'être aussi absolue pour les actes de gestion, pour les impôts et pour les décisions qui touchent directement à des intérêts pécuniaires. Cependant, même en cette matière, sa tendance générale est de confondre ces actes avec l'administration proprement dite, de n'admettre que dans des cas déterminés l'intervention de corps administratifs constitués en juridictions, et, dans des cas beaucoup plus rares, celle des tribunaux judiciaires.

L'organisation des juridictions dans les matières administratives contentieuses préoccupa, en 1790, le comité d'organisation judiciaire. Une des questions posées à ce comité par l'Assemblée constituante était celle-ci : « Les mêmes juges connaîtront-ils de toutes les matières, ou divisera-t-on les différents pouvoirs de juridiction pour les causes de commerce, de l'administration, des impôts et de la police ? » Le comité pensa qu'une juridiction spéciale était nécessaire et il proposa d'établir, dans chaque département, un tribu-

nal appelé *Tribunal d'administration* qui aurait pour mission de
« juger d'après les lois précises et des formes déterminées les
affaires contentieuses qui peuvent s'élever à l'occasion de l'impôt
ou relativement à l'administration ». Un titre spécial du projet de
loi sur l'organisation judiciaire était consacré à l'organisation et à la
compétence de ce tribunal ; il devait être composé de cinq juges
élus dans les mêmes conditions que les juges du tribunal de district ; il devait avoir pour attributions principales le contentieux
des impôts, tant directs qu'indirects, les travaux publics, la voirie,
les élections des administrations départementales et municipales et
les élections des juges.

Ces propositions ne furent pas admises par l'Assemblée. Sur les
observations du député Pezons (du Tarn), elle craignit qu'on ne fît
un rapprochement entre les tribunaux d'administration et les cours
des aides qu'elle était décidée à supprimer [1]. D'un autre côté, les
vues générales de l'Assemblée sur la mission des tribunaux l'empê-
chèrent de suivre ceux de ses membres, — parmi lesquels Chabroud,
député du Dauphiné, — qui demandaient le renvoi aux tribunaux
judiciaires des contestations administratives où la puissance publique n'était pas intéressée. Elle n'admit la compétence des tribunaux que pour les affaires de contributions indirectes et de douane
et pour les contraventions de voirie ; elle renvoya aux directoires
de district et de département les autres affaires que le comité avait
attribuées au tribunal d'administration, notamment le contentieux
des contributions directes et des travaux publics. En conséquence,
le titre du projet de loi d'organisation judiciaire relatif au jugement
des contestations administratives fut renvoyé au comité. Ce titre
remanié devint, bientôt après, la loi des 7-11 septembre 1790 [2].

Juridiction des directoires de district et de département. — La

1. « Vous allez établir quatre-vingt-trois cours des aides, disait Pezons, couvrir la
France de juges, accabler les peuples de frais et les tourmenter encore par des questions de compétence. » Pezons proposait le renvoi des contestations administratives
aux directoires de département : « Les directoires composés d'hommes choisis par le
peuple pour un temps court et toujours en activité, doivent conduire toutes les
affaires de l'administration. Pourquoi ne videraient-ils pas les questions contentieuses
qui s'y rattachent ? » (Séance du 27 mai 1790.)

2. Cf. M. Boulatignier, Rapport présenté à l'appui du projet de loi sur l'administration intérieure, adopté par le Conseil d'État le 9 avril 1851.

loi des 7-11 septembre 1790 partage l'examen des affaires contentieuses entre les directoires de district et les directoires de département selon des règles variables. Tantôt l'affaire se juge en premier ressort au district et en appel au département ; c'est la règle adoptée pour les réclamations en matière de contributions directes ([1]). Tantôt le directoire de district est considéré comme une sorte de juge de paix administratif chargé de concilier les parties ; en cas de non-conciliation, la décision est rendue en premier et dernier ressort par le directoire de département ; on procède ainsi pour les difficultés survenues entre l'administration et les entrepreneurs de travaux publics sur l'interprétation et l'exécution des clauses de leurs marchés ([2]), et pour le règlement des indemnités dues aux particuliers à raison des terrains pris ou fouillés pour la confection des chemins, canaux et autres ouvrages publics ([3]).

Cette dernière attribution était importante, car la loi de 1790 entendait par « terrains pris » non seulement les terrains occupés temporairement, mais encore ceux qui étaient expropriés. Elle continuait, à cet égard, la tradition de l'ancien régime, qui s'est également maintenue dans la législation de l'an VIII et n'a pris fin qu'en 1810. Toutefois, dans tous les cas d'occupation et d'expropriation, la compétence judiciaire se combinait, dans une certaine mesure, avec la compétence administrative, car l'évaluation de l'indemnité devait être faite par le juge de paix assisté de ses assesseurs, et le directoire était tenu de se conformer à leur estimation ([4]).

Dans un autre cas, prévu par la loi des 7-11 septembre 1790, le directoire de district exerçait la juridiction de premier et dernier ressort, et le rôle d'autorité conciliatrice était rempli par la municipalité : ce cas est celui où des particuliers se plaignent de « torts et dommages procédant du fait personnel des entrepreneurs et non du fait de l'administration ».

Quant aux dommages directement imputables à l'administration et provenant de la disposition des ouvrages ou des ordres de ser-

1. Loi des 7-11 septembre 1790, art. 1er.
2. Même loi, art. 3.
3. Même loi, art. 4.
4. Même loi, art. 4, *in fine*.

vice des ingénieurs, la loi de 1790 n'en dit rien. On a beaucoup discuté à ce sujet, surtout en commentant la loi du 28 pluviôse an VIII sur les conseils de préfecture, qui a reproduit la rédaction et a imité le silence de la loi de 1790. La jurisprudence a depuis longtemps décidé que les réclamations d'indemnité pour torts et dommages relèvent des mêmes juges, sans qu'il y ait à distinguer si les dommages proviennent du fait de l'administration ou du fait de l'entrepreneur. Mais nous ne pensons pas qu'il en fût de même en 1790, et que la Constituante ait jamais eu la pensée de faire les directoires de district ni même de département juges des actions en responsabilité dirigées contre l'administration, c'est-à-dire contre l'État qui exécutait, à cette époque, la plupart des grands travaux publics. Si la loi des 7-11 septembre n'a rien dit de ces réclamations, c'est que ses auteurs n'entendaient point soumettre au jugement des corps administratifs locaux des demandes qui intéressaient au plus haut degré les droits de l'administration en matière de travaux publics. Ils voulaient les réserver à l'administration centrale, aux ministres, dont la compétence était générale sur les actions tendant à faire déclarer l'État débiteur ([1]).

1. L'interprétation que nous proposons, et que nous croyons la plus exacte au point de vue historique, était celle des anciens auteurs. Macarel (*Éléments de jurisprudence administrative*, édit. de 1818, t. II, p. 260) s'exprime ainsi : « La loi dit : *non par le fait de l'administration* parce que quand le dommage provient de cette part, il est causé par un acte d'administration contre lequel on doit recourir, non devant le conseil de préfecture, mais devant l'autorité qui l'a rendu. » M. de Cormenin (*Droit administratif*, édit. de 1840, t. II, p. 430) rappelle cette interprétation qui, à l'époque où il écrivait, était déjà abandonnée par la jurisprudence. Cependant, elle avait encore été consacrée par un arrêt du Conseil d'État du 22 juin 1825 (*Combe*) décidant que les conseils de préfecture étaient incompétents pour apprécier des dommages résultant du fait de l'administration, et que ce droit appartenait à l'administration seule. « Mais, fait observer M. de Cormenin, la jurisprudence contraire est aujourd'hui constante. »

Il était assurément désirable, au point de vue de l'unité des compétences et des intérêts de la propriété, que les lois de 1790 et de l'an VIII fussent interprétées comme elles l'ont été. Mais il ne faut pas se dissimuler qu'il a fallu pour cela un certain effort et des procédés d'interprétation quelque peu subtils. On a d'abord supposé que la loi du 28 pluviôse an VIII, en ne déférant aux conseils de préfecture que « les torts et dommages procédant du fait personnel des entrepreneurs *et non du fait de l'administration* », avait, par inadvertance, emprunté ces derniers mots à la loi des 7-11 septembre 1790 et qu'on devait les tenir pour non avenus. On a ensuite présumé que la loi de 1790, en écartant dans son article 5 les dommages provenant du fait de l'administration, avait seulement voulu les soustraire à la compétence des directoires *de district*, mais qu'elle les avait implicitement soumis à celle des direc-

En ce qui touche la voirie, la loi des 7-11 septembre 1790 fait un partage de compétence entre les corps administratifs et les tribunaux judiciaires. Elle attribue aux premiers « l'administration en matière de grande voirie » ; elle confirme ainsi les pouvoirs d'administration et de surveillance que la loi du 22 décembre 1789 avait conférés aux administrations de département pour « la conservation des propriétés publiques, celle des forêts, rivières, chemins et autres choses communes ». Mais le droit de réprimer les contraventions, tant de grande que de petite voirie, est séparé des pouvoirs d'administration et attribué aux tribunaux judiciaires de district.

La juridiction des directoires, créée par la loi des 7-11 septembre 1790, fut promptement étendue par un grand nombre de textes spéciaux. Presque toutes les lois de la période révolutionnaire qui organisent quelque partie nouvelle de l'administration contiennent des dispositions qui donnent compétence aux directoires sur les contestations auxquelles ces lois peuvent donner lieu. Elles leur attribuent notamment: le contentieux des élections départementales et municipales ([1]), des élections judiciaires ([2]), le contentieux des engagements militaires ([3]), toutes les difficultés survenant entre les municipalités et les gardes nationales ([4]), le contentieux des ventes de domaines nationaux ([5]), les contestations relatives au partage des biens communaux ([6]), etc.

toires *de département* en leur déférant, par son article 4, les réclamations d'indemnité pour *terrains pris et fouillés.*

Nous n'avons pas besoin de faire remarquer combien ces hypothèses sont peu d'accord avec les textes ; non seulement ceux-ci ne comprennent pas les réclamations dirigées contre l'administration, mais ils les excluent, et cela est d'autant plus significatif à une époque où les questions de responsabilité pécuniaire de l'État ne ressortissaient qu'aux ministres et à l'assemblée, seuls compétents pour déclarer l'État débiteur (Voy. ci-après, pages 198 et suiv.).

1. Instruction de l'Assemblée nationale concernant les fonctions des assemblées administratives des 12-20 août 1790, chap. I, § 7, et loi des 15-27 mars 1791.

2. Loi des 7-10 novembre 1790, art. 3, sur l'élection des juges de district et de leurs suppléants, des juges de paix et de leurs assesseurs.

3. Loi des 9-25 mars 1791, art. 21.

4. Instruction des 12-20 août 1790, chap. I, § 9.

5. Lois des 1er fructidor an III, 29 vendémiaire an IV. — Avant ces lois, la Convention s'était réservé à elle-même la solution des difficultés relatives aux ventes nationales, comme se rattachant à des intérêts supérieurs d'ordre politique et financier.

6. Loi du 10 juin 1793.

Sous la Constitution du 5 fructidor an III, les directoires de district disparurent ; les directoires de département furent remplacés par des administrations centrales composées de cinq membres, renouvelées annuellement par cinquième, et auprès desquelles le gouvernement central établit un commissaire chargé de le représenter. Ces administrations centrales héritèrent des attributions contentieuses données aux directoires par la loi des 7-11 septembre 1790 et par les lois postérieures.

Les directoires, et après eux les administrations centrales de département, ne relevaient-ils dans l'exercice de leurs attributions contentieuses d'aucune juridiction supérieure ou d'aucune autorité ayant le pouvoir de réformer leurs décisions, ou tout au moins de les ramener à l'exacte observation des lois ?

On ne voit fonctionner, pendant la Révolution, aucune juridiction administrative supérieure qui fasse fonction de juge d'appel à l'égard des administrations de département, comme autrefois le Conseil du roi à l'égard des intendants, comme plus tard le Conseil d'État à l'égard des conseils de préfecture. Mais le conseil des ministres érigé en Conseil d'État par la loi des 27 avril-25 mai 1791, ou plutôt le roi assisté de ce conseil, pouvait annuler pour incompétence ou infraction aux lois les décisions juridictionnelles rendues en dernier ressort par les directoires, aussi bien que leurs décisions administratives. Les dispositions de cette loi que nous avons déjà citées, au sujet du contrôle hiérarchique exercé sur les actes des corps administratifs, s'étendaient à leurs décisions contentieuses ([1]) ; il en fut de même des lois ultérieures qui réglèrent, sous la Convention et sous le Directoire, la subordination des autorités locales à l'administration centrale. Mais à peine est-il besoin de faire remarquer combien ce système était défectueux et offrait peu de garanties aux parties, en dehors des cas d'excès de pouvoir intéressant l'ordre public.

---

1. La loi des 27 avril-25 mai 1791 semble supposer à cet égard un pouvoir si étendu de l'administration supérieure qu'elle croit nécessaire d'interdire expressément par son article 20 le recours au Conseil d'État (conseil des ministres) contre les décisions du dernier ressort rendues par les tribunaux judiciaires de district en matière de contributions indirectes, décisions qui relevaient du Tribunal de cassation.

IV. — ACTIONS TENDANT A FAIRE DÉCLARER L'ÉTAT DÉBITEUR.

Les réclamations dirigées contre le Trésor public et tendant à le faire déclarer débiteur formaient, dans la législation de la période révolutionnaire, un contentieux d'État pour lequel la Constituante et la Convention proclamaient, en principe, la compétence exclusive du Gouvernement. Mais cette compétence était différemment organisée selon qu'il s'agissait de dettes anciennes, à inscrire au passif de l'État, ou d'obligations naissant de la gestion journalière des services publics. Nous devons donc distinguer ici la liquidation de la dette arriérée et celle de la dette courante.

Liquidation de la dette arriérée. — Pour la liquidation des dettes arriérées provenant de l'ancien gouvernement, ou de celles que l'État avait contractées en supprimant, moyennant indemnité, un grand nombre d'offices et de droits collectifs ou individuels jugés incompatibles avec l'ordre nouveau, l'Assemblée constituante se réservait à elle-même l'examen des titres, l'admission des créances et toutes les vérifications qui s'y rattachaient. Le principe de sa compétence est nettement posé par l'article 1er de la loi des 17 juillet-8 août 1790 : « L'Assemblée nationale décrète comme principe « constitutionnel que nulle créance sur le Trésor public ne peut « être admise parmi les dettes de l'État qu'en vertu d'un décret de « l'Assemblée nationale sanctionné par le roi. »

Mais l'exercice direct de ce pouvoir par l'Assemblée tout entière n'était pas possible. Aussi, dès le commencement de l'année 1790 ([1]) elle avait formé dans son sein une commission spéciale, dite *Comité de liquidation*, chargée de préparer tous les décrets relatifs à la liquidation des créances sur le Trésor. Par la loi du 8 août 1790, elle confirma et précisa les attributions de ce comité dont elle fit un instrument nécessaire de ses décisions : « Aucunes créances ne se- « ront présentées à l'Assemblée nationale pour être définitivement « reconnues ou rejetées qu'après avoir été soumises à l'examen du

---

1. Décrets du 22 janvier et du 15 février 1790.

« comité de liquidation. — L'objet du travail du comité de liqui-
« dation sera l'examen et la liquidation de toute créance et de-
« mande sur le Trésor public qui sera susceptible de contestation
« ou de difficulté (¹). — Les délibérations du comité sur l'admis-
« sion, rejet ou réduction des diverses parties de la dette arriérée
« ne seront que provisoires, aucune portion de créance présentée
« au comité de liquidation ne pouvant être placée sur le tableau
« de la dette liquidée qu'après avoir été soumise au jugement de
« l'Assemblée nationale et à la sanction du roi. »

La portée de ces lois a été contestée : quelques auteurs ont soutenu que les opérations de liquidation confiées au comité et rendues
définitives par les décrets de l'Assemblée consistaient uniquement
à vérifier les titres de créance et la qualité des ayants droit, à opposer les déchéances et forclusions prévues par la législation de la
dette publique (²). Mais il est difficile d'admettre que les créances
litigieuses ne relevaient pas du comité de liquidation, lorsque la
loi de 1790 place expressément dans ses attributions l'examen et la
liquidation de toute créance et demande sur le Trésor public « qui
sera susceptible de contestation ou de difficulté ». Il résulte d'ailleurs des déclarations faites devant l'Assemblée constituante, notamment par son rapporteur, M. de Batz, que l'Assemblée entendait maintenir le principe constamment appliqué sous la monarchie
et d'après lequel la dette de l'État ne relevait que du roi en son
Conseil ; cette prérogative de la royauté, l'Assemblée la revendiquait pour elle-même en sa qualité de représentant suprême de la
nation. C'est cette ancienne règle de droit public, appropriée à
l'ordre nouveau, que la loi de 1790 avait en vue lorsqu'elle décré-
tait « comme principe constitutionnel » que nulle créance sur le
Trésor public ne pouvait être admise qu'en vertu d'un décret de
l'Assemblée sanctionné par le roi. Enfin, parmi les décrets rendus
en cette matière, on en trouve un grand nombre qui sont relatifs à
des créances litigieuses et qui constituent de véritables décisions
soit sur la créance elle-même, soit sur les intérêts qu'elle avait pu

---

1. Loi du 8 août 1790, art. 2, 8 et 12.

2. Cette interprétation restrictive a été proposée notamment par M. Sourdat dans
son *Traité de la responsabilité*, t. II, p. 463.

produire (¹) ; d'autres décrets renvoient expressément au comité les débats et contestations auxquels certaines liquidations devaient donner lieu (²).

Liquidation de la dette courante. — Le comité de liquidation, spécialement institué pour la liquidation de l'arriéré, n'avait pas à connaître des dépenses courantes de l'État, des obligations pécuniaires qui résultent du fonctionnement journalier des services publics civils ou militaires. Contracter et acquitter ces obligations est le fait des administrateurs et plus particulièrement des ministres qui ont la direction et la responsabilité des services de l'État. Mais, en cas de désaccord entre les représentants de l'État et les tiers sur l'existence ou sur l'étendue des obligations du Trésor, à qui appartenait-il, dans la législation révolutionnaire, de prononcer sur le litige et de déclarer l'État débiteur ?

En principe, ce droit appartenait à l'administration. Les tribunaux judiciaires ou les directoires de département n'en étaient investis que dans des cas déterminés et en vertu de dispositions spéciales de la loi. En l'absence de ces dispositions spéciales, les contestations qui s'élevaient au sujet des obligations contractées par l'État dans la gestion des services publics étaient considérées comme rentrant dans les prévisions générales de la loi des 27 avril-25 mai 1791 qui plaçait dans les attributions des ministres « l'exa-« men des difficultés et la discussion des affaires dont la connais-« sance appartient au pouvoir exécutif ».

Le 26 septembre 1793, la Convention décréta : « Toutes les

---

1. Voir notamment dans la collection Baudouin : un décret du 27 septembre 1791 sur l'indemnité réclamée par un propriétaire qui avait été dépossédé de certains terrains pour le service de l'État ; — un décret du 2 juillet 1791 relatif au point de départ des intérêts réclamés par les perruquiers-barbiers, comme complément de l'indemnité de suppression de leur monopole.

2. Voir le décret du 26 août 1790 relatif aux messageries ; l'article 8 porte : « Il sera procédé en la manière accoutumée à l'examen et à la vérification des indemnités qui pourraient être dues aux fermiers et sous-fermiers actuels des messageries, soit pour les non-jouissances forcées par les circonstances, soit pour la résiliation de tout ou partie de leurs baux ; pour les débats qui pourront être présentés contre lesdits résultats être portés au comité de liquidation qui en rendra compte à l'Assemblée, le tout en conformité du décret du 17 juillet (loi des 17 juillet-8 août 1790) relatif aux créances arriérées et aux fonctions de son comité de liquidation. »

« créances sur l'État seront réglées administrativement. » En même temps, elle chargea ses comités de liquidation et des finances de lui présenter dès le lendemain un décret à ce sujet ; mais les comités estimèrent qu'il suffisait de mettre à exécution les règles déjà posées, et le décret ne fut pas rendu. Après la révolution du 9 thermidor, un des premiers soins de la Convention, travaillant à rétablir l'ordre dans les pouvoirs de l'État, fut d'annuler, par le décret du 16 fructidor an III, plusieurs jugements de tribunaux qui avaient excédé leur compétence ([1]), et de rappeler l'interdiction déjà prononcée par la loi des 16-24 août 1790 : « Défenses itéra- « tives sont faites aux tribunaux de connaître des actes d'adminis- « tration de quelque espèce qu'ils soient, aux peines de droit. »

Merlin, qui était procureur général près le Tribunal de cassation, et qui est, à ce titre, un des commentateurs les plus autorisés des lois révolutionnaires, n'hésitait pas à reconnaître l'incompétence des tribunaux dans toutes les réclamations dirigées contre le Trésor : « Il est aujourd'hui de principe, écrivait-il, que les tribunaux ne peuvent connaître des actions qui tendent à faire déclarer l'État débiteur ([2]). »

Cette doctrine fut d'ailleurs consacrée par le Tribunal de cassation, sur un recours formé par ordre du Directoire dans une affaire dont l'intérêt pécuniaire était minime, mais dont l'intérêt doctrinal parut assez grand pour motiver l'insertion au *Bulletin des lois* du jugement de cassation et de l'arrêté du Directoire qui l'avait provoqué. Il s'agissait d'une demande d'indemnité formée contre l'État devant le tribunal de Bourges par un entrepreneur de transports militaires qui se plaignait que son service eût été paralysé par le défaut de paiements réguliers. — « Considérant, porte l'arrêté du Directoire ([3]), que l'article 13 du titre II de la loi des 16-24 août 1790 établit en principe général que les fonctions judiciaires sont distinctes et demeureront séparées des fonctions administratives, que par la loi du 16 fructidor an III défenses itératives sont faites

---

1. Parmi les jugements que la Convention frappe d'annulation par ce décret, elle mentionne ceux qui ont été rendus « sur répétition des sommes et effets versés au Trésor public ».

2. Merlin, *Répertoire*, v° *Dette publique*.

3. Arrêté du 2 germinal an V. — *Bulletin des lois*.

aux tribunaux de connaître des actes d'administration de quelque espèce qu'ils soient, aux peines de droit, que dans la classe des affaires administratives se rangent *toutes les opérations qui s'exécutent par ordre du Gouvernement, par ses agents immédiats et avec les fonds fournis par le Trésor public* ; que le tribunal qui prend sur lui en pareil cas de fixer une indemnité et d'en ordonner le paiement *s'arroge, contre tous les principes, le droit de créer une créance contre la République,* tandis que toute indemnité en faveur de ceux qui ont travaillé pour le Gouvernement doit être le résultat d'une liquidation (¹) qui est exclusivement réservée au pouvoir exécutif. » Conformément à ces conclusions, le Tribunal de cassation cassa la décision du tribunal de Bourges : « Attendu que la matière dont le tribunal s'est permis de connaître était purement administrative (²). »

Marchés des fournitures. — Nous avons vu que le contentieux des marchés de travaux publics appartenait aux directoires de département. Quant aux marchés de fournitures, quelques hésitations semblent s'être produites. Sous la Constituante, les tribunaux judiciaires furent d'abord déclarés compétents par la loi des 20 septembre-14 octobre 1791, titre III, article 9 (³). Mais cette disposition introduite incidemment dans une loi spéciale relative à certaines parties de l'administration militaire, ne fut pas longtemps observée (⁴).

---

1. L'emploi du mot « liquidation » dans ce document confirme l'interprétation que nous en avons donnée ci-dessus.

2. Merlin (*op. et verb. cit.*) cite un arrêt de la Cour de cassation du 11 messidor an X qui est encore plus significatif : il s'agissait d'une somme de 8 fr. que le régisseur d'un dépôt de mendicité avait été condamné à payer pour un appareil médical fourni à cet établissement. L'arrêt casse et annule pour incompétence et excès de pouvoir la sentence du juge de paix qui avait statué sur cette fourniture.

3. Ce texte porte : « Toutes les contestations qui pourront naître à l'occasion des marchés passés pour entreprises militaires entre l'administration et les entrepreneurs, fermiers ou fournisseurs seront portées dans les tribunaux ordinaires et y seront intentées, ou soutenues seulement contre eux, à la diligence du commissaire auditeur, d'après les instructions qui lui seront données à cet effet par le ministre de la guerre. »

4. La loi des 20 septembre-14 octobre 1791 est intitulée : « Décret portant suppression du corps des commissaires des guerres, et établissement de commissaires ordonnateurs, grands juges militaires et ordinaires des guerres, et déterminant leurs fonctions dans les différentes cours martiales. » La disposition ci-dessus rapportée figure dans le titre III relatif aux commissaires auditeurs qui furent supprimés par la loi du 11 septembre 1792.

Lorsque la France eut à lutter contre les invasions étrangères, les marchés de subsistances et de fournitures pour les armées prirent une importance et mirent en jeu des responsabilités qui les firent assimiler à des actes d'administration échappant à la connaissance des tribunaux. On revint aux traditions de l'ancienne administration en insérant dans les marchés des clauses qui soumettaient les difficultés d'exécution à l'arbitrage des commissaires des guerres et du ministre ; aussi les deux décrets de la Convention du 13 décembre 1792, relatifs aux subsistances et fournitures pour les armées, ne font-ils plus aucune allusion à la compétence des tribunaux judiciaires.

Sous le Directoire, la compétence administrative est nettement établie. Nous avons vu que l'arrêté directorial du 2 germinal an V qualifiait d'actes d'administration « toutes les opérations qui s'exécutent par ordre du Gouvernement, par ses agents immédiats et avec les fonds du Trésor public ». Deux autres arrêtés du Directoire, en date des 8 et 9 fructidor an VI, portent que les adjudicataires des marchés passés pour les services de la guerre et de la marine seront justiciables de l'administration centrale du département de la Seine pour toutes les contestations relatives à leurs entreprises. Mentionnons enfin l'arrêté du Directoire du 17 vendémiaire an VII qui enjoint aux munitionnaires, entrepreneurs et fournisseurs de remettre leurs pièces à l'administration, « considérant que toutes « les contestations relatives à l'interprétation et à l'exécution des « marchés passés avec le Gouvernement doivent être traitées admi- « nistrativement (¹) ».

1. M. de Cormenin a résumé, avec beaucoup de force et de justesse, l'esprit de cette législation : « Le service de la guerre, de la marine et de l'intérieur se serait embarrassé dans les circonvolutions infinies de la procédure judiciaire. La juridiction administrative lui imprima une action plus rapide ; on tranchait les contestations plutôt qu'on ne les dénouait ; on aimait mieux payer cher, trop cher même, mais être servi ; on menait les fournisseurs au roulement du tambour, comme les soldats. Ce n'était pas chose facile dans le désordre de ces mouvements extraordinaires d'hommes, de magasins et de campements, de ces pointes en avant et de ces retours paniques de la guerre, de faire exécuter et de régler les marchés d'urgence, d'organiser les approvisionnements d'habits, d'armes et de chevaux, de vérifier les denrées, de constater l'authenticité et l'obligation des marchés, d'interpréter leurs clauses principales et surtout les additionnelles, de décompter les valeurs du paiement et de centraliser toutes les pièces justificatives dans une liquidation commune. Il n'y a pas de juridiction dont l'autorité administrative ait été plus jalouse que celle des marchés de fournitures. » (De Cormenin, *Droit administratif*, Introduction, n° XIX.)

. A la vérité, une loi de la Convention, des 4-9 mars 1793, parle
de certains débats entre les fournisseurs et l'administration qui
devaient être portés devant les tribunaux judiciaires. Il ne s'agissait pas là des réclamations des fournisseurs contre l'administration,
mais au contraire des poursuites de l'administration contre des
fournisseurs qui avaient reçu des avances de l'État et qui n'exécutaient pas leurs engagements ; il s'agissait de recours exercés par
l'État créancier et non subis par l'État débiteur (¹). Comment le savant M. Serrigny a-t-il pu s'y tromper et écrire, dans son beau
traité de la *Compétence administrative :* « Rien de plus formel et de
plus positif que cette loi (du 4 mars 1793) sur la compétence des
tribunaux à l'égard des marchés de fournitures passés avec les ministres (²) ? »

Remarquons d'abord combien serait peu vraisemblable la décision attribuée à la Convention par l'éminent jurisconsulte. L'Assemblée qui rappelait, le 26 septembre 1793, que « toutes les
créances sur l'État seront réglées administrativement » ne devait
guère être portée, le 4 mars de la même année, à se dessaisir de la
discussion des comptes des fournisseurs, ni à disperser devant les
tribunaux des départements le règlement d'affaires qui avaient une
importance de premier ordre au point du budget et de la défense
nationale.

---

1. Voici le texte de cette loi

« Art. 1ᵉʳ. — Les entrepreneurs, marchands, ouvriers et fournisseurs qui ont passé
des marchés avec les ministres et les autres agents de la République et *qui n'ont
point rempli leurs engagements* seront poursuivis devant le tribunal de leur domicile. — Art. 2. Les ministres adresseront à cet effet aux commissaires de la trésorerie nationale les marchés non exécutés *et l'état des sommes à recouvrer résultant
des avances qui auraient été faites aux entrepreneurs et fournisseurs.* Les commissaires de la trésorerie feront passer ces pièces au procureur général-syndic du
département du domicile des entrepreneurs, lequel sera tenu sous sa responsabilité
de faire contre lesdits entrepreneurs et leurs cautions toutes poursuites nécessaires
et d'en rendre compte aux commissaires de la trésorerie. Les fonds provenant des
rentrées seront versés à la caisse du receveur de district qui en rendra compte au
Trésor public. — Art. 3. Quoique les marchés soient passés par des actes sous signature privée, la nation aura néanmoins hypothèque sur les immeubles appartenant
aux fournisseurs et à leurs cautions à compter du jour où les ministres auront
accepté les marchés. — Art. 4. En cas d'insolvabilité des entrepreneurs ou fournisseurs et de leurs cautions, les ministres seront responsables *des avances qu'ils auront faites ou ordonnées,* et les commissaires de la trésorerie en rendront compte à
la Convention nationale. »

2. Serrigny, *Compétence administrative,* t. III, p. 203. Voy. aussi Dalloz, vᵒ *Marché,*
où la même erreur est reproduite.

La loi des 4-9 mars 1793, son texte l'explique bien clairement, répondait à une préoccupation toute différente : la Convention voulait faire rentrer dans les caisses de l'État les avances considérables que des fournisseurs incapables ou de mauvaise foi s'étaient fait remettre par le Trésor, et qu'ils avaient gardées sans livrer leurs fournitures. Or l'État, qui avait le moyen de liquider administrativement ses dettes, n'avait pas le pouvoir de liquider et de faire rentrer lui-même ses créances. Il était armé pour la défensive à l'égard de ses créanciers ; il ne l'était pas pour l'offensive à l'égard de ses débiteurs. De là la nécessité de recourir aux tribunaux pour leur demander un titre exécutoire contre les fournisseurs nantis des avances de l'État. De là aussi la disposition qui stipule, au profit de l'État, une hypothèque légale sur les biens des fournisseurs et entrepreneurs ; de là enfin la disposition finale de la loi qui, en cas d'insolvabilité des fournisseurs, déclare que les ministres seront personnellement responsables des avances par eux faites et des pertes qui en seront résultées pour le Trésor.

Il n'y a rien là, on le voit, qui implique la compétence des tribunaux judiciaires sur le contentieux du marché, sur le règlement du décompte, sur les questions de régie ou de résiliation. Il était d'autant plus utile de fixer sur ce point la véritable portée de la loi des 4-9 mars 1793, qu'elle se rattache à un ensemble de mesures législatives ayant pour but d'assurer le recouvrement des deniers publics indûment retenus, mesures dont nous avons maintenant à parler.

V. — Recouvrements des créances de l'État.

La législation révolutionnaire n'avait pas d'abord donné à l'État de pouvoirs spéciaux pour le recouvrement de ses créances. La législation des impôts et celle des ventes nationales contenaient seulement à cet égard des dispositions particulières qui autorisaient l'emploi de la contrainte administrative, mais qui ne pouvaient pas être généralisées. Il ne fut d'ailleurs jamais question d'étendre ce procédé de recouvrement à toutes les créances de l'État ; mais, parmi ces créances, il y en a qui ont un caractère particulier, ce

sont celles qui résultent de la détention indue de deniers publics
par des tiers, soit que ces deniers aient été encaissés par eux pour
le compte de l'État, soient qu'ils leur aient été confiés par le Trésor avec une destination particulière. Dans ce cas, les poursuites
à fin de recouvrement ont moins le caractère d'une demande en
paiement que d'une véritable action en restitution de deniers publics, en réintégration dans les caisses de l'État de valeurs qui
lui appartiennent.

Même dans ce cas, les voies de droit commun furent d'abord les
seules dont l'administration eut le droit d'user.

A l'égard des comptables en retard ou en déficit, la loi des 17-
29 septembre 1791 (titre II, art. 7 et 9) ne prévoit que le recours
aux tribunaux. Cette loi avait bien institué à la place des chambres
des comptes un *Bureau de comptabilité,* fonctionnant sous l'autorité
de l'Assemblée nationale, qui s'était réservé l'examen définitif et
l'apurement de tous les comptes de la nation ([1]). Mais le bureau de
comptabilité n'avait pas, comme les anciennes chambres des comptes, le droit de rendre des décisions exécutoires ; de son côté, l'Assemblée nationale ne statuait que sur les comptes préalablement
vérifiés dans tous leurs éléments contentieux ; les articles contestés
étaient discutés devant le tribunal du domicile du comptable, à la
requête du commissaire de la trésorerie et du trésorier de l'extraordinaire ; c'était aussi ce tribunal qui ordonnait les poursuites à fin
de recouvrement des débets ([2]).

On ne tarda pas à reconnaître combien un tel système était préjudiciable aux intérêts du Trésor ; il remettait en réalité le contentieux de la comptabilité publique à des tribunaux de district peu
préparés à en connaître, et il permettait aux comptables de mauvaise
foi de retarder le paiement de leurs débets en multipliant les contestations et les procédures dilatoires. La Convention mit fin à cet

---

1. Le bureau de comptabilité était composé de quinze membres nommés par le
roi ; il se divisait, pour l'examen des comptes, en cinq sections de trois membres
chacune. Le bureau était chargé de recevoir tous les comptes ; chaque compte faisait l'objet d'un rapport signé de trois commissaires qui étaient responsables des
faits par eux attestés, et l'Assemblée statuait sur ce rapport. La responsabilité des
commissaires était garantie par un cautionnement de 60,000 livres. (Voy. la loi des
17-29 septembre 1791, t. II, art. 1 à 5.)

2. Loi des 17-29 septembre 1791, t. II, art. 7, 9 et 10.

état de choses par la loi du 28 pluviôse an III. D'après cette loi, les comptables qui se trouvent en débet d'après l'arrêté du bureau de comptabilité sont tenus d'en verser le montant à la trésorerie, en principal et intérêts, dans le délai de deux mois. Ce délai expiré, le bureau de comptabilité « dresse un acte déclaratif et exécutoire des débets de chaque comptable », et le remet à l'agent de la comptabilité pour qu'il fasse directement opérer le recouvrement des débets par la saisie et la vente des biens. Les comptables et leurs héritiers qui ne présentent pas leurs comptes dans des délais déterminés y sont également contraints par des sanctions sévères : leurs biens sont provisoirement séquestrés ; si le compte n'est pas rendu trois mois après cette mesure, les biens sont vendus, et le prix n'en est remis aux ayants droit qu'après reddition et jugement du compte, et sous déduction des sommes dues à l'État si le compte se solde en débet.

Les mesures de contrainte administrative, ainsi appliquées aux comptables par la Convention, furent étendues, sous le Directoire, aux fournisseurs, aux entrepreneurs et à toutes personnes nanties des deniers publics.

Les procédés de coercition judiciaire, prévus contre les fournisseurs par la loi des 4-9 mars 1793, n'avaient pas produit de résultats suffisants. Plus les dépenses des guerres avaient obligé le Trésor à multiplier ses avances, plus il avait été victime d'abus de confiance et de malversations que les tribunaux étaient impuissants à réprimer. Il fallut d'abord obliger les fournisseurs à présenter leurs comptes, qu'ils retardaient à dessein ; ce fut l'objet de la loi du 12 vendémiaire an VIII, qui enjoint aux « entrepreneurs, fournisseurs, soumissionnaires et agents quelconques, comptables [1] depuis la mise en activité de la Constitution de l'an III », à remettre dans des délais déterminés leur compte général et définitif, faute de quoi ils encourent la déchéance et sont tenus de rembourser toutes les avances reçues du Trésor [2].

---

1. L'expression de *comptable* dans toute cette législation est employée dans un sens très large, elle s'applique à toute personne qui, ayant perçu, manié ou employé des deniers de l'État, a un compte à rendre de cette perception ou de cet emploi.

2. La discussion de cette loi du 12 vendémiaire an III devant le Conseil des Anciens montre combien était profond le mal auquel on voulait remédier. Le rapporteur du

Il fallait ensuite assurer le remboursement de ces avances par des mesures plus promptes et plus efficaces que les poursuites judiciaires ; ce fut l'objet de la loi du 13 frimaire an VIII, qui autorisa l'administration à employer, à l'égard des fournisseurs et entrepreneurs, les moyens de contrainte administrative déjà appliqués aux comptables par la législation de l'an III. D'après cette loi, « les « commissaires de la trésorerie peuvent prendre des arrêtés exécu-« toires provisoirement contre les entrepreneurs, fournisseurs, etc., « chargés des services depuis la mise en activité de la Constitution « de l'an III, soit pour la réintégration des acomptes accordés pour « lesdits services, soit pour le recouvrement des débets résultant « des comptes qui doivent être arrêtés par les ministres et déposés « à la trésorerie nationale (¹) ».

Cette dernière loi, qui fut rendue au début du Gouvernement consulaire, fut bientôt complétée par l'arrêté du 18 ventôse an VIII, qui remit au ministre des finances les pouvoirs de contrainte administrative d'abord exercés par les commissaires de la trésorerie (²) :

Conseil, Baret, s'exprimait ainsi à la séance du 3 vendémiaire an VIII : « La commission qui a examiné cette résolution l'a trouvée propre à éclairer l'autorité sur les manœuvres des voleurs et dilapidateurs de la fortune générale. Cette mesure ne doit effrayer que les fripons ; l'homme intègre n'a rien à redouter des sévérités de la loi. La commission aurait désiré qu'elle eût eu plus d'extension et qu'elle ne fût pas bornée aux marchés passés avec le ministre de la guerre ; qu'elle eût compris tous les ordonnateurs, les commissaires des guerres, les gardes-magasins et autres agents. Les crimes dont les fournisseurs se sont rendus coupables n'ont pu avoir lieu qu'avec l'aide des fonctionnaires qu'ils ont intéressés à leur fortune... »

1. La portée de cette législation est ainsi expliquée par le rapporteur de la loi du 13 frimaire an VIII devant le Conseil des Cinq-Cents : « Les consuls de la République vous ont fait la proposition formelle de statuer sur quelques développements qui paraissent indispensables pour assurer à la loi du 22 vendémiaire dernier son entière exécution contre les entrepreneurs et autres comptables en retard de s'acquitter envers le Trésor public. Puisque les voies d'exécution sont nécessaires contre eux et qu'elles ne peuvent être exercées qu'en vertu d'un titre émané d'une autorité à qui la loi confie le droit de la rendre exécutoire, il est indispensable de donner à la trésorerie nationale celui de prendre des arrêtés exécutoires contre les comptables dont il s'agit, et tel est l'esprit général de la législation que déjà la même faculté a été accordée aux commissaires de la comptabilité nationale contre les comptables en retard, et ceux dans le cas de faillite, mort, démission ou destitution. La même loi qui protège les créanciers de l'État doit lui donner les moyens de s'acquitter en atteignant les débiteurs infidèles ou en retard. » (Discours de Creuzé-Latouche au Conseil des Cinq-Cents ; séance du 13 frimaire an VIII.)

2. En vertu de l'arrêté du 1er pluviôse an VIII, les commissaires de la trésorerie avaient été supprimés et l'administration du Trésor mise dans les attributions du ministre des finances.

« Le ministre des finances, comme spécialement chargé de l'admi-
« nistration du Trésor public, est autorisé à prendre tous arrêtés
« nécessaires et exécutoires par provision contre les comptables,
« entrepreneurs, fournisseurs, soumissionnaires et agents quelcon-
« ques en débet dans les cas et aux termes prévus par les lois des
« 12 vendémiaire et 13 frimaire derniers, le tout ainsi que les ci-
« devant commissaires de la trésorerie nationale y étaient autorisés
« par lesdites lois. » Quant à la constatation du débet, elle devait
résulter des arrêtés de comptes dressés par chaque ministre pour
les marchés de son département.

Ainsi s'est établie une attribution importante de l'autorité ministérielle, qui subsiste encore dans notre législation, et que nous aurons à étudier de plus près lorsque nous traiterons des attributions
des ministres en matière contentieuse. Nous ne discuterons pas,
quant à présent, les questions de droit qui se rattachent aux arrêtés
de débet rendus par les ministres, et aux contraintes administratives
par lesquelles le ministre des finances en assure l'exécution. Il nous
suffit de montrer l'origine de ces mesures et la filiation historique
qui les rattache aux événements et aux lois de la période révolutionnaire. Remarquons seulement qu'elles avaient, au début, un
caractère beaucoup plus absolu qu'aujourd'hui. En l'absence de
toute juridiction administrative supérieure, les personnes atteintes
par les arrêtés de débet et les contraintes ne pouvaient qu'en référer
aux ministres mieux informés ; aujourd'hui, au contraire, les parties
intéressées peuvent, dans les délais légaux contester devant la juridiction compétente les décisions qui les atteignent ; si elles en
obtiennent l'annulation, la contrainte administrative tombe avec la
décision qui lui servait de base.

VI. — CONFLITS.

Rien de plus vague et de moins organisé que la législation des
conflits pendant la période révolutionnaire. Non que le principe
fût douteux ou ses applications peu fréquentes, — elles furent au
contraire très nombreuses, surtout sous le Directoire ; — mais on
n'avait pas éprouvé le besoin de soumettre à une réglementation

sévère un droit que l'on considérait comme un attribut essentiel de la puissance publique ; on s'était à peine expliqué sur le jugement des conflits, et nullement sur la procédure.

De 1789 à l'an VIII, c'est aux Assemblées, organes de la souveraineté, qu'il appartient de statuer en dernier ressort sur les conflits de compétence entre les autorités administrative et judiciaire ; le pouvoir exécutif n'est censé rendre, en cette matière, que des décisions sujettes à appel ou à référé devant les Assemblées ; mais, en réalité, c'est lui seul qui prononce. Cette double compétence résulte d'abord de la loi des 7-14 octobre 1790, qui réunit sous la même dénomination de « réclamations d'incompétence » celles qui dénoncent un empiétement de l'administration sur les tribunaux, ou des tribunaux sur l'administration. Bien qu'elle ne prononce pas le mot de conflit, elle n'en est pas moins, jusqu'à l'an III, la seule règle en cette matière. Aux termes de cette loi, les réclamations d'incompétence « seront portées au roi, chef de « l'administration générale ; et dans le cas où l'on prétendrait que « les ministres de Sa Majesté lui ont fait rendre une décision con- « traire aux lois, les plaintes seront adressées au Corps législatif » (¹).

Sous le Directoire, l'intervention du Corps législatif n'a lieu que si elle est provoquée par le pouvoir exécutif. D'après la loi du 21 fructidor an III, il est statué sur le conflit par décision du ministre de la justice, confirmée par le Directoire exécutif, « qui en

---

1. La Convention s'est-elle écartée de cette règle et s'est-elle directement saisie du jugement des conflits en laissant de côté toute intervention du pouvoir exécutif ? La question peut faire doute. On trouve en effet des décrets de la Convention statuant directement sur l'interprétation des lois de compétence (Voy. notamment un décret du 21 prairial an II qui décide, sur la pétition d'un citoyen et sur le référé du tribunal du district de Mont-Unité, ci-devant Saint-Gaudens, que certaines contestations intéressant le patrimoine des émigrés relèvent des tribunaux et non de l'administration). Mais nous inclinons à penser que, même sous la Convention, les conflits étaient renvoyés au conseil exécutif ou aux comités qui lui ont succédé, sous réserve du recours à l'assemblée prévu par la loi des 7-14 octobre 1790. — La Convention s'est prononcée en ce sens pour les réclamations d'incompétence dirigées contre les décisions administratives, réclamations qui étaient soumises aux mêmes règles que les revendications de compétence contre les tribunaux judiciaires (Voy. ci-dessus, p. 187, note 1, le décret du 8 nivôse an III). D'un autre côté, il ne faut pas confondre avec des décisions sur conflit celles qui étaient rendues par les assemblées sur le référé des tribunaux et pour l'interprétation des lois, en exécution de l'article 12 du titre II do la loi des 16-24 août 1790 ; or le décret précité du 21 prairial an II a été rendu sur un référé de cette nature et non à la suite d'un conflit.

référera, s'il est besoin, au Corps législatif ». Mais il n'y a pas d'exemple de ces référés ; il était difficile d'y recourir auprès d'un Corps législatif composé de deux Chambres ; d'ailleurs le Directoire ne semblait pas disposé à en faire usage, ainsi qu'il l'expliquait lui-même dans un arrêté du 16 floréal an V, où on lit : « Le Directoire ne doit pas se rendre, auprès du Corps législatif, l'intermédiaire de référés qui ne présenteraient aux législateurs rien qui fût digne de leur attention et qui ne tendraient qu'à consumer en pure perte leurs plus précieux instants. » On peut donc considérer que l'intervention du Parlement en matière de conflit, supprimée en droit sous le Consulat, le fut, en fait, dès le Directoire.

Les conflits furent nombreux sous le Directoire ; ils ne s'élevèrent pas à moins de 196 pendant les quatre années que dura ce régime ([1]). Ils constituaient alors, ainsi que l'a fait remarquer M. de Cormenin, un moyen de gouvernement plutôt qu'un règlement impartial des compétences ; ils ne s'arrêtaient ni devant les questions de propriété, ni devant celles qui touchent aux droits individuels, ni même devant l'exercice de la juridiction criminelle ; ils s'inspiraient avant tout de la raison d'État. Aussi les fâcheux souvenirs qu'avait laissés la pratique des conflits sous le Directoire, et que la jurisprudence impériale n'avait pas fait entièrement oublier, furent-ils pour beaucoup dans la vive réaction que nous verrons se produire sous la Restauration contre le régime des conflits et la juridiction administrative.

Une des matières dans lesquelles le conflit fut le plus employé fut celle des poursuites contre les fonctionnaires. Le Directoire estimait qu'en l'absence de l'autorisation préalable du Gouvernement, requise par la loi des 7-14 octobre 1790 et par l'article 196 de la Constitution de l'an III, la poursuite ne constituait pas seulement une infraction aux lois de procédure soumise aux censures du tribunal de cassation, mais une violation du principe de la séparation des pouvoirs que le conflit devait réprimer ; il appliquait cette doctrine même aux poursuites criminelles, et l'on peut citer de nombreuses décisions qui annulent des mandats d'arrêt, des

---

1. Sur ces 196 conflits, 158 furent confirmés, 33 annulés en entier et 5 annulés partiellement. (De Cormenin, *Droit administratif*, t. II, *Appendice*.)

actes d'accusation et même des arrêts de condamnation ([1]). Le Directoire exposait en ces termes, dans un arrêté du 16 floréal an V, la jurisprudence qu'il avait adoptée et la manière dont il entendait la concilier avec les droits des tribunaux. — « De ce que l'autorité judiciaire ne peut s'arroger le droit de s'immiscer dans les fonctions administratives, il ne résulte pas que les administrateurs qui ont commis des délits dans l'exercice de leurs fonctions, doivent rester sans punition, mais que c'est au Directoire exécutif qu'il appartient, d'après l'article 196 de la Constitution, de décider si les délits par eux commis comme administrateurs donnent lieu à des réparations ou à des peines dont la poursuite doive être renvoyée devant les tribunaux ; qu'ils ne peuvent connaître des actes d'administration réputés délits, soit qu'ils aient été commis par des administrateurs seulement, soit même qu'ils l'aient été par des administrateurs conjointement avec d'autres citoyens, sans que le Directoire exécutif ait renvoyé l'affaire et les prévenus devant les tribunaux, conformément à l'article 196 de l'acte constitutionnel. »

La législation de la période révolutionnaire, dont nous avons essayé de retracer le véritable caractère, est assurément rigoureuse. Elle ne l'est guère moins que celle de l'ancien régime, avec laquelle elle présente plusieurs points de ressemblance. Non que nos assemblées révolutionnaires aient eu l'idée d'imiter sur ce point le régime qu'elles avaient détruit ; mais elles voulaient s'assurer les conditions de vitalité et d'indépendance administratives que l'ancien gouvernement avait lui aussi recherchées, et qu'elles jugeaient indispensables à l'accomplissement de leur œuvre.

Sont-elles allées trop loin dans cette voie ? Il est permis de le penser. L'unité nationale et l'indépendance de l'action gouvernementale auraient sans doute pu être assurées sans que le rôle des tribunaux fût aussi diminué qu'il l'a été par cette législation. En tout cas, et en admettant que ses rigueurs aient été légitimes, comme se rattachant à de véritables nécessités de gouvernement,

---

1. On peut citer : en l'an IV les arrêtés du 3 floréal, 12 floréal, 3 prairial, 16 thermidor, 16 fructidor ; en l'an V, un arrêté du 1er floréal qui annule un mandat d'arrêt ; en l'an VI, plusieurs arrêtés des 13 vendémiaire, 4 et 22 brumaire, etc., relevés aux Archives nationales par M. de Cormenin (op. cit., Appendice, v° Conflit).

elles cessaient de l'être le jour où ces nécessités ne se faisaient plus autant sentir. Aussi, comme ces lois sont restées sur beaucoup de points la base de notre droit public moderne, il a fallu que la jurisprudence, plus encore que le législateur, s'appliquât à en atténuer les effets et à restituer à l'autorité judiciaire une bonne part de ses attributions légitimes. Sans déserter les principes généraux dont ces lois se sont inspirées, cette jurisprudence a tempéré ce qu'ils avaient de trop absolu en les combinant avec d'autres principes également respectables et qui avaient été trop sacrifiés. Le Conseil d'État, quelquefois stimulé par la Cour de cassation, le plus souvent cédant à ses propres inspirations, a eu une part considérable dans cette œuvre qui commence dès le Consulat, qui se poursuit presque sans interruption jusqu'à la période actuelle, et qui peut encore réaliser de nouveaux progrès dans l'avenir.

CHAPITRE III

DE L'AN VIII A 1848

———

I. — CONSULAT ET EMPIRE

Rapports de la législation de l'an VIII avec les lois antérieures.
— La législation du Consulat et de l'Empire est encore aujour-
d'hui la base de nos institutions de justice administrative. Mais il
ne faut pas croire qu'elle les ait établies de toute pièce. Son œuvre
consiste moins en des créations entièrement nouvelles qu'en un
remarquable travail de restauration et d'adaptation qui combine, en
les améliorant, l'œuvre des assemblées révolutionnaires et celle de
l'ancien régime.

La législation de l'an VIII emprunte à la période révolutionnaire
les règles fondamentales de la séparation des pouvoirs et les applications qui en ont été faites par l'Assemblée constituante, par la
Convention et par le Directoire. La répartition des compétences
entre l'administration et les tribunaux reste, sous le Consulat et
l'Empire, ce qu'elle était sous les régimes précédents. Elle n'est
modifiée que sur deux points : la loi du 29 floréal an X enlève aux
tribunaux, pour le remettre à la juridiction administrative, le jugement des contraventions de grande voirie ; la loi du 8 mars 1810
enlève à la juridiction administrative, pour les remettre aux tribunaux, les affaires d'expropriation pour cause d'utilité publique.

En ce qui touche la répartition des attributions contentieuses entre
le pouvoir central et les administrations départementales, rien n'est
changé aux règles établies pendant la Révolution : les conseils de

préfecture recueillent les affaires attribuées aux administrations de
département ; le pouvoir central, assisté du Conseil d'État, conserve pour lui seul le contentieux des dettes de l'État et les réclamations contre les actes de l'autorité publique.

Les poursuites contre les fonctionnaires demeurent soumises à
l'autorisation préalable du Gouvernement exigée par la loi des
7-14 octobre 1790 ; mais le droit de statuer sur l'autorisation passe
des ministres au Conseil d'État en vertu de l'article 75 de la Constitution de l'an VIII.

Le régime des conflits est maintenu, mais le droit de les juger,
naguère exercé par le ministre de la justice et le Directoire, est
transféré au Conseil d'État ; en même temps, l'arrêté du 13 brumaire au X soumet pour la première fois les conflits à quelques
règles de procédure.

En ce qui touche l'organisation des juridictions administratives,
les innovations sont plus marquées ; mais là encore la législation
du Consulat et de l'Empire n'est pas, à proprement parler, une
œuvre originale. Elle s'inspire des institutions de l'ancien régime
savamment adaptées au nouvel ordre de choses. Le Conseil d'État
de l'an VIII et de 1806 est un retour à l'ancienne institution du
Conseil du roi, on y voit même revivre les dénominations autrefois
usitées soit pour le corps lui-même, soit pour ses membres qui reprennent le titre de conseillers d'État et de maîtres des requêtes.
Les attributions essentielles du Conseil, en matière législative,
administrative et contentieuse, lui sont rendues, sauf celles qui
avaient appartenu au conseil des parties et qui restent dévolues à
la Cour de cassation. La commission du contentieux, établie en
1806 et qui est ordinairement présentée comme une création propre
de cette époque, s'inspire manifestement du « comité du contentieux des départements » institué par Louis XVI à la veille de la
Révolution ([1]) ; le rétablissement des avocats au Conseil, la réglementation des procédures par le décret du 22 juillet 1806, où se
retrouvent plusieurs dispositions du règlement rédigé par d'Aguesseau en 1738, rendent ces restaurations encore plus sensibles. Elles
ne doivent pas d'ailleurs nous étonner, car, en l'an VIII, les insti-

1. V. *suprà*, p. 136.

tutions anciennes n'étaient disparues que depuis douze ans, elles
étaient encore présentes à tous les esprits et elles répondaient aux
besoins de réorganisation gouvernementale et administrative qui
étaient vivement ressentis à l'avènement du Consulat.

Le même esprit de restauration et de revision des institutions
administratives de l'ancien régime apparaît dans l'établissement de
la Cour des comptes. Cette haute juridiction procède des anciennes
Chambres des comptes comme le Conseil d'État procède du Conseil
du roi. Le rapporteur de la loi du 16 septembre 1807, le conseiller
d'État Defermon, mettait lui-même cette filiation en lumière (¹), et
il la présentait comme une cause de supériorité sur les diverses
commissions qui avaient été chargées, depuis 1790, de veiller sur
la comptabilité publique.

Quant à la juridiction administrative établie dans les départements et confiée aux conseils de préfecture, elle porte plus que les
précédentes l'empreinte propre du Consulat. Cependant elle se rattache, quant à la compétence juridictionnelle, aux directoires de
département ; d'un autre côté, il est difficile de ne pas retrouver
dans l'institution des préfets un souvenir des anciens intendants ;
on avait même d'abord pensé à conserver ce nom, mais les auteurs
de la loi du 28 pluviôse an VIII avaient jugé inopportun de pousser l'assimilation aussi loin.

Ce caractère de la législation consulaire, qui puise à la fois ses
inspirations dans les lois révolutionnaires et dans celles de l'ancien régime, peut diminuer, dans une certaine mesure, l'origina-
lité de l'œuvre accomplie au début du xixe siècle ; elle peut mal
s'accorder avec la théorie de quelques historiens qui ont cru grandir
les institutions de cette époque en les faisant sortir tout armées du
cerveau du premier Consul ; mais en réalité, c'est à cette dualité
d'origine que les institutions administratives du Consulat ont dû
leur force et leur durée, parce qu'elles représentaient à la fois des
traditions séculaires et leur appropriation éclairée à un régime
nouveau.

Étudions maintenant cette période de plus près, en considérant
la juridiction administrative dans ses trois institutions principales :

1. V. *infrà*, p. 224.

le Conseil d'État, les conseils de préfecture et la Cour des comptes.

Conseil d'État. — Les attributions du Conseil d'État en matière contentieuse sont prévues par l'article 52 de la Constitution de l'an VIII : « Sous la direction des consuls, un Conseil d'État est « chargé de résoudre les difficultés qui s'élèvent en matière admi- « nistrative. » Ces attributions sont précisées par l'article 11 du règlement du 5 nivôse an VIII : « Le Conseil d'État prononce... « sur les conflits qui peuvent s'élever entre l'administration et les « tribunaux ; sur les affaires contentieuses dont la décision était « précédemment remise aux ministres. »

Les ministres, qui étaient seuls juges du contentieux administra- tif pendant la période révolutionnaire, sauf pour les affaires attri- buées aux administrations de département, deviennent ainsi justi- ciables du Conseil d'État. Ils conservent, bien entendu, le droit de décision inhérent aux fonctions mêmes de l'administrateur, et c'est ce qui fait encore dire quelquefois qu'ils sont des juges de premier ressort relevant du Conseil d'État en appel ; mais en réalité, la législation consulaire tend à séparer la fonction administrative de la fonction juridictionnelle, aussi bien au centre que dans les dé- partements ; elle applique partout le principe formulé par Rœderer, rapporteur de la loi du 28 pluviôse an VIII : « Administrer doit être le fait d'un seul homme, et juger le fait de plusieurs. » Elle applique ce principe dans le département où le préfet administre et où le conseil de préfecture délibère et juge ; dans le gouverne- ment central où l'action administrative appartient aux ministres, la délibération et la juridiction au Conseil d'État.

La même idée se retrouve dans l'article 14 du décret du 11 juin 1806 : ce texte charge le Conseil d'État de connaître « de toutes « contestations ou demandes relatives, soit aux marchés passés avec « nos ministres, avec l'intendant de notre maison ou en leur nom, « soit aux travaux ou fournitures faits pour le service de leurs dé- « partements respectifs... » ; il n'y est pas fait allusion aux pouvoirs de juridiction qui appartiendraient aux ministres, dans la matière des marchés, en qualité de juges de premier ressort. La législation de l'an VIII semble d'ailleurs vouloir éviter le reproche qui avait été justement adressé à la législation précédente, de confondre dans une même autorité le rôle de juge et de partie ; elle cherche à empêcher cette confusion au sein du Conseil d'État lui-même, en refusant à ceux de ses membres qui administrent des services publics le droit de délibérer sur les affaires contentieuses relatives à ces services [1].

Il n'y eut pas d'abord de différences — sauf cette récusation des administrateurs intéressés — entre les délibérations du Conseil en matière contentieuse et en matière administrative ordinaire. Les affaires contentieuses étaient distribuées entre les sections correspondantes aux différents ministères et décidées, sur leur rapport, par l'assemblée générale du Conseil [2]. Mais on ne tarda pas à reconnaître que ce mode de procéder était défectueux, que les contestations à juger entre l'administration et les particuliers exigeaient des moyens spéciaux d'instruction et de discussion contradictoire, de véritables procédures se rapprochant des formes judiciaires. De là les décrets du 11 juin et du 22 juillet 1806 qui établissent la commission du contentieux, règlent sa procédure, et instituent un collège d'avocats spécialement chargés d'introduire et de suivre les instances.

La commission du contentieux fut composée de six maîtres des requêtes et de six auditeurs et placée sous la présidence du Grand Juge, ministre de la justice [3]. Elle fut chargée de centraliser

---

1. Arrêté du 5 nivôse an VIII, art. 11 : « Les conseillers d'État chargés de la direction de quelque partie de l'administration publique n'ont point de voix au Conseil d'État lorsqu'il prononce sur le contentieux de cette partie. »

D'après l'article 7 du même arrêté, cinq conseillers d'État devaient être chargés des parties suivantes de l'administration : 1º bois et forêts et anciens domaines ; 2º domaines nationaux ; 3º ponts et chaussées, canaux de navigation et cadastre ; 4º sciences et arts ; 5º colonies. Ils avaient pour mission d'instruire les affaires, de signer la correspondance, de préparer les décisions des ministres et des consuls. — Un sixième service, celui des cultes, fut ajouté en l'an IX et confié à Portalis. Ces administrations différaient peu de ce que sont aujourd'hui les directions générales des ministères.

2. D'après l'arrêté du 5 nivôse an VIII, les sections étaient au nombre de cinq : finances, législation, guerre, marine, intérieur. Une sixième section, celle du commerce, fut établie par le sénatus-consulte du 28 floréal an XII. D'après M. Aucoc, qui a recueilli tant de renseignements inédits dans son livre déjà cité sur le *Conseil d'État avant et depuis 1789*, la section du commerce n'aurait point été organisée. On la retrouve cependant dans les premières ordonnances organiques de la Restauration (ord. du 29 juin 1814, art. 5, et du 23 août 1815, art. 7), mais elle cesse d'être mentionnée dans l'ordonnance du 26 août 1824.

3. Décret du 11 juin 1806, art. 24 et suiv.

toutes les affaires contentieuses portées devant le Conseil, soit par les ministres, soit par les parties intéressées, d'en faire l'instruction et d'en présenter le rapport à l'assemblée générale. La commission n'exerçait point de juridiction par elle-même ; elle n'avait même pas le droit de prendre des décisions ou ordonnances pour l'instruction des affaires ou pour la mise en cause des parties. Quand ces décisions étaient nécessaires, elles étaient prises par le ministre de la justice ou Grand Juge faisant fonctions de président. La commission ne formait donc pas, à proprement parler, une section du Conseil, elle ne comptait pas de conseillers d'État dans ses rangs, elle n'était qu'un auxiliaire du Conseil pour la préparation des affaires contentieuses ressortissant à la juridiction unique de l'assemblée générale.

Malgré ce rôle modeste en apparence, la commission du contentieux fut, dès son origine, le véritable organe de la juridiction administrative supérieure. Plus les travaux du Conseil étaient étendus en matière de législation et de haute administration, plus l'assemblée générale était portée à ratifier, sans longs débats, les décisions que proposait la commission. Bien qu'il manquât encore à la juridiction ainsi organisée les ressources du débat oral, l'assistance d'un ministère public, la publicité des audiences ; bien que les décisions définitives fussent l'œuvre d'un grand corps politique plutôt que d'un tribunal et fussent rendues en forme de décrets impériaux, les décrets de 1806 n'en furent pas moins la base d'une forte institution de justice administrative.

La commission du contentieux, réunissant à la fois sous son contrôle les ministres, les préfets, les conseils de préfecture, la Cour des comptes elle-même, put embrasser l'ensemble de la législation administrative et en dégager des règles de légalité applicables à tous les degrés de la hiérarchie. Elle put faire prévaloir une interprétation sincère des lois et des contrats sur les solutions variables, capricieuses, souvent intéressées que les administrations départementales ou les ministères avaient longtemps imposées. Il fallait surtout remettre l'ordre dans les compétences, profondément troublées par l'abus des conflits sous le Directoire. La restitution des questions de propriété et de droits individuels aux tribunaux judiciaires fut une des règles que la commission du contentieux s'appliqua le plus à faire observer ; elle eut recours, pour l'imposer aux autorités administratives, à la loi des 7-14 octobre 1790 sur les « réclamations d'incompétences » ; elle réprima, par ce moyen, les empiétements de l'administration sur les tribunaux, tandis que l'empiétement inverse était réprimé par le conflit. Elle commença aussi à déduire de cette loi de 1790 des applications plus étendues en ajoutant aux cas d'incompétence les cas d'excès de pouvoir, notamment la violation des formes légales.

« La commission du contentieux, écrivait M. de Cormenin en 1818, a retiré du gouffre de l'arbitraire la justice administrative ; corrigé l'application des lois de révolution, d'exception, de circonstance ; éclairé la marche de l'administration ; retenu les préfets et les ministres dans les bornes de leurs devoirs, par la crainte de sa revision suprême ; restitué les citoyens à leurs juges naturels ; secouru le principe de la propriété, affermi la liberté civile [1]. »

Il avait été dans la politique du premier consul de créer un Conseil d'État assez fort pour exercer, à défaut du Corps législatif, un contrôle efficace sur les ministres et sur toutes les branches de l'administration. Pour affermir l'autorité du Conseil, il s'était imposé à lui-même de respecter son indépendance, et il l'avait garantie, lors de l'établissement de l'Empire, en donnant le titre de conseillers d'État à vie aux membres du Conseil qui avaient appartenu pendant cinq ans au service ordinaire [2]. On ne cite, pendant cette période, aucune décision contentieuse dont la teneur ait été modifiée ou l'exécution retardée par le chef de l'État, bien qu'il fût censé prononcer lui-même ces décisions et ne les rendît définitives que par sa signature [3].

---

1. *Du Conseil d'État envisagé comme conseil et comme juridiction.* Paris, 1818, opuscule publié d'abord sans nom d'auteur. — Consulter aussi : *L'Esprit de la jurisprudence inédite du Conseil d'État sous le Consulat et l'Empire,* par Petit des Rochettes, 1827.

2. Sénatus-consulte du 28 floréal an XII, art. 77.

3. Il ne faut pas confondre avec les décisions rendues à cette époque sur le rapport de la commission du contentieux certains décrets impériaux qui se rattachaient à l'exercice de prérogatives souveraines revendiquées par l'Empereur, ou qui même constituaient de manifestes abus d'autorité. Parmi ces actes, on peut citer un décret rendu le 4 juillet 1813 sur le rapport des sections de législation et de la guerre, qui annule un jugement d'un conseil de guerre irrégulièrement composé. La législation n'avait pas encore prévu de recours

Les pouvoirs du Conseil d'État en matière contentieuse étaient très étendus, puisqu'ils s'appliquaient à toutes les affaires décidées par les conseils de préfecture et par les ministres, et aussi, d'après la jurisprudence, aux actes d'administration entachés d'incompétence ou d'excès de pouvoir. Mais, en fait, ces pouvoirs ne s'exerçaient que dans une mesure assez restreinte ; les règles des recours étaient encore peu connues ; le ministère des avocats était requis dans toutes les affaires par les décrets du 11 juin et du 22 juillet 1806, et s'il rendait d'incontestables services aux plaideurs et aux juges, il avait aussi pour effet d'éloigner, à raison des frais, les réclamations qui ne présentaient qu'un modique intérêt pécuniaire.

Depuis la promulgation des décrets de 1806 jusqu'à la fin de l'Empire, le nombre total des arrêts s'élève à 1,920, soit seulement 210 par an en moyenne ([1]).

---

légaux contre ces jugements, et le Gouvernement croyait qu'il pouvait s'en saisir, malgré leur caractère plus judiciaire qu'administratif. — « Considérant, porte ce décret, que c'est un principe constant qu'il n'y a pas de plus grave défaut que le défaut de pouvoirs et que ce vice doit être reproché à tout tribunal non régulièrement formé ; que le droit de surveiller l'exécution des lois et de réformer les infractions qui y sont faites est inhérent à la souveraineté et ne peut jamais cesser d'exister, qu'ainsi dans le cas où le prince n'en a pas délégué l'exercice, il est censé se l'être réservé à lui-même. »

Parmi les actes qui constituaient de coupables abus d'autorité, on doit citer le fameux décret du 14 août 1813 qui annule un arrêt de la cour d'assises de Bruxelles, du 24 juillet 1813, acquittant les administrateurs de l'octroi d'Anvers accusés de concussion. En exécution de ce décret, un sénatus-consulte du 28 août 1813 ordonna le renvoi des accusés devant une autre cour d'assises ; celle de Douai fut désignée par un arrêt de la Cour de cassation. Le Conseil d'État resta étranger à ce décret, rendu au camp devant Dresde. Il est même à remarquer qu'il en prononça lui-même l'annulation ainsi que celle du sénatus-consulte du 28 août : il est vrai que la Restauration venait alors de succéder à l'Empire. L'ordonnance d'annulation fut rendue le 4 juillet 1814, sur le rapport des sections de législation et des finances ; elle porte : « Considérant que l'acte qualifié sénatus-consulte du 28 août 1813 est contraire à l'autorité de la chose jugée et attentatoire à l'autorité du jury, déclare S. M. que ledit sénatus-consulte et tout ce qui s'en est suivi doit être considéré comme nul et non avenu. Ordonne que l'arrêt de la cour d'assises du 24 juillet dernier sortira son plein et entier effet et que le séquestre apposé sur les biens des requérants légalement acquittés sera levé sur-le-champ si fait n'a été. »

1. La doctrine de ces arrêts ne se propageait que difficilement, à raison de l'absence de publicité des séances et des décisions. « Les décisions du Conseil d'État en matière contentieuse, écrivait Macarel en 1818, étaient généralement restées inconnues aux citoyens... Tandis que la solennité des audiences et des plaidoiries, la publicité des jugements, l'enseignement du droit civil et une foule de savants commentaires répandaient et popularisaient la connaissance de nos Codes, la science si vaste et si compliquée du contentieux administratif, révélée seulement à un petit

Conseils de préfecture. — La loi du 28 pluviôse an VIII supprime les administrations collectives et élues qui avaient fonctionné sous la Révolution. Elle fait deux parts de leurs attributions : elle remet au préfet l'administration proprement dite ; elle remet au conseil de préfecture la juridiction, à laquelle le préfet est cependant associé comme président, avec voix prépondérante en cas de partage. Les membres de ce conseil ne sont plus des délégués élus par les citoyens, comme en 1790 et en l'an III, ce sont des fonctionnaires publics nommés par le Gouvernement.

Les conseils de préfecture, associés à l'administration départementale, recueillent les attributions contentieuses précédemment confiées à cette administration. La réforme de l'an VIII n'a pas eu, à cet égard, de portée plus étendue ; c'est à tort qu'on s'est quelquefois demandé si ses auteurs n'avaient pas voulu créer, dans chaque département, un tribunal d'administration ayant une compétence générale, ou du moins beaucoup plus large que n'était celle des directoires. Cette idée, qui avait été mise en avant en 1790 par le comité de l'Assemblée constituante chargé d'élaborer la loi d'organisation judiciaire [1], ne fut point reprise sous le Consulat. Les passages du rapport de Rœderer que l'on a quelquefois cités comme donnant ce caractère à l'institution primitive des conseils de préfecture, n'ont point cette signification. Ils n'ont en vue que le partage des diverses attributions de l'administration départementale entre le préfet et le conseil de préfecture, la délégation des fonctions juridictionnelles, exclusivement faite à ce conseil, mais non l'extension de ces fonctions à toutes les matières d'administration publique [2].

---

nombre d'adeptes, laissait le reste des citoyens et les autorités elles-mêmes dans l'ignorance confuse de leurs droits et de leurs devoirs. » (Macarel, *Éléments de jurisprudence administrative*, t. I, Avertissement.)

1. Voy. *suprà*, p. 190.

2. Voici le passage, souvent cité, du rapport de Rœderer sur cette partie de la loi du 28 pluviôse an VIII : « Remettre le contentieux de l'administration à un conseil de préfecture a paru nécessaire pour ménager au préfet le temps que demande l'administration ; pour garantir aux personnes intéressées qu'elles ne seront pas jugées sur des rapports et des avis de bureaux ; pour donner à la propriété des juges accoutumés au ministère de la justice, à ses règles, à ses formes ; pour donner tout à la fois à l'intérêt particulier et à l'intérêt public la sûreté qu'on ne peut guère attendre d'un jugement porté par un seul homme. Le Gouvernement croit avoir pris

La législation du Consulat, comme celle qui avait régi les administrations départementales sous la Révolution, établit la compétence des conseils de préfecture par voie d'énumération. Leurs principales attributions sont mentionnées dans l'article 4 de la loi du 28 pluviôse an VIII, qui s'inspire des lois antérieures et reproduit même textuellement certaines dispositions de la loi des 7-11 septembre 1790, sur la compétence des directoires. Ce texte défère aux conseils de préfecture le contentieux des contributions directes, celui des travaux publics (interprétation et exécution des marchés, dommages, indemnités pour terrains pris ou fouillés) ; le contentieux des domaines nationaux. Il y ajoute, en termes peu précis, « les difficultés qui pourront s'élever en matière de grande voirie ». Cette dernière disposition fut bientôt complétée par la loi du 29 floréal an X, qui chargea les conseils de préfecture de statuer sur les contraventions de grande voirie, précédemment déférées aux tribunaux judiciaires ([1]).

un juste milieu entre l'ancien système, qui séparait la justice administrative et l'administration comme inconciliables, et le nouveau, qui les cumulait dans une même main comme si elles eussent été une seule et même chose. »

Les termes de ce rapport indiquent suffisamment que les mots « le contentieux de l'administration », malgré leur caractère général, ne s'appliquaient qu'au contentieux du département, celui dont le préfet aurait connu, en l'absence d'un conseil spécial, comme héritant des pouvoirs des administrations départementales.

On doit ramener à la même interprétation un arrêt du Conseil d'État du 6 décembre 1813 où on lit : « que, d'après la loi du 28 pluviôse an VIII et autres lois postérieures, le préfet est seul chargé de l'administration, mais que les conseils de préfecture sont institués pour prononcer sur toutes les matières contentieuses administratives... » Il ne s'agit là encore que des matières contentieuses relevant des administrations de département, et non du contentieux administratif en général.

1. Cette modification aux règles antérieures de la compétence semble avoir été motivée par le peu de soin que les tribunaux avaient apporté à la protection du domaine public et à la répression des contraventions. On lit dans l'exposé des motifs de la loi du 29 floréal an X : « Toutes les contraventions aux règlements relatifs à la conservation des canaux, des routes, des plantations et ouvrages d'art qui les bordent se sont multipliées avec excès. Les poursuites en sont rares, peu actives et rarement poussées jusqu'à la condamnation des délinquants. Cette espèce de silence de l'administration et l'inaction de la justice a encouragé les empiétements, les dégradations, la destruction des arbres, le comblement des fossés, enfin tous les délits que la cupidité, la malveillance, le désœuvrement, conseillent et provoquent. Il est temps, au moment où l'ordre renaît, où les routes se réparent, se plantent, où les canaux se reconstruisent ou se font, de rendre à la police conservatrice une action sûre, prompte et sévère. Il faut conséquemment que l'administration, chargée de faire et de conserver, puisse poursuivre, atteindre, frapper ceux qui détruisent, altèrent le produit de ses travaux édifiés souvent à grands frais. Il faut que, sans aller devant les tribunaux de police correctionnelle, auxquels la connaissance de ces

D'autres lois spéciales vinrent successivement accroître la compétence des conseils de préfecture. Mentionnons parmi les plus importantes : la loi du 14 floréal an XI sur le curage des cours d'eau non navigables, la loi du 9 ventôse an XIII relative aux plantations des routes et des chemins vicinaux et aux anticipations commises sur ces chemins, et surtout la loi du 16 septembre 1807 sur le dessèchement des marais, qui est en réalité une loi générale sur les travaux publics et qui défère aux conseils de préfecture diverses contestations, notamment celles qui concernent les travaux de salubrité intéressant les villes et les communes ([1]).

Cette loi de 1807 ne remet cependant pas aux conseils de préfecture l'ensemble des contestations qu'elle prévoit ; elle en réserve un grand nombre à des *commissions spéciales,* juridictions temporaires dont la compétence est limitée au règlement de certains travaux. Ces commissions agissent tour à tour comme arbitres amiables et comme juges contentieux, pour le règlement des indemnités, des plus-values, des contributions aux dépenses se rattachant aux entreprises d'intérêt général qui profitent directement à la propriété privée, telles que les travaux de dessèchement, d'endiguement, de voirie. Ces commissions, dont on retrouve la trace, avant 1789, dans les lettres patentes autorisant et concédant des travaux de même nature, ne sont pas composées de fonctionnaires, mais d'habitants, de propriétaires intéressés, d'hommes de l'art nommés par le chef de l'État pour le règlement d'affaires déterminées ([2]).

L'attribution d'une certaine juridiction contentieuse à un groupe de particuliers momentanément investis d'une part d'autorité publique constitue, dans la législation impériale, un fait exceptionnel qui mérite d'être signalé. Cette organisation s'est d'ailleurs maintenue jusqu'à la loi du 21 juin 1865 sur les associations syndicales qui a transféré aux conseils de préfecture les attributions contentieuses des commissions spéciales.

Des doutes paraissent avoir longtemps subsisté, pendant la pé-

___

délits est attribuée, ils soient réprimés par l'administration même, revêtue à cet effet d'un nouveau pouvoir réclamé par les circonstances et même par les principes. »

1. Loi du 16 septembre 1807, art. 35 et suiv.

2. Voir le titre X de la loi du 16 septembre 1807 relatif à l'organisation et aux attributions des commissions spéciales.

riode du Consulat et de l'Empire, sur la force exécutoire des décisions des conseils de préfecture. On se demandait si ces décisions ne devaient pas être complétées par un mandement des tribunaux, pour recevoir exécution sur les biens des parties condamnées. Des textes législatifs et la jurisprudence du Conseil d'État affirmèrent la force exécutoire des arrêtés des conseils de préfecture et leur assimilation aux jugements des tribunaux. Tout d'abord la loi du 29 floréal an X décide que les arrêtés rendus en matière de contravention de grande voirie « seront exécutés sans visa ni mandement « des tribunaux, nonobstant et sauf tout recours, que les individus « condamnés seront contraints par l'envoi de garnisaires et saisie « de meubles en vertu desdits arrêtés qui seront exécutoires et emporteront hypothèque (¹) ». Deux avis du Conseil d'État du 25 thermidor an XII et du 12 novembre 1811, approuvés par l'Empereur et insérés au *Bulletin des lois,* disposent, en termes plus généraux, que « les condamnations et les contraintes émanées des « administrateurs, dans les cas et pour les matières de leur compétence, emportent hypothèque de la même manière et aux « mêmes conditions que celles de l'autorité judiciaire ».

Malgré ces textes, plusieurs arrêts du Conseil d'État furent encore nécessaires pour bien définir le caractère des arrêtés rendus en matière contentieuse, que certains tribunaux et même des conseils de préfecture persistaient à méconnaître. On peut citer en ce sens un décret sur conflit négatif du 5 mars 1814 qui annule l'arrêté d'un conseil de préfecture renvoyant au tribunal civil les mesures à prendre pour assurer l'exécution de sa décision : « Considérant, porte ce décret, que les conseils de préfecture sont de véritables juges dont les actes doivent produire les mêmes effets et obtenir la même exécution que ceux des tribunaux ordinaires (²)... »

Cour des comptes. — La Cour des comptes organisée par la loi du 16 septembre 1807 et par le décret du 28 septembre suivant

---

1. Loi du 29 floréal an X, art. 4.

2. L'assimilation des arrêtés des conseils de préfecture à des décisions de justice est encore affirmée par un décret au contentieux du 21 juin 1813 portant « que les conseils de préfecture, comme les tribunaux, n'ont pas le droit de réformer leurs décisions ».

complète les institutions de justice administrative de la période consulaire et impériale.

La création de cette haute juridiction ne fut pas immédiate. La Constitution de l'an VIII s'était d'abord inspirée de la législation révolutionnaire en remettant le contrôle de la comptabilité publique à une commission spéciale dite *Commission de comptabilité nationale*, analogue à celle qui fonctionnait sous le Directoire. Elle était composée de sept membres nommés par le Sénat et exerçait ses attributions sous l'autorité des consuls ([1]). Elle était chargée de vérifier les comptes des recettes et des dépenses de la République, et avait le droit de décerner contre les comptables en retard ou en débet des « actes déclaratifs » qui étaient transmis au ministre du Trésor public et exécutés par l'agent judiciaire du Trésor ([2]).

Dès que l'Empire eut succédé au Consulat, une autre organisation fut mise à l'étude ; les institutions de l'ancien régime furent interrogées ; on se demanda si l'on ne réunirait pas comme autrefois sous une même juridiction la comptabilité publique et le contentieux des affaires domaniales : « On a recherché, disait le conseiller d'État Defermon ([3]), ce qu'étaient les anciennes Chambres des comptes et les rapports que pouvait avoir leur système avec nos principes constitutionnels... On a examiné s'il fallait rétablir des Cours des comptes avec une autorité judiciaire ou s'en tenir à organiser une autorité administrative. L'examen approfondi de cette question a amené à considérer s'il convenait ou non de laisser aux tribunaux ordinaires le jugement des questions de propriété qui peuvent intéresser le domaine, et l'on est resté convaincu que les questions de propriété ne pouvaient être mieux discutées, mieux approfondies et mieux jugées que par les tribunaux ordinaires sans cesse occupés de ces questions importantes. En bornant ainsi les fonctions de la Cour des comptes à recevoir et à juger les comptes des comptables de deniers publics, on n'a plus trouvé dans cette institution qu'une autorité administrative qui, par ses rapports avec le Trésor public et les autres parties de

1. Constitution de l'an VIII, art. 89.
2. Arrêté du 29 frimaire an IX, art. 4.
3. Rapport au Corps législatif sur la loi du 16 septembre 1807.

l'administration qui pourront éclairer et faciliter ses recherches sur la gestion des comptables, pourra faire connaître au Gouvernement tous les abus qu'il n'aurait pu prévenir ou découvrir. »

C'est donc comme juridiction administrative que la Cour des comptes a été instituée par la loi du 16 septembre 1807. A la vérité, le nom qu'elle porte, l'inamovibilité de ses membres, l'organisation de son parquet, les rapprochements établis par la loi même de 1807 entre elle et la Cour de cassation (¹), ont pu la faire quelquefois considérer comme une compagnie judiciaire ; mais telle n'a pas été, comme on le voit, la pensée du législateur de 1807. La loi organique a d'ailleurs nettement marqué la place de la Cour des comptes parmi les juridictions administratives en lui refusant le caractère de cour souveraine et en la soumettant, comme tous les tribunaux administratifs, à la juridiction supérieure du Conseil d'État. « Les arrêts de la Cour, disait Defermon, sont exécutoires, mais les comptables qui se croiraient fondés à réclamer pour violation des formes et de la loi sont autorisés à se pourvoir dans un délai déterminé, et la même voie est ouverte au ministre. Ce recours est ici, comme en toute matière administrative, un remède contre les erreurs inséparables de la faiblesse humaine. Sans doute on en verra peu d'exemples ; la Cour des comptes se fera distinguer par ses lumières et son indépendance. Mais si l'on a reconnu la nécessité d'une Cour de cassation pour remédier aux erreurs des tribunaux ordinaires, il n'était pas moins indispensable de donner un recours contre celles de la Cour des comptes. »

En conséquence, l'article 17 de la loi du 16 septembre 1807 ouvrit un recours devant le Conseil d'État contre les arrêts de la Cour des comptes, mais seulement un recours en cassation « pour violation des formes et de la loi », et non un recours en réformation par la voie de l'appel. Cette réformation ne put être demandée qu'à la Cour elle-même par un recours en revision analogue à celui qui se pratiquait devant les anciennes chambres des comptes.

Ainsi furent établies, pendant la période consulaire et impériale, les trois institutions fondamentales qui sont restées la base de la

---

1. « La Cour des comptes prend rang immédiatement après la Cour de cassation et jouit des mêmes prérogatives. » (Loi du 16 septembre 1807, art. 7.)

juridiction administrative en France : le Conseil d'État, les conseils de préfecture, la Cour des comptes. Nous n'aurons plus désormais à assister à des transformations profondes de ces institutions ni des principes qui les régissent, mais seulement à des modifications, à des améliorations, et aussi à des crises passagères et presque toujours salutaires, parce qu'elles ont préparé de nouveaux progrès.

II. — RESTAURATION.

Crise subie par la juridiction administrative. — La Restauration a été une période difficile pour la juridiction administrative, et en particulier pour le Conseil d'État.

Plusieurs causes motivèrent le mouvement des esprits qui sembla remettre en question à cette époque les institutions qui venaient de s'établir. Le Conseil d'État avait contre lui ses origines immédiates qui le rattachaient à l'Empire. En outre, il avait concouru, comme juridiction administrative supérieure, à l'application des lois sur les biens des émigrés et sur les aliénations de domaines nationaux ; il avait dû continuer cette mission même après 1815 et protéger le principe de l'inviolabilité des ventes nationales, non seulement contre les anciens possesseurs, mais encore, plus d'une fois, contre des administrations publiques ([1]). Ce fut là, au dire des contemporains, une de ses tâches les plus ardues, les plus fécondes en récriminations : « Le plus beau fleuron du Conseil d'État de la Restauration, écrivait M. de Cormenin, qui avait pris part à ses travaux, est d'avoir, grâce à l'énergie et au patriotisme de plusieurs hommes, défendu les droits des acquéreurs. Quoique notre part dans cette lutte ait été fort obscure et fort modeste, nous tenons cependant à honneur de la revendiquer, car c'est avoir bien mérité du pays, que d'avoir contribué à maintenir la paix publique ([2]). »

Le Conseil d'État dut aussi opposer une jurisprudence très ferme à ceux qui voulaient remettre en question la liquidation de l'arriéré et les déchéances parfois rigoureuses qui avaient atteint d'anciens

---

1. La Charte de 1814 avait ordonné la restitution des biens encore détenus par le domaine, mais elle avait consacré l'inviolabilité des ventes effectuées.
2. *Droit administratif*, t. II, p. 56.

créanciers de l'État. Enfin, il eut à résister à toutes les tentatives faites pour infirmer tardivement des décisions prises par les autorités administratives de la Révolution et de l'Empire. De là les déceptions et la sourde hostilité de beaucoup de ceux que la Restauration avait tirés de leur retraite.

Le parti libéral avait aussi des griefs contre le Conseil d'État ; il le rendait responsable de certaines lois administratives dont sa jurisprudence n'avait point créé, mais révélé les rigueurs. Il lui reprochait surtout de n'avoir pas d'existence légale comme juridiction, de n'être pas mentionné dans la Charte de 1814 et de ne reposer que sur des lois virtuellement abolies par la chute de l'Empire. On admettait bien que le roi pouvait, malgré le silence de la Charte, se faire assister d'un conseil pour l'exercice de ses prérogatives, mais on soutenait qu'il ne possédait plus le droit de justice retenue et qu'il ne pouvait exercer, ni par lui-même, ni par son conseil, aucune juridiction. Aussi l'opposition libérale, dans la discussion du budget, ne ménageait-elle au Conseil d'État ni ses critiques, ni ses menaces de refus de crédit.

Il faut d'ailleurs reconnaître que le Conseil d'État de la Restauration n'avait pas conservé, au regard du Gouvernement et du public, la haute situation et le renom d'indépendance qu'il avait eus sous l'Empire. L'avènement du régime constitutionnel l'avait réduit au rôle d'auxiliaire du pouvoir exécutif, l'avait subordonné plutôt qu'associé aux ministres, devenus responsables devant le Parlement et impatients de tout autre contrôle. Les ordonnances royales, qui forment pendant cette période toute la législation du Conseil d'État, tendent à assurer cette subordination, à donner aux membres du Conseil une situation non seulement amovible, mais précaire.

Ainsi, l'ordonnance du 23 août 1815 décide qu'il sera dressé « un tableau général de toutes les personnes à qui il nous aura plu « de conserver ou de conférer le titre de conseiller d'État ou celui « de maître des requêtes ». Le 1er janvier de chaque année, ce tableau était soumis par le garde des sceaux à l'approbation du roi, et la radiation d'un nom impliquait révocation. Ce régime, interrompu par l'ordonnance du 26 août 1824, fut rétabli par celle du 5 novembre 1828. Aussi le député Manuel pouvait-il dire en 1821 :

« Que peut-on espérer de prétendus juges qu'à chaque trimestre on peut exclure du Conseil avec autant de facilité qu'on déplace les pièces d'un échiquier ? »

Les mêmes ordonnances tendaient encore à restreindre le rôle du Conseil d'État, en permettant au roi d'évoquer devant le conseil des ministres, dit *conseil d'en haut,* « toutes les affaires du contentieux de l'administration qui se lieraient à des vues d'intérêt général ([1]) » ; elles plaçaient le comité du contentieux sous la présidence du ministre de la justice, et elles renvoyaient le jugement des affaires à l'assemblée générale du Conseil d'État, à laquelle prenaient part non seulement tous les membres du service ordinaire, mais encore les ministres, les conseillers d'État en service extraordinaire, et même les membres du Conseil qui avaient concouru soit dans les comités, soit dans les ministères, à la préparation des décisions attaquées.

Ce mode de délibération des affaires contentieuses, qui avait souvent pour conséquence de faire annihiler l'avis du comité du contentieux et du service ordinaire par une majorité où dominaient les représentants directs de l'administration, ne contribua pas peu à entretenir les griefs de l'opinion libérale contre la juridiction administrative. Un des membres du Conseil d'État de cette époque appréciait ainsi cette organisation :

« La réunion des comités de l'intérieur, des finances, de la marine, de la guerre et de la législation en assemblée générale, pour juger les affaires préparées par le comité du contentieux, n'offre pas aux citoyens assez de garanties de la bonté des jugements... Est-il régulier que les ministres aient séance et voix délibérative dans le Conseil où le citoyen vient attaquer leurs décisions qui blessent ses droits ? Et lorsque vous fermez à ce citoyen obscur les portes du tribunal, que ne doit-il pas craindre de la présence d'un ministre défendant sa propre cause dans une assemblée de juges amovibles ? Si le ministre est présent, il se défend et se juge lui-même ; s'il est absent, il est défendu, il est jugé par les membres de son comité, qui sont placés dans son étroite dépendance, qui obéissent presque toujours à ses impulsions, qui ont eux-mêmes

---

1. Ordonnance du 29 juin 1814, art. 7, § 2, et ordonnance du 19 avril 1817.

préparé la décision attaquée... C'est en vain que chaque ministre, chaque membre du Conseil sera probe, éclairé, juste ; ces qualités de l'homme ne corrigent point les vices de l'institution ; elles n'offrent d'ailleurs aux citoyens que des garanties morales ; or ils veulent, pour être pleinement rassurés, trouver leurs garanties non dans l'homme, mais dans l'institution même ([1]). »

Il n'est pas étonnant que le Conseil d'État, mis aux prises avec une situation difficile, ait été peu porté à étendre le domaine du contentieux administratif et se soit même montré disposé à le restreindre. La jurisprudence de cette époque révèle beaucoup de timidité. Les efforts faits par les avocats des parties pour appeler le contrôle du Conseil sur les décisions administratives ayant le caractère d'actes de puissance publique, loin d'être encouragés, sont réprimés par cette jurisprudence. C'est à elle qu'on doit les seules applications qui aient jamais été faites de l'article 49 du décret du 22 juillet 1806, qui menace d'amende et de suspension les avocats qui introduisent des pourvois téméraires, « notamment s'ils présentent comme contentieuses des affaires qui ne le sont pas ». Plusieurs arrêts de 1822 et de 1825 condamnent à l'amende des avocats qui avaient formé des recours pour excès de pouvoir contre des décisions considérées comme des actes de pure administration, non susceptibles de recours contentieux ([2]).

A ces griefs s'en joignait un plus grave encore et qui suscitait contre le Conseil d'État, outre l'opposition des hommes politiques,

1. M. de Cormenin, dans l'opuscule déjà cité : *Du Conseil d'État envisagé comme conseil et comme juridiction* (1818). Voy. le chap. III, intitulé : « Que les affaires contentieuses sont incomplètement délibérées dans l'assemblée générale du Conseil d'État. »

2. Un arrêt du 13 mars 1822 (*de Courso*), au rapport de M. Villemain, condamne Me Dejean, avocat, à 10 fr. d'amende pour avoir formé un recours au nom du colonel de Courso contre une décision du ministre de la guerre, refusant de le réintégrer dans son grade : « Considérant que les réclamations du sieur de Courso ont pour cause ou pour objet la concession de grades et emplois militaires, et ne sont susceptibles sous aucun rapport d'être introduites par la voie contentieuse... » — Un arrêt du 31 mars 1825 punit d'une amende de 5 fr. un recours formé contre une décision du ministre de l'intérieur autorisant un préfet à actionner un particulier en restitution de pièces d'archives à lui communiquées. — Des arrêts du 10 août 1825 et du 23 novembre 1825 infligent aux avocats des amendes de 30 et de 50 fr. pour recours formés contre des nominations de fonctionnaires, « considérant que l'exercice du droit de nomination à un emploi public ne peut, dans aucun cas, donner lieu à un pourvoi devant nous par la voie contentieuse ».

celle des hommes de droit et des corps judiciaires ; c'était l'abus des conflits. On en était presque revenu aux pratiques du Directoire. Les ministres, non contents d'emprunter aux constitutions impériales l'article 75 de la Constitution de l'an VIII, pour protéger les fonctionnaires, avaient en outre recours à la procédure de conflit pour dessaisir les tribunaux ; ils en faisaient aussi le plus large usage pour les questions d'élections et de cens électoral. Sous ces influences politiques, le nombre des conflits qui n'avait pas excédé quarante, en moyenne, dans les premières années de la Restauration, s'éleva à trois cents pour l'année 1827 et les premiers mois de l'année 1828 ([1]).

Les jurisconsultes firent entendre de vives protestations, auxquelles Bavoux donna un grand retentissement par la publication, en 1828, de son *Traité des conflits ou des empiétements de l'autorité administrative sur l'autorité judiciaire*. M. de Broglie, dans un article resté célèbre, publié dans la *Revue française* de mars 1828, prit à partie l'institution même de la juridiction administrative et en réclama la suppression. Il proposa de renvoyer aux tribunaux judiciaires la plupart des contestations relatives aux impôts, aux travaux publics, aux contrats et aux obligations pécuniaires de l'État, et de remettre au Gouvernement, sous la responsabilité des ministres et le contrôle du Parlement, les réclamations formées contre les actes de l'autorité publique ([2]).

Battus en brèche par ces oppositions de toute nature, le Conseil

---

1. Voy. l'article *Conflit*, par M. Boulatignier, dans le *Dictionnaire d'administration*, de M. Blanche.

2. M. de Broglie, dans cet article de la *Revue française* (mars 1828, p. 122) qu'on a si souvent invoqué dans les polémiques contre la juridiction administrative, n'arrivait pourtant pas à des conclusions aussi absolues que celles qu'on lui a prêtées. Non seulement il n'hésitait pas à reconnaître l'incompétence des tribunaux judiciaires relativement aux actes de la puissance publique, mais encore il faisait les réserves suivantes pour le contentieux des actes de gestion

« Il resterait à déterminer entre quelles mains il conviendrait de déposer les attributions démembrées du contentieux administratif. Ces attributions sont toutes juridiques, il est vrai, mais toutes, nous l'avons dit, ne seraient pas également bien placées dans les mains des tribunaux ordinaires. On pourrait, sauf meilleur avis, les diviser en trois grandes catégories, savoir : celles qu'il serait sans inconvénient de remettre sur-le-champ aux tribunaux actuellement établis ; — celles qui ne devraient leur être remises que sous certaines conditions, après certaines précautions prises ; — celles qui semblent exiger soit la création, soit le maintien des tribunaux d'exception. »

d'État et la juridiction administrative semblaient sérieusement menacés dans les dernières années de la Restauration. Dans la session de 1829, lors de la discussion du budget, la proposition formelle fut faite de rejeter les crédits demandés pour le Conseil d'État. Peu s'en fallut qu'elle ne réunît une majorité à la Chambre des députés ; après les débats qui durèrent deux jours (séances des 6 et 7 juin 1829), les crédits ne furent votés que sur les instances du comte Portalis et de M. de Vatimesnil, qui s'engagèrent, au nom du Gouvernement, à présenter un projet de loi.

Cette crise, — la plus grave et la plus prolongée que la juridiction administrative ait eu à traverser en France, — semblait devoir emporter cette institution ; elle eut, au contraire, pour résultat de l'affermir en provoquant des réformes salutaires. Les polémiques auxquelles la question donna lieu, firent mieux comprendre les principes qui servent de base à la distinction des juridictions, les nécessités publiques qui les ont enracinés en France, les difficultés presque insurmontables que présenterait l'établissement d'un système foncièrement différent. Aussi des publicistes éminents, Henrion de Pansey, Sirey, Macarel, de Cormenin, s'efforcèrent-ils de substituer à l'idée d'une véritable révolution administrative et judiciaire, celle de réformes portant à la fois sur la législation des conflits et sur l'organisation de la juridiction administrative supérieure.

Ordonnance de 1828 sur les conflits. — La première réforme mise à l'étude fut celle de la législation des conflits. A vrai dire, cette législation n'existait pas encore, car les lois de la Révolution et du Consulat ne s'étaient expliquées que sur la manière d'élever et de juger le conflit, et non sur les règles du fond ni sur la procédure. En janvier 1828, une commission de dix membres ayant Henrion de Pansey pour président, et M. de Cormenin pour rapporteur, fut chargée de rédiger un projet qui devint l'ordonnance, encore en vigueur, du 1er juin 1828.

Sans anticiper sur le commentaire de cette ordonnance, qui doit trouver sa place dans l'étude des institutions actuelles, nous remarquerons qu'elle s'efforça de remédier aux abus signalés dans la matière des conflits. Elle décida que le préfet seul pourrait élever

le conflit à l'exclusion de toute autre autorité ; qu'il lui serait interdit de l'élever après un jugement rendu sur le fond en dernier ressort ; que le conflit ne pourrait jamais être élevé en matière criminelle ; qu'il ne pourrait l'être en matière correctionnelle que dans
des cas déterminés ([1]) ; que les tribunaux judiciaires ne pourraient
être atteints par le conflit qu'après avoir été mis à même, par un
déclinatoire, de prononcer sur leur propre compétence. Enfin, elle
soumit la procédure et le jugement du conflit à des délais de rigueur.
La commission se demanda si ce jugement devait être laissé au
Gouvernement en Conseil d'État ou être transféré à la Cour de
cassation. Cette dernière solution fut proposée par un de ses membres, M. Lepoitevin, et trouva plusieurs partisans au sein de la
commission ; mais elle fut écartée sur les observations du baron
Cuvier, qui insista sur le caractère d'acte gouvernemental qui s'attache au jugement du conflit, sur les dangers que pourrait présenter
la jurisprudence d'une compagnie judiciaire inamovible, si elle
venait à compromettre les prérogatives du pouvoir exécutif et à
créer ainsi un antagonisme sans solution entre deux pouvoirs de
l'État ([2]).

L'ordonnance du 1er juin 1828 donnait quelques satisfactions à
l'opinion libérale sur la question des conflits. Une loi était nécessaire pour répondre aux griefs dirigés contre le Conseil d'État. Le
ministère Martignac avait déclaré, en 1829, qu'elle serait présentée
au cours de la session suivante ; mais la révolution de 1830 s'accomplit avant qu'elle ait pu être présentée ni préparée.

Malgré les causes d'affaiblissement qui atteignirent la juridiction

---

1. Des jurisconsultes d'une grande autorité, notamment M. Boulatignier dans son
article déjà cité sur les conflits, estiment que la restriction relative aux conflits en
matière correctionnelle ne fut qu'apparente, et que le droit d'élever le conflit est
demeuré, après l'ordonnance de 1828, aussi étendu qu'en matière civile. Nous réser-
vons l'examen de cette question.

2. Cuvier cita devant la commission un message adressé au Conseil des Cinq-
Cents, le 18 floréal an V, par Merlin, alors ministre de la justice. Il s'agissait aussi à
cette époque de décider si le jugement du conflit appartiendrait au Gouvernement
ou au Tribunal de cassation. Merlin disait : « Il pourrait arriver que le Tribunal de
cassation se constituât un jour l'arbitre suprême des destinées de la République. En
faisant toujours pencher la balance du côté des tribunaux, il pourrait enlever successivement et pour ainsi dire pièce à pièce aux autorités administratives leur indépendance et leurs attributions et finirait par gouverner la République sous l'abri de
l'inviolabilité que la Constitution assure à ses jugements. »

administrative sous la Restauration, le nombre des affaires contentieuses jugées par le Conseil d'État subit un notable accroissement.
Il s'éleva à 6,067 de janvier 1815 à janvier 1830, soit à 404 par an
en moyenne, proportion presque double de celle de la période impériale.

Conseils de préfecture et conseils privés des colonies. — Le
sort des conseils de préfecture était nécessairement lié à celui de
la juridiction administrative supérieure. Pendant que l'on discutait
sur le Conseil d'État, on hésitait à aborder les questions relatives
aux conseils de préfecture dont l'organisation était restée inachevée.
On en était encore réduit à la loi du 28 pluviôse an VIII qui n'avait
tracé de règles précises ni sur le fonctionnement des conseils, ni
sur la procédure à suivre devant eux.

En 1826, le Conseil d'État fut consulté par le ministre de la justice sur la question de savoir si les parties pouvaient être admises
à présenter des observations orales devant les conseils de préfecture,
s'il existait une formule exécutoire applicable à leurs décisions et
si, à défaut de formule spéciale, elles pouvaient emprunter celle
des décisions judiciaires. Par un avis des comités réunis du contentieux et de l'intérieur, en date du 4 février 1826, le Conseil
d'État fut obligé de constater sur ces différents points le silence des
lois en vigueur. Consulté sur l'opportunité d'une ordonnance spéciale qui aurait tranché ces difficultés, il répondit « que s'il y a
quelque chose d'utile à proposer relativement aux questions discutées dans le rapport, il ne paraît pas convenable d'en faire le sujet
de dispositions partielles et détachées, mais qu'il semblerait plus
opportun d'en réserver l'examen pour la rédaction d'un règlement
général relatif à la forme de procéder devant le conseil de préfecture (¹) ». Le ministre de la justice approuva l'idée de ce règlement, mais aucune suite n'y fut donnée.

Pendant que la législation des conseils de préfecture demeurait
stationnaire, le Gouvernement de la Restauration établissait dans
les colonies une institution analogue, celle des conseils privés ju-

---

1. Nous empruntons ce texte de l'avis de 1826 au rapport déjà cité de M. Boulatignier sur le projet de loi de 1851.

geant administrativement, dont l'organisation fut, dès le début, bien plus complète que celle des conseils de la métropole. De 1825 à 1828, plusieurs ordonnances organisèrent avec soin le gouvernement des différentes colonies et établirent, auprès des gouverneurs, un conseil privé ayant le double caractère de corps consultatif et de juridiction contentieuse ([1]).

Ces ordonnances donnèrent aux conseils privés des attributions juridictionnelles importantes dans les matières administratives intéressant la colonie : travaux publics, voirie, régime des eaux, comptabilité, etc. Elles firent plus : en dehors d'une compétence spéciale sur des affaires déterminées, elles donnèrent aux conseils privés une compétence générale en matière de contentieux administratif et en firent des tribunaux ordinaires en matière d'administration coloniale. Ces ordonnances d'organisation et de compétence furent complétées de la manière la plus heureuse par l'ordonnance du 31 août 1828 sur le mode de procéder devant les conseils privés des colonies, véritable code de procédure administrative contentieuse contenant, entre autres dispositions, des règles précises sur les actes d'instruction — enquêtes, expertises, visites de lieux, interrogatoires sur faits et articles — qui n'ont pris place qu'en 1889 dans la législation des conseils de préfecture ([2]).

Les conseils des colonies furent soumis à la juridiction supérieure du Conseil d'État dans les mêmes conditions que les conseils de préfecture.

III. — GOUVERNEMENT DE 1830.

Premières réformes, ordonnances de 1831. — Cette période ne s'ouvrit pas sous des auspices favorables pour la juridiction administrative. Le parti libéral qui l'avait attaquée sous la Restauration arrivait aux affaires après la révolution de 1830. La Charte revisée,

1. Voy. les ordonnances du 21 août 1825 sur l'organisation administrative de Bourbon ; du 9 février 1827 relative à la Martinique et à la Guadeloupe ; du 27 août 1828 relative à la Guyane ; et ci-après le chapitre III du livre II.

2. L'organisation et la procédure des conseils des colonies ont subi des modifications (Décret du 5 août 1881) ; mais les ordonnances de la Restauration n'en sont pas moins restées la base de la législation actuelle.

de même que la Charte de 1814, ne faisait pas mention du Conseil
d'État. M. de Broglie, qui avait demandé en 1828 la suppression
de la juridiction administrative, fut chargé de présider le Conseil
d'État en même temps qu'il recevait le portefeuille de l'instruction
publique. Dès le mois d'août 1830, une commission fut formée
pour préparer un projet de loi sur le Conseil d'État et pour approfondir les réformes dont l'institution était susceptible.

Mais les travaux de cette commission ne pouvaient pas être ra-
pides et des mesures urgentes s'imposaient. Il fallait d'abord pourvoir à l'expédition des affaires. Le personnel du Conseil fut réorganisé et toutes ses attributions provisoirement maintenues par
une ordonnance du 1er septembre 1830. Le préambule de cette ordonnance porte « qu'un grand nombre d'affaires attribuées par des
lois encore en vigueur à la juridiction administrative sont en instance devant le Conseil d'État, que jusqu'à ce qu'une loi, qui sera
le plus tôt possible présentée aux Chambres, ait définitivement
réglé l'organisation et les attributions du Conseil d'État, il est
urgent de pourvoir à l'expédition de ces affaires ; que la suspension
des travaux du Conseil laisse les parties en souffrance, compromet
de graves intérêts et excite de vives et justes réclamations ». En
conséquence, les travaux du Conseil furent repris après une suspension de quelques semaines.

En même temps, au sein du Conseil même, des esprits pratiques
et avisés s'appliquèrent à faire promptement réaliser, au moyen
d'ordonnances dites provisoires, des réformes qui pouvaient désar-
mer les critiques les plus pressantes de l'opinion libérale. Ces
ordonnances furent publiées le 2 février et le 12 mars 1831 et consacrèrent plusieurs innovations importantes.

Les séances du Conseil d'État délibérant au contentieux devinrent des audiences publiques où les avocats des parties furent
admis à présenter des observations orales. Un ministère public,
composé de trois maîtres des requêtes, commissaires du roi, fut
institué et reçut mission de conclure, à l'audience, dans toutes les
affaires.

Le préambule de l'ordonnance du 12 mars 1831 qui crée les fonctions de commissaires du roi, semble indiquer que le Gouvernement
désirait se donner à lui-même l'appui d'une parole autorisée au

moment où il ouvrait l'audience aux avocats des parties : « consi-dérant, porte ce préambule, qu'au moment où les parties obtiennent les avantages de la publicité et de la discussion orale, il est conve-nable que l'administration et l'ordre public trouvent des moyens de défense analogues à ceux qui leur sont assurés devant les tribunaux ordinaires ». — Mais quelle qu'ait pu être la pensée des rédacteurs de l'ordonnance, l'institution des commissaires du Gouvernement au contentieux eut, dès le début, le caractère qu'elle n'a pas cessé d'avoir depuis : celui d'un ministère public concluant selon la loi et sa conscience.

Le comité du contentieux, appelé *comité de justice administrative*, fut divisé en deux sections, composées chacune de cinq conseillers d'État, afin d'assurer une plus prompte expédition des affaires. Les affaires continuèrent d'être portées, après une instruction écrite dirigée par le comité, devant l'assemblée générale du Conseil, mais la composition de cette assemblée subit d'importantes modifications qui répondaient aux griefs formulés contre elle sous la Restauration. Les conseillers d'État en service extraordinaire, représentants de l'administration active, n'eurent plus le droit de prendre part aux délibérations du Conseil en matière contentieuse ; en furent égale-ment écartés les membres du service ordinaire appartenant aux comités qui avaient délibéré sur les décisions attaquées par la voie contentieuse (1).

Les réformes consacrées par les ordonnances de 1831 le furent de nouveau par l'ordonnance du 18 septembre 1839 sur l'organisa-tion du Conseil d'État, qui contient peu de dispositions nouvelles sur le jugement des affaires contentieuses. Notons cependant les suivantes : l'ordonnance de 1839 supprime la division du comité du contentieux en deux sections ; elle°le compose de quatre con-seillers d'État, de douze maîtres des requêtes (outre les trois maîtres des requêtes, commissaires du roi) et de douze auditeurs ; la prési-dence du comité est conférée au vice-président du Conseil d'État (2). L'assemblée générale est tenue de délibérer en nombre impair ; si le nombre des conseillers est pair, le plus ancien maître des re-

1. Ordonnance du 12 mars 1831, art. 3.
2. Ordonnance du 18 septembre 1839, art. 26.

quêtes leur est adjoint ([1]) ; la récusation des comités administratifs qui ont préparé les décisions attaquées n'atteint plus le comité tout entier, mais seulement les membres qui ont pris personnellement part à la délibération ([2]). Comme sanction des dispositions relatives à la publicité des audiences, aux observations des avocats, aux conclusions du ministère public et à la composition de l'assemblée, l'arrêt rendu en dehors des formes prescrites peut être argué de nullité par la voie du recours en revision ([3]).

Loi organique du 19 juillet 1845. — Pendant que ces réformes s'opéraient par ordonnances, que devenait le projet de loi confié, dès le mois d'août 1830, à une commission spéciale ? Cette commission, successivement présidée par Benjamin Constant et par M. de Broglie, avait voulu creuser tous les problèmes et chercher des solutions nouvelles. Tout en reconnaissant la nécessité de maintenir la juridiction administrative et de ne point donner suite aux innovations radicales naguère conseillées par quelques-uns de ses membres, elle désirait limiter le domaine du contentieux administratif, préciser par une énumération rigoureuse les affaires qui lui appartiennent ; de là un projet en deux cent quarante-cinq articles, élaboré par M. de Vatimesnil, mais que le Gouvernement ne voulut pas s'approprier. Après d'autres essais infructueux, la Chambre des pairs fut saisie en 1833 d'un projet qui devint le point de départ d'une des élaborations parlementaires les plus longues, les plus compliquées, et pendant longtemps les plus stériles ([4]). Lorsque fut enfin votée la loi organique du 19 juillet 1845, il y avait

1. Même ordonnance, art. 30.
2. Même ordonnance, art. 33.
3. Même ordonnance, art. 34. — On doit mentionner encore, comme complétant la série des ordonnances rendues avant la promulgation de la loi organique, celle du 1er juillet 1840 portant règlement intérieur du Conseil d'État. Elle avait été préparée, M. Vivien étant garde des sceaux, pour assurer la mise en vigueur de la loi organique que l'on croyait alors à la veille d'être votée. Mais cinq années devaient encore s'écouler avant l'adoption définitive de cette loi.
4. Il n'y eut pas moins de cinq projets successifs ; savoir :
1° Le projet de 1833, présenté par M. Barthe à la Chambre des pairs et adopté par cette Chambre sur le rapport du comte Portalis. Ce projet, qui consacrait toutes les innovations réalisées par les ordonnances de 1831, ne fut pas présenté à la Chambre des députés.
2° Le projet de 1835, présenté à la Chambre des députés par M. Persil, qui n'avait

déjà quatorze ans que les ordonnances de 1831 avaient réalisé les
réformes essentielles ; les dispositions les plus importantes de la
loi n'en furent que la consécration.

Cette longue période de discussions et d'études n'avait cependant
pas été perdue. Les travaux des commissions et les discussions des
Chambres avaient familiarisé les membres des assemblées avec les
questions que les tribunaux administratifs ont mission de résoudre
et qui étaient encore trop peu connues. En comprenant mieux la
juridiction administrative, les représentants de l'opinion libérale
se réconcilièrent avec elle. Aussi les seuls débats importants qui
précédèrent l'adoption de la loi ne portèrent-ils pas sur le maintien
de la juridiction administrative ni sur ses attributions essentielles,
mais sur deux questions relatives aux pouvoirs respectifs du Conseil d'État et du Gouvernement dans les affaires contentieuses.

L'une de ces questions était de savoir si la juridiction administrative supérieure continuerait d'appartenir au roi, statuant sur
l'avis de son conseil, ou si elle résiderait dans le Conseil d'État
constitué en cour de justice administrative investie de pouvoirs
propres ; en d'autres termes, si cette juridiction s'exercerait comme
justice retenue ou comme justice déléguée. Le système de la juridiction déléguée, auquel la Chambre des pairs était opposée, avait

pas cru devoir transmettre à cette Chambre le projet adopté par la Chambre des
pairs. Mais le projet de M. Persil fut rejeté par la commission de la Chambre des
députés.

3° Le projet de 1837, présenté à la Chambre des députés par M. Barthe ; il fut
profondément modifié par la commission de la Chambre des députés, qui proposa de
donner au Conseil d'État un droit de juridiction propre et de rendre une partie de
ses membres inamovibles. Combattu par le Gouvernement, le projet de la commission
fut rejeté.

4° Le projet de 1840, présenté à la Chambre des députés, qui tendait uniquement
à convertir en loi l'ordonnance organique du 18 septembre 1839. M. Dalloz fut le
rapporteur de la commission qui proposa, comme sa devancière, de substituer la
justice déléguée à la justice retenue. Ce projet, déposé à la fin de la session de 1840,
ne vint pas en discussion.

5° Le projet de 1843, présenté à la Chambre des pairs le 30 janvier et adopté par
elle le 7 avril 1843. Transmis à la Chambre des députés, il fut modifié dans plusieurs
de ses dispositions et adopté à la faible majorité de 197 voix contre 170. Soumis de
nouveau à la Chambre des pairs, il fut définitivement voté par 96 voix contre 9.

On peut consulter, sur les quatre premiers projets : *De la Juridiction directe du
Conseil d'État*, par M. de Vidaillan, maître des requêtes (1841) ; Dalloz, *Répertoire*,
v° *Conseil d'État*, chap. Iᵉʳ (article rédigé par M. Dalloz, rapporteur du projet de
1840). Sur le dernier projet, le *Recueil des lois et décrets*, de M. Duvergier, année 1845,
notes sous la loi du 19 juillet 1845 (p. 342 et suiv.).

eu, en 1840, et semblait devoir conserver en 1845 les préférences
de la Chambre des députés ; il échoua cependant à la faible majorité
de vingt-sept voix, et son échec fut dû à l'opposition libérale qui se
prononça contre cette réforme par des motifs qui ne seraient guère
acceptés aujourd'hui. Elle soutenait, en effet, que les décisions
rendues au contentieux devaient conserver la forme d'ordonnances,
parce qu'elles devaient rester soumises, en principe, à l'application
de la responsabilité ministérielle. Comme s'il était possible de faire
intervenir la responsabilité ministérielle dans les actes d'une juridiction qui a le droit et le devoir d'être indépendante, et dont les
décisions sont souvent rendues contre l'avis des ministres qui auraient à en répondre.

La seconde question — qui se rattachait étroitement à la précédente — était relative au droit que le Gouvernement pourrait avoir
de modifier la teneur des ordonnances rendues au contentieux. Le
projet de la commission consacrait cette faculté, mais en stipulant
que « si l'ordonnance n'est pas conforme à l'avis du Conseil d'État,
elle ne peut être rendue que de l'avis du conseil des ministres ; elle
est motivée et doit être insérée au *Moniteur* et au *Bulletin des lois* ([1]) ».
M. Vivien fit remarquer que c'était la première fois qu'on inscrivait
ce droit dans les lois, qu'il n'avait jamais été exercé depuis qua-
rante-quatre ans, parce qu'il n'était écrit nulle part ; il manifesta
la crainte que ce *summun jus* ne devînt une attribution normale du
conseil des ministres, ce qui eût été plus grave encore que le droit
d'évocation réservé sous la Restauration. M. Laplagne, au nom de
la commission dont il était le rapporteur, M. Dufaure, au nom du
Gouvernement, déclarèrent que la disposition nouvelle n'ajoutait
rien au droit qui avait toujours théoriquement appartenu au Gouvernement et dont on ne pouvait admettre l'usage que dans les cas
les plus exceptionnels, tels que : « usurpation manifeste, erreur
monstrueuse, véritables énormités ». L'article de loi n'avait pour
but, disait-on, que de donner des garanties nouvelles aux justiciables en rendant le conseil des ministres tout entier responsable
des changements apportés à la décision, au lieu de limiter cette
responsabilité au ministre qui aurait contresigné l'ordonnance. Ces

---

[1] Cette disposition est devenue l'article 24, § 3, de la loi de 1845.

explications furent admises, mais elles n'en avaient pas moins mis en lumière les inconséquences inhérentes au système de la justice retenue. D'un côté, en effet, on exigeait que les décisions fussent préparées par une instruction écrite et par des débats contradictoires et publics ; d'un autre côté, on permettait qu'elles fussent modifiées à huis clos par un conseil politique demeuré étranger à la procédure, aux débats, aux délibérations des juges. Les réflexions qu'un tel contraste devait provoquer ne furent certainement pas étrangères à la réforme qui s'accomplit en 1849 et qui substitua le système de la justice déléguée à celui de la justice retenue.

La loi du 19 juillet 1845 n'en doit pas moins être considérée comme une des plus importantes parmi les lois organiques du Conseil d'État. Elle donna pour la première fois une consécration législative aux réformes qui avaient été préparées sous la Restauration et que les ordonnances de 1831 et de 1839 avaient provisoirement réalisées. Ces réformes, qui entouraient la juridiction contentieuse du Conseil d'État de garanties analogues à celles qui existent dans les débats judiciaires, avaient donné satisfaction aux griefs les plus sérieux de l'opinion libérale.

Réforme projetée des conseils de préfecture. — Des réformes de même nature auraient été nécessaires dans la législation des conseils de préfecture. Nous avons vu qu'en 1826 un avis du Conseil d'État avait constaté l'insuffisance des dispositions légales applicables à ces conseils, l'incertitude qu'elles laissaient subsister sur des règles essentielles de procédure, l'utilité d'y remédier par une réglementation nouvelle. Cette idée, qui n'avait pas eu de suite sous la Restauration, fut reprise au début du Gouvernement de Juillet. Par arrêté ministériel du 7 octobre 1831, une commission, présidée par M. Allent, fut chargée de préparer un projet de loi « sur la réforme à introduire dans l'organisation, les attributions et la procédure des conseils de préfecture ». Mais cette commission pensa qu'il convenait d'ajourner ce travail jusqu'au vote de la loi sur le Conseil d'État. L'étude des réformes fut ainsi suspendue pendant quatorze ans ; mais, aussitôt après le vote de la loi organique de 1845, le Gouvernement s'efforça de la reprendre : une nouvelle commission présidée par le duc de Broglie en fut chargée en 1846. Elle élabora un projet de loi qui fut soumis l'année suivante au Conseil d'État, mais la révolution de 1848 éclata avant qu'il pût être présenté aux Chambres.

Développement de la juridiction administrative. — Pendant le Gouvernement de Juillet, un grand nombre de lois contribuèrent, d'une manière plus ou moins directe, au développement de la juridiction administrative.

On doit mentionner en premier lieu les lois qui réorganisèrent l'administration des départements et des communes, y introduisirent des représentations électives et commencèrent à affranchir l'administration locale de la centralisation excessive qui avait pesé sur elle depuis l'an VIII.

La loi du 21 mars 1831 sur l'organisation des conseils municipaux, celle du 22 juin 1833 sur les conseils généraux et les conseils d'arrondissement, créèrent pour ces divers corps électifs un contentieux électoral qui vint accroître les attributions du conseil de préfecture et du Conseil d'État([1]). La loi du 18 juillet 1837 sur l'administration municipale, celle du 10 mai 1838 sur les attributions des conseils généraux et d'arrondissement donnèrent également lieu à un grand nombre de questions nouvelles sur lesquelles le Conseil d'État eut à se prononcer. Les attributions respectives des conseils municipaux et des maires, des conseils généraux et des préfets, du Gouvernement lui-même dans ses rapports avec les administrations locales, firent l'objet de nombreuses décisions du Conseil d'État.

Le recours pour excès de pouvoir emprunté à la loi des 7-14 octobre 1790 cessa d'être une procédure d'exception ; loin d'être réprimé, comme sous la Restauration, par l'application de peines disciplinaires aux auteurs de recours téméraires, il fut encouragé par une jurisprudence plus libérale, et il fut fréquemment employé pour faire vider les questions relatives aux pouvoirs des autorités et à la régularité de leurs actes.

On doit mentionner aussi, comme ayant contribué au développement de la juridiction administrative sous le Gouvernement de

---

1. Loi du 21 mars 1831, art. 51 et 52 ; loi du 22 juin 1833, art. 51 à 54.

Juillet, la grande impulsion qui fut donnée aux travaux publics, notamment par la loi du 21 mai 1836 sur les chemins vicinaux et par celles du 11 juin 1842 et du 15 juillet 1845 sur les chemins de fer. Ce mouvement ne se manifesta pas seulement par une extension du contentieux, des marchés et des autres affaires de travaux publics, déjà attribuées à la juridiction administrative par la législation de l'an VIII ; il eut aussi pour conséquence l'établissement de taxes et de subventions nouvelles — telles que les prestations et les subventions spéciales pour les chemins vicinaux ([1]), les subventions fournies par les départements et les communes à la construction des chemins de fer — qui donnèrent lieu à de nouvelles questions contentieuses.

Le régime des contraventions de grande voirie fut étendu aux chemins de fer par la loi du 15 juillet 1845, qui confia aux tribunaux administratifs la protection des ouvrages et la répression de certaines infractions commises par les concessionnaires ou fermiers des chemins de fer aux clauses de leurs cahiers de charges. En même temps que le contentieux de la grande voirie s'étendait à des objets nouveaux, il fut amélioré dans son ensemble par la loi du 23 mars 1842 qui atténua et régularisa les pénalités édictées par les anciens règlements.

Un grand nombre d'autres lois créèrent ou remanièrent diverses matières d'administration dans lesquelles le Conseil d'État intervint par sa jurisprudence. Nous citerons par exemple : les dispositions de la loi de finances du 29 avril 1831 qui précisent et régularisent la déchéance quinquennale opposable aux créanciers de l'État ; — la loi du 11 avril 1831 sur les pensions de l'armée de terre et celle du 18 avril suivant sur les pensions de l'armée de mer ; — la loi du 22 mars 1831 sur la garde nationale, qui institua des conseils de recensement relevant du Conseil d'État en cas d'incompétence ou d'excès de pouvoir ; — la loi du 19 avril 1834 sur l'état des officiers, qui établit la propriété du grade et les droits d'avancement à l'ancienneté, et qui donna bientôt naissance à des contestations régulières devant le Conseil d'État, dans une matière où les

---

1. Ces ressources spéciales avaient été déjà créées par la loi du 28 juillet 1824 sur les chemins vicinaux, mais la jurisprudence qui les concerne ne commença à se développer qu'après 1830.

pourvois avaient été longtemps écartés comme non recevables ; — la loi du 27 avril 1838 sur les mines qui déféra aux conseils de préfecture le contentieux des travaux d'asséchement et qui créa un recours spécial devant le Conseil d'État contre les ordonnances portant retrait de concessions.

Enfin, on doit mentionner, comme ayant eu une influence particulière sur le développement des recours au Conseil d'État, les dispositions de la loi de finances du 21 avril 1832, qui dispensent du ministère des avocats et exemptent de tous frais de procédure les pourvois au Conseil d'État contre les décisions des conseils de préfecture rendues en matière de contributions directes. Cette réforme n'était d'ailleurs qu'un premier pas dans une voie qui devait bientôt s'élargir et rendre le recours au Conseil d'État plus facilement accessible aux justiciables, dans les contestations administratives qui peuvent intéresser l'ensemble des citoyens.

Sous l'influence de ces différentes causes, le nombre des affaires contentieuses jugées par le Conseil d'État reçut un accroissement notable pendant la période que nous venons de parcourir. Il s'éleva à 12,288 pendant les dix-huit années que dura le Gouvernement de Juillet, soit 682 par an, en moyenne — au lieu de 404 sous la Restauration et de 214 sous l'Empire.

CHAPITRE IV

DE 1848 A L'ÉPOQUE ACTUELLE

I. — RÉPUBLIQUE DE 1848.

Projets d'organisation nouvelle. — La juridiction administrative ne fut pas remise en question après la révolution de 1848. Mais on se demanda si son organisation ne pouvait pas être modifiée de manière à fortifier les tribunaux administratifs, à les isoler entièrement de l'administration active et à dégager la juridiction supérieure de l'ancienne tradition de la justice retenue (¹).

Ces idées étaient celles de la commission de l'Assemblée constituante, chargée d'élaborer le projet de Constitution. Elle avait inscrit dans ce projet le principe d'institutions nouvelles comprenant : un tribunal administratif siégeant au chef-lieu de chaque département ; un tribunal administratif supérieur, exerçant pour

---

1. Ce travail de réorganisation fut précédé, comme cela a eu lieu à chaque changement de régime politique, de mesures provisoires relatives au personnel et à l'expédition des affaires urgentes.

En ce qui touche le personnel, un arrêté du Gouvernement provisoire du 12 mars 1848 réduisit de trente à vingt-cinq le nombre des conseillers d'État en service ordinaire. En ce qui touche l'expédition des affaires, les règles anciennes furent maintenues jusqu'à la mise en vigueur des nouvelles lois organiques, sauf une innovation destinée à accélérer le jugement des pourvois en matière de contributions directes et à dégager de ces affaires l'ordre du jour des séances publiques qui en était encombré.

Dans ce but, un arrêté du Gouvernement provisoire du 15 mars 1848 décida que ces pourvois seraient renvoyés devant la section de législation du Conseil d'État, qui statuerait définitivement jusqu'à ce que l'arriéré eût été vidé. Toutefois, les pourvois devaient être portés en séance publique s'il y avait constitution d'avocat ou si le président de la section de législation jugeait nécessaire de les y renvoyer à raison de l'importance des affaires. (Arrêté du 15 mars 1848, art. 1 et 2.)

toute la France la juridiction de dernier ressort ; un tribunal des conflits chargé de juger, non seulement les conflits d'attributions entre les autorités administrative et judiciaire, mais encore les recours pour incompétence et excès de pouvoir formés contre les arrêts du tribunal administratif supérieur et contre ceux de la Cour des comptes.

De ces trois institutions, celle du Tribunal des conflits, dont nous parlerons ci-après, a seule pris place dans la législation. Les deux autres étaient ainsi indiquées dans le projet de Constitution présenté le 30 août 1848 à l'Assemblée constituante, et dont M. Marrast était le rapporteur (art. 87, 88, 89 et 92) :

« Dans chaque département, un tribunal administratif sera chargé de statuer sur le contentieux de l'administration. Les membres de ce tribunal seront nommés par le Président de la République, sur une liste de candidatures présentée par le conseil général du département. — Il y aura pour toute la France un tribunal administratif supérieur qui prononcera sur tout le contentieux de l'administration, et dont la composition, les attributions et les formes seront réglées par la loi. Les membres du tribunal administratif supérieur sont nommés par le Président de la République, sur une liste de présentation dressée par le Conseil d'État. — Les recours pour incompétence et excès de pouvoir contre les arrêts du tribunal administratif supérieur et contre les arrêts de la Cour des comptes, seront portés devant la juridiction des conflits. »

Cette organisation nouvelle ne devait pas, dans la pensée de la commission, entraîner la suppression du Conseil d'État. Ses attributions contentieuses étaient transférées au tribunal administratif supérieur, mais le Conseil d'État subsistait comme conseil politique et administratif, associé à la préparation des lois, exerçant un pouvoir propre pour la confection des règlements d'administration publique renvoyés à sa décision par l'Assemblée, chargé de surveiller et de contrôler les administrations publiques. Les conseillers d'État devaient être élus par l'Assemblée nationale, et assistés de maîtres des requêtes et d'auditeurs nommés par le Gouvernement. Le Conseil d'État ainsi réorganisé, dégagé de ses attributions contentieuses et étroitement associé à l'œuvre législative, devait réaliser, dans une certaine mesure, l'idée d'une seconde Chambre chargée d'assister l'Assemblée nationale, sans pouvoir prétendre au partage de sa souveraineté.

Cette organisation du Conseil d'État fut adoptée dans ses éléments essentiels : élection par l'Assemblée, participation aux lois, haute surveillance de l'administration ([1]). Mais l'idée de retirer la juridiction administrative supérieure au Conseil d'État pour l'attribuer à un tribunal spécial fut vivement combattue, notamment par M. Crémieux. — « En lui enlevant le contentieux de l'administration, disait-il, non seulement vous êtes injustes envers le Conseil d'État actuel, mais en plaçant une seconde juridiction à côté de la juridiction qui existe, vous jetez le trouble dans ce qui n'a cessé d'être jusqu'aujourd'hui. » Puis, répondant aux membres de la commission qui avaient évoqué le souvenir des revendications du parti libéral sous la Restauration et sous le Gouvernement de Juillet, il disait : « Nous avons toujours voulu l'indépendance du comité du contentieux, un rapprochement, une identité même de ce comité avec la justice ; nous voulions pour lui l'inamovibilité ; non plus cette inamovibilité absolue, inattaquable, contre laquelle rien ne pourrait s'élever et qui ne permettrait de déplacer le juge qu'en cas de forfaiture ; mais l'inamovibilité qui permettrait, dans les cas prévus par la loi, de suspendre, de révoquer un juge et de fixer un âge pour la retraite... Le Comité du Conseil d'État, jugeant au contentieux, ne peut-il être soumis à ces règles ? Y a-t-il une difficulté quelconque à laisser au Conseil d'État, tel qu'il existe, le jugement du contentieux en lui attribuant les mêmes droits, les mêmes avantages qu'à tous ceux qui jugent judiciairement ? Je demande qu'un comité spécial juge en dernier ressort, comme tribunal administratif supérieur, tout le contentieux de l'administration ; que ses membres ne puissent être suspendus, révoqués, mis à la retraite que comme les membres du corps judiciaire. Alors nous aurons obtenu ce que nous avons réclamé vainement pendant trente années ([2]). »

---

1. Voir le chapitre VI de la Constitution de 1848.

2. Séance du 13 octobre 1848, *Moniteur* du 14. — Dans le même discours, M. Crémieux appréciait en ces termes la juridiction du Conseil d'État sous le régime précédent : « Quant à la justice du Conseil d'État, je déclare à l'Assemblée, par expérience, par certitude, que cette justice contentieuse est une très bonne justice, qu'elle

Ces idées furent celles qui prévalurent. Elles ne furent pas introduites dans la Constitution, — comme le demandait M. Crémieux
par un amendement qu'il retira d'ailleurs, sur les observations de
M. Vivien ([1]), — mais elles furent réservées pour la loi organique
du Conseil d'État, et elles inspirèrent les dispositions de la loi du
3 mars 1849, qui réglaient la nouvelle organisation de la juridiction contentieuse supérieure.

Quant aux tribunaux administratifs de département proposés par
la commission, on fut d'accord pour en ajourner l'étude après le
vote de la loi sur le Conseil d'État.

Conseil d'État. Loi du 3 mars 1849. — La loi organique du Conseil d'État fut promptement préparée et votée. Le système qu'elle
établit, pour le jugement du contentieux, conciliait les idées que
M. Crémieux avait défendues avec celles que la commission avait
émises en proposant la création d'un tribunal administratif. En réalité, la loi créait ce tribunal, mais elle le plaçait au sein du Conseil
d'État, sans le confondre avec lui ; elle chargeait la section du contentieux seule d'exercer la juridiction supérieure, et lui conférait
le droit de rendre des décisions exécutoires.

Deux modifications importantes étaient ainsi apportées à la législation antérieure. En premier lieu, la juridiction administrative
cessait d'appartenir au Conseil d'État tout entier, délibérant en
assemblée générale du service ordinaire. Elle devenait l'attribut
d'une section unique composée de neuf conseillers d'État et érigée
en tribunal. Les membres des autres sections devenaient étrangers
aux fonctions de juridiction, ou du moins ils n'y étaient associés
qu'accidentellement, dans l'ordre du tableau, pour parfaire le minimum de sept membres ou pour rétablir le nombre impair exigé
pour les délibérations de la section du contentieux.

Cette situation fit craindre à quelques membres de l'Assemblée

est rendue avec le plus grand soin, avec le plus grand esprit d'ordre, d'équité, d'impartialité, avec une connaissance profonde et intelligente des lois. »

1. Cet amendement, présenté par MM. Crémieux, Creton et Combarel, tendait à
ajouter à l'article 75 de la Constitution une disposition ainsi conçue : « Le Conseil
d'État prononce en dernier ressort, comme tribunal administratif supérieur, sur tout
le contentieux de l'administration. »

que le Conseil d'État ne manquât d'homogénéité, que des conflits de jurisprudence ne se produisissent entre la section du contentieux et les autres sections du Conseil, que le Gouvernement n'y trouvât même des obstacles. M. Mortimer-Ternaux se fit l'organe de ces appréhensions ; il présenta un amendement qui imposait aux membres des différentes sections, un roulement au moyen duquel trois conseillers d'État du contentieux seraient remplacés chaque année. « Je viens vous demander, disait-il, de ne pas rompre le dernier chaînon de l'unité du Conseil d'État, de ne pas permettre à certains conseillers d'État de se cantonner dans la section du contentieux, de manière à embarrasser le Gouvernement dans l'administration et dans la décision des affaires administratives contentieuses. » Cet amendement ne fut pas adopté, et l'Assemblée se borna à renvoyer la question du roulement au règlement intérieur du Conseil. Ce règlement, promulgué le 26 mai 1849, portait que la répartition des conseillers d'État entre les sections serait faite par l'assemblée générale du Conseil, au scrutin, et qu'elle aurait lieu tous les trois ans, après le renouvellement partiel du Conseil, prévu par l'article 72 de la Constitution. Aucune disposition spéciale ne rendait le roulement obligatoire pour les membres du contentieux. Leur isolement n'était pas aussi complet qu'on l'avait pensé, puisqu'ils participaient aux travaux du Conseil en assemblée générale ; mais tous les autres membres du conseil devenaient étrangers à la juridiction contentieuse.

La section du contentieux n'avait été, depuis 1806, qu'une section d'instruction. En l'érigeant en une section unique de jugement, la loi de 1849 modifiait nécessairement le mode d'examen des affaires ; elle supprimait la double délibération dont elles étaient l'objet, d'abord dans la section, puis dans l'assemblée générale ; elle supprimait l'examen préalable du dossier par la section et ne maintenait que celui du rapporteur et du commissaire du Gouvernement. Les affaires étaient directement rapportées devant la section siégeant en audience publique, débattues par les avocats et le ministère public, et mises en délibéré. Le rapporteur de la loi, M. Vivien, tout en appuyant cette réforme, ne se dissimulait pas que l'examen de certaines affaires pourrait être moins approfondi que par le passé, mais il faisait remarquer que « la section aurait toujours la faculté et souvent le devoir de se livrer, après les débats, à l'examen auquel le comité du contentieux se livrait auparavant ».

On ne pouvait cependant pas entièrement supprimer tout travail intérieur de la section avant le jugement des affaires ; la procédure du décret de 1806 étant maintenue, il fallait que des décisions spéciales fussent rendues sur les communications à faire aux parties et aux ministres intéressés, sur les mises en cause, les mesures d'instruction, etc.; ces décisions étaient prises par la section, en chambre du conseil, sur l'exposé du rapporteur.

La seconde réforme résultant du système adopté en 1849 était la substitution de la justice déléguée à la justice retenue en matière administrative. Il n'y eut point de dissidence sur ce point au sein de l'Assemblée nationale ; nul ne songea à revendiquer pour le Président de la République la prérogative, qui avait été contestée à la couronne en 1845, d'être l'unique dépositaire de la justice administrative, et le pouvoir d'ajourner ou de modifier les décisions contentieuses du Conseil d'État.

Mais, tout en instituant la juridiction propre de la section du contentieux, le législateur de 1849 crut nécessaire de prémunir le Gouvernement contre les écarts de doctrine ou les empiétements possibles du haut tribunal administratif. Dans ce but, il créa deux recours que le ministre de la justice reçut le droit d'exercer.

L'un de ces recours était un pourvoi dans l'intérêt de la loi, que le ministre de la justice fut autorisé à former devant l'assemblée générale du Conseil d'État, contre les décisions de la section contenant excès de pouvoir ou violation de la loi([1]). Ce recours ne pouvait d'ailleurs aboutir qu'à une censure, à un redressement théorique d'une doctrine erronée, sans entraîner la nullité de l'arrêt à l'égard des parties ; en effet, ainsi que le faisait remarquer le rapporteur, « le Conseil d'État n'aurait pu ni juger le fond en assemblée générale, ce qui ferait de lui un véritable corps judiciaire, ni le renvoyer à la section qui se serait déjà prononcée, et il n'existait aucune autre juridiction qui pût en être saisie ».

L'autre recours avait spécialement en vue les empiétements que

---

1. Loi du 15 janvier 1849, art. 46.

la section du contentieux pourrait commettre sur les attributions de l'administration active ou du Gouvernement. Dans ce cas, le ministre de la justice avait le droit de revendiquer devant la section du contentieux « les affaires qui n'appartiendraient pas au contentieux administratif »; si la section refusait de s'en dessaisir, il pouvait porter cette revendication devant le Tribunal des conflits.

Ces droits de recours, qui devaient remplacer la suprême ressource que le Gouvernement s'était réservée à lui-même dans le système de la justice retenue, ne furent d'ailleurs jamais exercés.

Dans un autre ordre d'idées, le ministre de la justice fut encore investi, par la loi de 1849, du droit de former des recours devant la section du contentieux, soit contre « les actes administratifs contraires à la loi », soit contre les décisions d'une juridiction administrative sujettes à annulation et contre lesquelles les parties n'auraient pas réclamé dans le délai légal. Dans ce dernier cas, le pourvoi ne pouvait être formé que dans l'intérêt de la loi et sans que les parties puissent se prévaloir de l'annulation.

La loi de 1849 s'efforçait ainsi de confier au ministre de la justice, la haute surveillance de la légalité administrative. La commission avait d'abord eu la pensée de charger de cette fonction un commissaire général du Gouvernement près la section du contentieux. Mais si l'idée était louable, son application n'était guère réalisable, car le ministre de la justice n'avait pas à sa disposition les moyens de connaître et de contrôler les actes et les décisions susceptibles d'être annulés. Il lui était d'ailleurs difficile, sous le régime de la responsabilité ministérielle, de dénoncer au Conseil d'État les décisions de fonctionnaires ou de tribunaux administratifs ne ressortissant pas à son département et relevant d'autres ministres qui pouvaient les apprécier autrement que le garde des sceaux. Aussi ces innovations restèrent sans applications pratiques.

Le nombre des affaires jugées par la section du contentieux, pendant les deux années que dura la législation de 1849, s'éleva à 1,753.

Création du Tribunal des conflits. — L'article 89 de la Constitution de 1848 porte que « les conflits d'attributions entre l'autorité « administrative et l'autorité judiciaire seront réglés par un tribu-

« nal spécial de membres de la Cour de cassation et de conseillers
« d'État, désignés tous les trois ans en nombre égal par leur corps
« respectif. Ce tribunal sera présidé par le ministre de la justice. »

Cette réforme était un progrès sur l'état de choses antérieur ; elle
devait aussi résulter logiquement du système qui érigeait le Conseil d'État en tribunal supérieur de contentieux administratif exerçant une juridiction propre. En effet, du moment que le Conseil
d'État cessait d'être l'organe du Chef de l'État statuant sur les difficultés réservées à son arbitrage, il n'avait plus qualité pour prononcer sur les conflits. Il ne pouvait pas les juger en tant que tribunal
administratif, parce que le jugement du conflit ne se rattache pas
à l'exercice de la juridiction administrative, mais constitue un attribut spécial de la souveraineté. Il ne pouvait pas les juger non plus
comme conseil politique auxiliaire du Gouvernement et de l'Assemblée nationale, tel que l'avait organisé la Constitution de 1848,
parce que le fonctionnement de ce corps ne se prêtait pas aux formes juridictionnelles qu'exigent l'instruction et le jugement des
conflits. Il était donc naturel que le règlement suprême des compétences, du moment où il cessait d'appartenir au Chef de l'État en
son conseil pour être délégué à une autorité spéciale, fût confié à
la juridiction mixte instituée par la Constitution de 1848, et où les
autorités judiciaire et administrative étaient représentées également
sous la présidence du ministre de la justice (¹).

Une autre disposition de la Constitution de 1848 (art. 90) trans-

---

1. M. Dupin aîné expliquait ainsi, au nom de la commission de Constitution, l'organisation du Tribunal des conflits et la présidence attribuée au ministre de la justice.
« Quand il y a un conflit, ce n'est pas seulement un fonctionnaire, en vertu de sa
prérogative, qui peut prétendre le vider. Voilà pourquoi nous avons cru qu'il était
constitutionnel de créer un tribunal des conflits. Nous avons pris, pour le composer,
dans les rangs les plus élevés des deux autorités entre lesquelles le conflit s'élève,
c'est-à-dire des membres de la Cour de cassation, sommet de l'ordre judiciaire, et
des membres du Conseil d'État, sommet de l'ordre administratif... Il faut un président. On n'a voulu subordonner ni la Cour de cassation au Conseil d'État, ni le Conseil d'État à la Cour de cassation. Il fallait un lien entre ces deux autorités ; nous
avons pris le ministre de la justice qui représente la puissance publique dans cette
branche du pouvoir. Le ministre est le chef de la justice. Ayant jusqu'à présent la
suprématie sur les deux ordres, l'ordre administratif et l'ordre judiciaire, c'est lui qui
est le lien naturel qui doit concilier entre elles les deux autorités dont sera composé
le Tribunal des conflits. D'ailleurs ce n'est pas un jugement que le Tribunal des conflits aura à prononcer, il aura seulement à rendre son libre cours à l'administration
de la justice ; il n'agira que comme pouvoir régulateur. »

férait du Conseil d'État au Tribunal des conflits le jugement des recours en cassation formés contre les arrêts de la Cour des comptes. Mais c'était là une innovation peu heureuse : d'une part, en effet, la haute juridiction de la Cour des comptes, telle qu'elle a été réorganisée en 1807, se rattache à la juridiction administrative (¹) ; du moment que la Cour des comptes n'a pas été érigée en Cour souveraine et que des recours devant un juge supérieur ont été, dans certains cas, prévus contre ses arrêts, ces recours ne peuvent être portés que devant le juge administratif supérieur, c'est-à-dire devant le Conseil d'État. D'un autre côté, donner le jugement de ces recours au Tribunal des conflits, c'était méconnaître le caractère de cette juridiction uniquement organisée en vue des difficultés de compétence qui divisent les autorités administrative et judiciaire, et nullement en vue d'une juridiction supérieure à exercer, d'une jurisprudence à fixer en matière de comptabilité publique. Aussi, cette disposition n'a-t-elle eu qu'une existence éphémère.

L'organisation du Tribunal des conflits fut successivement complétée : par la loi organique du Conseil d'État de 1849, qui fixe à quatre le nombre des conseillers d'État et des conseillers à la Cour de cassation appelés à composer le Tribunal (²) ; par le règlement d'administration publique du 26 octobre 1849, arrêté par le Conseil d'État en vertu de la délégation contenue dans l'article 64 de la loi organique de 1849 (³) ; par la loi du 4 février 1850, qui sanctionne et modifie sur quelques points le règlement de 1849, et qui contient une disposition conférant au ministre de l'instruction publique, en cas d'empêchement du ministre de la justice, la présidence du Tribunal des conflits (⁴).

1. Voy. *supra*, p. 224 et 225.

2. La législation de cette époque limitait la composition du Tribunal à ces deux éléments, et n'y introduisait pas, comme l'a fait plus tard la loi du 24 mai 1872, un troisième élément procédant du choix des deux autres.

3. Ce règlement est un de ceux que le Conseil d'État de cette époque a faits en vertu du pouvoir propre que lui conférait l'article 75, § 2, de la Constitution, dans le cas d'une délégation spéciale de l'Assemblée nationale. Ces règlements étaient *arrêtés* par le Conseil d'État, et le Président de la République se bornait à les *promulguer*. Celui du 26 octobre 1849 devait, en outre, être converti en loi dans l'année de sa promulgation, ce qui a été fait par la loi du 4 février 1850.

4. Cette disposition, votée à une époque où M. de Falloux était ministre de l'instruction publique, paraît avoir eu surtout un caractère d'actualité politique.

La législation de cette époque, considérée dans son ensemble, a fortifié la juridiction administrative en poursuivant les réformes libérales commencées sous le régime précédent. Elle a prouvé, par ses innovations souvent hardies et presque toujours heureuses, que le jugement des contestations administratives peut être entouré des mêmes garanties que celui des contestations judiciaires ; que le jugement même des conflits, qui avait si longtemps prêté à de justes critiques et avait servi de thème à tant de récriminations contre le principe de la séparation des compétences, pouvait être organisé de manière à calmer toute crainte de décisions abusives. Mais ces améliorations législatives, suspendues en 1852, n'ont pu être reprises et continuées qu'en 1872.

Conseils de préfecture. Projet de loi de 1851. — L'organisation des tribunaux administratifs de premier ressort avait été ajournée, comme nous l'avons vu, après le vote de la Constitution et de la loi organique du Conseil d'État. Elle fut reprise en 1850, non comme objet d'une loi spéciale, mais comme un des éléments d'un vaste projet embrassant toute la législation de l'administration intérieure.

L'élaboration de ce projet de loi, qui traitait de l'administration des départements, des cantons et des communes, fut confiée au Conseil d'État. Nous n'avons à nous occuper que du titre spécial qui était consacré aux conseils de préfecture et qui fut adopté par le Conseil, le 9 avril 1851, sur le rapport de M. Boulatignier ([1]).

Voici quelles étaient les principales réformes consacrées par le projet du Conseil d'État.

Les conseillers de préfecture, que la législation de l'an VIII n'avait soumis à aucune condition spéciale d'aptitude ([2]), devaient être âgés de vingt-cinq ans et licenciés en droit, ou avoir exercé, soit des fonctions administratives ou judiciaires pendant trois ans,

---

1. Le rapport de M. Boulatignier contient une étude approfondie sur les conseils de préfecture, à laquelle nous nous sommes déjà plusieurs fois reporté, comme à l'un des documents les plus complets et les plus autorisés publiés sur cette matière.

2. La seule condition requise sous la législation de l'an VIII avait été l'âge de vingt-cinq ans ; encore n'était-elle pas inscrite dans la loi du 28 pluviôse ; elle avait été empruntée par analogie aux dispositions de la Constitution de l'an III sur les administrations des départements.

soit les fonctions de conseiller général ou de maire pendant six ans.
Ils étaient assistés de suppléants. Ils étaient nommés par le Président de la République, sur une triple liste de candidats dressée par
le préfet et ne pouvaient être révoqués qu'après avis d'une commission instituée auprès du ministre de l'intérieur. Un commissaire du Gouvernement, remplacé au besoin par un des suppléants,
remplissait les fonctions du ministère public ; un secrétaire-greffier
était adjoint au conseil. Le préfet cessait de présider le conseil de
préfecture statuant au contentieux ; il était remplacé par un vice-
président.

Les décisions étaient rendues en séance publique, après observations orales présentées par les parties, par un avocat inscrit au
tableau ou par un mandataire spécial, et après conclusions du ministère public. Toutefois, il était loisible au conseil de préfecture
de prononcer en séance non publique, si le débat oral n'était pas
requis, sur les matières dites sommaires, savoir les contributions
directes, les élections, les contraventions de voirie et de roulage.
Les articles 88 et suivants du Code de procédure civile sur la police des audiences étaient rendus applicables.

Toutes les décisions devaient être motivées, contenir les noms
des juges et être signées en minute par le président, le rapporteur
et le secrétaire-greffier.

Les dispositions relatives à la procédure étaient peu nombreuses ;
elles se bornaient à consacrer le droit d'opposition aux arrêtés par
défaut et le droit de tierce opposition ; elles ne contenaient pas de
règles sur les mesures d'instruction qu'il aurait été si utile de préciser, comme on l'avait fait, dès 1828, pour les conseils privés des
colonies.

Le projet n'édictait pas de dispositions nouvelles sur les attributions contentieuses des conseils de préfecture. Le Conseil d'État
ne crut pas devoir adopter une innovation proposée par son rapporteur, et dont la portée eût été considérable, consistant à déférer
aux conseils de préfecture « toutes les affaires qui ne sont pas attribuées à une autre autorité ». C'était les ériger en juges ordinaires
du contentieux administratif. Mais le texte adopté ne maintint dans
leurs attributions que « les matières contentieuses dont la connaissance leur est attribuée par une disposition législative ».

Transmis par le Conseil d'État à l'Assemblée législative, le projet fut adopté, avec quelques modifications, par une commission dont M. de Larcy était rapporteur (¹). Mais l'œuvre si activement entreprise fut arrêtée par le coup d'État. Elle ne devait être reprise que quatorze ans après, par la loi de 1865.

II. — Second Empire.

Nouvelle organisation du Conseil d'État. — La Constitution du 14 janvier 1852, ainsi que le déclare son préambule, s'inspirait des institutions politiques du Consulat et de l'Empire et tendait à les substituer au régime parlementaire. Le Conseil d'État y occupait une place importante, mais différente de celle que lui avait assignée la Constitution de 1848. Au lieu d'être une émanation des assemblées, il redevenait un conseil du chef de l'État, nommé par lui, associé à son initiative législative, à ses pouvoirs de haute administration, à la juridiction supérieure qu'il ressaisissait pour lui-même en matière de conflits et de contentieux administratif, conformément à la tradition monarchique.

La juridiction propre du Conseil d'État en matière contentieuse et celle du Tribunal des conflits sur les questions de compétence disparurent avec les institutions nouvelles. Elles furent supprimées l'une et l'autre, d'abord par les actes dictatoriaux qui prononcèrent la dissolution du Conseil d'État et qui créèrent une commission consultative destinée à remplacer provisoirement le Conseil d'État et l'Assemblée législative (²), puis par le décret organique du 25 janvier 1852 relatif à l'organisation et aux attributions du Conseil d'État.

Si cette législation ne laissait pas subsister les progrès réalisés

---

1. Ces modifications consistaient principalement à rendre les conditions d'aptitude plus sévères, à donner aux conseils généraux au lieu des préfets le droit de dresser les listes de présentation, à remplacer le commissaire du Gouvernement par des agents spéciaux, que le préfet aurait désignés dans chaque affaire. Cette dernière modification était peu heureuse, car elle supprimait en réalité le ministère public et le remplaçait par des agents de l'administration ne pouvant agir que comme ses défenseurs.

2. Décret des 2-10 décembre 1851.

en 1849 pour le jugement des affaires contentieuses, du moins elle ne répudiait pas ceux qui s'étaient accomplis sous le Gouvernement de Juillet et qui avaient été consacrés par la loi du 19 juillet 1845. La publicité des audiences, les observations orales des avocats, les conclusions des commissaires du Gouvernement furent maintenues.

Deux innovations importantes furent apportées au mode de jugement des affaires.

Ce jugement qui, dans le système de la justice retenue, avait toujours exclusivement appartenu à l'assemblée générale du Conseil d'État fut partagé, dans une certaine mesure, entre cette assemblée et la section du contentieux. Celle-ci reçut le droit de juger seule et en séance non publique les affaires dans lesquelles il n'y avait pas de constitution d'avocat. Elle eut ainsi des attributions mixtes; elle fut à la fois chargée de l'instruction et de la préparation des décisions dans les affaires où des avocats étaient constitués, et du jugement des affaires sans avocat. Mais cette dernière attribution n'était donnée qu'à titre exceptionnel et en quelque sorte facultatif; le renvoi à la séance publique du Conseil était de droit s'il était demandé par un des conseillers d'État de la section ou par le commissaire du Gouvernement ([1]).

La seconde innovation consistait à modifier la composition de l'assemblée du Conseil d'État siégeant en audience publique. Cette assemblée, au lieu de comprendre, comme en 1845, tous les membres du service ordinaire, ne fut plus composée que des membres de la section du contentieux et de conseillers délégués par les sections administratives à raison de deux par section ([2]). Ainsi réduite, l'assemblée du Conseil d'État délibérant au contentieux parut offrir de meilleures garanties d'examen des affaires; l'influence de la section fut fortifiée sans que l'ensemble du Conseil d'État fût privé de l'action qu'il doit avoir sur des décisions souveraines rendues

---

1. Décret organique du 25 janvier 1852, art. 21.
2. Même décret, art. 19. — En 1852, les sections établies en dehors de la section du contentieux étaient au nombre de cinq : Législation, justice et affaires étrangères ; — Intérieur, instruction publique et cultes ; — Travaux publics, agriculture et commerce ; — Guerre et marine ; — Finances.
L'assemblée du contentieux était donc composée de 17 membres, six appartenant à la section du contentieux, dix aux autres sections, et le président.

en son nom. Cette disposition, comme la précédente, est de celles que la législation actuelle a conservées.

Par une innovation moins heureuse, le décret de 1852 donnait voix prépondérante au président en cas de partage ; il dérogeait ainsi aux règles reçues pour le bon fonctionnement des juridictions, et aux précédents mêmes du Conseil d'État.

L'organisation du Conseil fut complétée par le décret du 30 janvier 1852 portant règlement intérieur. Le titre III relatif aux délibérations en matière contentieuse ne contient qu'une disposition nouvelle, celle qui prescrit de communiquer aux avocats des parties, quatre jours avant la séance publique, les *questions* résultant des rapports, de manière à donner aux avocats des points de repère pour le débat oral.

Mouvement de la jurisprudence. — Pendant les premières années de l'empire et jusque vers 1860, la jurisprudence du Conseil d'État en matière contentieuse ne donne lieu à aucune observation particulière ; elle n'avance ni ne recule ; elle est circonspecte, peu portée aux innovations, peu favorable à l'extension des recours ; elle reflète, dans son ensemble, la sévérité du régime politique, son peu de goût pour les controverses légales et pour l'opposition faite aux actes de l'administration.

Il en fut autrement à partir de 1860. La détente relative qui s'opéra vers cette époque dans le régime politique, et qui eut pour effet de rendre quelque vie au Corps législatif par les décrets du 24 novembre 1860, réveilla l'esprit de discussion et de contrôle. Loin de mettre obstacle aux contestations nouvelles, le Conseil d'État estima qu'il était sage de leur ouvrir un libre accès. Dans un esprit de prévoyance gouvernementale, et aussi dans un sentiment d'équité auquel les contemporains ont rendu justice, il facilita soit par sa jurisprudence, soit par de nouvelles dispositions légales dont il fut le promoteur, les réclamations formées contre les actes irréguliers de l'administration.

C'est dans cette période (1860 à 1870) que se produit le développement le plus notable des recours pour excès de pouvoir. La jurisprudence tend à restreindre les fins de non-recevoir, à réserver un droit de décision contentieuse à l'égard de tout acte d'administration soulevant des questions de légalité, à réduire le nombre des décisions soustraites à tout débat contentieux par leur nature politique ou gouvernementale. Elle déclare recevables des recours formés contre les actes de répression administrative infligés à la presse, en vertu du décret du 17 février 1852 ; elle annule même un arrêté prononçant la suspension d'un journal. A l'occasion des grands travaux de Paris, de nombreux arrêts viennent en aide aux propriétaires contre lesquels une administration puissante épuisait les rigueurs de la législation de la voirie, et quelquefois même en créait de nouvelles pour ménager les finances de la ville aux dépens de la propriété privée.

En même temps que la théorie du recours pour excès de pouvoir se développait dans des arrêts de doctrine, dans des conclusions de commissaires du Gouvernement, dont plusieurs ont rendu d'éminents services à la science du droit administratif, le décret du 2 novembre 1864 encourageait les recours pour excès de pouvoir en permettant aux parties lésées de les former sans le ministère d'un avocat au Conseil, et sans autres frais que ceux de timbre et d'enregistrement. Le Conseil d'État considérait que l'intérêt bien entendu du Gouvernement était ici d'accord avec les garanties dues aux personnes atteintes par des actes administratifs illégaux. Un de ses membres les plus autorisés écrivait en 1869 : « Le Gouvernement, sur qui retombe la responsabilité des fautes de ses agents, a grand intérêt à ce que les plaintes qu'elles soulèvent puissent arriver jusqu'à lui, parce que les griefs les plus minimes peuvent, en se multipliant, amener de graves mécontentements. Il y a là une sorte de soupape de sûreté qui doit être toujours ouverte (¹). »

Le décret du 2 novembre 1864 n'eut pas seulement pour objet de faciliter les recours pour excès de pouvoir. Il dispensa aussi du ministère de l'avocat les pourvois formés en matière de pensions civiles et militaires. Il décida en outre que l'État pourrait être condamné aux dépens dans les affaires relatives aux travaux publics, aux marchés de fournitures et dans toutes les contestations où l'administration agit comme représentant le domaine de l'État.

1. L. Aucoc, *Conférences sur le droit administratif ;* t. I, p. 394 (Édit. de 1869).

Il consacra enfin une disposition importante destinée à régulariser l'action ministérielle en matière contentieuse et à stimuler l'activité des bureaux ; il permit de déférer directement au Conseil d'État les recours portés devant les ministres contre les actes d'une autorité inférieure, lorsque les ministres auraient laissé passer plus de quatre mois sans rendre une décision.

Sous l'influence de ces différentes causes, le nombre des affaires jugées par le Conseil d'État continua à progresser dans de notables proportions. La moyenne annuelle dépassa 1,000 dans la période 1852 à 1860 ; elle s'éleva à 1,160 environ dans la période 1860 à 1870. Le total général des affaires jugées dans les dix-sept années est de 20,272.

Législation des conseils de préfecture. — La législation des conseils de préfecture, après les obstacles que sa revision avait deux fois rencontrés par suite des événements politiques de 1848 et de 1851, en était toujours restée aux règles insuffisantes édictées en l'an VIII. L'opinion libérale formulait des griefs nombreux contre ces conseils : contre leur personnel qui ne présentait pas des garanties suffisantes d'expérience juridique ; contre leurs jugements rendus à huis clos et sans débat oral ; contre la présidence du préfet ayant voix prépondérante en cas de partage ; enfin contre l'absence de formes régulières dans la procédure et dans le jugement. Le développement donné aux affaires électorales et l'intérêt politique qui s'y attachait, contribuaient à mettre ces imperfections en pleine lumière ; les conseils de préfecture étaient compromis dans l'opinion ; le parti libéral réclamait leur suppression.

Le Gouvernement crut nécessaire d'aviser. Hésitant encore à porter la question devant le Corps législatif, il rendit, le 30 décembre 1862, un décret qui établit la publicité des audiences des conseils de préfecture, autorisa les parties à présenter des observations orales en personne ou par mandataire, institua un ministère public dont les fonctions furent confiées au secrétaire général ou à un auditeur au Conseil d'État attaché à la préfecture, exigea que les décisions fussent motivées et prononcées à l'audience après délibéré, et créa un secrétaire-greffier spécialement préposé aux affaires contentieuses.

La mise à exécution du décret du 30 décembre 1862 souleva bientôt des questions pour lesquelles une loi fut reconnue nécessaire, notamment pour augmenter le nombre des conseillers de préfecture et pour exiger d'eux de nouvelles conditions d'aptitude. On avait d'ailleurs contesté au Gouvernement le droit de modifier par simple décret la législation de l'an VIII et de réaliser lui-même les réformes qu'il avait décidées en 1862(¹). Le Conseil d'État était d'avis qu'on recourût au pouvoir législatif. En conséquence un projet de loi préparé par ses soins fut déposé le 20 avril 1864 et devint, l'année suivante, la loi du 21 juin 1865 sur les conseils de préfecture.

Ainsi que l'état de l'opinion l'avait fait pressentir, la discussion de cette loi fut l'occasion de vives critiques dirigées contre les conseils de préfecture. Un amendement présenté par l'opposition libérale, et soutenu par MM. Bethmont et Ernest Picard, réclama la suppression de leurs attributions contentieuses. Cet amendement, combattu par M. Perras au nom de la commission, par M. Boulatignier au nom du Gouvernement, ne fut point adopté. La discussion fit une fois de plus ressortir les difficultés presque insurmontables qui résulteraient de la suppression des conseils de préfecture, et du partage de leurs attributions contentieuses entre les tribunaux judiciaires et des corps administratifs, tels que les conseils généraux ou des commissions spéciales.

D'après le système de l'amendement, ce partage s'opérait entre les tribunaux civils, les juges de paix et les conseils généraux. Les réclamations en matière de contributions directes et les contraventions de grande voirie étaient déférées aux juges de paix, sauf appel aux tribunaux civils ou correctionnels d'arrondissement ; les réclamations en matière d'élections et les affaires d'administration communale étaient attribuées aux conseils généraux, ainsi que la comptabilité des communes et des établissements publics ; dans ce

---

1. Des réformes de même nature avaient cependant été faites par simple arrêté préfectoral dans quelques départements. Elles fonctionnaient dans le département de l'Isère depuis 1831. Le préfet avait, à cette époque, appliqué au conseil de préfecture les principales réformes que les ordonnances de 1831 avaient réalisées pour le Conseil d'État, notamment la publicité des audiences et le débat oral. (V. l'exposé des motifs, rédigé par M. Aucoc, du projet de loi relatif à la procédure devant les conseils de préfecture, présenté au Sénat en 1870.)

dernier cas les décisions des conseils généraux étaient susceptibles d'appel devant la Cour des comptes. Les autres attributions des conseils de préfecture en matière contentieuse étaient transférées aux tribunaux civils (¹).

Le Corps législatif jugea préférable de conserver ces attributions à la juridiction qui les exerçait depuis le commencement du siècle, mais il reconnut la nécessité d'améliorer son organisation et sa procédure. Tel fut l'objet de la loi du 21 juin 1865, qui consacra la plupart des innovations proposées par le Conseil d'État dans le projet de loi de 1851, et dont quelques-unes avaient déjà trouvé place dans le décret de 1862 : conditions plus sévères d'aptitude, institution d'un vice-président du conseil de préfecture (²), publicité des audiences, débat oral, ministère public, décisions motivées, attributions à la juridiction contentieuse des affaires que d'anciens textes déféraient aux préfets en conseil de préfecture ; application des dispositions du Code de procédure sur la police des audiences.

La loi de 1865 contenait en outre une disposition importante qui tendait à réaliser une amélioration souvent réclamée, en promettant aux conseils de préfecture une loi complète de procédure. Elle portait qu'un règlement d'administration publique déterminerait provisoirement « les délais et les formes dans lesquels les arrêtés « contradictoires et non contradictoires peuvent être attaqués ; les « règles de la procédure à suivre devant les conseils de préfecture,

1. Voici le texte complet de cet amendement : « Art. 1er. Les conseils de préfecture sont supprimés. — Art. 2. Leurs attributions consultatives, délibératives, contentieuses, gracieuses sont transférées à un conseil composé d'un secrétaire général, d'un chef de division de la préfecture et d'un conseiller général. — Art. 3. Leurs attributions contentieuses pures sont transférées à la justice ordinaire. Leurs attributions répressives en matière de voirie, de roulage et autres aux tribunaux de simple police. Leurs attributions contentieuses en matière de contributions sont transférées aux juges de paix avec droit d'appel, suivant les règles ordinaires. — Art. 4. Leurs attributions en matière de comptabilité sont conférées au conseil général en premier ressort et à la Cour des comptes en appel. — Art. 5. Leurs attributions en matière d'administration communale sont transférées au conseil général. — Art. 6. Leurs attributions en matière d'élections sont transférées aux corps électifs, à charge d'appel, pour les décisions des conseils municipaux et d'arrondissement, devant le conseil général. »

2. A la différence du projet de 1851, la loi de 1865 laissait subsister la présidence du préfet, qui fut très combattue au sein du Corps législatif. Un amendement de M. Jérôme David, qui réservait au vice-président seul la présidence des débats contentieux, rallia une forte minorité.

« notamment pour les enquêtes, les expertises et les visites de « lieux ; ce qui concerne les dépens ([1]) ». Il devait être statué par une loi dans le délai de cinq ans ([2]).

Le règlement fut promulgué par décret du 12 juillet 1865 ; il édicta des dispositions qui ont réglé, jusqu'à la loi de procédure de 1889, l'introduction et la marche des instances, la tenue des audiences, les formes des décisions ; mais il laissa de côté la question des recours et celle des mesures d'instruction ; le Conseil d'État se réservait de les approfondir dans l'élaboration du projet de loi qui devait remplacer le règlement. Ce projet, précédé d'une enquête que le ministre de l'intérieur avait prescrite en 1868, sur le nouveau fonctionnement des conseils de préfecture, fut adopté par le Conseil d'État dans ses séances des 16, 18 et 25 mai 1870 ; il fut présenté au Sénat le 10 juin suivant. Mais la discussion en fut empêchée par les événements politiques.

Le projet de loi de 1870 reprenait, en leur donnant une extension et une précision nouvelles, les réformes de procédure annoncées par la loi du 21 juin 1865 et partiellement réalisées par le décret provisoire du 12 juillet suivant. Il ne contenait pas moins de soixante-sept articles répartis en six titres correspondant aux matières suivantes : introduction des instances et mesures générales d'instruction ; — moyens de vérification (expertises, visites de lieux, enquêtes et interrogatoires, vérification d'écritures et inscription de faux) ; — incidents (intervention, récusation, désistement) ; — jugement ; — opposition, tierce opposition et recours au Conseil d'État ; — dépens.

Ce projet, oublié pendant près de vingt ans, puis repris par une proposition d'initiative parlementaire, est devenu, sauf quelques modifications, la loi du 22 juillet 1889 sur la procédure des conseils de préfecture.

III. — RÉPUBLIQUE.

Commission provisoire de 1870. — Le Conseil d'État avait eu un rôle politique trop considérable sous l'empire pour pouvoir sur-

1. Loi du 21 juin 1865, art. 14.
2. Même loi, art. 14 *in fine*.

vivre à la révolution du 4 septembre 1870. Mais lorsque le Gouvernement de la défense nationale prononça, par son décret du 15 septembre, la suspension des membres du Conseil d'État impérial, il eut soin de maintenir l'institution elle-même et d'assurer son fonctionnement provisoire en attendant une loi de réorganisation.

Le décret du 15 septembre 1870, complété par celui du 19 septembre, créa une commission provisoire composée de huit conseillers d'État et de dix maîtres des requêtes nommés par le Gouvernement, auxquels furent adjoints douze auditeurs dont la désignation fut confiée aux membres de la commission. Celle-ci reçut aussi le droit d'arrêter elle-même son règlement intérieur ; elle se partagea en deux sections administratives et une section du contentieux, cette dernière composée de membres qui siégeaient en même temps dans l'une ou l'autre section administrative.

La législation de 1852 restait applicable, dans ses dispositions essentielles, au jugement des affaires contentieuses qui continuait à se partager entre la section et l'assemblée du contentieux selon que des avocats étaient ou non constitués. Mais le petit nombre des membres de la commission et de ses sections administratives ne permettait pas de composer l'assemblée du contentieux par délégation, les audiences publiques furent tenues par la commission tout entière. Un décret du 3 octobre 1870 consacra sur ce point et sur quelques autres les modifications qu'il était nécessaire d'apporter à la législation en vigueur. Les décisions contentieuses conservèrent la forme de décrets émanés du Gouvernement.

La commission n'avait été instituée que pour l'expédition des affaires administratives et contentieuses urgentes. Elle avait hérité de 596 dossiers déjà déposés au Conseil, auxquels s'ajoutèrent 1,829 pourvois formés pendant la durée de la commission, c'est-à-dire jusqu'au 27 juillet 1872 ([1]). Le ralentissement des affaires était sensible ; il s'expliquait par les événements exceptionnels que traversait le pays, par la suspension des délais des recours jusqu'en juin 1871, par les difficultés que rencontrait l'instruction des af-

---

1. Voir les rapports présentés au Garde des sceaux par le président de la commission, M. F. de Jouvencel, en février et en août 1872. (Imprimerie nationale.)

faires auprès d'administrations lentement réorganisées. Le nombre des affaires jugées pendant les deux années ne dépassa pas 934, soit une moyenne annuelle de 467. Cependant la commission eut à statuer sur des affaires importantes et nouvelles, notamment sur les premières applications de la loi municipale du 14 avril 1871 et de la loi départementale du 10 août 1871, ainsi que sur plusieurs conflits soulevant d'intéressantes questions de compétence nées des événements de la guerre.

La juridiction administrative devant l'Assemblée nationale. — La période à laquelle nous arrivons est toute contemporaine ; les indications qui s'y rapportent ne paraissent plus être à proprement parler des notions historiques, mais plutôt se confondre avec l'étude de l'organisation actuelle. Et pourtant, même dans cette période si rapprochée, il y a des faits qui déjà ne sont plus que de l'histoire. Telles sont les discussions qui s'élevèrent devant l'Assemblée nationale sur le maintien ou la suppression de la juridiction administrative, et plus spécialement des conseils de préfecture.

Ces controverses furent principalement l'œuvre d'une commission de l'Assemblée dite *Commission de décentralisation*. Cette commission, saisie de plusieurs propositions qui tendaient à remanier d'une manière plus ou moins complète le système de l'administration française, fut entraînée dans un vaste champ d'études où toutes les théories se donnèrent librement carrière. Elle rédigea des projets dont la valeur était fort inégale et dont les destinées furent diverses. Tous s'inspiraient d'une même pensée : relâcher les liens de la centralisation, diminuer l'action du pouvoir central dans la sphère des intérêts locaux. Idée louable en elle-même, mais dont les applications peuvent être salutaires ou nuisibles, selon l'esprit dans lequel elles sont conçues. L'un de ces projets, amélioré par plusieurs amendements du Gouvernement ou de membres de l'Assemblée, est devenu la loi organique départementale du 10 août 1871, qui combine dans une mesure heureuse les idées de décentralisation avec les conditions nécessaires de la vie administrative dans un grand État unitaire. Il est bon, en effet, aussi bien pour l'équilibre des forces administratives que pour le

développement des libertés publiques, qu'il y ait une force intermédiaire, département ou province, entre la grande force nationale
qui est concentrée dans l'État et la force élémentaire qui réside
dans les communes.

Mais à cette idée juste il s'en joignit d'autres qui l'étaient moins,
notamment celle de sacrifier la juridiction administrative à l'idée
de décentralisation.

C'était une erreur de croire que le développement des libertés
locales doit avoir pour conséquence d'amoindrir le rôle de la juridiction administrative et de relâcher son contrôle. C'est le contraire qui est vrai. Il y a, en effet, une décentralisation qui ne sera
jamais acceptée en France : c'est la décentralisation de la loi. Que
les questions d'opportunité administrative soient localisées sur le
territoire qu'elles intéressent exclusivement, rien de mieux ; mais
la légalité administrative, l'interprétation des lois ne peut pas être
décentralisée. L'unité de jurisprudence assurant l'unité de la législation, est une condition nécessaire de l'égalité devant la loi. Aussi,
plus les autorités locales sont affranchies du contrôle d'un supérieur hiérarchique, plus elles doivent être soumises au contrôle
d'une juridiction, afin que les attributions des autorités locales et
les droits des particuliers ne soient pas à la discrétion de jurisprudences contradictoires.

Cela est si vrai que l'Assemblée nationale, en transférant aux conseils généraux et aux commissions départementales des décisions
qui étaient antérieurement réservées aux préfets, et en les affran-
chissant de tout contrôle hiérarchique du ministre de l'intérieur,
jugea en même temps nécessaire d'assurer au Gouvernement ou
aux parties des recours spéciaux devant le Conseil d'État, pour les
cas d'incompétence, d'excès de pouvoir, de violation des lois ou
règlements ([1]). Bien plus, après avoir donné aux conseils généraux,
par la loi du 10 août 1871, le droit de statuer souverainement sur
les élections de leurs membres, elle se vit dans la nécessité de le
leur retirer par la loi du 31 juillet 1875 et de renvoyer au Conseil
d'État le contentieux de ces élections. Elle s'était aperçue qu'en
voulant décentraliser le droit de décision en cette matière, elle

---

1. Loi du 10 août 1871, art. 33, 47, 88.

avait compromis l'unité de la loi, et que les règles de l'élection, le mode de supputation des suffrages, les conditions de l'éligibilité n'étaient plus les mêmes dans tous les départements.

Cet aspect de la question avait échappé à la commission de décentralisation. Croyant voir dans la juridiction administrative un obstacle au développement des libertés locales, elle réclama son abolition. Un projet de loi rédigé par elle et déposé le 14 juin 1872 proposa la suppression des conseils de préfecture (¹). Leurs attributions contentieuses étaient renvoyées aux tribunaux judiciaires, sauf dans certaines matières où tout débat contentieux était supprimé et où le préfet statuait administrativement sauf recours au ministre. La commission ajoutait : « La conséquence forcée de la suppression des conseils de préfecture, c'est la suppression du Conseil d'État comme juge d'appel de leurs décisions et ce serait probablement, dans un prochain avenir, l'abolition de toute justice administrative. »

Que devenait, dans ce système, le contentieux des actes de la puissance publique, celui qui appartient au Conseil d'État statuant

---

1. Voir le projet de loi et le rapport présentés au nom de la commission de décentralisation par M. Amédée Lefèvre-Pontalis (Annexe à la séance du 14 juin 1872, n° 1217 des impressions de l'Assemblée nationale). — Ce rapport et ce projet avaient pour origine une proposition de loi déposée par M. Raudot le 29 avril 1871 et dont l'article 37 portait : « Les préfets et les conseils de préfecture sont supprimés ; les affaires contentieuses et les contraventions de voirie actuellement soumises aux conseils de préfecture et au Conseil d'État seront jugées par la justice ordinaire. » — Le projet de la commission, conforme quant au fond, était plus complexe en la forme. Après avoir posé en principe (art. 5) que « toutes les contestations dont la connaissance est attribuée aux conseils de préfecture statuant au contentieux seront portées devant les tribunaux ordinaires et seront instruites et jugées d'après la loi commune », il faisait les exceptions suivantes :

En matière d'ateliers insalubres, les oppositions et les recours contre les refus d'autorisation étaient renvoyés, selon les cas, devant le ministre, ou devant le préfet, sauf recours au ministre qui prononçait administrativement après avis du Conseil d'État (art. 7).

En matière de logements insalubres, le préfet statuait sauf recours au ministre (art. 8).

En matière de contributions directes, le préfet pouvait prononcer seul la réduction ou la décharge réclamée par le contribuable lorsque l'avis du directeur des contributions était conforme. Il prononçait de même sur les réclamations des percepteurs tendant à la décharge des cotes indûment imposées (art. 9). En cas d'avis contraire du directeur, le tribunal d'arrondissement jugeait.

C'était encore le préfet qui prononçait, sauf appel à la Cour des comptes, sur la comptabilité des receveurs des communes et des établissements publics (art. 6).

comme juge des excès de pouvoir ou des interprétations contentieuses ? Le projet de la commission décidait que les tribunaux
pourraient vérifier le sens et la légalité de ces actes quand ils seraient invoqués devant eux, mais qu'ils ne pourraient pas en prononcer l'annulation ni en modifier les dispositions (¹). Sur ce point,
le système de la commission était le système belge ; il avait pour
conséquence de remettre à l'administration active une partie du
contentieux administratif et de supprimer complètement les recours
en annulation des actes administratifs illégaux.

Nous ne pouvions laisser en oubli ce projet de loi qui donna lieu
à des études sérieuses attestées par le rapport de la commission.
Mais on doit reconnaître qu'il n'occupa pas, devant l'Assemblée
nationale, la place que nous lui avons donnée dans cette étude. Il
ne fut en effet l'objet d'aucune discussion devant l'Assemblée, et
celle-ci se sépara sans l'avoir porté à son ordre du jour. Il avait été
condamné d'avance par le vote de la loi sur le Conseil d'État, qui
consacrait le maintien de la juridiction administrative, et qui donnait au Conseil d'État le droit de statuer souverainement sur les
recours en matière contentieuse administrative et sur les demandes
d'annulation pour excès de pouvoir.

Lors de la discussion de cette loi, qui avait précédé de quelques
semaines le dépôt du projet que nous venons d'analyser, les adver-
saires de la juridiction administrative avaient vainement tenté de
faire supprimer les attributions contentieuses du Conseil d'État,
ou tout au moins de faire insérer dans la loi des réserves pour
l'avenir(²). L'Assemblée nationale, comme toutes celles qui l'avaient

1. Art. 12 du projet : « Dans tous les cas où les tribunaux ordinaires auront à connaître du contentieux de l'administration, ils appliqueront les actes de l'autorité administrative et les règlements généraux et locaux en tant que ces actes et règlements
seront conformes aux lois. Si la contestation portait sur la légalité d'un acte de l'autorité administrative, les tribunaux ne pourraient connaître que des effets de l'acte
dont il s'agit dans ses rapports avec la contestation qui leur est soumise, sans avoir
le droit d'en prononcer la nullité ni d'en modifier les dispositions. »

2. La suppression fut demandée par M. Raudot. La réserve fut proposée par un
amendement de M. Savary, appuyé par M. Bérenger (de la Drôme) et auquel M. Raudot
déclara se rallier ; cet amendement tendait à faire ajouter à l'article 9 de la loi,
relatif aux attributions contentieuses du Conseil d'État, la phrase suivante : « Jusqu'à
ce qu'il ait été statué par une loi sur l'ensemble de la juridiction contentieuse. »
L'amendement fut rejeté et l'article 9 adopté par deux votes par assis et levé (Séance
du 8 mai 1872).

précédée, refusa de porter aucune atteinte à nos institutions de justice administrative ; elle les fortifia au contraire par la loi organique du 24 mai 1872 dont nous avons maintenant à parler.

Loi sur le Conseil d'État du 24 mai 1872. — Les auteurs de la loi du 24 mai 1872 se sont inspirés de la législation de 1849 et de celle de 1852. Ils ont emprunté à la législation de 1849 : la nomination des conseillers d'État par l'Assemblée nationale ; la délégation au Conseil d'État d'un droit de juridiction propre en matière contentieuse ; l'institution du tribunal des conflits. Ils ont emprunté à la législation de 1852 : le partage du jugement des affaires contentieuses entre la section du contentieux et l'assemblée du Conseil d'État ; l'organisation d'une assemblée spéciale du contentieux composée de la section et de membres délégués par les sections administratives. Si l'on constate, en outre, que la loi de 1872 a de nouveau consacré les règles établies en 1831, sanctionnées en 1845 et maintenues en 1852, sur le ministère public, le débat oral et la publicité des audiences, on voit que la loi nouvelle a associé et combiné les trois grandes lois organiques qui ont successivement régi le Conseil d'État pendant un demi-siècle.

La disposition qui donnait à l'Assemblée nationale le droit d'élire les conseillers d'État ne fut pas, à proprement parler, une disposition organique, mais une décision d'actualité. Elle ne s'expliquait pas, comme en 1849, par le désir d'associer étroitement le Conseil d'État à l'œuvre du législateur et de le rapprocher d'une assemblée dont il aurait été le collaborateur obligé ; on reconnaissait que le Conseil n'aurait qu'un rôle très effacé dans la préparation des lois et qu'il aurait mission d'assister le pouvoir exécutif beaucoup plus que le Parlement ([1]). Il paraissait donc naturel que les conseillers d'État, en leur double qualité d'auxiliaires du Chef de l'État et de magistrats de l'ordre administratif, fussent nommés par le Gouvernement. Des considérations politiques en firent décider au-

1. Tandis que la loi de 1849 avait créé une section de législation composée de seize conseillers d'État et formant dans son sein des commissions spéciales pour l'étude préparatoire des projets de loi, la loi de 1872 supprimait la section de législation et réduisait les cadres du Conseil à trois sections administratives et une section du contentieux.

trement ; mais l'Assemblée ne persista pas, pour l'avenir, dans le système de nomination qu'elle avait revendiqué pour elle-même. Lorsqu'elle vota la loi constitutionnelle du 25 février 1875 sur l'organisation des pouvoirs publics, elle décida que les conseillers d'État seraient désormais nommés par le Président de la République, en conseil des ministres, et pourraient être révoqués par lui dans la même forme (¹). Toutefois les droits acquis aux conseillers d'État élus par l'Assemblée devaient être respectés. Ils ne pouvaient être révoqués que par l'Assemblée nationale et, après sa séparation, par le Sénat (²).

La loi constitutionnelle de 1875 résolvait la difficulté pour l'avenir, mais elle la laissait subsister dans le présent. L'Assemblée nationale avait usé de son droit en 1872, en ne conférant le titre de conseiller d'État qu'à des hommes dont les tendances politiques lui paraissaient en harmonie avec les siennes. Le Gouvernement, à son tour, ne crut pas excéder son droit en 1879, en poursuivant le même but. L'esprit des Chambres et la direction générale de la politique intérieure étaient alors très différents de ce qu'ils avaient été sept ans auparavant ; on souhaitait que le Conseil d'État ne continuât pas à représenter exclusivement l'ancienne majorité d'une assemblée disparue. D'un autre côté, le Gouvernement ne voulait oublier ni les garanties dues à l'institution ni les égards dus aux personnes ; il répugnait à des mesures radicales telles que la dissolution du Conseil d'État par une loi, ou la révocation de ses membres par le Sénat. Il préféra chercher la solution de la difficulté dans certaines modifications de la loi de 1872, permettant d'élargir les cadres du Conseil, d'y introduire des éléments nouveaux, et de laisser le temps faire son œuvre jusqu'à l'expiration des mandats temporaires qu'un tiers des conseillers d'État tenait encore de l'Assemblée (³).

1. Loi du 25 février 1875, art. 4, § 2.
2. Loi précitée, art. 4, §§ 3 et 4.
3. L'élection des conseillers d'État avait eu lieu pour neuf ans en 1872, avec renouvellement par tiers tous les trois ans. Il aurait donc dépendu du Gouvernement, investi du droit de nomination par la loi constitutionnelle de 1875, de procéder à une modification progressive du personnel en 1875 et en 1878. Cette mesure aurait vraisemblablement prévenu la situation difficile qui se révéla en 1879. Mais aucune modification n'avait eu lieu dans le personnel, le Gouvernement ayant cru devoir confirmer, à chaque renouvellement, les choix faits par l'Assemblée nationale.

De là, la loi du 13 juillet 1879 qui permit de résoudre la question du personnel en même temps qu'elle développait l'organisation du Conseil d'État, qui avait été conçue d'une manière trop restreinte par la loi organique de 1872. Le nombre des sections fut élevé de quatre à cinq par le rétablissement de la section de législation, supprimée en 1872. Les conseillers d'État en service ordinaire furent portés de vingt-deux à trente-deux ; les conseillers d'État en service extraordinaire de quinze à dix-huit ; les maîtres des requêtes de vingt-quatre à trente, non compris le secrétaire général ; les auditeurs de trente à trente-six.

En ce qui touche le fonctionnement de la juridiction contentieuse, la loi de 1879 porta de six à sept, y compris le président, les membres de la section du contentieux ([1]) et de treize à seize, y compris le vice-président du Conseil d'État, celui des membres composant l'assemblée du contentieux. Elle créa un quatrième commissaire du Gouvernement dont l'adjonction était rendue nécessaire par l'augmentation du nombre des affaires.

Justice déléguée. — Le Gouvernement et l'Assemblée nationale furent d'accord pour abandonner le système de la justice retenue déjà condamné en 1849 et remis en vigueur en 1852.

« Les esprits éclairés, disait l'exposé des motifs de la loi de 1872 présenté par M. Dufaure, ont constamment demandé que la juridiction administrative offrît, autant que possible, par sa constitution, les garanties qu'on est habitué à rencontrer devant les tribunaux civils. Le Gouvernement n'hésite pas à proposer de compléter les garanties d'une bonne justice, déjà établies par la législation antérieure, en donnant au Conseil le droit de juridiction propre, en conférant à ses décisions la valeur d'un jugement. Aussi bien, les raisons qu'à d'autres époques on avait invoquées pour soutenir le système dans lequel les décisions du Conseil en matière contentieuse n'avaient d'autorité qu'après avoir été approuvées par le chef du pouvoir exécutif, auquel appartenait le droit de prendre

---

1. La loi du 24 mai 1872 avait chargé le vice-président du Conseil d'État de présider la section du contentieux qui n'était composée que de six conseillers d'État. Une loi du 1er août 1874 rétablit la présidence de la section du contentieux, mais le nombre total des membres resta fixé à six jusqu'en 1879.

une décision différente, ne pourraient plus amener la conviction dans les esprits... C'est en vain qu'on a fait valoir la nécessité de sauvegarder le principe de la responsabilité de l'administration. Les ministres ne sauraient être responsables, lorsqu'ils exécutent une décision rendue par un tribunal administratif ou judiciaire. Aussi, dans la pratique, jamais les décisions proposées par le Conseil n'ont-elles été modifiées... Cette pratique a démontré que les dangers qu'on redoutait pour l'indépendance de l'administration, dans le système d'une juridiction propre attribuée au Conseil sont chimériques. »

L'innovation fut critiquée, au sein de la commission, par quelques membres qui invoquaient les anciennes traditions de la justice retenue, et qui manifestaient la crainte que la délégation d'une juridiction propre ne fût un premier pas vers l'inamovibilité. A leurs objections, le rapport répondit ([1]) : « La majorité de la commission n'a pas pensé que la délégation eût nécessairement l'inamovibilité pour corollaire. Depuis qu'ils ont été institués en l'an VIII, les conseils de préfecture rendent des arrêtés exécutoires et cependant leurs membres n'ont pas cessé d'être amovibles. Nous ne faisons donc qu'appliquer au second degré ce qui, pendant plus de soixante-dix ans, a été pratiqué au premier. Pourquoi, en effet, la justice administrative serait-elle déléguée pour la première instance et retenue en appel ? Il y a là une disparate inexplicable et nous croyons qu'il faut la supprimer ([2])... Au reste, l'expérience a démontré que les projets de décret préparés par le Conseil d'État au contentieux sont, en fait, de véritables arrêts. Pourquoi, dès lors, maintenir une fiction et ne pas mettre dans la loi une disposition qui soit conforme à la réalité ? Nous le comprendrions si la faculté de refuser l'approbation pouvait influer utilement sur les décisions du Conseil d'État, mais il est reconnu que si le chef du pouvoir exécutif usait de ce droit, la bonne administration de la justice y perdrait beaucoup. Il y aurait à craindre que le caprice ou la passion poli-

1. Premier rapport de M. Batbie, séance du 29 janvier 1872.
2. A cet argument, on pouvait répondre que le Conseil d'État n'est pas uniquement juge d'appel des conseils de préfecture. Ce n'est pas en cette qualité que la juridiction propre lui a été si longtemps refusée, mais à raison de ses attributions comme juge des décisions ministérielles et des actes de l'autorité administrative attaqués pour excès de pouvoir.

tique ne fussent plus écoutés que l'avis mûrement délibéré par le Conseil d'État. Ce pouvoir pourrait être aussi, avant le vote, un moyen de pression pour obtenir une majorité factice. Nous avons brisé une arme dont il serait possible de faire un si dangereux usage. »

Il nous a paru utile de citer ces deux documents : ils sont le commentaire le plus autorisé du vote par lequel l'Assemblée nationale adopta, le 3 mai 1872, la disposition qui est devenue l'article 9 de la loi : — « Le Conseil d'État *statue souverainement* sur les « recours en matière contentieuse administrative et sur les demandes « d'annulation pour excès de pouvoir formés contre les actes des « diverses autorités administratives. » Il ne s'éleva, d'ailleurs, lors du vote de cet article, aucune objection contre le système de la justice déléguée ; les observations échangées portèrent uniquement sur la mission générale de la juridiction administrative et sur la nécessité de son maintien.

La loi de 1872, tout en puisant ses principales inspirations dans la législation de 1849, n'alla pas cependant jusqu'à concentrer le droit de juridiction dans la section du contentieux seule, et à instituer, au sein du Conseil, un tribunal fermé aux membres des autres sections. D'un autre côté, le nombre des affaires ne permettait pas qu'elles fussent toutes portées devant l'assemblée du contentieux. La loi partagea donc le droit de juger entre cette assemblée et la section, comme l'avait fait la législation de 1852, selon qu'il y avait ou non constitution d'avocat dans les affaires.

Mais elle conserva, à l'égard du Conseil d'État érigé en tribunal, la garantie que la loi de 1849 avait voulu donner au Gouvernement contre des empiétements possibles de la juridiction contentieuse sur les attributions du pouvoir exécutif. Elle lui reconnut le droit de revendiquer devant le Tribunal des conflits les affaires qui n'appartiendraient pas au contentieux administratif et dont le Conseil d'État aurait refusé de se dessaisir. Seulement, au lieu d'accorder ce droit, comme en 1849, au ministre de la justice seul, considéré comme l'organe commun de toutes les revendications ministérielles, elle le donna à chaque ministre pour les affaires intéressant son département (¹). Aucun ministre n'a exercé ce droit jusqu'à ce jour.

---

1. Loi du 24 mai 1872, art. 26.

L'expérience qui a été faite, depuis 1872, du système de la justice déléguée a-t-elle justifié la confiance du législateur? Il est permis de l'affirmer. Elle a d'abord montré que l'écart des deux systèmes n'est pas aussi grand, au point de vue pratique, qu'on avait paru quelquefois le croire. Ainsi qu'on le rappelait avec raison devant l'Assemblée nationale, les décisions contentieuses du Conseil d'État étaient, en fait, de véritables arrêts avant que la loi leur eût reconnu ce caractère. Mais si jamais le Gouvernement n'avait pris sur lui de les réformer, des tentatives n'en avaient pas moins été faites, à diverses époques, pour qu'il usât de cette faculté, et elles avaient retardé quelquefois l'homologation des décisions (¹).

La loi nouvelle rendait impossible le retour de pareils incidents qui, sans avoir jamais servi les intérêts du Gouvernement, pouvaient porter une sérieuse atteinte à l'autorité morale des décisions.

Chose remarquable, la réforme de 1872, loin de provoquer une extension téméraire de la juridiction contentieuse, parut un instant faire remettre en question certaines prérogatives qu'elle s'était reconnues. Dans la matière des recours pour excès de pouvoir, où la mission du juge administratif touche de si près à celle du supérieur hiérarchique, quelques hésitations se produisirent. Le Conseil se demanda s'il pouvait continuer d'exercer, comme tribunal, tous les droits qu'il s'était reconnus lorsqu'il représentait le Chef de l'État exerçant sa justice retenue, contrôlant et infirmant les actes d'autorités inférieures, ou rapportant ses propres décisions sur l'avis de son Conseil. Il se demanda aussi si le rétablissement du contrôle parlementaire et de la responsabilité ministérielle n'ôtait pas quelque raison d'être à la mission que le Conseil d'État avait exercée sous l'Empire, en l'absence de ces garanties d'ordre politique.

---

1. Sous le Gouvernement de Juillet, une décision rendue entre un particulier et l'administration des domaines ne fut signée qu'au bout de deux ans. Sous l'Empire, un décret au contentieux délibéré en juillet 1852, qui accueillait la demande de deux magistrats de la Cour de cassation réclamant des traitements arriérés, fut paralysé pendant neuf ans ; ce décret ne fut signé qu'en mai 1861. Plus récemment, à l'époque où la commission provisoire de 1870 approchait du terme de sa mission, des démarches furent faites auprès du Chef de l'État pour faire modifier une décision sur conflit rendue contrairement aux conclusions du ministre de la guerre. Le ministre de la justice, M. Dufaure, après avoir pris connaissance du dossier et des explications du rapporteur, s'empressa de présenter cette décision à la signature de M. Thiers.

Une certaine hésitation était permise ; quelques arrêts rendus au début du régime nouveau semblent en porter la trace. Mais ces scrupules ne tardèrent pas à s'effacer devant les résultats déjà acquis en jurisprudence et devant l'intention manifestée par le législateur lui-même. En effet, les auteurs de la loi de 1872, en mentionnant expressément les recours pour excès de pouvoir parmi les affaires soumises à la juridiction souveraine du Conseil d'État, avaient eu principalement pour but de lever toute difficulté sur le maintien de la jurisprudence antérieure relative à ces recours.

Toutefois, le Conseil reconnut que la délégation qui lui était faite, comme cour de justice administrative, devait avoir pour conséquence un affermissement de la doctrine juridique, une précision plus grande des règles de fond et de procédure applicables au recours pour excès de pouvoir. Des efforts nouveaux furent faits en ce sens, et il en est résulté un véritable corps de doctrine qu'on trouvera exposé et développé dans le livre VI de cet ouvrage.

Tribunal des conflits. — L'abandon du système de la justice retenue devait avoir pour conséquence, en 1872 comme en 1849, l'institution d'une juridiction autre que le Conseil d'État pour le jugement des conflits d'attributions. Le Gouvernement et l'Assemblée furent d'accord pour faire revivre l'institution du Tribunal des conflits ; mais quelques dissentiments se produisirent au sujet de son organisation.

Le Gouvernement proposait de rétablir le Tribunal des conflits tel qu'il avait été organisé en 1849, et de le composer de quatre conseillers d'État et de quatre conseillers à la Cour de cassation, élus tous les trois ans par leurs collègues. Il confiait la présidence du Tribunal au ministre de la justice ; mais, au lieu de donner la vice-présidence au ministre de l'instruction publique, conformément à la loi du 4 février 1850, il reconnaissait au ministre de la justice le droit de se faire remplacer par un autre membre du cabinet, de telle sorte que le Gouvernement fût toujours représenté dans le jugement des conflits.

Le projet de la commission ne s'inspirait pas de la même pensée ni des mêmes précédents. La commission exprimait la crainte que les membres du Conseil d'État et ceux de la Cour de cassation ne fussent trop souvent portés à favoriser la juridiction qu'ils représentaient, que les deux éléments du Tribunal ne fussent ainsi paralysés l'un par l'autre, et que la solution du conflit ne dépendît, en ce cas, du ministre chargé de présider (¹). D'un autre côté, la présence d'un représentant du Gouvernement à la tête du Tribunal lui paraissait donner prise à critique, et elle proposait de confier au Tribunal lui-même l'élection de son président. Au fond, la commission était préoccupée de la même idée qui lui avait déjà fait proposer de confier à l'Assemblée nationale la nomination des conseillers d'État ; elle estimait que l'Assemblée, à raison de sa souveraineté, devait avoir le pas sur le pouvoir exécutif pour conférer les hautes magistratures qui peuvent exercer une action sur les affaires publiques. Aussi, proposa-t-elle, non seulement de supprimer la présidence du ministre, mais encore de réduire de quatre à trois les délégués du Conseil d'État et de la Cour de cassation, et d'appeler aux sièges rendus ainsi vacants trois membres désignés par l'Assemblée nationale, plus deux suppléants également choisis par elle.

Le Tribunal se serait ainsi trouvé composé en majorité de délégués de l'Assemblée, puisque les conseillers d'État avaient déjà ce caractère sous l'empire de la loi de 1872.

Ces propositions furent votées lors de la seconde délibération, malgré l'opposition du Gouvernement. Mais des négociations s'engagèrent avant la troisième lecture, et un nouveau projet, conçu

---

1. On lit dans le premier rapport de la commission, du 29 janvier 1872 : — « Il est probable que, sur plus d'une question, les conseillers d'État se porteront d'un côté et que les conseillers à la Cour de cassation iront de l'autre. Ces deux fractions s'annulant par leur opposition (il est naturel que, sur des questions de compétence, la divergence soit fréquente), la voix seule du président fera pencher la balance et la décision ne dépendra que de lui. Or, les ministres sont fragiles, et comme leur choix est déterminé par des considérations autres que leurs opinions sur les questions de droit, une modification ministérielle pourrait être la cause d'un changement de jurisprudence sur plusieurs questions. » — La commission considérait comme probable et fréquente une scission de deux éléments du Tribunal qui ne pouvait, au contraire, se produire (la pratique l'a démontré) que dans des cas très rares et très exceptionnels. En outre, elle supposait qu'après décision prise sur une question de compétence, les oppositions subsisteraient, et que le ministre nouveau refuserait tout le premier de se conformer à la jurisprudence acquise : seconde hypothèse encore plus invraisemblable que la première. Au fond, ce que voulait la commission, ainsi que cela résultait de son projet, c'était éliminer le Gouvernement du Tribunal des conflits et y mettre, à sa place, des délégués de l'Assemblée.

dans un esprit de transaction, fut arrêté de concert entre le Gouvernement et la commission. La commission acceptait la présidence du ministre de la justice, mais à condition qu'il fût assisté d'un vice-président élu par le Tribunal. De son côté, le Gouvernement acceptait l'adjonction de membres électifs, mais à condition qu'ils fussent élus non par l'Assemblée nationale, mais par le Tribunal lui-même. Cet accord transactionnel fut ratifié par l'Assemblée.

En ce qui concerne les attributions et le fonctionnement du Tribunal des conflits, la loi de 1872 n'a pas modifié la législation de 1849 ; elle a même remis expressément en vigueur la loi du 4 février 1850 et le règlement du 28 octobre 1849 sur le mode de procéder devant le Tribunal des conflits [1]. Mais elle n'a pas reproduit la disposition de la Constitution de 1848 qui attribuait à ce tribunal le jugement des recours formés contre les arrêts de la Cour des comptes ; elle a ainsi implicitement confirmé la compétence du Conseil d'État sur ces recours qui lui avaient été restitués depuis 1852.

Développement du contentieux administratif. — Pendant la période que nous venons d'examiner et pendant celle qui se poursuit actuellement, la législation a encore contribué à étendre le domaine du contentieux administratif, soit par des dispositions spéciales instituant des recours nouveaux, soit par l'effet de dispositions générales.

En matière d'administration départementale et communale, nous mentionnerons : — la loi du 10 août 1871 sur les conseils généraux qui, en créant les commissions départementales et en leur donnant, dans certains cas, un droit de décision propre, ouvre un recours contre leurs décisions devant le Conseil d'État statuant au contentieux [2] ; — la loi du 7 juin 1873, qui charge le Conseil d'État de statuer sur les recours du ministre de l'intérieur tendant à faire déclarer démissionnaire tout membre d'un conseil général, d'un conseil d'arrondissement ou d'un conseil municipal qui refuserait,

1. Loi du 24 mai 1872, art. 27.
2. Loi du 10 août 1871, art. 88.

sans excuse valable, de remplir une des fonctions qui lui sont dévolues par les lois ; — la loi du 31 juillet 1875, qui retire aux conseils généraux et qui transfère au Conseil d'État, statuant en premier et dernier ressort, le contentieux des élections des membres des conseils généraux ; — la loi organique du 2 août 1875 sur l'élection des sénateurs (revisée par la loi du 14 août 1884), qui défère aux conseils de préfecture, sauf appel au Conseil d'État, le contentieux des élections des délégués élus par les conseils municipaux ; — les dispositions des lois des 14 avril 1871, 12 août 1876 et 5 avril 1884 relatives à l'élection des maires et des adjoints par les conseils municipaux et au jugement des protestations par les conseils de préfecture et le Conseil d'État ; — la loi municipale du 5 avril 1884 qui, en cas d'annulation par le préfet d'une délibération illégale d'un conseil municipal, ouvre à ce conseil et à toute partie intéressée un recours au Conseil d'État en forme de recours pour excès de pouvoir([1]).

La législation de l'Algérie et des colonies, en développant les franchises locales, en introduisant le système électif dans l'administration de territoires où il n'avait pas encore fonctionné, a fait aussi affluer au Conseil d'État, soit directement, soit sur l'appel des décisions des conseils de préfecture de l'Algérie et des conseils du contentieux des colonies, un grand nombre d'affaires nouvelles. La législation des conseils du contentieux des colonies que les ordonnances de 1828 avaient solidement établie, mais qu'il était utile de reviser, a été remaniée par le décret du 5 août 1881 concernant l'organisation et la compétence de ces conseils, et réglant la procédure à suivre devant eux.

En dehors de ces lois, d'autres causes ont indirectement contribué, pendant cette dernière période, à activer le mouvement des affaires contentieuses. Parmi les principales, on doit mentionner : — en matière fiscale : les taxes créées ou rétablies à la suite des événements de 1870-1871 et soumises au contentieux des contributions directes (impôts sur les chevaux et les voitures, sur les

---

1. Loi du 5 avril 1884, art. 67. — La législation antérieure n'admettait qu'un recours en forme administrative sur lequel il était statué par décret, le Conseil d'État entendu, et qui n'était ouvert qu'au conseil municipal, non aux parties intéressées. (Loi du 5 mai 1855, art. 23.)

cercles, sur les billards) ; la revision de la législation des patentes par la loi du 15 juillet 1880 ; la législation nouvelle de la contribution foncière sur les propriétés bâties, résultant de la loi de finances du 8 août 1890 ; la création de la taxe militaire par la loi du 15 juillet 1889 ; — en matière de travaux publics : l'établissement d'un nouveau réseau de voies ferrées, l'amélioration des voies navigables et des ports maritimes, l'établissement de nouvelles lignes de défense sur la frontière et autour des places de guerre, l'extension du réseau vicinal, et en général le grand développement des travaux communaux ; — en d'autres matières : la législation nouvelle de l'enseignement, la réorganisation du conseil supérieur de l'instruction publique et des conseils académiques au moyen d'élections dont le contentieux ressortit au Conseil d'État ; l'institution de délégués mineurs soumis à un régime électoral spécial qui ressortit, en dernier ressort, au Conseil d'État (Loi du 8 juillet 1890) ; la création d'un nouveau recours contentieux en faveur des sous-officiers rengagés qui n'obtiennent pas l'emploi auquel leur classement leur donne droit (Loi du 18 mars 1889).

Le mouvement des affaires contentieuses depuis 1872 a montré une fois de plus qu'il n'y a point de réformes administratives, pas d'entreprises de grands travaux publics, pas de manifestation nouvelle de la vie nationale qui n'ait son contre-coup dans le contentieux administratif.

Aussi la progression des affaires, loin de se ralentir depuis 1872, s'est encore accentuée. La dernière statistique quinquennale publiée sous l'Empire (1861-1865) faisait ressortir une moyenne annuelle de 1,157 affaires jugées par le Conseil d'État, y compris les conflits. Après 1872, et quoique les conflits aient cessé d'être jugés par le Conseil d'État, cette moyenne s'élève à 1,403 pour la période quinquennale 1873-1877 ; — à 1,511 pour la période 1878-1882 ; — à 1,730 pour la période 1883-1887 ; — à 1,963 pour la période 1888-1892. — Le nombre des affaires jugées s'est élevé à 2,134 en 1893 et à 1,967 en 1894.

Le nombre des pourvois a suivi une progression encore plus sensible. Il s'était élevé à 15,791 dans la période décennale 1875-1884; il a été de 21,051 dans la période 1885-1894. Aussi le nombre des affaires restant à instruire ou à juger, à la fin des années 1892, 1893, 1894, a-t-il été respectivement de 3,581, 3,912 et 4,626 (¹).

Lois et propositions nouvelles. — Conseil d'État. — Pour terminer cet exposé, il nous reste à mentionner certaines innovations qui ont été réalisées, ou simplement projetées, dans la législation du Conseil d'État et des conseils de préfecture.

En ce qui touche le Conseil d'État, une loi du 26 octobre 1888, complétée par un règlement d'administration publique du 9 novembre suivant, a créé une « section temporaire du contentieux » chargée de juger, concurremment avec la section existante, les affaires d'élections et de contributions directes. Elle a en même temps autorisé l'une et l'autre section à tenir des audiences publiques pour le jugement de celles de ces affaires dans lesquelles des avocats sont constitués. L'assemblée du contentieux s'est trouvée ainsi déchargée d'affaires dont l'affluence venait périodiquement retarder ses travaux ; elle n'a plus à en connaître que si les sections jugent nécessaire de les lui renvoyer.

La section temporaire, formée d'éléments appartenant à d'autres sections du conseil, a pu être établie sans aucune augmentation de personnel ni de budget. Elle a siégé d'une manière presque permanente depuis sa création ; le nombre des affaires jugées par elle s'élevait, au 31 décembre 1894, à 3,312, soit une moyenne annuelle de 550 qui pourrait être dépassée si les besoins du service l'exigeaient.

Les auteurs de la loi de 1888 avaient espéré que cette réforme préviendrait la formation d'un arriéré de quelque importance. Ces prévisions ne se sont pas réalisées, ainsi qu'on l'a vu par les chiffres rapportés plus haut, et le Gouvernement a été amené à proposer le remplacement de la section temporaire par une seconde section permanente du contentieux.

Cette pensée a inspiré un certain nombre de projets ou propositions de loi que nous devons brièvement rappeler.

_____

1. Les 4,626 affaires pendantes au 31 décembre 1894 se décomposaient ainsi : — 3,209 affaires à juger en section et consistant presque exclusivement en contributions directes et taxes assimilées ; — 1,417 affaires dites de grand contentieux, à juger par l'assemblée du contentieux.

I. Un premier projet de loi du gouvernement, déposé le 10 mars 1891 par M. Fallières, garde des sceaux, proposait de créer une seconde section du contentieux en empruntant les cadres de la section de la législation. Celle-ci aurait été remplacée, pour l'étude des questions de législation civile et criminelle émanant du ministère de la justice, par des commissions formées de membres pris dans les différentes sections du conseil. Les projets de lois et de règlements émanant des autres ministères auraient continué d'être soumis aux sections administratives qui leur correspondent.

II. Une proposition d'initiative parlementaire déposée le 30 mai 1891 par M. Louis Ricard, député, proposa de maintenir l'organisation actuelle du contentieux et de réduire le nombre des affaires par une double modification des lois de compétence et de procédure : 1° en donnant aux conseils de préfecture le droit de statuer sur certaines contestations, sans appel, et sous réserve seulement du recours en cassation ; 2° en retirant à la juridiction administrative pour l'attribuer aux tribunaux judiciaires un certain nombre de litiges, notamment en matière de ventes domaniales, de travaux publics départementaux et communaux, de contraventions de grande voirie, etc.

III. Le projet et la proposition de loi précités ayant été soumis le 22 juillet 1891 à l'examen du Conseil d'État, cette assemblée émit l'avis qu'il était possible, sur des points secondaires, d'apporter quelques modifications aux lois de compétence, et aussi d'attribuer aux conseils de préfecture une juridiction de dernier ressort, mais que cette double réforme ne pourrait s'accomplir que dans des proportions trop restreintes pour que le nombre des affaires fût sensiblement diminué. Le Conseil d'État se prononçait, en principe, pour le projet de loi du Gouvernement (délibérations des 3-19 décembre 1891) ; il proposait toutefois de substituer aux commissions prévues par ce projet, pour les questions de législation civile ou criminelle, une section de législation composée de membres des différentes sections, auxquelles ils continueraient d'appartenir.

IV. La commission de la Chambre des députés chargée de l'examen des projets proposa un autre système sur les bases suivantes

(Rapport de M. Krantz du 21 mai 1892) : — La section de législation était maintenue, mais avec diminution d'un membre qui était ajouté à la section du contentieux. Celle-ci, désormais composée de huit membres, se subdivisait en deux sous-sections de quatre membres chacune, entièrement indépendantes l'une de l'autre, et présidées, l'une par le président de la section, l'autre par un conseiller d'État désigné annuellement par le Gouvernement.

V. Les propositions qui précèdent n'ayant pu être l'objet d'un vote avant l'expiration de la législature, M. Dubost, garde des sceaux, présenta, le 15 janvier 1894, devant la nouvelle législature, un projet de loi qui faisait revivre dans ses dispositions essentielles le premier projet du Gouvernement amendé par le Conseil d'État ; les conseillers d'État de la section de législation étaient appelés à siéger cumulativement dans les autres sections ; les cadres actuels de la section de législation devenaient ainsi disponibles pour le service du contentieux.

VI. Le projet adopté en 1892 par la commission de la Chambre des députés fut repris à son tour par une proposition d'initiative parlementaire émanée de deux honorables membres de la première commission, MM. Krantz et Lasserre, et déposée le 27 février 1894.

VII. La seconde commission de la Chambre des députés, saisie de ces projets, formula des propositions nouvelles qui peuvent se résumer ainsi (Rapport de M. Krantz du 21 juillet 1894) : — Formation d'une section du contentieux composée de onze membres, y compris le président ; — division de la section en deux sous-sections de cinq membres chacune, alternativement présidées par le président de la section ou par un conseiller-doyen ; — suppression d'un conseiller d'État dans chaque section administrative, pour augmenter le personnel de la section du contentieux ; — composition nouvelle de l'assemblée du contentieux qui ne devrait plus comprendre, avec les onze membres de la section, que quatre membres des autres sections du Conseil, au lieu de huit qui y siègent actuellement ; — dispositions nouvelles de procédure, dont les principales abrègent le délai du recours pour excès de pouvoir (deux mois au lieu de trois), et créent de nouveaux recours contre le silence des ministres toutes les fois qu'ils ont laissé passer un délai de quatre mois sans statuer sur une réclamation.

Tel était l'état des propositions soumises aux Chambres lorsque la session ordinaire de 1895 a pris fin ([1]).

Lois et propositions nouvelles. — Conseils de préfecture. — Les conseils de préfecture ont aussi donné lieu, pendant cette dernière période, à des lois et à des propositions nouvelles. La procédure à suivre devant ces conseils, qui n'était encore réglée que par les dispositions sommaires du décret du 21 juin 1865, a fait l'objet d'une loi du 22 juillet 1889 qui est un véritable code de la matière. Cette loi consacre, sauf quelques modifications secondaires, les dispositions d'un projet de loi élaboré par le Conseil d'État en 1870, et présenté au Sénat, en 1888, sous la forme d'une proposition d'initiative parlementaire, par M. Clément, sénateur. La loi du 22 juillet 1889 est conçue dans un esprit libéral et pratique ; elle emprunte à la procédure civile plusieurs de ses

---

1. En dehors des systèmes rapportés ci-dessus, on peut concevoir une autre solution, beaucoup plus simple, et qui aurait l'avantage de ne porter atteinte ni à l'organisation actuelle de la section du contentieux — ni au fonctionnement de sa présidence — ni à l'organisation de la section de législation — ni à l'effectif des sections administratives, lequel ne saurait être réduit sans de graves inconvénients — ni à la composition de l'assemblée du contentieux, où les éléments empruntés aux différentes sections du Conseil sont associés dans une proportion heureuse, qu'une expérience de plus de quarante ans a consacrée.

Cette solution consisterait à rendre permanente la section temporaire du contentieux, telle qu'elle a été organisée par la loi du 26 octobre 1888, et à étendre ses attributions de manière à ce qu'elle puisse seconder plus efficacement la section du contentieux. Il suffirait pour cela que la nouvelle section fût chargée de juger *la totalité* des affaires sommaires (contributions directes et élections), au lieu d'en juger seulement *la moitié* comme elle le fait depuis 1888.

La section du contentieux, ainsi dispensée de prendre part au jugement des affaires sommaires, pourrait se consacrer tout entière à l'instruction des affaires destinées à l'assemblée du contentieux, préparer la matière d'un plus grand nombre d'audiences de cette assemblée, et augmenter dans la proportion voulue le jugement d'affaires qui sont les plus importantes et souffrent le plus de l'arriéré.

Ce système diffère de ceux qui ont été proposés, en ce qu'il partage entre deux sections les deux attributions distinctes de la section du contentieux ; il confie à l'une la préparation des grandes affaires, à l'autre le jugement des petites, au lieu d'attribuer à chaque section la moitié de chaque nature d'affaires. Ce mode de division du travail aurait en outre l'avantage de prévenir tout désaccord, toute disparité de jurisprudence entre les sections, puisque l'une et l'autre seraient chargées d'affaires de nature différente.

garanties, tout en évitant l'excès de formalisme qui pourrait nuire à la célérité des instances. Elle consacre une utile innovation en permettant au président du conseil de préfecture d'ordonner, par voie de simple référé, des expertises et autres constatations urgentes. La loi a été complétée par un règlement d'administration publique du 18 janvier 1890 qui a fixé le tarif des frais et dépens devant les conseils de préfecture.

L'organisation de ces conseils a aussi fait l'objet d'études législatives. En 1887, le Gouvernement a présenté un projet de loi qui, dans le but de diminuer le nombre des conseils de préfecture et de fortifier l'organisation de ceux qui seraient conservés, proposait d'instituer des tribunaux administratifs régionaux, dont le ressort aurait embrassé plusieurs départements. Ce projet, renvoyé à l'examen du Conseil d'État le 13 mars 1888, ne fut pas favorablement accueilli par cette assemblée qui signala l'inconvénient qu'il y aurait à rompre le lien existant entre le conseil de préfecture et le département qui forme son ressort territorial, ainsi qu'à priver le préfet du concours de ce corps consultatif. Le Conseil d'État proposait de réaliser la réduction de personnel désirée par le Gouvernement, en supprimant le quatrième conseiller de préfecture dans les 29 départements où il existe, et en créant dans tous les conseils, uniformément composés de trois membres, des conseillers adjoints non rétribués, pouvant cumuler cette fonction avec la profession d'avocat, d'avoué ou de notaire. Le projet proposait aussi de supprimer la présidence du préfet et de remplacer les vice-présidents des conseils de préfecture par des présidents.

Les conclusions, formulées par le Conseil d'État dans un projet aéopté le 27 juin 1889, furent acceptées par le Gouvernement qui présenta un projet conforme le 6 juin 1891. Mais ce projet, quoique favorablement accueilli par la commission de la Chambre des députés (rapport du 17 mars 1892), n'a pu venir en discussion avant l'expiration de la législature, et aucune proposition nouvelle ne l'a encore fait revivre.

CHAPITRE V

STATISTIQUES DE LA JURIDICTION ADMINISTRATIVE
ET DES CONFLITS

Il n'a pas été dressé jusqu'ici de statistiques officielles assez régulières et assez continues des affaires portées devant la juridiction administrative, pour qu'il puisse suffire d'y renvoyer le lecteur.

Les tribunaux administratifs sont moins favorisés en cela que les tribunaux judiciaires ; leurs travaux présentent d'ailleurs un intérêt moins général pour l'ensemble des citoyens et ils ne font pas l'objet de relevés annuels comparables aux *comptes rendus de la justice civile* et *de la justice criminelle* publiés, depuis 1830, par le ministère de la justice. Les tableaux annexés à ces comptes rendus ne sont pas seulement dressés avec une méthode et une exactitude dont l'éloge n'est plus à faire, ils le sont aussi avec un enchaînement et un esprit de suite qui rendent faciles les recherches d'ensemble et la déduction des conclusions générales. On n'en saurait dire autant des statistiques des tribunaux administratifs ; quelques-unes font à peu près défaut, et les meilleures présentent des lacunes qui rendent les vues d'ensemble très difficiles.

Le désir que nous avions d'ajouter aux notions historiques qui font l'objet du présent livre, des indications statistiques de nature à les compléter, nous a porté à faire des recherches et à rassembler des documents dont plusieurs sont inédits et ne seront peut-être pas inutiles à l'histoire de la juridiction administrative. Quelques-uns de ces documents sont le résultat de nos investigations personnelles, d'autres sont dus au bienveillant concours de personnes doublement autorisées par leur haute compétence et par la nature de leurs fonctions (¹).

Nous ne commenterons pas les différents tableaux que nous publions ci-après et qui font connaître le mouvement des affaires devant le Conseil d'État, les conseils de préfecture, le Tribunal des conflits et la Cour des comptes. Nous nous bornerons à mentionner l'objet de ces tableaux et les documents publics ou inédits auxquels nous avons eu recours pour les dresser.

Conseil d'État. — La statistique des travaux du Conseil d'État, tant en matière contentieuse qu'en matière administrative, a fait l'objet d'une importante publication, les *Comptes généraux des travaux du Conseil d'État*, qui a été commencée à la même époque que les statistiques de la justice civile et criminelle, et qui devait, dans la pensée de ses premiers auteurs, être poursuivie avec la même régularité.

Ces comptes généraux embrassent ordinairement des périodes de cinq ans dont la première a été la période de 1830-1834. Ils contiennent un rapport présenté au Chef de l'État par le ministre compétent, et de nombreux états statistiques comprenant toutes les affaires administratives ou contentieuses. Le rapport et les états, préparés par des commissions spéciales formées au sein du Conseil, ne laissent rien à désirer au point de vue de l'abondance et de l'exactitude des renseignements.

Malheureusement, ces publications n'ont pas été faites avec assez de continuité pour qu'on puisse en extraire des indications complètes sur le mouvement des affaires contentieuses. D'une part, la période antérieure à 1830 est restée en dehors des comptes généraux, dont la publication n'a commencé que sous le Gouvernement de Juillet (²). D'autre part, depuis 1830 jusqu'à l'époque actuelle,

---

1. Nous devons à l'honorable M. Félix Renaud, procureur général près la Cour des comptes, et à son regretté prédécesseur M. Audibert, tous les éléments de nos sixième et septième tableaux statistiques, consacrés aux *décisions et déclarations de la Cour des comptes* pendant les périodes 1876-1885 et 1886-1894. Les documents qu'ils ont bien voulu nous communiquer et nous autoriser à publier sont d'autant plus précieux que les statistiques de la Cour des comptes étaient jusqu'ici demeurées inédites.

2. Pour la période antérieure à 1830, on ne possède que des résultats très sommaires qui ont été indiqués dans le rapport servant d'introduction au premier *Compte général*, publié en 1885. Cet état sommaire a été reproduit par M. de Cormenin

cette publication a subi de regrettables interruptions : d'abord pendant une période de sept ans (de janvier 1845 à décembre 1851), puis pendant une seconde période de six ans et sept mois (de janvier 1866 à août 1872). Les comptes généraux des travaux du Conseil d'État, repris pour la période 1872-1877, ont été régulièrement poursuivis pour les périodes suivantes.

Nous nous sommes efforcé de combler les lacunes que les statistiques officielles ont laissées subsister, en ayant recours à deux espèces de documents.

Pour la période antérieure à 1872, nous ne pouvions pas recourir aux archives du Conseil d'État, incendiées en 1871. Nous avons fait le dépouillement et le classement de toutes les décisions publiées dans le *Recueil des arrêts du Conseil d'État,* où sont fidèlement reproduites, depuis plus d'un demi-siècle, les décisions du Conseil en matière contentieuse. Ce travail nous a permis de reconstituer, avec une approximation suffisante, les statistiques restées en lacune antérieurement à 1872. Notons seulement que les chiffres ainsi obtenus, pour les années 1845 à 1851 et 1866 à 1870, seraient susceptibles d'un léger rehaussement si l'on voulait ajouter aux affaires jugées celles qui se sont terminées par des désistements non consignés au *Recueil des arrêts.*

Pour la période de sept années postérieure à la publication du dernier *Compte général,* et s'étendant du 1ᵉʳ janvier 1888 au 1ᵉʳ janvier 1895, nous avons eu recours à des états dressés, pour le service de la section du contentieux, et qui, bien qu'ils n'aient pas le même caractère officiel que les *Comptes généraux,* peuvent être considérés comme méritant toute confiance.

Les matériaux d'une statistique générale étant ainsi réunis, nous avons dressé trois tableaux qui permettent de se rendre compte du mouvement des affaires contentieuses devant le Conseil d'État.

Le *premier tableau* présente la *Statistique sommaire des décisions rendues par le Conseil d'État du 1ᵉʳ août 1806 au 1ᵉʳ janvier 1895.* Il est divisé, autant que possible, par périodes quinquennales, afin

(*Droit administratif,* édit. de 1840, t. II, *Append.,* p. 58) et par M. Aucoc (*Le Conseil d'État avant et depuis 1789,* p. 256). Nous y avons eu également recours, à défaut de documents plus complets, pour la rédaction d'une partie de notre premier tableau.

que les résultats des *Comptes généraux* puissent facilement s'y encadrer ; quelques périodes plus courtes ou plus longues ont dû cependant y trouver place, tant à raison de la durée variable des lacunes qu'il fallait combler, que de l'inégalité des périodes embrassées par quelques *Comptes généraux* ([1]). Mais nous avons ramené tous ces résultats à une mesure commune en dégageant, dans chaque période, une moyenne annuelle qui figure dans la dernière colonne du tableau. On obtient ainsi un aperçu synoptique du mouvement des affaires depuis la création de la section du contentieux.

Le même tableau contient, pour toutes les périodes où les documents existants ont permis de l'établir, la division des affaires en cinq grandes catégories, savoir : *conflits, recours pour excès de pouvoir, contributions, élections, autres affaires contentieuses.* On peut ainsi apprécier sur quelles catégories d'affaires a principalement porté l'accroissement. D'autres colonnes du même tableau donnent le chiffre des affaires respectivement jugées par la section du contentieux et par l'assemblée du Conseil d'État statuant au contentieux, depuis que ce double mode de décision a été établi, c'est-à-dire depuis 1852. Il y est également tenu compte des affaires jugées par la *section temporaire du contentieux* depuis la loi du 26 octobre 1888.

Le *deuxième tableau* est consacré aux affaires contentieuses jugées par le Conseil d'État depuis la mise en vigueur de la loi organique du 24 mai 1872. — Il est dressé par année et les affaires y sont divisées, d'après leur nature, en douze grandes catégories correspondant aux principales contestations portées devant le Conseil d'État. Ce tableau permet ainsi d'apprécier, avec plus de détails que le précédent, l'importance numérique des principaux litiges administratifs, l'accroissement ou le ralentissement qu'ils peuvent subir sous l'influence de causes diverses. On y voit aussi combien d'affaires sont annuellement jugées par la section du contentieux (assistée ou non de la section temporaire), ou portées à l'audience publique du Conseil d'État statuant au contentieux.

Un *troisième tableau* montre, sous un autre aspect, le mouvement

---

1. Ainsi, le *Compte général* publié en 1861 comprend une période de neuf ans ; celui qui a été publié en 1878, comprend cinq ans et quatre mois, etc.

général des affaires. Il groupe par séries de 10,000 tous les pourvois, au nombre de 85,000, introduits depuis 1806 jusqu'à décembre 1894 ; il met en regard de chacune de ces séries la date à laquelle elle a commencé et fini et le nombre d'années et de mois écoulés entre ces deux dates. On y voit que la première série de 10,000 pourvois représente une période de vingt-cinq ans et demi, et la dernière une période de quatre ans et demi seulement.

Conseils de préfecture. — Le *quatrième tableau* est consacré aux conseils de préfecture. Aucune statistique officielle des décisions de ces tribunaux administratifs n'a été publiée antérieurement à la loi du 21 juin 1865.

Après la promulgation de cette loi, des circulaires du ministre de l'intérieur ont prescrit de dresser des statistiques annuelles, conformément à des états-types arrêtés par le ministre. Ces états, rédigés au siège de chaque préfecture, sont centralisés au ministère de l'intérieur qui publie chaque année un état général résumant les travaux de tous les conseils de préfecture ([1]).

Nous n'avons pas reproduit l'ensemble de ces tableaux, mais nous y avons eu recours pour dresser un état général contenant le chiffre total des décisions rendues pendant la dernière période décennale (1884-1893).

Dans ce tableau, les affaires sont ramenées à dix grandes catégories correspondant aux principales contestations portées devant les conseils de préfecture et parmi lesquelles les réclamations en matière de contributions directes et de taxes assimilées sont de beaucoup les plus nombreuses. Outre les affaires contentieuses proprement dites, le même tableau donne le chiffre des décisions rendues chaque année par les conseils de préfecture en matière de comptabilité.

Conflits. — Il ne suffisait pas de réserver aux conflits une colonne spéciale dans le tableau des affaires jugées par le Conseil d'État jusqu'en 1872. Pour se rendre compte du mouvement des conflits,

---

1. La publication de ces états a été faite dans le *Bulletin du ministère de l'intérieur* et, depuis quelques années, dans la *Revue générale d'administration*.

il était nécessaire de relever les décisions rendues par le Tribunal des conflits soit en 1850 et 1851, soit depuis 1872 ; il fallait aussi distinguer entre les conflits positifs et les conflits négatifs et enregistrer leurs résultats. C'est ce que nous nous sommes efforcé de faire, dans le *cinquième tableau,* mais nous n'avons pu l'entreprendre que depuis 1830, les documents faisant défaut pour la période antérieure ([1]).

Cour des comptes. — Les *sixième* et *septième tableaux* sont consacrés aux décisions de la Cour des comptes qui n'ont pas fait, jusqu'ici, l'objet de publications statistiques officielles. Mais les éléments de ces statistiques sont régulièrement recueillis, pour le service de la Cour, dans des états trimestriels établis par les soins du parquet et du greffe. C'est au moyen de ces états, dont les résultats ont été rapprochés et groupés dans un ordre méthodique, qu'a pu être dressée la statistique publiée ci-après. Elle comprend la période décennale (1876-1885) et la période de neuf ans (1886-1894). Elle fait connaître, pour chacune des années qui y sont comprises, le nombre des arrêts, décisions et déclarations de la Cour, classés d'après les diverses natures d'affaires auxquelles ils correspondent.

Des notes jointes aux tableaux expliquent quelques désaccords qui semblent exister entre le nombre des comptes soumis au jugement de la Cour et celui des arrêts rendus. Elles expliquent aussi pourquoi ces arrêts n'ont pas pu être classés d'après leur caractère d'arrêts provisoires et définitifs, caractère qui, en général, appartient moins aux arrêts eux-mêmes qu'à des dispositions diverses d'un même arrêt visant des parties différentes d'un même compte.

---

1. On trouve cependant, pour les périodes antérieures à 1830, quelques résultats généraux que M. de Cormenin avait enregistrés en 1840 et que M. Boulatignier a complétés dans le chapitre VI de sa savante monographie des *Conflits*, publiée dans le *Dictionnaire général d'administration* de M. Alfred Blanche. Ces résultats, groupés par longues périodes et qui ne comprennent que les conflits positifs, sont les suivants :

Sous le *Directoire* : 196 conflits élevés ; 163 confirmés en tout ou en partie ; 33 annulés.

Sous le *Consulat*, l'*Empire* et la *Restauration* : 1,574 conflits élevés ; 1,068 confirmés en tout ou partie ; 492 annulés ; 14 non jugés comme devenus sans objet.

PREMIER TABLEAU. — CONSEIL D'ÉTAT

Statistique sommaire des décisions rendues par le Conseil d'État du 1ᵉʳ août 1806 au 1ᵉʳ janvier 1895.

PÉRIODES.		CONFLITS.	RECOURS pour incompétence et excès de pouvoir.	RECOURS CONTRIBUTIONS.	CONTENTIEUX ORDINAIRES.		TOTAL DES AFFAIRES JUGÉES		TOTAL général.	MOYENNE annuelle.	PÉRIODES.
ANNÉES.	DURÉE.				ÉLECTIONS.	Autres AFFAIRES contentieuses.	par la sect. du contentieux seule.	par l'assemblée du contentieux.			
1806-1809 . . . . . (3 ans 5 mois).		»	»	»	»	»	»	»	715	221	1806-1809
1810-1814 . . . . . (5 ans). . . .		»	»	»	»	»	»	»	1.205	241	1810-1814
1815-1819 . . . . . (5 ans). . . .		»	»	»	»	»	»	»	1.678	335	1815-1819
1820-1824 . . . . . (5 ans). . . .		»	»	»	»	»	»	»	1.946	389	1820-1824
1825-1829 . . . . . (5 ans). . . .		»	»	»	»	»	»	»	2.443	488	1825-1829
1830-1834 . . . . . (5 ans). . . .		85 (dont 5 conflits négatifs).	44	288	125	1.179	»	»	1.721	344	1830-1834
1835-1839 . . . . . (5 ans). . . .		141 (dont 13 conflits négatifs).	51	949	319	1.795	»	»	3.255	651	1835-1839
1840-1844 . . . . . (5 ans). . . .		214 (dont 8 conflits négatifs).	48	1.268	456	1.877	»	»	3.863	772	1840-1844
1845-1848 . . . . . (4 ans). . . .		167 (dont 5 conflits négatifs).	85	1.968	275	954	»	»	3.449	862	1845-1848
1849-1851 . . . . . (3 ans). . . .		12 (dont 1 négatif) Jug. des conflits transféré au Tribunal des conflits depuis le 7 mars 1850.	90	865	265	863	»	»	2.095	698	1849-1851
1852-1860 . . . . . (9 ans). . . .		198 (dont 8 conflits négatifs).	210	4.384	214	4.047	5.220	8.833	9.053	1.006	1852-1860
1861-1865 . . . . . (5 ans). . . .		88 (dont 10 conflits négatifs).	298	3.665	400	1.385	3.753	2.033	5.786	1.157	1861-1865
1866-septemb. 1870. (4 ans 8 mois).		58 (dont 9 conflits négatifs).	303	3.177	584	1.371	2.988	2.445	5.483	1.164	1866-1870
Sept. 1870-août 1872. (2 ans). . . .		23	»	442	197	272	595	389	934	467	1870-1872
Août-1872-1877 . . (5 ans 4 mois).		Jugement des conflits	496	4.181	418	1.921	3.880	3.186	7.016	1.408	1872-1877
1878-1882 . . . . . (5 ans). . . .		transféré	635	4.307	1.779	2.171	4.839	3.418	8.257	1.651	1878-1882
1883-1887 . . . . . (5 ans). . . .		au Tribunal des conflits.	480	4.401	1.995	1.776	5.362	3.290	8.652	1.780	1883-1887
1888-1894 . . . . . (7 ans). . . .			776	7.187	3.203	3.456	10.311	3.605	13.916	1.988	1888-1894

DEUXIÈME TABLEAU. — CONSEIL D'ÉTAT

Statistique détaillée, par nature d'affaires et par année, des décisions rendues par le Conseil d'État depuis la loi du 24 mai 1872 jusqu'au 1er janvier 1895.

NATURE DES AFFAIRES.	1873	1874	1875	1876	1877	1878	1879	1880	1881	1882	1883	1884	1885	1886	1887	1888	1889	1890	1891	1892	1893	1894
Armée (recrutement, grades, etc.)	26	21	28	12	17	11	10	6	7	13	12	6	8	8	21	13	14	4	7	16	11	14
Ateliers insalubres	6	»	18	11	9	5	6	15	6	9	13	8	12	11	12	9	6	7	12	6	9	4
Communes (biens communaux, etc.)	43	44	30	26	38	43	21	36	17	12	29	13	27	17	35	83	65	73	50	63	51	43
Contributions directes et taxes assimilées	579	819	466	790	949	743	932	989	670	973	844	1.174	785	888	710	770	925	1.001	1.066	1.402	710	1.293
Dettes de l'État	28	28	20	29	16	14	12	13	8	15	20	11	11	16	14	14	11	15	12	31	35	16
Élections départementales (conseils généraux et conseils d'arrondissement).	1	»	19	17	20	270	15	94	210	28	111	203	24	77	123	37	95	240	33	40	148	38
Élections municipales (conseils municipaux, maires, délégués sénatoriaux).	23	6	187	67	66	321	176	41	299	325	34	236	997	115	75	309	933	111	92	248	815	154
Excès de pouvoir[1]	(35)	(118)	(99)	(86)	(93)	(108)	(128)	(143)	(167)	(96)	(89)	(87)	(107)	(97)	(100)	(110)	(103)	(126)	(95)	(125)	(104)	(93)
Fournitures (marchés)	45	30	28	20	37	18	11	19	15	14	7	22	21	9	12	34	30	25	41	15	30	10
Pensions civiles et militaires	17	16	23	20	30	18	25	23	39	37	67	74	33	45	48	72	49	57	58	66	58	75
Travaux publics (marchés, dommages, etc.)	209	272	150	229	187	182	130	168	182	171	232	157	155	194	141	155	178	222	229	212	165	194
Voirie (contraventions et infractions assimilées)	46	53	42	54	46	131	25	46	60	53	56	67	59	54	45	62	59	52	48	50	45	38
Affaires diverses	104	70	76	60	66	62	123	121	62	85	77	68	87	64	158	51	61	58	78	45	57	88
Total des affaires jugées — par l'assemblée du contentieux.	596	646	536	676	601	819	693	603	749	554	648	714	728	620	580	604	536	528	516	505	446	470
par la section du contentieux (et par la section temporaire depuis 1889).	531	713	950	659	830	999	793	968	898	1.181	854	1.325	1.491	878	814	1.005	1.890	1.337	1.205	1.689	1.688	1.497
TOTAL GÉNÉRAL	1.127	1.359	1.486	1.335	1.431	1.818	1.486	1.571	1.647	1.735	1.502	2.039	2.219	1.498	1.394	1.609	2.426	1.865	1.721	2.194	2.134	1.967

1. Les chiffres placés entre parenthèses n'entrent pas en compte, parce que les recours pour excès de pouvoir sont également classés sous d'autres rubriques du tableau.

TROISIÈME TABLEAU. — CONSEIL D'ÉTAT

Mouvement des pourvois devant le Conseil d'État, de 1806 à 1894.

SÉRIES.	DATES OU LA SÉRIE COMMENCE ET FINIT.	DURÉE DE LA PÉRIODE.
A. — *Mouvement des pourvois par séries de 10.000, de 1806 à 1892.*		
De 1 à 10.000.	Du 1er août 1806 au 20 février 1832	25 ans et 7 mois.
De 10.001 à 20.000	Du 21 février 1832 au 3 novembre 1846.	14 ans et 8 mois.
De 20.001 à 30.000	Du 4 novembre 1846 au 24 décembre 1858.	12 ans et 2 mois.
De 30.001 à 40.000	Du 25 décembre 1858 au 22 décembre 1866	8 ans.
De 40.001 à 50.000	Du 23 décembre 1866 au 7 janvier 1876.	9 ans et 15 jours.
De 50.001 à 60.000	Du 8 janvier 1876 au 7 août 1882	6 ans et 7 mois.
De 60.001 à 70.000	Du 8 août 1882 au 1er juin 1888	5 ans et 10 mois.
De 70.001 à 80.000	Du 1er juin 1888 au 20 décembre 1892	4 ans et 6 mois.
B. — *Mouvement des pourvois par séries de 1.000, de décembre 1892 à novembre 1894.*		
De 80.001 à 81.000	Du 20 décembre 1892 au 23 mars 1893	3 mois et 4 jours.
De 81.001 à 82.000	Du 23 mars 1893 au 23 août 1893	5 mois.
De 82.001 à 83.000	Du 23 août 1893 au 12 mars 1894	6 mois et 20 jours.
De 83.001 à 84.000	Du 12 mars 1894 au 11 juin 1894	3 mois.
De 84.001 à 85.000	Du 11 juin 1894 au 6 novembre 1894	4 mois et 25 jours.

QUATRIÈME TABLEAU. — CONSEILS DE PRÉFECTURE

Décisions rendues par les Conseils de préfecture en matière contentieuse et de comptabilité (1884-1893).

	1884	1885	1886	1887	1888	1889	1890	1891	1892	1893
Contributions directes (1).	213.953	227.984	236.849	246.596	239.144	223.386	223.645	258.717	269.517	230.452
Taxes assimilées aux contributions directes (État, départements, communes, associations).	140.932	146.525	148.471	162.359	96.970	77.059	71.254	65.995	68.864	70.327
Marchés de travaux publics	1.121	1.412	1.160	1.062	961	1.042	1.074	910	737	648
Dommages causés par les travaux publics	1.407	1.150	1.171	1.244	1.143	1.367	1.235	1.016	962	1.038
Affaires communales (biens communaux et affaires diverses)	848	865	717	625	584	505	453	482	429	421
Élections départementales (conseils généraux et d'arrondissement). . .	13	9	116	23	8	136	18	6	77	47
Élections communales (conseils municipaux, maires, adjoints).	7.519	512	467	506	7.072	482	485	325	6.077	695
Élections de délégués sénatoriaux . .	90	298	108	228	106	83	204	62	85	234
Contraventions.	2.933	2.670	2.742	3.007	2.965	2.319	2.459	2.322	2.125	1.968
Affaires diverses	1.095	1.066	1.003	828	1.134	923	1.600	794	676	993
TOTAL	369.911	382.491	392.804	416.478	332.673	297.302	302.427	330.629	349.049	306.818
Affaires de comptabilité	61.584	60.676	63.463	62.908	58.495	62.599	57.427	65.898	60.283	62.392

1. Cet article comprend les décisions rendues : 1° sur les *réclamations* formées directement devant le conseil de préfecture ; 2° sur les *déclarations* présentées au conseil de préfecture dans les *états collectifs* prévus par la loi du 21 juillet 1887 ; 3° sur les états de cotes indûment imposées.

CINQUIÈME TABLEAU. — CONFLITS

Conflits jugés du 1er janvier 1830 au 1er janvier 1895.

PÉRIODES.	CONFLITS POSITIFS.				CONFLITS NÉGATIFS.				TOTAL GÉNÉRAL.	MOYENNE ANNUELLE.
	CONFIRMÉS.	ANNULÉS en tout ou partie.	NON-LIEU à statuer.	TOTAL.	RENVOI aux tribunaux.	RENVOI à l'administration.	NON-LIEU à statuer.	TOTAL.		
Conseil d'État. Du 1er janvier 1830 au 31 déc. 1834 . .	45	35	»	80	4	1	»	5	85	4,7
Du 1er janvier 1835 au 31 déc. 1839 .	78	50	»	128	5	8	»	13	141	28,2
Du 1er janvier 1840 au 31 déc. 1844 .	169	37	»	206	4	4	»	8	214	43
Du 1er janvier 1845 au 7 mars 1850 . .	128	45	»	173	2	4	»	6	179	35,8
Tribunal des conflits. Du 7 mars 1850 à décembre 1851 . .	61	49	2	114	3	1	»	4	118	64,3
Conseil d'État. De janvier 1852 au 31 décembre 1860.	112	78	»	190	7	1	»	8	198	22
Du 1er janvier 1861 au 31 déc. 1865.	33	45	»	78	2	8	»	10	88	17,6
Du 1er janvier 1866 à août 1870 . . .	125	48	»	173	3	3	»	6	179	38,3
Commission provisoire. De septembre 1870 à août 1872 . . .	10	13	»	23	»	»	»	»	23	11,5
Tribunal des conflits. Du 14 déc. 1872 au 31 déc. 1873 . . .	8	21	»	30	3	1	»	4	34	
1874.	6	24	»	30	»	1	»	1	31	
1875.	7	8	»	15	3	»	»	3	18	
1876.	5	2	»	7	»	»	»	»	7	
1877.	25	4	»	29	»	3	2	5	34	
1878.	9	1	»	10	1	1	»	2	12	
1879.	9	5	»	14	»	1	»	1	15	
1880.	42	6	»	48	1	2	»	3	51	
1881.	102	8	»	110	3	3	»	6	116	
1882.	13	7	»	20	»	1	»	1	21	
1883.	10	8	»	18	2	»	»	2	20	
1884.	3	10	»	13	»	1	»	1	14	
1885.	3	1	1	6	1	2	»	3	9	
1886.	7	5	»	12	»	»	»	»	12	
1887.	1	2	1	4	1	»	1	2	6	
1888.	3	6	1	10	»	»	»	»	10	
1889.	5	8	»	13	»	»	»	»	13	
1890.	8	3	1	12	»	»	»	»	12	
1891.	»	3	»	3	1	»	»	1	4	
1892.	2	1	»	3	1	1	»	2	5	
1893.	1	4	»	5	»	3	»	3	8	
1894.	7	3	1	11	1	»	»	1	12	

SIXIÈME TABLEAU. — COUR DES COMPTES

État sommaire récapitulatif des arrêts, décisions et déclarations de la Cour des comptes, pendant la période décennale 1876-1885.

NOMBRE DE COMPTES et de résumés généraux 1876	1885	DÉSIGNATION DES COMPTABILITÉS.	1876	1877	1878	1879	1880	1881	1882	1883	1884	1885	TOTAUX.
423	423(1)	Arrêts sur comptabilités du Trésor	1.067	910	1.220	1 200	1.202	1.140	1.198	1.127	963	989	11.016
36	36	Déclarations de conformité sur résumés généraux et services spéciaux rattachés au budget, par année et par exercice	32	44	32	35	39	38	35	41	33	35	364
2	2	Déclarations générales sur comptes en deniers, par année et par exercice	1	3	2	3	3	1	2	3	1	2	21
179	383	Arrêts sur comptabilités spéciales : dette publique, lycées, écoles normales, etc., par année	194	208	232	313	293	280	333	312	229	315	2.709
2	2	Décisions, par exercice, sur revues de la solde de la guerre et de la marine	1	»	»	1	1	2	2	2	1	»	10
84	35(1)	Arrêts sur comptabilités en matières, par année	82	27	36	24	54	49	38	58	44	35	392
47	49(2)	Déclarations spéciales sur comptes en matières, par année	2	9	27	8	51	9	43	31	50	1	231
4	5	— générales — —	1	»	2	2	13	»	»	5	12	»	35
1.137	1.468(2)	Arrêts sur comptes de receveurs municipaux et hospitaliers	682	562	597	778	956	1.162	1.276	1.152	1.157	1.166	9.488
»	»	— sur pourvois et révisions	18	25	32	9	19	18	29	25	27	67	269
»	»	— sur gestions occultes ou exceptionnelles	77	25	28	20	14	16	33	25	31	15	284
»	»	— d'incompétence	5	1	3	1	6	»	1	»	»	»	17
»	»	Décisions diverses et prestations de serment	4	16	12	24	13	10	12	2	3	3	99
»	»	Arrêts pour communication de pièces	269	257	238	260	243	219	300	323	364	307	2.780
			2.385	2.087	2.461	2.678	2.907	2.944	3.297	3.106	2.915	2.935	27.715

1. Chaque compte de gestion annuelle est présenté en deux parties séparées, l'une pour l'exercice qui s'achève, l'autre pour l'exercice en cours. Les comptes des préposés de l'enregistrement, des contributions indirectes, des contributions diverses en Algérie, des postes et télégraphes et des douanes, au nombre de 3.986, ne figurent dans ce chiffre que pour le nombre des comptes collectifs qui les résument par département, soit 317 comptes.

2. Ces comptes sont présentés et jugés collectivement, par département ou par service, et embrassent 56 comptes individuels jugés par arrêts, et 1.107 par déclarations.

3. Un seul compte, par année, présente distinctement les opérations des deux exercices. La Cour statue souvent par un seul arrêt sur les comptes de plusieurs années.

Observation générale. — La statistique des arrêts ne peut être établie d'après leur caractère d'arrêts provisoires ou définitifs. Le plus souvent, chaque arrêt contient des dispositions définitives faisant suite à des arrêts précédents et des dispositions provisoires sur de nouveaux comptes.

SEPTIÈME TABLEAU. —
COUR DES COMPTES
État sommaire récapitulatif des arrêts, décisions et déclarations de la Cour des comptes, pendant la période de 1886 à 1894.

NOMBRE DE COMPTES et de résumés généraux. 1886	1894	DÉSIGNATION DES COMPTABILITÉS.	1886	1887	1888	1889	1890	1891	1892	1893	1894	TOTAUX.
423	428(¹)	Arrêts sur comptabilités du Trésor	1.133	1.216	1.141	1.183	1.253	1.155	1.250	984	1.188	10.503
36	36	Déclarations de conformité sur résumés généraux et services spéciaux rattachés au budget, par année et par exercice	32	41	35	45	29	35	31	33	34	315
2	2	Déclarations générales sur comptes en deniers, par année et par exercice.	2	3	2	3	2	2	2	2	2	20
332	474	Arrêts sur comptabilités spéciales : dette publique, lycées, écoles normales, etc., par année.	198	343	277	358	283	273	431	565	504	3.232
2	2	Décisions, par exercice, sur revues de la solde de la guerre et de la marine	»	»	»	1	1	2	1	»	»	5
35	37(²)	Arrêts sur comptabilités en matières, par année.	33	42	50	29	35	39	53	33	50	364
49	49(²)	Déclarations spéciales sur comptes en matières, par année.	32	36	73	59	22	4	26	23	178	453
5	5	— générales	3	3	1	1	3	»	»	»	4	16
1.468	1.691(¹)	Arrêts sur comptes de receveurs municipaux et hospitaliers	1.171	1.071	1.126	1.107	1.107	1.220	1.270	1.479	1.474	11.025
»	»	— sur pourvois et révisions	48	56	28	24	36	49	36	31	31	339
»	»	— sur gestions occultes et exceptionnelles	12	13	9	13	13	14	12	8	22	116
»	»	— d'incompétence.	2	1	»	4	1	2	3	1	2	16
»	»	Décisions diverses et prestations de serment	5	5	2	2	4	7	8	7	6	46
»	»	Arrêts pour communication de pièces.	280	319	340	394	328	376	355	382	351	3.125
			2.951	3.149	3.084	3.223	3.115	3.181	3.478	3.548	3.846	29.575

1. Chaque compte de gestion annuelle est présenté en deux parties séparées, l'une pour l'exercice qui s'achève, l'autre pour l'exercice en cours. Les comptes des préposés de l'enregistrement, des contributions indirectes, des contributions diverses en Algérie, des postes et télégraphes et des douanes, au nombre de 3.980, ne figurent dans ce chiffre que pour le nombre des comptes collectifs qui les résument par département, soit 317 comptes.

2. Ces comptes sont présentés et jugés collectivement, par département ou par service, et embrassent 56 comptes individuels jugés par arrêts, et 1.107 par déclarations.

2. Un seul compte, par année, présente distinctement les opérations des deux exercices. La Cour statue souvent par un seul arrêt sur les comptes de plusieurs années.

Observation générale. — La statistique des arrêts ne peut être établie d'après leur caractère d'arrêts provisoires ou définitifs. Le plus souvent, chaque arrêt contient des dispositions définitives faisant suite à des arrêts précédents et des dispositions provisoires sur de nouveaux comptes.

LIVRE II

ORGANISATION DE LA JURIDICTION ADMINISTRATIVE

LIVRE II

OBSERVATION PRÉLIMINAIRE

———

Notre intention n'est pas d'étudier, dans ce livre II, toutes les questions qui se rattachent à l'organisation, au fonctionnement, à la procédure des tribunaux administratifs. Une telle étude, pour être complète, exigerait à elle seule un traité aussi étendu que notre ouvrage tout entier. En outre, elle ferait double emploi avec les publications qui lui ont déjà été consacrées, soit dans des traités généraux de droit administratif, soit dans des traités spéciaux.

Le seul but que nous proposons ici est de donner aux deux livres précédents la conclusion qui leur est nécessaire : d'une part en montrant quelle organisation, actuellement en vigueur, est résultée de la longue évolution historique que nous avons retracée, — et d'autre part en facilitant un rapprochement entre nos institutions de justice administrative et celles qui fonctionnent à l'étranger.

Nous nous bornerons donc à présenter un exposé succinct de l'organisation, des attributions, de la procédure des tribunaux administratifs français, en mettant en relief les règles fondamentales qui président à leur fonctionnement.

L'organisation actuelle de la juridiction administrative comprend les tribunaux suivants :

1° Un tribunal supérieur et souverain : le *Conseil d'État*, qui connaît de l'ensemble du contentieux administratif, soit comme juge de premier et dernier ressort, soit comme juge d'appel, soit comme juge de cassation ;

2° Des tribunaux de premier ressort : les *conseils de préfecture*, dans chaque département de France et d'Algérie ; les *conseils du contentieux,* dans les colonies, qui ne prononcent jamais qu'à charge d'appel devant le Conseil d'État ;

3° Des tribunaux spéciaux, dont la compétence est restreinte à des catégories d'affaires strictement déterminées, et qui relèvent du Conseil d'État, non comme juge d'appel, mais seulement comme juge de cassation, dans les cas d'incompétence, d'excès de pouvoir, de vice de forme et quelquefois de violation de la loi.

Ces tribunaux spéciaux sont :

Pour les affaires de comptabilité publique, la *Cour des comptes,* qui statue, soit comme juge unique, soit comme juge d'appel des conseils de préfecture, lorsque ceux-ci exercent une juridiction de premier ressort en matière de comptabilité publique ;

Pour les affaires de recrutement militaire, les *conseils de revision ;*

Pour les affaires disciplinaires et pour certaines affaires contentieuses concernant l'instruction publique, le *Conseil supérieur de l'instruction publique,* qui prononce en dernier ressort et comme juridiction d'appel à l'égard des *conseils académiques* et des *conseils départementaux* de l'instruction publique.

L'énumération des tribunaux exerçant la juridiction administrative doit-elle être ainsi limitée ? Convient-il d'y ajouter les agents de l'administration active considérés comme juges, et particulièrement les ministres, qui ont été souvent présentés, non seulement comme juges, mais encore comme juges ordinaires en matière administrative ?

Cette doctrine, longtemps acceptée par la plupart des auteurs et par la jurisprudence, peut être actuellement considérée comme délaissée par le Conseil d'État. Personnellement, nous ne saurions regretter la part que nous avons pu prendre à son abandon, car nous avons toujours été convaincu de l'erreur de cette doctrine, des confusions qu'elle jette dans toute la théorie du contentieux administratif, des conséquences fâcheuses qu'elle peut avoir au point de vue d'une bonne et prompte expédition des affaires. Nous pensons qu'on ne saurait confondre avec un pouvoir de juridiction le droit de décision qui appartient aux ministres, dans les matières qui sont ou peuvent devenir contentieuses. Ce droit de décision est inhérent à leur fonction d'administrateurs, soit qu'ils gèrent les services de l'État, soit qu'ils exercent la puissance publique directement ou comme supérieurs hiérarchiques d'autres autorités. On ne doit pas voir là un pouvoir de juridiction, mais un attribut spécial de la fonction exécutive, dont l'exercice peut provoquer des recours, soit devant le juge administratif, soit devant les tribunaux judiciaires, selon la nature et l'objet de la décision ministérielle.

C'est pourquoi l'étude des attributions contentieuses des ministres fera l'objet d'un chapitre spécial, distinct de ceux que nous allons consacrer aux juges administratifs.

CHAPITRE Ier

CONSEIL D'ÉTAT STATUANT AU CONTENTIEUX

I. — ORGANISATION DE LA SECTION ET DE L'ASSEMBLÉE DU CONTENTIEUX

Nous avons vu quelles phases a traversées l'organisation du Conseil d'État délibérant ou statuant en matière contentieuse ; comment le jugement des affaires a successivement appartenu à l'assemblée plénière du Conseil (1806-1831) ; puis à l'assemblée générale réduite aux membres du service ordinaire (1831-1849) ; puis à la section du contentieux seule (1849-1851) ; puis s'est partagé, depuis 1852, entre la section du contentieux et une assemblée spéciale formée au sein du Conseil, l'assemblée du Conseil d'État *délibérant* au contentieux, qui est devenue l'assemblée du Conseil d'État *statuant* au contentieux, depuis que la loi du 24 mai 1872 a investi le Conseil d'une juridiction propre.

La *section du contentieux* et l'*assemblée du Conseil d'État statuant au contentieux* sont donc les deux organes essentiels du Conseil d'État constitué en juridiction.

La section du contentieux se compose d'un président de section ; de six conseillers d'État en service ordinaire ; de douze maîtres des requêtes, dont quatre ont le titre de *commissaires du Gouvernement* et remplissent les fonctions du ministère public ; de quatre auditeurs de première classe et de dix auditeurs de seconde classe ([1]).

En outre, d'après la loi du 26 octobre 1888, une section temporaire du contentieux peut concourir avec la section du contentieux

---

1. Règlement du 2 août 1879, art. 4.

au jugement des affaires d'élections et de contributions ou de taxes assimilées. Cette section, qui est créée par décret en Conseil d'État lorsque les besoins du service l'exigent, est formée de membres empruntés aux sections administratives et se compose d'un président, de quatre conseillers d'État et de trois maîtres des requêtes auxquels sont adjoints comme rapporteurs les auditeurs de la section du contentieux et ceux des autres sections désignés à cet effet.

La section du contentieux et la section temporaire peuvent tenir des audiences publiques pour juger les affaires de leur ressort dans lesquelles des avocats sont constitués.

L'assemblée du Conseil d'État statuant au contentieux se compose de la section du contentieux, à laquelle sont adjoints huit conseillers d'État en service ordinaire (¹), pris dans les sections administratives à raison de deux par section, et désignés à cet effet par le vice-président du Conseil d'État délibérant avec les présidents de section (²). La durée de cette délégation n'est pas fixée par la loi. Elle est considérée, dans la pratique, comme étant de trois années, par analogie avec la période prévue pour le roulement des conseillers d'État entre les sections (³). La délégation est indéfiniment renouvelable.

L'assemblée du contentieux est présidée par le vice-président du Conseil d'État et, à son défaut, par le président de la section du contentieux, quel que soit d'ailleurs le rang qu'il occupe sur le tableau des présidents de section (⁴).

---

1. L'expression de conseiller d'État en service ordinaire est prise ici dans son sens le plus large ; elle comprend les présidents de section, qui peuvent être et sont souvent désignés comme membres de l'assemblée du contentieux.

2. Loi du 24 mai 1872, art. 17.

3. Règlement du 2 août 1879, art. 5.

4. On s'est demandé si, en l'absence du vice-président du Conseil d'État et du président de la section du contentieux, la présidence de l'assemblée du contentieux doit appartenir au plus ancien conseiller d'État de la section, ou aux membres des sections administratives, présidents ou conseillers, qui le précéderaient sur le tableau. Cette question était résolue, dans le premier sens, par le règlement du 21 août 1872, dont l'article 24 déférait la présidence, à défaut du vice-président, « à celui des conseillers d'État *de la section* qui est le premier inscrit sur le tableau ». Mais cette disposition a été édictée à une époque où la section du contentieux, n'ayant pas de président spécial, était dirigée par le vice-président du Conseil d'État et où, par suite, le plus ancien conseiller remplissait souvent les fonctions de président de section.

Lorsque le règlement de 1872 a été révisé par le décret du 2 août 1879, cette dis-

L'exercice de la juridiction contentieuse se répartit ainsi qu'il suit entre la section et l'assemblée du contentieux : la section est chargée d'instruire toutes les affaires et de préparer les projets de décision à soumettre à l'assemblée du contentieux ; elle est en outre chargée de juger seule, ou concurremment avec la section temporaire, toutes les affaires d'élections ou de contributions, et même, d'après l'article 19 de la loi du 24 mai 1872, les affaires d'autre nature dans lesquelles il n'y a pas d'avocat constitué. A l'assemblée du contentieux appartient le jugement de toutes les affaires dans lesquelles il y a constitution d'avocat (autres que les affaires d'élections et de contributions), et de toutes les affaires que la section juge à propos de lui renvoyer. Le renvoi peut être demandé par tout conseiller d'État de la section et par le maître des requêtes commissaire du Gouvernement ; dans ce cas, il a lieu de plein droit et sans qu'une délibération de la section soit nécessaire pour l'ordonner. La demande de renvoi ne doit s'appliquer qu'aux *affaires*, au moment où elles sont soumises à la section pour être jugées, ou au cours du délibéré, mais non aux *décisions* une fois prises. Ces décisions sont acquises aux parties et ne sauraient être déférées, par une sorte d'appel, à l'assemblée du contentieux.

Quoique la section du contentieux ait le droit de juger seule toutes les affaires dans lesquelles il n'y a pas constitution d'avocat, il est de jurisprudence constante que les recours pour excès de pouvoir, les pourvois en matière de pension et de contraventions de grande voirie, pour lesquels le ministère de l'avocat n'est pas obligatoire, sont portés de plein droit à l'audience publique de l'assemblée du contentieux.

En dehors des cas qui ont été ainsi consacrés par la pratique,

position n'a pas été reproduite et l'article 26 du règlement actuel n'a déféré la présidence, à défaut du vice-président, qu'au président de la section du contentieux. Si l'un et l'autre sont empêchés, on ne peut appliquer, en l'absence de toute autre disposition spéciale, que la règle générale du décret du 2 août 1879 (art. 26) d'après laquelle : « Les présidents de section et les conseillers d'État siègent dans l'ordre du tableau. Le tableau comprend : 1° le vice-président ; 2° les présidents de section ; 3° les conseillers d'État en service ordinaire. » La présidence reviendrait donc de plein droit au président de section ou au conseiller d'État, à quelque section qu'il appartienne, qui serait inscrit le premier au tableau. C'est en ce sens que l'assemblée du contentieux s'est prononcée, le 11 juin 1880, par une délibération mentionnée dans ses procès-verbaux. (*Archives du contentieux du Conseil d'État*, vol. 44, p. 2753.)

l'assemblée du contentieux doit être considérée comme seule compétente pour connaître des recours formés contre ses propres décisions, qu'il y ait ou non constitution d'avocat, et quel que soit l'objet du litige. Ainsi les recours en opposition, en tierce-opposition ou en revision formés contre des arrêts rendus par l'assemblée du contentieux ne peuvent être jugés que par elle. Il est, en effet de principe, que ces recours doivent être portés devant le juge qui a rendu la décision attaquée ; d'un autre côté on ne saurait admettre qu'un arrêt rendu par le Conseil d'État tout entier, représenté par l'assemblée du contentieux, soit annulé ou réformé par la section du contentieux (ou par la section temporaire) dans les matières où elles sont compétentes.

On voit par ce qui précède que le Conseil d'État, constitué en juridiction, a une organisation propre qui ne se confond pas avec celle du Conseil d'État fonctionnant comme corps délibérant et comme conseil du gouvernement. Cette organisation spéciale et plus restreinte laisse à l'écart tous les membres de l'administration active, ministres et conseillers d'État en service extraordinaire, ainsi que la moitié du service ordinaire, puisque sur les trente-deux présidents ou conseillers composant ce service, seize seulement siègent à l'assemblée du contentieux.

Mais les membres de l'assemblée du contentieux n'en sont pas moins membres du Conseil d'État délibérant comme corps administratif et politique ; les uns, membres de la section du contentieux, participent à tous les travaux de l'assemblée générale du Conseil ; les autres, délégués des sections administratives, participent à la fois aux travaux de cette assemblée et de leurs sections respectives. Ils peuvent donc être appelés à prendre part, soit en section, soit en assemblée générale, soit sous ces deux formes successivement, à des décrets ou autres décisions administratives contre lesquels des recours contentieux pourront être formés. Comment appliquer, en ce cas, le principe d'après lequel ceux qui ont connu d'une affaire doivent s'abstenir de la juger lorsqu'elle devient litigieuse ?

La législation et la jurisprudence primitives du Conseil d'État avaient fort atténué cette difficulté en supprimant presque entièrement les recours contentieux contre les décisions délibérées en

Conseil d'État. Le décret du 22 juillet 1806 contenait un article 40, qu'aucun texte n'a d'ailleurs explicitement abrogé, et qui portait : « Lorsqu'une partie se croira lésée dans ses droits ou sa « propriété par l'effet d'une décision de notre Conseil d'État rendue « en matière non contentieuse, elle pourra nous présenter une « requête pour, sur le rapport qui nous en sera fait, être l'affaire « renvoyée, s'il y a lieu, soit à une section du Conseil d'État, soit « à une commission. »

Ce texte a donné lieu à diverses interprétations qu'il serait prématuré de discuter en ce moment (¹) ; une des plus sérieuses était celle qui consistait à dénier aux parties la faculté de former un recours contentieux contre les décisions administratives rendues en Conseil d'État. Même dans le cas où ces parties invoquaient des droits lésés, l'article 40 ne leur permettait de se pourvoir que par la voie gracieuse, ou plutôt par une sorte de tierce-opposition administrative dont la recevabilité était souverainement appréciée par le Gouvernement (²). Le Conseil d'État, sous la Restauration, a expressément consacré cette interprétion (³).

Ces rigueurs de la jurisprudence ne se sont pas prolongées après 1830. L'ordonnance du 12 mars 1831 prévoit la possibilité de recours contentieux contre des décisions délibérées en Conseil d'État, puisqu'elle décide que, dans ce cas, les membres du comité par lequel les décisions ont été préparées ne pourront prendre part au jugement du recours (⁴).

1. Les questions auxquelles a donné lieu l'article 40 du décret du 22 juillet 1806 seront examinées dans notre tome II, dans la partie consacrée au contentieux de l'annulation (livre VI, chap. I, § 3).

2. Il est à remarquer que l'article 40 du décret de 1806 formait le dernier article du § III du titre III du décret, intitulé : *De la tierce-opposition*, dont les autres dispositions règlent la tierce-opposition par la voie contentieuse.

3. Conseil d'État, 12 mai 1819, *Long*. — La loi du 11 germinal an XI avait cependant prévu, dans un cas particulier, un recours contentieux formé contre des décisions du Conseil d'État ; elle décidait que l'opposition aux décrets portant changement ou addition de nom serait portée devant le Conseil d'État par la voie contentieuse.

4. « Lorsqu'il y aura recours en notre Conseil d'État, contre une décision de l'un « de nos ministres rendue après délibération du comité attaché à son département, « les membres de ce comité ne pourront participer au jugement de l'affaire. » (Ordonnance du 12 mars 1831, art. 3.) Le texte ne prévoit que les décisions des ministres, mais il devait être et a été interprété comme s'appliquant également aux ordonnances royales.

Cette disposition n'a pas cessé, depuis cette époque, de figurer dans les lois organiques du Conseil d'État, avec cette seule différence que l'incompatibilité appliquée en 1831 à tous les membres du comité intéressé n'a été maintenue qu'à l'égard des membres de ce comité ayant personnellement pris part à la délibération administrative. Le texte actuellement en vigueur sur ce point est l'article 20 de la loi du 24 mai 1872 qui dispose : « Les membres « du Conseil d'État ne peuvent participer au jugement des recours « dirigés contre les décisions qui ont été préparées par les sections « auxquelles ils appartiennent, s'ils ont pris part à la délibéra « tion. »

Donc, pas de difficulté si le recours est dirigé contre une décision préparée *par une section*. Les membres de cette section qui ont connu de l'affaire sont récusés de plein droit à l'assemblée du contentieux.

Mais que décider si les décisions déférées au contentieux ont été préparées, non par une section, mais par l'assemblée générale du Conseil d'État?

Il est évident que, dans ce cas, on ne peut pas écarter de l'assemblée du contentieux tous les membres qui ont participé à la décision attaquée, puisque l'assemblée générale comprend l'ensemble des membres du Conseil d'État, sans en excepter ceux de la section du contentieux.

Mais on s'est demandé si, à défaut d'une récusation générale, qui paralyserait entièrement le fonctionnement de la juridiction contentieuse, et qui aboutirait au déni de justice faute de juges, on ne devrait pas appliquer la récusation partielle prévue par l'article 20, celle des membres qui auraient concouru, au sein de la section compétente, à préparer la décision ultérieurement soumise à l'assemblée générale.

On peut invoquer, dans le sens de l'affirmative, le texte de l'article 20 qui prévoit toutes les décisions *préparées par les sections*. L'assemblée générale ne prenant jamais de décision que sur le rapport d'une ou de plusieurs sections administratives, l'article 20 a pu paraître littéralement s'appliquer aux membres de ces sections qui ont pris part au projet de décision présenté à l'assemblée générale. Mais cette interprétation n'a pas prévalu.

L'argument de texte n'aurait en effet de valeur que si l'on admettait que la décision adoptée par l'assemblée générale est une décision *préparée* par une section. Or, cela n'est point exact en droit et peut ne pas l'être en fait. En droit, les décrets ou autres décisions adoptés en assemblée générale, sur le rapport d'une section, ne sont point réputés préparés par cette section, mais par l'assemblée générale elle-même. Cette assemblée n'a pas en effet de droit de décision en matière administrative ; elle n'est qu'un corps consultatif. La décision est rendue par le Président de la République ou par le ministre, elle n'est que préparée par le Conseil d'État. La préparation de la décision passe donc, en ce cas, de la section à l'assemblée générale ; d'où il suit que l'article 20, qui ne prévoit que les décisions préparées par les sections et non les décisions préparées par l'assemblée générale, ne s'applique pas tel qu'il est.

Conviendrait-il de le rendre applicable par voie d'interprétation extensive ? L'idée peut séduire ; elle aurait sans doute prévalu si des considérations pratiques, dont il faut toujours tenir grand compte en présence de textes controversables, ne l'avait fait écarter.

Voici en effet ce qui peut se produire. Une section administrative rapporte une affaire devant l'assemblée générale et présente un projet de décision. Ce projet échoue ; l'assemblée générale lui en substitue un nouveau. Qu'adviendra-t-il des récusations si la décision déférée au contentieux a été adoptée par l'assemblée générale contrairement aux propositions de la section ? Si l'on récuse, par application de l'article 20, les membres de la section, cette récusation, qui est présumée faite dans l'intérêt de la partie, risquera de s'égarer en écartant des juges réellement étrangers à la décision prise et en maintenant ceux qui en sont les auteurs. Voilà pourquoi le Conseil d'État a toujours admis que les affaires délibérées dans ses assemblées générales ne comportent aucune récusation lorsqu'elles donnent lieu à des recours contentieux.

La règle qui s'applique aux décisions délibérées par l'assemblée générale s'applique également, et à plus forte raison, aux avis de doctrine que le Gouvernement a pu demander à cette assemblée sur un point de droit déterminé. Ni ces décisions ni ces avis, quelle que soit leur autorité, ne sauraient légalement lier le Conseil d'État statuant au contentieux. En effet, ils sont toujours *res inter alios acta* à l'égard des parties intéressées. Celles-ci n'ont pas été entendues, elles n'ont pas pu faire valoir des arguments de fait ou de droit qui auraient pu modifier la solution. Ces décisions et ces avis sont donc toujours réputés rendus sous la réserve du droit des tiers, et cette réserve n'a pas besoin d'être exprimée pour que la partie puisse s'en prévaloir. Il suit de là que le Conseil d'État statuant au contentieux doit connaître des recours formés contre les actes délibérés en assemblée générale avec la même liberté d'esprit que s'il s'agissait de reviser des décisions rendues par défaut.

II. — ATTRIBUTIONS DU CONSEIL D'ÉTAT EN MATIÈRE CONTENTIEUSE

Caractère général des attributions. — La juridiction du Conseil d'État considéré comme tribunal administratif supérieur est *générale, ordinaire* et *souveraine*.

(Elle est *générale,* en ce que toutes les affaires contentieuses, sur quelque point du territoire continental ou colonial qu'elles aient pris naissance, peuvent être portées à sa barre, soit directement, soit par la voie de l'appel ou du recours en cassation.

Elle est *ordinaire,* en ce qu'elle s'étend de plein droit à toute affaire pour laquelle il n'existe pas de tribunal administratif de premier ressort.

Elle est *souveraine,* en ce que les décisions du Conseil d'État statuant au contentieux ne peuvent être infirmées ni réformées par aucune autorité juridictionnelle ou gouvernementale, depuis que la loi organique du 24 mai 1872 a définitivement conféré au Conseil d'État un droit de juridiction propre. Lui seul peut reviser ses propres décisions, dans les cas et suivant les procédures spéciales prévus par la loi.

Ces caractères de la juridiction du Conseil d'État sont ainsi reconnus par l'article 9 de la loi du 24 mai 1872 : « Le Conseil « d'État statue *souverainement* sur les recours en *matière contentieuse*

« *administrative* et sur les *demandes d'annulation pour excès de pou-*
« *voir,* formées contre les actes de diverses autorités administra-
« tives. »

Il y a lieu de distinguer, dans les attributions juridictionnelles
du Conseil d'État, celles qu'il exerce : 1° comme juge unique ;
2° comme juge d'appel ; 3° comme juge de cassation.

Attributions du Conseil d'État comme juge unique. — La juridiction exercée par le Conseil d'État, comme juge unique de premier et dernier ressort, comprend les affaires suivantes :

1° — Les recours tendant à l'annulation des actes administratifs
entachés d'excès de pouvoir.

Ces recours ne doivent pas être confondus avec les recours en
cassation formés contre les décisions juridictionnelles rendues en
dernier ressort par les tribunaux administratifs spéciaux, Cour des
comptes, conseils de révision, Conseil supérieur de l'instruction
publique.

Lorsqu'on se pourvoit en cassation devant le Conseil d'État
contre les décisions de ces tribunaux spéciaux, ce pourvoi, analogue au pourvoi en cassation judiciaire, a été nécessairement précédé d'une procédure contentieuse qui a abouti à un jugement
définitif ; la juridiction du Conseil d'État ne s'exerce pas alors en
premier et dernier ressort, puisque d'autres juridictions ont prononcé avant lui. Au contraire, lorsque le recours en annulation est
formé contre un acte administratif, l'action ne naît, la procédure
contentieuse ne s'engage que devant le Conseil d'État, qui seul
instruit et juge l'affaire ;

2° — Les réclamations formées contre les décisions ministérielles ayant le caractère d'actes de gestion, décisions auxquelles
l'ancienne doctrine attribuait à tort le caractère de jugements de
première instance rendus par le ministre et déférés en appel au
Conseil d'État. Ces actes de gestion, qui sont inhérents à la fonction du ministre considéré comme représentant de l'État, chargé
d'assurer les services publics, comprennent notamment : la passation, l'exécution, la résiliation des marchés et autres contrats de
l'État, la liquidation et le paiement des dettes de l'État, le recouvrement de certaines créances de l'État au moyen d'ordres de re-

versement ou d'arrêtés de débet, et en général toutes les mesures qui ont pour objet le règlement d'intérêts pécuniaires relatifs aux services publics.

Notons cependant que les actes de gestion, pris dans ce sens général, n'ont pas tous le Conseil d'État pour juge unique. Dans certains cas, ils ont un caractère d'actes de droit commun qui les rend justiciables des tribunaux judiciaires, par exemple, s'il s'agit de locations d'immeubles, de contrats ou de travaux intéressant le domaine privé de l'État. Dans d'autres cas, ils relèvent du conseil de préfecture en première instance, par exemple, lorsqu'il s'agit de décisions ministérielles relatives à des marchés de travaux publics, à des règlements de compte ou à des réclamations d'indemnités se rattachant à ces travaux. La règle d'après laquelle le Conseil d'État prononce en premier et dernier ressort sur le contentieux des actes de gestion accomplis par les ministres, ne doit donc s'entendre que sous réserve de ces compétences particulières ;

3° — Les réclamations formées en matière de pensions civiles et militaires, sans qu'il y ait à distinguer entre les décisions des ministres qui prononcent sur le droit à pension et les décrets du Chef de l'État qui liquident et concèdent la pension. Le Conseil d'État connaît comme juge unique des recours formés contre ces deux espèces de décisions ; les unes et les autres ont le caractère d'actes de gestion et nullement celui de jugements de première instance ;

4° — L'interprétation des actes administratifs dont le sens et la portée donnent lieu à contestation ; mais sous les distinctions suivantes :

Lorsque l'acte à interpréter est un acte émané du Chef de l'État, le Conseil exerce la juridiction interprétative de premier et dernier ressort. Il possède, à l'égard de ces actes, sous le régime de la justice déléguée, les pouvoirs qui appartenaient au Chef de l'État, en son Conseil, sous le régime de la justice retenue. Or, le Chef de l'État, en son Conseil, interprétait ses propres actes et ceux de ses prédécesseurs en vertu du principe *ejus est interpretari cujus est condere.*

Le Conseil d'État peut aussi être directement saisi par les ministres de demandes tendant à faire interpréter les actes administratifs obscurs dont ils auraient à faire application dans des affaires de leur ressort, pourvu bien entendu que ces actes ne ressortissent pas à d'autres juridictions prévues par la loi.

Mais il y a eu controverse lorsque les questions d'interprétation des actes administratifs se présentent sous forme de questions préjudicielles réservées par les tribunaux au cours d'une instance judiciaire. Nous pensons que ces questions relèvent aussi du Conseil d'État en premier et dernier ressort, en vertu de la *juridiction ordinaire* que la jurisprudence et la doctrine tendent de plus en plus à lui reconnaître pour les affaires contentieuses que la loi n'a pas déférées à un autre juge. Nous renvoyons l'examen de cette question au paragraphe ci-après relatif aux attributions du Conseil d'État comme juge ordinaire ;

5° — Le contentieux des élections des conseils généraux (loi du 31 juillet 1875) ;

6° — Les déclarations de démission prononcées en la forme contentieuse à la requête du ministre de l'intérieur, contre les conseillers généraux, municipaux ou d'arrondissement qui refuseraient de remplir une des fonctions qui leur sont dévolues par la loi (loi du 7 juin 1873) ;

7° — Les recours formés par les industriels exploitant ou demandant à exploiter des établissements dangereux, insalubres ou incommodes de première ou de seconde classe, contre les arrêtés par lesquels les préfets refusent d'autoriser lesdits établissements, ou retirent les autorisations données, ou imposent des conditions d'exploitation contestées par l'industriel (décret du 15 octobre 1810, art. 7) ;

8° — Les réclamations formées par les conseils municipaux ou par toute partie intéressée contre les arrêtés des préfets prononçant l'annulation des délibérations de ces conseils ou déclarant qu'elles sont nulles de plein droit (loi du 5 avril 1884, art. 67) ;

9° — Les réclamations formées par toute partie intéressée contre les arrêtés préfectoraux refusant d'annuler ou de déclarer nulles de plein droit les délibérations des conseils municipaux qui leur ont été dénoncées comme illégales (loi du 5 avril 1884, art. 66 et 67 combinés) ;

10° — Les oppositions formées contre les décrets rendus en Conseil d'État par le Président de la République et autorisant un changement de nom patronymique ou une addition de nom (loi du 11 germinal an XI, art. 7) ;

11° — Les infractions aux lois et règlements qui régissent la Banque de France, les contestations relatives à sa police et à son administration intérieures, lorsque le Conseil d'État en est saisi par le ministre des finances ; les contestations s'élevant entre la Banque et les membres de son conseil général, agents et employés, lorsqu'elles sont portées au Conseil d'État par une partie intéressée (loi du 2 mai 1806, art. 21) [1] ;

12° — Les recours formés en vertu de la loi du 27 avril 1838 (art. 6, 7, 8 et 10), contre les décisions portant suspension ou interdiction de travaux exécutés dans les mines, ou retrait de la concession dans les cas prévus par cette loi et par l'article 49 de la loi du 21 avril 1810.

On voit par l'énumération qui précède que les attributions du Conseil d'État, comme juge unique de premier et dernier ressort, sont nombreuses et importantes, tant dans les matières administratives générales que dans les matières spéciales. Rien n'est donc moins exact que cette formule qu'on lit dans quelques traités de droit administratif, que le Conseil d'État est essentiellement une juridiction d'appel.

Attributions du Conseil d'État comme juge d'appel. — La juridiction du Conseil d'État comme juge d'appel peut se définir d'un mot. Elle s'étend à toutes les affaires qui sont déférées par la loi aux conseils de préfecture et aux conseils du contentieux des colonies. Ces tribunaux administratifs sont essentiellement des tribunaux de première instance, aucune de leur décision n'est rendue en dernier ressort.

C'est là une particularité de la juridiction administrative. Dans l'ordre judiciaire, les tribunaux inférieurs, tribunaux d'arrondisse-

1. Cette disposition est à peu près lettre morte. Le Conseil d'État n'a jamais été appelé à se prononcer sur les cas d'infractions aux lois et règlements. Quant aux contestations entre la Banque et ses employés, il n'y en a eu, croyons-nous, qu'un exemple, savoir : une réclamation en matière de pension formée contre la Banque par la veuve d'un employé. (Conseil d'État, 9 février 1883, *Doisy*). Le Conseil a reconnu, en prononçant sur cette réclamation, que cette attribution, d'ailleurs si exceptionnelle et si rarement exercée, n'a pas cessé de lui appartenir.

ment, de commerce ou de paix, ont une juridiction de dernier ressort plus ou moins étendue; il en est autrement en matière administrative : ni les conseils de préfecture, ni les conseils du contentieux des colonies ne possèdent, dans aucun cas, une juridiction de dernier ressort. Quelque minime que soit l'intérêt pécuniaire engagé devant eux — et cet intérêt peut n'être que de quelques centimes dans les contestations en matière d'impôts — l'appel est toujours ouvert devant le Conseil d'État, parce qu'un intérêt public est présumé en jeu dans toutes les affaires.

Cette règle n'est explicitement formulée par aucun texte, mais il n'existe pas non plus de texte attribuant une juridiction de dernier ressort soit aux conseils de préfecture, soit aux conseils du contentieux des colonies dans des affaires déterminées. Parmi les nombreuses dispositions de lois qui défèrent à ces conseils le jugement d'affaires contentieuses, la plupart mentionnent expressément la faculté d'appel au Conseil d'État ; si d'autres sont muettes sur ce recours, on n'en doit jamais induire que l'appel ne serait pas recevable (¹).

Attributions du Conseil d'État comme juge de cassation. — Les attributions du Conseil d'État comme juge de cassation s'exercent à l'égard de tous les tribunaux administratifs statuant en dernier ressort.

La juridiction de cassation qui appartient au Conseil d'État a une double base législative. Elle résulte d'abord du principe général posé par la loi des 7-14 octobre 1790, rappelé et confirmé par l'article 9 de la loi du 24 mai 1872, d'après lequel le Conseil

---

1. La jurisprudence a fait une application de cette règle dans un cas où des doutes sérieux étaient permis. D'après les articles 6 à 10 de la loi du 13 avril 1850 sur les logements insalubres, le conseil de préfecture prononce sur les recours formés contre les décisions de l'autorité municipale prescrivant des travaux à exécuter dans des logements insalubres ou interdisant provisoirement l'habitation. L'article 10 ajoute : « L'interdiction absolue ne pourra être prononcée que par le conseil de pré- « fecture, et, dans ce cas, il y aura recours de sa décision devant le Conseil d'État », ce qui semble bien exclure le recours dans les cas autres que l'interdiction absolue. Néanmoins, et bien que cette interprétation parût confirmée par les travaux préparatoires de la loi de 1850, la jurisprudence du Conseil d'État n'a pas cru pouvoir faire fléchir le principe d'après lequel les conseils de préfecture ne statuent jamais qu'en premier ressort, et elle a admis le recours contre toutes les décisions prévues par la loi de 1850. (Conseil d'État, 7 avril 1865, De Madre ; 1er août 1884, Thuilleux.)

d'État est le régulateur suprême des compétences entre les diverses autorités administratives et le juge des excès de pouvoir qu'elles peuvent commettre.

Ce principe s'applique aux décisions juridictionnelles aussi bien qu'aux décisions administratives proprement dites, parce qu'il importe également, dans l'un et l'autre cas, de vérifier les compétences et d'assurer l'observation des formes légales. Aussi n'y a-t-il pas de tribunal administratif spécial qui ne soit soumis à ce contrôle du Conseil d'État, de même qu'il n'y a pas de tribunal judiciaire dont les excès de pouvoir ne puissent être réprimés par la Cour de cassation, alors même que les autres violations de la loi échapperaient à sa censure. Un texte n'est donc pas nécessaire pour autoriser le recours en cassation devant le Conseil d'État ; il en faudrait un pour l'interdire, et encore cette interdiction devrait-elle être prononcée en termes formels et explicites.

Elle ne résulterait pas, par exemple, d'une disposition législative portant que telle juridiction spéciale rend des décisions « définitives », qu'elle prononce « sans recours ». Ces expressions ne doivent être entendues que comme interdisant l'appel, mais non le recours en cassation. Nous aurons à revenir sur cette règle et à en montrer d'intéressantes applications, lorsque nous traiterons du *contentieux de l'annulation*.

La juridiction de cassation du Conseil d'État repose en outre sur des textes spéciaux, parmi lesquels on peut citer l'article 17 de la loi du 16 septembre 1807, relatif à l'annulation des arrêts de la Cour des comptes, et l'article 32 de la loi du 15 juillet 1889, relatif à l'annulation des décisions des conseils de revision. Ces textes ont eu moins pour effet d'autoriser, à l'égard de ces juridictions administratives, l'annulation pour excès de pouvoir qui résultait suffisamment des principes généraux, que de préciser les conditions dans lesquelles le recours s'exerce, et de l'étendre à des cas de violation ou de fausse application de la loi.

C'est aussi comme juge de cassation que le Conseil d'État connaît des pourvois *dans l'intérêt de la loi* que les ministres peuvent former devant lui. Les ministres ont des pouvoirs généraux de surveillance et de contrôle, qui les ont fait considérer par la jurisprudence du Conseil d'État comme possédant, à l'égard des juridictions administratives, des attributions analogues à celles qui permettent au ministre de la justice de provoquer, et au procureur général près la Cour de cassation de requérir, la cassation dans l'intérêt de la loi. D'après cette jurisprudence, chaque ministre peut directement demander au Conseil d'État l'annulation, dans l'intérêt de la loi, des décisions juridictionnelles qui intéressent son département. Il peut exercer ce recours même contre des décisions dont il aurait eu le droit d'interjeter appel, sans qu'on puisse lui reprocher, comme on le ferait aux parties, de n'avoir pas eu recours à cette voie de réformation. Mais la chose jugée demeure acquise aux parties et l'annulation obtenue par le ministre ne peut leur préjudicier. C'est en effet le propre de cette annulation de constituer une censure purement doctrinale infligée à la décision qui viole la loi, et non une infirmation de ses effets légaux.

Juridiction ordinaire du Conseil d'État. — Le Conseil d'État possède-t-il, en dehors des attributions que nous venons d'énumérer, une *juridiction ordinaire*, c'est-à-dire le droit de statuer sur les litiges administratifs auxquels la loi n'a pas assigné d'autre juge ? Cette question a été longtemps débattue ; elle est aujourd'hui résolue dans le sens de l'affirmative par la jurisprudence du Conseil d'État. Mais pour apprécier la solution qui a prévalu et pour en déterminer la portée, il faut d'abord se garder d'une confusion entre la notion du juge ordinaire en matière administrative et en matière judiciaire.

Devant les tribunaux judiciaires toute partie peut citer directement son adversaire et exposer *de plano* au juge ses prétentions et ses griefs ; on appelle juge ordinaire celui qui peut apprécier toutes les demandes, quelles qu'elles soient, par cela seul que la loi n'en a pas déféré le jugement à une juridiction spéciale, qui n'est alors qu'un juge d'exception à l'égard du juge ordinaire : c'est ainsi que le tribunal civil d'arrondissement, juge ordinaire, a plénitude de juridiction dans toutes les affaires qui n'ont pas été attribuées aux tribunaux de commerce, aux juges de paix, ou à d'autres juridictions spéciales.

Devant les tribunaux administratifs les parties ne sont pas admises, en général, à citer directement l'administration et à formuler *de plano* leurs réclamations contre elle. L'objet du débat contentieux est une décision préalablement prise par un administrateur et que la partie critique comme contraire à son droit. Cette décision est, en quelque sorte, la matière première du débat contentieux ; si elle n'existe pas il faut que la partie la provoque afin de pouvoir la dénoncer au juge. Cela est d'ailleurs conforme à la notion même du contentieux administratif, qui naît d'une opposition entre l'action administrative manifestée par un acte de gestion ou de puissance publique, et le droit d'une partie qui se prétend lésée par cette action. L'expression de « juge ordinaire du contentieux administratif » doit donc être comprise comme si l'on disait : « Juge ordinaire des décisions administratives qui donnent lieu à réclamation contentieuse. »

Ainsi entendue, cette fonction juridictionnelle générale appartient au Conseil d'État, qui est le véritable juge des décisions administratives — actes de gestion ou de puissance publique, — toutes les fois qu'une autre juridiction n'a pas reçu mission d'en connaître. Cette idée s'accorde d'ailleurs avec la disposition de la loi du 24 mai 1872 (art. 9), d'après laquelle le Conseil d'État « statue souverainement sur les recours en matière contentieuse administrative ».

La doctrine moderne a donc avec raison renoncé à l'idée antérieurement admise, d'après laquelle les ministres étaient considérés comme juges ordinaires, parce que l'on confondait avec une fonction juridictionnelle le droit qu'ils ont de prendre des décisions au nom de l'État et de réformer les actes de leurs subordonnés.

Nous examinerons plus loin, avec les développements qu'elle comporte, la question des attributions ministérielles en matière contentieuse. Nous verrons que ces attributions, quelque nombreuses et importantes qu'elles soient, ne sont pas celles d'un juge, ni surtout d'un juge ordinaire. Il y a, en effet, beaucoup d'affaires administratives contentieuses qui échappent à la compétence ministérielle ; leur nombre n'a pas cessé de s'accroître depuis que les conseils généraux, les commissions départementales, les conseils municipaux, les maires, ont été investis d'un droit de décision propre, qui échappe à tout droit de réformation du pouvoir central. Les décisions de ces autorités décentralisées pouvant léser des droits et échappant à l'autorité ministérielle, il a bien fallu trouver, en dehors des ministres, un juge ordinaire compétent pour en connaître. Ce juge ne pouvait être ni le conseil de préfecture dont les attributions sont limitées par la loi, ni l'autorité judiciaire qui est incompétente pour statuer sur des litiges administratifs ; on a été ainsi naturellement amené à reconnaître au Conseil d'État cette juridiction générale, afin d'éviter qu'il n'y eût déni de justice faute de juge.

Le principe de cette juridiction étant reconnu, la jurisprudence en a fait d'intéressantes applications.

Un des cas qui se sont le plus souvent présentés est celui où une partie, se prétendant lésée par une décision émanée des représentants du département ou de la commune, réclame une indemnité. On s'était d'abord demandé si les réclamations de cette nature ne relevaient pas de l'autorité judiciaire ; mais le tribunal des conflits n'a pas hésité à répondre négativement toutes les fois qu'elles avaient pour objet un acte administratif, par exemple l'usage qu'un maire fait de ses pouvoirs hiérarchiques en suspendant ou en révoquant un employé municipal ([1]).

Dans ces cas, le Conseil d'État s'est reconnu compétent comme juge ordinaire, et il a trouvé des éléments suffisants de débat contentieux dans la décision rendue par le maire et dans l'opposition qui y est faite par la partie. Cette doctrine s'est affirmée par un arrêt du 13 décembre 1889 (*Cadot*) qui est, quoique très concis, un véritable arrêt de principe ; il constate que « du refus du maire et du conseil municipal de Marseille de faire droit à la réclamation du sieur Cadot *il est né entre les parties un litige* dont il appartient au Conseil d'État de connaître ([2]) ».

---

1. Tribunal des conflits, 27 décembre 1879, *Guidet;* 7 août 1880, *Le Goff.* L'incompétence de l'autorité judiciaire a été également reconnue par plusieurs arrêts de la Cour de cassation, civ. rej., 7 juillet 1880 (*Cadot*) et Cour d'Aix, 8 août 1878 (même partie).

2. Voy., dans le même sens, les arrêts du 6 novembre 1891 (*Dardenne*), et du 13 mai 1892 (*Richard*). La solution qui a ainsi prévalu est celle que nous avions proposée dans notre première édition (t. I, p. 411), où nous écrivions : « On n'a qu'à agir à l'égard de la commune comme on agit à l'égard de l'État, c'est-à-dire provoquer une décision de son représentant légal. Quand le maire se sera prononcé sur la demande d'indemnité formée contre la commune à raison d'actes administratifs émanés de ses agents, il existera une décision susceptible de recours contentieux,

Le Conseil d'État a fait application de la même doctrine et s'est reconnu compétent pour connaître du litige dans les contestations suivantes : — Réclamation d'un particulier contre une décision définitive d'un conseil général, refusant une allocation à laquelle il prétendait avoir droit (9 décembre 1892, *Bories*) ; — Réclamation de pasteurs protestants contre des décisions de l'autorité municipale, refusant de leur allouer une indemnité de logement (3 février 1893, *Consistoire de l'Église réformée de Paris*) ; — Réclamation formée par un département contre un autre département, pour le compte duquel il prétendait avoir acquitté les frais de séjour d'un aliéné dans un asile départemental, et à qui il en demandait le remboursement (20 avril 1894 et 30 novembre 1894, *département de la Seine*) [1] ; — Réclamations formées devant le Conseil d'État, sans recours préalable au ministre, contre des décisions préfectorales refusant de liquider des pensions auxquelles des employés communaux prétendaient avoir droit (24 juin 1881, *Bougard*) [2].

La juridiction ordinaire du Conseil d'État a aussi reçu d'impor-

et nous ne voyons pas pourquoi cette décision ne pourrait pas être déférée directement au Conseil d'État, puisque ni le préfet, ni le ministre, ni le Conseil de préfecture, ni les tribunaux judiciaires n'ont qualité pour en connaître. »

1. L'arrêt du 20 avril 1894 contient un considérant qui refuse tout caractère juridictionnel à la décision que le ministre de l'intérieur avait prise dans cette affaire, et qui confirme la théorie du « litige » né d'une opposition entre la réclamation et la décision administrative qui refuse de l'accueillir. — « Considérant que le préfet de la Seine ayant saisi le préfet de l'Aisne d'une demande tendant au remboursement par le département de l'Aisne des dépenses d'entretien de la mineure Luten dans un asile d'aliénés du département de la Seine, le préfet de l'Aisne agissant au nom du département a refusé de satisfaire à cette réclamation ; *que de ce refus il est né entre les deux départements un litige* dont il appartient au Conseil d'État de connaître. »

2. La matière des pensions communales est l'une des premières dans lesquelles le Conseil d'État s'est affranchi de l'ancienne doctrine du ministre-juge et s'est reconnu le droit de statuer directement et *omisso medio* sur les recours formés contre les décisions des préfets rejetant la demande de pension (12 août 1868, *Pétiaux* ; — 7 avril 1869, *Ville de Nîmes* ; — 16 janvier 1874, *Ville de Lyon*). Ces arrêts n'étaient encore qu'implicites ; l'arrêt du 24 juin 1881 (*Bougard*) a le premier affirmé la doctrine, en rejetant une fin de non-recevoir opposée à la requête par le ministre de l'intérieur et tirée de ce que « la décision du préfet n'étant pas *définitive* ne pouvait être déférée directement au Conseil d'État ». L'arrêt répond que « si l'arrêté attaqué pouvait être déféré au ministre de l'intérieur, il n'en avait pas moins, à l'égard du requérant, le *caractère d'une décision de nature à être déférée directement au Conseil d'État par la voie contentieuse.* » Cette dénégation de la doctrine du ministre-juge et cette affirmation de la juridiction directe du Conseil d'État sont aussi résultées d'arrêts plus récents : 11 janvier 1884, *Grosjean* ; — 8 février 1889, *Guy*.

tantes applications dans les questions d'interprétation contentieuse, lorsqu'elles se présentent sous forme de questions préjudicielles renvoyées par un tribunal judiciaire à l'examen de l'autorité administrative.

L'ancienne jurisprudence appliquait la règle : *ejus interpretari cujus est condere* à toutes les questions d'interprétation préjudicielle, soit qu'il s'agît de déterminer le sens d'un acte obscur, soit qu'il s'agît d'apprécier la validité d'un acte dont la force légale était contestée. Dans ces différents cas il fallait d'abord interroger l'auteur de l'acte, puis déférer sa décision à son supérieur hiérarchique, avant de pouvoir porter la question devant le Conseil d'État [1]. De là des lenteurs qui tenaient trop longtemps en suspens les instances judiciaires interrompues pour le jugement d'une question préjudicielle.

Grâce à la doctrine de la juridiction ordinaire du Conseil d'État, les procédures administratives ont pu être de plus en plus simplifiées. La jurisprudence a d'abord fait une distinction entre les questions de *validité* d'actes administratifs et les questions *d'interprétation* proprement dite. Tout en décidant que la règle *ejus interpretari* demeure applicable à ces dernières, elle a admis qu'elle ne s'impose pas pour les autres, car s'il est rationnel d'interroger l'autorité qui a fait un acte sur le sens qu'elle entend lui donner, il est moins naturel de s'adresser à elle pour savoir si l'acte est légal et si son auteur a ou non violé la loi. C'est pourquoi le Conseil d'État se reconnaît compétent, en vertu de sa juridiction ordinaire, pour connaître directement des questions de validité [2]. Dans ce cas, l'élément essentiel du débat contentieux, c'est-à-dire une décision litigieuse, est directement fourni par la décision administrative dont la valeur légale est contestée.

Lorsqu'il s'agit d'interprétation proprement dite, l'idée de la juridiction ordinaire a été également admise, mais en se combinant avec la règle *ejus interpretari*. Aussi le Conseil d'État s'est-il refusé, jusque dans ces dernières années, à statuer directement sur les

---

1. Conseil d'État 13 novembre 1874, *commune de Sainte-Marie-du-Mont* ; — 26 janvier 1877, *Compans*, et nombreux arrêts antérieurs.

2. Conseil d'État, 28 avril 1882, *Ville de Cannes* ; — 12 juin 1891, *commune de la Seyne*.

questions préjudicielles d'interprétation ; il a exigé qu'elles fussent d'abord l'objet d'une décision émanée de l'auteur de l'acte ; mais, une fois cette décision rendue, il s'est reconnu compétent pour en connaître directement, *omisso medio*, sans recours préalable aux supérieurs hiérarchiques ([1]).

Cependant un arrêt du 15 février 1895 (*Camblong*) paraît inaugurer une application plus large encore de la juridiction ordinaire, car il interprète directement un acte, renvoyé par un jugement de sursis à l'autorité administrative, et qui n'avait fait l'objet d'aucune décision interprétative émanée de l'auteur de l'acte.

Bien que l'extension de jurisprudence résultant de cet arrêt ne soit qu'implicite et ne se manifeste par aucune déclaration doctrinale, elle ne nous paraît pas moins réelle, et nous pensons qu'elle est entièrement justifiée. Elle l'est assurément au point de vue de la bonne expédition des affaires, car on obtient ainsi, pour la solution des questions d'interprétation, la même simplification de procédure que pour les questions de validité. Elle nous paraît également justifiée au point de vue du droit, car dans un cas comme dans l'autre on est en présence d'une décision administrative contestée, qui est la décision même que l'autorité judiciaire a réservée et pour laquelle elle a affirmé la nécessité d'une interprétation contentieuse. A la vérité la règle *ejus interpretari* est ici laissée de côté ; mais est-ce une règle tellement impérieuse qu'elle doive faire échec à une conséquence rationnelle, et favorable à la prompte expédition des affaires, de la doctrine qui reconnaît au Conseil d'État le caractère de juge ordinaire ? ([2])

II. — Procédure

Représentation par avocat. — La représentation des parties par un mandataire *ad litem*, exclusivement choisi parmi les avocats au Conseil d'État et à la Cour de cassation, était une règle absolue sous la législation de 1806 : « Il y aura des avocats en notre Con-

---

1. Conseil d'État, 9 mars 1877, *Brescon* ; — 4 avril 1884, *Rivier*.
2. Nous aurons à revenir sur ces questions dans notre livre VII consacré au *contentieux de l'interprétation*. (Tome II.)

« seil, lesquels auront seuls le droit de signer les mémoires et
« requêtes des parties en matières contentieuses de toute nature
« (décret du 11 juin 1806, art. 33). — Les avocats en notre Conseil
« auront le droit exclusif de faire tous actes d'instruction et de
« procédure devant la section du contentieux (art. 44). » — Les
ministres seuls, d'après cette législation, étaient dispensés du ministère d'un avocat et pouvaient former des recours ou y défendre
par de simples rapports ou observations (art. 16 et 17).

La première exception à cette règle, en ce qui concerne les
parties privées, remonte à la loi du 28 juillet 1824 qui dispensait
de tous frais les réclamations en matière de prestations pour les
chemins vicinaux. Depuis 1830 des exceptions assez nombreuses
ont été faites, notamment dans les affaires suivantes : les contributions directes et taxes assimilées ; — les élections aux conseils
généraux, municipaux et d'arrondissement, auxquelles se sont
ajoutées les élections des membres des conseils de prud'hommes,
des maires, des adjoints, des délégués sénatoriaux ; — les contraventions de grande voirie ; — les pensions civiles et militaires ; —
les recours pour excès de pouvoir.

Dans ces diverses catégories d'affaires, le ministère de l'avocat
est purement facultatif ; les parties peuvent signer elles-mêmes
leurs requêtes et leurs défenses ou les faire signer par un mandataire muni d'une procuration spéciale.

Malgré ces nombreuses exceptions, la représentation par avocat
reste la règle ; un texte est nécessaire pour en dispenser les parties.
Le Conseil d'État refuse d'étendre cette dispense par voie d'analogie ; il a déclaré non recevables des recours introduits sans le
ministère d'un avocat en matière d'élections au Conseil supérieur
de l'instruction publique [1], des recours formés contre des décisions
administratives en dehors du cas d'excès de pouvoir [2], des réclamations en matière d'associations syndicales, de pâturage, etc.,
portant sur des questions autres que l'assiette et le recouvrement
des taxes [3].

Dans les affaires où les parties sont dispensées du ministère de

1. Conseil d'État, 16 novembre 1883, *Picard*.
2. Conseil d'État, 12 mars 1880, *Dancy*.
3. Conseil d'État, 1er décembre 1882, *Pinçon*.

l'avocat, ont-elles le droit de présenter elles-mêmes des observations orales? Où bien peuvent-elles, à défaut d'un droit, obtenir cette faculté en vertu d'une autorisation du président?

Le droit de plaider devant le Conseil d'État ne saurait être reconnu aux parties. Il ne leur a été donné par aucun texte ; toutes les dispositions législatives qui, depuis l'ordonnance de 1831, ont prévu les observations orales devant le Conseil d'État, n'ont jamais parlé que d'observations présentées « par les avocats des parties ». D'un autre côté les observations orales supposent nécessairement une audience publique ; or, toutes les affaires sans avocat peuvent être jugées en séance non publique par la section du contentieux. Ajoutons que ni les lois organiques, ni les règlements du Conseil n'ont jamais prévu la convocation des parties à l'audience ; il a même été jugé qu'il n'y a pas lieu de leur communiquer les *questions* dans lesquelles le rapporteur résume les points de fait et de droit posés par le rapport, parce que la communication de ces questions n'est faite aux avocats qu'en vue des observations orales qu'ils peuvent seuls présenter [1].

A défaut du droit que la loi refuse aux parties, celles-ci pourraient-elles obtenir du président l'autorisation de présenter des observations à l'audience ? La question est plus délicate. M. de Cormenin nous apprend qu'elle a été résolue affirmativement peu après la mise en vigueur de l'ordonnance de 1831. « Le président du Conseil d'État, écrivait-il en 1840, admet quelquefois discrétionnairement les parties elles-mêmes, sur leur demande, à présenter devant l'assemblée du Conseil des observations orales. Il y a de cela quatre exemples depuis l'établissement des audiences publiques [2]. » Cette tolérance ne semble pas s'être prolongée. On nous a assuré qu'elle n'avait jamais été admise de 1852 à 1870 ; elle ne l'a pas été non plus depuis 1872, bien que le président en ait été quelquefois sollicité. Cependant le Tribunal des conflits, dont les audiences sont soumises aux mêmes règles que celles du Conseil d'État [3], n'a pas pensé qu'il lui fût interdit d'entendre les obser-

---

1. Conseil d'État, 7 août 1883, *Bertot.*

2. Cormenin, *Droit administratif,* p. 44, note 3, édit. de 1840.

3. L'article 8 du règlement du 28 octobre 1849 (art. 8) dispose que « immédiatement après le rapport, *les avocats des parties* peuvent présenter des observations orales ».

vations orales d'une partie ; une décision du 17 avril 1886 (*O'Carroll*) porte la mention de cette audition, d'autant plus digne de remarque qu'il n'y a pas à proprement parler de parties devant le Tribunal des conflits, où le débat s'agite entre les autorités administrative et judiciaire. Ces précédents sont certainement de nature à faire hésiter sur une solution absolue. Personnellement, nous doutons que le président puisse autoriser une partie à présenter elle-même des observations à l'audience, car on pourrait voir là une atteinte portée au droit exclusif que les avocats tiennent de la loi ; mais on ne pourrait refuser au Conseil lui-même la faculté d'ordonner ou d'autoriser l'audition d'une partie, non comme un élément du débat oral prévu par la loi, mais comme une mesure spéciale d'instruction commandée par les circonstances (¹).

Pourvois formés par les ministres. — Les ministres sont dis-pensés du ministère d'un avocat, soit pour former un pourvoi, soit pour y défendre. Ils sont également dispensés de tous droits de timbre et d'enregistrement. Leurs recours sont introduits sous forme de mémoires ou *rapports :* cette dernière dénomination est même la seule que le décret du 22 juillet 1806 ait employée, et elle se justifiait par cette idée que les ministres, même quand ils formaient des recours contentieux, ne faisaient que présenter un rapport au Chef de l'État pour lui proposer une décision à rendre dans l'exercice de sa justice retenue. Cette idée ne pourrait plus être admise depuis que le Conseil d'État est investi d'un droit de juridiction propre.

Mais si l'on doit reconnaître que les recours des ministres, quelle qu'en soit la forme, sont de véritables actes de procédure contentieuse, ils n'en sont pas moins des actes de l'autorité ministérielle pour lesquels ils ne peuvent être suppléés par aucun fonctionnaire de leur département, par aucun chef de service de leur ministère ; aussi le Conseil d'État n'a-t-il jamais hésité à déclarer non recevables les pourvois qui ne portaient pas la signature du ministre, même si le signataire déclarait agir par autorisation ou déléga-

---

1. C'est aussi dans ce sens, croyons-nous, que doit être entendue la décision précitée du Tribunal des conflits du 17 avril 1886.

tion (¹). Ces pourvois ne peuvent devenir valables que si le ministre déclare se les approprier avant l'expiration du délai pendant lequel ils peuvent être introduits.

En ce qui touche la plaidoirie, aucun texte n'a dispensé les ministres de recourir aux membres du barreau. On doit aussi noter que le droit de plaider étant étroitement lié au droit de conclure, les ministres ne peuvent se faire représenter à la barre que dans les affaires où ils ont qualité pour prendre des *conclusions* comme représentants de l'État ou de la puissance publique, et non dans celles où ils n'émettent qu'un *avis* sur un litige entre parties.

Procédure écrite. — La procédure devant le Conseil d'État est essentiellement écrite. Elle doit s'engager et se clore devant la section du contentieux. Des conclusions qui seraient prises à la barre, après la lecture du rapport, seraient non avenues. Il en serait de même des productions de pièces. L'avocat doit s'interdire la lecture de tout document, correspondance, etc., qui n'aurait pas fait l'objet d'une production régulière devant la section du contentieux (²).

Le Conseil d'État a toujours exigé la stricte application de ces règles qu'il considère comme une précieuse garantie de bonne justice, parce qu'elles rendent toute surprise impossible. A l'audience du Conseil d'État du 5 mai 1883, un avocat ayant produit, au cours de ses observations orales, une pièce importante qui n'avait pas été versée au dossier et dont la section du contentieux n'avait pas eu connaissance, le Conseil délibéra séance tenante sur l'incident et décida que l'affaire serait remise pour que la pièce fût régulièrement produite. L'instruction fut rouverte devant la section du contentieux, puis l'affaire fut reportée à l'audience où elle fut l'objet d'un nouveau rapport et d'un nouveau débat oral suivi de conclusions du commissaire du Gouvernement (³).

---

1. Cette jurisprudence a été appliquée : à des recours formés par le Directeur des chemins de fer au nom du ministre des travaux publics (21 novembre 1890 et 16 janvier 1891, *ministre des travaux publics*); — par le sous-secrétaire d'État des colonies (27 juillet 1888, *Lacarrière*); — par un adjoint au contrôle au nom du ministre de la guerre (9 décembre 1892, *ministre de la guerre*).

2. Conseil d'État, 20 février 1862, *avoués d'Annecy*; — 30 juin 1876, *Chartier*.

3. Conseil d'État, 15 juin 1888, *Société du matériel agricole*.

Quelle est la marche de la procédure écrite ? Bornons-nous à en marquer les phases essentielles d'après les règles ordinaires tracées par le décret du 22 juillet 1806, et sans nous arrêter aux procédures spéciales qui sont suivies pour certaines natures d'affaires [1].

Introduction du recours. — L'instance s'engage, non par une assignation signifiée par le demandeur au défendeur, mais par une requête adressée au Conseil d'État et à laquelle doit être jointe une expédition de la décision attaquée. Cette requête est l'acte introductif d'instance ; elle constitue le *recours* ou *pourvoi*. Ces deux expressions sont à peu près synonymes dans les textes et dans la pratique : « Le *recours* au Conseil, dit l'article 11 du décret du « 22 juillet 1806, ne sera pas recevable, etc... » et l'article 12 ajoute : « lorsque sur un semblable *pourvoi* il aura été rendu, etc... » Soixante ans après, même indifférence sur l'emploi de ces termes : l'article 1er du décret du 2 novembre 1864 parle des *recours* en matière de pension, des *recours* pour excès de pouvoir, et il ajoute que ces *pourvois* peuvent être formés sans l'intervention d'un avocat. Ne pourrait-on pas rendre cette terminologie un peu plus rigoureuse, en appelant *pourvois* les appels ou les pourvois en cassation formés contre les décisions juridictionnelles des tribunaux administratifs, et *recours* les réclamations directement formées devant le Conseil d'État contre les actes et décisions des autorités administratives ?

D'après l'article 11 du décret du 22 juillet 1806, les recours ou pourvois doivent être formés, sous peine de déchéance, dans le délai de trois mois à partir de la notification de la décision attaquée. Cette règle, d'abord générale, a subi de nombreuses dérogations, surtout depuis que le délai des pourvois contre les décisions des conseils de préfecture a été réduit à deux mois par la loi du 22 juillet 1889 [2]. La déchéance résultant de l'expiration du délai

---

1. Ces procédures seront indiquées au tome II, quand nous traiterons des réclamations contentieuses qui les comportent : contentieux des contributions directes, des élections, recours pour excès de pouvoir, contraventions de voirie, etc...

2. Antérieurement à la loi de 1889, l'article 88 de la loi départementale du 10 août 1871 a fixé à deux mois le délai du recours formé contre les décisions des commissions départementales ; l'article 40, § 2, de la loi municipale du 5 avril 1884, a réduit

est d'ordre public ; elle doit être appliquée d'office par le Conseil, alors même qu'elle n'est pas opposée par les parties ou par le ministre.

Le point de départ du délai est la notification de la décision attaquée (art. 11 du décret de 1806), notification qui doit être faite par huissier quand elle émane d'une partie ([1]), mais qui peut être faite en forme administrative quand elle émane d'une administration publique ([2]).

Pour les ministres la règle n'est pas aussi simple. Une jurisprudence très ancienne, et maintenue par le Conseil d'État malgré des contestations élevées par quelques départements ministériels, décide que la notification d'une décision de conseil de préfecture, faite par le ministre ou par le préfet au nom de l'État, fait courir le délai du pourvoi contre le ministre ([3]). C'est une dérogation à la règle que « nul ne se forclot soi-même » ; cette dérogation a paru nécessaire pour éviter que les parties ne fussent obligées de notifier à leurs frais à l'administration des décisions que celle-ci a mission de leur faire connaître.

Cependant, en matière de contributions directes le délai ne court pas contre le ministre des finances du jour où le directeur des contributions du département a notifié la décision au contribuable, parce que cet agent ne peut être considéré comme un représentant de l'État ; le délai ne court que de la réception de la décision par le ministre des finances. Enfin, en matière de contraventions de voirie, le délai court pour le ministre du jour même où la décision a été rendue ([4]), par analogie avec la règle admise devant les tribunaux judiciaires de répression pour les appels *a minima* du ministère public ; en effet, l'autorité publique est toujours présumée présente au jugement des infractions qu'elle poursuit.

Le recours au Conseil d'État n'est pas suspensif. Cette règle, po-

---

à un mois le délai des recours dirigés contre les décisions des conseils de préfecture rendues en matière d'élections municipales.

1. Conseil d'État, 2 février 1877, *Lefèvre-Deunier ;* — 16 février 1878, *Hütz.*

2. Conseil d'État, 13 août 1863, *de Gromard.*

3. Conseil d'État, 15 mars 1889, *ministre des travaux publics c. Leglos.* — Cette règle a été expressément consacrée par l'article 59 de la loi du 22 juillet 1889 sur la procédure des conseils de préfecture.

4. Loi du 22 juillet 1889, art. 59, § 2.

sée par l'article 3 du décret du 22 juillet 1806, rappelée et confirmée par l'article 24 de la loi du 24 mai 1872, est une des règles
fondamentales de la procédure administrative. Il ne peut y être
dérogé qu'en vertu de dispositions formelles de la loi (¹).

Toutefois l'application de cette règle peut être tempérée par la
faculté que l'article 3 du décret de 1806 donne au Conseil d'État
d'ordonner qu'il sera sursis à l'exécution de la décision attaquée.
Le Conseil d'État n'est pas tenu de statuer sur toutes les conclusions de sursis qui sont prises devant lui : un arrêt est toujours nécessaire pour accorder un sursis, il ne l'est pas pour le refuser. Il
suffit, dans ce dernier cas, de laisser la procédure suivre son cours.
La section du contentieux apprécie si elle doit ou non proposer le
sursis à l'assemblée du contentieux ; elle ne doit la saisir que si
elle conclut au sursis (²). Entre ces décisions, l'une implicite,
l'autre expresse, la pratique autorise une solution intermédiaire
qui consiste à donner une forme particulière à la communication
faite au ministre par la section du contentieux. La section peut ordonner que le dossier sera communiqué au ministre « en appelant
son attention sur la demande de sursis » et provoquer ainsi, sans
arrêt, un sursis administratif que le ministre prescrit aux autorités

---

1. Il n'existe d'exemple de ces dérogations que dans des procédures spéciales. On
peut citer : l'article 88 de la loi départementale du 10 août 1871, sur les recours
formés contre les décisions des commissions départementales ; — l'article 54 de la
loi du 22 juin 1833, sur les recours formés contre les décisions des conseils de préfecture annulant des élections au conseil d'arrondissement ; — l'article 40 de la loi
du 5 avril 1884 qui consacre une disposition semblable en matière d'élections municipales.

2. Cette règle résulte de l'article 3, § 2, du décret du 22 juillet 1806, d'après lequel
« lorsque l'avis de la commission (du contentieux) sera d'accorder le sursis, il en
sera fait rapport au Conseil d'État qui prononcera ».

La jurisprudence du Conseil d'État ne tend pas à accorder facilement le sursis.
Elle s'y refuse toujours lorsqu'il s'agit de décisions des conseils de préfecture ; on
sait d'ailleurs que la loi du 24 mai 1872 (art. 24) a autorisé ces conseils à subordonner l'exécution provisoire de leurs décisions à la charge de donner caution ou de
justifier d'une solvabilité suffisante, faculté dont ils semblent peu portés à user. Les
rares décisions de sursis qui ont été rendues par le Conseil d'État ne visent guère
que des actes administratifs attaqués pour excès de pouvoir ; dans ce cas, deux conditions sont requises pour que le sursis puisse être ordonné : qu'il y ait des griefs
sérieux articulés contre l'acte et que l'exécution provisoire risque de causer à la
partie un préjudice irréparable. (Conseil d'État, 23 novembre 1888, *Sœurs hospita-
lières de l'Hôtel-Dieu* ; — 5 mai 1893, *Chemin de fer du Nord.*)

compétentes. Mais, dans ce cas, l'ordre de sursis émane du ministre, qui n'est pas obligé de le donner.

Communication au défendeur et au ministre. — La requête déposée au secrétariat du contentieux ne s'adresse qu'au Conseil d'État ; pour qu'elle atteigne le défendeur, il faut qu'elle lui soit signifiée en vertu d'une *ordonnance de soit-communiqué* qui est rendue par le président de la section du contentieux et que le demandeur doit mettre à exécution dans un délai de deux mois, sous peine d'être déchu de son pourvoi ([1]).

Le défendeur mis en cause par la signification de l'ordonnance de soit-communiqué et de la requête introductive d'instance, est tenu de constituer avocat et de fournir ses défenses dans un délai de quinze jours auquel s'ajoutent, s'il y a lieu, des délais de distance ([2]). Le débat contradictoire est ainsi lié entre les parties.

Il ne suffit pas que les parties soient en présence et échangent leurs moyens. Toutes les contestations portées devant le Conseil d'État, même quand elles s'agitent entre parties privées, touchent par quelque point à l'intérêt public. Cet intérêt doit être représenté par le ministre auquel ressortit le service intéressé. Il a connaissance du litige par l'envoi que la section du contentieux lui fait du dossier. Les observations qu'il présente en réponse à cette communication n'ont pas le caractère de conclusions, mais seulement celui d'un avis administratif. Elles sont toujours communiquées aux avocats des parties pour y faire telle réponse qu'ils jugent convenable.

Lorsqu'il ne s'agit pas d'affaires entre parties, mais de contestations entre une partie et l'État, ou bien de recours en annulation d'actes administratifs, la communication faite au ministre ne tend pas à provoquer un simple *avis*, mais de véritables *conclusions* ; elle a donc le caractère d'une mise en cause, quoiqu'elle se fasse également en forme administrative et sans ordonnance de soit-communiqué.

---

1. Le décret du 2 novembre 1864 (art. 3) a réduit à deux mois le délai d'abord fixé à trois mois par le décret du 22 juillet 1806. — Sur l'application de cette déchéance, Voy. Conseil d'État, 9 août 1870, *Alazard* ; — 13 mars 1885, *Elleaume.*

2. Décret du 22 juillet 1806, art. 4.

On s'est quelquefois plaint que la communication des dossiers aux ministres entraînât des retards préjudiciables à l'expédition des affaires. Pour y remédier, le décret du 2 novembre 1864 (art. 8) a autorisé la section du contentieux à fixer un délai dans lequel les réponses et observations doivent être produites. Ce délai est ordinairement fixé à quarante jours. Dans la pratique, il est rarement observé. Il est d'ailleurs dénué de sanction ; le président de la section du contentieux ne peut guère, lorsque le délai est expiré, qu'adresser au ministre une « lettre de rappel ». La section peut aussi, lorsque les circonstances lui paraissent l'exiger, ordonner le rétablissement du dossier dans un délai déterminé. A défaut de sanction effective, l'inexécution de l'ordonnance pourrait mettre en jeu la responsabilité du ministre intéressé, comme l'inexécution de toute autre décision d'une juridiction contentieuse (¹).

Mesures d'instruction. — Le Conseil d'État peut, comme toute juridiction, recourir aux mesures d'instruction qui sont de nature à l'éclairer. Ces mesures peuvent être ordonnées soit par la section du contentieux pendant la période d'instruction, soit par l'assemblée du contentieux quand l'affaire est portée à l'audience. Dans le premier cas, les vérifications sont prescrites par une ordonnance du président de la section du contentieux prise en exécution d'une décision de la section ; dans le second cas, par un arrêt avant faire droit qui est interlocutoire ou purement préparatoire, selon qu'il préjuge ou non le fond.

Quelles sont ces mesures d'instruction ? L'article 14 du décret du 22 juillet 1806 admet d'une manière générale toutes les vérifications qui seraient jugées nécessaires et remet au Conseil lui-même le soin d'en déterminer les formes. Ce texte dispose : « Si, « d'après l'examen d'une affaire, il y a lieu d'ordonner que des faits « ou des écritures soient vérifiés ou qu'une partie soit interrogée, « le grand juge désignera un maître des requêtes ou commettra « sur les lieux ; il réglera la forme par laquelle il sera procédé à « ces actes d'instruction. » Le grand juge, qui présidait la commission du contentieux sous le régime du décret de 1806, est au-

1. Voy. ci-après, pages 347 et suiv.

jourd'hui remplacé par le président de la section du contentieux, à qui il appartient d'ordonner les vérifications demandées par la section. Ces vérifications peuvent porter sur les faits, sur les écritures, sur les dires des parties interrogées à cet effet. La marche de l'instruction n'étant pas tracée par le règlement, il appartient à la section — ou à l'assemblée du contentieux, si c'est elle qui ordonne la mesure d'instruction — de la déterminer; elles doivent s'inspirer pour cela des règles substantielles édictées par le Code de procédure civile pour les mesures analogues, mais elles ne sont point tenues d'appliquer les règles secondaires et de forme [1].

Ainsi, la section ou le Conseil pourra ordonner des expertises, des visites de lieux [2], des enquêtes [3], des vérifications d'écriture, des interrogatoires sur faits et articles [4], en ayant soin d'assurer le caractère contradictoire de ces mesures d'instruction et les formes essentielles destinées à le réaliser. C'est pourquoi les parties doivent être appelées à désigner leurs experts; à appeler leurs témoins, s'il s'agit d'enquêtes; à suivre les opérations en personne ou par représentants, s'il s'agit de visites de lieux. En outre, les résultats de toute mesure d'instruction doivent être consignés dans un procès-verbal ou rapport écrit, qui est versé au dossier et peut être consulté et discuté par les parties. En dehors de ces formes substantielles, le Conseil d'État ne se considère pas comme lié par les dispositions du Code de procédure : ainsi il prescrit le serment aux experts, mais il ne l'exige pas toujours des témoins qui déposent dans les enquêtes, surtout dans les enquêtes électorales [5].

Indépendamment des mesures d'instruction proprement dites, le Conseil d'État s'est toujours réservé la faculté d'ordonner de simples vérifications, c'est-à-dire des constatations qui peuvent être

---

1. Conseil d'État, 1er mars 1895, *Filliatraud* et nombreux arrêts antérieurs.

2. Conseil d'État, 14 juillet 1831, *Mayet;* — 5 juillet 1855, *Porro;* — 16 mai 1879, *Radiguet;* — 22 juillet 1881, *Duval.*

3. Conseil d'État, 21 novembre 1871, *élections de Saint-Nizier-d'Azergues;* — 11 février 1881, *élections de Castres;* — 9 février 1877, *Violet.*

4. Conseil d'État, 9 février 1877, *Violet.*

5. Conseil d'État, 21 janvier 1881, *élections de Rabastens.* — Cependant la loi du 22 juillet 1889 sur la procédure des conseils de préfecture (art. 30) exige le serment dans toute enquête, y compris les enquêtes électorales. Cette règle nouvelle pourra modifier la jurisprudence.

demandées aux fonctionnaires compétents, et qui ont plutôt un caractère administratif que contentieux (¹). Nous avons déjà vu que l'instruction des affaires comporte, en même temps que des actes de procédure prévus par les lois et règlements, des communications, des avis en forme administrative demandés aux ministres et aux conseils et comités spéciaux dépendant de leur département. Des vérifications purement administratives peuvent également s'adjoindre à la procédure contentieuse. Toutefois, elles ne pourraient pas remplacer les mesures d'instruction proprement dites dans les affaires où la loi les prévoit.

Rapport et discussion devant la section et l'assemblée du contentieux. — La procédure écrite à laquelle les parties et les ministres ont pris part, les mesures d'instruction et les vérifications administratives auxquelles l'affaire a donné lieu, sont analysées dans un rapport écrit qui est l'œuvre du rapporteur de la section du contentieux, conseiller d'État, maître des requêtes ou auditeur, selon l'importance de l'affaire. Le rapport se termine par des *questions* où sont brièvement formulés les points de fait et de droit à résoudre ; il est accompagné d'un projet de décision également préparé par le rapporteur, qui donne lecture de son travail à la section du contentieux. Celle-ci débat l'affaire avec le rapporteur, interroge le dossier, discute les solutions proposées et adopte elle-même un projet d'arrêt destiné à être soumis à l'assemblée du contentieux. Le dossier est ensuite envoyé au commissaire du Gouvernement, qui doit donner ses conclusions à l'audience. Si l'examen qu'il fait de l'affaire et du projet d'arrêt le conduit à une solution différente de celle que ce projet propose, il est d'usage qu'il en fasse part à la section du contentieux, qui débat à nouveau les points contestés et modifie, s'il y a lieu, son projet d'arrêt. Si le désaccord subsiste, le commissaire du Gouvernement a le droit et même le devoir d'exposer son opinion propre devant l'assemblée du contentieux.

Devant cette assemblée réunie en audience publique, le rappor-

---

1. Conseil d'État, 30 juillet 1863, *commune de Champline* ; — 19 décembre 1868, *Dangé* ; — 27 juin 1884, *de la Tombelle*.

teur donne lecture du rapport et des questions, les avocats présentent leurs observations et le commissaire du Gouvernement donne ses conclusions qui terminent le débat oral. Le délibéré s'ouvre par la lecture du projet d'arrêt présenté par la section du contentieux. L'assemblée du contentieux le discute, l'adopte, le modifie, ou le remplace par une décision nouvelle. Après tant d'épreuves successives, l'arrêt est définitivement formulé, et il ne reste plus qu'à le porter à la connaissance des parties par la lecture en audience publique.

Recours contre les décisions du Conseil d'État. — Les décisions rendues par le Conseil d'État peuvent être l'objet de recours formés devant le Conseil lui-même dans les cas déterminés par la loi. Ces recours sont : l'opposition, la tierce-opposition, la revision.

Opposition. — Les décisions rendues par défaut sont susceptibles d'opposition. La partie est défaillante lorsqu'elle a été mise en cause et n'a pas fourni de défenses. La procédure suivie devant le Conseil d'État ne distingue pas, comme la procédure judiciaire, entre le défaut qui consiste à ne pas se faire représenter dans l'instance (défaut faute de comparaître) et celui qui consiste à se faire représenter sans fournir de défenses (défaut faute de conclure). Dans les deux cas il y a un seul et même défaut.

Cette procédure diffère également de la procédure judiciaire dans le cas où il y a plusieurs défendeurs, dont l'un conclut et dont l'autre fait défaut. Le Conseil d'État ne rend point alors de jugement de *défaut profit joint* tel qu'il est prévu par l'article 153 du Code de procédure civile. L'instance suit son cours à l'égard de toutes les parties, et la décision qui intervient sur le fond n'est susceptible d'opposition que si la partie défaillante avait un intérêt distinct de celui des autres parties (¹).

L'opposition doit, dans tous les cas, être formée dans un délai de deux mois à partir de la notification (²). Elle n'a pas d'effet suspensif. Elle est formée, instruite et jugée dans les mêmes formes

1. Décret du 22 juillet 1806, art. 31.
2. Le décret du 2 novembre 1864, art. 4, a réduit à deux mois le délai de l'opposition fixé à trois mois par le décret du 22 juillet 1806.

qu'une instance ordinaire. Les deux décisions distinctes que le décret de 1806 semblait exiger, l'une sur la recevabilité de l'opposition et l'autre sur le fond (¹), se confondent dans la pratique en un seul et même arrêt, qui statue d'abord sur la recevabilité de l'opposition, puis sur le fond quand la recevabilité est admise.

Tierce-opposition. — La tierce-opposition est ouverte aux parties par l'article 37 du décret de 1806, lorsque la décision qui leur fait grief a été rendue sans qu'elles aient été mises en cause ni représentées dans l'instance. Si, par exemple, la section du contentieux omettait de mettre en cause une des parties contre lesquelles la requête est dirigée, et si l'instance aboutissait à une décision préjudiciable à ses droits, la décision ne serait pas par défaut à son égard, car une partie ne peut être réputée défaillante que si, ayant été appelée, elle ne s'est pas défendue. La voie à suivre en pareil cas ne serait pas l'opposition mais la tierce-opposition. Le délai de ce recours n'est pas fixé par la loi et l'on ne saurait appliquer par analogie le délai de deux mois fixé pour l'opposition. On doit s'inspirer ici de la doctrine et de la jurisprudence qui ont prévalu en matière judiciaire, et d'après lesquelles les tiers, étant censé ignorer la décision, sont recevables à l'attaquer à toute époque. Il semble cependant difficile de ne pas considérer l'exécution de la décision à leur égard comme mettant fin à leur droit de recours, car leur silence en ce cas équivaudrait à un acquiescement (²).

Les cas de tierce-opposition fondés sur la condamnation d'une partie qui n'aura pas été mise en cause seront toujours rares, car ils ne peuvent résulter que d'omissions graves dans la procédure. Dans la pratique, la tierce-opposition se produit le plus souvent dans d'autres conditions ; elle est formée par des parties qui ont été légalement représentées dans l'instance et qui cherchent à remettre en question ce qui a été jugé contre elles, en se prétendant étrangères à un débat dans lequel elles étaient réellement enveloppées. Tel est le cas d'héritiers (³), d'acquéreurs (⁴), ou de créan-

1. Décret du 22 juillet 1806, art. 30.
2. Conseil d'État, 28 mars 1821, *ville de Rochefort.*
3. Conseil d'État, 9 avril 1817, *fabriques de Cambrai.*
4. Conseil d'État, 29 janvier 1841, *Le Prévost.*

ciers (¹) venant contester par la voie de la tierce-opposition des décisions rendues contre leurs auteurs, leurs vendeurs ou leurs débiteurs ; tel est aussi le cas de tiers qui interviennent tardivement pour attaquer ou défendre un acte administratif qui ne les vise pas personnellement, et contre lequel d'autres intéressés ont formé et fait accueillir un recours pour excès de pouvoir. La tierce-opposition peut alors n'être qu'une entreprise téméraire contre l'autorité de la chose jugée, et c'est pourquoi l'article 38 du décret de 1806 prononce une amende de 150 fr. contre la partie qui a succombé dans sa tierce-opposition, sans préjudice des dommages-intérêts dont elle peut être tenue envers la partie qui avait obtenu la décision attaquée (²).

La tierce-opposition s'introduit, s'instruit et se juge dans les mêmes formes que le recours principal.

Recours en revision. — Le recours en revision correspond à la procédure exceptionnelle connue devant les tribunaux judiciaires sous le nom de requête civile. Il ne peut avoir lieu, devant le Conseil d'État, que dans des cas strictement prévus par la loi, cas que le décret de 1806 réduisait à deux seulement : celui où la décision aurait été rendue sur pièces fausses et celui où la partie aurait été condamnée faute de représenter une pièce décisive qui était retenue par son adversaire (³). Plus tard, lorsque les ordonnances de 1831, puis la loi de 1845, eurent établi le débat oral, la publicité des audiences, les conclusions du commissaire du Gouvernement, la composition du Conseil délibérant au contentieux, il parut nécessaire d'assurer une sanction à ces règles ; elle consista à ouvrir le recours en revision contre les décisions rendues contrairement à ces prescriptions.

D'après l'article 23 de la loi du 24 mai 1872 qui régit actuellement la matière, le procès-verbal des séances de la section et de l'assemblée du contentieux doit mentionner l'exécution des dispositions qui prévoient : 1° les formes de délibération de la section du contentieux ; 2° la composition de l'assemblée du contentieux ; 3° les observations orales des avocats et les conclusions du minis-

---

1. Conseil d'État, 19 mars 1823, *Fournier et Creton.*
2. Conseil d'État, 12 mars 1853, *communes de Bréhémont et Lignières.*
3. Décret du 22 juillet 1806, art. 32.

tère public ; 4° le renvoi à l'assemblée du contentieux des affaires sans avocat, lorsqu'il a été demandé par un conseiller d'État de la section ou par le commissaire du Gouvernement ; 5° l'abstention des conseillers d'État qui ont pris part, dans les sections administratives, à la préparation de la décision attaquée ; 6° la formation de l'assemblée du contentieux en nombre impair et la présence du minimum légal de ses membres ([1]) ; 7° la lecture des décisions à l'audience et leur rédaction en minute portant trois signatures, celles du président, du rapporteur et du secrétaire du contentieux.

Toute infraction à ces dispositions constituerait un vice de forme qui rendrait la décision annulable par la voie du recours en revision.

La question s'est posée de savoir si le recours en revision, dans des litiges où les parties sont dispensées du ministère d'un avocat, peut être introduit dans la même forme que le recours primitif, ou si au contraire cette procédure spéciale exige dans tous les cas le ministère d'un avocat. Après quelques hésitations la jurisprudence s'est prononcée dans ce dernier sens, et nous pensons que c'est avec raison car le législateur, en accordant des facilités particulières aux recours formés en matière de contributions, d'élections, de pensions, etc., n'a entendu favoriser que la réclamation du contribuable, de l'électeur, du fonctionnaire retraité, et non celle du plaideur évincé qui attaque l'arrêt rendu sur son recours ; d'un autre côté, les questions de revision, à la différence des contestations assez simples que la loi dispense du ministère de l'avocat, soulèvent des difficultés pour lesquelles l'intervention du barreau n'est pas inutile ([2]).

---

1. Ce minimum a été fixé à neuf par l'article 21 de la loi du 24 mai 1872, alors que le nombre total des membres de l'assemblée du contentieux ne pouvait excéder treize. La loi du 13 juillet 1879 a élevé ce nombre à seize, mais elle n'a pas modifié le minimum.

2. Cette jurisprudence a été plusieurs fois affirmée depuis 1889 : — 12 avril 1889, *Decamps;* — 27 décembre 1889, *Ménier;* — 24 avril 1891, *de Biermont.*

La même doctrine apparaissait déjà dans un arrêt du 1er mars 1842, *Tavernier;* mais elle avait été mise en doute par des décisions plus récentes qui, sans accueillir aucun recours en revision, ne les avaient cependant pas écartés par la fin de non-recevoir tirée du défaut d'avocat. (1er décembre 1882, *Michaux;* — 7 août 1883, *Bertout;* — 23 novembre 1883, *Taupin.*)

Le recours en revision s'introduit dans les mêmes formes et délais que l'opposition aux décisions par défaut (¹). S'il a été témérairement formé, l'avocat peut être condamné à l'amende et même, en cas de récidive, à la suspension et à la destitution (²). Après le rejet d'un recours en revision, il ne peut être formé un second recours contre la même décision, même s'il se fonde sur des moyens différents, sous peine de répression disciplinaire encourue par l'avocat (³). Mais l'arrêt qui a statué sur le recours pourrait être attaqué à son tour par la voie de la revision, si l'on relevait contre lui un des vices prévus par la loi.

Formes des décisions. — Les décisions ou arrêts du Conseil d'État (⁴) présentent une forme analogue, mais non identique, aux jugements et arrêts des cours et tribunaux. On y distingue : 1° les *visas* qui forment le préambule de la décision et qui correspondent aux *qualités* des jugements ; 2° les *motifs* ou *considérants* ; 3° le *dispositif*.

Les *visas* précèdent la décision proprement dite : ils contiennent l'analyse des conclusions et moyens des parties, la mention des avis et observations des ministres, mais ils ne doivent pas relater la teneur de ces avis si les ministres ne sont intervenus qu'à titre consultatif et n'ont pas eu à conclure en qualité de parties. Les *visas* contiennent aussi l'indication des principales pièces du dossier et ils se terminent par la citation des dispositions législatives ou réglementaires dont il est fait application par l'arrêt. A la différence des *qualités* des jugements qui sont préparées par les représentants légaux des parties et qui peuvent donner lieu à des oppositions sur lesquelles le juge prononce, les visas sont exclusivement rédigés par le rapporteur et soumis à la section. Ils constituent un

---

1. Décret du 22 juillet 1806, art. 33.

2. Décret du 22 juillet 1806, art. 32 ; — Conseil d'État, 22 août 1853, *Schweighauser* ; — 21 janvier 1858, *Pramotton*.

3. Décret du 22 juillet 1806, art. 36.

4. La législation en vigueur (loi du 24 mai 1872 et règlement du 2 août 1879) n'applique aux sentences rendues par le Conseil d'État que la dénomination de *décisions*. Celle d'*arrêts* n'en est pas moins usitée dans la pratique et dans les recueils de la jurisprudence du Conseil.

élément de la décision souvent utile à consulter, pour déterminer la véritable portée de l'arrêt.

Les décisions doivent être motivées. Les différents points de fait et de droit sont discutés et résolus dans une série de *motifs* ou de *considérants* analogues à ceux des décisions judiciaires, mais ordinairement moins développés. On a quelquefois reproché au Conseil d'État de pousser trop loin l'*imperatoria brevitas* et de laisser quelque place au doute sur les véritables motifs de ses décisions, en les exprimant avec trop de concision. Il y a eu en effet, dans la jurisprudence du Conseil, une période assez longue pendant laquelle la sobriété des motifs, surtout sur certains points de droit, a pu paraître excessive. Elle s'inspirait d'un sentiment de réserve et de prudence qui n'était souvent que trop justifié par l'état d'une législation et d'une jurisprudence encore mal définies, et dont il importait de ne pas enrayer prématurément les progrès par des formules trop arrêtées. D'un autre côté, on admettait volontiers, avant 1872, que les décisions rendues par le Chef de l'État en son Conseil n'étaient pas soumises à la même rigueur doctrinale que de véritables sentences judiciaires. Investi d'une juridiction propre par la loi de 1872, le Conseil d'État a montré plus de tendances à développer les motifs de ses décisions, moins de répugnance à formuler des solutions doctrinales, des interprétations de lois qu'il acceptait comme bases de sa jurisprudence.

Le Conseil d'État statuant comme juge d'appel se refuse la faculté, que la jurisprudence de la Cour de cassation a reconnue aux cours d'appel, de confirmer les décisions attaquées, par adoption pure et simple des motifs des premiers juges. Ses arrêts confirmatifs sont toujours explicitement motivés.

La décision se termine par un *dispositif* qui contient, dans des articles distincts, toutes les solutions données à l'affaire et les condamnations principales et accessoires prononcées contre les parties. Un article final porte qu'une expédition de la décision sera transmise au ministre compétent, chargé d'en assurer l'exécution.

Formule exécutoire. — La décision étant ainsi rédigée en minute et signée par le président, le rapporteur et le secrétaire du contentieux, des expéditions en sont délivrées par le secrétaire, revêtues d'une formule exécutoire analogue à celle des tribunaux, mais non identique. Il fallait, en effet, tenir compte des différences qui existent entre les diverses parties qui peuvent être en cause dans une instance administrative, — parties privées et administrations publiques — et entre les modes d'exécution qui leur sont applicables.

Cette formule exécutoire, prévue par l'article 24 de la loi du 24 mai 1872 et arrêtée par l'article 25 du règlement du 2 août 1879, est ainsi conçue : « *La République mande et ordonne au ministre de...* « *en ce qui le concerne, et à tous huissiers à ce requis, en ce qui concerne* « *les voies de droit commun contre les parties privées, de pourvoir à* « *l'exécution de la présente décision.* »

La formule exécutoire ne mentionne, comme on le voit, que les ministres et les parties privées, et elle passe sous silence les administrations publiques, départements, communes, établissements publics. Elle n'avait pas, en effet, à les mentionner parce que les mesures d'exécution à prendre à leur égard sont, comme nous l'expliquerons ci-après, comprises dans celles dont les ministres sont chargés. Examinons les deux cas prévus.

Exécution à l'égard des parties privées. — A l'égard des parties privées, les arrêts du Conseil d'État entraînent toutes les mesures d'exécution par lesquelles le droit commun assure la soumission aux décisions de justice. Sont réputées *parties privées* toutes celles qui ne sont pas une administration publique et dont les propriétés ont le caractère d'un patrimoine privé. Tels sont les particuliers, les entrepreneurs, les fournisseurs, les comptables ; tels sont aussi les concessionnaires de travaux publics, mais seulement à l'égard des biens qu'ils possèdent privativement, et non des ouvrages publics qu'ils sont chargés de construire ou de gérer, et des dépendances de ces ouvrages.

L'exécution des arrêts du Conseil d'État se poursuit, à l'égard de ces parties, par les mêmes voies que l'exécution de toute décision judiciaire, c'est-à-dire par la saisie-exécution sur les biens meubles, par la saisie-arrêt sur les créances, par la saisie immobilière sur les biens immeubles, par la contrainte par corps dans les cas exceptionnels où elle a été maintenue par la loi du 22 juillet

1867, et qui ne peuvent guère trouver d'application qu'en matière de grande voirie, pour le recouvrement des amendes.

Les décisions entraînent hypothèque en vertu de la règle générale résultant des avis du Conseil d'État du 16 thermidor an XII, du 29 octobre 1811 et du 24 mars 1812, qui ont force législative comme ayant été approuvés par l'Empereur et insérés au *Bulletin des lois*. L'application de cette règle n'est d'ailleurs pas restreinte aux arrêts du Conseil d'État, elle s'étend aux décisions des autres tribunaux administratifs, et même à certaines décisions de l'autorité administrative, notamment aux contraintes décernées par le ministre des finances et par les agents auxquels le droit de contrainte a été reconnu par la loi.

Aux voies d'exécution prévues par le droit commun peuvent encore s'ajouter, à l'égard des parties privées, des voies d'exécution de nature administrative, par exemple la saisie administrative des cautionnements versés par les comptables, par les fournisseurs, par les entrepreneurs ou concessionnaires de travaux publics, saisie prévue par des lois spéciales ou par des clauses des cahiers des charges.

Si des difficultés s'élèvent au sujet de l'exécution d'un arrêt du Conseil d'État, elles doivent être portées, en règle générale, devant les tribunaux judiciaires ; mais cette règle, qu'on a quelquefois formulée en termes trop absolus, comporte les deux réserves suivantes :

En premier lieu, si la mesure d'exécution contestée consiste dans une mesure d'exécution administrative, par exemple dans une saisie de cautionnement, prononcée par le ministre ou par l'autorité locale qui aura stipulé cette garantie, ce n'est pas devant les tribunaux judiciaires que la contestation doit être portée, mais devant le tribunal administratif qui a juridiction sur l'auteur de la saisie, parce qu'il s'agit là d'une mesure de coercition administrative et non d'une voie d'exécution de droit commun.

En second lieu, si l'opposition faite à la mesure d'exécution, quelle que soit d'ailleurs la nature de cette mesure, résulte d'une difficulté sur le sens et la portée de l'arrêt du Conseil d'État, c'est au Conseil qu'il appartient d'en fixer l'interprétation, et les parties doivent être renvoyées devant lui à cet effet. Toutefois, ce renvoi n'a qu'un caractère préjudiciel et n'impose qu'un sursis au tribunal judiciaire, lequel reste saisi du fond de la contestation si les mesures d'exécution litigieuses relèvent du droit commun.

Exécution à l'égard de l'État. — Il doit être pourvu à cette exécution par le ministre compétent, en vertu du mandement contenu dans la formule exécutoire. Mais si ce mandement reste sans effet, l'exécution ne peut être poursuivie ni contre le ministre, ni contre l'État, par aucune voie de contrainte judiciaire ou administrative. D'une part, en effet, les biens de l'État sont insaisissables et, d'autre part, il n'appartient à aucune autorité d'ordonner le mandatement d'office de sommes mises à la disposition du ministre par la loi du budget, ni à plus forte raison d'ordonner l'inscription d'office au budget de l'État de crédits qui n'y seraient pas portés.

L'insaisissabilité des biens domaniaux résulte des lois fondamentales qui régissent le domaine et qui n'ont dérogé, en 1790, au principe d'aliénabilité absolue consacré par l'ancien droit, qu'à la condition que l'aliénation fût volontairement consentie par les représentants de la nation : « Les domaines nationaux et les droits « qui en dépendent sont et demeurent inaliénables sans le consente-« ment et le concours de la nation... Les droits utiles et honorifi-« ques ci-devant appelés régaliens et notamment ceux qui par-« ticipent de la nature de l'impôt ne sont point communicables ni « cessibles (¹). » Il ne saurait donc exister contre l'État aucune procédure tendant à l'aliénation forcée de ses biens ni à la cession forcée de ses créances ; toute inscription d'hypothèque judiciaire, toute saisie immobilière ou mobilière, toute saisie-arrêt pratiquée entre les mains des redevables ou des receveurs de revenus publics seraient radicalement nulles ; l'huissier qui y procéderait encourrait, en outre, en vertu de plusieurs lois spéciales, la peine de l'amende et de l'interdiction (²).

L'État doit donc toujours être réputé solvable et être réputé

---

1. Loi du 22 novembre 1790, art. 8 et 9.

2. La loi sur les douanes du 22 août 1791 (titre XII, art. 9) prononce une amende de 1,000 fr. et la peine de l'interdiction contre l'huissier qui saisirait les produits des droits entre les mains des redevables ou des receveurs de la régie. Voyez aussi le décret du 1ᵉʳ germinal an XII, art. 48, relatif au produit des droits réunis.

« honnête homme (¹) ». Il échappe, à raison de cette double présomption et de la nature de ses biens, à toutes les mesures de
coercition que justifie, en droit privé, la crainte de l'insolvabilité
ou du mauvais vouloir du débiteur. Le paiement des sommes auxquelles l'État est condamné ne peut résulter que d'un ordonnancement fait par le ministre compétent dans la limite des crédits dont
il a la disposition. Si la dépense à faire pour solder le montant de
la condamnation ne peut pas être acquittée sur le chapitre du budget qu'elle concerne, le ministre doit demander le crédit nécessaire
aux Chambres. Aucune autre sanction légale des condamnations
obtenues ne peut être réclamée par la partie qui se prévaut, soit
d'un arrêt du Conseil d'État, soit d'une décision judiciaire, quelles
que soient la juridiction qui l'a rendue et la formule exécutoire
dont elle est revêtue.

Il ne faut pourtant pas conclure de cette absence de sanction légale, que le ministre, en exécutant les condamnations prononcées
contre l'État, n'accomplit qu'un acte de déférence envers la juridiction qui les a prononcées, un acte de justice envers la partie qui
les a obtenues, et qu'il lui appartient d'apprécier l'opportunité
d'un ordonnancement ou d'une demande de crédit. Il a le devoir
strict, le devoir juridique de pourvoir à cette exécution, parce
qu'elle lui est prescrite par une autorité supérieure à l'autorité
ministérielle et qui s'impose à tous les pouvoirs de l'État : « Au
« nom du peuple français, porte la formule exécutoire, la République
« mande et ordonne au ministre... de pourvoir à l'exécution de la
« présente décision. » Cette injonction ne laisse place à aucune
appréciation portant sur le mérite de la décision ou sur les avantages ou les inconvénients de son exécution.

Si par impossible elle était méconnue, ni le refus d'ordonnancement, ni l'ajournement indéfini de la demande de crédit ne pourraient donner lieu à aucun recours contentieux, recours qui serait
d'ailleurs illusoire là où un arrêt aurait déjà échoué. Il n'y aurait
plus à mettre en jeu que la responsabilité ministérielle.

Hâtons-nous d'ajouter que ces difficultés ne sauraient être que
théoriques, car la double présomption que l'État est solvable et

---

1. Cette formule est de M. Thiers, elle mérite d'être conservée.

qu'il est honnête homme n'a jamais été démentie dans les rapports de l'administration française avec ceux qui traitent avec elle.

Il ne faut pas confondre l'inexécution d'un arrêt du Conseil d'État qui résulterait de l'inaction du ministre et qui ne pourrait donner lieu à aucune mesure coercitive, avec les difficultés d'exécution résultant d'une fausse interprétation de l'arrêt par le ministre et se manifestant par des décisions ou par des actes contraires à la chose jugée. En pareil cas, il y a matière à réclamation contentieuse, parce qu'on est en présence non d'une simple abstention, mais d'une décision lésant en droit ; il appartient au Conseil d'État d'en connaître, comme juge du contentieux des décisions ministérielles. Mais, dans ce cas encore, son arrêt ne peut que déclarer l'obligation de l'État, annuler ou réformer toute décision contraire, et non prescrire des mesures d'exécution contre l'État ou son représentant ([1]).

1. La jurisprudence du Conseil d'État contient plusieurs applications de ces règles. Dans une affaire jugée le 5 janvier 1883 (*Bloch*), le ministre de la guerre avait pris une décision refusant de payer au sieur Bloch, entrepreneur de transports militaires, une partie des sommes auxquelles l'État avait été condamné par un arrêt antérieur du 12 novembre 1880, en se fondant sur ce que l'État s'était antérieurement libéré en partie du montant de ces condamnations, par la remise d'un mandat à un tiers qui représentait cet entrepreneur. Or, l'arrêt de 1880, appréciant déjà ce moyen, avait décidé que ce paiement ne pouvait faire obstacle à ce que l'entrepreneur reçût intégralement son paiement, sauf à l'État à recourir contre le tiers qui en aurait indûment perçu une partie. En conséquence, le Conseil d'État a jugé que la décision du ministre avait mal interprété l'arrêt portant condamnation de l'État au profit du sieur Bloch ; « que, par suite, ce dernier est fondé à se plaindre du refus de paiement qui lui a été opposé par le ministre de la guerre, et qu'il y a lieu d'annuler de ce chef la décision attaquée ». Dans cette affaire, le Conseil d'État n'a statué sur le refus de paiement, que parce qu'il se manifestait par une décision contenant une fausse interprétation de l'arrêt à exécuter.

Dans une autre espèce, jugée le 27 mai 1863 (*Pensa*), le Conseil d'État avait condamné l'État à payer une indemnité à un particulier pour les dommages causés à sa propriété par le tir d'un polygone. Le ministre de la guerre, en délivrant le mandat destiné à acquitter la condamnation, crut devoir y mentionner, par interprétation de l'arrêt, que le paiement représentait à la fois les dommages subis dans le passé et les dommages à venir, et subordonner le paiement à l'acceptation de cette clause par la partie.

Pourvoi du sieur Pensa, et arrêt du Conseil d'État annulant la décision ministérielle. « Considérant qu'il n'appartient pas à nos ministres de déterminer le sens et « la portée des décrets rendus par nous au contentieux, qu'ils doivent se borner à « les exécuter ; que dès lors le sieur Pensa était fondé à refuser le mandat qui lui « était offert, et que le ministre n'a pu, par sa décision attaquée, subordonner ce « paiement à l'acceptation du mandat ci-dessus visé tel qu'il était motivé. »

La doctrine de cette décision est irréprochable, mais le dispositif de l'arrêt va peut-

Le Conseil d'État pourrait également connaître de recours formés contre des décisions ministérielles qui refuseraient un paiement à raison de la déchéance quinquennale que le créancier de l'État aurait encourue, ou à raison d'une compensation qui se serait établie entre la dette de l'État et une créance à son profit. Dans ces cas comme dans les précédents, il ne s'agit pas de mesures d'exécution à prescrire, mais d'obligations de paiement à vérifier. C'est dans ce sens qu'on a pu dire que le contentieux du paiement appartient au Conseil d'État aussi bien que le contentieux de la dette de l'État, étant bien entendu que le contentieux du paiement ne saurait s'étendre à son exécution, ni aux voies et moyens.

Exécution par les ministres des arrêts rendus sur recours pour excès de pouvoir. — C'est aussi aux ministres qu'il appartient d'assurer l'exécution des arrêts du Conseil d'État, statuant comme juge des excès de pouvoir. Si le recours en annulation formé contre un acte administratif est rejeté, il n'y a pas à proprement parler d'exécution à assurer ; l'arrêt de rejet se borne en effet à écarter les griefs articulés contre l'acte et à laisser celui-ci produire les effets dont il est susceptible ; il ne peut contenir aucune injonction à cet égard, puisque l'administration reste toujours maîtresse de l'exécution de ses propres actes et peut volontairement rapporter ceux que le Conseil d'État refuse d'annuler.

Si, au contraire, le recours est admis et si l'acte est annulé, l'arrêt d'annulation peut comporter certaines mesures d'exécution, consistant à supprimer l'acte, à veiller à ce qu'il ne reçoive aucune application à l'avenir, à remettre autant que possible les choses en état s'il y a eu exécution provisoire.

Dans cette matière plus encore que dans la précédente, l'exécution à donner à l'arrêt rentre dans les attributions de l'administration active, puisqu'elle se lie étroitement à l'exercice de la puissance publique. Elle ne saurait donc relever que de l'autorité et de la

être trop loin en ordonnant, dans un article 2, qu' « il sera délivré, au sieur Pensa, un nouveau mandat sans motif ni réserve » ; il prescrit ainsi une mesure d'exécution administrative qu'il n'appartient qu'au ministre de prendre. Mais on doit, ce nous semble, l'interpréter en ce sens qu'il interdit l'insertion de motifs et réserves dans le mandat qui sera ultérieurement délivré, plutôt qu'il ne prescrit la délivrance même du mandat.

responsabilité ministérielles et non de la juridiction contentieuse. Aussi le Conseil d'État statuant en matière de recours pour excès de pouvoir refuse-t-il toujours, non seulement de prescrire des mesures coercitives, mais encore de rien statuer sur les conséquences de l'annulation qu'il prononce. Le dispositif de son arrêt se borne à prononcer cette annulation ; toutes conclusions tendant à faire ordonner les mesures administratives à prendre comme conséquence de l'annulation sont rejetées comme non recevables ([1]).

Bien plus, si l'arrêt d'annulation fait moralement obstacle à ce que la décision annulée soit prise de nouveau dans les mêmes conditions et avec les mêmes vices, il n'y fait pas obstacle juridiquement. L'annulation pour excès de pouvoir ne peut avoir pour effet que de supprimer l'acte existant et non de paralyser pour l'avenir la liberté de l'administrateur, quelque usage irrégulier qu'il en fasse. Une action en dommages-intérêts dirigée contre l'administration à raison du préjudice causé par l'acte illégal, serait alors la seule ressource offerte à la partie lésée. Il y a d'ailleurs beaucoup de cas où l'administration peut, sans encourir aucun reproche, refaire, au lendemain d'un arrêt d'annulation, l'acte qui a été annulé pour excès de pouvoir : si, par exemple, l'annulation a été prononcée pour incompétence ou pour vice de forme, et si l'acte est refait par l'autorité compétente et avec les formes légales, aucune atteinte n'est portée à la loi ni aux droits de la partie tels qu'ils résultent de l'arrêt.

Les ministres étant chargés de l'exécution des arrêts du Conseil d'État, à l'égard de toutes les administrations publiques, c'est à eux qu'il incombe de prescrire les mesures à prendre pour assurer cette exécution lorsque l'acte annulé émane d'une des autorités ressortissant à leur département. Cette règle ne s'applique pas seulement aux autorités directement subordonnées aux ministres telles que les préfets, mais encore à toutes celles qui sont comprises à un titre quelconque dans leur sphère d'action ou de surveillance, telles que les conseils généraux, les commissions départementales, les

---

1. Conseil d'État, 16 janvier 1874, *Frères des écoles chrétiennes de Levallois-Perret ;* — 13 mai 1881, *Brissy.*

maires, les conseils municipaux. Le ministre pourvoit directement ou par l'intermédiaire des préfets aux mesures à prendre pour que l'arrêt reçoive son exécution.

Exécution à l'égard des départements et des communes. — L'exécution des condamnations prononcées par le Conseil d'État contre les départements et les communes est soumise aux mêmes règles générales que l'exécution des condamnations prononcées contre l'État. Elle ne comporte pas les mesures d'exécution forcée prévues par le droit commun ; elle ne peut se poursuivre que par la voie administrative.

Il existe cependant une notable différence entre l'exécution administrative qui concerne l'État et celle qui concerne les départements et les communes. A l'égard de l'État, l'exécution administrative a toujours le caractère d'une exécution volontaire, elle est le fait de ses propres représentants, les ministres et les Chambres, agissant à l'abri de toute mesure coercitive, en vertu du devoir juridique légalement imposé, mais librement accompli et dénué de toute sanction effective.

A l'égard des départements et des communes, l'exécution reste administrative, mais elle n'est pas nécessairement volontaire, elle peut être forcée, non par le fait des parties, mais par le fait de l'administration supérieure. La présomption de solvabilité et de fidélité aux engagements envers les créanciers, qui existe au profit de l'État et justifie la souveraineté qu'il revendique pour l'acquittement de ses dettes, ne couvre pas au même degré les départements et les communes. Mais comme leurs ressources sont d'une nature analogue à celles de l'État, et consistent comme elles, soit en biens qui ne sont pas assimilables à ceux des particuliers, soit en contributions publiques dont l'emploi est fixé par un budget, les seules mesures de coercition que ces administrations peuvent subir sont des mesures administratives émanées de l'autorité supérieure, qui en apprécie souverainement l'opportunité et l'étendue.

Ces mesures peuvent consister : 1° dans l'inscription d'office au budget des départements et des communes des crédits nécessaires pour acquitter toutes leurs dettes exigibles, notamment celles qui résultent de décisions de justice ; 2° dans l'imposition d'office de contributions extraordinaires destinées à subvenir à la dépense si les ressources disponibles n'y suffisent pas ; 3° dans la vente dûment autorisée de biens mobiliers ou immobiliers des communes, au profit de leurs créanciers.

L'inscription d'office est prévue, pour les départements, par l'article 61 de la loi du 10 août 1871. Elle a pour sanction, en cas d'insuffisance des ressources disponibles, l'imposition d'office d'une contribution spéciale portant sur les quatre contributions directes et établie par décret, si elle n'excède pas les limites du maximum annuellement fixé par la loi de finances, par une loi si elle excède ce maximum. Pour les communes, l'inscription d'office est prévue par l'article 149 de la loi du 5 avril 1884, pour toutes les dépenses obligatoires qui sont énumérées dans l'article 136 et parmi lesquelles figure l'acquittement des dettes exigibles. L'imposition d'office a lieu — si les ressources sont insuffisantes et si le conseil municipal refuse d'en créer — au moyen d'une contribution extraordinaire, établie par un décret ou par une loi, selon qu'elle est ou non comprise dans les limites fixées par la loi de finances (¹).

La vente des biens n'est prévue que pour les communes (loi du 5 avril 1884, art. 110, conforme à la loi du 18 juillet 1837, art. 46, § 3). Elle peut être autorisée à la demande de tout créancier porteur d'un titre exécutoire, par un décret rendu sur la proposition du ministre de l'intérieur et qui détermine en même temps les formes de la vente. La vente ne peut être autorisée, tant pour les meubles que pour les immeubles, que s'il s'agit de biens « autres que ceux servant à un usage public ». Bien que la loi se serve de l'expression « vente *autorisée* », elle prévoit en réalité une vente *forcée*, une sorte de saisie et d'expropriation par la voie administrative.

L'appréciation de ces mesures, aussi bien que des crédits à inscrire d'office au budget pour toutes dettes exigibles, appartient souverainement à l'administration supérieure, seule juge des res-

---

1. Le maximum est fixé depuis longtemps par les lois annuelles de finances, à dix centimes pour les dettes exigibles ordinaires et à vingt centimes pour l'exécution de condamnations judiciaires (loi de finances du 3 juillet 1846, art. 2 ; loi de finances du 14 août 1884, art. 11). Au delà de ce maximum, une loi spéciale serait nécessaire, mais il n'appartient qu'au ministre de l'intérieur d'apprécier, sous sa responsabilité, s'il y a lieu de la proposer. (Conseil d'État, 22 avril 1858, *Coquelin*.)

sources de la commune, de ses besoins, des charges que les contribuables peuvent équitablement supporter. Cette faculté d'appréciation lui a toujours été reconnue par la jurisprudence du Conseil
d'État. Elle déclare non recevable les recours formés par la voie
contentieuse contre les décisions qui refusent à des créanciers
l'inscription d'office du montant de leurs créances et l'établissement de contributions extraordinaires destinées à les acquitter.
Cette jurisprudence s'appliquerait également aux décisions portant
refus d'ordonner la vente de biens communaux au profit de créanciers.

On peut citer aussi, comme ayant très nettement marqué, dès le
début de notre organisation administrative moderne, le rôle des
tribunaux judiciaires ou administratifs et celui de l'administration
à l'égard des créanciers des communes, un avis du Conseil d'État
du 18 juillet 1807, inséré au *Bulletin des lois*. Cet avis portait spécialement sur la question de savoir si la caisse d'amortissement
devait recevoir des oppositions formées par des créanciers sur les
fonds déposés par les communes, mais en même temps il exposait
ainsi les principes de la matière : « Dans l'exercice du droit des
créanciers des communes, il faut distinguer la faculté qu'ils ont
d'obtenir contre elles une condamnation en justice, et les actes qui
ont pour but de mettre leur titre à exécution. Pour l'obtention du
titre, il est hors de doute que tout créancier d'une commune peut
s'adresser aux tribunaux dans tous les cas qui ne sont pas spécialement attribués à l'administration ; *mais pour obtenir un paiement
forcé, le créancier d'une commune ne peut jamais s'adresser qu'à l'administration*. Cette distinction est fondée d'une part sur ce que les
communes ne peuvent faire aucune dépense sans y être autorisées
par l'administration, que de l'autre les communes n'ont que la disposition des fonds qui leur sont attribués par leur budget et qui
tous ont une destination dont l'ordre ne peut être interverti. »

CHAPITRE II

CONSEILS DE PRÉFECTURE

———

I. — ORGANISATION DES CONSEILS DE PRÉFECTURE

Il existe un conseil de préfecture dans chaque département de France et d'Algérie et dans la partie du département du Haut-Rhin conservée à la France, et formant le territoire de Belfort.

Les conseils de préfecture se composent d'un nombre de conseillers déterminé par la loi, d'après les besoins présumés du service, et qui est de 4 dans 29 départements de la France continentale, énumérés par l'article 1er de la loi du 21 juin 1865 ('), et de 3 dans les autres. — A Paris, ce nombre est de 9, d'après la loi du 23 mars 1878 modifiant sur ce point les lois antérieures qui l'avaient successivement fixé à 7 et à 8. — En Algérie, il est de 5 dans le département d'Alger et de 4 dans les départements d'Oran et de Constantine (décret du 25 mars 1865).

Les conseillers de préfecture sont nommés par décret du Président de la République sur la proposition du ministre de l'intérieur. Ils doivent être âgés de 25 ans et licenciés en droit ou avoir rempli pendant 10 ans des fonctions rétribuées, administratives ou judiciaires, ou celles de conseiller général ou de maire (loi du 21 juin 1865, art. 2).

Le préfet est membre de droit du conseil de préfecture, et, lors-

———

1. La loi de 1865 énumère trente et un départements, mais il y a lieu de retrancher de cette énumération le département du Bas-Rhin et de réunir en un seul les départements de la Meurthe et de la Moselle.

Voy. ci-dessus, dans la partie historique, page 282, les projets de loi qui ont été mis à l'étude de 1888 à 1892, sur l'organisation des conseils de préfecture.

qu'il y siège, il le préside avec voix prépondérante. Nous avons vu, dans la partie historique, que cette disposition, empruntée à la loi du 28 pluviôse an VIII (art. 5), n'avait pas été maintenue sans contestation par la loi du 21 juin 1865 (art. 4). Les inconvénients qu'elle présente, — moins à raison d'abus réels qu'à raison de ceux que l'on peut craindre et du caractère anormal qui semble en résulter pour la juridiction administrative de premier ressort — ont été atténués par l'institution d'un vice-président qui est chargé de présider le conseil de préfecture en l'absence du préfet et qui est, dans la pratique, le président effectif du conseil. Les fonctions de vice-président sont remplies par un conseiller de préfecture désigné chaque année par décret (loi du 21 juin 1865, art. 4).

Le secrétaire général de la préfecture, lorsqu'il remplace le préfet en vertu d'une délégation régulière, pourrait-il présider le conseil de préfecture? M. Aucoc se prononce pour l'affirmative ([1]), mais nous pensons que la solution contraire doit prévaloir, et cela pour deux raisons : d'abord parce que, aux termes de l'article 4 de la loi du 21 juin 1865, c'est le vice-président du conseil de préfecture qui « devra présider le conseil en cas d'absence ou d'empêchement du préfet » ; cette disposition crée, en ce cas, une suppléance spéciale qui doit l'emporter sur la suppléance générale ; en second lieu, parce que le secrétaire général est chargé de plein droit, à moins d'empêchement, des fonctions du ministère public qui sont incompatibles avec la présidence du conseil.

Le conseil de préfecture de la Seine n'est pas présidé par le préfet, il a à sa tête un président spécial, assisté de deux conseillers chargés de présider, en son absence, les deux sections ou chambres composant le conseil (décret du 17 mars 1863) ([2]).

Les fonctions du ministère public près les conseils de préfecture sont remplies par le secrétaire général de la préfecture, qui prend le titre de commissaire du Gouvernement. Elles peuvent l'être également par un auditeur au Conseil d'État attaché à la préfecture (loi du 21 juin 1865, art. 8), ou par un conseiller de préfecture

1. *Conférences*, t. I, p. 554.

2. Ce décret, abrogé en 1870, a été remis en vigueur par un décret du 12 mars 1871.

appelé en vertu de l'ordonnance du 29 mars 1821 à remplacer le secrétaire général absent ou empêché ([1]).

A Paris, les fonctions du ministère public sont remplies par quatre commissaires du Gouvernement qui n'exercent aucune fonction de l'administration active. Aux termes de l'article 2 du décret du 28 juillet 1881 qui régit actuellement la matière, les commissaires du Gouvernement près le conseil de préfecture de la Seine sont choisis parmi les auditeurs ou anciens auditeurs au Conseil d'État, ou, à défaut, parmi les candidats remplissant les conditions requises pour être nommés conseillers de préfecture.

Le conseil de préfecture est assisté d'un secrétaire-greffier nommé par le préfet et choisi parmi les employés de la préfecture.

Le conseil de préfecture doit toujours siéger en nombre impair ([2]); il ne peut rendre de décisions que si trois membres au moins y prennent part, quel que soit d'ailleurs le nombre de membres dont le conseil est normalement composé. Le préfet, bien qu'il ait voix prépondérante en cas de partage, ne peut jamais compter que pour un membre. En cas d'insuffisance du nombre des membres, il y est pourvu conformément aux dispositions de l'arrêté des consuls du 19 fructidor an IX et du décret du 16 juin 1808, auxquelles renvoie l'article 6 de la loi du 21 juin 1865.

D'après ces textes, le conseil de préfecture se complète en appelant un membre du conseil général désigné à la pluralité des voix; mais ce choix ne peut pas tomber sur un conseiller général qui serait en même temps membre d'un tribunal. Cette dernière disposition de l'arrêté de l'an IX a pour but d'empêcher tout cumul de la juridiction administrative avec la fonction judiciaire, cumul que nos lois interdisent à des membres isolés des corps administratifs ou judiciaires aussi bien qu'à ces corps eux-mêmes, par application du principe de la séparation des pouvoirs. Aussi l'incompatibilité prévue par l'arrêté de l'an IX s'applique-t-elle à tout ma-

---

1. L'usage d'attacher des auditeurs aux préfectures paraît être tombé en désuétude depuis la réduction que le nombre des auditeurs a subie en 1872. Il était resté en vigueur dans le département de Seine-et-Oise, où les fonctions de commissaire du Gouvernement près le conseil de préfecture ont été remplies par des auditeurs au Conseil d'État jusqu'au mois d'avril 1886.

2. Disposition nouvelle de la loi du 22 juillet 1889 (art. 47).

gistrat ou fonctionnaire de l'ordre judiciaire, y compris les membres des tribunaux de commerce.

La faculté de remplacer un conseiller de préfecture par un membre du conseil général peut-elle s'étendre à plusieurs membres absents ou empêchés ?

La négative semblait résulter de l'arrêté de l'an IX, qui prévoyait uniquement la désignation d'*un membre* du conseil général ; elle pouvait aussi s'induire de ce qu'il serait anormal de voir une juridiction composée en majorité de membres qui lui sont étrangers. Mais le décret du 16 juin 1808 a résolu cette question dans le sens le plus large et a même été beaucoup trop loin en admettant le remplacement de tous les membres du conseil de préfecture. D'après l'article 1ᵉʳ de ce décret, « les membres des conseils de « préfecture qui, tous à la fois, seraient forcément empêchés « d'exercer leurs fonctions, seront suppléés par un égal nombre de « membres du conseil général ». On peut donc dire que tous les membres du conseil général qui n'exercent pas de fonctions judiciaires sont virtuellement membres suppléants des conseils de préfecture, dans les cas prévus par l'arrêté et le décret précités. Mais il n'en est pas de même des membres des conseils d'arrondissement ; aucune loi ne les appelant à cette suppléance, leur participation à une décision d'un conseil de préfecture la frapperait d'une nullité radicale (¹).

En Algérie, la suppléance peut être exercée, aux termes du décret du 25 décembre 1858, soit par un conseiller général, soit par un chef de bureau de la préfecture.

La suppléance suppose l'absence ou l'empêchement du fonctionnaire suppléé, son empêchement forcé, d'après les termes du décret de 1808 ; on ne saurait donc y recourir arbitrairement ni surtout en vue de substituer, dans une affaire déterminée, un juge exceptionnel à celui que la loi a donné aux parties. Aussi la participation d'un conseiller général à une décision du conseil de préfecture doit-elle toujours être justifiée, à peine de nullité de la décision, par la mention de l'absence ou de l'empêchement ayant donné lieu à l'application de l'arrêté de fructidor an IX, non qu'il

---

1. Conseil d'État, 11 août 1849, *Lara-Minot* ; — 30 novembre 1883, *Renouard*.

soit nécessaire de mentionner la nature de l'empêchement, mais encore faut-il en constater l'existence dans les *visas* mêmes de l'arrêté (¹).

II. — ATTRIBUTIONS DES CONSEILS DE PRÉFECTURE

Les conseils de préfecture exercent trois sortes d'attributions : 1º comme conseils consultatifs placés auprès du préfet, qui doit demander leur avis dans les cas prévus par la loi et qui a toujours la faculté de le demander dans les autres cas. Cette attribution est étrangère à notre étude actuelle ; — 2º comme juges de premier ressort, et sauf appel à la Cour des comptes, de la comptabilité des communes et des établissements publics dont le revenu n'excède pas 30,000 fr. Nous reviendrons sur cette attribution dans le chapitre consacré à la Cour des comptes ; — 3º comme juges de premier ressort, et sauf appel au Conseil d'État, des affaires administratives contentieuses, autres que les affaires de comptabilité, qui leur sont déférées par la loi. C'est cette dernière attribution que nous avons à étudier.

Caractères généraux de la juridiction. — La juridiction des conseils de préfecture comme juges de contentieux administratif présente ce triple caractère : elle est territoriale ; elle ne s'exerce que sur les litiges prévus par la loi ; elle n'est jamais que de premier ressort.

Nous nous sommes déjà expliqué sur ce dernier point en mentionnant les attributions du Conseil d'État comme juge d'appel. Examinons les deux autres.

La juridiction des conseils de préfecture est territoriale, c'est-à-dire qu'elle se détermine non d'après le domicile des parties ou le siège des administrations que le litige intéresse, mais d'après le

---

1. Conseil d'État, 23 janvier 1880, *Mesrine;* — 20 avril 1883, *département du Jura ;* — 9 décembre 1892, *Grandidier ;* — 8 février 1895, *Bénardet-Tabarant.*

Ces arrêts ont fixé la jurisprudence qui était antérieurement hésitante, ainsi qu'il résulte des arrêts du 14 juillet 1859, *Belseur,* et du 6 mars 1872, *commune de Bains-de-Rennes.*

lieu où se sont produits les faits litigieux. Ainsi les réclamations relatives à des contributions, à des élections, à l'exécution de travaux publics, à des dommages causés par ces travaux, sont portées devant le conseil de préfecture du lieu de l'imposition ou de l'élection, du lieu où le travail public s'est effectué, où des propriétés ont été endommagées par ce travail, et non du lieu où est domicilié le contribuable, le candidat élu, l'entrepreneur ou le propriétaire. La compétence ne se règle donc pas *ratione personæ* mais *ratione loci,* ou plutôt elle se règle d'après la notion même de l'administration départementale à laquelle la juridiction administrative départementale se rattache étroitement — si étroitement que l'une et l'autre ont été confondues de 1790 à l'an VIII dans les mêmes autorités. Or, cette administration, comme toutes celles qui sont établies pour gérer un territoire déterminé, s'applique aux faits accomplis dans son ressort plutôt qu'aux personnes dont ils émanent ; le domicile adopté par elles pour l'exercice de leurs droits civils ne sert donc pas, en général, à déterminer la compétence.

Il y a cependant un cas où il a paru nécessaire de déroger à cette règle, c'est celui où un travail public est exécuté par un même entrepreneur dans plusieurs départements, et surtout celui où les travaux ont fait l'objet d'une concession s'étendant à de vastes étendues de territoires, telles que les concessions de chemins de fer. Dans ce cas, on prévient les difficultés de compétence en déterminant d'avance la juridiction départementale devant laquelle sera porté le contentieux des marchés ou de la concession. Pour les marchés, cette indication résulte, en général, d'une élection de domicile, qui doit être contenue dans la soumission et qui devient une des clauses de l'adjudication ; pour les concessionnaires, elle résulte d'une clause du cahier des charges. Ainsi les cahiers des charges des grandes compagnies de chemins de fer ayant leur siège à Paris contiennent tous une clause portant que « les contestations « qui s'élèveraient entre la Compagnie et l'administration, au sujet « de l'exécution et de l'interprétation des clauses du cahier des « charges, seront jugées administrativement par le conseil de pré- « fecture du département de la Seine, sauf recours au Conseil « d'État ». Mais il est bien entendu que cette clause n'a d'effet qu'entre l'administration et le concessionnaire ou entrepreneur, et qu'elle laisse subsister tout entière la règle de la compétence territoriale entre ceux-ci et les tiers réclamant des indemnités pour dommages ou pour extraction de matériaux.

La juridiction des conseils de préfecture est essentiellement une *juridiction d'attribution,* c'est-à-dire qu'elle ne résulte que de dispositions de loi déférant à ces conseils des catégories d'affaires déterminées, et non de règles générales les instituant juges de premier ressort du contentieux administratif. A ce titre, le rôle des conseils de préfecture ne saurait être assimilé à celui des tribunaux civils de première instance. Ceux-ci sont les juges *ordinaires* des contestations civiles, c'est-à-dire qu'ils ont qualité pour en connaître, par cela seul qu'aucune disposition de loi ne les a distraites de leur compétence générale pour les déférer à des juridictions spéciales, tribunaux de commerce ou justices de paix. Quant aux conseils de préfecture, ils exercent une juridiction étendue, fréquente, — habituelle même, à ne considérer que les chiffres d'affaires révélés par les statistiques — mais ils n'exercent point une juridiction ordinaire dans le sens juridique du mot.

En effet, une juridiction ordinaire, c'est-à-dire compétente de plein droit sur tous les litiges que la loi n'attribue pas à une autre juridiction, ne peut être instituée que par un texte. Ce texte n'existe pas ; à peine est-il besoin d'ajouter qu'on ne saurait y suppléer, en se fondant sur l'intention présumée des auteurs de la loi du 28 pluviôse an VIII, notamment sur le rapport du conseiller d'État Rœderer, ou sur d'anciens monuments de la jurisprudence, par exemple, sur le décret au contentieux, souvent cité, du 6 décembre 1813. Nous avons déjà eu occasion de nous expliquer sur la portée de ces documents en faisant l'historique de la législation de l'an VIII (¹).

Quant à la jurisprudence du Conseil d'État, elle est depuis longtemps fixée en ce sens qu'aucune affaire contentieuse ne peut être portée devant les conseils de préfecture si elle ne leur a été attribuée par une disposition législative. De nombreux arrêts se sont fondés pour leur dénier compétence sur cet unique motif : « qu'au-

---

1. Voy. ci-dessus, page 220.

cune disposition de loi n'a attribué au conseil de préfecture la connaissance de la contestation (¹) ».

Nous avons vu d'autre part que la juridiction ordinaire en matière administrative, après des controverses et des hésitations prolongées, a été reconnue par la jurisprudence appartenir au Conseil d'État (²).

Matières contentieuses déférées aux conseils de préfecture. — Les textes qui ont attribué juridiction aux conseils de préfecture sont nombreux et épars dans toute notre législation administrative. Ils se sont inspirés de considérations d'opportunité administrative, plutôt que de vues bien arrêtées sur le rôle à donner aux conseils de préfecture dans le jugement du contentieux administratif. Il n'y a guère que trois matières qui aient été à cet égard l'objet de quelques vues d'ensemble : les contributions directes, les travaux publics et la grande voirie.

Pour les deux premières, la loi du 28 pluviôse an VIII, confirmant les règles déjà posées par la loi des 7-11 septembre 1790, a établi sur des bases assez larges la juridiction des conseils de préfecture ; plusieurs lois postérieures et la jurisprudence du Conseil d'État l'ont affermie ou étendue, de telle sorte qu'elle peut être aujourd'hui considérée comme une juridiction générale, embrassant l'ensemble du contentieux des contributions directes et des travaux publics.

Le même résultat s'est produit pour la matière de la grande voirie, mais non par le seul effet de la loi de pluviôse an VIII. Celle-ci avait maintenu la distinction faite par la loi des 7-11 septembre 1790 entre les contraventions de grande voirie, déférées à l'autorité judiciaire, et les autres difficultés relatives à « l'administration en matière de grande voirie » réservées à l'autorité administrative. Ces dernières seules étaient soumises aux conseils de préfecture par la loi de pluviôse an VIII. Mais peu après, la loi du 29 floréal an X retira aux tribunaux et remit aux conseils de préfecture la

---

1. Conseil d'État, 14 décembre 1877, *commune de Mont-Saint-Sulpice ;* — 6 janvier 1882, *ministre des travaux publics.*

2. Voy. ci-dessus, page 322.

répression des contraventions commises sur les routes, rivières, canaux et leurs dépendances ; plus tard, des lois particulières appliquèrent le même régime de protection légale aux autres parties du domaine public, rivages de la mer, ports maritimes, places de guerre, chemins de fer, lignes télégraphiques, etc.

Grâce à ce mouvement de la législation, la juridiction des conseils de préfecture est devenue assez étendue en matière de grande voirie pour qu'on puisse lui attribuer un caractère général.

Une tendance analogue a d'abord paru se manifester pour le contentieux électoral ; les lois du 21 mars 1831 et du 22 juin 1833 ont déféré aux conseils de préfecture les élections des conseils généraux, municipaux et d'arrondissement ; la loi du 1er juin 1853 a disposé de même pour les conseils de prud'hommes. On pouvait s'attendre à ce que le législateur persistât dans cette voie, sauf à attribuer au conseil de préfecture de la Seine les opérations électorales qui ne sont effectuées ou recensées qu'à Paris, telles que les élections au conseil supérieur de l'instruction publique et aux conseils académiques.

On aurait ainsi réalisé une certaine unité de juridiction en matière de contentieux électoral, mais il n'en a rien été. Le législateur, au lieu de compléter son œuvre en ce sens, est revenu sur ses pas. Il a retiré aux conseils de préfecture et a déféré d'abord aux conseils généraux, puis au Conseil d'État jugeant en premier et dernier ressort, le contentieux des élections aux conseils généraux : et cela sans autre motif que le désir de ménager les susceptibilités de quelques membres de ces conseils à qui il déplaisait d'être les justiciables des conseils de préfecture, quoiqu'ils l'eussent été pendant près de quarante ans. Il a remis au ministre de l'instruction publique, sauf recours au Conseil d'État, les élections aux conseils universitaires. De son côté la jurisprudence, cédant encore à l'impulsion de l'ancienne doctrine du ministre-juge, a renvoyé au ministre des travaux publics le contentieux des élections des associations syndicales, bien que ce fût là, par excellence, une matière du ressort des conseils de préfecture. Les élections des consistoires et des conseils presbytéraux ont été attribuées au ministre des cultes, celles des chambres de commerce au ministre du commerce. Le contentieux électoral, qu'il eût été si aisé d'unifier au point de vue des compétences, est ainsi devenu une matière fort complexe.

Bornons-nous, quant à présent, à en tirer cette conclusion que la juridiction des conseils de préfecture n'a point un caractère général en matière d'élections administratives, mais uniquement un caractère de juridiction spéciale et d'attribution, pour les élections des conseils d'arrondissement et pour l'ensemble des élections municipales, c'est-à-dire celles qui concernent les conseils municipaux, les maires et adjoints et les délégués sénatoriaux.

Des lois spéciales ont également attribué aux conseils de préfecture le contentieux des élections des prud'hommes (loi du 27 mai 1848) et des délégués mineurs (loi du 8 juillet 1890).

Les autres attributions des conseils de préfecture nous présentent moins encore une apparence de juridiction générale sur des branches déterminées du contentieux administratif ; elles sont peu homogènes, mais on ne peut pas dire qu'elles soient tout à fait arbitraires. Presque toutes, en effet, peuvent se ramener à l'un de ces trois objets : ou bien il s'agit d'opérations administratives locales, comportant des réclamations contentieuses pour lesquelles on a voulu rapprocher, autant que possible, les intéressés de leur juge ; — ou bien il s'agit de contrats, ayant un caractère administratif et destinés à assurer un service public ; — ou enfin, de travaux qui, sans avoir le caractère de travaux publics, répondent à un intérêt général et auxquels on a cru devoir appliquer, en tout ou en partie, la même compétence qu'aux travaux publics.

Parmi les opérations administratives dont le contentieux appartient aux conseils de préfecture, nous mentionnerons :

1° — Les autorisations données aux établissements dangereux, incommodes ou insalubres, contre lesquelles les voisins peuvent former opposition devant le conseil de préfecture en vertu du décret du 15 octobre 1810 ;

2° — Les décisions prises par les conseils municipaux en matière de logements insalubres, que les propriétaires peuvent contester devant les conseils de préfecture, en vertu de la loi du 13 avril 1850 ;

3° — Les partages de biens communaux qui peuvent donner lieu à diverses réclamations contentieuses, touchant leur validité, leurs effets à l'égard des communes, des copartageants et des tiers, et l'attribution ou le mode de jouissance des lots (loi du 10 juin 1793 et loi du 9 ventôse an XII) ;

4° — Les décomptes dressés par la régie pour établir, à l'encontre des cultivateurs de tabac indigène, les manquants dont ils peuvent être redevables à l'État. Le conseil de préfecture connaît des réclamations des cultivateurs contre ces décomptes en vertu des articles 200 et 201 de la loi du 28 avril 1816 ;

5° — Les décisions prises par les préfets pour interdire les fouilles ou travaux souterrains qui peuvent altérer ou diminuer une source d'eaux minérales déclarée d'intérêt public. L'opposition à ces décisions peut être portée devant le conseil de préfecture en vertu de l'article 4, § 2, de la loi du 14 juillet 1856 ;

6° — Les décisions prises dans l'intérêt de la pêche fluviale et portant interdiction de la pêche dans les parties de cours d'eau réservées pour la reproduction du poisson, et celles qui ordonnent l'établissement d'échelles à poissons dans les barrages de particuliers. Ces décisions ne peuvent pas être contestées au point de vue de leur opportunité, mais elles peuvent donner lieu, au profit des propriétaires riverains, à des indemnités qui sont réglées par le conseil de préfecture en vertu de l'article 3 de la loi du 31 mai 1865.

Parmi les contrats réputés administratifs et dont le contentieux a été déféré aux conseils de préfecture, on peut citer :

1° — Les ventes de domaines nationaux, prévues par l'article 4, § 6, de la loi du 28 pluviôse an VIII ;

2° — Les concessions de terres en Algérie. Elles peuvent, tant qu'elles ne sont pas converties en un titre définitif de propriété, être retirées par des arrêtés de déchéance que le concessionnaire a le droit de contester devant le conseil de préfecture (décret du 30 septembre 1878, art. 19) ;

3° — Les marchés passés pour le service des pompes funèbres, qui doivent être dressés, d'après le décret du 23 prairial an XII, selon le mode établi pour les travaux publics, et que la jurisprudence soumet aux mêmes juges ;

4° — Les conventions intervenues entre les communes et les régisseurs intéressés de leurs octrois, dont le contentieux est déféré aux conseils de préfecture pour tout ce qui touche à l'administration ou à la perception des octrois (décret du 17 mai 1809, art. 136, § 1er) ;

5° — Les baux passés entre les communes et les fermiers des octrois (même article, § 2), auxquels la jurisprudence a assimilé les baux passés avec les fermiers des droits de place dans les foires et marchés (¹), et des droits de pesage, mesurage et jaugeage dans les communes (²). Toutefois, à l'égard de ces baux, la juridiction du conseil de préfecture est limitée, par l'article 136, § 3, du décret de 1809, aux contestations survenues sur le sens et la portée des contrats et ne s'étend pas aux difficultés d'exécution, lesquelles doivent être portées devant les tribunaux judiciaires ;

6° — Les baux passés entre les communes et les propriétaires de halles ou autres bâtiments destinés aux dépôts et à la vente des denrées. La loi des 15-28 mars 1790 avait soumis à l'arbitrage des assemblées administratives les difficultés relatives soit à la location, soit à l'aliénation ; les tribunaux judiciaires connaissent actuellement des questions d'aliénation, mais les questions de location sont restées dans les attributions des conseils de préfecture, conformément à l'avis du Conseil d'État du 20 juillet 1836 ;

7° — Les abonnements à passer entre la régie et les débitants pour remplacer les droits de détail et de circulation à l'intérieur. L'article 73 de la loi du 28 avril 1816 charge le conseil de préfecture d'en déterminer les conditions, en cas de désaccord entre l'administration et les débitants.

Parmi les travaux qui, sans avoir le caractère de travaux publics, peuvent donner lieu à des réclamations portées devant le conseil de préfecture, on doit mentionner :

1° — Les travaux de recherches de mines exécutés antérieurement à la concession. L'indemnité due aux propriétaires de la surface par celui qui a exécuté ces travaux avec l'autorisation du préfet, est réglée par le conseil de préfecture en vertu de l'article 46 de la loi du 21 avril 1810. Il en est de même de l'indemnité due à l'auteur de ces travaux par le concessionnaire de la mine qui en a profité.

---

1. Tribunal des conflits, 8 novembre 1851, *Lombard.*
2. Conseil d'État, 10 juin 1857, *Fraiche.*

2° — Les travaux d'asséchement des mines ordonnés par l'administration et exécutés par le syndicat des concessionnaires intéressés, conformément à la loi du 27 avril 1838. D'après l'article 5 de cette loi, les réclamations relatives à l'exécution des travaux sont jugées par le conseil de préfecture comme en matière de travaux publics. Il en est de même des réclamations des concessionnaires sur la fixation de leur quote-part de dépenses.

Telles sont les principales attributions que les conseils de préfecture exercent en vertu de lois spéciales. Quant aux attributions plus générales que nous avons tout d'abord rappelées — contributions directes, travaux publics, grande voirie, élections municipales, — elles touchent à des parties importantes du contentieux administratif auxquelles nous consacrerons des chapitres spéciaux dans notre tome II.

III. — Procédure

Avant la loi du 22 juillet 1889, la procédure des conseils de préfecture n'était régie que par quelques articles de la loi du 21 juin 1865, par le décret du 12 juillet suivant, et par des dispositions de lois spéciales qui réglaient les formes des expertises dans des affaires déterminées. Le Conseil d'État s'était efforcé de combler les nombreuses lacunes de cette législation par une jurisprudence que la loi nouvelle a consacrée dans plusieurs de ses dispositions. Voyons quelles sont actuellement les règles essentielles de cette procédure ([1]).

Introduction des instances. — La partie peut, à son choix, saisir le conseil de préfecture par deux actes différents : une requête ou une assignation.

La requête doit être déposée au greffe avec autant de copies qu'il y a de défendeurs à mettre en cause ; la mise en cause est ordonnée par le conseil de préfecture et, si elle nécessite plus de copies que

---

1. On trouvera un excellent commentaire de la loi du 22 juillet 1889 dans le *Traité de la procédure devant les conseils de préfecture* de MM. Teissier et Chapsal, auditeurs au Conseil d'État.

la partie n'en a fourni, celle-ci en est avisée : faute d'en compléter
le nombre dans le délai de quinzaine, sa requête est déclarée non
avenue par le conseil de préfecture. Les copies de la requête sont
notifiées, en forme administrative et par les soins du greffe, aux
défendeurs mis en cause ([1]).

La partie peut également assigner par exploit d'huissier et, dans
ce cas, la signification faite au défendeur dispense de la notification administrative. Mais ce mode de procéder ne saurait faire obstacle au droit qui appartient au conseil de préfecture de fixer le
délai des défenses, ni même de prescrire la mise en cause de défendeurs que l'assignation n'aurait pas visés. Le dépôt au greffe de
l'original de l'assignation doit avoir lieu dans la quinzaine, à peine
de nullité de l'exploit, car cet acte, comme la requête qu'il remplace, est la première pièce de l'instruction écrite devant le conseil de préfecture. On peut se demander s'il était opportun de créer
ainsi deux modes parallèles d'introduction des instances.

Instruction écrite. — Devant le conseil de préfecture comme
devant le Conseil d'État, l'instruction est écrite ; elle se poursuit
sous la direction du rapporteur et du conseil de préfecture statuant
en chambre du conseil : c'est par leurs soins, et non par des notifications émanées des parties, que sont communiquées les conclusions,
les mémoires en défense et en réplique, les pièces justificatives
produites de part et d'autre, les rapports d'expertise et autres. Tous
les documents devant être appréciés par le rapporteur et analysés
dans le rapport qu'il présente au conseil de préfecture, il en résulte
que les conclusions ou les pièces justificatives qui ne seraient présentées qu'à l'audience seraient non recevables.

La jurisprudence du Conseil d'État a toujours veillé à l'application de cette règle ([2]). Elle ne fait d'exception que pour les notes
explicatives présentées à l'appui de conclusions antérieures, ou
pour les conclusions subsidiaires, en tant qu'elles ne sont qu'une
conséquence des conclusions principales ([3]).

Il n'est donc pas nécessaire, pour que des conclusions ou des

1. Loi du 22 juillet 1889, art. 1 à 7.
2. Conseil d'État, 7 août 1874, *ville de Paris;* — 2 février 1877, *Martin;* — 6 décembre 1889, *Chemin de fer de Lyon.*
3. Conseil d'État, 21 juillet 1869, *Roca.*

productions de pièces cessent d'être recevables, que le débat tout entier soit clos par l'audition du ministère public à l'audience, suivant la règle admise devant les tribunaux judiciaires ; il suffit que l'instruction écrite soit close, et le dernier terme qu'on puisse lui assigner est la lecture du rapport.

La loi de 1889 paraît même avoir été, sur ce point, plus sévère que la jurisprudence antérieure, car son article 45 écarte du débat non seulement les *conclusions* nouvelles, mais encore les *moyens* nouveaux. Nous pensons cependant que cette disposition ne saurait être appliquée à des moyens de droit ou à des éléments de discussion qui ne reposeraient pas sur des pièces nouvelles, et qui ne constitueraient en réalité que des arguments nouveaux. Le conseil de préfecture peut, d'ailleurs, s'il le juge nécessaire, rouvrir l'instruction écrite tant qu'il n'a pas rendu sa décision ; les parties recouvrent alors le droit de présenter des conclusions ou des pièces nouvelles (¹) ; mais le supplément d'instruction doit alors faire l'objet d'un nouveau rapport suivi d'un nouveau débat à l'audience, et l'arrêté serait annulable si le conseil de préfecture y procédait en chambre du conseil, au cours de son délibéré (²).

Débat oral. — La loi du 21 juin 1865, tout en instituant le débat oral devant les conseils de préfecture, ne lui attribuait qu'une importance très secondaire ; elle le considérait comme une faculté offerte à la partie, plutôt que comme une obligation imposée au juge ; aussi n'exigeait-elle la convocation des parties à l'audience que si elles avaient fait connaître leur intention de présenter des observations orales. La loi de 1889 supprime cette restriction, du moins dans les affaires ordinaires, et sauf les règles particulières qu'elle réserve, sur ce point et sur plusieurs autres, pour des affaires spéciales, notamment pour les contributions directes. La partie ou son mandataire doivent, dans les affaires ordinaires, être avertis du jour de l'audience : l'omission de cet avis constituerait un vice de forme.

Des doutes ont longtemps subsisté sur le caractère à attribuer au

---

1. Conseil d'État, 1ᵉʳ avril 1869, *Berneau.*
2. Conseil d'État, 13 juin 1890, *Chemin de fer de Lyon.*

ministère des avocats devant les conseils de préfecture. Le décret du 12 juillet 1865 ne parlait que des « mandataires » et ne prévoyait pas expressément la présence des avocats. Quelques conseils de préfecture en avaient conclu que l'avocat ne pouvait se présenter que comme un mandataire de la partie et non avec les prérogatives spéciales qui appartiennent aux membres du barreau.

Mais le Conseil d'État avait reconnu par un arrêt du 5 mars 1886 (*Legré*) que l'avocat se présentant en robe à la barre d'un conseil de préfecture pour y assister son client, fait acte de sa profession devant ce tribunal administratif comme devant les tribunaux judiciaires, que par suite, en cas d'irrévérence envers le conseil, il ne saurait être passible des pénalités édictées par l'article 91 du Code de procédure civile à l'égard des personnes étrangères, mais seulement des mesures disciplinaires applicables aux membres du barreau. La loi de 1889 (art. 50) a expressément reconnu aux avocats le droit de venir plaider en cette qualité, et elle admet que des injonctions peuvent leur être adressées par le conseil de préfecture ; mais elle ne reconnaît pas à ce conseil le droit de statuer lui-même sur les peines disciplinaires que l'avocat pourrait encourir, ni sur les demandes en dommages-intérêts qui seraient formées contre lui pour diffamation ou injures, par application de l'article 41 de la loi sur la presse du 29 juillet 1881. Ces questions devraient être renvoyées à l'examen des juridictions disciplinaires ou judiciaires compétentes pour en connaître.

La règle serait la même pour les avoués ; mais les mandataires qui ne sont ni avocats ni avoués, et les parties lorsqu'elles présentent en personne leurs observations orales, demeurent soumises aux dispositions des articles 85 et 91 Code de procédure civile.

Mesures d'instruction. — Avant la loi de 1889, les mesures d'instruction et de vérification auxquelles les conseils de préfecture peuvent recourir n'étaient prévues que par des dispositions de lois spéciales réglant les formes de l'expertise dans des affaires déterminées : contributions, occupations temporaires, dommages causés par les travaux publics.

L'expertise en d'autres matières et les mesures d'instruction autres que l'expertise (enquêtes, visites de lieux, etc.) n'étaient réglées que par la jurisprudence du Conseil d'État qui s'inspirait des dispositions du Code de procédure civile, mais seulement en ce qui touche les formes substantielles de ces mesures d'instruction, et non les détails de la procédure.

La loi de 1889 a consacré un titre entier aux différents moyens de vérification : expertises, visites de lieux, enquêtes, interrogatoires sur faits et articles, vérification d'écritures. Les règles qu'elle trace se rapprochent de celles qui sont en vigueur dans la procédure civile, mais avec des simplifications.

Ainsi, l'expertise n'est pas nécessairement faite par trois experts, le conseil de préfecture peut en charger un expert unique et le désigner d'office si les parties ne s'entendent pas pour le choisir. Quand l'expertise est faite par trois experts, ceux-ci doivent opérer de concert et déposer un seul rapport sauf à signaler leurs dissentiments dans des avis séparés. Il n'y a plus, comme il y avait autrefois en matière de dommages et d'occupations temporaires, des opérations successives d'expertise et de tierce expertise. Il n'y a plus surtout cette expertise obligatoire de l'ingénieur en chef du service intéressé qui avait soulevé de justes critiques [1].

L'article 56 de la loi du 16 septembre 1807 est abrogé sur ce point par l'article 17 de la loi de 1889, d'après lequel les fonctionnaires qui ont pris part aux travaux qui donnent lieu à une réclamation ne peuvent être désignés comme experts [2].

Les visites de lieux [3] sont faites par le conseil de préfecture tout entier ou par un de ses membres délégué à cet effet ; leur caractère contradictoire doit être assuré par la convocation des parties ; leurs résultats sont consignés dans un procès-verbal versé au dossier.

Les enquêtes [4] peuvent se faire soit à l'audience, soit sur les lieux ; dans ce dernier cas il y est procédé par un des membres du conseil. Les parties, averties par une notification administrative

---

1. Nous écrivions dans notre première édition : « une réforme en ce sens serait souhaitable et ferait disparaître un des griefs les plus souvent invoqués contre la procédure administrative ».

2. Loi de 1889, art. 17.

3. Loi de 1889, art. 25.

4. Loi de 1889, art. 26 et suiv.

convoquent leurs témoins sans qu'une citation par huissier soit nécessaire. Les témoins prêtent serment ; ils ne peuvent être récusés que s'ils sont parents ou alliés des parties en ligne directe, ou s'ils sont atteints d'incapacité par suite de condamnations judiciaires ; la loi a passé à dessein sous silence les autres cas de récusation prévus par le Code de procédure civile.

L'interrogatoire des parties ([1]) peut avoir lieu à l'audience ou en chambre du conseil.

La vérification d'écriture ([2]) se fait par experts, en présence d'un membre du conseil de préfecture délégué à cet effet.

Si une pièce est arguée de faux, la partie qui l'a produite est mise en demeure de déclarer si elle entend en faire usage, mais sa réponse affirmative n'empêche pas le conseil de préfecture de la rejeter comme inutile au jugement de l'affaire. Si la pièce est retenue à la fois par la partie et par le conseil, l'inscription de faux suit son cours et le conseil de préfecture surseoit jusqu'à ce que le juge civil ou criminel ait statué.

Les dispositions de la loi de 1889 sont-elles limitatives et font-elles obstacle à ce que le conseil de préfecture ordonne de simples vérifications administratives ainsi que le Conseil d'État l'avait antérieurement admis ([3]) ?

Le doute est permis ; à la vérité la loi de 1889 (art. 45, § 2) autorise le conseil de préfecture à appeler devant lui les agents de l'administration pour leur demander des explications et renseignements, mais c'est seulement à l'audience et sous forme de déclarations orales ; d'autre part, nous avons vu qu'elle interdit aux fonctionnaires intéressés de prendre part aux expertises ; cette prohibition pourrait être éludée si ces fonctionnaires étaient chargés de vérifications administratives. Aussi nous semble-t-il plus conforme à l'esprit de la loi nouvelle de s'en tenir aux procédés d'instruction très complets qu'elle a prévus.

Procédures spéciales. — La loi de 1889, en traçant des règles

---

1. Loi de 1889, art. 36.
2. Loi de 1889, art. 37.
3. Conseil d'État, 12 mai 1876, *ville de Louviers;* — 21 janvier 1881, *chemin de fer d'Orléans.*

générales de procédure qui faisaient presque entièrement défaut dans la législation antérieure, n'a pas entendu déroger aux règles spéciales que des lois particulières ont édictées, en matière de contributions directes, d'élections, de contravention de grande voirie ; elle a voulu combler les lacunes de la procédure ordinaire, mais non supprimer les procédures particulières que la nature des affaires et des besoins de célérité ont fait depuis longtemps établir.

C'est pourquoi plusieurs dispositions de la loi de 1889 ont expressément maintenu ces procédures. « Les réclamations en matière électorale et en matière de contributions directes, dit l'article 11, continueront à être présentées et instruites dans les formes prescrites par les lois spéciales de la matière. » L'article 10, relatif aux contraventions de grande voirie, réserve également « les règles établies par des lois spéciales ([1]) ».

Nous examinerons ces procédures particulières en traitant des matières qu'elles concernent. Mais, nous ferons dès à présent remarquer que les dispositions spéciales antérieures à la loi de 1889 sont maintenues non seulement pour l'introduction des demandes, les délais, les notifications, etc., mais encore pour les formes particulières d'expertise que les lois spéciales ont consacrées. Ainsi, l'expertise en matière de contributions directes continue d'être régie par la loi du 21 avril 1832, et la tierce expertise par celle du 29 décembre 1884. Le législateur de 1889 a voulu que, dans toutes ces matières, on appliquât la règle *specialia generalibus derogant*, et non la règle *posteriora anterioribus*.

Constatations urgentes. Référé administratif. — On s'est longtemps demandé si, en dehors des mesures d'instruction ordonnées en cours d'instance par des décisions préparatoires ou interlocutoires, la procédure des conseils de préfecture pouvait comporter des constatations urgentes à titre purement conservatoire, et en vue d'instances futures et éventuelles. Le Conseil d'État, quoique favorable à des mesures de cette nature à raison du grand intérêt pratique qu'elles peuvent présenter, ne s'était pas cru permis de reconnaître, par voie de jurisprudence, au préfet ou au vice-prési-

---

1. Voy. aussi les articles 35, 44 § 3, 61, 63 § 3.

dent du conseil de préfecture des pouvoirs analogues à ceux que les articles 806 et suivants du Code de procédure ont confiés au président du tribunal civil statuant en référé.

Mais le Conseil d'État avait admis que le conseil de préfecture, sinon son président, pouvait, sans excéder ses pouvoirs, ordonner des constatations urgentes en vue d'affaires de son ressort ([1]).

Toutefois, afin de prévenir une extension abusive de cette faculté, afin d'empêcher qu'on ne procédât à de véritables expertises contentieuses en dehors de tout litige né et actuel, cette jurisprudence limitait ainsi les conditions du référé : — il faut que les vérifications requises présentent une réelle urgence, elles ne doivent donc porter que sur des faits qui risqueraient de disparaître et d'échapper à des constatations ultérieures ; ces vérifications ne peuvent pas consister en de véritables expertises aboutissant à des avis d'experts sur les droits des parties ; elles doivent être réduites à de simples mesures de constat, d'où l'on tirera ultérieurement telles conclusions que de droit. En un mot le référé administratif doit strictement se conformer à la règle d'après laquelle le juge des référés « peut statuer dans tous les cas d'urgence, mais à la condition de ne porter aucune atteinte au principal ([2]) ».

Tel était l'état de la jurisprudence lorsqu'est intervenue la loi du 22 juillet 1889. L'article 24 attribue au président du conseil de préfecture le droit de décision que la jurisprudence n'avait pas pu lui reconnaître. D'après ce texte, « en cas d'urgence le président « du conseil de préfecture peut, sur la demande des parties, dési- « gner un expert pour constater des faits qui seraient de nature à « motiver une réclamation devant ce conseil. Avis en est immédia- « tement donné au défendeur éventuel ». Il résulte de là que les pouvoirs du président du conseil de préfecture ne sont pas aussi étendus que ceux du président du tribunal civil ; ils n'impliquent aucun droit de juridiction provisoire, d'injonction, d'interdiction, en vue de cas graves et urgents, mais seulement le droit de faire

---

1. Conseil d'État, 26 décembre 1873, *ville d'Alger* ; — 2 mai 1884, *Maquenne*.

2. Berlin, *Ordonnances sur requête et sur référé*, t. II, p. 49. — Parmi les arrêts qui ont fait application des règles ci-dessus, on peut citer : — 11 juin 1886, *Crillon;* — 29 mai 1886, *Ministre des travaux publics* ; — 16 décembre 1887, *Ministre des travaux publics c. Legrand*.

procéder à des constatations. Ils demeurent ainsi circonscrits dans les limites que la jurisprudence du Conseil d'État avait précédemment assignées aux pouvoirs du conseil de préfecture statuant en référé ; ceux-ci sont délégués au président, mais sans être modifiés quant à leur nature ni à leur étendue.

L'arrêté du président du conseil de préfecture est-il susceptible d'opposition ou d'appel ? En ce qui touche l'opposition, on doit répondre négativement, car le référé n'est pas soumis à une instruction contradictoire ; le défendeur n'est qu' « éventuel », ainsi que le dit l'article 24, il ne reçoit qu'un simple avis n'ayant pas le caractère d'une mise en cause ; il ne saurait donc être défaillant, ni par suite opposant ([1]). Ajoutons que, d'après l'article 809, § 2, du Code de procédure civile, qui peut être invoqué par analogie, les ordonnances de référé ne sont jamais susceptibles d'opposition.

En ce qui touche l'appel, ce même texte l'admet. Nous pensons cependant que le défendeur, puisqu'il n'est qu'éventuel, n'aurait pas qualité pour se pourvoir contre l'arrêté du président ; d'un autre côté, le référé administratif, plus restreint que le référé judiciaire, ne comporte que des mesures d'instruction préalable et a toujours un caractère de décision préparatoire qui exclut la faculté d'appel ([2]). Quant au demandeur à qui la mesure d'instruction sollicitée aurait été refusée, le droit d'appel lui était reconnu par le Conseil d'État antérieurement à la loi de 1889, lorsque la décision émanait du conseil de préfecture ([3]) ; aucune disposition de cette loi ne nous paraît faire obstacle à ce que ce droit subsiste à l'égard de l'arrêté du président ([4]).

Dépens. — La question des dépens était de celles que la loi du

---

1. Conseil d'État, 24 juillet 1891, *Société des téléphones*.

2. Antérieurement à la loi de 1889, le Conseil d'État a admis des appels formés contre des décisions de conseils de préfecture ordonnant des vérifications préalables (28 mai 1886, *ministre des travaux publics* ; — 16 décembre 1887, *Legrand*). Mais ces appels étaient fondés sur ce que les décisions, au lieu d'être purement préparatoires, avaient un caractère interlocutoire et pouvaient préjudicier aux droits d'une des parties. Il ne semble pas qu'il y ait lieu de réserver ce cas d'appel, depuis que la loi de 1889 a attribué le droit de statuer en référé au président ; celui-ci ne peut, en effet, ni juger ni préjuger le fond qui ressortit exclusivement au conseil de préfecture.

3. Conseil d'État, 28 mai 1886, *Bontaud*.

4. Voy. dans le même sens, Teissier et Chapsal, *op. cit.*, p. 172.

21 juin 1865 avait réservées et qui devaient être l'objet d'un règlement d'administration publique. Aucune disposition réglementaire n'étant intervenue, la jurisprudence du Conseil d'État avait dû y suppléer sur les points essentiels. Elle admettait, en principe, la règle posée par l'article 130 du Code de procédure civile, d'après laquelle la partie qui succombe est condamnée aux dépens, sauf compensation s'il y a lieu ; mais cette règle, appliquée sans difficulté aux parties privées, puis étendue aux administrations locales et aux établissements publics, n'était pas considérée comme applicable à l'État, qui est toujours présumé agir dans un intérêt général, et à l'égard duquel il n'existait, pour les instances devant les conseils de préfecture, aucune disposition analogue à celle que le décret du 2 novembre 1864 a édictée pour les instances devant le Conseil d'État.

La loi de 1889 a comblé cette lacune, en décidant par son article 63 que toute administration, y compris l'État, peut être condamnée aux dépens dans les contestations relatives à son domaine, à l'exécution de marchés et aux réclamations pour dommages.

En ce qui touche les frais entrant en taxe, les dispositions de la loi de 1889 (art. 64) sont conformes au dernier état de la jurisprudence du Conseil d'État qui n'admettait que les frais d'expertise, les droits de timbre et d'enregistrement des requêtes et les frais de signification des décisions ([1]). Toutefois, elle exclut les frais de citation par huissier lorsque la partie a eu recours à ce mode d'introduction de la demande ainsi que la loi l'y autorise ([2]).

Le tarif applicable aux actes entrant en taxe a été arrêté par le

---

1. Pendant longtemps le Conseil d'État n'avait admis en taxe que les frais d'expertise et autres vérifications ordonnées par le conseil de préfecture, telles que les visites de lieux (13 décembre 1878, *Bossu;* — 17 décembre 1880, *Mayoux*). Puis il avait compris dans les dépens les frais de requête et de signification de la décision (15 février 1884, *ville de Paris;* — 16 avril 1886, *Radiguet*).

2. Loi de 1889, art. 4, § 2. Cette exclusion est peut-être trop rigoureuse, puisque la loi admet que la citation par exploit d'huissier est un mode légal d'introduction de la demande et équivaut à la requête. Le législateur de 1889 a sans doute pensé que le demandeur n'est présumé avoir eu recours à cette forme plus coûteuse que dans son propre intérêt, par exemple en vue d'interrompre une prescription ; mais même en admettant cette manière de voir on peut trouver anormal que les frais de timbre et d'enregistrement, qui entrent en taxe pour la requête n'y entrent pas pour la citation.

règlement d'administration publique du 18 janvier 1890, en vertu de la délégation contenue dans l'article 67 de la loi de 1889.

La liquidation des dépens autres que les frais d'expertise est faite par le conseil de préfecture, s'il en a les éléments en temps utile pour les comprendre dans sa décision. Dans le cas contraire, la liquidation est faite, le rapporteur entendu, par le président du conseil de préfecture dont la décision peut être déférée au conseil, statuant en chambre du conseil, dans un délai de huit jours à dater de la notification (art. 65 et 66).

La décision rendue par le conseil de préfecture sur l'opposition faite à la liquidation du président est-elle susceptible d'appel ? En l'absence de toute disposition spéciale, il y a lieu d'admettre ce recours, non seulement lorsqu'il y a appel sur le fond (ainsi que le décret du 16 février 1807 le décide en matière judiciaire), mais encore, et par application des principes généraux, si la taxe seule est discutée. Il ne serait d'ailleurs pas désirable que des articles du tarif susceptibles de contestation fussent livrés à des jurisprudences divergentes des conseils de préfecture.

En ce qui touche les frais d'expertise, le président est seul compétent pour les liquider ; le conseil de préfecture ne peut en connaître que s'il est saisi d'une opposition contre la décision du président. Cette opposition doit être formée dans le délai de trois jours ; elle est jugée en chambre du conseil (art. 23). Si donc le conseil de préfecture statuait sur les frais d'expertise en même temps que sur le fond, il empiéterait sur les pouvoirs du président et sa décision devrait être annulée de ce chef ([1]).

Forme et exécution des décisions. — Les décisions contentieuses des conseils de préfecture portent le nom d'*arrêtés*. Elles doivent toujours être rendues à la suite d'un délibéré dans lequel le rapporteur soumet au conseil son projet de décision. De même que les arrêts du Conseil d'État, les arrêtés du conseil de préfecture contiennent trois parties : les *visas* qui correspondent aux *qualités* des jugements et qui contiennent l'analyse des requêtes et conclu-

---

1. Conseil d'État, 19 janvier 1894, *Dumortier*.

sions des parties ; l'énoncé des principales pièces produites et des lois appliquées ([1]) ; les motifs et le dispositif.

Les arrêtés doivent en outre contenir les mentions qui constatent l'accomplissement des formalités essentielles ; audition des parties et du commissaire du Gouvernement, noms des membres qui ont concouru à la décision.

En ce qui touche les motifs, la jurisprudence du Conseil d'État admet qu'ils peuvent être très laconiques et consister dans une simple référence à des rapports d'experts ou à des avis joints au dossier dont le conseil déclare adopter les conclusions ([2]). Cette tolérance est vraisemblablement résultée de la pratique qui s'est presque imposée aux conseils de préfecture dans la plupart des affaires de contributions directes ; on comprend que ces affaires, à raison de leur nombre, de leur urgence et de leur mode d'instruction, puissent donner lieu à des rédactions très sommaires se bornant à constater l'adoption pure et simple d'un des avis consignés sur la feuille d'instruction à laquelle est ordinairement jointe la minute de l'arrêté. Mais l'extension de cette tolérance à des affaires d'autre nature où les éléments d'instruction sont moins étroitement rapprochés de la décision qui s'y réfère, aurait peut-être pu être évitée.

En tout cas, si le Conseil d'État admet qu'un arrêté peut être motivé par simple référence à une pièce de l'instruction, encore faut-il que cette référence soit expresse, et l'on ne saurait l'induire d'un simple rapprochement de mots ou de chiffres entre le dispositif de l'arrêté et les conclusions d'un rapport ou d'un avis. Dans ce cas, en effet, il n'y a plus aucun motif, si concis qu'il soit, qui émane du juge, il n'y a qu'un rapprochement de textes qui est l'œuvre du lecteur de la décision.

Aussi est-ce avec raison que plusieurs arrêts ont annulé des décisions qui se bornaient à mentionner dans les *visas*, sans s'y référer dans les motifs, les rapports ou avis dont les conclusions étaient adoptées ([3]).

1. L'article 48 de la loi de 1889 exige que les dispositions législatives appliquées soient textuellement rapportées lorsque le conseil statue en matière répressive.
2. Conseil d'État, 10 novembre 1882, *Perré* ; — 11 juin 1886, *Lemmens*.
3. Conseil d'État, 11 janvier 1858, *Lison* ; — 10 janvier 1865, *Pioch* ; — 7 septem-

Les arrêtés des conseils de préfecture sont exécutoires par eux-mêmes. Aucun visa ni mandement des préfets ou de toute autre autorité n'est nécessaire pour leur assurer les mêmes effets légaux qu'aux jugements des tribunaux, notamment l'hypothèque légale et toutes les mesures d'exécution sur les biens prévues par le droit commun, en tant que ces biens sont eux-mêmes soumis au droit commun à l'égard des créanciers nantis d'un titre exécutoire.

Il n'y aurait plus aujourd'hui qu'un intérêt historique à rappeler l'opinion émise autrefois par plusieurs auteurs, notamment par Merlin et par Proudhon, qui soutenaient que les décisions des conseils de préfecture devaient être rendues exécutoires par les préfets (¹) ; et les déclarations en sens contraire contenues dans l'avis du Conseil d'État du 16 thermidor an XII et dans une lettre du Grand Juge du 18 janvier 1809 (²).

Plus encore que ces autorités, une pratique de plus de quatre-vingts ans avait depuis longtemps résolu la question, lorsque la loi du 22 juillet 1889 (art. 49) est venue expressément consacrer la solution acquise, en décidant que « les décisions des conseils de préfecture sont exécutoires et emportent hypothèque ». Aucune controverse n'est donc plus possible aujourd'hui.

Toutefois, la loi de 1889 ne décide pas que ces décisions seront revêtues d'une formule exécutoire, comme le sont toutes les autres décisions des tribunaux administratifs susceptibles d'exécution sur les biens, savoir : les arrêts de la Cour des comptes, depuis le décret du 28 septembre 1807, ceux du Conseil d'État, depuis la loi du 24 mai 1872, les décisions des conseils du contentieux des colonies, depuis le décret du 5 août 1881, et les arrêtés mêmes des conseils de préfecture lorsqu'ils statuent en matière de comptabilité, depuis

---

bre 1864, *Sénéchault*. Cette jurisprudence ne saurait être considérée comme infirmée par un arrêt postérieur (28 janvier 1876, *Haudost-Sauvage*) qui est tout à fait isolé.

1. Merlin, *Répertoire* v° *Préfet* ; Proudhon, *Traité du domaine public*, t. I, p. 219.

2. L'avis du 16 thermidor an XII porte que « les administrateurs auxquels les lois ont attribué le droit *de prononcer des condamnations* ou de décerner des contraintes sont de véritables juges dont les actes doivent produire *les mêmes effets et obtenir la même exécution que* ceux des tribunaux ordinaires ». — La lettre du grand juge du 18 janvier 1809, provoquée par le refus fait par des huissiers d'exécuter des décisions de conseils de préfecture non revêtues de la formule exécutoire, décide que « ce motif ne saurait dispenser les huissiers de prêter leur ministère quand ils ne sont requis ». — Voy. ci-dessus la partie historique, p. 223.

le décret du 31 mai 1862. C'est là une véritable omission de la loi de 1889 ; elle ne saurait créer de difficultés dans la pratique ; mais elle a l'inconvénient de laisser subsister un défaut d'harmonie entre les dispositions qui régissent les différents tribunaux administratifs, et de paraître mettre en question le lien qui doit légalement exister, entre la force exécutoire d'une décision juridictionnelle et le mandement qui affirme son autorité et adresse une réquisition aux agents chargés de la faire respecter.

Voies de recours. — La loi de 1889 a consacré et précisé les règles que la jurisprudence avait déjà appliquées aux voies de recours ouvertes contre les décisions des conseils de préfecture, savoir : — l'*opposition* aux décisions par défaut ; — l'*appel* au Conseil d'État contre les décisions contradictoires ; — la *tierce-opposition* en faveur des tiers qui se prétendent lésés par une décision où ils ne figuraient pas comme parties.

L'opposition n'est recevable que dans le délai d'un mois à dater de la notification. Elle ne peut être formée que par le défendeur qui, ayant été mis en cause, n'a pas fourni de défenses écrites.

Il n'y a pas lieu à opposition si le défendeur, ayant conclu, n'a pas été convoqué à l'audience et mis en mesure de présenter des observations orales ; cette irrégularité ne pourrait donner lieu qu'à un appel et à une annulation de l'arrêté pour vice de forme. Lorsqu'il y a plusieurs défendeurs et qu'ils n'ont pas tous fourni de défenses, le conseil de préfecture rend un arrêté de sursis qui est notifié aux parties défaillantes avec invitation de produire leurs défenses dans un délai fixé par cet arrêté (art. 54). Après l'expiration de ce délai, le conseil de préfecture peut statuer et sa décision n'est susceptible d'opposition de la part d'aucune partie, fût-elle de nouveau défaillante. L'arrêté de sursis correspond ici au jugement de « défaut profit-joint » prévu par le Code de procédure civile, et il produit les mêmes effets. L'opposition suspend l'exécution de la décision par défaut, à moins que celle-ci n'en ait autrement ordonné.

L'appel au Conseil d'État, qui est admis en principe contre toutes les décisions contradictoires du conseil de préfecture, doit être formé dans le délai de deux mois (art. 57). La loi de 1889 a réduit d'un mois le délai qui résultait antérieurement de l'article 11 du décret du 22 juillet 1806, applicable à tous les pourvois formés devant le Conseil d'État ; cette innovation est conforme à celle qui a été accomplie par la loi du 3 mai 1862 pour les appels civils ; les délais supplémentaires prévus par cette loi pour les parties domiciliées hors d'Europe sont également applicables. Les délais inférieurs à deux mois qui peuvent résulter de lois spéciales, notamment de l'article 40 de la loi du 4 avril 1884 pour les pourvois en matière d'élections municipales, sont maintenus. En ce qui touche le point de départ du délai, et les règles différentes qui le régissent selon que l'appel est formé par l'État ou par d'autres parties, il nous suffira de renvoyer à ce que nous avons dit en traitant du pourvoi devant le Conseil d'État [1].

La tierce-opposition peut être formée par toute partie contre une décision « qui préjudicie à ses droits et lors de laquelle ni elle ni ceux qu'elle représente n'ont été appelés ». La loi de 1889, en reproduisant textuellement cette disposition de l'article 474 du Code de procédure civile, a prouvé qu'elle entend emprunter à la procédure ordinaire toutes les règles générales relatives à la recevabilité de ce recours, règles que la jurisprudence du Conseil d'État avait d'ailleurs admises, antérieurement à 1889, aussi bien à l'égard des décisions des conseils de préfecture que de ses propres arrêts. Toutefois, d'anciens arrêts et des auteurs avaient laissé subsister une certaine confusion entre l'opposition et la tierce-opposition devant les conseils de préfecture [2]. Cette confusion présentait peu de danger lorsque les délais de ces recours n'étaient pas fixés par des textes ; mais il est nécessaire de l'éviter depuis que la loi de 1889 a limité à un mois le délai de l'opposition aux décisions par défaut, et n'a pas fixé de délai pour la tierce-opposition ; celle-ci ne subit ainsi d'autre forclusion ou prescription que celle qui attendrait l'action principale elle-même.

La distinction entre les deux recours peut d'ailleurs être facilement définie : l'opposition est le recours d'une partie mise en cause qui ne s'est pas défendue ; la tierce-opposition est le recours

---

1. Voy. ci-dessus, page 333.

2. Serrigny, *Compétence administrative*, t. III, n° 1270 ; — Conseil d'État, 21 novembre 1839, *Guizot*.

d'un tiers qui n'a pas eu à se défendre, parce qu'il n'a pas été mis en cause et n'est pas intervenu spontanément dans l'instance. L'intérêt de ce tiers à discuter les questions soulevées par le litige est la base de son action, cet intérêt est le même que celui qui rend l'intervention recevable. Aussi pourrait-on dire que ces deux procédures tendent au même but : permettre au tiers non appelé au débat de venir défendre ses droits, soit en cours d'instance par l'intervention, soit après le jugement, par la tierce-opposition.

CHAPITRE III

DES CONSEILS DU CONTENTIEUX DES COLONIES

I. — ORGANISATION DES CONSEILS DU CONTENTIEUX

A la différence de l'Algérie, où il existe des conseils de préfecture soumis aux mêmes règles que ceux de la métropole, les colonies ont des tribunaux spéciaux qui portent le nom de *conseils du contentieux administratif*.

Cette institution, qui a son origine dans les ordonnances de la Restauration ([1]), avait d'abord été limitée aux colonies les plus importantes et les plus anciennes, la Martinique, la Guadeloupe et la Réunion ; elle a été étendue à toutes les colonies par le décre du 7 septembre 1881, et, depuis 1881, par des décrets spéciaux applicables à des territoires coloniaux plus récemment organisés ([2]). Leur organisation et leur procédure ont été réglées en dernier lieu par le décret du 5 août 1881.

Les conseils du contentieux se composent du *conseil privé*, corps consultatif placé auprès du gouverneur pour l'assister dans son administration, — ou du *conseil d'administration* dans les colonies les moins importantes qui n'ont pas de conseil privé, — et en outre de deux magistrats de l'ordre judiciaire désignés chaque année par le gouverneur. L'organisation des conseils du contentieux ne répugne donc pas, comme celle des conseils de préfecture, à l'introduction de fonctionnaires judiciaires dans un tribunal administratif; elle y admet en réalité trois membres des corps judi-

---

1. Ordonnances du 21 août 1825 et du 9 février 1827.
2. Un décret du 31 octobre 1894 institue un conseil de contentieux administratif à Diégo-Suarez, pour les territoires de Diégo-Suarez, Nossi-Bé et Sainte-Marie-de-Madagascar.

ciaires, car en dehors des deux magistrats désignés par le gouverneur, le procureur général est membre de droit du conseil privé.

La prédominance du conseil privé dans le conseil du contentieux a fait donner aussi à ce tribunal administratif le nom de « conseil privé constitué en conseil du contentieux administratif ».

La présidence appartient au gouverneur, avec voix prépondérante en cas de partage, et, à son défaut, au fonctionnaire qui vient immédiatement après lui dans l'ordre hiérarchique. Les fonctions du ministère public sont remplies par l'inspecteur des services administratifs et financiers de la marine et des colonies, qui prend le titre de commissaire du Gouvernement (¹). Le secrétaire-archiviste du conseil privé fait office de greffier.

II. — Attributions en matière contentieuse

Les attributions des conseils du contentieux ont encore aujourd'hui pour principale base législative l'ordonnance du 21 août 1825 (art. 160) relative à la Réunion, et celle du 9 février 1827 (art. 76) relative à la Martinique et à la Guadeloupe, dont les dispositions, modifiées sur quelques points par le décret du 5 août 1881, ont été rendues communes à toutes les colonies par le décret du 7 septembre 1881.

On peut distinguer, dans la compétence des conseils du contentieux, trois séries d'attributions.

La première comprend des affaires contentieuses proprement dites, énoncées par voie d'énumération par les textes précités, savoir : 1° Les contestations qui s'élèvent entre l'administration et les entrepreneurs, tant en matière de marchés de travaux publics que de marchés de fourniture ; — 2° les demandes d'indemnité formées par les particuliers à raison de dommages causés soit par l'exécution des travaux ou fournitures, soit par l'extraction de ma-

---

1. Les fonctions du ministère public étaient antérieurement remplies par les *contrôleurs coloniaux*, qui ont été supprimés par le décret du 15 avril 1873. Les *ordonnateurs*, qui exerçaient des fonctions importantes dans l'administration coloniale, ont été également supprimés par le décret du 15 septembre 1882, qui a réparti leurs attributions entre le directeur de l'intérieur et le chef du service administratif de la marine.

tériaux nécessaires aux travaux publics ; — 3° les réunions de terrains au domaine prononcées contre les concessionnaires ou leurs ayants droit qui n'ont pas rempli les clauses des concessions ; — 4° les contestations ayant pour objet l'ouverture, la largeur, le redressement, l'entretien des routes et chemins, ainsi que les servitudes d'utilité publique. Cette compétence s'étend à la grande et à la petite voirie, et même aux chemins particuliers qui conduisent à l'eau, aux villes ou aux chemins publics ; — 5° les contestations relatives à l'établissement des embarcadères, ponts, bacs et passages d'eau, ainsi qu'à la pêche dans les rivières ou étangs domaniaux ; — 6° les empiétements sur les propriétés publiques, y compris la réserve des cinquante pas géométriques qui borne les concessions ; — 7° les demandes formées par les comptables en mainlevée de séquestre ou d'hypothèques établis à la requête de l'administration ; — 8° les difficultés auxquelles peut donner lieu la réclamation, faite par l'administration, de toutes pièces dépendant des archives ou devant en faire partie, quels qu'en soient les détenteurs [1].

La seconde série d'attributions, également énumérées par les ordonnances de 1825 et de 1827, comprend des affaires qui ont moins le caractère de réclamations contentieuses que d'affaires administratives instruites et décidées en forme contentieuse, savoir les concessions d'eau et toutes les questions d'autorisation et de répartition qui s'y rattachent. Toutes les eaux courantes des colonies étant réputées domaniales, à raison de l'intérêt public qui s'attache à leur usage pour les besoins de l'agriculture ou de l'industrie, l'administration s'en est réservé la concession et la distribution, ainsi que la haute surveillance de tous les travaux de construction et d'entretien intéressant le régime des eaux.

---

1. Ordonnance du 21 août 1825, art. 160, § 12, par référence à l'article 132. — Cette ordonnance énonçait d'autres attributions que le décret du 5 août 1881 a supprimées, savoir : le jugement des conflits, actuellement déféré au Tribunal des conflits de la métropole ; les décisions relatives à l'état des individus dont la liberté était contestée, sous réserve de la compétence des tribunaux judiciaires lorsque la possession de la liberté était appuyée sur un acte de l'état civil (ordonnance de 1825, art. 160, §§ 1 et 11). L'ordonnance déférait aussi aux conseils du contentieux, par une singulière dérogation au principe de la séparation des pouvoirs, l'appel des décisions rendues par le tribunal de première instance, sur les contraventions aux lois et règlements concernant la traite des noirs, le commerce étranger, les douanes et la ferme des Guildives. (Art. 162, abrogé par le décret du 5 août 1881, art. 4.)

Mais à raison même du haut prix qui s'attache à la jouissance de ces eaux, la législation coloniale a voulu prévenir tout soupçon de faveur et de décision arbitraire, et elle a transféré les décisions qui s'y rapportent de l'administration active à la juridiction contentieuse; non qu'elle ait entendu transformer en questions d'ordre juridique des décisions qui conservent leur caractère de haute appréciation administrative et d'équitable conciliation des intérêts en présence, mais afin d'assurer à ces intérêts les garanties d'une instruction et d'un débat contradictoires devant des arbitres impartiaux.

La troisième série d'attributions est la plus large, car elle s'étend à toutes les affaires appartenant au contentieux administratif colonial non comprises dans les énumérations qui précèdent. Les textes qui contiennent ces énumérations se terminent par une disposition portant que les conseils du contentieux connaissent « en général du contentieux administratif ». Cette disposition crée, comme on voit, une notable différence entre la juridiction de ces conseils et celle des conseils de préfecture ; elle a pour effet d'instituer aux colonies, ce qui n'existe pas en France, une juridiction ordinaire de premier ressort devant laquelle sont portées, sauf dispositions contraires, toutes les affaires administratives contentieuses.

La jurisprudence du Conseil d'État a fait application de cette règle à de nombreuses contestations, et notamment aux réclamations en matière de contributions directes. Ces réclamations ne figurent pas dans l'énumération des ordonnances et l'on s'était d'abord demandé s'il appartenait aux conseils du contentieux d'en connaître. La raison de douter pouvait venir de ce que l'article 157, § 5, de l'ordonnance du 21 août 1825 mentionne « le contentieux en matière de contributions directes » parmi les affaires sur lesquelles le gouverneur prononce administrativement en conseil privé, et non parmi celles que juge ce conseil constitué en conseil du contentieux. Mais les décisions rendues par l'administration active dans les matières susceptibles de devenir contentieuses, ne font point obstacle, en principe, à l'intervention d'une juridiction ; elles la provoquent au contraire en accentuant le désaccord de l'administration et de la partie et en rendant définitivement contentieuse une matière qui ne le serait pas devenue si l'administration avait adhéré aux prétentions de la partie. Le législateur de 1825 a si bien reconnu cette vérité que, dans le § 6 du même article 157, il a déféré au conseil privé statuant administrativement le contentieux du domaine, de l'enregistrement, des douanes, etc., et a en même temps expressément réservé le recours des parties devant les tribunaux ordinaires. Les décisions du conseil privé n'ont donc, en cette matière, que le caractère d'actes de gestion, et elles ne font pas obstacle à ce que le conseil constitué en conseil administratif fasse ultérieurement acte de juridiction. Aussi la jurisprudence du Conseil d'État n'a-t-elle pas hésité à comprendre les réclamations en matière de contributions directes parmi les affaires dont le conseil du contentieux doit connaître, en vertu de l'attribution générale de compétence prévue par les articles 160 de l'ordonnance de 1825 et 176 de l'ordonnance de 1827 ([1]).

Cette compétence a été reconnue également applicable aux contrats administratifs autres que les marchés de travaux et de fournitures déjà prévus par l'ordonnance, et notamment : aux traités passés entre une colonie et le Crédit foncier colonial, spécialement pour les clauses relatives à la garantie due par la colonie en cas de pertes subies par le Crédit foncier sur la réalisation de gages hypothécaires ([2]) ; — à des contrats passés entre la colonie et une congrégation hospitalière pour la direction d'un pénitencier et d'un hospice colonial ([3]) ; — à un marché passé pour le service postal maritime et fluvial de la Cochinchine sur lequel le conseil du contentieux de cette colonie s'était à tort déclaré incompétent ([4]).

En vertu de la même disposition, les conseils du contentieux sont juges des contestations relatives aux traitements des fonctionnaires coloniaux ([5]), à leurs émoluments accessoires tels que les remises touchées par les receveurs des finances ([6]), et généralement à toutes les réclamations pécuniaires formées contre la colonie par

---

1. Conseil d'État, 23 mars 1854, *Vermeil ;* — 22 juin 1854, *Descamps ;* — 1) mars 1880, *Jablin.*

2. Conseil d'État, 12 juillet 1878, 4 février 1881, 30 janvier 1891, *Crédit foncier colonial.*

3. Conseil d'État, 13 juin 1879, *Congrégation du Saint-Esprit.*

4. Conseil d'État, 11 mai 1883, *Dussutour.*

5. Conseil d'État, 3 mars 1876, *d'Esménard.*

6. Conseil d'État, 24 mai 1878, *Veyrières.*

ses agents, y compris les demandes d'indemnité pour révocation ou licenciement ([1]).

Le conseil du contentieux est juge du contentieux électoral, qu'il s'agisse d'élections au conseil colonial, général ou municipal, de l'élection des maires et adjoints, et cela alors même que les lois spéciales n'auraient pas expressément prévu sa compétence.

Si larges que soient les attributions des conseils du contentieux, il ne faut pas cependant en exagérer l'étendue. On ne doit pas perdre de vue que le contentieux administratif sur lequel s'exerce leur juridiction générale est exclusivement le contentieux *colonial* et ne s'étend pas au contentieux d'État, c'est-à-dire aux contestations dirigées contre l'administration centrale, à moins qu'elles ne soient formellement attribuées à ces conseils, comme elles le sont en matière de travaux publics et de fournitures. En effet, les ordonnances de 1825 et de 1827 n'ont pu avoir en vue que les affaires contentieuses intéressant la colonie, celles sur lesquelles le gouverneur statuait administrativement avant l'institution d'une juridiction contentieuse locale ; or ce fonctionnaire n'avait évidemment aucun pouvoir ni sur les actes du Chef de l'État, ni sur les décisions ministérielles ; il ne pouvait pas non plus engager les finances de la métropole en statuant sur des réclamations dirigées contre le Trésor. Les mêmes bornes s'imposent à la juridiction des conseils du contentieux.

Aussi n'est-ce pas devant ces conseils, mais devant le ministre, sauf recours au Conseil d'État, que doivent être portées les réclamations tendant à rendre l'État pécuniairement responsable des fautes de ses agents ([2]), à faire infirmer des arrêtés de débet ou des déclarations de responsabilité prononcées contre des comptables([3]), et en général à faire déclarer l'État débiteur. Par application du même principe, les pensions de retraite des fonctionnaires coloniaux, pensions qui sont régies par la loi du 18 avril 1831 sur les

1. Conseil d'État, 20 juillet 1877, *Garnier* ; — 28 juillet 1882, *Rampant*.

2. Conseil d'État, 12 décembre 1884, *Puech* ; — 17 mai 1889, *Ministre de la marine contre Ban-Soon-Ann* ; — 27 décembre 1869, *Ministre de la marine contre Compagnie du Sénégal* ; — 25 avril 1890, *Administration pénitentiaire de la Guyane*.

3. Conseil d'État, 31 mars 1876, *Veyrières*. — Cf. Décret du 26 décembre 1855 sur la comptabilité coloniale, art. 212.

pensions de l'armée de mer, et qui font l'objet de décisions minis-térielles et de décrets de liquidation, ne peuvent donner lieu qu'à des recours devant le Conseil d'État.

Une autre restriction doit encore être faite à la juridiction ordi-naire des conseils coloniaux. On doit considérer qu'à l'époque où les ordonnances de la Restauration leur ont déféré d'une manière générale le « contentieux administratif » elles n'ont pu prendre ces mots que dans l'acception limitée qu'ils avaient alors, c'est-à-dire comme s'appliquant au contentieux de pleine juridiction, mais non au contentieux de l'annulation et spécialement au recours pour excès de pouvoir dont l'usage était alors très restreint et qui n'avait pas encore droit de cité dans le contentieux administratif. Il s'en-suit que les recours en annulation pour excès de pouvoir, même s'ils sont formés contre les actes d'autorités coloniales, ne peuvent pas être portés devant le conseil du contentieux, mais seulement devant le Conseil d'État, juge des excès de pouvoir de toutes les autorités administratives en vertu de l'article 9 de la loi du 24 mai 1872. Sous réserve, bien entendu, du recours hiérarchique que la partie a d'abord le droit de former devant l'autorité administrative supérieure, notamment devant le ministre des colonies, supérieur hiérarchique des gouverneurs (¹).

Les décisions contentieuses des conseils des colonies, comme celles des conseils de préfecture, peuvent toujours être déférées en appel au Conseil d'État. L'article 161 de l'ordonnance du 21 août 1825 dit expressément que « les parties peuvent se pourvoir devant « le Conseil d'État par la voie du contentieux contre les décisions « rendues par le conseil privé sur les matières énoncées dans l'ar-« ticle précédent » ; or, l'article précédent est celui qui énumère toutes les attributions contentieuses des conseils privés, et qui se termine par l'attribution générale que nous venons d'expliquer, il s'ensuit que le droit de recours est absolu. Il est d'ailleurs con-firmé par l'article 86 du décret du 5 août 1881, portant que « les « décisions du conseil du contentieux peuvent être attaquées devant « le Conseil d'État ».

Antérieurement au décret de 1881, il y avait un cas où les déci-

---

1. Conseil d'État, 23 novembre 1883, *Société des mines d'or de la Guyane.*

sions des conseils du contentieux n'étaient pas susceptibles d'appel devant le Conseil d'État, c'était le cas, prévu par l'article 164 de l'ordonnance, où ces conseils faisaient eux-mêmes fonction de tribunaux d'appel, ou, comme on disait, de « commissions d'appel » à l'égard des tribunaux judiciaires de première instance statuant sur quelques contraventions spéciales, en matière de traite des noirs et de régime douanier. Leurs décisions n'étaient alors susceptibles que de pourvoi en cassation. Mais cette attribution ayant été expressément supprimée par l'article 4 du décret du 5 août 1881, le droit d'appel ne comporte plus aujourd'hui d'exception.

III. — Procédure

Les conseils du contentieux des colonies ont eu, bien avant les conseils de préfecture de la métropole, un Code de procédure réglant avec précision la marche des instances, les mesures d'instruction, les formes des décisions, les recours dont elles sont susceptibles. Ces règles ont d'abord été édictées par l'ordonnance du 31 août 1828, qui a été appliquée pendant plus d'un demi-siècle, mais à laquelle on pouvait reprocher un trop grand luxe de formes judiciaires, entraînant des frais souvent exagérés et des lenteurs qui s'accommodaient mal avec le mouvement croissant des affaires. Pour remédier à ce double inconvénient, le Gouvernement a chargé le Conseil d'État, en 1881, d'élaborer une revision de l'ordonnance de 1828, révision qui a été opérée par le décret du 5 août 1881.

Ce décret simplifie les règles antérieures sur deux points importants : en autorisant les parties à présenter leurs requêtes et défenses sans le ministère d'avocats, et en substituant un système de notifications et de communications administratives à celui des notifications par actes extrajudiciaires.

Nous n'entrerons pas dans l'explication de ces règles de procédure qui se rapprochent beaucoup de celles qui sont en vigueur devant les conseils de préfecture. Nous dirons seulement quelques mots des décisions et du recours au Conseil d'État.

Les décisions ([1]) sont revêtues d'une formule exécutoire. Les

---

1. Décret du 5 août 1881, titre II, chap. IV.

expéditions portent en tête la mention « au nom du peuple français » et se terminent par cette formule : « La République mande
« et ordonne au gouverneur de... en ce qui le concerne, et à tous
« huissiers à ce requis, en ce qui concerne les voies de droit com-
« mun contre les parties privées, de pourvoir à l'exécution de la
« présente décision. » Les décisions emportent hypothèque. Elles
sont exécutoires par provision et nonobstant appel. Toutefois le
conseil du contentieux peut, sur la demande de la partie intéressée,
et en présence de la partie adverse ou elle dûment appelée, ordonner que la décision ne sera exécutée qu'à la charge de donner
caution.

Le recours au Conseil d'État, dont le mécanisme est peut-être
un peu compliqué, se décompose en deux actes : la *déclaration en
recours* et la *requête en recours* (¹).

La *déclaration en recours* se fait dans la colonie, au secrétariat du
conseil du contentieux ; elle est inscrite sur un registre spécial et
énonce sommairement les moyens de recours. C'est par cette déclaration que l'appel est interjeté. Le secrétaire qui la reçoit sur le
registre en délivre expédition dans la huitaine. L'appelant, nanti
de cette expédition, la signifie dans un nouveau délai de huit
jours. La signification se fait, à son choix, soit par acte d'huissier,
soit en la forme administrative, c'est-à-dire par les soins du secrétaire et par le ministère d'agents à ce préposés, qui font constater
la remise de l'expédition par un récépissé du destinataire ou la
constatent eux-mêmes par un procès-verbal (²).

Cette notification ou signification fait courir, tant à l'égard du
défendeur que du demandeur, un délai de trois mois pendant lequel le demandeur doit compléter son appel et le défendeur com-
mencer sa défense.

Le demandeur complète son appel en présentant la *requête en recours* qui doit être déposée au secrétariat du contentieux du Conseil
d'État. Le défendeur commence sa défense en constituant avocat.
Il n'est pas tenu de fournir immédiatement ses moyens de défense ;
il peut arriver, en effet, qu'il constitue avocat avant même que la

---

1. Décret du 5 août 1881, chap. V, sect. III, art. 86 et suiv.
2. Décret de 1881, art. 86 à 88 et 17 et 19 combinés.

requête soit déposée au Conseil d'État, puisque le délai de trois mois court pour les deux parties à dater de la signification de la déclaration en recours. Il n'est mis en demeure de répondre à la requête que par l'ordonnance de soit-communiqué, rendue dans la forme ordinaire par le président de la section du contentieux, mais qui est signifiée dans des formes particulières quand le défendeur habite hors de France(¹). La procédure se trouve ainsi engagée contradictoirement.

Pour les affaires qui sont dispensées du ministère d'un avocat (affaires de contributions, d'élections, de voirie), l'article 93 du décret du 5 août 1881 trace une règle spéciale : le recours est déposé, au gré de la partie, soit au Conseil d'État, soit dans la colonie, au secrétariat du conseil du contentieux. Dans ce dernier cas, le gouverneur est chargé de le transmettre au Conseil d'État. Il y a là une simplification de la procédure d'appel. Mais quelle en est exactement la portée ?

Le texte de l'article 93 ne présente pas sur ce point toute la clarté désirable ; il dit que « le recours » doit être déposé ; mais, ainsi que nous venons de le voir, le recours comprend deux actes successifs, la déclaration et la requête ; or, l'article 93 ne dit pas s'il s'agit de l'un ou de l'autre, ou si les deux ensemble sont confondus en un seul et même acte pour les affaires dispensées du ministère d'avocat. Cette dernière interprétation a d'abord été admise par le ministre des colonies qui a transmis au Conseil d'État plusieurs recours consistant uniquement en une expédition de la déclaration en recours, ou bien en une requête en recours. Elle a paru acceptée, du moins implicitement, par un arrêt qui a statué sur un pourvoi en matière électorale introduit par une requête non précédée d'une déclaration en recours (²).

Mais, après un nouvel examen de la question, la solution contraire a prévalu, et le Conseil d'État décide actuellement que l'article 93 du décret de 1881 ne déroge pas à la règle générale exigeant deux actes distincts, la déclaration et le recours (³).

---

1. Décret du 5 août 1881, art. 91.
2. Conseil d'État, 12 mars 1886, *élection de Salazie.*
3. Conseil d'État, 30 novembre 1888, *élection de Lamentin (conseil général de la*

Toutefois cette règle subit une exception, et la double formalité n'est pas nécessaire pour les pourvois en matière d'élections municipales formés dans les colonies où la loi du 5 avril 1884 a été rendue exécutoire. Les règles du pourvoi sont alors les mêmes dans ces colonies que dans la métropole, et elles sont déterminées par l'article 40 de la loi municipale de 1884; par suite, la déclaration en recours est inutile, et le pourvoi est valablement formé par le dépôt de la requête au secrétariat de la colonie (¹).

Guadeloupe); — 11 janvier 1889, *Élection de Thoré.* — Cette solution était précédemment résultée de communications faites par la section du contentieux au sous-secrétaire d'État des colonies, qui avaient provoqué une circulaire de ce chef de service en date du 20 mai 1887, rappelant la nécessité de la double formalité requise pour l'introduction des pourvois.

1. Conseil d'État, 11 janvier 1889, *élection de Capesterre.*

CHAPITRE IV

JURIDICTIONS SPÉCIALES. — COUR DES COMPTES

___

I. — ORGANISATION DE LA COUR DES COMPTES

L'organisation de la Cour des comptes n'a pas subi de modification importante depuis la loi organique du 16 septembre 1807, dont nous avons indiqué l'esprit général et les dispositions essentielles dans la partie historique de cet ouvrage ([1]). D'après les dispositions de cette loi, complétées par le décret du 28 septembre 1807 relatif à l'organisation intérieure de la Cour, et par divers décrets qui ont créé ou développé certains éléments du personnel ([2]), la Cour comprend :

Un premier président qui veille à l'ensemble des services, préside les délibérations des chambres réunies et peut également présider chaque chambre ; — trois présidents qui dirigent les travaux des trois chambres de la Cour ; — dix-huit conseillers maîtres des comptes répartis entre les trois chambres et ayant seuls voix délibérative dans toutes les affaires ; — quatre-vingt-dix conseillers référendaires ([3]) chargés de vérifier les comptes et d'en faire rapport aux chambres ; — vingt-cinq auditeurs qui assistent les référendaires et dont quinze peuvent être autorisés, par décret spécial, à faire directement des rapports aux chambres ([4]). — Les fonctions du ministère public sont remplies par un procureur général assisté

___

1. Voy. ci-dessus, p. 223 et suiv.
2. Décrets des 9 novembre 1856, 12 décembre 1860, 25 décembre 1869, relatifs aux auditeurs et aux conseillers référendaires ; — décrets du 17 juin 1880 et 7 mars 1888, relatifs au parquet de la Cour.
3. Décret du 17 juillet 1880.
4. Décrets du 12 décembre 1860 et du 25 décembre 1869.

d'un avocat général (¹). Le service du greffe est confié à un greffier en chef assisté de commis-greffiers.

L'analogie que cette organisation présente avec celle d'une cour judiciaire, est encore confirmée par l'inamovibilité que la loi assure aux présidents, conseillers maîtres ou référendaires, et même aux auditeurs lorsqu'ils ont été autorisés à présenter des rapports aux chambres. Mais si la Cour des comptes, par son organisation et celle de son parquet, se rapproche des cours judiciaires plus que le Conseil d'État, elle s'en éloigne davantage par sa procédure qui ne comporte ni le débat oral, ni l'audience publique. Les membres du ministère public eux-mêmes n'avaient pas, jusqu'à ces derniers temps, le droit d'assister aux séances des chambres et d'y prendre la parole. Ce droit ne leur a été donné que par le décret du 17 juin 1880. On s'est demandé si cette innovation, qui ne semble avoir produit que d'heureux résultats, ne pourrait pas donner l'idée d'une autre réforme consistant à admettre les parties à faire présenter des observations orales par le ministère d'un avocat.

II. — Attributions

La Cour des comptes exerce deux sortes d'attributions, les unes de contrôle administratif, les autres de juridiction. Elles correspondent aux deux attributions très différentes qu'exercent les autorités ou agents chargés de concourir aux opérations multiples de la comptabilité publique : d'un côté, les *ordonnateurs* qui engagent la dépense, décident l'emploi des deniers publics pour un service déterminé, mais qui n'effectuent par eux-mêmes ni recettes, ni paiements et n'ont pas le maniement des fonds ; d'un autre côté, les *comptables* qui perçoivent et encaissent les deniers publics et effectuent les paiements prescrits par les ordonnateurs.

Contrôle administratif des ordonnateurs. — Les ordonnateurs sont des administrateurs. Pour les dépenses de l'État, les minis-

---

1. Le décret du 17 juillet 1880 qui a créé la fonction d'avocat général, avait également institué celle de substitut du procureur général ; mais la fonction de substitut a été supprimée par le décret du 7 mai 1888.

tres chargés d'assurer, chacun dans les limites de son budget, les services dépendant de son département, sont, à proprement parler, les seuls ordonnateurs ; si d'autres fonctionnaires ont le droit d'ordonnancer, ce n'est qu'en vertu d'une délégation du ministre autorisée par la loi. Le préfet pour les dépenses départementales, le maire pour les dépenses municipales sont aussi les seuls ordonnateurs, parce que, en leur qualité de dépositaires de l'autorité exécutive dans le département et dans la commune, ils ont seuls le droit d'exercer cette forme essentielle de l'action administrative, qui consiste à prescrire une dépense dans l'intérêt d'un service public.

Puisque celui qui ordonnance administre, ses actes ne peuvent donner lieu qu'à un contrôle administratif ou à un contrôle parlementaire, non à des décisions juridictionnelles. « La Cour, porte « l'article 18 de la loi du 16 septembre 1807, ne pourra, en aucun « cas, s'attribuer de juridiction sur les ordonnateurs. » Le contrôle qui appartient à la Cour des comptes sur les opérations des ordonnateurs relevées dans leur *compte moral* ne peut donc se manifester par aucune décision ni injonction, mais seulement par des avis ou *déclarations,* qui portent sur la conformité des opérations de l'ordonnateur avec la loi du budget et avec les comptes présentés par les comptables. Ces déclarations sont *spéciales* et prononcées par une des chambres, ou *générales* et prononcées par les chambres réunies. Elles n'appartiennent, dans aucun cas, au domaine du contentieux administratif.

Juridiction à l'égard des comptables. — A l'égard des comptables, au contraire, qui manient les deniers publics, les encaissent, les versent et en doivent compte, la Cour exerce une véritable juridiction ; mais, à la différence des anciennes Chambres des comptes qui avaient juridiction sur la personne même du comptable, et pouvaient lui infliger des peines criminelles en cas de faux ou de malversation, la Cour ne juge que le compte et les obligations pécuniaires qui en dérivent pour le comptable. Si donc l'examen des comptes révèle des faux ou des concussions, la Cour doit se borner à en informer le ministre des finances, afin que le ministre de la justice, averti par son collègue, fasse poursuivre les coupables devant les tribunaux ordinaires ([1]). La seule pénalité que la Cour puisse infliger aux comptables est l'amende, qui est encourue par eux lorsque leurs comptes ne sont pas déposés au greffe dans les délais prescrits ([2]), pénalité purement disciplinaire, qui est la sanction de l'action en reddition de comptes ouverte contre le comptable au profit de l'État.

Mais si la juridiction est ainsi limitée à l'égard de la personne du comptable, elle est pleine et entière à l'égard du compte et des obligations qui peuvent en résulter. « La Cour réglera et apurera « les comptes qui lui sont présentés, dit l'article 13 de la loi de « 1807, elle établira par ses arrêts définitifs si les comptables sont « quittes, ou en avance ou en débet. » En cas de débet, elle les condamne à en solder le montant avec intérêts à 5 p. 100. L'arrêt, revêtu de la formule exécutoire ([3]), est transmis au ministre des finances, qui le fait exécuter sur le cautionnement du comptable et au besoin sur ses biens immeubles, grevés à cet effet d'une hypothèque légale en vertu de l'article 2121, § 3, du Code civil.

La Cour des comptes, qui prononce des condamnations au profit de l'État contre les comptables en débet, pourrait-elle en prononcer contre l'État au profit des comptables en avance? La négative n'est pas douteuse. L'article 13 de la loi de 1807, qui prévoit les trois situations où peuvent être les comptables : quittes, en avance ou en débet, dit que *dans les deux premiers cas* la Cour prononcera leur décharge définitive et ordonnera mainlevée et radiation des oppositions et inscriptions hypothécaires mises sur leurs biens, à raison de la gestion dont le compte est jugé. L'arrêt est donc le même en cas d'avance et de quitus. C'est un simple arrêt de libération pour le comptable, ce ne peut être un arrêt de condamnation pour l'État.

Cette doctrine, déjà appliquée devant les anciennes Chambres des comptes ([4]), a été affirmée peu après la promulgation de la loi

1. Loi du 16 septembre 1807, art. 16.

2. Loi du 16 septembre 1807, art. 12.

3. Cette formule exécutoire est fixée par l'article 53 du décret du 28 septembre 1807 : « Mandons et ordonnons à tous huissiers sur ce requis de mettre ledit arrêt à exécution et à tous commandants et officiers de la force publique de prêter main forte lorsqu'ils en seront légalement requis. »

4. Édit d'août 1669, art. 21.

de 1807, par un décret du 1er avril 1808, portant que « la Cour
« sera tenue de rayer de la dépense des comptables les avances par
« eux prétendues faites pour quelque cause que ce soit. » Le
préambule du décret en donne pour raison « que les fonctions de
« notre Cour des comptes doivent se réduire à les juger dans notre
« intérêt et à donner le quitus aux comptables quand elle ne les
« trouve point en débet ; que s'ils se prétendent en avance, c'est au
« ministre du département pour lequel ils les ont faites qu'ils doi-
« vent en demander le paiement ». La décision du ministre sur
cette demande de remboursement ne rentrerait donc pas dans le
contentieux du compte, mais dans celui des dettes de l'État et, à ce
titre, c'est au Conseil d'État et non à la Cour des comptes qu'elle
devrait être déférée ([1]).

Valeurs de caisse et de portefeuille. — La juridiction de la
Cour ne s'exerce pas seulement sur les deniers dont le comptable
a eu le maniement, mais encore sur les valeurs de caisse et les
valeurs de portefeuille ([2]).

Que doit-on entendre par valeurs de portefeuille ? Un dissentiment s'est produit sur ce point entre la Cour des comptes et le
Conseil d'État. D'après un arrêt de la Cour du 26 février 1879
(*Chasteau*), l'assimilation des valeurs de portefeuille à des deniers
doit être limitée aux « billets de banque, bons fiduciaires et autres
effets aux porteurs tenant lieu de numéraire, admis dans les caisses
publiques et dont la valeur est toujours et invariablement déterminée à l'avance ; elle ne saurait s'étendre à des rentes sur l'État,
même au porteur, à des obligations, simples titres de créances qui
constituent, sur le marché des titres, des marchandises dont le
cours est variable d'après l'offre et la demande ». En conséquence,
la Cour s'est déclarée incompétente pour connaître des opérations
d'un chef du service des titres de la ville de Paris, qui était
dépositaire des obligations à échanger contre les certificats provisoires.

Le Conseil d'État, saisi par le ministre des finances d'un recours

1. Cf. Serrigny, *Compétence administrative*, t. III, p. 310.
2. Décret sur la comptabilité publique du 31 mai 1862, art. 23.

contre cet arrêt, a décidé au contraire que ces obligations avaient le caractère de valeurs de portefeuille, parce qu'elles étaient « transmissibles par simple tradition et réalisables immédiatement en argent », et que, par suite, la Cour avait méconnu sa compétence en refusant de connaître de cet élément du compte ([1]).

L'intention du législateur paraît bien être, en effet, de soumettre au même contrôle le maniement des valeurs en espèces et des valeurs fiduciaires immédiatement réalisables en argent. Les rentes ou les obligations au porteur, sans constituer une monnaie ni même en être une représentation immédiate, en sont *en fait* l'équivalent. Tout dépend des conditions de leur circulation, des règles et même des habitudes qui président à leur échange, toutes choses dont il convient de tenir grand compte pour interpréter l'expression de « valeur de portefeuille » : cette expression est assurément flexible, mais elle l'est peut-être à dessein, afin de pouvoir s'adapter aux applications variées qu'elle peut recevoir dans la pratique.

Comptes-matières. — A la différence des deniers et des valeurs de caisse ou de portefeuille, la comptabilité des *matières* n'est pas soumise en principe au jugement de la Cour des comptes, mais seulement à son contrôle administratif. Les matières dont il s'agit ici sont les innombrables objets, approvisionnements, denrées, qui existent dans les magasins, arsenaux ou établissements de l'État, pour être livrés aux usages, consommations et transformations dont ils sont susceptibles.

« Soumettre les comptes-matières au jugement de la Cour des comptes, tout le monde le déclare impossible », disait le ministre des finances, lorsque cette question fut agitée dans la discussion de la loi de finances du 6 juin 1843 ([2]). Il en donnait pour raison que les agents préposés à la garde de ces matières sont obligés, sous peine d'entraver les services et de manquer à la discipline, de les livrer à toute réquisition des administrateurs compétents, seuls juges de leur emploi. Les comptables réels, c'est-à-dire ceux qui

1. Conseil d'État, 5 mai 1882, *Chasteau*.

2. Voy. les notes sur l'article 14 de la loi de finances du 6 juin 1843, Duvergier, *Collection des lois*, 1843, p. 186 et 187.

ont le maniement des matières, seraient alors forcément remplacés par des comptables d'ordre non responsables, c'est-à-dire par des administrateurs qui échappent, en principe, à la juridiction de la Cour des comptes.

La loi du 6 juin 1843 (art. 14) se borna donc à déclarer que les comptes-matières seraient « soumis au *contrôle* de la Cour des comptes », en écartant un amendement qui proposait de les soumettre à son *jugement* ([1]). Elle renvoya à un règlement d'administration publique le soin de déterminer « la nature et le mode de ce contrôle » et d'arrêter « les formes de comptabilité des matières appartenant à l'État dans toutes les parties du service public ». Ce règlement promulgué par l'ordonnance du 26 août 1844, établit, dans chaque magasin, chantier, arsenal, etc., un agent et préposé spécial qui est responsable des matières déposées, et qui tient une comptabilité journalière d'entrée, de sortie, de consommation et de perte. La Cour prononce par voie de déclaration spéciale sur les comptes individuels de ces agents et, par voie de déclaration générale, sur la conformité des résultats des comptes individuels avec les résultats des comptes généraux publiés par les ministres. Enfin elle consigne dans un rapport annuel les observations auxquelles ce double examen a donné lieu ([2]).

Le contrôle de la Cour sur les comptes-matières est donc purement administratif, analogue à celui qu'elle exerce sur le compte moral des ordonnateurs. Il ne peut donner lieu de sa part à aucun acte de juridiction sur le comptable.

Telle est du moins la règle générale, mais elle comporte quelques exceptions. L'ordonnance de 1844 réserve, en effet, l'application des lois spéciales et des règlements qu'il appartient aux ministres de faire pour prescrire, dans certains services, l'établissement d'une comptabilité-matières semblable à la comptabilité-deniers et entraînant la même responsabibité pour le comptable. Il existe des dispositions de ce genre dans le service de la Monnaie, du Timbre, de l'Imprimerie nationale et de quelques manufactures

1. Amendement de M. Deslongrais. Voir la discussion analysée par M. Duvergier, *Collection des lois*, 1843, p. 186.
2. Ordonnance du 26 août 1844, art. 10, 11 et 12.

de l'État. Dans ce cas, la Cour des comptes exerce une véritable juridiction sur le comptable.

Sont, au contraire, entièrement exclues de tout contrôle de la Cour des comptes, tant administratif que juridictionnel, les valeurs dites « valeurs mobilières ou permanentes », qui ne sont pas destinées à des consommations, mais seulement à un usage en nature. Tels sont les mobiliers des palais, hôtels et établissements de l'État, les machines et outils, les bibliothèques, musées, cartes, objets d'art et de science appartenant à l'État (¹).

Comptabilité de fait. Gestion occulte. — Les comptables soumis à la juridiction de la Cour des comptes ne sont pas seulement les fonctionnaires et agents officiellement préposés à la perception et au maniement des deniers publics, mais encore toute personne qui, sans mandat, s'ingère dans ce maniement.

La gestion occulte de ces comptables de fait tombe sous la juridiction de la Cour des comptes comme la gestion patente des comptables réguliers ; elle entraîne les mêmes responsabilités (²). Cependant, lorsque aucune infidélité n'est révélée à la charge du comptable de fait, la Cour peut prendre en considération sa bonne foi, son ignorance des règles de la comptabilité publique, les circonstances exceptionnelles dans lesquelles il a pu être amené à faire acte de comptable, et suppléer par des considérations d'équité à l'insuffisance des justifications produites (³).

Des administrateurs, des ordonnateurs, de simples particuliers peuvent ainsi devenir comptables de fait s'ils ont perçu des deniers de l'État ou de toute autre administration publique, soit pour les conserver en caisse, soit pour les appliquer à des dépenses. Tel est le cas du maire qui perçoit des redevances dues à la commune et

---

1. Décret du 31 mai 1862, art. 877 et 878.

2. Décret du 31 mai 1862, art. 25 : « Toute personne autre que le comptable qui, sans autorisation légale, se serait ingérée dans le maniement des deniers publics, est, par ce seul fait, constituée comptable, sans préjudice des poursuites prévues par l'article 258 du Code pénal, comme s'étant immiscée dans les fonctions publiques. Les gestions occultes sont soumises aux mêmes juridictions et entraînent la même responsabilité que les gestions patentes et régulièrement décrites. » — Cf. Ordonnance du 14 septembre 1822, art. 17, et loi du 5 avril 1884, art. 155.

3. Décret du 31 mai 1862, art. 25 *in fine*.

s'en sert pour acquitter lui-même des dépenses communales ; du curé qui recueille les souscriptions de particuliers pour la construction ou la réparation d'une église paroissiale et règle directement ces travaux avec l'entrepreneur ; il est comptable de fait, même quand les souscripteurs ont déclaré s'en rapporter à sa gestion, car il ne peut dépendre de conventions particulières de modifier le caractère public des travaux et des dépenses et les règles de comptabilité qui en résultent. Tel est aussi le cas de toute personne, publique ou privée, qui reçoit des fonds pour acquitter des dépenses au nom de l'État([1]).

Les règles relatives aux comptabilités de fait s'appliquent avec une rigueur particulière quand le maniement des deniers publics est le résultat d'une émission de *mandats fictifs*. On appelle ainsi des mandats de paiement délivrés par un ordonnateur à des parties prenantes qui n'y ont pas droit, mandats motivés par des travaux ou des fournitures que l'ordonnateur sait n'être pas dus, et n'ayant d'autre but que de mettre à sa disposition des sommes qu'il emploiera à d'autres dépenses, soit publiques, soit personnelles. Il y a là une manœuvre frauduleuse qui peut constituer un délit si l'auteur du mandat fictif s'est approprié les sommes ainsi mandatées, et qui constitue en tout cas une grave infraction aux règles de la comptabilité s'il s'en est servi pour acquitter, au moyen d'un virement dissimulé, des dépenses publiques non autorisées.

La jurisprudence de la Cour des comptes admet qu'il y a gestion occulte de la part de toutes les personnes qui ont pris part au maniement des deniers retirés de la caisse publique à l'aide du mandat fictif, de la part de l'ordonnateur à la disposition duquel les deniers ont été mis([2]) et de la part des fournisseurs fictifs qui les ont touchés en présentant le mandat([3]).

Mais faut-il aller plus loin ? Faut-il considérer comme un fait de gestion occulte l'émission d'un mandat fictif, abstraction faite de tout maniement de deniers ? Non ; ce serait méconnaître la distinction fondamentale que la loi établit entre l'ordonnateur et

1. Conseil d'État, 10 juillet 1874, *Baron*.
2. Cour des comptes, 23 juin 1882, *département de X...* ; — 28 février 1887, *Augey* ; — 28 octobre 1890, *Duvialard*.
3. Cour des comptes, 7 juin 1882, *commune d'A...* ; — 29 février 1892, *Jacquemin*.

le comptable et entre les juridictions dont ils relèvent. L'ordonnateur qui s'est borné à émettre un mandat fictif sans disposer de son montant, a agi comme ordonnateur; et quand il aurait mal et frauduleusement agi, il ne deviendrait pas pour cela justiciable de la Cour des comptes qui n'a point de juridiction sur les ordonnateurs.

Mais pour que l'ordonnateur qui a délivré un mandat fictif soit réputé s'être ingéré dans le maniement des deniers et devienne ainsi comptable de fait, il n'est pas toujours nécessaire que le montant du mandat ait été versé entre ses mains ; il suffit qu'il ait eu les fonds à sa disposition. Peu importe, en effet, qu'il les ait détenus et dépensés lui-même ou qu'il les ait fait détenir et dépenser par autrui conformément à ses instructions. Nul doute que, dans ce cas; le tiers qui a pris part à la gestion occulte ne se soit rendu comptable de fait, mais cela n'empêche pas que l'ordonnateur par qui cette gestion a été provoquée et dirigée ne le soit également (¹).

Quant aux personnes publiques ou privées qui ont fourni à l'ordonnateur les faux certificats et les mémoires fictifs, la règle nous paraît être la même. Pour qu'il y ait comptabilité de fait, il faut un maniement de deniers ; la remise à l'ordonnateur de certificats de complaisance, des factures simulées qui serviront à l'émission d'un mandat fictif ne saurait suffire, à elle seule, pour impliquer les auteurs de ces pièces dans une gestion occulte. Il peut y avoir là un fait de complicité pénale qui les fera comprendre dans une poursuite si la gestion occulte aboutit à des détournements; mais il n'y a pas un fait de comptabilité, parce qu'il n'y a pas de maniement de deniers. A la vérité, la Cour des comptes a décidé que « toute personne qui, *par de fausses déclarations*, détourne des deniers publics de leur affectation régulière pour les appliquer à

---

1. Cour des comptes, 2 décembre 1890, *commune de Berlancourt ;* — 7 juin 1882, *commune d'A...;* — 13 janvier 1887, *Demarquilly.* Ce dernier arrêt va peut-être un peu loin en décidant qu'un maire participe à la gestion occulte d'un secrétaire de mairie, par cela seul qu'il a connu et *tacitement approuvé* les agissements de son subordonné. Nous ne pensons pas que cette complicité, purement morale, puisse suffire pour rendre l'ordonnateur comptable de fait, s'il n'est pas établi qu'il a, en outre, participé personnellement ou par des instructions données à son agent, au maniement et à l'emploi des fonds.

des dépenses qu'aucun pouvoir légal n'a autorisées, *s'ingère dans le maniement de ces deniers*, devient *par ce seul fait* comptable et se soumet aux dispositions qui régissent les gestions occultes ([1]) ». Cette formule nous semble un peu trop générale, mais la Cour l'a employée dans une affaire où l'auteur des certificats avait personnellement pris part à la réception et à l'emploi des fonds. La solution n'aurait peut-être pas été la même si ce maniement de deniers n'avait pas été établi. En résumé, nous pensons que la délivrance des faux certificats peut faire présumer qu'on a eu intérêt à les fournir et qu'on a participé à la gestion occulte; mais elle ne constitue pas à elle seule une preuve de cette gestion ([2]).

Du cas où les pièces émanées de l'ordonnateur sont irrégulières. — La loi qui refuse à la Cour des comptes juridiction directe sur les ordonnateurs — en dehors du cas de gestion occulte qui les transformerait en comptables — lui permet-elle d'exercer sur eux une juridiction indirecte en rendant les comptables responsables des ordres que les ordonnateurs leur ont donnés?

Cette question doit être résolue négativement.

Un des principaux cas où elle peut se poser a été expressément prévu par les règlements de la comptabilité publique ([3]), c'est le cas où une partie prenante se présente à une caisse publique, porteur d'une ordonnance ou d'un mandat dont les énonciations sont insuffisantes ou qui n'est pas accompagné des pièces justificatives exigées par les règlements. Le payeur doit alors refuser le paiement ou du moins le suspendre, remettre séance tenante au porteur de l'ordonnance ou du mandat une déclaration écrite et motivée de son refus, et en adresser copie au ministre des finances. Mais si, malgré cette déclaration, l'ordonnateur requiert par écrit et sous sa responsabilité qu'il soit passé outre au paiement, le payeur est tenu d'obtempérer; il annexe alors au mandat qu'il

---

1. Cour des comptes, 23 juin 1882, *département de X...*

2. Voy. sur la théorie de la comptabilité de fait et sur les diverses applications que la jurisprudence en a faites, le savant *Traité des comptables de fait*, de MM. Marquès di Braga et Camille Lyon (3 vol. in-8°, extraits du *Répertoire du droit administratif*).

3. Décret du 31 mars 1862, art. 91, reproduisant l'ordonnance du 19 mai 1838, art. 69, et celle du 14 septembre 1822, art. 15.

acquitte sa déclaration et la réquisition de l'ordonnateur. Sur le vu
de ces pièces, la Cour doit décharger le comptable de toute responsabilité et elle ne saurait la faire retomber sur l'ordonnateur par
aucun acte de juridiction. Elle ne peut que signaler l'irrégularité,
par voie de simple déclaration, lors de l'examen du compte moral
de l'ordonnateur.

Il en serait ainsi, même si la réquisition donnée au payeur avait
pour effet de faire acquitter une dépense pour laquelle il n'y aurait
pas de crédit disponible. Dans ce cas particulièrement grave, le
comptable devrait en référer au ministre des finances qui se con-
certerait immédiatement avec le ministre du département intéressé; mais si la réquisition était maintenue, le payeur devrait
obtempérer et il ne saurait encourir de ce chef aucune responsabilité devant la Cour. Celle-ci ne pourrait en effet exercer sa juridiction contre lui sans l'exercer indirectement contre les ordonnateurs
et les ministres dont ils relèvent.

Par application du même principe, la Cour ne peut pas, d'après
l'article 18 de la loi du 16 septembre 1807, « refuser aux payeurs
« l'allocation des paiements par eux faits sur des ordonnances re-
« vêtues des formalités prescrites et accompagnées des acquits des
« parties prenantes et *des pièces que l'ordonnateur aura prescrit d'y*
« *joindre* ». D'où il suit que la Cour ne pourrait pas rendre le comptable responsable de justifications qu'elle jugerait insuffisantes, mais
qui seraient conformes aux prescriptions de l'ordonnateur. Dans
ce cas, en effet, c'est l'ordonnateur qu'elle atteindrait en la personne du comptable, c'est sur lui qu'elle exercerait indirectement
sa juridiction.

Toutefois, il s'est élevé, sur la véritable portée de l'article 18 de
la loi de 1807, des difficultés que nous ne saurions passer sous
silence.

Dans les termes où elle a été formulée, cette disposition pouvait
sacrifier les intérêts de l'État au pouvoir discrétionnaire des ordonnateurs. Ceux-ci n'étaient alors guidés, pour la désignation des
pièces, par aucun texte impératif; le décret du 13 juillet 1804 leur
laissait à cet égard la plus grande latitude. La Cour des comptes
réclama avec raison contre cet état de choses, et ses observations
ne furent pas étrangères aux dispositions insérées dans l'ordon-

nance du 14 septembre 1822, dont l'article 10 énumère les pièces
à joindre aux ordonnances et mandats.

Néanmoins, par un arrêt du 22 décembre 1837 (*payeur de l'Hé-
rault*), la Cour des comptes décida que cette énumération n'était pas
limitative, que l'article 10 de l'ordonnance de 1822 exigeait avant
tout des pièces « constatant que leur effet est d'acquitter en tout ou
en partie une dette de l'État régulièrement justifiée », que la Cour
restait juge de cette constatation, et qu'elle avait le droit d'exiger
du payeur des pièces justificatives non prévues au règlement.

Cet arrêt, déféré au Conseil d'État par le ministre des travaux
publics, fut annulé le 8 septembre 1839, sur le rapport de M. de Gé-
rando. Le Conseil d'État décida que si la nomenclature de pièces
contenue dans l'article 10 de la loi de 1822 pouvait être modifiée
en vertu d'arrêtés pris de concert par le ministre des finances et le
ministre ordonnateur ([1]), « aucune loi ou ordonnance n'attribue à
la Cour des comptes le droit de suppléer, pour la désignation des
pièces, aux nomenclatures ainsi arrêtées ».

La Cour résista à cette jurisprudence. qui fut affirmée de nouveau par arrêt du Conseil d'État du 22 mars 1841 (*Ministre des
finances*).

La Cour des comptes ayant encore persisté dans sa doctrine par
des *observations* présentées sur le budget de 1839, la commission
de la Chambre des députés chargée de préparer la loi du 9 mai
1842 portant règlement définitif de ce budget, fut saisie de la
question. Elle se prononça avec beaucoup de force pour la jurisprudence du Conseil d'État contre celle de la Cour des comptes ([2]).
« La Cour, dit son rapporteur, veut désormais examiner si les paiements sont réguliers, s'ils acquittent une dette de l'État et si le
montant de cette dette a pu être régulièrement ordonnancé. Elle
veut en un mot *étendre sa juridiction sur les ordonnateurs* en prescrivant les pièces que les comptables auront le droit d'exiger d'eux.
Une telle prétention est contraire à la véritable juridiction des
pouvoirs constitués. C'est à l'administration qu'est confié le soin

1. Ces arrêtés ont été prévus par l'article 65 de l'ordonnance du 31 mai 1838, pro-
mulguée entre l'arrêt de la Cour des comptes et celui du Conseil d'État.

2. Rapport de M. Duprat au nom de la commission, *Moniteur* du 24 juin 1841, et
Duvergier, *Collection des lois*, 1841, p. 89.

de reconnaître la légalité et la nécessité d'une dépense. Ce droit ne peut appartenir à la Cour des comptes, parce que *l'administration n'est pas et ne peut pas être son justiciable* ; elle ne peut répondre de ses actes que devant les Chambres... »

Tenons donc pour certain que le contrôle judiciaire de la Cour, strictement limité aux comptes des comptables, ne peut s'exercer ni directement ni indirectement sur les décisions ou sur les réquisitions des ordonnateurs.

Compétence ministérielle sur les questions de responsabilité personnelle des comptables. — Même à l'égard des comptables et de leurs obligations pécuniaires envers le Trésor, la juridiction de la Cour n'est pas illimitée. Ainsi que nous l'avons dit, la Cour juge le compte plutôt que le comptable : d'où il suit que si son contrôle judiciaire est sans partage quand il s'agit de statuer sur des éléments matériels du compte, il ne l'est pas quand il s'agit d'apprécier la conduite du comptable et les responsabilités qu'il peut encourir. Ces dernières questions ne relèvent pas de la Cour, mais du ministre auquel ressortit le comptable, sauf recours au Conseil d'État.

Il y a là deux juridictions parallèles, qui s'exercent l'une et l'autre avec une entière indépendance.

Ainsi, un arrêt de quitus obtenu par un comptable ne fait pas obstacle à ce que le ministre déclare ce comptable en débet en raison de responsabilités encourues au cours de la même gestion, soit de son chef, soit du chef des préposés dont il répond ([1]). De même, une déclaration de débet prononcée par arrêt de la Cour passé en force de chose jugée, à raison d'un déficit constaté dans la gestion ne fait pas obstacle à ce que le comptable s'adresse au ministre et lui demande décharge du débet, en invoquant les circonstances prévues par la loi qui peuvent effacer ou atténuer sa responsabilité ([2]). Dans ce cas, le ministre prononce, sauf recours au Conseil d'État ; non parce qu'il est juge, mais parce qu'il est, en sa qualité de supérieur hiérarchique, l'appréciateur nécessaire

---

1. Conseil d'État, 4 septembre 1840, *Bricogne ;* — 7 février 1843, *Duffo.*

2. Voy. au décret du 31 mai 1862 : 1° l'article 21 qui autorise le comptable à demander décharge lorsque le déficit constaté dans sa caisse provient de vol ou de perte

des circonstances que le comptable invoque comme autorisant une dérogation aux règles ordinaires du service. Aussi la demande en décharge de responsabilité qui serait portée directement devant le Conseil d'État sans recours préalable au ministre, ne serait pas recevable (¹). La jurisprudence de la Cour des comptes est ici d'accord avec celle du Conseil d'État. Elle a plusieurs fois décidé que la responsabilité encourue par les comptables supérieurs du chef de leur préposé « a un caractère essentiellement administratif en dehors de la juridiction de la Cour » (²).

Ces règles reçoivent une exception en matière de comptabilité communale. En vertu de dispositions spéciales du décret de comptabilité du 31 mai 1862 (³), il appartient au juge des comptes des receveurs communaux, à l'exclusion du ministre, d'apprécier si ces comptables ont pris les soins et fait les diligences nécessaires pour la conservation des biens et des créances des communes (⁴).

On peut aussi mentionner quelques dispositions législatives n'ayant plus aujourd'hui qu'un intérêt historique, qui attribuaient à la Cour des comptes l'appréciation de certains cas de responsabilité. Ces dispositions, limitées à des périodes déterminées, n'avaient en vue que des liquidations d'arriéré (⁵). Ce sont des exceptions qui confirment la règle, puisqu'elles prouvent la nécessité de textes spéciaux quand il s'agit d'y déroger.

La compétence du ministre étant limitée aux questions de res-

---

de fonds résultant de force majeure ; — 2° l'article 329, qui permet au ministre des finances de décharger le comptable supérieur lorsqu'il établit que le déficit ou le débet relevé contre son préposé doit être attribué à des circonstances indépendantes de sa surveillance ; — 3° l'article 351, qui contient des dispositions analogues pour le caissier-payeur central du Trésor.

Pour l'application de ces règles, voy. Conseil d'État, 1er février 1871, *Thomas* ; — 10 novembre 1876, *Sicre*. — Dans cette dernière affaire, le ministre de l'instruction publique opposait à la demande en décharge de responsabilité présentée par un économe de lycée, une fin de non-recevoir tirée de ce que le débet avait été constaté par arrêt définitif de la Cour des comptes; le Conseil d'État a explicitement écarté cette fin de non-recevoir.

1. Conseil d'État, 29 mars 1889, *Humann ;* — 14 novembre 1890, *Auger.*

2. Cour des comptes, 3 août 1880, *d'Orient de Bellegarde ;* — 10 août 1880, *Desmousseaux de Givré.*

3. Décret du 31 mai 1862, art. 519.

4. Conseil d'État, 4 avril 1856, *Delaunay;* — 5 décembre 1884, *Ticier ;* — 29 mars 1889, *Humann.*

5. Décret du 21 juin 1809 ; Ordonnance du 17 janvier 1816.

ponsabilité, il y aurait de sa part un empiétement sur les attributions de la Cour s'il prétendait reviser, pour erreurs de calcul, omission ou double emploi, les articles d'un compte réglé et apuré par la Cour [1]. Ainsi, lorsque le montant de mandats de paiement est entré dans les éléments d'un compte sur lequel un arrêt est intervenu, il n'appartient pas au ministre de déclarer le comptable en débet en se fondant sur ce que les mandats seraient entachés de faux. Il ne peut, en pareil cas, que demander à la Cour elle-même le redressement des articles erronés, par la voie du recours en revision, et seulement dans les cas (examinés ci-après) où ce recours lui est ouvert [2].

Arrêts de la Cour des comptes. — La Cour des comptes prononce sur les comptes, soit comme juge unique, soit comme juge d'appel. Elle prononce comme juge unique sur les comptes de l'État, des départements et des communes ou établissements publics ayant plus de 30,000 fr. de revenus ; comme juge d'appel, sur les comptes des communes et établissements publics ayant un revenu inférieur. Dans ce dernier cas, la juridiction de premier ressort appartient aux conseils de préfecture.

Lorsque la Cour prononce comme juge unique, sa juridiction n'a besoin d'être mise en mouvement par aucune action, conclusion ni réquisition ; elle s'exerce spontanément et de plein droit en vertu de l'obligation de rendre compte que la loi impose à tout comptable. Pour satisfaire à cette obligation, les comptables sont tenus de déposer leurs comptes avec les pièces à l'appui dans des délais déterminés, passé lesquels ils sont passibles d'amendes [3]. La Cour est saisie par le seul fait du dépôt du compte.

La vérification des comptes donne lieu à deux sortes d'arrêts, les arrêts *provisoires* et les arrêts *définitifs,* ou plus exactement à deux séries de dispositions qui peuvent trouver place dans un même arrêt, selon que tels articles du compte ont été provisoirement ou définitivement vérifiés.

L'arrêt provisoire, rendu sur le vu du compte et des pièces

---

1. Conseil d'État, 19 mars 1823, *Delamarre ;* — 7 février 1848, *Duffo.*
2. Conseil d'État, 7 juillet 1853, *Guibert.*
3. Loi du 16 septembre 1807, art. 12.

jointes, est communiqué au comptable qui a deux mois pour le débattre et fournir les compléments de justification nécessaires. Si aucune réclamation n'est formée dans ce délai ou si les justifications offertes ne sont pas accueillies par la Cour, l'arrêt devient définitif, et il est exécutoire contre le comptable pour le montant de son débet (¹).

Arrêts de revision. — Les arrêts définitifs sont susceptibles d'être réformés par la voie du recours en revision. Aux termes de l'article 14 de la loi du 16 septembre 1807, « la Cour, nonobstant « l'arrêt qui aura jugé définitivement un compte, pourra procé- « der à sa revision, soit sur la demande du comptable appuyée « de pièces justificatives recouvrées depuis l'arrêt, soit d'office, « soit à la réquisition du procureur général pour erreur, omis- « sion, faux ou double emploi reconnus par la vérification d'autres « comptes ».

D'après ce texte, la revision peut être provoquée, soit par le comptable, soit par la Cour agissant d'office ou à la requête de son procureur général. Le droit de demander la revision appartient aussi à une autre catégorie d'intéressés, c'est-à-dire aux administrations locales et aux établissements publics dont la comptabilité ressortit à la Cour, soit directement, soit par appel des décisions des conseils de préfecture, selon que leurs revenus excèdent ou non 30,000 fr. (²).

La revision peut donc, en réalité, être provoquée de quatre manières différentes : 1° par la demande du comptable ; — 2° par la demande des administrations ou établissements intéressés ; — 3° par les réquisitions du procureur général ; — 4° par la Cour agissant d'office.

1. Loi du 16 septembre 1807, art. 13.

2. Le silence de la loi de 1807 sur le recours des communes et des établissements publics s'explique par ce fait que la comptabilité des communes n'était pas, à cette époque, soumise à la Cour des comptes, soit directement, soit en appel. D'après l'arrêté du 4 thermidor an X (23 juillet 1802), qui était en vigueur en 1807, les comptes des receveurs communaux étaient soumis aux préfets (art. 20) et, en cas de réclamation contre la décision des préfets, « au Gouvernement qui décidera en Conseil d'État » (art. 21). — L'appel à la Cour des comptes a été institué par l'ordonnance du 28 janvier 1815, qui a ouvert ce recours aux communes aussi bien qu'aux comptables.

Mais les causes de revision ne sont pas les mêmes dans ces différents cas.

S'il s'agit d'une demande formée par le comptable, la revision est très largement ouverte. Elle peut avoir lieu sur le vu de toute justification recouvrée depuis l'arrêt, pourvu que la date des pièces justificatives soit antérieure à celle de cet arrêt. Ainsi, toute quittance, facture ou autre pièce dont l'absence a eu pour effet de faire rejeter une dépense, peut être produite après coup et faire admettre cette dépense. Le droit du comptable est alors plus large que celui qui est prévu par le droit commun, car l'article 541 du Code de procédure civile n'admet la revision d'un compte qu'en cas d'erreur, omission, faux ou double emploi, tandis que la loi de 1807 l'autorise en faveur du comptable toutes les fois qu'il peut fournir, à l'appui d'une dépense, les preuves et justifications qui lui avaient d'abord fait défaut.

A l'égard des administrations locales et des établissements publics, il n'existe pas de dispositions spéciales déterminant les cas de revision ; il en résulte que le droit commun leur est applicable et qu'ils peuvent demander la revision dans les termes de l'article 541 du Code de procédure civile, c'est-à-dire pour erreur, omission, faux ou double emploi.

L'erreur est ici restreinte à l'erreur matérielle, et ne s'étend pas à l'appréciation erronée qui a pu être faite d'éléments du compte, ou de pièces justificatives, lors du premier jugement.

Enfin, si la revision est requise par le procureur général ou ordonnée d'office par la Cour, elle ne peut avoir lieu contre le comptable que dans les cas prévus par l'article 541 du Code de procédure civile, et en outre avec cette restriction importante que la preuve de l'erreur, de l'omission, du faux ou double emploi ne peut légalement résulter que « de la vérification d'autres comptes ».

La loi de 1807 n'autorise donc pas le procureur général ou la Cour à recourir à des éléments de revision provenant d'une autre source que les vérifications mêmes de la Cour, que les rapprochements qu'elle peut être amenée à faire entre les pièces de différents comptes. La loi exclut, par conséquent, les preuves d'erreur, d'omission, de faux ou double emploi, qui résulteraient de documents ou de témoignages émanant de tiers, ou qui seraient fournies par l'instruction de procès civils ou criminels et qui n'apparaîtraient pas par la vérification d'autres comptes.

Aussi est-il permis de concevoir des doutes sur la doctrine d'un arrêt de la Cour des comptes du 12 décembre 1888 (*Adrien-Léon*), rendu à la requête du procureur général. Cet arrêt se fonde, pour reviser plusieurs arrêts antérieurs relatifs à la comptabilité d'un trésorier-payeur général, sur l'existence de faux mandats qu'une instruction et une condamnation criminelles avaient révélée, non à la charge du comptable, mais à la charge d'un tiers. L'arrêt vise le dossier de cette procédure « ensemble l'arrêt de la Cour d'assises de l'Oise du 8 janvier 1887 et *les pièces déclarées fausses par ledit arrêt* ».

Il ressort d'ailleurs de la décision tout entière que la revision résulte bien de ces constatations étrangères aux procédures de la Cour, et non « de la vérification d'autres comptes ». Si cet arrêt devait faire jurisprudence, il serait à craindre que les distinctions sagement établies par la loi de 1807, entre la revision ouverte au comptable et la revision beaucoup plus restreinte ouverte au procureur général et à la Cour, ne fussent effacées ([1]).

La Cour saisie d'une demande de revision examine d'abord si elle est recevable ; la recevabilité n'est subordonnée à aucun délai, mais elle peut dépendre de la valeur des justifications offertes par le comptable, de la nature des erreurs signalées et des preuves alléguées par le procureur général. Elle fait l'objet d'un premier

---

1. On doit d'autant plus se garder de toute confusion en cette matière, que cette confusion paraît avoir été commise dans l'article 540 du décret sur la comptabilité publique du 31 mai 1862, qui est reproduit dans un des motifs de l'arrêt du 12 décembre 1888, et qui est ainsi conçu : « *Les comptables, les administrations locales et « les ministres de l'intérieur et des finances* peuvent demander devant les premiers « juges la revision des arrêts ou arrêtés définitifs, pour erreurs, omissions, double « ou faux emplois reconnus par la vérification d'autres comptes, *et à raison de pièces « justificatives recouvrées depuis l'arrêt ou l'arrêté.* »

Cette rédaction est vicieuse en ce qu'elle groupe, d'une part, les parties qui peuvent demander la revision et, d'autre part, l'ensemble des cas de revision, comme si chaque partie pouvait également se prévaloir de chacun de ces différents cas.

A peine est-il besoin de faire remarquer que le décret du 31 mai 1862, simple compilation des textes en vigueur, n'a pas pu déroger à l'article 14 de la loi de 1807. Les rédacteurs du décret ont d'ailleurs cité cet article 14 en note sous leur article 540, comme s'ils se bornaient à s'y référer, et ils l'ont fidèlement reproduit dans un autre article du même décret, l'article 420.

arrêt statuant sur la recevabilité du recours en revision : en cas d'admission du recours, il est procédé à la revision des articles contestés dans la même forme que dans la première instance. Le comptable à qui l'arrêt d'admission impartirait un délai pour produire des justifications jugées recevables et qui ne les fournirait pas en temps utile, serait forclos et ne pourrait pas reproduire sa demande en revision. Les arrêts de revision peuvent, comme les autres décisions de la Cour, avoir le caractère d'arrêts provisoires ou définitifs.

Juridiction de premier ressort des conseils de préfecture. — La Cour connaît, en appel, des décisions rendues par les conseils de préfecture sur les comptes des receveurs municipaux, des trésoriers des hospices, des fabriques et autres établissements publics dont les revenus ordinaires n'excèdent pas 30,000 fr. d'après les comptes des trois dernières années (¹).

Le conseil de préfecture, considéré comme juge des comptes, n'est pas soumis aux mêmes règles d'organisation et de procédure que lorsqu'il prononce comme tribunal de contentieux administratif. Il n'y a ni débats oraux ni audiences publiques ; les règles générales de la procédure sont les mêmes que devant la Cour des comptes ; le conseil de préfecture, comme la Cour, rend des décisions provisoires ou définitives, et il peut les reviser dans les cas prévus par l'article 14 de la loi du 16 septembre 1807. Ses arrêtés sont revêtus d'une formule exécutoire prévue par l'article 434 du décret du 31 mai 1862, et qui est la même que celle des arrêts de la Cour des comptes.

---

1. Loi du 5 avril 1884, art. 157. — Cf. Loi du 18 juillet 1837, art. 66, et Ordonnance du 3 mai 1838, art. 483.

Avant la loi de 1837, le jugement des comptes des receveurs municipaux a été successivement soumis aux règles suivantes :

D'après l'arrêté du 4 thermidor an X, les comptes étaient soumis aux préfets, sauf recours au Gouvernement en Conseil d'État.

D'après l'ordonnance du 28 janvier 1815, les compte des communes ayant moins de 10,000 fr. de revenus étaient réglés par arrêtés du préfet en conseil de préfecture, sauf recours devant la Cour des comptes.

D'après l'ordonnance du 23 avril 1823, les mêmes comptes étaient réglés par les conseils de préfecture, sauf recours à la Cour des comptes, et les comptes des communes ayant moins de 100 fr. de revenu par les sous-préfets, sauf recours au conseil de préfecture.

Les conseils de préfecture n'étant, en cette matière, que des auxiliaires de la Cour des comptes et concourant à la même mission, c'est d'elle qu'ils relèvent, et non du Conseil d'État; aussi est-il de jurisprudence constante que l'appel d'une décision de conseil de préfecture statuant en matière de compte est non recevable s'il est porté devant le Conseil d'État ([1]).

Ce qui est vrai de l'appel, l'est-il également du recours en annulation pour incompétence ou excès de pouvoir? Spécialement, lorsque le conseil de préfecture prononce sur la situation d'un comptable de fait et lui enjoint de présenter un compte, sa décision peut-elle être directement déférée au Conseil d'État pour excès de pouvoir et par application de la loi des 7-14 octobre 1790 et de l'article 9 de la loi du 24 mai 1872? Le Conseil d'État s'est plusieurs fois prononcé pour l'affirmative ([2]); mais, depuis 1882, il est revenu sur cette jurisprudence. Sa doctrine paraît aujourd'hui bien fixée en ce sens que tous les griefs, quels qu'ils soient, qui tendent à l'annulation ou à la réformation d'un arrêté de conseil de préfecture statuant en matière de comptabilité, doivent être soumis à la juridiction d'appel, c'est-à-dire à la Cour des comptes. Le Conseil d'État ne peut connaître des griefs d'incompétence ou d'excès de pouvoir relevés contre un arrêté de conseil de préfecture, que s'il est saisi d'un recours en cassation contre un arrêt de la Cour des comptes confirmant cet arrêté ([3]).

La raison qui a fait hésiter sur ce point la jurisprudence, vient de ce que le Conseil d'État a juridiction en matière d'excès de pouvoir sur toutes les autorités administratives; or, le conseil de préfecture, statuant à l'égard d'un comptable de fait, peut être considéré comme ayant un double caractère : celui d'autorité administrative lorsqu'il recherche s'il y a comptabilité de fait, c'est-à-dire si les deniers dont le compte est à faire sont ou non des deniers communaux; celui de tribunal financier lorsqu'il apprécie les éléments du compte. On avait pensé que ce rôle pouvait être dédoublé et que les erreurs commises sur la nature des de-

---

1. Conseil d'État, 26 décembre 1877, *Reveau*.
2. Conseil d'État, 15 avril 1857, *Chervaux*; — 13 mars 1874, *Duchemin*.
3. Conseil d'État, 19 mai 1882, *commune de Berlancourt*; — 25 janvier 1884, *Taillefer*; — 4 avril 1884, *commune d'Escouloubre*; — 30 novembre 1888, *Proy*.

niers, et par suite sur la qualité de comptable de fait, pouvaient être isolées des erreurs commises sur le compte, et être dénoncées à des juges différents.

Mais en examinant la question de plus près, on a reconnu que ces deux opérations ne sont en somme que deux phases successives d'un même acte juridictionnel, qui est le jugement du compte. Ce jugement implique, en effet, la recherche du comptable. Du moment qu'il existe des comptabilités de fait, soumises par la loi au même juge que les gestions régulières, il faut bien que le juge puisse constater l'existence de ces comptabilités avant d'en apprécier les éléments ; or, cette existence dépend du caractère public ou non des deniers dont il est demandé compte.

C'est donc bien comme juge financier et non comme administrateur que le conseil de préfecture se livre à ces constatations. Il est à cet égard dans la même situation que la Cour des comptes, qui ne sort certainement pas de ses attributions juridictionnelles pour faire acte d'administrateur, lorsqu'elle caractérise la nature des deniers et en conclut que le fonctionnaire ou le particulier qui les a maniés est ou non son justiciable.

C'est donc avec raison que le Conseil d'État a proclamé, depuis 1882, la compétence exclusive de la Cour des comptes à l'égard de toutes les décisions des conseils de préfecture visant des comptables de fait.

Recours en cassation contre les arrêts de la Cour des comptes. — Les arrêts de la Cour des comptes, qu'ils soient rendus en premier et dernier ressort, ou sur l'appel de décisions des conseils de préfecture, peuvent être déférés au Conseil d'État statuant comme juge de cassation. Mais ce recours ne peut être formé que contre les arrêts définitifs, et non contre les arrêts provisoires.

Le recours en cassation est prévu par l'article 17 de la loi du 16 septembre 1807. Il est ouvert soit au comptable, soit au ministre des finances ou à tout autre ministre intéressé ; il ne peut s'exercer que pour violation des formes ou de la loi, à l'exclusion de tout grief tiré d'un mal-jugé au fond. Il ne peut donner lieu, devant le Conseil d'État, qu'à un arrêt d'annulation, non à un arrêt de réformation. La réformation au fond ne peut résulter que d'un arrêt de la Cour des comptes, sur le renvoi qui lui est fait de l'affaire par l'arrêt du Conseil d'État prononçant la cassation.

Ce recours est un de ceux qui rentrent dans le *contentieux de l'annulation* dont il appartient au Conseil d'État de connaître. Ce contentieux faisant l'objet d'une étude d'ensemble dans notre tome II, nous y renvoyons pour l'examen des règles applicables aux recours en cassation contre les arrêts de la Cour des comptes.

CHAPITRE V

**JURIDICTIONS SPÉCIALES (Suite). — CONSEILS DE REVISION,
CONSEILS DE L'INSTRUCTION PUBLIQUE.**

———

I. — Conseils de revision

Les conseils de revision ont une double mission : ils procèdent, comme corps administratifs, à la revision des opérations de recrutement et ils impriment à ces opérations un caractère authentique et définitif. D'un autre côté, ils statuent comme juges de premier et dernier ressort, soit sur les réclamations dirigées contre les opérations du recrutement, soit sur les cas d'exemption et de dispense prévus par la loi.

Cette double mission est nettement indiquée par l'article 18 de la loi du 15 juillet 1889 : « Les opérations du recrutement sont « *revues,* les réclamations auxquelles ces opérations peuvent donner « lieu sont *entendues,* les causes d'exemption et de dispense sont « *jugées* en séance publique par un conseil de revision ([1]). »

Le conseil de revision est composé de cinq membres, savoir : — le préfet qui préside, et qui peut être suppléé par le secrétaire général et exceptionnellement par le vice-président du conseil de préfecture ou par un conseiller de préfecture délégué par le préfet ; — un conseiller de préfecture désigné par le préfet ; — un membre du conseil général et du conseil d'arrondissement désignés l'un et l'autre par la commission départementale, et qui ne peuvent être

———

1. Cette définition des fonctions du conseil de revision est empruntée à l'article 27 de la loi du 27 juillet 1872, qui reproduisait l'article 15 de la loi du 21 mars 1832.

les conseillers élus par le canton où s'opère la revision ; — un officier général ou supérieur désigné par l'autorité militaire.

La loi admet en outre aux séances du conseil de revision : un membre de l'intendance qui est entendu dans l'intérêt de la loi, toutes les fois qu'il le demande, et qui peut faire consigner ses observations au registre des délibérations; le commandant du recrutement ; un médecin militaire ou un médecin civil délégué par l'autorité militaire. Le sous-préfet et les maires des communes auxquelles appartiennent les jeunes gens appelés devant le conseil assistent aux séances et peuvent être entendus en leurs observations.

Si le conseil est réduit à quatre membres au lieu de cinq, il peut délibérer lorsque le président, l'officier général ou supérieur et deux membres civils restent présents ; mais la voix du président n'est pas prépondérante ; en cas de partage, la décision est ajournée. Si le conseil est réduit à moins de quatre membres, il ne peut prendre aucune décision.

La juridiction du conseil est départementale et ambulatoire ; elle s'exerce successivement dans les différents cantons du département ; toutefois, un arrêté du préfet peut décider que plusieurs cantons seront réunis pour former une seule circonscription de revision.

Les conseils de revision jugent les cas d'exemption et de dispense, d'après des constatations ou des certificats prévus par la loi et après avoir convoqué et entendu les intéressés. Leurs décisions ne sont pas susceptibles d'opposition quand elles sont rendues par défaut.

Les réclamations soumises au conseil de revision par les jeunes gens portés sur les tableaux de recensement peuvent soulever des questions d'âge, de nationalité, de jouissance ou de privation des droits civils, de filiation, de domicile. Le conseil de revision, juridiction administrative, ne saurait résoudre ces questions sans empiéter sur les attributions de l'autorité judiciaire. Il doit donc en renvoyer l'examen aux tribunaux avant de statuer sur la réclamation; le tribunal compétent est celui du domicile de l'appelé. Le conseil de revision peut aussi rendre une décision conditionnelle dont les effets demeureront suspendus jusqu'à ce que les tribunaux aient prononcé sur la question préjudicielle. Cette question leur est soumise par la partie la plus diligente, le préfet ou le réclamant ; ils la jugent comme affaire sommaire et urgente après avoir entendu le ministère public (¹).

Les décisions des conseils de revision ne sont susceptibles d'appel devant aucune juridiction. Elles ont été qualifiées de *définitives* par toutes les lois de recrutement qui ont institué ces conseils. La loi du 10 mars 1818 et celle du 21 mars 1832 ne prévoyaient même aucun recours devant le Conseil d'État statuant comme juge de cassation, excepté si le conseil de revision passait outre au jugement de questions préjudicielles du ressort des tribunaux (²).

On s'est demandé sous l'empire de ces lois si, en dehors de ce cas unique, le Conseil d'État pouvait être saisi de recours en annulation pour violation de la loi, ou tout au moins pour incompétence, excès de pouvoir ou vice de formes. Le ministre de la guerre, dans une instruction en date du 19 juillet 1819, avait interprété l'expression « décision définitive » comme n'interdisant que l'appel, et non le recours en annulation « pour excès de pouvoir, pour contravention au texte de la loi et pour violation des formes ». Un projet d'ordonnance fut préparé en ce sens, en 1820, et soumis aux sections de législation et de la guerre qui lui donnèrent leur approbation. Mais le 27 juillet 1820, l'assemblée générale du Conseil d'État émit l'avis que ces solutions ne pouvaient pas résulter d'une simple ordonnance, et qu'une loi était nécessaire pour autoriser un recours en dehors du seul cas prévu par le législateur de 1818, celui d'un empiétement sur la compétence des tribunaux judiciaires : « s'il paraît indispensable, disait cet avis, d'admettre, dans l'intérêt de l'État et des familles, un recours contre les décisions, afin de remédier aux inconvénients inséparables de leur divergence, et de prévenir les funestes effets de l'arbitraire qui peut s'y glisser tant qu'elles ne seront sujettes à aucun recours, même pour violation manifeste de la loi, ce recours ne peut être établi que par une disposition législative qui modifie la loi existante ».

---

1. Loi du 15 juillet 1889, art. 31. — Les lois antérieures n'avaient rien décidé sur l'appel et le pourvoi en cassation, concernant le jugement des questions préjudicielles. On en avait conclu que les délais ordinaires de ces recours étaient applicables ; l'article 31 a fixé un délai spécial de quinze jours pour chacun d'eux.

2. Loi du 10 mars 1818, art. 13 ; — loi du 21 mars 1832, art. 25.

Le Conseil d'État signalait ainsi avec raison la différence existant entre le recours pour incompétence qui pouvait atteindre, en vertu du principe général de la loi des 7-14 octobre 1790, les décisions déclarées définitives, et le recours pour violation de la loi qui exigeait une disposition spéciale. Toutefois, peut-être restreignait-il trop la portée du recours autorisé par la loi des 7-14 octobre 1790 en ne l'appliquant pas, du moins explicitement, au cas de vice de forme, et notamment de composition irrégulière du conseil. Cette lacune de la doctrine de l'avis fut comblée par la jurisprudence du Conseil d'État au contentieux (¹).

Lorsque fut élaborée la loi du 21 mars 1832, la commission de la Chambre des députés proposa d'admettre le recours contre les décisions des conseils de revision « pour incompétence, excès de pouvoir et violation de la loi » et de déférer le jugement de ce recours à la Cour de cassation. Le législateur de 1832 estima qu'une telle procédure troublerait l'ordre des juridictions et porterait atteinte à la séparation des autorités administrative et judiciaire puisque les conseils de revision sont préposés à des opérations administratives qui ne sauraient ressortir à la Cour de cassation, corps judiciaire. Il s'abstint aussi de consacrer expressément le droit de recours au Conseil d'État, même limité aux cas d'incompétence et d'excès de pouvoir, bien qu'il fût déjà admis par la jurisprudence. Celle-ci continua à le déclarer recevable par application des principes généraux, mais en se refusant à l'étendre aux cas de violation et de fausse application de la loi.

Cependant l'absence de tout recours pour violation de la loi présenta des inconvénients : les « décisions divergentes » qu'entrevoyait l'avis du Conseil d'État du 27 juillet 1820 se produisirent, et compromirent plus d'une fois les droits de l'État ou celui des parties par une fausse appréciation des cas de dispense ou d'exemption.

Pour remédier à cet état de choses, l'article 30 de la loi du 27 juillet 1872 consacra une double innovation : d'une part, il reconnut expressément au ministre de la guerre et aux parties le droit, déjà admis en jurisprudence, de se pourvoir au Conseil d'État

---

1. Conseil d'État, 21 janvier 1829, *Brière*.

dans le cas d'incompétence et d'excès de pouvoir ; d'autre part, il créa le recours pour violation de la loi, mais seulement sous la forme d'un recours dans l'intérêt de la loi, réservé au ministre de la guerre et refusé aux parties. Toutefois, l'article 30 décida que l'annulation prononcée à la requête du ministre de la guerre profiterait « à la partie lésée ». Cette dérogation aux règles du pourvoi pour violation de la loi, lequel ne doit pas plus profiter aux parties que leur nuire, fut une transaction entre les membres de l'assemblée qui voulaient ouvrir à tous les intéressés le pourvoi pour violation de la loi, et le Gouvernement qui voulait le réserver exclusivement au ministre de la guerre.

Cet état de choses a été modifié à son tour par la loi du 15 juillet 1889 dont l'article 32 décide que les décisions du conseil de revision « peuvent être attaquées devant le Conseil d'État pour in-« compétence, excès de pouvoir, ou *violation de la loi* », sans distinguer si le recours est formé par le ministre de la guerre ou par la partie intéressée. Ce même texte laisse cependant subsister la disposition exceptionnelle d'après laquelle le recours du ministre profite à la partie lésée, mais il ne dit pas s'il s'agit uniquement du recours ordinaire, formé par le ministre dans les délais légaux, ou bien aussi, comme en 1872, du recours dans l'intérêt de la loi qui ne saurait être refusé au ministre, quoique la loi de 1889 ait cessé de le prévoir expressément.

Ces questions sont de celles sur lesquelles nous aurons à revenir en traitant du recours en cassation contre les décisions des conseils de revision (¹).

II. — Conseils de l'instruction publique.

La juridiction spéciale à l'instruction publique est exercée par trois conseils qui ont à la fois des attributions consultatives en matière administrative et des pouvoirs de décision en matière contentieuse et disciplinaire.

---

1. Voy. au tome II, le livre VI, chap. V, § 4.

Ces conseils sont :

1° Dans chaque département, le *conseil départemental*, dont les attributions ne concernent que l'enseignement primaire public ou privé ([1]).

2° Au siège de chaque académie le *conseil académique*, qui a compétence en matière d'enseignement secondaire et supérieur.

3° Pour toute la France, le *conseil supérieur de l'instruction publique* qui connaît, sauf quelques distinctions, des recours formés contre les décisions des conseils départementaux et des conseils académiques.

Le conseil supérieur et les conseils académiques ont été réorganisés par la loi du 27 février 1880, complétée par les décrets des 17 mars et 26 juin 1880. Le système électif domine dans cette organisation nouvelle qui a un caractère mixte et qui comprend à la fois : des membres élus par les corps enseignants, des membres de droit, des membres nommés par le Gouvernement, dont la désignation appartient au Président de la République pour le conseil supérieur, et au ministre de l'instruction publique pour les conseils académiques. Les membres élus ou nommés le sont pour quatre ans et leurs pouvoirs peuvent être renouvelés ([2]).

Les conseils départementaux, qui n'avaient pas été compris dans l'œuvre de réorganisation accomplie en 1880, sont actuellement régis par la loi du 30 octobre 1886 sur l'enseignement primaire. Ils se composent de membres de droit, parmi lesquels le préfet président et l'inspecteur d'académie vice-président, et de quatre conseillers généraux, deux instituteurs et deux institutrices élus par leurs collègues. Il s'adjoint en outre deux membres de l'enseignement privé, l'un laïque, l'autre congréganiste, élus par leurs collègues, mais seulement pour l'examen des affaires intéressant l'enseignement privé. Les formes de l'élection sont fixées par le règlement d'administration publique du 10 novembre 1886.

Passons rapidement en revue les attributions juridictionnelles de

---

1. L'expression d'enseignement *privé* est substituée, par la loi du 30 octobre 1886, à celle d'enseignement *libre*, qui était employée par la loi du 15 mars 1850.

2. Voir, pour la composition du conseil supérieur de l'instruction publique, la loi du 27 février 1880, art. 1 et 2 ; pour la composition des conseils académiques, la même loi, art. 9 et 10.

ces conseils, tant en matière contentieuse qu'en matière disciplinaire, et les recours auxquels leurs décisions peuvent donner lieu.

Juridiction des conseils départementaux. — La juridiction des conseils départementaux est limitée aux affaires contentieuses ou disciplinaires qui concernent l'enseignement primaire.

Les affaires contentieuses sont les oppositions auxquelles peut donner lieu la déclaration d'ouverture d'un établissement d'enseignement privé. Ces oppositions peuvent être formées par le maire « si le local n'est pas convenable pour raisons tirées de l'intérêt des bonnes mœurs ou de l'hygiène (¹) » ; par l'inspecteur d'académie soit d'office, soit sur la plainte du procureur de la République dans l'intérêt de l'hygiène et des bonnes mœurs, et dans un intérêt d'ordre public lorsqu'une école privée est ouverte par un instituteur public révoqué (²). Le conseil départemental doit statuer sur les oppositions dans le délai d'un mois.

La loi de 1886 consacre la jurisprudence du Conseil d'État d'après laquelle les décisions rendues par le conseil départemental en matière contentieuse sont susceptibles d'appel devant le conseil supérieur de l'instruction publique (³). Cet appel est recevable pendant un délai de dix jours, à partir de la notification de la décision ; et l'article 39, § 4, ajoute que « en aucun cas, l'ouverture ne pourra avoir lieu avant la décision sur l'appel ». On doit conclure de là que le droit d'appel appartient au maire ou à l'inspecteur d'académie, quand le conseil départemental a rejeté l'opposition, de même qu'il appartient à l'instituteur, quand l'opposition a été accueillie ; que l'appel formé par l'administration est suspensif, puisque l'école ne peut s'ouvrir qu'après une décision sur appel confirmant le rejet de l'opposition.

La juridiction disciplinaire des conseils départementaux s'exerce sur les instituteurs publics et privés dans les cas de faute grave commise dans l'exercice des fonctions, d'inconduite, d'immoralité.

---

1. Loi du 30 octobre 1886, art. 37.
2. Même loi, art. 38.
3. Conseil d'État, 20 juin 1881, *Poux-Berthe* ; — Cf. 3 août 1883, *Raveneau* ; — 19 décembre 1884, *dame Cochet*.

Mais tandis que les instituteurs privés sont soumis devant le conseil départemental à des pénalités graduées (censure, suspension, interdiction d'enseigner dans la commune ou dans le département, interdiction absolue d'enseigner), les instituteurs publics, qui sont des fonctionnaires révocables relevant de l'administration supérieure, ne sont justiciables du conseil départemental que s'il s'agit de prononcer contre eux l'interdiction temporaire ou absolue d'enseigner.

La peine de la censure est prononcée administrativement par l'inspecteur d'académie, et la révocation par le préfet après avis du conseil départemental.

Les décisions disciplinaires des conseils départementaux ne sont susceptibles d'appel que si elles prononcent l'interdiction absolue d'enseigner (loi du 27 février 1880, art. 7). Dans les autres cas, elles ont le caractère de décisions définitives et de dernier ressort. A ce titre, elles peuvent être l'objet d'un recours en cassation devant le Conseil d'État ([1]).

La loi du 30 octobre 1886 (art. 59) attribue en outre au conseil départemental une juridiction d'appel à l'égard des commissions scolaires. Cet appel doit être formé dans le délai de dix jours; il est suspensif.

La procédure à suivre devant les conseils départementaux, notamment en matière disciplinaire, a été réglée par un décret du 4 décembre 1886 qui institue de véritables formes juridictionnelles : citation, délais, comparution de témoins, défense, formes du recours au conseil supérieur de l'instruction publique.

Juridiction des conseils académiques. — Les conseils académiques ont une juridiction disciplinaire et contentieuse.

Leur juridiction disciplinaire s'exerce sur les membres de l'enseignement secondaire et de l'enseignement supérieur public ou libre (loi du 27 février 1880, art. 11). D'après l'article 22 de la loi du 12 juillet 1875 sur la liberté de l'enseignement supérieur, c'était le conseil départemental de l'instruction publique qui était chargé d'exercer la juridiction disciplinaire à l'égard des membres

---

1. Conseil d'État, 4 août 1882, *Fillion*.

de l'enseignement supérieur libre ; il pouvait prononcer contre eux la réprimande et l'interdiction à temps ou à toujours. Mais cette disposition doit être considérée comme abrogée, non seulement par suite de l'attribution générale de compétence faite au conseil académique par l'article 11 de la loi de 1880, mais encore en vertu de l'article 7 de la même loi, qui ne reconnaît de juridiction disciplinaire aux conseils départementaux qu'à l'égard des membres de l'enseignement primaire.

Les conseils académiques sont aussi investis d'une juridiction disciplinaire à l'égard des étudiants, mais ils la partagent avec le conseil général des Facultés (¹) d'après les distinctions suivantes :

Le conseil académique prononce — sans préjudice des poursuites judiciaires s'il y a lieu — sur les faits délictueux et les désordres graves dont un étudiant se rendrait coupable en dehors de l'école (décret du 30 juillet 1883, art. 29). Il peut aussi connaître des fautes commises à l'intérieur de l'école, mais seulement si le conseil général des Facultés, de qui ces fautes relèvent, estime que la gravité des faits excède les pénalités dont il dispose et qu'il y a lieu de provoquer la répression plus sévère que le conseil académique peut seul appliquer (même décret. art. 28) [²].

Toutes les décisions du conseil académique en matière disciplinaire peuvent être frappées d'appel devant le conseil supérieur de l'instruction publique. Cet appel est suspensif, mais le conseil académique peut ordonner l'exécution provisoire de sa décision (loi du 27 février 1880, art. 11).

Le conseil général des Facultés connaît sauf son droit de renvoi au conseil académique, des fautes contre l'ordre et la discipline commises par l'étudiant dans l'intérieur de la Faculté et de certaines infractions aux règlements scolaires prévues par les articles 6, 15 et 16 du décret de 1883. Ses décisions sont définitives ;

---

1. Le conseil général des Facultés, établi par les décrets du 25 juillet et du 28 décembre 1885, exerce les attributions disciplinaires qui appartenaient aux Facultés en vertu des textes antérieurs, et spécialement du décret du 30 juillet 1883.

2. Les peines disciplinaires que le conseil général des Facultés peut prononcer contre les étudiants sont la réprimande, l'ajournement des inscriptions ou de l'examen, l'exclusion n'excédant pas deux ans. Le conseil académique peut prononcer l'exclusion à temps ou à toujours de la Faculté et même de toutes les Facultés de la République.

elles ne peuvent être frappées d'appel ni devant le conseil académique, ni devant le conseil supérieur de l'instruction publique (même décret, art. 28). Mais à raison même de leur caractère définitif, nous n'hésitons pas à penser qu'elles pourraient être l'objet d'un recours en cassation devant le Conseil d'État, par application des principes généraux (1).

En matière contentieuse, la juridiction des conseils académiques n'est pas définie par la loi avec une précision suffisante, mais son existence est affirmée en termes formels par les articles 7 et 11 de la loi du 27 février 1880, pour les affaires intéressant l'enseignement secondaire ou supérieur, public ou libre.

Pour ces enseignements comme pour l'enseignement primaire, les affaires contentieuses les plus importantes sont celles qui résultent des oppositions faites à l'ouverture d'un établissement libre. Nul doute que ces sortes d'affaires ne relèvent du conseil académique quand il s'agit d'établissements d'enseignement secondaire ; mais, à l'égard des établissements ou des cours libres d'enseignement supérieur, la question présente une réelle difficulté.

Cette difficulté vient de ce que l'article 11 de la loi du 27 février 1880 énonce en termes généraux la compétence du conseil académique sur les affaires contentieuses d'enseignement supérieur public ou libre, tandis que la loi du 12 juillet 1875 sur la liberté de l'enseignement supérieur consacre expressément la compétence judiciaire en cas d'opposition à l'ouverture d'une Faculté ou d'un cours. D'après l'article 20 de cette loi, cette opposition est formée par le procureur de la République et elle est jugée par le tribunal civil dont la décision ne peut être déférée qu'à la Cour de cassation. C'est assurément là une grave dérogation aux règles ordinaires de la compétence, mais cette dérogation a été voulue par le législateur de 1875. Elle a été signalée à l'Assemblée nationale par un

1. Les dispositions que nous venons de résumer de la loi du 27 février 1880 et du décret du 30 juillet 1883, rendent désormais sans intérêt une question qui a été souvent discutée, celle de savoir si, antérieurement à ces textes, et en vertu des dispositions combinées du décret du 9 mars 1852 et de la loi du 14 juin 1854, la juridiction disciplinaire à l'égard des étudiants avait été transférée des conseils académiques au ministre de l'instruction publique. Un arrêt du Conseil d'État du 14 août 1856 (Rey) s'était prononcé pour la négative ; mais il n'avait pas éteint la controverse, qui n'a plus de raison d'être en présence des textes actuellemen en vigueur.

amendement de M. Alfred Giraud, qui proposait de confier le jugement des oppositions aux conseils académiques, et cet amendement a été rejeté. Il n'est donc pas douteux que les auteurs de la loi du 12 juillet 1875 ont voulu soustraire l'enseignement supérieur libre à toute juridiction contentieuse universitaire, et qu'ils ont cru trouver dans la juridiction du tribunal civil une garantie spéciale pour un état de choses nouveau.

Cela étant, faut-il admettre que l'article 11 de la loi du 27 février 1880, en affirmant en termes généraux la compétence du conseil académique en matière contentieuse, a implicitement abrogé l'article 20 de la loi du 12 juillet 1875 et supprimé la compétence des tribunaux judiciaires dans le cas qui nous occupe?

Les travaux préparatoires de la loi du 27 février 1880 sont muets sur la question; on doit conclure de leur silence même qu'elle a échappé aux auteurs de la loi. Or, s'il est vrai que l'abrogation de dispositions législatives peut quelquefois n'être qu'implicite, il est difficile d'admettre qu'elle puisse être tout à fait inconsciente, et qu'il suffise d'une formule générale et vague pour abroger des textes formels et spéciaux sur lesquels ne s'est point portée l'attention du législateur. Il nous semble plus juridique d'appliquer en pareil cas l'adage : *generalia specialibus non derogant.* Dans le cas qui nous occupe, non seulement les auteurs de la loi du 27 février 1880 n'ont pas manifesté l'intention de déroger à l'article 20 de la loi du 12 juillet 1875, mais encore la loi du 18 mars suivant, sur la collation des grades, qui énumère dans son article 9 toutes les dispositions de la loi de 1875 dont elle prononce l'abrogation, ne comprend pas ledit article 20 dans cette énumération.

Il semble bien résulter de là que les affaires contentieuses de l'enseignement supérieur libre sont restées en dehors de la compétence des conseils académiques. Mais, tout en adoptant cette solution, nous reconnaissons que la question prête à controverse et qu'on ne pourra la tenir pour résolue que lorsqu'elle l'aura été par les hautes juridictions d'ordre administratif ou judiciaire auxquelles elle peut ressortir et, s'il y a lieu, par le Tribunal des conflits.

La compétence des conseils académiques a aussi donné lieu à une question délicate en ce qui touche les recours formés contre les opérations des jurys d'agrégation. L'article 14 de la loi du

15 mars 1850 attribuait à ces conseils la connaissance des « affaires contentieuses relatives aux concours devant les facultés ». Mais la loi du 27 février 1880 n'a pas reproduit cette disposition ; d'un autre côté, les concours d'agrégation n'ont plus lieu, comme en 1850, « devant les Facultés », mais devant un jury spécial, institué pour chaque concours, et dont la compétence n'est pas limitée au ressort d'une Faculté déterminée. Enfin le règlement du 30 juillet 1887, édicté par le ministre de l'instruction publique en vertu des pouvoirs qui lui ont été conférés par l'article 42 du décret du 28 décembre 1885, dispose expressément que les réclamations auxquelles peuvent donner lieu les opérations du concours sont portées devant le ministre. Cette disposition ne saurait assurément infirmer par elle-même l'article 14 de la loi de 1850 s'il était encore en vigueur, mais elle prouve que le ministère de l'instruction publique ne le considérait plus comme applicable après la loi de 1880. Le Conseil d'État s'est prononcé dans le même sens par un arrêt du 16 novembre 1894 (*Brault*) qui reconnaît la compétence du ministre. Mais les décisions ministérielles rendues en cette matière ne sont pas à l'abri de tout recours ; elles peuvent être déférées au Conseil d'État, et par voie de conséquence, les opérations du concours peuvent être attaquées devant cette juridiction, sinon au fond, du moins pour composition irrégulière du jury ou pour tout autre vice de forme ([1]).

En matière contentieuse comme en matière disciplinaire, toutes les décisions des conseils académiques peuvent être déférées en appel au conseil supérieur de l'instruction publique. Cet appel est suspensif, à moins que le conseil académique n'ait ordonné l'exécution provisoire (loi du 27 février 1880, art. 11).

Juridiction du conseil supérieur de l'instruction publique. — Le conseil supérieur n'exerce sa juridiction que comme tribunal d'appel. Cette attribution nous est connue par les explications qui précèdent. Notons seulement que toutes les décisions du conseil

---

1. Cette solution résulte de l'arrêt précité du 16 novembre 1894, qui prononce sur des griefs de vice de forme relevés par le pourvoi contre les opérations du jury d'agrégation de médecine.

supérieur qui affectent la situation d'un professeur titulaire de l'enseignement supérieur, ou qui prononcent, contre un membre de l'enseignement public ou libre, l'interdiction du droit d'enseigner ou de diriger un établissement, ou enfin qui excluent des étudiants de toutes les académies, doivent être prises aux deux tiers des suffrages (loi du 27 février 1880, art. 7).

Le recours au Conseil d'État contre les décisions du conseil supérieur n'est prévu par aucun texte. Il en résulte qu'il ne peut s'exercer que conformément aux principes généraux, c'est-à-dire dans les cas d'incompétence, d'excès de pouvoir, de vice de forme, mais non de violation ou de fausse application de la loi.

Nous reviendrons sur ce sujet lorsque nous étudierons, dans notre tome II, les recours en cassation contre les décisions des juridictions administratives qui statuent en dernier ressort ([1]).

1. Voy. tome II, livre VI, chap. V.

CHAPITRE VI

ATTRIBUTIONS DES MINISTRES EN MATIÈRE CONTENTIEUSE

———

Les attributions des ministres en matière contentieuse se rattachent étroitement à leurs attributions d'ordre administratif. On peut même dire que les unes et les autres se confondent, car ce qu'on a appelé la juridiction contentieuse des ministres n'est en réalité que la manifestation de leur autorité administrative, lorsqu'elle s'exerce, soit spontanément, soit sur l'initiative d'une partie intéressée, dans des affaires qui peuvent prêter à contestation juridique.

Aussi les nombreuses décisions que les ministres sont appelés à rendre en matière contentieuse peuvent-elles se rattacher presque toutes aux quatre attributions suivantes qui sont inhérentes à la fonction ministérielle :

1° Passation et exécution des contrats de l'État ;

2° Liquidation des dettes de l'État ;

3° Recouvrement des deniers de l'État sur ceux qui les détiennent indûment ;

4° Surveillance et contrôle des autorités comprises dans la hiérarchie administrative.

I. — FONCTION DES MINISTRES DANS LES CONTRATS DE L'ÉTAT.

Représentants de l'État, les ministres ont seuls, en principe, le pouvoir de l'engager. C'est à ce titre qu'ils souscrivent les contrats de l'État, et arrêtent les devis et cahiers des charges qui servent de base aux adjudications et aux concessions. Exceptionnellement, et

lorsque les besoins du service l'exigent, les ministres peuvent déléguer à un de leurs subordonnés le droit de passer un marché, ou
d'approuver une adjudication ; mais encore faut-il que cette faculté
de délégation leur soit accordée par les lois ou règlements ([1]).

Dans certains cas aussi, — et notamment quand le concessionnaire ou adjudicataire obtient un concours financier de l'État sous
forme de subvention ou de garantie d'intérêt, — la décision du ministre est soumise à l'approbation des Chambres. Mais cette approbation, qui n'est qu'un acte de haute tutelle administrative, ne
déplace pas la compétence ; celle-ci n'en continue pas moins d'appartenir au ministre, qui peut seul obliger l'État et stipuler en son
nom, sous la condition suspensive d'une approbation sous forme
de loi.

Le contrat étant passé, c'est également au ministre qu'il appartient d'en assurer l'exécution : exécution par les entrepreneurs ou
fournisseurs qui peut être, au besoin, assurée au moyen d'une
mise en régie ou de marchés par défaut passés à leurs risques et
périls ([2]) ; — exécution de la part de l'État, à laquelle le ministre
pourvoit en arrêtant les décomptes, en vérifiant les factures, en liquidant et en ordonnançant les sommes dues. Ici une certaine
décentralisation est nécessaire pour assurer la prompte exécution
du service et le paiement d'acomptes réguliers aux entrepreneurs.
Aussi le droit de liquider et d'ordonnancer est-il habituellement
délégué à des agents rapprochés du lieu où s'exécute le contrat,
aux ingénieurs et aux préfets pour les marchés de travaux publics,
aux intendants pour les marchés de la guerre. Mais cette délégation
ne dessaisit pas le ministre du droit qui lui appartient de prendre
une décision définitive ; les liquidations confiées à ses subordonnés
n'ont, à moins de dispositions spéciales et très rares, qu'un caractère provisoire ; elles ne font pas obstacle à ce que le ministre les
revise et établisse un nouvel arrêté de compte, avec ordre de reverser la différence ([3]).

---

1. Décret du 18 novembre 1882, art. 17 et 19.
2. Le ministre peut déléguer son droit de poursuivre l'exécution d'office. Le cahier
des clauses et conditions générales des travaux des ponts et chaussées (art. 35) contient une délégation de ce genre faite par le ministre des travaux publics aux préfets, pour la mise en régie des entrepreneurs, mais à la charge d'en référer au ministre, qui se réserve la décision définitive.
3. Le Conseil d'État (12 janvier 1853, *Courière*) reconnaît au ministre des travaux

Enfin le ministre a seul le droit de prononcer la résiliation du marché : soit contre l'entrepreneur qui n'exécute pas ses engagements, — soit en faveur de l'entrepreneur qui se prévaut de cas de résiliation prévus par le cahier des charges, — soit d'office, si l'État renonce à la continuation du marché.

L'action du ministre, dans les marchés et dans les autres contrats de l'État, s'exerce ainsi depuis la formation du contrat jusqu'aux dernières phases de son exécution; elle se manifeste par une série de décisions administratives qui prennent un caractère contentieux dès qu'elles peuvent donner lieu à des contestations d'ordre juridique. Ces contestations sont portées devant des juridictions différentes selon la nature des contrats : devant le Conseil d'État statuant en premier et dernier ressort, s'il s'agit de marchés de fourniture; devant le conseil de préfecture, sauf appel au Conseil d'État, s'il s'agit de marchés de travaux publics; devant les tribunaux judiciaires s'il s'agit de contrats de droit commun.

II. — LIQUIDATION DES DETTES DE L'ÉTAT.

Esprit général de la législation. — Nous avons vu, dans la partie historique de cet ouvrage, comment la législation révolutionnaire, recueillant sur ce point les traditions de l'ancien régime, avait revendiqué pour l'administration supérieure le droit de liquider les dettes de l'État; comment elle avait d'abord partagé ce droit entre l'Assemblée nationale et les ministres, puis l'avait réservé aux ministres seuls [1]. Nous avons expliqué que la liquidation prévue par cette législation ne constituait pas uniquement une opération préliminaire de comptabilité consistant à recevoir les titres de créance, à vérifier les déchéances qui leur seraient opposables, les crédits sur lesquels leur paiement pourrait être imputé; mais

publics le droit de revenir sur un décompte arrêté par les ingénieurs et accepté par l'entrepreneur. — Il décide aussi (16 juin 1882, *Segond*) que les liquidations et les paiements de factures faits par les intendants ne font pas obstacle à une liquidation définitive opérée par le ministre, et à un arrêté de débet pris contre le fournisseur, pour lui faire reverser le trop-perçu.

1. Loi des 17 juillet-8 août 1790; loi du 26 septembre 1793. — V. ci-dessus, p. 196 et suiv.

qu'elle comportait en outre, comme le disait la loi du 8 août 1790, la reconnaissance définitive ou le rejet de la créance, et « l'examen « de toute demande sur le Trésor public susceptible de contestation « ou de difficulté ». Aussi Merlin, résumant la jurisprudence de son temps, pouvait-il dire : « Il est de principe que les tribunaux ne peuvent connaître des actions tendant à faire déclarer l'État débiteur. »

Depuis cette époque, la législation de la comptabilité publique a toujours rappelé qu' « aucune créance ne peut être liquidée à la charge du Trésor que par l'un des ministres ou par ses délégués » [1]. La jurisprudence du Conseil d'État, tout en reconnaissant que le droit de décision sur la créance n'est pas toujours inhérent au droit de liquidation, qu'il en est assez souvent séparé et remis aux tribunaux judiciaires ou administratifs, n'a jamais admis que ces exceptions aient eu pour effet de supprimer la règle.

Un grand nombre d'arrêts rendus au contentieux ou sur conflit, à toutes les époques, sous tous les régimes, ont fermement maintenu le principe qu'il n'appartient qu'aux ministres de « déclarer l'État débiteur ».

« S'agit-il de déclarer l'État débiteur, dit M. Dareste dans un remarquable aperçu synthétique de cette question, c'est un principe de droit administratif que l'administration est exclusivement compétente pour connaître des actions qui ont cet objet. Le principe n'est pas sans exception, mais on peut dire que les exceptions confirment la règle. Elle était constante dans notre ancien droit français. L'Assemblée constituante, non contente d'appliquer le principe, le proclama de nouveau dans les termes les plus formels. Mais tout en posant la règle générale, l'Assemblée ne s'interdisait pas d'y déroger par des lois spéciales, elle délégua plus d'une fois ses pouvoirs soit aux directoires de département, soit aux tribunaux civils, délégations plus ou moins expresses et plus ou moins étendues, mais toujours empreintes d'un caractère exceptionnel... La jurisprudence n'est pas moins formelle que les textes. Depuis son rétablissement en l'an VIII, le Conseil d'État n'a pas hésité à trancher les questions de compétence comme elles étaient tranchées

1. Ordonnance du 31 mai 1838, art. 39 ; — décret du 31 mai 1862, art. 62.

avant 1789. La formule dont il s'est servi a pu varier, mais en réalité il a toujours jugé de même depuis soixante ans ([1]). »

Il faut cependant signaler ici une évolution, plus apparente que réelle, qui s'est produite depuis 1873, dans la jurisprudence. Elle est l'œuvre du Tribunal des conflits plutôt que du Conseil d'État. Elle a consisté à passer intentionnellement sous silence les lois du 8 août 1790 et du 26 septembre 1793, dans toutes les décisions auxquelles ont donné lieu les demandes d'indemnité dirigées contre l'État à raison de fautes commises par ses agents à l'occasion d'un service public. Le Tribunal des conflits n'a point modifié les règles de compétence que le Conseil d'État avait constamment appliquées, lorsqu'il jugeait les conflits, et qui réservent à l'administration la connaissance de ces réclamations; mais au lieu d'invoquer à l'appui de la compétence administrative, comme le Conseil d'État l'avait toujours fait jusqu'en 1872, les lois de 1790 et de 1793 sur la liquidation des dettes de l'État, en même temps que les lois générales sur la séparation des pouvoirs, il n'a plus visé que ces dernières, et il a laissé complètement de côté toute allusion aux pouvoirs du ministre liquidateur ([2]). Cette innovation semble indiquer que le Tribunal des conflits n'a pas foi dans les lois de 1790 et de 1793 comme base légale de la compétence administrative sur les demandes tendant à faire déclarer l'État débiteur; qu'il se sépare ainsi de la doctrine que le Conseil d'État a appliquée jusqu'en 1872 et qu'il a très nettement formulée dans un décret sur conflit du 11 mai 1870, portant « que la demande « tend à constituer l'État débiteur et qu'il résulte des lois ci-dessus « visées (du 8 août 1790 et du 26 septembre 1794) que les tribu- « naux ne peuvent connaître des demandes de cette nature si ce « n'est dans les cas spécialement prévus par la loi » ([3]).

1. R. Dareste, la Justice administrative, p. 277 et suiv.
2. Le système de rédaction que le Tribunal des conflits a adopté depuis l'affaire Blanco, jugée le 8 février 1873, est moins une innovation qu'un retour aux formules déjà adoptées par le premier Tribunal des conflits, notamment dans les décisions du 20 mai 1850 (Manoury), du 17 juin 1850 (Letellier) et du 7 avril 1851 (Gailliau). A cette époque aussi, on avait évité de rattacher à la doctrine de l'État débiteur la compétence administrative sur les actions en responsabilité formées contre l'État.
3. Conseil d'État, 11 mai 1870, préfet maritime c. Valéry, et nombreux arrêts antérieurs. — Cf. 1er juin 1861, Baudry; — 29 mai 1867, Bourdet; — 20 février 1868 Sacus, etc.

Le Conseil d'État, de son côté, paraît s'être approprié le système de rédaction adopté par le Tribunal des conflits. Depuis la décision de ce Tribunal du 8 février 1873 (*Blanco*), il a omis lui aussi, dans les arrêts qu'il a rendus sur des questions de responsabilité de l'État, de viser les lois sur la liquidation des dettes de l'État et de reproduire les arguments qu'il en avait tirés dans sa jurisprudence antérieure.

Faut-il conclure de là que la doctrine de « l'État débiteur » a cessé d'être admise par le Tribunal des conflits et par le Conseil d'État, que ces juridictions se sont implicitement ralliées à l'opinion de ceux qui considèrent le règlement des dettes de l'État par les ministres comme une simple opération préliminaire de comptabilité n'impliquant aucun droit d'appréciation sur le fond ? Une telle innovation ne saurait s'induire de modifications apportées à la forme d'arrêts dont le fond est resté le même, et qui consacrent, comme les décisions antérieures, la compétence du ministre sauf recours au Conseil d'État, sur les demandes les plus diverses tendant à faire déclarer l'État débiteur.

D'ailleurs si l'on voulait réellement remettre en question cette compétence, il faudrait prendre dans son ensemble la doctrine de l'État débiteur, et non se renfermer dans des questions toutes spéciales de responsabilité de l'État. Le domaine des lois du 8 août 1790 et du 26 septembre 1793 est beaucoup plus vaste ; il comprend le règlement d'innombrables créances provenant de contrats ou de quasi-contrats de l'État : soldes, traitements, pensions, émissions de rentes, opérations de trésorerie, etc. Toutes ces opérations, on l'a reconnu de tout temps, relèvent de la juridiction administrative, mais elles n'en relèvent pas en vertu du seul principe de la séparation des pouvoirs. Si, en effet, ce principe soustrait de plein droit à l'action des tribunaux les actes de puissance publique, il n'en est pas de même des actes de gestion qui ne touchent qu'aux intérêts pécuniaires de l'État. Le contentieux de ces derniers actes ne peut être administratif qu'en vertu de dispositions législatives générales ou spéciales. Or, les lois qui ont toujours été invoquées, les seules qui puissent l'être, pour attribuer à la juridiction administrative le contentieux de ces engagements pécuniaires du Trésor, ce sont précisément les lois du 8 août 1790 et du 26 septembre 1793. Si on les tenait pour abrogées, on serait logiquement amené à renvoyer ce contentieux aux tribunaux judiciaires, puisqu'il n'y aurait plus de texte pour les en dessaisir. Ni le Tribunal des conflits ni le Conseil d'État n'ont certainement eu la pensée de faire une telle révolution dans nos lois de compétence.

Est-ce à dire que ces lois ne comportent pas d'exceptions et que le droit de décision, sur les créances réclamées à l'État, appartienne toujours au ministre en vertu de ses pouvoirs de liquidation? Assurément non. Si ce droit de décision dans l'esprit des lois de 1790 et de 1793 est ordinairement compris dans le droit de liquidation, il peut aussi en être séparé. Cela est si vrai que le législateur de la période révolutionnaire, si rigoureux qu'il fût en cette matière, avait lui-même donné aux directoires de département, aux tribunaux civils, et même aux juges de paix, le droit de déclarer l'État débiteur dans des cas déterminés. A ces cas, la législation postérieure à l'an VIII en a ajouté d'autres, notamment en attribuant aux tribunaux le règlement des indemnités d'expropriation, et plus récemment celui des indemnités de réquisition. D'un autre côté, la jurisprudence a consacré toute une série de dérogations à la règle générale de l'État débiteur, en décidant avec raison que cette règle ne vise que l'État faisant des actes de gestion dans l'intérêt des services publics, et non l'État considéré comme personne civile et agissant dans l'intérêt de son domaine privé. Mais les délégations qui ont été ainsi faites à des tribunaux judiciaires ou administratifs restent toujours renfermées dans des limites déterminées. Si fréquentes qu'elles puissent être, elles laissent subsister la règle.

Nous aurons d'ailleurs à revenir sur ces questions en traitant de la séparation des compétences. Bornons-nous, quant à présent, à rappeler le principe, et à maintenir parmi les attributions essentielles des ministres celle qui leur appartient comme liquidateurs des dettes de l'État et, par suite, comme appréciateurs des réclamations pécuniaires dirigées contre le Trésor public.

III. — RECOUVREMENT DE CRÉANCES PAR ARRÊTÉS DE DÉBET

Nature et limite du droit des ministres. — Les ministres ont le droit d'agir contre certains débiteurs de l'État en prenant contre eux des *arrêtés de débet*, qui deviennent des titres exécutoires en vertu de *contraintes* délivrées par le ministre des finances.

Le droit de recouvrer des créances de l'État par arrêté ministériel n'est pas général. Non seulement il est limité par les lois de compétence, mais encore il est restreint à certaines catégories de débiteurs par les lois spéciales qui l'ont institué.

Ces lois sont celles des 12 vendémiaire et 13 frimaire an VIII et l'arrêté du 18 ventôse an VIII. Nous avons expliqué leurs origines en retraçant l'histoire de la période révolutionnaire ([1]), nous savons à quels besoins elles ont voulu répondre et quelles catégories de débiteurs de l'État elles ont spécialement visées, savoir: « Les comptables, entrepreneurs, fournisseurs, soumissionnaires et agents quelconques en débet », c'est-à-dire toutes les personnes que leurs fonctions ou leurs rapports avec l'État ont rendues dépositaires de deniers publics, ou d'avances destinées à assurer l'exécution d'un marché ou d'un service, et qui sont demeurées reliquataires vis-à-vis de l'État.

Dans le même esprit, l'arrêté du 28 floréal an XI et le décret du 12 janvier 1811 ont ajouté aux personnes énumérées par les lois de l'an VIII « tous agents ou préposés des comptables directs du « Trésor public lorsque ces agents et préposés ont fait personnel-« lement la recette des deniers publics ». Il s'agit toujours là de personnes qui sont en compte avec l'État pour avoir manié ses deniers.

Nous avons déjà fait remarquer que l'expression de « comptables » est employée par ces lois dans le sens le plus large, pour désigner toute personne ayant à compter avec l'État. C'est ainsi que la loi du 12 vendémiaire an VIII enjoint aux « entrepreneurs, fournisseurs, soumissionnaires et agents quelconques, *comptables depuis*

1. Voy. ci-dessus, p. 203 et suiv.

la mise en activité de la Constitution de l'an III », de remettre leur compte définitif dans des délais déterminés. C'est ainsi encore que le rapporteur de la loi du 13 frimaire an VIII parle des « entrepreneurs *et autres comptables en retard de s'acquitter envers le Trésor public* » ([1]). A une époque très rapprochée de l'origine de ces lois, le Conseil d'État, dans un avis interprétatif du 28 messidor an XII, désigna sous la dénomination générale de « *rétentionnaires de deniers publics* » toutes les personnes visées par la législation des débets. Cette expression se retrouve, ainsi que celle de « détenteurs de deniers publics », dans un grand nombre d'arrêts du Conseil d'État.

La législation des débets est donc applicable à toute personne ayant eu le dépôt, la garde, le maniement de deniers publics ou la disposition d'avances dont le Trésor a le droit de demander compte ([2]).

Ainsi comprise, l'énumération contenue dans les lois de l'an VIII doit être considérée comme limitative. Le Conseil d'État a toujours refusé de la considérer comme purement énonciative et d'appliquer la législation des débets au recouvrement de créances n'ayant pas le caractère spécial prévu par ces lois.

Le Conseil d'État, consulté en 1833 sur la question de savoir si le ministre de la guerre peut recouvrer par voie de débet et de contrainte le prix de pensions dues par des élèves des écoles militaires, s'est prononcé pour la négative par deux avis, l'un de la section des finances du 24 avril 1833, l'autre des sections réunies de législation, des finances et de la guerre du 3 octobre 1833. Il a annulé, par arrêt du 18 août 1856 (*Mauprivez*), un arrêté de débet pris par le ministre de l'agriculture pour le recouvrement de prix de pension dus à l'école de Grignon. Il a également annulé, par arrêt du 30 novembre 1883 (*Beust*), un arrêté du ministre de la marine poursuivant par voie de débet et de contrainte le remboursement de sommes que l'État avait payées pour le rapatriement de marins naufragés et qu'il prétendait répéter contre les armateurs. Les motifs de cet arrêt sont très explicites; ils portent « que les

---

1. Voy. ci-dessus, p. 206, et l'extrait, cité en note, du rapport présenté au Conseil des Cinq-Cents.
2. Conseil d'État, 10 juillet 1874, *Baron* (1re espèce); — 6 juin 1879, *Blanche*.

requérants *n'ont reçu aucune avance de l'État* en vue d'acquitter les dépenses occasionnées par le naufrage ; que si les ministres peuvent, dans les cas prévus par les lois du 12 vendémiaire et du 13 frimaire an VIII, prendre tous arrêtés nécessaires et exécutoires par provision, ce mode spécial de recouvrement n'a été établi qu'à l'égard des comptables, fournisseurs, entrepreneurs et détenteurs de deniers publics, mais n'est pas applicable au recouvrement des sommes réclamées aux sieurs X... *qui ne sont pas détenteurs de deniers publics...* (¹) ».

Le Conseil d'État a également décidé que l'administration ne peut pas recouvrer par un arrêté de débet les sommes dont elle se prétendrait créancière envers un entrepreneur de travaux publics, soit à la suite d'une réadjudication sur folle enchère faite aux risques et périls de l'entrepreneur (²), soit à raison d'erreurs commises à son profit dans un décompte (³). Cette jurisprudence se fonde sur ce que, d'après la loi du 28 pluviôse an VIII, le conseil de préfecture est seul compétent pour liquider tous les éléments des comptes auxquels donnent lieu les marchés de travaux publics (⁴).

Question sur la répétition de l'indû. — Ces principes posés, toute difficulté n'est pas encore écartée. Il en subsiste une fort sérieuse, lorsque le recouvrement poursuivi par le ministre a le caractère d'une répétition de l'indû, et se fonde sur ce que des sommes auraient été payées par l'État, soit par suite d'une erreur

1. Cf. Conseil d'État, 23 mars 1877, *Sadoul et Goulard ;* — 24 juin 1881, *évêque de Coutances ;* — 20 février 1885, *Hubert ;* — 19 février 1886, *Bigle.*
2. Conseil d'État, 19 février 1886, *Bigle.*
3. Conseil d'État, 17 avril 1891, *Filliol.*
4. Cette jurisprudence ne nous paraît pas faire obstacle à ce qu'un entrepreneur de travaux publics ne puisse être, dans certains cas, l'objet d'un arrêté de débet. Si, par exemple, il avait reçu des avances du Trésor pour exécuter un travail urgent non soumis aux règles ordinaires des marchés, et s'il ne remplissait pas ses engagements, nous pensons que le ministre pourrait recouvrer le montant de ces avances sans avoir recours au conseil de préfecture et par simple arrêté de débet.
Il ne faut pas, en effet, perdre de vue, qu'avant la loi de pluviôse an VIII, le contentieux des marchés de travaux publics n'appartenait pas aux ministres, mais aux directoires de département (loi du 3 septembre 1791), cela n'avait pas empêché que la loi du 12 vendémiaire an VIII ne comprît tous les entrepreneurs parmi les personnes qui peuvent être l'objet d'un arrêté de débet. Il faut donc admettre qu'il peut y avoir des cas où ce mode de recouvrement serait exceptionnellement applicable, même en matière de travaux publics.

sur le fond du droit, soit par suite d'une erreur matérielle ou d'une infraction aux règles de la comptabilité publique. Celui qui a reçu ces sommes doit-il être considéré comme étant nanti d'une avance, comme étant détenteur ou rétentionnaire de deniers publics ? La jurisprudence des ministères incline vers l'affirmative ; celle du Conseil d'État incline en sens contraire.

En droit, il est difficile d'admettre que lorsque des sommes ont été ordonnancées et payées, par suite d'une erreur de l'État sur les droits de la partie prenante, elles sont, par cela seul, assimilables à des avances. Nous leur reconnaîtrons volontiers ce caractère si elles ont été versées à un entrepreneur, à un fournisseur, à toute autre personne ayant un compte avec l'État et pouvant se trouver tantôt créancière, tantôt débitrice selon la marche du service et des paiements. Ainsi les paiements provisoires qui sont faits à des fournisseurs avant la liquidation définitive de leurs factures et qui excèdent le chiffre de cette liquidation, peuvent certainement être considérés jusqu'à due concurrence comme des avances susceptibles d'être recouvrées par voie d'arrêté de débet et de contrainte.

Mais s'il ne s'agit pas de personnes qui soient en compte avec l'État, et si les sommes qu'elles ont reçues ne peuvent pas être assimilées à des avances, les textes et la jurisprudence ne semblent pas permettre à leur égard l'emploi du débet et de la contrainte. Les sommes qui leur sont versées à titre d'indemnité, de prix de vente, de loyers, de salaires, ne conservent point entre leurs mains le caractère de deniers publics ; elles deviennent des deniers privés en s'absorbant dans leur patrimoine particulier. Si elles y sont versées à tort, elles n'engendrent qu'un droit de créance au profit de l'État, droit qui naît du quasi-contrat du paiement de l'indû aux termes de l'article 1376 du Code civil. Or nous avons vu que l'arrêté de débet et la contrainte ne sont pas des modes de recouvrement applicables à toute créance de l'État.

Le Conseil d'État s'est prononcé par un arrêt du 23 mars 1877 (*Sadoul et Goulard*), contre la validité d'un arrêté de débet tendant à une répétition de l'indû. Il s'agissait d'une indemnité que le ministre de l'intérieur disait avoir indûment payée à des commerçants, pour pertes de marchandises qui, en fait, n'auraient pas été perdues, et n'auraient même pas existé à l'époque du dommage allégué ; le ministre ayant répété le montant de l'indemnité au moyen d'un arrêté de débet, sa décision a été annulée par le motif « que s'il appartient aux ministres de prendre toutes les mesures nécessaires pour assurer le recouvrement des débets des comptables, entrepreneurs, fournisseurs, et généralement de tous détenteurs de deniers publics, la dette dont le paiement est demandé aux sieurs Sadoul et Goulard, et qui aurait pour objet l'attribution qui leur aurait été indûment faite d'une indemnité, n'appartient à aucune des classes de débets dont le ministre peut poursuivre le recouvrement par voie de contrainte administrative. »

Faudrait-il décider autrement si le paiement indû, au lieu de provenir d'une erreur sur le fond du droit, résultait d'une erreur matérielle ou d'une fausse application des règles de la comptabilité publique : par exemple si un paiement avait été fait à une autre personne que le créancier, ou en violation des lois sur le cumul, sur le chiffre des traitements, soldes ou pensions ? Pourrait-on soutenir que, dans ce cas, les sommes ont conservé, entre les mains de la partie prenante, leur caractère de deniers publics parce qu'un paiement fait contrairement aux lois de la comptabilité ne peut valablement aliéner aucune parcelle de la fortune publique ? Ou bien si la partie prenante est un fonctionnaire ayant reçu au delà de son traitement, pourrait-on voir en lui un « agent quelconque en débet » dans le sens de la loi de vendémiaire an VIII ?

Une pareille interprétation ne nous paraîtrait d'accord ni avec le texte ni avec l'esprit de la législation ; elle ne se justifierait même pas par le besoin de sauvegarder les intérêts de l'État. Ceux-ci sont toujours couverts par la responsabilité du comptable qui répond des paiements faits par lui contrairement aux règles de la comptabilité, sauf le recours qu'il lui appartiendrait d'exercer, par les voies de droit commun, contre le bénéficiaire du paiement irrégulier. Les diverses responsabilités seraient ainsi mises en jeu, chacune à son heure et à sa place. Nous ne verrions aucun avantage, au point de vue de la bonne administration, à ce que le ministre pût intervertir à son gré l'ordre de ces responsabilités, négliger celle du comptable, et s'adresser directement à la partie prenante, qui n'a pas mission de veiller à la régularité des paiements faits par l'État, et qui a pu toucher de bonne foi ([1]).

L'arrêté de débet peut-il être pris contre un administrateur ou ordonnateur ? — L'arrêté de débet peut-il atteindre un administrateur qui a causé des pertes à l'État par des actes de mauvaise gestion ? Quelques décisions ministérielles ont paru l'admettre, mais le Conseil d'État a décidé le contraire toutes les fois que la question lui a été soumise.

Ainsi il a jugé, par arrêt du 10 juillet 1874 (*Baron,* 2ᵉ *espèce*), que le ministre de l'intérieur n'avait pas pu prendre un arrêté de débet contre un secrétaire général de préfecture, préfet par intérim, qui avait délivré des mandats de paiement à un fournisseur sans que les fournitures eussent été vérifiées et reçues, et qui avait ainsi causé une perte à l'État en soldant des fournitures inutilisables. « En délivrant des mandats, dit l'arrêt, le sieur Baron a agi en qualité d'ordonnateur et ne s'est pas constitué comptable de deniers publics; aucune disposition de loi n'autorise l'autorité administrative à prononcer sur la responsabilité pécuniaire des ordonnateurs. » Le Conseil d'État a également annulé, par arrêt du 20 février 1885 (*Hubert*), un arrêté du ministre de la marine qui avait constitué en débet un chef de service administratif aux colonies à raison d'un déficit de charbon constaté dans un dépôt de l'État : « Il n'appartient pas, a-t-il dit, à l'autorité administrative, en l'absence de tout texte législatif, de prononcer sur la responsa-

---

1. Le Conseil d'État ne s'est pas encore prononcé sur cette question. Elle se présentait cependant dans une affaire jugée le 23 novembre 1883 (*évêque d'Angers*) où il s'agissait d'un arrêté du ministre des cultes prescrivant à M. l'évêque d'Angers, membre de la Chambre des députés, le reversement de sommes que l'État lui aurait payées contrairement à la loi du 16 février 1872, qui interdit de cumuler l'indemnité parlementaire avec un traitement. Mais la requête ne contenait aucun moyen tiré de ce que la répétition de l'indû n'aurait pas pu s'exercer, dans l'espèce, par arrêté ministériel, et le Conseil d'État n'a pas pensé qu'il y eût là un moyen d'ordre public qu'il eût à soulever d'office. Aussi s'est-il borné à statuer au fond sur l'application de la loi du 16 février 1872, ainsi que l'y conviait le commissaire du Gouvernement qui disait au début de ses conclusions : « Peut-on procéder par voie administrative pour la répétition de l'indû contre un fonctionnaire pour trop-perçu sur son traitement ? Cela nous paraîtrait des plus contestables, mais la requête ne soulevant aucun moyen en la forme contre l'arrêté de débet, nous nous bornons à signaler la question qui reste entière, aucune contrainte administrative n'ayant d'ailleurs été décernée. »

bilité pécuniaire des administrateurs; en admettant que le déficit pût être attribué aux mesures prises par le sieur Hubert comme chef du service administratif et notamment aux ordres donnés par lui en ladite qualité au garde-magasin comptable, le ministre ne pouvait le déclarer débiteur de la somme représentant le montant du déficit ».

La jurisprudence de la section des finances du Conseil d'État n'est pas moins formelle que celle du contentieux. Cette section, consultée par le ministre de la guerre sur la question qui nous occupe, lui a répondu le 21 juillet 1885 par un véritable avis de doctrine où on lit : « Les sanctions pécuniaires que peuvent comporter les responsabilités doivent trouver leur base dans les dispositions préexistantes du droit positif. Ces dispositions ne sauraient émaner que du législateur : c'est, par suite, dans les textes législatifs qu'il convient de rechercher ceux qui pourraient s'appliquer à la responsabilité des fonctionnaires vis-à-vis des services publics, à raison de l'exercice de leurs fonctions. Cette responsabilité ne saurait être régie par les règles du droit civil; elle n'a fait l'objet d'aucune disposition générale du droit administratif; aucun texte n'attribue aux ministres le droit de décider si la responsabilité des administrateurs vis-à-vis de l'État sera pécuniaire ou non, et de les constituer débiteurs à titre de dommages-intérêts. Les dispositions qui confèrent aux ministres le droit de prendre des décisions constituant l'État créancier, et exécutoires par voie de contrainte, se rapportent uniquement à l'arrêté du solde créditeur résultant de la liquidation des droits respectifs de l'État et des agents ou co-contractants avec lesquels il se trouve préalablement en compte. Ces dispositions ne sauraient par conséquent s'appliquer à des créances résultant exclusivement de condamnation à des dommages-intérêts, ni à plus forte raison constituer en faveur des ministres le droit de prononcer des condamnations de ce genre. Dès lors, le droit de l'État d'obtenir, à titre de dommages-intérêts, réparation pécuniaire du préjudice que peuvent lui causer les fautes commises par ses agents dans l'exercice de leurs fonctions, ne saurait s'exercer que dans les cas spéciaux et déterminés qui sont prévus et réglés par des dispositions législatives formelles. »

Nous n'avons rien à ajouter aux considérations doctrinales qui sont déduites dans cet avis. Elles confirment l'interprétation que nous avons donnée aux lois de vendémiaire et de frimaire an VIII, leur application exclusive à ceux qui manient ou détiennent les deniers de l'État et non à ceux qui en prescrivent l'emploi. Nous ferons seulement remarquer que le législateur de l'an VIII, si tenté qu'il pût être d'appliquer les mêmes rigueurs à tous ceux dont les malversations communes avaient ému le Directoire et les assemblées, ne crut pas possible d'étendre aux ordonnateurs les mesures qu'il édictait contre les comptables de tout ordre (¹).

Mais à défaut de loi générale applicable aux administrateurs, il existe quelques textes spéciaux, qui visent des fonctionnaires déterminés, et qui permettent au ministre de prendre contre eux des arrêtés de débet dans les cas prévus par ces textes. La législation de l'administration de l'armée en offre quelques exemples.

Ainsi, la loi du 26 nivôse an III (titre I, sect. 4, art. 12) rendait les commissaires des guerres personnellement responsables des sommes payées ou des livraisons opérées en dehors des formes établies par les lois ou sur les ordres irréguliers desdits commissaires : « Il en sera fait retenue sur les appointements jusqu'à la « concurrence de la somme perdue par la République, ou sur les « biens personnels des commissaires des guerres. » C'est sur cette loi qu'on s'est fondé pour insérer dans l'ordonnance du 25 décembre 1837, portant règlement sur le service de la solde (art. 617), et dans le règlement du 3 avril 1869 sur la comptabilité des dépenses du ministère de la guerre (art. 262), des dispositions qui rendent les officiers de l'intendance « pécuniairement responsables de tout paiement et de toute fourniture, qu'ils auraient autorisés contrairement aux lois, ordonnances et règlements, sauf leur recours sur les parties prenantes (²) ». Ces mesures exceptionnelles n'auraient

---

1. Voy. ci-dessus, p. 205, note 2, le passage du rapport de la loi du 12 vendémiaire an VIII qui associe dans une même réprobation les fournisseurs et « les fonctionnaires qu'ils ont intéressés à leur fortune », mais qui reconnaît que les effets de la loi ne s'étendent pas à ces derniers.

2. Ordonnance du 25 décembre 1837, art. 617. D'après ce texte, le recours ne peut être exercé que sur des officiers. D'après l'article 262 du règlement du 2 avril 1869, en cas de débet pour trop-perçu, le recouvrement s'opère par les soins de l'agent judiciaire du Trésor, mais « sont exceptés de cette mesure les débets pour lesquels le ministre de la guerre aurait des moyens de recouvrement par voie de retenue ou d'imputation ».

pas pu être légalement prises par décret ou par ordonnance, si elles n'avaient pas eu une base législative dans la loi du 28 nivôse an III, qu'on a considérée comme ayant posé des règles restées en vigueur malgré les changements apportés à l'organisation des services.

La loi du 16 mars 1882 sur l'administration de l'armée contient des dispositions analogues à l'égard des généraux commandant les corps d'armées et des directeurs des services placés sous leurs ordres. D'après l'article 11 de cette loi, les généraux commandant les corps peuvent exceptionnellement, dans les circonstances urgentes ou de force majeure, engager des dépenses non prévues par les lois et règlements. « Ils doivent dans ce cas donner leurs ordres « par écrit sous leur responsabilité, même pécuniaire, et en rendre « compte immédiatement au ministre. Les directeurs des services « sont tenus, après observation, d'obtempérer à ces ordres... Ils « peuvent être rendus responsables par le ministre, même pécu- « niairement, de tout ordonnancement ou de toute distribution non « prévus par les règlements pour lesquels l'ordre écrit mentionné « ci-dessus ne leur aurait pas été délivré. »

On trouve encore un exemple de responsabilité pécuniaire des administrateurs dans la législation coloniale. D'après l'ordonnance du 27 août 1828 (art. 82, § 2), qui a force de loi comme rendue à une époque où la législation des colonies était tout entière dans les attributions du chef de l'État, les gouverneurs des colonies peuvent être « recherchés pour dépenses indûment ordonnées en deniers, matières ou main-d'œuvre », et dans ce cas « il est pro- cédé administrativement ». On peut conclure de ce texte que le mi- nistre est compétent pour prendre des décisions exécutoires contre un gouverneur de colonie.

Tels sont, à notre connaissance, les seuls cas où la responsabilité pécuniaire d'un administrateur peut être mise en jeu par arrêté de débet, en vertu de dispositions spéciales de la loi.

On s'est demandé si les ministres ne sont pas soumis à une res- ponsabilité de même nature malgré l'absence de textes spéciaux et en vertu du seul principe de la responsabilité ministérielle. On peut certainement soutenir que ce principe, qui vise la responsa- bilité politique et pénale des ministres, mais dont aucune loi organique n'a précisé ni limité les applications, n'exclut pas absolument la responsabilité pécuniaire dans les cas qui peuvent la comporter. Parmi ces cas on peut admettre ceux de malversation, de prévarication, de dilapidation des deniers de l'État, commise en violation des lois de la comptabilité publique. Le Parlement, qui est investi d'une autorité très étendue en matière de responsabilité ministérielle, pourrait peut-être décider que la responsabilité pécuniaire d'un ministre doit être mise en jeu en pareil cas. Mais, sans qu'il y ait à rechercher ici quelle sorte d'action pourrait être intentée contre le ministre et devant quelle juridiction ([1]), il semble bien résulter des lois et des principes ci-dessus exposés, qu'on ne pourrait pas procéder au moyen d'arrêtés de débet et de contraintes, puisque ces voies spéciales de recouvrement ne peuvent être employées que dans les cas déterminés par la loi, et qu'aucun texte n'en a prévu l'application aux ministres.

IV. — POUVOIRS DES MINISTRES COMME SUPÉRIEURS HIÉRARCHIQUES.

Nature du pouvoir hiérarchique. — Les ministres sont responsables des actes de leurs subordonnés, d'où il suit qu'ils ont autorité sur ces actes, peuvent les prescrire, les interdire, les réformer, les annuler. Cette autorité et cette responsabilité sont corrélatives, et d'autant plus étendues que l'administration est plus centralisée.

En présence d'autorités locales décentralisées, le ministre n'a qu'un pouvoir de surveillance qui lui permet de provoquer l'annulation des actes contraires à la loi, mais non de substituer son autorité à celle d'un pouvoir local pour des affaires de la compétence de ce dernier. Ainsi les décisions exécutoires des conseils généraux, des commissions départementales, des conseils municipaux, peuvent être annulées pour illégalité, mais non réformées pour inopportunité ; elles ne relèvent pas de l'autorité hiérarchique

---

1. Ces questions seront examinées ci-après, dans le chapitre où il est traité de la compétence sur les actions en responsabilité dirigées contre les ministres (Livre III, chap. VIII).

du ministre et n'engagent pas sa responsabilité ; du moins ne peuvent-elles l'engager qu'à raison de l'usage que le ministre aurait
fait ou négligé de faire de ses pouvoirs de surveillance.

Au contraire, les autorités qui n'agissent qu'en vertu d'une délégation du pouvoir central sont soumises à l'autorité du ministre ;
cette autorité peut s'exercer spontanément ou sur la demande des
tiers qui se prétendent lésés dans leurs intérêts ou dans leurs droits.
Le recours de ces tiers au ministre, qui prend le nom de *recours
hiérarchique,* est aussi large que possible ; il peut porter sur des
questions de fait, d'opportunité, d'équité, aussi bien que sur des
questions contentieuses ; il peut tendre à l'annulation de l'acte
aussi bien qu'à sa réformation.

Les principes de la hiérarchie administrative et de la responsabilité ministérielle pourraient suffire à établir ces règles ; elles sont
en outre consacrées par des textes. Lorsque le décret-loi, dit de
décentralisation, du 25 mars 1852 a donné aux préfets le droit de
statuer sur des affaires qui exigeaient auparavant une décision des
ministres ou des décrets du chef de l'État, il a ainsi disposé dans
son article 6 : « Les préfets rendront compte de leurs actes aux
« ministres compétents, dans les formes et pour les objets déter-
« minés par les instructions que ces ministres leur adresseront.
« Ceux de ces actes qui seraient contraires aux lois et règlements
« ou qui donneraient lieu aux réclamations des parties intéressées
« pourront être annulés ou réformés par les ministres compé-
« tents. » Lorsque c'est au sous-préfet qu'est délégué le droit de
décision, le recours hiérarchique est double : aux termes de l'article 6 du décret du 13 avril 1861, il s'exerce d'abord devant le
préfet, chef hiérarchique immédiat, puis devant le ministre chef
hiérarchique supérieur.

La règle est la même pour les maires lorsqu'ils agissent comme
délégués du pouvoir central et qu'ils sont placés, à ce titre, non
sous la simple surveillance, mais sous l'autorité de l'administration supérieure ([1]).

**Application du pouvoir hiérarchique aux fonctionnaires de tout
ordre.** — S'inspirant de ces principes, la jurisprudence du Conseil

1. Loi du 18 juillet 1837, art. 9, et loi du 5 avril 1884, art. 92.

d'État a toujours refusé d'admettre qu'il pût exister, parmi les agents de l'État, une seule autorité ayant un pouvoir autonome et affranchi du contrôle ministériel. Elle a fait prévaloir le principe de la subordination hiérarchique non seulement à l'égard de hauts fonctionnaires qui pensaient n'y être pas soumis, mais encore à l'égard des ministres qui se refusaient à eux-mêmes le pouvoir de les contrôler.

Cette question s'est plusieurs fois présentée pour le Grand Chancelier de la Légion d'honneur, qui pouvait se croire autorisé par des textes spéciaux à revendiquer un droit de décision propre pour l'emploi de son budget, et notamment pour l'attribution de pensions et de traitements aux légionnaires. L'ordonnance du 26 mars 1816 disposait en effet que « l'administration de l'ordre « est confiée à un Grand Chancelier qui travaille directement avec « le roi ». En outre, le budget de l'ordre n'était primitivement rattaché à aucun ministère.

Cette dérogation aux règles de la comptabilité ayant été critiquée par les Chambres, la loi de finances du 2 août 1829 (art. 4) et celle du 8 juillet 1836 (art. 17) prescrivirent successivement la publication du budget de la Légion d'honneur, puis son rattachement au budget du ministère de la justice, en décidant que toutes les règles fixées par les lois de finances seraient désormais applicables au règlement de chaque exercice. Un lien était ainsi créé entre le Grand Chancelier de la Légion d'honneur et le ministère de la justice. Aussi le Conseil d'État, depuis 1836, n'a-t-il pas hésité à refuser au Grand Chancelier tout droit de décision propre, et à réserver ce droit au ministre compétent ([1]). Il a statué en ce sens par plusieurs arrêts rendus en 1848, en 1863, en 1874, en 1884 ([2]).

L'arrêt du 1er mai 1874 présente un intérêt particulier, parce que le ministre de la justice avait pris fait et cause pour le Grand Chancelier et déclaré qu'il n'avait pas le droit que lui attribuait la juris-

---

1. La grande chancellerie de la Légion d'honneur a successivement relevé du ministère de la justice (de 1836 à 1852), du ministère d'État, de la maison de l'Empereur et de la justice (de 1852 à 1870); elle est restée dans les attributions du ministre de la justice depuis le décret du 31 janvier 1870.

2. Conseil d'État, 15 septembre 1848, *Gallet*; — 24 décembre 1863, *Malude-Richard*; — 1er mai 1874, *Lezeret de la Maurinerie*; — 14 novembre 1884, *Gisbert*,

prudence du Conseil d'État : « Je ne connais aucun texte de loi, disait-il dans ses observations sur le pourvoi, qui me confère le droit de confirmer ou d'annuler les décisions du Grand Chancelier. Il résulte, au contraire, des dispositions de l'ordonnance royale du 26 mars 1816 et du décret organique du 16 mars 1852 que l'administration du Grand Chancelier est indépendante de l'autorité ministérielle... » Mais le Conseil d'État affirma expressément le pouvoir hiérarchique inhérent à l'autorité ministérielle. « Le Grand Chancelier, porte l'arrêt précité, n'administre les fonds affectés au service de la Légion d'honneur que sous l'autorité du ministre responsable à qui sont alloués par les lois annuelles de finances les crédits votés pour ces dépenses. Il suit de là que les décisions prises par le Grand Chancelier sont, comme les décisions de toutes les autorités administratives à l'égard desquelles il n'en a pas été autrement ordonné par une disposition expresse de la loi, assujetties au recours des parties intéressées devant l'autorité ministérielle... »

La même doctrine a été affirmée à l'égard des gouverneurs des colonies. Le ministre de la marine, saisi d'un recours contre une décision du gouverneur de la Guyane en matière de concession domaniale, avait répondu qu'il n'avait pas le pouvoir de réformer la décision qui lui était déférée, et qu'elle ne pouvait être discutée que devant le conseil du contentieux administratif de la colonie, seul juge du litige d'après la législation coloniale.

Mais le Conseil d'État, sans contester le droit de juridiction du conseil du contentieux, a annulé la décision du ministre, attendu que « le gouverneur de la Guyane exerce ses fonctions sous l'autorité du ministre des colonies, que dès lors ledit ministre, en déclarant qu'il ne lui appartenait pas de statuer sur la réclamation formée contre l'arrêté du gouverneur, a méconnu l'étendue de ses pouvoirs [1] ».

Les principes du droit administratif sont donc ici d'accord avec ceux du droit constitutionnel, pour affirmer le pouvoir hiérarchique du ministre à l'égard de toutes les autorités administratives qu'un texte formel n'a pas décentralisées.

---

1. Conseil d'État, 23 novembre 1883, *Société des mines d'or de la Guyane*.

Du cas où le recours hiérarchique reste sans réponse. — Si le ministre refuse expressément d'exercer son autorité hiérarchique et décline sa compétence, sa décision peut, comme nous venons de le voir, être déférée au Conseil d'État comme constituant une infraction aux règles de la compétence et par suite un excès de pouvoir. Si le ministre saisi d'un recours hiérarchique s'abstient de se prononcer, le décret du 2 novembre 1864 (art. 7) permet d'assimiler son silence, prolongé pendant quatre mois, à une décision de rejet, et de porter le recours devant le Conseil d'État. Afin que la partie puisse constater l'expiration du délai de quatre mois, elle a le droit de se faire délivrer un récépissé mentionnant le dépôt de sa réclamation et la date de son enregistrement au ministère ([1]). Si la matière qui fait l'objet de la réclamation est contentieuse, le ministre doit se prononcer par une décision spéciale qui est notifiée administrativement aux parties intéressées ([2]). La jurisprudence des ministères admet les avocats au Conseil d'État à représenter les parties auprès du ministre pour les réclamations qui ont un caractère contentieux.

Les questions contentieuses relatives à l'exercice du pouvoir hiérarchique des ministres seront examinées dans la partie de cet ouvrage consacrée au Recours pour excès de pouvoir ([3]).

V. — NATURE JURIDIQUE DES DÉCISIONS MINISTÉRIELLES RENDUES EN MATIÈRE CONTENTIEUSE

Connexité des décisions contentieuses et des décisions administratives des ministres. — Le droit de décision des ministres en matière contentieuse est inhérent à leur droit de décision en matière administrative, et l'on ne conçoit guère comment il en pourrait être séparé. Il n'est pas possible en effet d'administrer les affaires de l'État sans apprécier incessamment des questions de droit et de justice aussi bien que des questions d'opportunité. La solution de ces dernières a un caractère purement administratif;

1. Décret du 2 novembre 1864, art. 5.
2. Même décret, art. 6.
3. Tome II, livre VI, et spécialement le chapitre II.

celle des questions de droit est contentieuse. Mais il faut que le ministre puisse prendre parti sur les unes comme sur les autres, car sa fonction serait paralysée s'il était obligé de se retirer devant un juge ou d'attendre qu'on l'y appelle, toutes les fois que son action se heurte à une réclamation invoquant un droit.

En présence des difficultés que son administration rencontre et des litiges qu'elle suscite inévitablement, le ministre ne peut qu'apprécier les objections qui lui sont faites, s'enquérir de leur valeur, prendre une décision et passer outre. Ce sera à la partie adverse, si elle se croit lésée, d'appeler le ministre devant un juge et de demander que la décision soit annulée ou réformée. Mais il ne suffit pas de laisser à la partie cette initiative, il faut en outre qu'elle en use promptement. La décision peut être le point de départ de plusieurs autres, elle peut exercer une influence sur la comptabilité ministérielle dont les éléments sont ordinairement annuels ; la partie doit donc se hâter d'adhérer ou de contredire, pour que la marche de l'administration ne soit pas longtemps incertaine ; elle doit se décider dans les trois mois, délai du recours au Conseil d'État, sinon la décision devient définitive.

Par suite des mêmes nécessités administratives, la décision ministérielle attaquée est réputée bonne et valable tant qu'elle n'a pas été annulée ou réformée par le juge compétent ; elle s'exécute par provision, comme toutes les décisions administratives de quelque autorité qu'elles émanent, sous réserve du sursis que le Conseil d'État peut ordonner par décision spéciale.

Tel est, réduit à ses termes les plus simples, le mécanisme des décisions ministérielles en matière contentieuse. Doit-on en conclure que ces décisions sont des actes de juridiction assimilables à des jugements ? Faut-il dire que les ministres sont des juges ? Faut-il enfin leur attribuer le caractère de juges « ordinaires » du contentieux administratif par le motif qu'ils sont nécessairement appelés, comme représentants de l'État ou comme supérieurs hiérarchiques, à répondre aux réclamations formées contre leurs actes ou contre ceux d'autorités inférieures ?

Nous sommes obligé de nous arrêter un instant à ces questions et aux controverses qu'elles ont soulevées, car elles présentent, quoi qu'on en ait dit, un intérêt pratique de premier ordre en même temps qu'un grand intérêt doctrinal. Ce n'est qu'en les résolvant nettement qu'on peut donner une direction certaine à la jurisprudence et à la doctrine, dans des questions où elles ont longtemps été et sont quelquefois encore hésitantes.

Les ministres ont-ils un pouvoir de juridiction? — L'opinion que les ministres sont juges de premier ressort du contentieux administratif a été pendant longtemps l'opinion régnante et classique. Elle a été enseignée par les meilleurs auteurs, énoncée et appliquée dans de nombreux arrêts du Conseil d'État.

On reconnaissait toutefois que cette notion n'était pas très satisfaisante et qu'elle tenait à de certaines conventions de langage plutôt qu'à un rapprochement étudié entre la fonction du juge et celle du ministre. M. Serrigny, dont les idées et les formules sont ordinairement si nettes, hésitait quand il s'agissait de justifier cette thèse. « Les décisions ministérielles en matière contentieuse, dit-il, acquièrent par l'expiration du délai du recours au Conseil d'État la même fixité que les jugements des tribunaux. Voilà pourquoi on les assimile à des jugements et l'on dit que les ministres ont *une espèce de juridiction analogue* à celle des tribunaux. Leurs décisions empruntent de leur nature, de la voie de recours admissible contre elles et des effets qu'elles produisent *une apparence, une couleur de jugement,* qui a fait dire que les ministres *exerçaient dans certains cas une juridiction analogue* à celle des juges administratifs de premier ressort tels que les conseils de préfecture... ([1]). »

Il n'est pas étonnant que des formules aussi vagues n'aient pas toujours satisfait les esprits, et que l'on ait cherché à mieux définir la nature juridique des décisions ministérielles en matière contentieuse. Le premier effort sérieux en ce sens a été fait par M. Bouchené-Lefer, ancien conseiller d'État, dans une étude approfondie publiée, en 1863, dans la *Revue pratique de droit français* ([2]). A la même époque, il existait déjà au sein du Conseil d'État une opposition assez forte à la doctrine du ministre-juge. M. Aucoc nous apprend que le Conseil, en rédigeant les articles 5

---

1. Serrigny, *Traité de la compétence administrative,* t. III, p. 186.
2. *Revue pratique,* 16 avril et 1er mai 1863. — Cf. *Principes et Notions élémentaires de droit administratif,* par le même auteur, p. 610.

à 7 du décret du 2 novembre 1864, relatifs aux décisions contentieuses des ministres et aux recours dont elles peuvent être l'objet, a évité à dessein toute expression qui pût consacrer cette doctrine. « Le Conseil d'État, dit cet auteur, a eu soin de ne pas qualifier de jugements les actes auxquels il faisait allusion, précisément parce qu'il ne voulait pas consacrer la théorie qui attribue aux ministres les pouvoirs d'un juge dans tous les cas où leurs décisions sont susceptibles de recours au Conseil d'État ([1]). »

Le même auteur, dans les *Conférences* qui ont rétabli avec tant d'éclat l'enseignement du droit administratif à l'École des ponts et chaussées, a nettement abandonné la doctrine du ministre-juge en ce qui concerne les actes de gestion. Il l'a maintenue, non sans quelques hésitations, pour les décisions prises par les ministres en leur qualité de supérieurs hiérarchiques ([2]). Mais cette distinction, qui marque comme une période de transition de la doctrine, n'a pas été généralement acceptée par les jurisconsultes et les membres du Conseil d'État ralliés à l'interprétation nouvelle.

En 1870, un ancien président de la section du contentieux, M. Quentin-Bauchart, signalait le rôle de juge attribué au ministre représentant de l'État ou supérieur hiérarchique, comme « une tradition funeste fondée sur une longue suite de malentendus », il demandait au Conseil d'État une décision explicite de jurisprudence « pour effacer l'erreur du ministre-juge ([3]) ». Quelques années après, M. le professeur Ducrocq, qui avait enseigné l'ancienne doctrine dans les premières éditions de son *Cours de droit administratif*, l'abandonnait dans l'édition de 1874 et se refusait à faire la distinction proposée par M. Aucoc. M. le professeur Gautier, de la Faculté de droit d'Aix, l'a également écartée dans les intéressantes études qu'il a consacrées à la jurisprudence du Conseil d'État, dans la *Revue critique de législation et de jurisprudence*.

Enfin, dans ces dix dernières années, l'évolution n'a fait que s'accentuer, et l'on peut dire que la doctrine du ministre-juge est actuellement abandonnée par la doctrine aussi bien que par la jurisprudence.

1. Aucoc, *Conférences*, t. I, p. 626 (édit. de 1885).
2. *Op. cit.*, t. I, p. 621.
3. *Revue critique de législation et de jurisprudence*, t. XXXVII, p. 130 et suiv.

Cette évolution, qui correspond à une période de sérieuse investigation juridique dans le domaine du contentieux administratif, ne peut, croyons-nous, que produire de bons résultats pratiques. Essayons de la justifier.

Constatons d'abord qu'en refusant aux décisions ministérielles le caractère d'actes de juridiction, on ne se met en opposition avec aucun texte. Aucune loi n'a jamais dit que les ministres fussent chargés de juger le contentieux administratif. Même avant l'an VIII, lorsque les ministres rendaient des décisions définitives à l'égard des fournisseurs, des créanciers de l'État, des détenteurs de deniers publics, à l'égard des administrations municipales ou départementales dont ils annulaient ou réformaient les actes, ils n'étaient considérés que comme des administrateurs veillant à la fortune de l'État, aux services publics et à l'observation des lois.

Lorsque le Conseil d'État fut institué et que les décisions des ministres purent lui être déférées, rien n'indiqua que le législateur de l'an VIII eût l'idée de créer deux degrés de juridiction et de faire du Conseil d'État le juge d'appel des ministres. Il semble, au contraire, avoir considéré le Conseil d'État comme le juge unique de tout le contentieux né des décisions ministérielles. « Le Conseil d'État, dit l'arrêté du 5 nivôse an VIII, prononce sur les affaires contentieuses qui étaient précédemment remises aux ministres. — Le Conseil d'État, dit encore le décret du 11 juin 1806, connaîtra de toutes les contestations ou demandes relatives aux marchés passés avec nos ministres. » A la vérité, l'avis du Conseil d'État du 26 thermidor an XII porte que les « condamnations et les contraintes émanées des administrateurs dans les cas et pour les matières de leur compétence emportent hypothèque de la même manière et aux mêmes conditions que celles de l'autorité judiciaire » ; mais, en décidant ainsi, l'avis se borne à rappeler que la force exécutoire est inhérente aux actes administratifs, sans qu'il soit besoin de l'intervention d'aucun juge, parce que cette force exécutoire est un attribut de la puissance exécutive aussi bien que du pouvoir judiciaire (¹). D'ailleurs, l'avis de thermidor an XII ne parle pas

---

1. On pourrait même dire que le droit d'imprimer la force exécutoire à une décision est un attribut exclusif du pouvoir exécutif, car les décisions judiciaires elles-

seulement des ministres, mais de tous les administrateurs qui peuvent décerner des contraintes. Si les premiers étaient juges en vertu de cet avis, les autres le seraient également, ce que personne n'a jamais prétendu.

Quant aux lois organiques du Conseil d'État, elles se sont bornées à dire, de 1845 à 1872, qu'il est dans les attributions du Conseil de délibérer ou de statuer « sur le contentieux administratif ».

A défaut de textes, la doctrine du ministre-juge peut-elle invoquer des principes généraux d'où résulte quelque assimilation entre l'office du juge et celui du ministre ? Tous les principes, au contraire, semblent condamner cette assimilation.

Il est de principe, en effet, que le juge ne prononce pas d'office et qu'il ne peut statuer que sur un différend soumis à son arbitrage. Le ministre, au contraire, peut susciter lui-même le différend, en prenant d'office, à l'encontre des parties, les décisions qu'il croit conformes à l'intérêt et au droit de l'État.

Il est de principe que le juge ne peut être lui-même une partie. Or, le ministre est une partie quand il écarte une demande d'indemnité, de paiement, de résiliation dont il est saisi en sa qualité de représentant de l'État.

Il est de principe que le juge de première instance ne plaide pas devant le juge d'appel. Le ministre, au contraire, doit être mis en cause toutes les fois que ses décisions sont attaquées, c'est lui qui conclut et qui plaide pour les défendre.

Il est de principe que le juge ne peut pas revenir sur ses décisions. Le ministre peut rapporter ou modifier les siennes sur la demande de la partie, et même d'office si elles n'ont pas créé de droits à des tiers.

Enfin, il est de principe que le juge inférieur relève d'une même juridiction supérieure pour tous les jugements qu'il rend en première instance. Or, les ministres relèvent, soit du Conseil d'État, soit du conseil de préfecture, soit des tribunaux judiciaires, selon

mêmes ne possèdent cette force qu'en vertu de la formule exécutoire apposée aux arrêts et jugements, formule qui contient un mandement adressé aux agents d'exécution par le pouvoir exécutif.

la nature du contrat ou de la créance qui donne lieu à leurs décisions.

La fonction du ministre, toutes les fois qu'il accomplit un acte de gestion, est donc incompatible avec l'office du juge. S'en rapproche-t-elle davantage quand le ministre prononce en qualité de supérieur hiérarchique ? On a fait remarquer que, dans ce cas, le ministre statue sur un litige déjà né, et qu'il exerce un véritable arbitrage entre l'autorité inférieure et la partie qui se plaint de ses décisions. Mais ce litige peut ne pas exister ; le ministre peut exercer d'office son autorité hiérarchique aussi bien que ses pouvoirs de gestion ; l'article 6 du décret du 25 mars 1852 le dit expressément, et cela serait vrai quand même il ne le dirait pas, parce que cela tient à l'essence même de l'autorité hiérarchique. L'exercice de cette autorité pouvant être, selon les circonstances, spontané ou provoqué, peut-on soutenir que la décision change de nature juridique selon qu'elle est ou non rendue *proprio motu* ; qu'elle est juridictionnelle dans un cas et administrative dans l'autre ? Nous ne le croyons pas. La nature juridique de la décision reste la même dans les deux cas, et dans les deux cas aussi le droit de recours contentieux est le même, dès qu'on invoque un droit lésé par l'exercice du pouvoir hiérarchique.

D'ailleurs, qu'on veuille bien y réfléchir, si l'on attribuait un caractère juridictionnel aux décisions prises par les ministres comme supérieurs hiérarchiques, par cela seul qu'elles auraient été provoquées par la réclamation d'une partie, il faudrait aussi attribuer ce caractère aux décisions des préfets lorsqu'ils prononcent comme supérieurs hiérarchiques des sous-préfets ou des maires ; aux délibérations des conseils généraux quand ils prononcent, conformément à l'article 88 de la loi du 10 août 1871, sur le recours formé contre les décisions des commissions départementales. Si bien que dans notre hiérarchie administrative, ainsi transformée en une hiérarchie judiciaire, on chercherait vainement un administrateur, il n'y aurait plus place que pour des juges.

Mais, dit-on encore, les décisions ministérielles ont force exécutoire ; elles peuvent, dans certains cas, entraîner hypothèque et s'exécuter sur les biens de la partie ; elles deviennent définitives si l'on n'en a pas fait appel dans le délai de trois mois ; n'est-ce pas là la marque distinctive des pouvoirs d'un juge ? — Non, c'est la marque distinctive des pouvoirs d'un administrateur. Exerçant une partie de l'autorité exécutive, il est naturel que l'administration possède des pouvoirs d'exécution. D'un autre côté, ce ne sont pas seulement les décisions ministérielles qui deviennent définitives quand elles ne sont pas contestées dans un délai déterminé. Il en est de même de la plupart des actes d'administration. Un rôle de contributions directes, un arrêté d'inscription d'office, un plan général d'alignement, une décision de commission départementale prononçant l'élargissement d'un chemin, ne sont plus susceptibles de recours contentieux après trois mois (deux mois seulement pour les décisions des commissions départementales); ces actes peuvent recevoir exécution sur les biens du contribuable, sur les ressources de la commune, sur les propriétés riveraines des voies publiques. S'ensuit-il qu'ils soient des jugements ?

C'est donc avec raison que le droit administratif moderne tend à se dégager d'une formule purement métaphorique, contraire à la réalité des choses et qui trouble toute théorie raisonnée de la juridiction administrative.

Jurisprudence actuelle du Conseil d'État. — La jurisprudence du Conseil d'État, toujours sobre de déclarations doctrinales, ne s'est pas explicitement prononcée sur la question du ministre-juge, mais elle l'a pratiquement résolue dans le sens que nous venons d'exposer. Un grand nombre d'arrêts, rendus dans des matières très diverses, permettent d'apprécier les conséquences pratiques de la doctrine qui prévaut actuellement.

Voici quelles en sont les applications les plus importantes :

I. Les décisions ministérielles étant de nature administrative et non juridictionnelle, il en résulte qu'on ne peut leur appliquer le principe d'après lequel toute sentence rendue par défaut est susceptible d'opposition. On ne saurait assimiler à de telles sentences les décisions que les ministres rendent spontanément et qui ne se révèlent aux parties que par la notification qui leur en est faite. En conséquence, la partie touchée par une décision de cette nature, — par exemple par un arrêté de débet, par une résiliation de marché de fourniture, par l'annulation d'un acte d'une autorité inférieure qu'elle aurait intérêt à voir maintenir, — ne doit pas se pourvoir devant le ministre, mais recourir directement au Conseil d'État dans le délai de trois mois.

Ce n'est pas qu'il lui soit interdit de réclamer devant le ministre ; elle a même intérêt à le faire si elle pense que ses explications peuvent faire rapporter la décision ; mais elle agira prudemment en formant en même temps un recours au Conseil d'État contre la décision primitive qui, si elle n'est pas rapportée, pourrait devenir définitive par l'expiration des délais. La jurisprudence du Conseil d'État est fixée en ce sens qu'une seconde décision, qui ne fait que confirmer la première, ne crée point un contentieux nouveau et ne fait pas revivre les délais du recours (¹).

II. Les décisions ministérielles n'étant pas des jugements, elles ne sont pas soumises de plein droit à la règle d'après laquelle toute sentence doit être motivée. Assurément l'insertion de motifs dans une décision ministérielle contentieuse est toujours désirable et elle fait rarement défaut dans la pratique ; mais l'absence de motifs ne constitue pas un vice de forme entraînant la nullité de la décision (²).

On s'est cependant demandé si la nécessité des motifs ne peut pas résulter, sinon des principes généraux applicables aux jugements, du moins des règles particulières auxquelles les décisions ministérielles ont été soumises par l'article 6 du décret du 2 novembre 1864. D'après ce texte, « les ministres statuent par des « *décisions spéciales* sur les affaires qui peuvent être l'objet d'un « recours par la voie contentieuse ». M. Aucoc, qui avait assisté à la préparation du décret de 1864, fait connaître que les mots « dé-

---

1. Conseil d'État, 24 janvier 1872, *Heit;* — 12 novembre 1875, *Barbe;* — 20 juillet 1877, *Mathos;* — 20 février 1880, *Carrière.* — Ces décisions, et d'autres semblables rendues depuis 1872, mettent fin aux incertitudes qui s'étaient antérieurement manifestées dans la jurisprudence (22 août 1839, *Giblain;* — 18 février 1864, *Moutte*). Elles rendent désormais sans intérêt la controverse qui s'était élevée entre les auteurs sur le point de savoir si les décisions rendues en l'absence de la partie sont réputées rendues par défaut et susceptibles d'opposition. La plupart des auteurs soutenaient l'affirmative, comme conséquence du caractère juridictionnel qu'ils attribuaient aux décisions ministérielles (Dufour, t. I, p. 151 ; Chauveau, t. I, p. 251 ; Serrigny, t. III, p. 231). La négative résulte au contraire de tous les arrêts précités.

2. Conseil d'État, 30 avril 1880, *Harouel;* — 2 juillet 1880, *Maillard;* — 21 juin 1895, *Cames.*

cisions spéciales » avaient été, dans la pensée du Conseil d'État, synonymes de « décisions motivées » (¹).

Mais la jurisprudence n'a pas admis cette interprétation, estimant que la nécessité des motifs, pour les décisions administratives, doit être expressément prévue par le législateur, et que décision « spéciale » n'est pas synonyme de décision « motivée ». Cette dernière expression paraît être en effet la seule employée par les rédacteurs de nos lois administratives, pour exprimer la nécessité des motifs (²).

III. Lorsqu'un juge a statué, il est dessaisi, il ne peut rectifier après coup les erreurs qu'il a commises dans son jugement. Il en serait de même du ministre s'il était juge, et cela sans qu'il y eût à distinguer entre les décisions qui profitent à l'État et celles qui profitent aux particuliers ; les unes et les autres seraient définitives pour le ministre, comme elles le sont pour un conseil de préfecture. Ce caractère définitif leur appartient, en effet, quand elles profitent à une partie, parce qu'une reconnaissance des droits de cette partie, émanée du représentant de l'État, crée un lien de droit que l'État ne peut rompre. Mais quand les décisions ministérielles profitent à l'État, elles peuvent être rapportées ou modifiées par leur auteur, parce que l'État peut toujours revenir, par l'organe de son représentant, sur les prétentions qu'il a émises ou les résolutions qu'il a prises. Il en résulte que le ministre, après avoir repoussé une demande d'indemnité, opposé la déchéance quinquennale à un créancier de l'État, ou pris un arrêté de débet, peut rapporter ou modifier cette décision, soit sur les observations de la partie, soit de sa propre initiative (³).

IV. Si les ministres étaient juges ordinaires de premier ressort, les actes ou décisions des autorités inférieures ne pourraient

1. M. Aucoc est très affirmatif en ce sens (*Conférences*, 3ᵉ édit., t. I, p. 625). Cette interprétation a été également soutenue par le commissaire du Gouvernement dans l'affaire Maillard (2 juillet 1880).

2. Voy. Loi du 10 août 1871, art. 49 ; Décret du 12 avril 1880, art. 12, etc...
Cependant un arrêt du 22 janvier 1892 (*Maillet*) annule pour vice de forme une décision du ministre des cultes statuant sur une réclamation formée contre la décision d'un consistoire en matière d'élections au conseil presbytéral. Mais il se fonde sur ce que la nécessité des motifs étant imposée au consistoire par l'article 12 du décret du 12 avril 1880, elle doit, par voie de conséquence, s'imposer aussi au ministre à qui la décision du consistoire est déférée.

3. Conseil d'État, 29 août 1867, *Calvo* ; — 12 août 1879, *Esquino*. — Le commissaire

jamais être attaqués devant le Conseil d'État avant d'avoir été déférés au ministre. Or, on a admis de tout temps que les recours en annulation formés contre les actes administratifs argués d'excès de pouvoir peuvent être portés directement et *omisso medio* devant le Conseil d'État. A la vérité, on expliquait cette dérogation à la prétendue règle des deux degrés de juridiction par des raisons particulières, par l'urgence qu'il y avait à réprimer les excès de pouvoir, et l'on en concluait que c'était là une exception qui laissait subsister la règle. Cette raison était peu valable, car si l'urgence peut justifier une simplification des procédures, elle ne justifie pas, dans notre droit, l'omission d'un degré de juridiction. Une meilleure explication aurait pu être tirée du texte de la loi des 7-14 octobre 1790, première base du recours pour excès de pouvoir, qui déférait directement « les réclamations d'incompétence au roi, chef de l'administration générale ». Quoi qu'il en soit, nous devons reconnaître que pendant longtemps on n'a pas considéré l'admission *omisso medio* du recours pour excès de pouvoir comme excluant, dans les autres cas, la doctrine du ministre-juge.

Mais l'ancienne jurisprudence n'avait pas admis, et il est aujourd'hui hors de doute, que le recours direct au Conseil d'État, sans recours préalable au ministre, est recevable, même en dehors du cas d'excès de pouvoir, toutes les fois qu'on est en présence d'une décision exécutoire, émanée d'une autorité subordonnée au ministre, mais investie d'un droit de décision propre. Nous avons déjà mentionné cette jurisprudence et indiqué ses principales applications en traitant de la juridiction ordinaire du Conseil d'État.

On a quelquefois exprimé la crainte que le Conseil d'État, en se laissant déférer directement les actes des autorités inférieures, ne privât le ministre du droit d'annulation ou de réformation dont il aurait peut-être usé si on l'avait mis à même de le faire, et ne se privât lui-même des éléments d'appréciation que le ministre aurait pu lui fournir. Mais ces deux intérêts sont complètement sauve-

---

du Gouvernement disait très justement dans cette dernière affaire : « En liquidant les dépenses de l'État, les ministres font actes d'administrateurs et non pas actes de juges. Aussi arrive-t-il souvent qu'un ministre, même en cours de procès, admet des créances de l'État qu'il a d'abord repoussées comme mal fondées. » (Voy. la note sous l'arrêt du 12 août 1879, *Recueil des arrêts du Conseil d'État*, année 1879, p. 656.)

gardés. La décision attaquée et les griefs dirigés contre elle ne seront jamais ignorés du ministre, à qui la section du contentieux donne nécessairement communication du recours; le ministre pourra, sur le vu du dossier, faire usage de son pouvoir hiérarchique et mettre à néant la décision attaquée. Dans ce cas, le Conseil d'État n'aura qu'à clore la procédure par un arrêt portant qu'il n'y a lieu à statuer. Si le ministre laisse la procédure suivre son cours, il lui appartient de joindre à l'avis qu'il formule sur le pourvoi toutes les pièces et observations qu'il juge propres à éclairer le Conseil. On obtient ainsi, en communiquant aux ministres les recours directement formés devant le Conseil d'État, tous les avantages qui pourraient résulter de recours présentés aux ministres eux-mêmes.

V. Le droit de recours *omisso medio* s'affirme encore davantage lorsqu'on est en présence de décisions prises par des autorités administratives électives, qui ne relèvent pas du ministre comme supérieur hiérarchique. A quel titre, en effet, pourrait-on déférer au ministre, avant de les déférer au Conseil d'État, les délibérations exécutoires des conseils généraux, des commissions départementales ou des conseils municipaux, rendues sur des questions d'administration départementale ou communale que la loi a décentralisées? Le ministre n'étant pas le supérieur hiérarchique de ces autorités, n'ayant sur elles que des droits de surveillance et non un droit de commandement, ne pourrait ni annuler ni réformer leurs décisions. L'absence d'autorité hiérarchique a donc pour conséquence nécessaire la suppression de la prétendue juridiction ministérielle. N'est-ce pas la meilleure preuve que l'une et l'autre se confondent?

VI. Une autre conséquence très remarquable de l'abandon de la doctrine du ministre-juge apparaît dans la jurisprudence relative aux réclamations formées contre les départements ou les communes, en vue d'obtenir des indemnités ou autres allocations pécuniaires, à raison de décisions administratives prises par des autorités départementales ou municipales. Dans les cas nombreux où ces réclamations ne peuvent être jugées ni par les tribunaux judiciaires ni par les conseils de préfecture, on avait d'abord pensé à les soumettre au ministre. Mais une telle procédure était inadmissible, puisque le ministre est manifestement incompétent pour prononcer des condamnations pécuniaires contre les départements ou les communes; privé de tout droit de décision, comment aurait-il pu avoir en cette matière un pouvoir de juridiction? C'est donc avec raison que le Conseil d'État s'est reconnu juge de premier et dernier ressort de ces sortes de réclamations. Il a mis ainsi fin aux difficultés que les partisans de la doctrine du ministre-juge avaient fait naître, et qui seraient devenues insolubles sans cette jurisprudence (¹).

VII. En matière d'interprétation préjudicielle des actes administratifs, demandée par une partie sur le renvoi de l'autorité judiciaire, l'abandon de la doctrine du ministre-juge produit aussi des conséquences appréciables tant au point de vue des compétences que de la célérité des procédures. Nous les avons déjà fait connaître dans le paragraphe relatif à la juridiction ordinaire du Conseil d'État, auquel il nous suffit de renvoyer (²).

Des cas où le recours au Conseil d'État doit être précédé d'une décision ministérielle. — Quoique les ministres ne soient pas des juges, une décision émanée d'eux n'en est pas moins, dans beaucoup de cas, un élément nécessaire du débat contentieux. Ainsi que nous l'avons dit en expliquant la nature de la juridiction ordinaire du Conseil d'État, cette juridiction a pour objet non de simples *prétentions* des parties, mais l'opposition qui se produit entre ces prétentions et une *décision* administrative qui devient le véritable objectif de l'instance contentieuse (³).

Il suit de là qu'une décision ministérielle est le préliminaire nécessaire d'un recours au Conseil d'État toutes les fois que la réclamation de la partie vise un service public représenté par le ministre, ce qui a lieu dans les cas suivants :

1° Si la réclamation est dirigée contre l'État considéré comme débiteur ou comme partie contractante : il n'appartient en effet qu'aux ministres de représenter l'État, d'engager le Trésor, de reconnaître ou de répudier ses obligations prétendues; en l'absence d'une décision ministérielle, il ne peut pas y avoir de litige, puis-

1. Voy. ci-dessus, p. 322 et suiv.
2. Voy. ci-dessus, p. 323.
3. Voy. ci-dessus, p. 322, 323.

qu'il ne peut y avoir d'opposition constatée entre les prétentions de l'État et celles de la partie.

2° Si la réclamation est dirigée, non plus contre l'État considéré comme personne civile, mais contre l'État considéré comme puissance publique et exerçant, par les ministres, les droits de commandement, de surveillance, d'autorité hiérarchique que la loi réserve au pouvoir central.

3° Si des textes spéciaux ont consacré le droit de décision des ministres dans des matières déterminées.

On peut citer, comme exemples de ces dispositions spéciales, celles qui ont chargé les ministres de vérifier certaines élections, et de se prononcer sur leur validité soit en cas de réclamation, soit d'office : — Telles sont les élections des chambres de commerce que l'arrêté du 3 nivôse an XI soumet à la vérification et même à l'approbation du ministre du commerce; — les élections des membres du conseil supérieur de l'instruction publique et des conseils académiques, qui sont soumises au ministre de l'instruction publique en vertu du décret du 16 mars 1880; — les élections des conseils presbytéraux et des consistoires qui relèvent du ministre des cultes d'après le décret du 23 octobre 1880.

Les décisions que les ministres rendent en ces matières ont assurément un caractère contentieux, et elles sont susceptibles de recours au Conseil d'État, mais il ne s'ensuit pas qu'elles aient le caractère de véritables actes de juridiction et que les textes précités aient exceptionnellement donné le rôle d'un juge au ministre. Il est naturel en effet que les ministres, en leur qualité de chefs et de surveillants responsables de certains services confiés à des délégués électifs, aient le droit de vérifier la légalité du titre que ces délégués invoquent pour remplir un office public.

Il est d'ailleurs à remarquer que le Conseil d'État, en rédigeant le règlement d'administration publique du 16 mars 1880 sur les élections des conseils de l'instruction publique, et celui du 23 octobre 1880 sur les élections des conseils presbytéraux, a évité de présenter les décisions ministérielles comme des jugements de premier ressort et le recours au Conseil d'État comme un appel. Ces textes se bornent à dire que la décision « peut être déférée au Conseil d'État statuant au contentieux » ou bien : « peut être l'objet d'un recours contentieux devant le Conseil d'État. » D'ailleurs, si l'on admettait que le ministre est juge en pareille matière, il faudrait reconnaître le même caractère au consistoire de l'Église réformée, puisque, d'après l'article 12 du décret du 23 octobre 1880, ce corps ecclésiastique « statue sur la validité des élections (des « conseils presbytéraux), soit d'office, soit sur les protestations « qui pourront avoir été formées par tout électeur ».

Reconnaissons donc qu'il y a là non des jugements, mais des vérifications et des décisions d'ordre administratif qui peuvent donner lieu à une instance contentieuse devant le Conseil d'État (¹).

En dehors de ces élections spéciales, il existe d'autres matières dans lesquelles des textes ont expressément prévu le droit de décision des ministres : on peut citer : — la loi du 18 juillet 1860 (art. 9), d'après laquelle le ministre du commerce règle, sauf recours au Conseil d'État, les indemnités dues aux émigrants par les agences d'émigration qui n'ont pas rempli leurs engagements. Le ministre agit, dans ce cas, comme tuteur des émigrants et dans l'exercice des pouvoirs de protection et de police qu'il tient des lois de la matière ; — les règlements du 16 novembre 1874 et du 30 juillet 1887, d'après lesquels le ministre de l'instruction publique prononce sur les demandes d'annulation, pour vice de formes, des opérations d'un concours d'agrégation. Ce droit de décision dérive des pouvoirs de surveillance qui appartiennent au ministre de l'instruction publique, quand il s'agit de collations de fonctions ou de grades universitaires.

On a quelquefois ajouté à ces différents cas celui où le cahier des charges d'un marché porterait que les difficultés relatives à son exécution seront jugées administrativement par le ministre, sauf recours au Conseil d'État. Mais nous pensons que ce cas doit être écarté. En effet, de deux choses l'une : ou bien le marché conte-

---

1. Nous modifions sur ce point la conclusion que nous avions formulée dans notre première édition, et d'après laquelle nous émettions l'avis que le ministre peut être exceptionnellement considéré comme juge quand il statue sur les élections spéciales qui lui sont déférées par la loi. Nous sommes amené à l'opinion contraire par cette double considération : 1° que le ministre peut vérifier *d'office* la plupart de ces élections; 2° que le même pouvoir peut être exercé, avant lui, par des corps administratifs qui n'ont certainement pas le caractère de juges (par exemple par les consistoires de l'Église réformée).

nant cette clause serait un marché de fournitures pour l'exécution duquel le ministre représente l'État, et alors la clause serait inutile puisque le ministre puise son droit de décision dans sa fonction même de représentant de l'État ainsi que nous l'avons rappelé ci-dessus ; — ou bien le marché serait de ceux dont le contentieux appartient, d'après la loi, à une juridiction administrative de premier ressort, et dans ce cas la clause qui prétendrait attribuer juridiction au ministre serait illégale comme dérogeant aux compétences établies par la loi (¹).

De tout ce qui précède il résulte que, par suite de l'évolution accomplie par la jurisprudence et acceptée par la doctrine, non seulement on ne peut pas reconnaître aux ministres des pouvoirs de juridiction ordinaire, mais encore on doit leur refuser tout pouvoir de juridiction. Leurs droits de décision contentieuse dérivent, dans tous les cas, d'attributions administratives, non d'attributions juridictionnelles.

---

1. Le Conseil d'État admet que les marchés dont le contentieux appartient aux conseils de préfecture peuvent réserver au ministre certains pouvoirs de vérification et d'appréciation administrative, mais non de juridiction. L'entrepreneur qui saisirait le conseil de préfecture sans avoir préalablement soumis sa réclamation au ministre ne commettrait donc pas une infraction aux règles de la compétence, mais on pourrait relever contre lui une infraction aux règles de la procédure que son contrat lui imposait, et considérer sa requête comme irrégulièrement formée (C. d'État, 19 janvier 1883, *Lefebvre*).

LIVRE III

LIMITES DE LA COMPÉTENCE ADMINISTRATIVE A L'ÉGARD DE L'AUTORITÉ JUDICIAIRE

SOMMAIRE DU LIVRE III

CHAPITRE Ier

RÈGLES GÉNÉRALES SUR LA SÉPARATION
DES COMPÉTENCES ADMINISTRATIVE ET JUDICIAIRE

I. — RÉCIPROCITÉ DU PRINCIPE DE LA SÉPARATION DES POUVOIRS

Textes législatifs et constitutionnels. — Les lois qui ont formulé le principe de la séparation des pouvoirs entre les autorités administrative et judiciaire ont été rendues à une époque où le législateur était plus préoccupé de réprimer les empiétements des tribunaux sur l'administration que de prévenir l'abus contraire. Aussi, les prescriptions émanées de l'Assemblée constituante et de la Convention, qui sont encore aujourd'hui la base de notre législation, consistent-elles principalement en interdictions faites aux tribunaux de s'immiscer dans le domaine administratif.

« Les juges ne pourront à peine de forfaiture troubler, de quel-
« que manière que ce soit, les opérations des corps administratifs
« ni citer devant eux les administrations pour raison de leurs fonc-
« tions. » (Loi des 16-24 août 1790, titre II, art. 13.)

« Défenses itératives sont faites aux tribunaux de connaître des
« actes d'administration de quelque espèce qu'ils soient, aux peines
« de droit. » (Loi du 16 fructidor an III.)

Quoique la réciprocité du principe ne soit pas formulée dans ces textes, elle n'en doit pas moins être considérée comme une règle fondamentale de notre droit public. Elle résulte de la notion même de la séparation des pouvoirs, car cette séparation n'existerait pas si les différents pouvoirs n'étaient pas également tenus de l'observer. D'un autre côté, il faut rapprocher des dispositions précitées des lois de 1790 et de l'an III, l'article 17 du titre II de la loi des 16-24 août 1790 et plusieurs dispositions de la Constitution du 3 septembre 1791.

« L'ordre constitutionnel des juridictions ne pourra être troublé,
« ni les justiciables distraits de leurs juges naturels par aucune
« commission ni par d'autres attributions ou évocations que celles
« qui seront déterminées par la loi. » (Loi des 16-24 août 1790,
titre II, art. 17.) « Le pouvoir judiciaire ne peut, en aucun cas,
« être exercé par un corps législatif ni par le roi. Les citoyens ne
« peuvent être distraits des juges que la loi leur assigne par au-
« cune commission, ni par d'autres attributions ou évocations que
« celles qui sont déterminées par la loi. » (Constitution du 3 septembre 1791, titre III, chap. V, art. 1 et 4.)

Enfin, le Code pénal, dans la section qui traite des « empiétements des autorités administratives et judiciaires », punit des
mêmes peines les magistrats qui s'immisceraient dans les matières
attribuées aux autorités administratives, et les administrateurs qui
intimeraient des ordres ou des défenses aux tribunaux ou qui en-
treprendraient sur les fonctions judiciaires (¹).

Obligations égales des deux autorités ; sanctions différentes. —
Du principe de la séparation des pouvoirs et de la mutuelle indépendance des autorités administrative et judiciaire, il résulte que
les tribunaux judiciaires et les tribunaux administratifs doivent
se dessaisir de toute contestation portée devant eux qui ne rentre
pas dans le cercle de leurs attributions. Ils doivent s'en dessaisir
d'office, sans y être provoqués par les conclusions des parties, et

---

1. Code pénal, livre III, titre 1ᵉʳ, section IV. — L'article 127 déclare coupables de
forfaiture et punit de la dégradation civique « les juges, les procureurs généraux ou
de la République, les officiers de police judiciaire qui auraient excédé leurs pouvoirs
en s'immisçant dans les matières attribuées aux autorités administratives... » ; — l'article 128 punit d'amende « les juges qui, sur la revendication formellement faite par
l'autorité administrative d'une affaire portée devant eux auront néanmoins procédé
au jugement avant la décision de l'autorité supérieure ». — L'article 130 punit de la
dégradation civique « les préfets, sous-préfets, maires et autres administrateurs qui
se seront ingérés de prendre des arrêtés généraux tendant à intimer des ordres ou
des défenses quelconques à des cours ou tribunaux » ; — l'article 131 punit d'amende
les administrateurs qui « entreprendront sur les fonctions judiciaires en s'ingérant de
connaître de droits et intérêts privés du ressort des tribunaux et qui, après la réclamation des parties ou de l'une d'elles, auront néanmoins décidé l'affaire avant que
l'autorité supérieure ait prononcé ».

même nonobstant toutes conclusions contraires. En effet, ni les parties ni l'administration ne peuvent modifier, par un accord formel ou tacite, des compétences qui sont essentiellement d'ordre public et même, dans certains cas, d'ordre constitutionnel.

Ces juridictions doivent se dessaisir, non seulement des contestations qui ne leur appartiennent pas, mais encore de certains éléments des contestations qui leur appartiennent, de ceux qui constituent des *questions préjudicielles* ressortissant à une autre autorité par la nature des difficultés qu'elles soulèvent. Incompétentes pour résoudre ces difficultés lorsqu'elles sont l'objet même de la demande, les juridictions administrative ou judiciaire sont également incompétentes pour les résoudre quand elles sont incidentes au litige, et que le jugement du fond en dépend. Ces questions doivent alors être détachées, par le juge du fond lui-même, de la contestation dont elles forment un élément essentiel, et être renvoyées par lui devant le juge compétent.

Mais, si ces obligations s'imposent également aux juridictions administrative et judiciaire, elles n'ont pas des sanctions identiques. L'administration est protégée contre les empiétements possibles de l'autorité judiciaire par le conflit, qui suspend tout d'abord le jugement du litige, puis soumet à bref délai la question de compétence au Tribunal des conflits. Si, au contraire, l'autorité judiciaire est menacée d'un empiétement de l'autorité ou de la juridiction administrative, ni les tribunaux ni les parties ne peuvent provoquer l'arbitrage du Tribunal des conflits. L'acte fait par l'administration en violation du principe de la séparation des pouvoirs ne peut être déféré qu'à la juridiction administrative par la voie du recours pour excès de pouvoir.

Il semble qu'il y ait là une certaine inégalité dans les garanties d'indépendance accordées à chaque autorité. Aussi s'est-on quelquefois demandé si le droit de conflit ne devait pas être reconnu à l'autorité judiciaire aussi bien qu'à l'autorité administrative.

Il résulte de décisions rendues sous le premier Empire et la Restauration que la jurisprudence des tribunaux et même celle du Conseil d'État ne répugnaient pas tout d'abord à cette assimilation. Dans un décret au contentieux du 11 août 1808 (*Rusca*), le Conseil d'État vise un arrêt de la cour de Turin élevant le conflit contre un arrêté préfectoral qui réglait l'usage des eaux entre usiniers, et il semble prononcer sur la revendication de compétence émanée de cette cour, aussi bien que sur le recours pour excès de pouvoir formé contre l'arrêté par un des usiniers. Un décret sur conflit du 29 juin 1811 (*Préfet des Vosges*) paraît reprocher au tribunal de Neufchâteau de n'avoir pas eu recours à la voie du conflit pour revendiquer sa compétence contre le préfet des Vosges, il déclare « que ce tribunal, s'il se croyait compétent, n'avait pas d'autre voie que celle du conflit pour retenir la connaissance de la contestation ».

Enfin en 1821, le ministre de la justice transmit au Conseil d'État un jugement du tribunal de Saint-Lô, élevant le conflit contre un arrêté préfectoral, qui attribuait aux créanciers d'un fonctionnaire décédé des sommes dues à sa succession par l'État, alors que le tribunal était saisi d'une distribution par contribution entre lesdits créanciers. Le ministre de la justice, en saisissant le Conseil d'État de la contestation, conclut à ce que le conflit fût reconnu recevable et fondé. Mais le Conseil d'État condamna explicitement, par décision du 3 juillet 1821, la doctrine qu'il avait d'abord paru accepter : « Considérant qu'aux termes de l'arrêté du 13 brumaire an X le conflit ne peut être élevé que par les préfets et que, dans l'espèce, le préfet du département de la Manche ne l'a point élevé. Que si le tribunal de Saint-Lô a déclaré élever le conflit contre l'arrêté du préfet, ce jugement ne peut être annulé que par les tribunaux supérieurs, à la requête soit des parties, soit de notre procureur général [1]. »

Cette décision mit fin aux hésitations de la jurisprudence. Le droit de conflit demeura réservé à l'administration, et il ne fut pas question de l'accorder aux tribunaux lorsque fut élaborée l'ordonnance du 1er juin 1828. Cette question ne présentait d'ailleurs aucun intérêt pratique pour l'autorité judiciaire, lorsque le Conseil d'État, ou plus exactement le Gouvernement en Conseil d'État, était à la fois le juge des conflits et celui des excès de pouvoir. Il importait peu, en effet, que les actes ou les jugements adminis-

---

1. Consulter sur cette question la savante monographie de M. Boulatignier, sur les conflits, qui forme l'article *Conflit* dans le *Dictionnaire d'administration* de M. Blanche. Nous lui empruntons les documents ci-dessus rapportés.

tratifs, empiétant sur la compétence judiciaire, fussent déférés par la voie de l'excès de pouvoir ou par celle du conflit : le juge était le même, et tout se réduisait à une question de procédure.

Mais il en fut autrement lorsque la loi du 15 janvier 1849, en créant le Tribunal des conflits, eut institué des juridictions différentes pour les excès de pouvoir et pour les conflits d'attributions. On put alors se demander si l'autorité judiciaire n'avait pas le droit d'être protégée contre les empiétements, de la même manière que l'administration, et par les mêmes juges. L'article 47 de la loi de 1849 donnait au ministre de la justice « le droit de revendiquer devant le Tribunal des conflits les affaires portées devant la section du contentieux *qui n'appartiendraient pas au contentieux administratif* ». On s'est demandé si ce texte visait exclusivement les affaires relevant de l'autorité gouvernementale ; s'il ne permettait pas aussi au ministre de la justice, agissant comme grand juge et comme chef de la hiérarchie judiciaire, de revendiquer devant le Tribunal des conflits les contestations judiciaires dont on aurait saisi à tort la juridiction administrative. Mais la loi de 1849 n'a pas eu assez de durée pour que la doctrine et la jurisprudence aient eu le temps de se prononcer.

Pourrait-on soulever de nouveau cette question, sous l'empire de la loi du 24 mars 1872, qui a rétabli le Tribunal des conflits, et qui contient dans son article 26 une disposition analogue à l'article 47 de la loi de 1849 ? Nous ne le pensons pas. En effet, l'article 26 de la loi de 1872 ne donne plus au ministre de la justice seul, mais à tous les ministres, chacun pour les intérêts de son département, le droit de revendiquer devant le Tribunal des conflits les affaires qui n'appartiendraient pas au contentieux administratif ; ce texte prouve bien que ces affaires sont uniquement celles qui peuvent intéresser l'autorité publique dans chaque département ministériel ; il supprime tous les arguments qu'on pouvait tirer, en 1849, de l'intervention du ministre de la justice, considéré comme chef de la hiérarchie judiciaire. La question doit donc recevoir aujourd'hui la même solution qu'avant les lois de 1849 et de 1872, parce que le droit de conflit — qui constitue un droit exceptionnel et une véritable prérogative non susceptible d'être étendue par voie d'analogie — n'a été donné qu'à l'autorité administrative ; l'exercice de ce droit n'a été réglé que pour elle, et tout serait à créer, les règles de fond aussi bien que les règles de procédure, si l'on voulait les étendre à des revendications de l'autorité judiciaire.

Cette extension serait-elle désirable ? Oui, sans doute, si elle était nécessaire pour assurer à l'autorité judiciaire les mêmes garanties d'indépendance qu'à l'autorité administrative ; non, si cette égalité de garanties se trouve déjà assurée d'une autre manière, et s'il ne s'agit plus que d'une simple question de symétrie législative. Or, c'est à cela que se réduirait, en réalité, l'attribution du droit de conflit à l'autorité judiciaire. En effet, il ne pourrait être question, pour les tribunaux, d'exercer ce droit spontanément, sans y être provoqués par les conclusions d'une partie. A la différence de l'administration qui possède à la fois le droit de décision et le droit d'initiative, les tribunaux ne peuvent prendre de décision que sur la demande d'une partie. Quel intérêt aurait cette partie à réclamer une déclaration de conflit ? Quel intérêt aurait le tribunal à ce qu'on la lui demandât ? Aucun, car rien n'empêche la partie de porter directement devant le tribunal judiciaire la question dont elle estime que l'administration s'est indûment saisie. Il arrivera alors de deux choses l'une : ou bien l'administration, reconnaissant son erreur, laissera l'affaire suivre son cours devant les tribunaux, et alors la matière même du conflit fera défaut ; ou bien elle déclinera la compétence judiciaire et élèvera le conflit, et alors le Tribunal des conflits exercera l'arbitrage qu'il s'agissait de provoquer. Ce résultat sera atteint sans que le tribunal judiciaire ait besoin de faire autre chose que de rejeter le déclinatoire et d'attendre l'arrêté de conflit.

Notre législation a donc pu refuser le droit de conflit aux tribunaux sans méconnaître le principe de la mutuelle indépendance des autorités judiciaire et administrative et sans en affaiblir la sanction à l'égard des corps judiciaires.

II. — Des matières dont la connaissance est interdite à l'autorité judiciaire

Quels sont les actes administratifs prévus par les lois de 1790 et de l'an III. — Les dispositions des lois des 16-24 août 1790 et du 16 fructidor an III sont conçues dans les termes les plus généraux : elles défendent aux tribunaux de troubler *de quelque manière que ce soit* les opérations des corps administratifs, et de connaître des actes d'administration *de quelque espèce qu'ils soient.*

Il semble que le législateur ait voulu prévenir, par l'emploi de ces formules si larges, toute distinction entre les différents actes des autorités administratives, et les soustraire tous indistinctement à la compétence judiciaire. C'est en ce sens, nous l'avons vu, que ces lois ont été d'abord interprétées sous la Convention et le Directoire : la jurisprudence de cette époque les appliquait aux décisions prises et aux contrats passés dans un intérêt général, aussi bien qu'aux actes de la puissance publique. L'arrêté du Directoire du 2 germinal an V, inséré au *Bulletin des lois,* qualifiait d'actes administratifs, dans le sens des lois précitées, « toutes les opérations qui s'exécutent par les ordres du Gouvernement, par ses agents immédiats, sous sa surveillance et avec les fonds fournis par le Trésor public [1] ».

Cette doctrine absolue n'est pas celle du droit administratif moderne. La jurisprudence du Conseil d'État l'a progressivement atténuée en soumettant à un examen plus attentif le principe de la séparation des pouvoirs, et en combinant la notion de l'acte administratif avec une autre notion trop négligée au début, celle des attributions fondamentales de l'autorité judiciaire. D'après une doctrine universellement admise, il ne suffit plus, pour faire échec à la compétence des tribunaux, d'invoquer un intérêt public ou de donner une forme administrative à des actes qui, d'après leur objet, relèveraient du droit commun. Il faut que le caractère administratif résulte de la nature même de l'acte et non pas uniquement de la qualité de son auteur ou du but qu'il se propose.

1. Voir ci-dessus, page 199.

On ne doit donc pas considérer, comme échappant de plein droit à la compétence judiciaire, tout acte émané de l'administration, toute opération accomplie ou prescrite par elle en vue d'un intérêt général ; mais seulement les actes et les opérations qui se rattachent à l'exercice de la puissance publique et qui excèdent, à ce titre, les facultés des citoyens. Ces facultés, qui sont égales pour tous dans les rapports des individus entre eux, le sont aussi dans leurs rapports avec l'administration, lorsque celle-ci fait, en vue d'intérêts généraux, ce qu'un simple citoyen pourrait faire en vue d'intérêts particuliers. Mais ces facultés ne sont plus égales entre les individus et l'administration, lorsque celle-ci exerce la puissance qui lui a été déléguée. Ce n'est plus alors le principe d'égalité qui domine, mais au contraire le principe d'autorité : droit de commandement d'un côté, devoir de soumission de l'autre. Les actes que l'administration accomplit en vertu de cette délégation, les règles qu'elle édicte, les droits qu'elle confère, les injonctions ou les interdictions qu'elle prononce, portent l'empreinte d'un pouvoir propre : ce sont des actes de puissance publique, des actes administratifs dans le sens qu'on doit donner aux lois de 1790 et de l'an III.

L'illégalité d'un acte lui enlève-t-elle son caractère administratif ? — Lorsqu'un acte a été fait pour l'exercice de la puissance publique, perd-il son caractère administratif et devient-il justiciable des tribunaux judiciaires par cela seul qu'il est illégal dans le fond ou dans la forme ?

En règle générale et sauf la réserve que nous indiquerons ci-après, les vices dont l'acte de puissance publique peut être entaché ne lui enlèvent pas son caractère administratif, de même que l'illégalité ou le vice de forme qui peut entacher la décision d'un tribunal, l'ordonnance ou le mandat d'un juge d'instruction, ne leur enlève pas leur caractère judiciaire. Ces vices affectent la validité de l'acte, non sa nature. Ils le rendent irrégulier, illégal, annulable ; ils ne le rendent pas inexistant en tant qu'acte de puissance publique ; par suite, ils n'effacent pas à son égard l'interdiction des lois de 1790 et de l'an III.

Quelques hésitations se sont manifestées sur ce point dans la jurisprudence des tribunaux judiciaires ; on a quelquefois confondu l'acte administratif illégal avec la simple voie de fait relevant du droit commun ; mais la jurisprudence du Tribunal des conflits a redressé cette erreur toutes les fois qu'elle lui a été signalée ; elle a affirmé à plusieurs reprises « que l'illégalité reprochée à un acte administratif ne le dépouille pas de ce caractère pour le faire dégénérer en un fait particulier (¹) ».

Le caractère administratif qui persiste dans l'acte annulable peut même persister dans l'acte annulé. Si l'autorité administrative supérieure, appréciant le reproche d'illégalité et reconnaissant qu'il est fondé, a mis l'acte à néant en vertu de ses pouvoirs hiérarchiques, ou bien si la juridiction administrative en a prononcé l'annulation par la voie contentieuse, il ne s'ensuit pas nécessairement que l'acte ait perdu son caractère administratif à l'égard de l'autorité judiciaire, et que celle-ci soit compétente pour en apprécier les conséquences. Sur ce point encore la jurisprudence du Tribunal des conflits, d'accord avec celle du Conseil d'État, a condamné des décisions de tribunaux qui assimilaient à une voie de fait des actes administratifs annulés pour excès de pouvoir (²). L'annulation ne prouve en effet qu'une chose, c'est que l'acte a constitué une faute administrative ; or les fautes administratives ne relèvent pas des tribunaux, à moins qu'elles ne constituent en même temps des fautes personnelles du fonctionnaire, assimilables à des délits ou à des quasi-délits de droit commun (³).

Il y a cependant un cas où l'acte d'un administrateur prétendant exercer la puissance publique cesserait d'être un acte administratif échappant au jugement des tribunaux. C'est le cas où l'administrateur sortirait non seulement de ses propres attributions, mais des attributions mêmes de l'autorité administrative. Si, par exemple, un administrateur confisquait une propriété, privait un citoyen de sa liberté, supprimait un journal, interdisait un commerce ou une industrie libres, le principe de la séparation des pouvoirs ne s'opposerait pas à ce que la partie lésée réclamât l'assistance des tri-

---

1. Tribunal des conflits, 24 novembre 1877, *Gounouilhou,* et autres décisions qui seront rapportées dans le chapitre suivant.
2. Tribunal des conflits, 5 mai 1877, *Laumonnier-Carriol.*
3. Voy. le chapitre suivant.

bunaux judiciaires ; il exigerait au contraire que leur compétence s'exerçât aussi librement que si la décision de l'administrateur n'existait pas. Cette décision, en effet, ne serait pas seulement susceptible d'annulation, elle serait inexistante en droit, puisqu'elle serait étrangère, par son objet même, à l'exercice de la fonction administrative. Peu importerait alors que cette nullité radicale fût ou non proclamée par la juridiction administrative ; les tribunaux pourraient la constater et passer outre.

Mais il faut se garder d'étendre la portée de cette réserve. Ainsi il ne serait pas exact de dire, comme on l'a quelquefois écrit, que l'acte cesse d'être administratif lorsqu'il est fait par un administrateur « en dehors du cercle de *ses attributions* légales ». L'administrateur pourrait sortir du cercle de ses propres attributions sans que son acte perdît, par cela seul, son caractère administratif à l'égard de l'autorité judiciaire : si, par exemple, un préfet empiétait sur les attributions du ministre, ou le ministre sur celles du chef de l'État, il n'appartiendrait pas aux tribunaux d'infirmer la décision ni de passer outre. Les tribunaux n'ont pas, en effet, en général, la mission de surveiller l'observation des compétences entre les diverses autorités administratives ; ce droit est réservé à l'autorité administrative supérieure, ou au Conseil d'État statuant au contentieux, à moins qu'il ne s'agisse des *actes réglementaires* dont la légalité peut être appréciée par les tribunaux, et qui font l'objet du paragraphe suivant.

Actes réglementaires. Compétence judiciaire sur leur légalité. — L'interdiction faite aux tribunaux de connaître des actes de la puissance publique comporte une exception importante. Cette interdiction ne s'applique pas, du moins en partie, aux actes dits *réglementaires*, c'est-à-dire à ceux qui édictent non des prescriptions individuelles et spéciales garanties par des voies de contrainte administrative, mais des dispositions générales garanties par une sanction pénale.

Tels sont : les règlements de police municipale qu'il appartient aux maires de faire en vertu des lois des 16-24 août 1790 (titre XI, art. 3) et du 5 avril 1884 (art. 97) ; les règlements préfectoraux relatifs à la police du domaine public et aux autres objets dont la surveillance a été confiée aux administrations de département par la loi du 22 décembre 1789 (sect. III, art. 2); les règlements faits par les ministres dans les cas rares et spéciaux où ce droit leur est conféré par la loi; les règlements faits par le chef de l'État pour assurer l'exécution des lois, soit en vertu d'une délégation spéciale du législateur, soit en vertu des pouvoirs inhérents à la mission du pouvoir exécutif (loi constitutionnelle du 25 février 1875, art. 3).

Ces actes, qui sont au plus haut degré des actes de la puissance publique, ne peuvent, comme tous les actes de cette nature, être annulés, ni réformés par les tribunaux judiciaires; mais à la différence des autres actes administratifs, leurs dispositions peuvent être interprétées et leur légalité appréciée par les tribunaux appelés à en assurer l'application.

Cette exception est formellement prévue par l'article 471 du Code pénal. Ce texte, qui est relatif aux contraventions de police de la première classe, déclare passibles de la pénalité applicable à ces infractions : « Ceux qui auront contrevenu aux règlements *léga-* « *lement faits* par l'autorité administrative, et ceux qui ne se seront « pas conformés aux règlements ou arrêtés publiés par l'autorité « municipale en vertu des articles 3 et 4, titre XI, de la loi du « 16-24 août 1790, et de l'article 46, titre Iᵉʳ, de la loi du 19-22 « juillet 1791. »

La contravention n'existant que si les règlements ont été faits légalement, il en résulte que l'autorité judiciaire, appelée à vérifier si la contravention existe, est appelée à vérifier en même temps si le règlement, dont la sanction pénale lui est demandée, a une existence légale et une force obligatoire.

Il y a d'ailleurs une telle connexité entre l'exercice de la juridiction répressive et la vérification des prescriptions ou des défenses dont elle doit assurer la sanction, que le même droit devrait être reconnu à l'autorité judiciaire même en l'absence d'un texte qui le lui réserverait. La doctrine et la jurisprudence se sont de tout temps prononcées en ce sens.

Aussi, bien que l'article 471 du Code pénal n'ait été rédigé dans sa forme actuelle que lors de la revision de ce Code par la loi du 28 avril 1832, la Cour de cassation n'hésitait pas à appliquer, avant

1832, les principes que ce texte a consacrés ([1]). Elle reconnaissait aux tribunaux le droit et le devoir de vérifier la légalité des règlements, avant de punir ceux à qui l'on reprochait d'y avoir contrevenu, et jamais, pendant cette période, le conflit n'a été élevé pour revendiquer la question préjudicielle d'interprétation ou de légalité des actes réglementaires.

Pour expliquer cette dérogation aux règles ordinaires de la compétence, faut-il dire, comme on l'a fait souvent, que les actes réglementaires ne sont pas des actes administratifs proprement dits, mais des actes législatifs ou quasi législatifs soumis à ce titre, comme les lois elles-mêmes, à l'interprétation des tribunaux chargés de les appliquer?

Nous ne le pensons pas. Si les règlements administratifs paraissent avoir quelque analogie avec les lois, à raison du caractère général de leurs dispositions, il n'en résulte nullement que le pouvoir dont ils émanent soit d'essence législative ; il se rattache directement à la puissance exécutive, car celle-ci, chargée d'assurer l'exécution des lois, ne pourrait le faire sans édicter les prescriptions secondaires que cette exécution comporte.

De même, l'autorité municipale, dont « les fonctions propres sont de faire jouir les habitants des avantages d'une bonne police, notamment de la propreté, de la salubrité, de la sûreté et de la tranquillité dans les rues, lieux et édifices publics », ne pourrait pas remplir cette mission si elle n'y puisait pas le droit de faire des règlements locaux sur ces matières. Sans doute, le pouvoir réglementaire qui appartient aux administrations centrales ou locales leur vient de la loi, mais il en est de même de toutes les attributions des autorités publiques : de ce qu'elles émanent de la loi, il ne s'ensuit pas qu'elles soient d'essence législative. La question ne pourrait sérieusement se poser que pour une espèce particulière de règlements, les règlements d'administration publique qui sont faits par le Gouvernement en Conseil d'État en vertu d'une *délégation spéciale* du législateur, et qui ne sont pas seulement destinés à

---

1. Parmi les nombreux arrêts de la Cour de cassation, antérieurs à 1832, on peut citer ceux du 3 août 1810 ; du 20 avril 1819 ; du 21 mars 1828 ; du 14 août 1830. — Voy. Faustin Hélie, *Traité de l'instruction criminelle*, t. VI, p. 185 ; Henrion de Pansey, *Du pouvoir municipal*, livre II, chap. 6 ; Blanche, *Études pratiques sur le Code pénal*, VII⁰ étude.

assurer l'exécution de la loi, mais encore à en compléter ou à en développer les dispositions sur des points déterminés ([1]). Mais en dehors de cette délégation spéciale, qui communique aux actes qu'elle prévoit un caractère quasi législatif, le pouvoir réglementaire n'excède pas les attributions régulières de l'autorité administrative ; les actes qui en procèdent sont, par leur nature même, des actes administratifs, des actes de puissance publique.

C'est pourquoi la jurisprudence du Conseil d'État reconnaît aux parties intéressées le droit de lui déférer pour excès de pouvoir les règlements de police municipale et, en général, les actes réglementaires qui ne procèdent pas d'une délégation spéciale du législateur. Si ces actes étaient de nature législative, le Conseil d'État devrait déclarer de tels recours non recevables, puisque sa juridiction ne saurait s'exercer que sur des actes ayant un caractère administratif.

Bien plus, si l'assimilation qu'on a quelquefois proposée entre les actes réglementaires et les lois était vraie, il en résulterait une conclusion toute différente de celle qu'on en a tirée. Les tribunaux ne pourraient pas alors refuser d'appliquer les règlements sous prétexte d'illégalité, pas plus qu'ils ne peuvent refuser d'appliquer les lois sous prétexte d'inconstitutionnalité. On sait en effet que le juge français, — à la différence du juge américain qui a le droit de mettre la constitution au-dessus de la loi, et de considérer celle-ci comme non avenue si elle viole les lois fondamentales de l'Union ou d'un État, — est toujours tenu d'appliquer les décisions du pouvoir législatif régulièrement promulguées.

Concluons de ce qui précède que les actes réglementaires sont des actes administratifs d'une nature particulière, dont l'annulation ne peut appartenir qu'à l'autorité ou à la juridiction administrative, mais dont les tribunaux peuvent exceptionnellement déterminer le sens et apprécier la légalité, lorsqu'ils sont appelés à leur assurer une sanction pénale. La compétence judiciaire dérive alors non de la nature de l'acte, mais des droits qui sont inhérents à l'exercice de la justice pénale, et en vertu desquels les tribunaux de répression ont, en principe, plénitude de juridiction sur toutes

---

1. Voy. sur les règlements d'administration publique, tome II, livre IV, chap 1er, § 1.

les demandes et exceptions tendant à l'application ou à la non-application des peines ([1]).

Acte de tutelle administrative. — Les actes par lesquels l'autorité administrative habilite des administrations locales, ou des établissements publics soumis à sa tutelle, à prendre certaines décisions ou à passer certains contrats, sont des actes de la puissance publique. A la vérité ils ne contiennent ni prescription ni défense, ils se bornent à autoriser ou à approuver des décisions prises par autrui. Mais, par cela seul qu'ils donnent aux auteurs de ces décisions un pouvoir qu'ils n'auraient pas sans une intervention spéciale de l'autorité publique, ils constituent un acte de cette autorité. Ils sont donc compris dans l'interdiction générale faite aux tribunaux par les lois de 1790 et de l'an III.

Mais si les actes de tutelle sont des actes administratifs, ils ne communiquent pas ce caractère aux décisions qu'ils autorisent ou qu'ils approuvent. Celles-ci conservent la nature qui leur est propre. Si elles consistent en contrats ou autres engagements relevant de la compétence judiciaire, cette compétence subsiste, nonobstant l'acte de puissance publique qui s'y est annexé. Les tribunaux, juges des engagements régis par le droit civil et de leur validité, ont donc seuls qualité pour décider si l'acte de tutelle a habilité la partie qui s'en prévaut. Mais si la contestation vient à porter non sur la validité du contrat, mais sur celle de l'acte de tutelle considéré en lui-même et au point de vue de sa régularité administrative, ce n'est pas aux tribunaux qu'il appartient d'en connaître ; ils ne pourraient le faire sans juger un acte d'administration qui échappe à leur compétence ; ils doivent donc renvoyer cette question à l'autorité administrative.

Actes de gestion. — Nous avons vu que les actes de puissance publique sont les seuls actes de l'administration qui échappent *de plein droit* à la compétence judiciaire. La règle est différente pour les actes de gestion, c'est-à-dire pour ceux que l'administration

---

1. Nous aurons à signaler diverses applications de ce principe, en même temps que les exceptions qu'il peut comporter dans les matières correctionnelles. Voy. ci-après, chapitre VI.

accomplit en qualité de gérant et d'intendant des services publics et non comme dépositaire d'une part de souveraineté. Les facultés que l'administration exerce dans l'accomplissement de ces actes n'excèdent pas, en général, celles que les citoyens possèdent en vertu du droit privé, ou qu'ils peuvent s'attribuer par des stipulations librement consenties. Les marchés passés par l'administration pour assurer le fonctionnement des services publics et l'exécution des travaux d'intérêt général, les actes faits pour la mise en valeur des propriétés publiques, les engagements pécuniaires contractés par l'État ou par les administrations locales pour subvenir aux besoins qu'ils ont mission de satisfaire, sont des actes de gestion ; l'intérêt public les motive, mais en général la puissance publique n'y intervient pas.

A l'égard de ces actes, les principes de compétence sont différents : tandis qu'une loi est nécessaire pour donner exceptionnellement compétence aux tribunaux sur un acte de puissance publique, une loi est nécessaire pour la leur ôter sur un acte de gestion. Le contentieux des actes de puissance publique est administratif de sa nature, celui des actes de gestion n'est administratif que par la détermination de la loi. Mais, à cette règle générale, il faut ajouter les deux observations suivantes :

En premier lieu, le contentieux des actes de gestion peut être déféré à la juridiction administrative par des dispositions générales de la loi aussi bien que par des dispositions spéciales : il n'est pas besoin que tous ces actes soient dénommés ou définis ; il suffit qu'ils rentrent dans des catégories largement tracées par le législateur. Ainsi, aucun texte n'a formellement exclu de la compétence judiciaire les obligations pécuniaires résultant, pour le Trésor public, des émissions de rentes ou des opérations de trésorerie, ni les réclamations relatives aux soldes et traitements, ni les demandes d'indemnités formées contre l'État pour des dommages autres que ceux résultant des travaux publics ; mais les dispositions générales des lois du 8 août 1790 et du 26 septembre 1793 ont posé en principe que les créances sur l'État seraient réglées administrativement. Ce principe s'applique à toutes les actions tendant à faire déclarer l'État débiteur, quelle que soit la cause de la dette, à moins qu'il ne s'agisse de stipulations exclusivement régies par le droit civil, telles que celles qui sont faites dans l'intérêt du domaine privé de l'État([1]).

En second lieu, il y a des actes qui concourent à la gestion des services publics, à l'administration des biens possédés ou surveillés par l'État, mais qui, en même temps, se rattachent si étroitement à l'exercice de la puissance publique qu'ils échappent de plein droit à la compétence judiciaire, comme si cette puissance était seule en jeu. Telles sont les *concessions* faites à des particuliers sur le domaine public, les *affectations* qui consacrent des biens domaniaux ou communaux au service du culte, et d'autres actes analogues. L'élément contractuel qui s'ajoute, dans ces cas, à l'acte de puissance publique, ne le transforme pas pour cela en simple acte de gestion. Par cela seul que la puissance publique se manifeste dans ces décisions, elles relèvent exclusivement de la juridiction administrative et échappent de plein droit à la compétence des tribunaux ([2]).

En résumé, le principe de la séparation des pouvoirs suffit pour écarter la compétence judiciaire dans tous les cas où la puissance publique est en jeu, sauf l'exception signalée pour les actes réglementaires. Il ne suffit pas pour l'écarter lorsqu'il s'agit d'actes étrangers à l'exercice de la puissance publique : des dispositions de loi générales ou spéciales sont alors nécessaires pour attribuer compétence à la juridiction administrative.

III. — DES MATIÈRES DONT LA CONNAISSANCE EST INTERDITE A LA JURIDICTION ADMINISTRATIVE.

Actes judiciaires et de police judiciaire. — De même que la connaissance des actes administratifs est interdite aux tribunaux judiciaires, la connaissance des actes et décisions de ces tribunaux ou des autorités comprises dans la hiérarchie judiciaire est interdite à l'administration.

En ce qui touche l'inviolabilité des décisions judiciaires propre-

---

1. Voir *supra*, p. 196 et suiv., 432 et suiv., les pouvoirs des ministres en matière de liquidation des dettes de l'État.

2. Voy. ci-après, page 597.

ment dites au regard de l'autorité administrative, l'évidence de cette règle rend tout développement inutile. Ce principe fondamental ne peut plus être obscurci, ni par les idées qui ont eu cours, à d'autres époques, sur la souveraineté prétendue du Gouvernement à l'égard des décisions judiciaires entachées d'excès de pouvoir, ni par des confusions désormais impossibles entre les attributions du juge administratif et celles du juge des conflits. Le Gouvernement ne saurait revendiquer aujourd'hui le droit qu'il s'était attribué, sous le premier Empire, d'annuler des jugements de tribunaux en prétendant que le chef de l'État est le juge naturel de toutes les infractions aux lois qui régissent les dépositaires d'un pouvoir social, et qu'il peut en faire lui-même justice s'il n'a pas délégué ce droit à une autre autorité[1].

D'un autre côté, on ne saurait confondre avec une attribution d'ordre administratif le droit qui appartient au juge des conflits de déclarer nuls et non avenus les jugements et les actes de procédure contraires au principe de la séparation des pouvoirs. Cette confusion était déjà tenue pour contraire aux principes, à l'époque où le Conseil d'État était à la fois le juge des conflits et celui du contentieux administratif; on distinguait alors avec soin les droits qu'il exerçait en cette double qualité, et l'on faisait remarquer que ce n'était pas comme juridiction administrative, mais seulement comme juge des conflits qu'il pouvait infirmer une décision judiciaire. Mais aujourd'hui que les deux attributions appartiennent à des juridictions différentes, le Conseil d'État et le Tribunal des conflits, cette distinction n'est même plus nécessaire; il suffit de dire que le Conseil d'État n'a, dans aucun cas, le droit de connaître d'un recours formé contre une décision judiciaire[2].

Il en est de même s'il s'agit non de jugements prop.ement dits, mais d'ordonnances, de mandements, d'actes d'instruction, etc., émanés de magistrats ou d'officiers de police judiciaire. L'applica-

1. Voyez ci-dessus, p. 218, note 3, les décrets du 4 juillet et du 14 août 1813.

2. On peut s'étonner qu'il ait quelquefois fallu que le Conseil d'État affirmât un principe si évident. Un arrêt du 21 février 1879 (*Pollet*), statuant sur un recours pour excès de pouvoir formé contre deux arrêts de la Cour de cassation, déclare ce recours non recevable : « Considérant que les recours dont il s'agit sont dirigés contre des décisions de l'autorité judiciaire et qu'il ne peut appartenir au Conseil d'État d'en connaître. »

tion de cette règle peut toutefois donner lieu à des difficultés quand ces actes émanent de fonctionnaires qui ont des attributions mixtes et qui, tout en appartenant à la hiérarchie administrative, peuvent être chargés d'accomplir des actes de police judiciaire. Il faut alors rechercher avec soin en quelle qualité ces fonctionnaires ont agi et quelle est la nature de l'acte qu'ils ont accompli.

Ces difficultés peuvent se présenter pour les préfets, et spécialement pour le préfet de police, fonctionnaires administratifs qui peuvent être appelés à agir comme officiers de police judiciaire en vertu de l'article 10 du Code d'instruction criminelle. Les actes qu'ils font en cette qualité ne sont pas des actes administratifs ; les mandats qu'ils délivrent, les saisies qu'ils opèrent ou font opérer en vertu de l'article 10, sont les éléments préliminaires d'une instruction criminelle ou correctionnelle qui ne peuvent relever que de l'autorité judiciaire[1].

Les commissaires de police participent aussi, selon les cas, à la police administrative ou à la police judiciaire[2].

Les consuls exercent tantôt des fonctions diplomatiques ne relevant d'aucune juridiction contentieuse, tantôt des fonctions administratives qui peuvent donner lieu à des recours devant le Conseil

1. Tribunal des conflits, 25 mars 1889, *Dufeuille;* — même date, *Michau et Lafrenet;* — même date, *Usannaz-Joris.* Ce dernier arrêt décide, en outre, que l'autorité judiciaire, compétente pour apprécier les actes de saisie pratiqués par un préfet « de son propre mouvement ou sur l'ordre du ministre de l'intérieur », l'est également pour statuer sur l'action en responsabilité formée contre le préfet à l'occasion de ces actes. Mais le même arrêt écarte la compétence judiciaire en ce qui touche une action en responsabilité qui était en même temps dirigée contre le receveur et le directeur général des postes, parce que ces agents, en exécutant la saisie ordonnée par le préfet, avaient exercé des attributions administratives.

2. Pour les commissaires de police on peut consulter une décision du Tribunal des conflits du 1ᵉʳ décembre 1883 (*Alleaume*). Il s'agissait de perquisitions et de saisies opérées par un commissaire de police dans l'officine d'un pharmacien, à la requête d'inspecteurs de la pharmacie. Sur l'action à fin de dommages-intérêts formée contre cet agent par le pharmacien, le préfet avait élevé un conflit fondé sur ce que « les inspecteurs des pharmacies sont des agents de l'administration et que le commissaire, agissant sur leur réquisition, a lui-même le caractère d'agent de l'administration ». Mais le Tribunal a annulé l'arrêté de conflit en se fondant sur ce que le commissaire avait été requis pour la constatation d'infractions à la loi et pour la saisie de drogues constituant le corps du délit, qu'ainsi il avait agi comme officier de police judiciaire.

Il peut aussi arriver que l'infraction recherchée et constatée par l'agent relève des tribunaux administratifs et non des tribunaux judiciaires, par exemple, s'il s'agit de contraventions de grande voirie. On doit alors rechercher si l'auteur du procès-verbal opère comme officier de police judiciaire ou comme agent de la police administrative.

d'État, tantôt enfin des attributions d'ordre judiciaire pour lesquelles ils ne relèvent que des juridictions judiciaires supérieures[1].

Enfin la même distinction peut s'appliquer au chef même de la hiérarchie judiciaire, au ministre de la justice. Il possède à la fois les pouvoirs d'administration attachés à la fonction ministérielle et à raison desquels il peut être justiciable de la juridiction administrative, et les pouvoirs de haute surveillance judiciaire d'où il tenait autrefois son titre de « grand juge », notamment le droit d'injonction prévu par l'article 274 du Code d'instruction criminelle. Lorsqu'il exerce ces derniers pouvoirs, la juridiction administrative est radicalement incompétente à son égard[2].

Du cas où un jugement est attaqué comme émanant d'un juge irrégulièrement institué. — Les actes qui confèrent aux magistrats leurs pouvoirs sont des actes de puissance publique émanés du Gouvernement ; il en est de même des décisions qui mettent fin à ces pouvoirs, soit en admettant les magistrats à la retraite, soit en les révoquant lorsqu'ils sont amovibles. Si une partie conteste la légalité ou les effets de ces actes, et si elle en tire argument contre la validité d'un jugement, l'autorité judiciaire sera-t-elle compétente pour apprécier ce moyen ou devra-t-elle en renvoyer l'examen à l'autorité administrative ?

La question de compétence ne présente pas de difficulté si l'on se borne à discuter les effets légaux d'un acte de cette nature sans contester sa validité. Si, par exemple, un jugement est attaqué comme ayant été rendu par un juge de paix relevé de ses fonctions ou par un magistrat admis à la retraite, il appartient certainement à l'autorité judiciaire de vérifier si le magistrat avait ou non cessé d'être en fonctions le jour où il a rendu son jugement, et même de décider s'il avait pu continuer provisoirement l'exercice de sa fonction jusqu'à l'installation de son successeur. Les arrêts par lesquels les cours d'appel et la Cour de cassation ont plusieurs fois

---

1. Conseil d'État, 19 décembre 1868 (*Ridel*). — Voy. aussi la décision du Tribunal des conflits du 6 avril 1889 (*Gonel*) qui soumet à la compétence judiciaire les questions relatives à la responsabilité d'un chancelier de légation ayant reçu le testament d'un Français à l'étranger, ainsi que les questions relatives à la validité de cet acte.

2. Conseil d'État, 26 décembre 1867 (*Petitpied*).

subordonné la validité d'un jugement à des vérifications de cette nature n'excèdent nullement les pouvoirs des tribunaux, car ces vérifications ne tendent point à infirmer un acte administratif, mais seulement à l'appliquer selon sa forme et teneur [1].

La question est plus délicate si le grief invoqué contre la validité du jugement est tiré de l'illégalité du titre en vertu duquel le magistrat a exercé ses fonctions. Elle touche de près à la question de savoir si les cours de justice peuvent contrôler le titre de nomination de leurs membres, lorsqu'elles procèdent à leur installation, ou si elles doivent se borner à prendre acte de ce titre.

Les anciens Parlements se reconnaissaient le droit de ne pas installer ceux de leurs membres qui auraient été nommés en vertu de lettres patentes irrégulières, ou sans remplir les conditions requises par les ordonnances ; les lettres étaient alors considérées comme « subreptices » et la compagnie refusait d'accueillir le titulaire jusqu'à ce qu'il fût pourvu d'un titre régulier [2]. Le Tribunal de cassation se reconnut le même pouvoir et refusa, par décision du 29 décembre 1795, d'installer un substitut du commissaire du Gouvernement nommé en violation de la loi du 11 septembre 1790, qui interdisait les fonctions de juge aux anciens ecclésiastiques [3].

Mais depuis lors, la censure ainsi exercée par des corps judiciaires sur des actes émanés du Gouvernement a paru difficile à concilier avec le principe de la séparation des pouvoirs. Une opinion moyenne s'est établie, d'après laquelle la compagnie judiciaire qui a des doutes sur la légalité d'une nomination, doit en référer au Gouvernement et surseoir à l'installation jusqu'à ce que le ministre de la justice ait pu vérifier la légalité du décret et le faire rapporter s'il y a lieu [4]. Le Gouvernement serait ainsi appelé à résoudre, sur l'initiative du corps intéressé, la difficulté qui lui aurait échappé au sujet de l'âge, de la nationalité ou de toute autre condition requise pour la légalité des nominations judiciaires ; il apprécierait, en la forme administrative, la difficulté qui lui aurait

1. Cass., ch. crim., 2 mai 1861, *Monty de Cornulier* ; — 9 mars 1871, *Fabre*.
2. Jousse, *Traité de l'administration de la justice*, t. I, p. 148.
3. Décision rapportée par M. Morin, *Discipline des cours et tribunaux*, t. II, p. 59.
4. Circulaire du ministre de la justice du 4 fructidor an XII. — Morin, *Discipline des cours et tribunaux*, t. II, p. 59 ; — Carré, *Traité des lois de l'organisation judiciaire*, t. I, p. 368.

été soumise et nous pensons que son refus de rapporter la nomination critiquée rendrait celle-ci définitive à l'égard du corps judiciaire intéressé.

Nous n'hésitons pas d'ailleurs à penser que ce corps n'aurait pas
qualité pour déférer au Conseil d'État, pour excès de pouvoir, soit
la nomination considérée comme irrégulière, soit la décision qui
déclarerait la maintenir ; en effet ce recours n'appartient qu'à ceux
qui ont un « intérêt direct et personnel » à l'annulation de l'acte,
et l'intérêt dont il s'agirait ici serait un intérêt public et impersonnel.

Il résulte de là qu'une question relative à la légalité de l'acte
administratif qui a conféré à un magistrat ses pouvoirs, ne pourra
pas se poser utilement à propos de la validité d'un jugement. Cette
question de légalité aura été résolue *erga omnes* par le seul fait de
l'installation du magistrat et de sa prestation de serment. Aussi la
Cour de cassation refuse-t-elle aux parties le droit d'attaquer un
jugement par ce moyen : « Il n'appartient à aucun citoyen ni à la
cour elle-même, dit un arrêt de la chambre criminelle du 26 août
1831, de contrôler la nomination d'un magistrat reçu dans le corps
où il a été appelé ou qui, en cette qualité, y a prêté serment et
exercé ses fonctions. » La chambre des requêtes a également décidé, par arrêt du 21 juillet 1832, « qu'il n'appartient à aucun
citoyen de contester la validité des titres en vertu desquels les magistrats exercent leurs fonctions ».

Autres matières interdites à la juridiction administrative. — Les
matières qui relèvent par leur nature de la compétence judiciaire,
et dont la connaissance est interdite à la juridiction administrative,
ne sauraient être indiquées par voie d'énumération ni même de
classification. Outre qu'une telle tâche serait impossible — car
le nombre des actions ressortissant aux tribunaux est illimité — le
seul fait de l'entreprendre impliquerait une idée fausse des principes qui président aux rapports des juridictions administrative et
judiciaire. En effet, dans tous les litiges qui n'ont pas pour objet
l'exercice de la puissance publique, la compétence judiciaire est
de droit, et c'est à l'administration qu'il incombe d'établir les
dérogations qui y sont faites. C'est pourquoi l'ordonnance du

1er juin 1828 sur les conflits (art. 6 et 9) exige que la disposition législative, attribuant à l'administration la connaissance du litige, soit rapportée dans le déclinatoire et textuellement insérée dans l'arrêté de conflit (¹).

Il suit de là que la mention des affaires contentieuses interdites à la juridiction administrative peut se réduire à une formule générale, embrassant toutes les contestations qui n'ont pas pour objet soit un acte de puissance publique, soit des actes de gestion attribués à la juridiction administrative par des dispositions de loi générales ou spéciales.

IV. — Des questions préjudicielles

Principes généraux. — Il ne faut pas confondre les questions *préjudicielles* avec les questions *préalables*.

Les unes et les autres ont ce caractère commun qu'elles préjugent la solution d'un litige. Mais tandis que la question préalable peut être résolue par le juge du fond lui-même — soit dans la décision qu'il rend sur le fond, soit dans une décision antérieure et interlocutoire — les questions préjudicielles exigent un jugement distinct et séparé, émanant d'un juge autre que celui du fond.

Ainsi, pour ne citer qu'un exemple, quand le jugement d'un procès soumis à un tribunal judiciaire dépend de l'interprétation de titres ou de contrats de droit commun, cette interprétation n'est que préalable au jugement du fond, et elle est l'œuvre du même juge ; si, au contraire, les titres à interpréter sont des actes ou décisions de l'administration, l'interprétation devient préjudicielle,

---

1. La jurisprudence du Tribunal des conflits est fixée en ce sens qu'il suffit d'insérer dans le déclinatoire et dans l'arrêté de conflit les lois générales des 16-24 août 1790 et du 16 fructidor an III. La mention de ces lois est en effet suffisante, lorsque le litige revendiqué par l'autorité administrative porte sur un acte de puissance publique, qui est soustrait de plein droit à la compétence judiciaire par les textes qui consacrent la séparation des pouvoirs. Mais suffit-il de mentionner ces textes quand le litige a pour objet un acte de gestion, un marché, un engagement pécuniaire de l'État qui n'échappe pas à la compétence judiciaire de plein droit et par le seul effet des lois de 1790 et de l'an III ? Ne serait-il pas plus correct de mentionner, dans ces différents cas, les lois générales ou spéciales qui ont créé la compétence administrative pour les marchés de travaux ou de fournitures, pour les engagements du Trésor, etc.?

parce qu'elle exige un jugement distinct et séparé émanant du juge administratif.

On sait qu'il existe aussi des questions préjudicielles exigeant un renvoi d'un tribunal judiciaire à un autre tribunal judiciaire, par exemple d'un tribunal civil à un tribunal criminel et réciproquement.

Bien que nous n'ayons à nous occuper ici que des questions préjudicielles qui touchent aux rapports des juridictions judiciaire et administrative, nous ne croyons pas devoir passer entièrement sous silence quelques considérations auxquelles donne lieu cette espèce de dédoublement de l'office du juge.

Les règles actuellement en vigueur pour le jugement des questions préjudicielles n'ont pas été toujours admises. En droit romain et dans notre ancienne jurisprudence, c'était un principe presque absolu que le juge de l'action est, par cela seul, le juge de l'exception et de toutes les questions incidentes se rattachant au jugement du fond. Le droit romain ne paraît avoir excepté de cette règle que les questions d'état, et spécialement les questions de liberté ou d'esclavage quand elles étaient un élément essentiel d'un jugement criminel (¹). La jurisprudence des anciens Parlements s'inspirait des mêmes règles. Elle admettait notamment qu'une poursuite criminelle pour suppression d'état pouvait être jugée sans que la question d'état eût été l'objet d'un jugement préalable de la juridiction civile (²). L'idée qui dominait alors était que chaque tribunal, soit civil, soit criminel, a plénitude de juridiction pour toutes les vérifications que comporte un procès dont le fond lui appartient.

La même question ne paraît pas s'être posée, dans notre ancien droit, entre les Parlements et l'administration. Le Conseil du roi pouvait, en vertu de son droit d'*évocation*, se saisir de toutes les affaires où la couronne était intéressée, et les juger lui-même, quelles que fussent les parties en cause. Les questions préjudi-

---

1. Institut., livre IV, titre 6, § 13 ; — livre III, *Code, de ord. cognit.* — Cf. Merlin, *Répertoire*, v° *Question préjudicielle*, et Dalloz, *Répertoire*, *eod. verb.*, chap. 1er.

2. Arrêts du Parlement de Paris du 4 décembre 1638 et du 16 février 1695 rapportés par Merlin et par Dalloz, *loc. cit.*

cielles n'avaient pas de raison d'être, du moment que le procès tout entier pouvait être évoqué par le Conseil.

Les questions préjudicielles n'ont commencé à prendre une réelle importance, soit entre les tribunaux judiciaires d'ordre différent, soit entre ceux-ci et les tribunaux administratifs, que sous la législation postérieure à 1789.

Dans l'ordre judiciaire, la maxime que « le civil tient le criminel en état » est résultée des articles 326 et 327 du Code civil, qui proclament la compétence exclusive des tribunaux civils sur les questions d'état, et qui obligent le juge criminel à surseoir jusqu'à ce que le juge civil ait statué. D'un autre côté, l'article 3 du Code d'instruction criminelle oblige le juge civil à surseoir au jugement de l'action civile portée devant lui à raison d'un fait criminel ou délictueux, tant que l'action publique, intentée à raison de ce fait, n'a pas abouti à un jugement définitif du tribunal de répression ; d'où il suit que, dans certains cas, le criminel tient le civil en état. L'introduction de ces règles dans la législation, les restrictions qu'elles imposent à l'idée que le juge de l'action peut juger tous les moyens invoqués pour ou contre la demande, firent naître toute une jurisprudence nouvelle sur les questions préjudicielles ; cette jurisprudence se manifesta non seulement par des arrêts, mais encore par des délibérations doctrinales de la Cour de cassation, destinées à éclairer les tribunaux judiciaires sur leurs attributions respectives en présence de questions réputées préjudicielles (¹).

En matière administrative, la nécessité de séparer le jugement du fond et celui de questions préjudicielles résulta également des principes nouveaux consacrés par le législateur. D'une part, le

---

1. On peut consulter sur ce point la célèbre *note* des 3-12 novembre 1813, adoptée par la Cour de cassation sur le rapport du président Barris, et revêtue de l'adhésion du procureur général Merlin. Cette note passe en revue les principes à appliquer et les solutions à adopter dans diverses questions intéressant la compétence respective des tribunaux civils, criminels, correctionnels et de simple police. On y lit la maxime suivante : « Il est de principe que tout juge compétent pour statuer sur un procès dont il est saisi, l'est par là même pour statuer sur les questions qui s'élèvent incidemment dans ce procès, quoique d'ailleurs ces questions fussent hors de sa compétence si elles lui étaient posées principalement. Il faut une disposition formelle de la loi pour ne pas faire application de ce principe. » (Le texte de cette note est rapporté par Dalloz, v° *Question préjudicielle*, n° 7, en note.)

principe de la séparation des pouvoirs s'opposait à ce que les tribunaux se fissent les juges d'actes administratifs invoqués et contestés au cours d'un débat judiciaire ; d'autre part, les lois d'organisation judiciaire et les lois constitutionnelles elles-mêmes interdisaient à l'administration le jugement de toute question d'état, de propriété, d'obligations de droit commun, et condamnaient sans retour l'ancienne pratique des évocations. De là devait nécessairement résulter une scission des compétences administrative et judiciaire, lorsque le fond du litige relevait des tribunaux et que l'un de ses éléments essentiels relevait de l'administration, ou réciproquement.

Quelques textes législatifs ont expressément prévu cette distinction des compétences et prescrit à la juridiction administrative de renvoyer aux tribunaux les questions préjudicielles de nature judiciaire. Ainsi, l'article 7 de la loi du 2 messidor an VII renvoie aux tribunaux les questions de propriété qui peuvent se rattacher à une demande en mutation de cote de contribution foncière. Toutes les lois sur le recrutement de l'armée ont prescrit aux conseils de révision de surseoir à statuer sur les demandes d'exemption de service militaire qui soulèvent des questions d'état ou de domicile, jusqu'à ce que ces questions aient été résolues par les tribunaux judiciaires ([1]). La législation des élections municipales et départementales impose la même obligation aux conseils de préfecture et au Conseil d'État, lorsque des réclamations en matière électorale soulèvent des questions relatives à l'état civil ou au domicile des candidats ([2]).

Ces textes sont-ils limitatifs ? Assurément non. On peut même dire qu'ils ne sont pas attributifs de compétence à l'autorité judiciaire sur les questions préjudicielles qu'ils ont prévues, mais seulement déclaratifs. Alors même que ces textes n'existeraient pas, la juridiction administrative n'en serait pas moins obligée de renvoyer à l'autorité judiciaire les questions d'état, de capacité civile, de domicile, de propriété, que ces textes ont expressément dis-

---

1. Loi du 10 mars 1818 ; — loi du 21 mars 1832 ; — loi du 27 juillet 1872.
2. Loi municipale du 5 avril 1884, art. 39 ; — loi du 31 juillet 1875 sur les élections aux conseils généraux, — et lois antérieures sur les élections départementales et municipales.

traites du litige administratif. De même, dans tous les débats contentieux où se posent incidemment des questions de droit civil dont aucun texte de loi n'a prescrit le renvoi à l'autorité judiciaire, ce renvoi n'en doit pas moins être ordonné par la juridiction administrative.

Il est donc vrai de dire que la règle d'après laquelle « le juge de l'action est juge de l'exception » s'efface, en principe, devant la règle constitutionnelle de la séparation des pouvoirs. Cette restriction s'impose également aux tribunaux judiciaires et aux tribunaux administratifs. L'assujétissement qui semble résulter, pour les uns et pour les autres, de la nécessité de surseoir jusqu'à ce qu'une autre juridiction se soit prononcée sur un élément essentiel d'un litige qui leur appartient, est en réalité une garantie de leur mutuelle indépendance. Cette indépendance serait compromise si l'une des juridictions pouvait faire indirectement ce qu'il lui est interdit de faire directement, si elle pouvait statuer sur une question réservée à l'autre juridiction, sous prétexte qu'il ne s'agit que d'une exception ou d'un moyen, et non de l'objet même de la demande. Lorsqu'il s'agit d'une incompétence d'ordre constitutionnel, comme l'est celle des tribunaux administratifs dans les matières judiciaires, et celle des tribunaux judiciaires en présence d'actes administratifs, la distinction des compétences ne saurait être trop rigoureusement observée. Peu importe qu'un le ces tribunaux, incompétent *ratione materiæ* pour résoudre une difficulté, la résolve dans le dispositif de son jugement ou seule nent dans les motifs ; ce qu'il faut, c'est qu'il s'abstienne entiè nent de la résoudre.

Tel est, croyons-nous, le principe dont il faut s'inspirer dans cette importante matière des questions préjudicielles, et nous n'apercevons aucun cas où la juridiction administrative puisse incidemment statuer sur des contestations du ressort des tribunaux judiciaires en alléguant que le juge de l'action est le juge de l'exception.

Mais la réciproque est-elle vraie ? N'y a-t-il aucun cas où les tribunaux ne puissent exceptionnellement retenir et juger des difficultés d'ordre administratif impliquées dans un débat judiciaire ?

La raison de douter vient de ce que les tribunaux judiciaires semblent posséder, dans certaines matières, une plénitude de juridiction qui exclut tout partage, tout renvoi de questions préjudicielles à l'administration, et cela en vertu de principes qui n'ont pas moins d'autorité que celui de la séparation des pouvoirs. Ainsi, en matière criminelle, on peut considérer comme une règle fondamentale la compétence exclusive des cours d'assises et du jury ; d'où il suit que l'administration ou les tribunaux administratifs ne sauraient s'immiscer dans le jugement d'un crime, en revendiquant une question préjudicielle dont dépendrait peut-être le sort de l'accusé. L'article 1er de l'ordonnance de 1828 n'a fait que rendre hommage à ce principe en interdisant d'élever le conflit en matière criminelle, soit sur le fond, soit sur une question préjudicielle [1]. Il est également de principe que l'état civil des citoyens, leur nationalité, la validité des actes constitutifs de la famille, ne peuvent être appréciés que par les tribunaux judiciaires, sans aucun partage de compétence avec la juridiction administrative. Aussi, même dans le cas où les contestations de cette nature se fondent sur l'invalidité d'un acte administratif, par exemple sur l'illégalité d'un décret de naturalisation, ou du titre en vertu duquel un officier municipal a célébré un mariage, il ne nous semble guère possible de revendiquer pour la juridiction administrative la question d'ordre administratif dont peut dépendre le jugement du fond.

Bornons-nous à indiquer ici ces questions, qui sont fort délicates et sur lesquelles nous aurons à revenir. Leur solution dépend, comme on voit, de l'idée qu'on se fait de la compétence des tribunaux judiciaires lorsque le sort des accusés, l'état des personnes, la constitution de la famille, sont en cause devant eux. Si cette compétence n'apparaît pas comme une garantie d'ordre constitutionnel donnée aux citoyens et excluant toute ingérence directe ou indirecte de l'administration, il faut appliquer le principe de la séparation des pouvoirs, et réserver à l'administration les questions d'ordre administratif qui peuvent se rattacher à ces sortes d'affaires. Si, au contraire, comme nous sommes porté à le croire, cette com-

---

1. Nous examinerons ci-après (chap. VI) la question de savoir si des questions préjudicielles d'ordre administratif peuvent exister en matière criminelle, bien qu'elles n'aient pas le conflit pour sanction.

pétence se rattache à notre système de garanties des droits individuels et si elle a ainsi un caractère constitutionnel, le principe de la séparation des pouvoirs peut exceptionnellement s'effacer, et les questions préjudicielles d'ordre administratif peuvent rester unies au jugement du fond.

Caractères de la question préjudicielle. — Dans les matières qui comportent des questions préjudicielles, la juridiction administrative ou judiciaire doit-elle surseoir toutes les fois qu'on invoque devant elle un acte, un titre, un droit dont le contentieux ne lui appartient pas ? Des distinctions sont ici nécessaires.

L'une et l'autre juridiction ont le droit et le devoir d'appliquer, sans aucun renvoi préalable, les actes de toute nature dont les parties se prévalent devant elles ; elles doivent tenir compte de tous les droits que ces parties invoquent, quel que soit le titre qui les ait consacrés. Elles ne sont tenues de surseoir à cette application que si le titre est contesté, s'il est réellement contestable, s'il exige, avant d'être appliqué, une vérification ou une interprétation contentieuse. Cela revient à dire que, pour qu'il y ait question préjudicielle, il faut qu'il y ait une *question*, et qu'elle préjuge en tout ou en partie le jugement du fond.

Il faut qu'il y ait une question : c'est-à-dire une difficulté réelle, soulevée par les parties ou spontanément reconnue par le juge, et de nature à faire naître un doute dans un esprit éclairé.

« On ne peut, dit très justement un ancien arrêt de la Cour de cassation, soutenir qu'il y ait nécessité pour les juges de renvoyer la cause devant l'administration, aussitôt que l'une des parties prétend trouver des doutes et matière à interprétation dans l'acte administratif invoqué par l'autre ; ce serait, en effet, laisser à la discrétion d'un plaideur téméraire le droit de suspendre le cours de la justice en élevant des doutes contre l'évidence, en soutenant qu'il est nécessaire d'interpréter ce qui ne présenterait ni équivoque ni obscurité ; au contraire, et par la nature des choses et par celle de leurs devoirs, les cours et tribunaux doivent examiner si ou non l'acte produit devant eux attribue les droits réclamés. Ils doivent, en cas de doute, renvoyer à l'autorité administrative. Si, au contraire, l'acte leur paraît n'offrir ni équivoque, ni obscurité, ni doute sur le fait qu'il déclare, ou sur le droit qu'il attribue, ils doivent retenir la cause et la juger ([1]). »

Le Tribunal des conflits dit aussi, dans un arrêt de principe du 20 mai 1882 (*Rodier*) : « Si les tribunaux ont le droit et le devoir d'appliquer les actes administratifs dont les dispositions claires et précises s'imposent aux parties et aux juges, il en est autrement quand le sens et la portée de ces actes ont donné lieu à des contestations sérieuses et à des explications diverses manifestées par les conclusions et la plaidoirie. Dans cette dernière hypothèse, si le sort du litige dépend de l'interprétation d'un acte administratif, les tribunaux doivent surseoir à statuer et renvoyer la question préjudicielle devant l'autorité administrative... En niant l'existence de la difficulté d'interprétation qui s'était présentée devant elle avec un caractère litigieux, la Cour n'a pu la faire disparaître. »

Assurément, il est quelquefois difficile de distinguer entre la difficulté réelle et sérieuse devant laquelle le juge du fond doit surseoir et la difficulté purement apparente. Il y a là une appréciation qui, pour emprunter la langue philosophique, est souvent toute subjective. Mais la difficulté qu'on peut éprouver à appliquer dans certains cas les principes de compétence, comme tous autres principes du droit, ne prouve rien contre la vérité de ces règles. Dans le doute, le juge doit — tel est du moins l'esprit de la jurisprudence du Conseil d'État — exagérer plutôt que restreindre sa déférence pour les pouvoirs d'un autre juge ; s'il hésite, il doit surseoir, car lorsqu'on est embarrassé de dire si une question est ou non douteuse, tout porte à croire qu'elle l'est réellement.

Il ne suffit pas que la question soit douteuse, il faut, en outre, que sa solution soit nécessaire au jugement du fond, qu'elle le prépare par un logique enchaînement des déductions du juge, qu'elle

1. Arrêt de la chambre civile de la Cour de cassation du 13 mai 1824, au rapport de M. Pardessus. — Cf. (Civ. rej. 3 novembre 1885, *ville de Marseille)* ; — Conseil d'État 8 avril 1865, *Compagnie des mines d'Anzin ;* — Tribunal des conflits, 24 novembre 1877 (*Grange*) ; — 20 mai 1882 (*Rodier*) ; — 22 juin 1889, de *Rolland ;* — 7 mai 1892, *Faré.*

Par application des mêmes principes, le Conseil d'État refuse de renvoyer aux tribunaux judiciaires l'interprétation d'actes ou de contrats de droit commun, lorsqu'ils sont suffisamment clairs et qu'il n'y a qu'à en faire l'application. — Conseil d'État, 22 mai 1885, *Compagnie générale des Eaux ;* — 22 janvier 1886, *Bernardot.*

soit une des prémisses nécessaires du raisonnement qui aura pour conclusion le dispositif du jugement ; il faut, en un mot, comme le dit la décision précitée du Tribunal des conflits, que le sort du litige en dépende.

Effet de la décision préjudicielle à l'égard du tribunal qui l'a provoquée. — Les tribunaux judiciaires et administratifs sont donc appelés à se prêter un mutuel concours par le jugement des questions préjudicielles, à se demander et à se transmettre des décisions qui deviendront un élément de leurs propres jugements. On a quelquefois comparé les jugements préjudiciels à des consultations que les tribunaux d'ordre différent se donnent sur des matières de leur ressort. Le rapprochement est plus ingénieux que vrai, car une consultation n'est point obligatoire pour celui qui la demande, tandis que la décision préjudicielle lie le juge qui l'a provoquée.

Il peut cependant arriver que le juge, après avoir provoqué le jugement d'une question préjudicielle, reconnaisse qu'elle ne doit pas exercer sur la solution du litige l'influence décisive qu'il lui avait d'abord attribuée, qu'il existe en dehors d'elle un moyen péremptoire de trancher le différend. Il peut alors laisser de côté la décision préjudicielle et trancher le différend par le moyen nouveau. Il n'y a, dans ce cas, nulle atteinte à la séparation des pouvoirs, puisque la solution demandée a cessé d'être nécessaire. Il n'y a pas non plus d'atteinte aux droits acquis résultant de la décision avant-faire-droit qui avait soulevé la question préjudicielle, car cette décision n'était qu'interlocutoire, et il est de principe que l'interlocutoire ne lie pas le juge.

Mais que décider si la juridiction à qui la question préjudicielle a été renvoyée ne l'a pas résolue, soit que les parties n'aient pas fait leurs diligences en temps utile, soit que la question ait été mal posée par elles devant le juge chargé de la résoudre, soit que celui-ci l'ait mal comprise ? Le juge du fond, qui aura ainsi inutilement déféré au vœu de la loi et à qui l'on ne fournira pas la solution dont il avait besoin, pourra-t-il la rechercher lui-même ? Sera-t-il relevé de son incompétence par l'appel loyal mais infructueux qu'il aura fait à la compétence d'autrui ? Nous n'hésitons pas à penser que non. De ce que le juge compétent n'a pas tranché la question préjudicielle, il ne s'ensuit pas que le juge incompétent puisse le faire. Les erreurs d'une juridiction ou des parties qui sont devant elle ne peuvent pas avoir pour effet d'étendre les attributions légales d'une autre juridiction. Il faudrait donc appliquer ici l'adage : *factum judicis factum partis*, assimiler l'absence de solution imputable au juge à l'absence de diligences imputable à la partie, et décider, dans un cas comme dans l'autre, que la partie doit être déboutée, pour n'avoir pas apporté la justification de son moyen ([1]).

Un tribunal peut-il refuser de statuer sur la question préjudicielle qui lui est renvoyée ? — Y a-t-il des cas où la juridiction à qui une question préjudicielle a été renvoyée, et qui en a été régulièrement saisie par les parties, puisse refuser de la juger ? On doit poser comme règle générale que ce refus n'est pas permis. La juridiction de renvoi ne saurait décliner le concours qui lui est demandé par le juge du fond, sous prétexte que celui-ci a eu tort de considérer comme préjudicielle une question qui n'était pas nécessaire au jugement du fond, ou qui était résolue d'avance par tel document de la cause, ou qui pouvait être appréciée par le juge du fond lui-même. De telles fins de non-recevoir ne seraient pas seulement contraires aux rapports qui doivent exister entre des juridictions, appelées à se fournir l'un à l'autre un mutuel appui, et non à s'entraver par d'inutiles critiques ; elles constitueraient en outre un empiétement sur les pouvoirs du juge du fond : celui-ci est, en effet, le seul juge de la recevabilité de l'action portée devant lui et de l'intérêt que présentent les vérifications demandées, au point de vue du jugement du litige ([2]).

1. Conseil d'État, 16 mars 1877, *Élection de Prades ;* — 13 mai 1881, *Chemin de fer de Lyon.*

Cette solution est d'ailleurs conforme à la jurisprudence de la Cour de cassation : Crim., 11 septembre 1847 ; — 4 décembre 1857.

2. On peut citer comme ayant fait application de cette règle : Conseil d'État, 23 février 1883, *Boué ;* — 8 janvier 1886, *ville de Paris.*

Un arrêt isolé du 8 août 1884 (*Anaclet*) semble pourtant s'être écarté de cette jurisprudence, en refusant de statuer sur une question de légalité d'acte administratif, par le motif qu'elle aurait été renvoyée à tort par le tribunal judiciaire. Nous sommes obligé de faire toutes réserves sur la doctrine de cet arrêt. Il apprécie, comme pourrait le faire le Tribunal des conflits, le mérite de la décision judiciaire qui pose la question préjudicielle, au lieu de se borner à résoudre cette question, comme il appartient au Conseil d'État de le faire, toutes les fois qu'elle rentre dans sa compétence.

Il n'y a qu'un cas où la juridiction de renvoi pourrait et devrait même refuser de statuer sur la question préjudicielle, c'est le cas où elle se croirait incompétente pour la résoudre. Toute juridiction doit, en effet, vérifier elle-même sa compétence ; elle n'est soumise, en ce qui touche l'appréciation de ses pouvoirs, qu'à ses propres décisions, à celles du juge supérieur ou du Tribunal des conflits. Si donc elle estime que la question qui lui a été renvoyée n'est pas de son ressort, elle doit en décliner le jugement par une déclaration d'incompétence ([1]). Si cette déclaration fait naître un conflit négatif risquant de paralyser le cours de la justice, c'est au Tribunal des conflits qu'il appartient de le trancher, à la requête de la partie la plus diligente.

Les décisions de l'administration active comportent-elles des questions préjudicielles ? — L'obligation qui s'impose à la juridiction administrative de renvoyer à l'autorité judiciaire les questions préjudicielles qui lui appartiennent s'impose-t-elle également aux représentants de l'administration active ? En d'autres termes, lorsqu'un administrateur doit prendre une décision qui implique la vérification d'une question d'état, de capacité, de propriété, ou d'autres droits dont les tribunaux sont juges, est-il tenu de s'abstenir, et les parties intéressées peuvent-elles exiger qu'il sursoie à statuer, jusqu'à ce que les tribunaux aient prononcé ?

Cette question ne pourrait se poser que dans des cas exceptionnels, parce que les vérifications dont il s'agit demeurent, en général, étrangères à l'administration. Cependant il y a des cas où la décision administrative implique l'appréciation préalable de questions de cette nature. Ainsi, le ministre de l'intérieur, à qui la loi du 3 décembre 1849 confère le droit de prononcer des arrêtés d'expulsion contre les étrangers, les ministres qui ont à liquider des pensions civiles ou militaires et qui doivent les refuser à ceux qui ont perdu la qualité de Français, ou qui ont encouru certaines condamnations judiciaires, ont à apprécier des questions de nationalité ou de droits civils. De même, les autorités chargées d'établir le rôle des contributions foncière, des portes et fenêtres, ou des taxes

---

1. Conseil d'État, 15 février 1884 (*Jurie et Courtet*).

imposables aux propriétés comprises dans une association syndicale, ont souvent à vérifier des questions de propriété.

Dans ces différents cas, l'examen de ces questions d'ordre civil doit-il être renvoyé aux tribunaux judiciaires avant que la décision administrative soit rendue? Assurément non. Ni les rôles de contribution, ni les arrêtés d'expulsion, ni les refus de pension, ni tout autre acte de l'administration active impliquant l'appréciation de certains droits civils, ne sauraient être retardés par des procédures judiciaires. A la différence des décisions juridictionnelles, qui doivent toujours être ajournées en présence d'une question préjudicielle, les décisions administratives suivent leur cours, et les parties intéressées ne sont pas recevables à demander qu'elles soient subordonnées à un jugement préalable des tribunaux.

Pourquoi cette différence? La raison en est simple : la question préjudicielle est, de sa nature, l'élément d'un jugement; or, nous croyons l'avoir déjà établi, l'administrateur ne juge pas, il agit. Sans doute il vérifie, il apprécie les motifs de son acte et les objections qu'il peut rencontrer, mais cette opération est inséparable de toute action réfléchie et n'implique pas l'idée de jugement. Là où il n'y a pas de jugement, il ne peut y avoir de question préjudicielle, puisque le propre de ces questions est de provoquer une première décision qui prépare le jugement du fond.

Ce n'est pas à dire que le principe de la séparation des pouvoirs sera sacrifié, dans ce cas, à la liberté d'action des administrateurs; l'administration n'agit en effet qu'à ses risques et périls et sauf débat ultérieur devant la juridiction contentieuse. Si celle-ci estime que le jugement à porter sur la validité de l'acte exige la solution d'une question préjudicielle du ressort des tribunaux, elle leur renverra elle-même cette question et surseoira à statuer jusqu'à ce qu'ils l'aient résolue (¹).

On pourrait cependant citer des cas assez nombreux où le Conseil d'État a annulé soit des décisions de commissions départemen-

---

1. On peut citer, à titre d'exemples, deux arrêts rendus en matière de pensions (Conseil d'État, 10 août 1844, *Clouet;* et 19 février 1886, *Siégel*), qui ont renvoyé à l'autorité judiciaire des questions de nationalité d'où dépendait l'existence du droit à pension.

tales classant des chemins dont la propriété était contestée (¹), soit
des arrêtés préfectoraux réglementant comme cours d'eau non navigables des eaux courantes dont un tiers réclamait la propriété comme
eaux de source (²). Cette jurisprudence ne nous paraît pas contredire la doctrine ci-dessus proposée ; elle s'inspire d'un autre ordre
d'idées, et se fonde sur ce que l'administration n'a le droit de classer des chemins, de réglementer des eaux que si elle est en présence de chemins, de cours d'eau ayant incontestablement le caractère public qui justifie son intervention. S'il y a doute sur ce
point, l'administration doit s'abstenir de toute intervention et attendre, sans la provoquer elle-même, la solution des difficultés.

Cela explique pourquoi les annulations prononcées en pareil cas
l'ont été *de plano*, et sans que le Conseil d'État ait renvoyé lui-
même aux tribunaux aucune question préjudicielle de propriété.

V. — Du CAS OÙ LES TRIBUNAUX JUDICIAIRES NE SONT PAS
LIÉS PAR LES DÉCISIONS DES TRIBUNAUX ADMINISTRATIFS, ET
RÉCIPROQUEMENT.

Il y a des actes administratifs dont les tribunaux judiciaires et
administratifs peuvent, chacun de leur côté, apprécier la valeur
légale. Ainsi, la légalité d'un règlement administratif peut être
contestée devant le tribunal de police appelé à réprimer une contravention ; elle peut l'être aussi devant le Conseil d'État saisi
d'une demande d'annulation pour excès de pouvoir. A la vérité,
les deux juridictions ne rendent pas des décisions de même nature :
le juge de police ne peut que prononcer ou refuser de prononcer
une peine, mais non annuler le règlement ; le Conseil d'État ne
peut qu'annuler ou maintenir le règlement, mais non condamner
le contrevenant. Les décisions des deux juridictions ont nécessairement un dispositif différent, mais elles résolvent en réalité une
même question, celle de savoir si le règlement est ou non légal.

L'indépendance réciproque des autorités judiciaire et adminis-

---

1. Conseil d'État, 9 juin 1882, *Maixent ;* — 4 juillet 1884, *Laffont ;* — 13 décembre
1889, *Charles ;* — 19 juin 1891, *Tardieu.*
2. Conseil d'État, 8 août 1894, *Thorrand.*

trative exige que cette appréciation puisse être faite de part et d'autre avec une entière liberté. L'une des juridictions ne saurait donc être liée par celle qui a statué la première. Acceptant le principe avec ses conséquences, il ne faut pas s'étonner que des questions de légalité souvent délicates puissent être différemment jugées par le Conseil d'État et par la Cour de cassation.

La jurisprudence en offre plus d'un exemple. Un arrêt du Conseil d'État du 8 août 1882 (*Pergod*) rejette le recours pour excès de pouvoir formé contre un arrêté du maire de Samoëns interdisant de sonner une des cloches de l'église sans son autorisation, par le motif que « le maire de Samoëns n'a fait qu'assurer, en ce qui le concernait, l'exécution d'un accord intervenu entre les autorités civile et ecclésiastique… ; que les requérants ne sont pas fondés à soutenir que le maire de Samoëns ait excédé ses pouvoirs ». Par arrêt du 17 novembre 1882 (*Dunoyer*), la chambre criminelle de la Cour de cassation, saisie d'un pourvoi contre un jugement du tribunal de police qui avait prononcé une condamnation pour contravention à l'arrêté précité, casse le jugement, « attendu que cet arrêté municipal a dérogé au règlement de sonnerie arrêté entre les autorités civiles et religieuses compétentes ; qu'il a été pris en violation de l'article 48 de la loi du 18 germinal an X… ; qu'à raison de son caractère d'illégalité, il n'a pu servir de base à une condamnation pénale ».

L'opposition des deux décisions est complète. Elle ne l'est pas moins dans une autre affaire où les rôles se trouvent intervertis, la légalité de l'acte administratif étant affirmée par la Cour de cassation et niée par le Conseil d'État. Par arrêt du 21 août 1874 (*Pariset*), la chambre criminelle de la Cour de cassation rejette le pourvoi formé contre un jugement du tribunal de police, qui avait condamné un industriel pour contravention à un arrêté préfectoral lui interdisant d'exploiter son usine, comme dépourvue de l'autorisation nécessaire aux établissements dangereux : « attendu que l'arrêté a été pris légalement par le préfet dans les limites des attributions qui lui sont conférées par le décret du 25 mars 1852 ». Par arrêt du 26 novembre 1875 (*Pariset*), le Conseil d'État, à la requête de la même partie, annule pour excès de pouvoir cet arrêté préfectoral par le motif que « le préfet a usé de pouvoirs de police qui lui appartenaient sur les établissements dangereux, incommodes ou insalubres pour un objet autre que celui à raison duquel ils lui étaient conférés » (¹). Bien plus, le Conseil d'État condamna bientôt après l'État à des dommages-intérêts envers l'un des industriels contre lesquels un arrêté identique avait été pris (²).

Le même acte qui avait été déclaré légal et susceptible de sanction pénale par l'autorité judiciaire, a donc été considéré par la juridiction administrative non seulement comme un acte administratif entaché d'excès de pouvoir, mais encore comme une faute engageant la responsabilité pécuniaire de l'État.

Dans ces cas et dans d'autres analogues, chaque juridiction agit légitimement, dans les limites de sa compétence et avec l'indépendance à laquelle elle a droit. Ces décisions sont donc irréprochables au point de vue du principe de la séparation des pouvoirs. Il est cependant permis de souhaiter que cette indépendance puisse se manifester autrement que par des contrastes aussi accentués entre les décisions de deux juridictions souveraines.

Le principe de la séparation des pouvoirs serait au contraire méconnu, si l'autorité judiciaire retenait comme contravention punissable l'infraction à un arrêté déjà annulé par le Conseil d'État au moment où l'infraction a été commise. Cette annulation ayant pour effet de mettre l'acte à néant, l'autorité judiciaire ne pourrait l'appliquer et le faire ainsi revivre. Il en serait de même si, au lieu d'être annulé par la voie contentieuse, l'acte était annulé par l'autorité administrative supérieure ou rapporté par son auteur.

Mais que décider si l'annulation pour excès de pouvoir prononcée par le Conseil d'État, bien qu'antérieure à la condamnation, est postérieure au fait incriminé ? L'autorité judiciaire sera-t-elle libre, dans ce cas, d'apprécier la légalité de l'acte autrement que ne l'a fait la juridiction administrative ? La stricte application du principe de l'indépendance mutuelle des juridictions devrait faire con-

---

1. On peut encore citer, comme exemple de ces oppositions, un arrêt du Conseil d'État du 7 mai 1866 (*Beaujour*), qui rejette un recours pour excès de pouvoir formé contre un arrêté du maire de Caen, ordonnant la suppression d'un puisard, alors que la Cour de cassation avait déclaré ledit arrêté illégal et décidé que le contrevenant n'avait encouru aucune peine.

2. Conseil d'État, 26 novembre 1875 (*Laumonnier-Carriol*), annulant l'arrêté de fermeture, et 5 décembre 1879 (*même partie*) condamnant l'État à des dommages-intérêts.

clure à l'affirmative : en effet, l'acte existait au moment où l'infraction s'est produite ; l'annulation ultérieurement prononcée n'a pu
l'anéantir rétroactivement, puisque les actes administratifs sont
exécutoires par provision et que les pourvois au Conseil d'État
n'ont pas d'effet suspensif. Cependant la jurisprudence de la Cour
de cassation semble refuser à l'autorité judiciaire la faculté de déclarer que l'acte est légal et de punir la contravention, lorsque l'annulation a été prononcée avant que la condamnation soit devenue
définitive (¹).

Supposons maintenant qu'un litige ressortissant aux tribunaux
judiciaires a été porté devant un tribunal administratif et jugé par
lui, quoique incompétent, ou réciproquement. Un conseil de préfecture, par exemple, a statué sur une contestation ayant pour objet un contrat de droit commun qu'il a pris à tort pour un marché
de travaux publics ; ou bien un tribunal civil a statué, par erreur,
sur une action en indemnité dirigée contre l'État, en dehors des
cas spéciaux où il lui appartient d'en connaître. Le jugement, ainsi
rendu par une juridiction incompétente *ratione materiæ* fera-t-il
obstacle à ce que la juridiction compétente connaisse du même litige si elle vient à en être saisie à son tour ? L'affirmative n'est pas
douteuse, si le jugement incompétemment rendu est passé en force
de chose jugée. Dans ce cas — et en admettant que le débat et les
parties soient les mêmes — l'exception de chose jugée pourra être
péremptoirement opposée par le défendeur ; le juge même devra
l'opposer d'office. En effet, la maxime *res judicata pro veritate habe-
tur* couvre les erreurs de compétence aussi bien que les erreurs de
fait et de droit que le juge a pu commettre (²).

1. Crim. cass., 25 mars 1882 (*Darsy*). — Il s'agissait d'une infraction à un arrêté préfectoral de 1879, relatif au service des pompes funèbres, annulé par arrêt du Conseil
d'État du 18 novembre 1881. Cette annulation était postérieure à l'infraction, ainsi
qu'à la condamnation prononcée par le tribunal de police. Néanmoins, l'arrêt décide
que cette annulation « a pour conséquence nécessaire d'enlever toute base légale à
la poursuite et aux condamnations qui sont intervenues ; que le fait qui a motivé
ladite poursuite est dépourvu de tout caractère de contravention ».

2. Cette doctrine est aujourd'hui constante. Il est reconnu par la jurisprudence et
par les auteurs que l'incompétence *ratione materiæ* ne fait pas obstacle à l'autorité
de la chose jugée. (Zacharlæ, t. V, p. 766; Dalloz, *Répertoire*, vᵒ *Chose jugée*, nᵒ 10).
— Voy. Req., 18 avril 1833 (*Hospice de Louvier*) ; 21 mai 1851 (*Vandermarck*) ; 18
juillet 1861 (*Commune de Poussay*) ; — Civ., 4 avril 1866 (*Banque suisse*) ; — Conseil
d'État, 16 mai 1827 (*Moulin de Bazacle*) ; — 18 avril 1836 (*Begeon de Saint-Même*).

Il en serait autrement, et la juridiction compétente ne serait pas tenue de s'abstenir, s'il n'y avait qu'une instance pendante devant un juge incompétent et si aucun jugement n'était encore rendu. Dans ce cas, en effet, on ne pourrait pas soulever l'exception de chose jugée, mais seulement l'exception de *litispendance* fondée sur la simultanéité des deux instances et sur la possibilité d'une contrariété de décisions. Or, on admet généralement que cette exception, bien qu'elle s'appuie sur certaines considérations d'intérêt général, ne constitue pas par elle-même une exception d'ordre public assimilable à la chose jugée ou à l'incompétence *ratione materiæ* (¹). Établie surtout dans l'intérêt des parties, puisque celles-ci ont le droit d'y renoncer, elle ne saurait paralyser la juridiction compétente au profit de celle qui ne l'est pas. Il faudrait donc appliquer, dans ce cas encore, le principe de l'indépendance réciproque des juridictions administrative et judiciaire. L'éventualité d'une contrariété de décisions pourrait d'ailleurs être prévenue par la vigilance de l'administration : celle-ci n'aurait pour cela qu'à élever le conflit devant le tribunal judiciaire. Il en résulterait de deux choses l'une : ou bien le Tribunal des conflits, en confirmant l'arrêté de conflit, annulerait la procédure judiciaire et ferait ainsi cesser la litispendance ; ou bien, il annulerait l'arrêté de conflit et obligerait ainsi le tribunal administratif à décliner sa compétence et à laisser l'instance suivre son cours devant l'autorité judiciaire.

VI. — DES CAS OU DES DÉCISIONS JUDICIAIRES NE SONT PAS OBLIGATOIRES POUR L'ADMINISTRATION.

Nous venons de voir de quels principes on doit s'inspirer lorsque les tribunaux judiciaires sont en présence de tribunaux administratifs. Demandons-nous maintenant ce que l'on doit décider quand les tribunaux judiciaires sont en présence de l'administration active et que celle-ci oppose des résistances à leurs décisions.

---

1. Voir Dalloz, v° *Exceptions*, nᵒˢ 188 et 193, et les autorités citées. — Cf. Req., 27 avril 1837 (*Dame de la Villedieu*) ; et Req., 8 août 1864 (*syndic Devaux*).

Deux cas peuvent se présenter : ou bien l'administration aura été étrangère au jugement et sera seulement chargée, à raison de ses attributions, d'en assurer l'exécution entre les parties ; ou bien l'administration aura été partie dans l'instance et le jugement aura à son égard force de chose jugée.

Faisons d'abord une observation qui est commune aux deux hypothèses : c'est que nous n'avons à rechercher ici que le *devoir juridique* pouvant incomber à l'administration en présence de décisions judiciaires, et non la *sanction effective de ce devoir*. Nous savons, en effet, que l'administration ne peut être soumise par les décisions d'aucune juridiction, ni à une contrainte *manu militari*, ni à des voies d'exécution sur les biens meubles ou immeubles qui sont en sa possession. Les tribunaux judiciaires ou administratifs ne peuvent que constater, chacun dans les matières de sa compétence, les obligations, les devoirs juridiques qui incombent à l'administration. Quant à l'accomplissement de ces devoirs, quant à l'exécution matérielle de ces obligations, ils ne relèvent que de l'administration elle-même et, en dernier lieu, de la responsabilité ministérielle.

Examinons maintenant la première hypothèse, celle où une décision judiciaire, rendue entre parties privées, ne peut être exécutée qu'avec le concours de l'administration.

La matière des rentes sur l'État nous en offre un exemple. Ces rentes, lorsqu'elles sont dans le patrimoine des particuliers, constituent des propriétés privées ; par suite, les tribunaux judiciaires sont seuls compétents pour statuer sur les contestations qui s'élèvent entre ceux qui prétendent qu'une inscription de rente leur appartient ou doit leur être attribuée. Mais, d'un autre côté, le ministre des finances est le gardien du grand-livre de la Dette publique, aucune mutation, aucun transfert de rente nominative ne peut être opéré sans son concours : il est donc l'exécuteur nécessaire des jugements qui statuent sur ces mutations ; son refus d'opérer le transfert paralyserait ces jugements.

Ce refus constituerait un excès de pouvoir, si la décision ministérielle prétendait régler la question de propriété autrement que ne l'a fait le jugement. Mais ce refus serait conforme non seulement au droit, mais au devoir du ministre, si l'exécution du jugement devait avoir pour effet de porter atteinte au principe de l'insaisissabilité des rentes, de violer ainsi les clauses d'un contrat solennellement passé entre l'État et ses créanciers et dont le ministre des finances doit être le gardien vigilant [1]. Aussi la jurisprudence du Conseil d'État n'hésite-t-elle pas à déclarer que le ministre des finances, auquel un transfert est demandé en vertu d'un jugement, peut tenir ce jugement pour non avenu si son exécution doit avoir pour effet d'exproprier le titulaire de la rente au profit de son créancier [2]; et cela même si le jugement constate que ces rentes avaient été données en nantissement au créancier par le débiteur, qui avait ainsi paru consentir d'avance à ce qu'elles fussent attribuées à son créancier, à défaut de paiement de la dette [3].

La matière des transferts de rentes n'est pas la seule où l'exécution d'un jugement rendu entre des parties privées peut légalement dépendre d'une décision de l'autorité administrative et peut être paralysée par elle. Le service des postes peut aussi donner lieu à des questions semblables.

De même que le ministre des finances est le gardien de l'insaisissabilité des rentes, le ministre des postes est le gardien de l'inviolabilité des correspondances. Il doit veiller à ce qu'il ne lui soit porté aucune atteinte, en dehors des cas où la loi y a elle-même dérogé, en vue de nécessités supérieures de sécurité et de justice sociale. Si donc un jugement attribue à une personne autre que le destinataire soit une correspondance, soit des valeurs qui y sont insérées et qui font corps avec elle, le ministre des postes a le droit et le devoir de n'y point déférer et de ne pas opérer entre

---

1. Loi du 8 nivôse an VI, art. 4 ; loi du 28 floréal an VII, art. 7.

2. Conseil d'État, 24 juin 1808 (*Champon*); — 3 janvier 1813 (*Detardif*); — 8 août 1821 (*Ogny*); — 19 décembre 1839 (*Bidot*); — 13 mars 1874 (*Coppens*). Cf. Dumesnil et Pallain, *Traité de la législation du Trésor public*, p. 119; — E. de Bray, *Traité de la Dette publique* (*Répertoire du droit administratif*, tome X).

3. Conseil d'État, 6 août 1878 (*Despinoy*). — Voy. les observations auxquelles cet arrêt a donné lieu, en ce qui touche l'exécution des contrats de nantissement sur rentes prévus par les lois du 8 septembre 1830 et du 17 mai 1834. (*Revue générale d'administration*, année 1878, t. III, p. 92, et *Recueil périodique* de M. Dalloz, année 1879, 3e partie, p. 41.)

les mains du tiers nanti du jugement, la remise ordonnée par le tribunal ([1]).

Arrivons à la seconde hypothèse, celle où l'administration a été mise en cause et où le jugement a acquis à son égard l'autorité de la chose jugée.

L'administration a alors le devoir juridique d'exécuter le jugement, quand même elle estimerait qu'il a été mal rendu au fond, ou contrairement aux règles de la compétence, ou qu'il lui impose des obligations contraires aux devoirs de sa fonction. C'est en effet le propre de la chose jugée de s'imposer aux parties, quels que soient les griefs qu'elles allèguent contre un jugement devenu définitif. Sans doute, il serait regrettable, contraire à l'ordre public et à la séparation des pouvoirs, que l'administration fût obligée d'exécuter des décisions qui jetteraient le trouble dans un de ses services. Mais l'atteinte à l'ordre public et à la séparation des pouvoirs serait plus grave encore, si l'administration répudiait l'obligation qu'elle se serait laissé imposer par le juge, et donnait l'exemple de la résistance à l'autorité de la chose jugée. C'est pour prévenir de si fâcheuses éventualités que l'administration a été armée du droit de conflit et a reçu la faculté de l'exercer tant qu'il n'est pas intervenu, sur le fond même du litige, un jugement de dernier ressort, ou un arrêt définitif ([2]). Si elle n'use pas de ce droit, elle ne peut s'en prendre qu'à elle-même ; si elle en use et si elle échoue, elle doit s'incliner devant la décision du Tribunal des conflits, juge suprême des compétences.

Aussi le Conseil d'État, tout en déclarant légale la résistance opposée par le ministre des finances ou par le ministre des postes

---

1. Conseil d'État, 13 mars 1874 (*Talfer*).

On peut rapprocher de cet arrêt un avis rendu, le 13 mai 1885, par le Conseil d'État en assemblée générale. La question posée par le ministre des postes et télégraphes était celle de savoir si les correspondances adressées à des mineurs ou autres incapables peuvent être remises, sur leur demande, aux tuteurs ou représentants légaux de ces incapables.

L'avis répond : « qu'aucun texte de loi n'attribue d'une manière expresse aux représentants des incapables le droit, sur la seule justification de leur qualité, de se faire remettre ou même seulement de faire arrêter la correspondance qui est adressée aux incapables; que, par suite, l'administration des postes ne saurait, sans engager sa responsabilité, modifier le mandat qu'elle a reçu de l'expéditeur et déférer de sa propre autorité à la demande des représentants des incapables ».

2. Ordonnance du 1er juin 1828, art. 4.

à des décisions judiciaires prononçant des saisies de rentes ou de correspondances, a-t-il implicitement réservé le cas où ces décisions seraient passées en force de chose jugée à l'égard de l'administration. L'arrêt du 13 mars 1874 (*Talfer*) constate que le jugement qui ordonnait la saisie de valeurs insérées dans une correspondance « est étranger à l'administration et ne statue nullement sur la question de savoir si le directeur général des postes, tiers-saisi, pourrait être contraint à la remise de la lettre dont le transport lui avait été confié ». La même réserve apparaît dans l'avis du Conseil d'État du 13 mai 1885, qui dénie au ministre des postes le droit de déférer « de sa propre autorité » à la demande des tuteurs ou autres représentants légaux réclamant les correspondances adressées aux incapables, mais qui semble réserver implicitement le cas où il existerait un jugement opposable à l'administration.

Faut-il conclure de là que toute décision de l'autorité judiciaire devenue définitive a une puissance illimitée à l'égard de l'administration ? N'existe-t-il pas de cas auxquels puisse s'appliquer cette disposition si énergique de l'instruction législative du 8 janvier 1790 : « Tout acte des tribunaux ou des cours de justice tendant à « contrarier ou à suspendre le mouvement de l'administration étant « inconstitutionnel, demeurera sans effet et ne devra pas arrêter « les corps administratifs dans l'exécution de leur opération ? »

Nous pensons que cette disposition serait applicable si un tribunal procédait par voie d'injonctions ou d'interdictions adressées à la puissance publique, s'il sortait de sa fonction juridictionnelle pour entreprendre sur la fonction exécutive. Quand même une telle usurpation prendrait la forme d'un jugement, elle ne pourrait pas revendiquer l'obéissance due à la chose jugée. Il ne peut y avoir chose jugée que si le juge a exercé des pouvoirs de juridiction, non s'il s'est immiscé dans le pouvoir exécutif ou dans le pouvoir législatif qui lui sont rigoureusement interdits. Ces sortes d'empiétements, que l'article 127 du Code pénal qualifie de forfaiture, ne peuvent imposer d'obligations légales à l'autorité publique ; celle-ci s'en rendrait complice si elle consentait à s'y soumettre. Aussi n'hésitons-nous pas à penser qu'un jugement qui, par impossible, édicterait ou annulerait un acte de puissance publique, serait non avenu pour l'administration, par application de la loi du 8 janvier 1790.

Nous venons d'exposer les principales règles qui président aux rapports généraux des autorités administrative et judiciaire. Nous devons maintenant étudier de plus près les limites de leur compétence respective dans les matières où leurs attributions peuvent avoir des points de contact.

CHAPITRE II

DE LA COMPÉTENCE SUR LES QUESTIONS D'ÉTAT DE DROITS CIVILS ET AUTRES DROITS INDIVIDUELS

I. — QUESTIONS D'ÉTAT.

Compétence exclusive des tribunaux judiciaires. — L'autorité judiciaire est seule compétente pour statuer : sur les questions d'état, c'est-à-dire celles qui touchent à l'état civil, à la nationalité, aux liens de filiation, de parenté et d'alliance, à tous les rapports juridiques qui rattachent la personne à la patrie et à la famille ; — sur les questions de capacité civile, c'est-à-dire de jouissance ou de privation des droits garantis par la loi civile ; — sur les questions de domicile, c'est-à-dire sur les rapports qui s'établissent entre une personne et un lieu déterminé pour l'exercice de ses droits. La personnalité civile de chaque membre du corps social, telle qu'elle résulte de cet ensemble de titres et de rapports légaux, est placée sous la sauvegarde exclusive de l'autorité judiciaire.

Il ne saurait donc appartenir à la juridiction administrative de trancher, directement ou indirectement, des questions de cette nature. Toutes les fois qu'elles sont soulevées dans un litige administratif qui nécessite leur solution, elles constituent des questions préjudicielles d'ordre judiciaire, et le juge administratif doit surseoir jusqu'à ce que les tribunaux les aient résolues.

Questions préjudicielles d'état devant la juridiction administrative. — La législation administrative contient plusieurs dispositions, que nous avons déjà rappelées en traitant des questions préjudicielles, et qui prescrivent expressément le sursis : aux conseils de revision, lorsque la décision qu'il ont à rendre sur une question de recrutement militaire dépend de questions relatives à l'état ou aux droits civils des jeunes gens portés sur les listes de recensement (loi du 15 juillet 1889, art. 31) ; — aux conseils de préfecture lorsque le jugement d'une contestation en matière d'élections municipales implique la solution préjudicielle d'une question d'état (loi du 5 mai 1884, art. 39) ; — au Conseil d'État lorsque des questions de même nature sont soulevées en matière d'élections aux conseils généraux (loi du 31 juillet 1875).

La juridiction administrative est également tenue de renvoyer aux tribunaux judiciaires la solution préjudicielle des questions d'état, de capacité civile et de domicile, quel que soit le litige administratif dans lequel elles sont soulevées, et alors même qu'aucun texte de loi n'a expressément prévu ce renvoi.

Ainsi, d'après la législation des pensions civiles et militaires, le droit à l'obtention ou à la jouissance d'une pension est suspendu par la privation de la qualité de Français, tant que dure cette privation [1]. Quand le Conseil d'État, juge du contentieux des pensions, est appelé à statuer sur l'application de cette déchéance, il doit, si la question de nationalité est douteuse, en renvoyer l'examen aux tribunaux judiciaires, bien que la législation des pensions soit muette sur ce renvoi [2].

Nous pensons qu'il en est de même, si la question de nationalité est soulevée à l'appui d'un recours pour excès de pouvoir formé contre un arrêté d'expulsion, pris contre un étranger par le ministre de l'intérieur, en vertu de l'article 7 de la loi du 3 décembre 1849. Si la personne atteinte par cet arrêté soutient qu'elle possède la nationalité française et soulève sur ce point un débat sérieux, le Conseil d'État doit surseoir à statuer sur la légalité de l'arrêté d'expulsion jusqu'à ce que les tribunaux aient jugé la question de nationalité. A la vérité, deux arrêts du Conseil d'État (8 décembre 1853, de Solms, et 14 mars 1890, Ribès) ont rejeté des recours for-

1. Loi du 11 avril 1831, art. 26, sur les pensions de l'armée de terre ; — Loi du 18 avril 1831, art. 28, sur les pensions de l'armée de mer ; — Loi du 9 juin 1853, art. 27, sur les pensions civiles.

2. Conseil d'État 10 août 1844, *Clouet* ; — 19 février 1886, *dame Siégel*.

més contre des arrêtés d'expulsion sans renvoyer aux tribunaux la question de nationalité qui avait été soulevée par les pourvois, mais il n'en résulte point une doctrine contraire à celle que nous venons d'énoncer, car, dans ces deux affaires, la question de nationalité ne faisait l'objet d'aucun doute sérieux nécessitant un renvoi aux tribunaux ([1]).

Lorsque la perte de la qualité de Français doit avoir pour effet la perte d'un grade dans l'armée, la loi du 19 mai 1834 sur l'état des officiers (art. 1er, § 2) exige que la question de nationalité soit préalablement tranchée par un jugement. L'ordonnance du 9 septembre 1837 (art. 1er) trace la procédure à suivre en pareil cas et décide que « les instances qui auront pour objet de faire pro- « noncer par jugement contre un officier la perte de la qualité de « Français, seront intentées et poursuivies dans la forme ordinaire « des instances poursuivies d'office par le ministère public ».

Les questions d'état peuvent-elles être subordonnées à des questions préjudicielles d'ordre administratif? — Le droit de décision des tribunaux judiciaires sur les questions d'état peut-il être subordonné, dans des cas particuliers, à des questions préjudicielles d'interprétation ou de validité d'actes administratifs exigeant un renvoi devant la juridiction administrative?

La réponse à cette question peut quelquefois présenter des difficultés. D'une part, la nécessité du sursis semble résulter des principes généraux sur la séparation des pouvoirs. D'autre part, le législateur paraît avoir pris tant de soin d'éviter toute immixtion de la juridiction administrative dans la solution des questions d'état, qu'on éprouve quelque répugnance à faire dépendre l'état d'un citoyen d'une décision de cette juridiction, n'eût-elle qu'un caractère préjudiciel.

Supposons, par exemple, que la solution d'une question de nationalité soumise à un tribunal judiciaire dépende de la validité

---

1. Dans l'affaire jugée le 14 mars 1890 (Ribès), le ministre de l'intérieur admettait, dans ses conclusions, l'existence d'une question préjudicielle de nationalité pouvant faire l'objet d'un renvoi aux tribunaux judiciaires, mais le Conseil d'État n'avait pas à s'y arrêter, car il constate en fait que le requérant « reconnaît qu'il est né en France d'un père espagnol et qu'il n'excipe d'aucun acte de nature à lui faire attribuer la qualité de Français ».

d'un décret de naturalisation, invoqué par une partie et contesté par une autre comme entaché d'excès de pouvoir ou de vice de forme. Le tribunal pourra-t-il apprécier lui-même la validité du décret, ou devra-t-il renvoyer les parties à se pourvoir devant la juridiction administrative ? Il nous semble que, dans ce cas, il n'y a point à proprement parler de question préjudicielle se détachant de la question du fond et comportant un jugement distinct et séparé ; il n'y a qu'une seule question, celle de savoir si telle personne a acquis ou non la qualité de Français par l'un des moyens que prévoit la loi civile. Or, la question de savoir si l'on a été légalement naturalisé Français nous semble relever tout entière des tribunaux judiciaires, seuls juges de l'état des citoyens, car l'acte de puissance publique est, dans ce cas particulier, constitutif de l'état civil lui-même (¹).

La plénitude de juridiction des tribunaux judiciaires sur les questions d'état nous paraît entraîner la même solution, toutes les fois que la validité d'un acte de l'état civil est subordonnée à la compétence de l'officier municipal qui a fait fonction d'officier de l'état civil, en tant que cette compétence dépend de la légalité du titre administratif en vertu duquel il a exercé sa fonction. Cette question s'est présentée, en 1883, dans l'affaire dite des mariages de Montrouge. Le ministère public demandait au tribunal civil d'annuler plusieurs mariages qui avaient été célébrés par un conseiller municipal, agissant en vertu d'une délégation dont la légalité était contestée.

Nul doute que cette délégation, qui était émanée du maire, ne fût un acte administratif, ni que cet acte ne fût susceptible de contestation sérieuse, puisque sa légalité a été différemment appréciée par le tribunal de la Seine et par la Cour de cassation (²). Cependant l'autorité judiciaire n'a jugé nécessaire, à aucun degré de l'instance, de détacher de la question de validité des mariages la ques-

---

1. Voy. par analogie, chap. X, la jurisprudence qui reconnaît aux tribunaux judiciaires le droit de statuer sur la validité des actes administratifs autorisant la perception de taxes indirectes, comme conséquence de leur plénitude de juridiction sur ces taxes.

2. Voy. le jugement du tribunal de la Seine du 23 février 1883, décidant que la délégation est irrégulière et annulant les mariages attaqués comme ayant été célé-

tion de légalité de la délégation faite par le maire à l'un des membres du conseil municipal. Il n'y avait pas là, en effet, de question préjudicielle, car l'incompétence de l'officier de l'état civil est une cause de nullité de mariage prévue par l'article 191 du Code civil, et le juge qui prononce sur cette incompétence, quelle qu'en soit d'ailleurs la nature, se borne à juger une question de nullité de mariage. Renvoyer, en pareil cas, la question de compétence à la juridiction administrative, ne serait-ce pas lui renvoyer la question d'état elle-même ([1]) ?

Compétence administrative en matière de changement de noms. — Il existe une matière spéciale qui, par de certains côtés, intéresse l'état civil des citoyens, et qui cependant est soumise à la compétence administrative : c'est la matière des changements de noms.

Nous nous trouvons ici en présence de dispositions spéciales de la loi du 11 germinal an XI. D'après les articles 4 et 5 de cette loi, « toute personne qui aura quelque raison de changer de nom « en adressera la demande motivée au Gouvernement. Le Gouver- « nement prononcera dans la forme prescrite pour les règlements « d'administration publique ».

La concession d'un nom patronymique par le Gouvernement est

---

brés par un officier de l'état civil incompétent ; en sens contraire, l'arrêt de la chambre civile de la Cour de cassation du 7 août 1883 cassant le jugement précité. (Dalloz, *Jurisprudence générale*, 1883, II, p. 49, et 1884, I, p. 5, et, en note, la savante dissertation de M. le professeur Ducrocq sur les délégations administratives.)

1. Cette solution a été contestée par M. Brémond, professeur à la faculté de droit de Montpellier (*Traité de la compétence administrative*, n° 896) qui mentionne parmi les cas d'incompétence de l'officier de l'état civil celui où la validité de l'élection d'un maire ou d'un adjoint serait contestée : « il suffit, dit-il, d'observer que ce titre contesté peut être l'élection et que certainement l'autorité judiciaire ne pourra jamais examiner la validité d'une élection, même sous prétexte de rechercher si tel officier de l'état civil était ou n'était pas compétent... » Cela est certain, mais cet argument pèche par la base, car jamais la validité d'une élection ne peut faire l'objet d'une question préjudicielle. Si l'élection n'est pas attaquée dans les délais, elle est définitive et réputée régulière en vertu d'une présomption légale qui ne comporte pas de preuve contraire ; si elle est attaquée, son sort est définitivement fixé par le jugement rendu sur la contestation. Dans aucun cas sa validité ne peut être discutée incidemment, ni devant les tribunaux judiciaires, ni même devant les tribunaux administratifs, tandis que la validité des délégations, ou l'ordre légal des suppléances entre officiers municipaux, est fréquemment un élément d'appréciation de la régularité de leurs actes.

un acte de puissance publique ; mais comme cet acte affecte un des éléments de l'état civil, le nom de famille, et qu'il peut léser des tiers ayant droit au nom concédé, la loi de germinal an XI a prévu des réclamations, et elle les a facilitées en disposant, par son article 6, que le décret sera inséré au *Bulletin des lois* et ne sera exécutoire qu'un an après cette insertion. « Pendant le cours de « cette année, dit l'article 7, toute personne y ayant droit sera « admise à présenter requête au Gouvernement pour obtenir la ré- « vocation de l'arrêté autorisant le changement de noms et cette « révocation sera prononcée par le Gouvernement, s'il juge l'oppo- « sition fondée. » Ces réclamations peuvent porter non seulement sur la légalité du décret, mais encore sur son opportunité, afin que le contrôle de l'acte soit aussi complet que possible dans l'intérêt des tiers. Dans tous les cas, le jugement de ces réclamations appar- tient au Conseil d'État statuant au contentieux.

Malgré la compétence ainsi attribuée à la juridiction administra- tive, on s'est demandé s'il pouvait appartenir à l'autorité judi- ciaire de paralyser l'exécution du décret et de faire défense à l'impétrant de porter le nom concédé, à la requête d'une partie invoquant son droit de propriété sur ce nom. M. Chauveau s'est prononcé pour l'affirmative, sans développer d'ailleurs les motifs de son opinion ; la Cour de Paris s'est posé la question sans la résoudre dans une affaire jugée le 8 août 1865 (*de Montmorency*). Les conclusions données devant elles par le ministère public sem- blaient admettre qu'une telle revendication serait recevable devant les tribunaux, si le décret conférant le nom était entaché d'illégalité ou de vice de forme. Le tribunal de la Seine, dans le jugement du 3 février 1865 qui était déféré à la Cour, avait au contraire expli- citement décidé « que le tribunal ne pourrait avoir juridiction que dans le cas où il serait saisi d'une demande tendant à empêcher un tiers de prendre un nom appartenant à une famille, alors que le tiers ne produirait à l'appui de sa prise de possession *aucun acte émané de la puissance souveraine ; mais qu'il n'en peut être ainsi lorsqu'un acte de cette nature est produit* ; qu'en effet, les noms consti- tuent une propriété d'une espèce particulière, laquelle est spécia- lement réglementée par la loi de germinal an XI, et que c'est devant le Conseil d'État que *toute personne ayant droit au nom concédé* est autorisée à se pourvoir pour obtenir la révocation du décret ».

Cette dernière opinion nous paraît seule admissible. En effet, le recours organisé par l'article 7 de la loi de germinal an XI est principalement établi dans l'intérêt des personnes ayant droit au nom concédé ; il a pour effet de soumettre au Conseil d'État les motifs de toute nature qui peuvent justifier leur opposition et, en première ligne, ceux qui se fondent sur la propriété du nom. Cette cause d'opposition est la plus digne d'attention et le Conseil d'État l'a souvent accueillie ([1]) ; mais elle n'est point péremptoire et il peut être passé outre. Reconnaître aux tribunaux judiciaires le droit de statuer de leur côté sur des réclamations de même nature, ce serait détruire toute l'économie de la loi de germinal an XI qui a permis au Gouvernement de créer lui-même, par un acte de la puissance publique, la propriété d'un nom, et qui a réservé à la juridiction administrative l'appréciation de toutes les critiques de fait et de droit auxquelles cet acte peut donner lieu ; ce serait aller contre le texte même de l'article 8 portant que, « s'il n'y a pas eu « d'opposition, ou si celles qui ont été faites n'ont point été ad- « mises, l'arrêté autorisant le changement de nom *aura son plein* « *et entier effet* à l'expiration de l'année ». Comment pourrait-il avoir son plein et entier effet après le délai prévu, si les tribunaux pouvaient, à toute époque, interdire à l'impétrant d'exercer le droit que le décret lui confère ?

On ne pourrait même pas réserver à l'autorité judiciaire la faculté de paralyser un décret de changement de nom argué d'illégalité ou de vice de forme. Ces irrégularités, fussent-elles bien établies, n'enlèveraient pas à l'acte son caractère administratif, et ne donneraient pas compétence aux tribunaux judiciaires ([2]) ; elles ne pourraient que motiver une opposition devant la juridiction administrative, seule compétente pour apprécier ces griefs.

On ne saurait invoquer enfin, contre la compétence exclusive

---

1. La jurisprudence du Conseil d'État admet même que les communes peuvent, comme les personnes, faire opposition au décret qui confère leur nom à un tiers. (Conseil d'État 27 décembre 1820, *Com. de Juvigny* ; 16 août 1862, *Com. de Lorgues*.)

2. Voy. ci-dessus, page 478.

de l'administration, l'article 19 de la loi de germinal an XI, portant « qu'il n'est rien innové par la présente loi aux dispositions « des lois existantes relatives aux *questions d'état entraînant change-* « *ment de nom,* qui continueront à se poursuivre devant les tribu- « naux dans les formes ordinaires ». Cet article ne prévoit, ainsi qu'il résulte de son texte, de l'exposé des motifs du conseiller d'État Miot et du discours du tribun Challan ([1]), que les contestations purement civiles, qui s'agitent en dehors de tout acte du Gouvernement autorisant un changement ou une addition de nom.

La loi de germinal an XI ne ferait cependant pas obstacle à ce que les tribunaux fissent défense de porter le nom concédé avant l'expiration du délai d'une année fixé par l'article 6. En effet, ce texte porte que le décret « n'aura son exécution qu'après la « révolution d'une année à compter du jour de son insertion au « *Bulletin des lois* ». Le décret, n'étant pas exécutoire pendant ce délai, ne forme pas titre pour l'impétrant ([2]).

II. — DIFFÉRENCE ENTRE LES QUESTIONS D'ÉTAT ET DE CAPACITÉ CIVILE ET LES QUESTIONS D'APTITUDE ADMINISTRATIVE.

Il ne faut pas confondre avec les questions d'état et de capacité civile, sur lesquelles la compétence est exclusivement judiciaire, certaines questions d'*aptitude,* d'*incapacité*, de *déchéance* qui ne relèvent que du droit administratif et de la juridiction administrative.

Distinction des compétences sur les questions d'éligibilité. — Parmi ces questions d'aptitudes légales, on peut d'abord citer celles qui touchent à l'*éligibilité*.

A la différence de l'électorat, qui est un droit civique placé, comme les autres droits personnels, sous la sauvegarde des tribunaux, l'éligibilité est une aptitude d'ordre administratif dont l'appréciation appartient au juge de l'élection. Sans doute, si la question d'éligibilité est subordonnée à une question de nationalité, de

1. Séances du Corps législatif du 1er et du 11 germinal an XI.
2. Conseil d'État, 2 juin 1819, *Adhémar.*

parenté ou d'alliance, de domicile légal, d'incapacité résultant de condamnations pénales ou de la dation d'un conseil judiciaire, le juge administratif dévra surseoir, en cas de doute, jusqu'à ce que le juge civil ait prononcé.

Mais si la question d'éligibilité ne soulève qu'une question d'aptitude administrative, se rattachant, par exemple, à la qualité de contribuable, à l'exercice des fonctions publiques qui rendent inéligibles, ou de celles qui sont incompatibles avec un mandat électif déterminé, le juge de l'élection a pleine compétence pour résoudre la difficulté.

Cette distinction, qui est conforme aux principes et qui est depuis longtemps consacrée par la jurisprudence, n'a pas toujours été aussi bien comprise; la législation électorale l'avait d'abord méconnue. La loi du 21 mars 1831 sur l'organisation municipale (art. 52, § 2) et la loi du 22 juin 1833 sur les conseils généraux et les conseils d'arrondissement (art. 52), tout en attribuant aux conseils de préfecture, et au Conseil d'État en appel, le jugement des réclamations formées contre les élections, disposaient que « si la « réclamation est fondée sur l'*incapacité légale* d'un ou plusieurs des « membres élus, la question sera portée devant le tribunal d'arron- « dissement ». Ces textes ne distinguaient pas entre les différentes sortes d'incapacités qui peuvent être relevées dans une élection ; aussi furent-ils d'abord interprétés par la jurisprudence du Conseil d'État comme attribuant aux tribunaux civils, non seulement les questions d'état et de domicile, mais encore la plupart des questions d'aptitude administrative, notamment celles qui résultaient du paiement des contributions. Mais bientôt des distinctions parurent nécessaires ; on admit que les textes précités ne déféraient aux tribunaux que les questions d'état civil, de cens électoral et de domicile [1], qu'ils ne s'opposaient pas à ce que le juge de l'élection statuât sur les questions d'éligibilité se rattachant à l'exercice de fonctions publiques [2] et sur toutes les questions d'incompatibilité [3].

---

1. Conseil d'État, 16 mai 1834 (*Barré*) ; — 12 décembre 1834 (*Galvani*) ; — circulaire du ministre de l'intérieur du 22 avril 1837.
2. Conseil d'État, 24 août 1849 (*Lépine*).
3. Conseil d'État, 6 juin 1834 (*Chardoillet*) ; — 28 novembre 1834 (*Fleury*). — Tou-

Cette jurisprudence a été ratifiée par la législation des élections municipales. La loi du 5 mai 1855 (art. 47) et celle du 5 avril 1884 (art. 39) n'obligent la juridiction administrative à surseoir que si la réclamation « implique la solution d'une question préjudicielle d'état ».

Mais la difficulté pouvait encore subsister pour les élections départementales. En effet, la loi de 1833 a continué de régir les élections des conseils généraux jusqu'en 1871, et elle régit encore actuellement les élections aux conseils d'arrondissement. Bien plus, la loi du 31 juillet 1875 sur les élections des conseils généraux a reproduit les expressions si contestées de la loi de 1833, et a prescrit le renvoi aux tribunaux des questions relatives à « l'incapacité légale d'un ou plusieurs élus ».

Fallait-il, en présence de la rédaction différente des textes relatifs aux élections municipales et départementales, faire varier, dans des cas identiques, l'application des lois de compétence ? Fallait-il sacrifier toute l'harmonie du système à une inadvertance du législateur de 1875, qui a transcrit un ancien texte dans une loi nouvelle sans paraître soupçonner les difficultés auxquelles il avait donné lieu ? Le Conseil d'État ne l'a pas pensé ; il a constamment appliqué aux élections départementales les mêmes règles de compétence qu'aux élections municipales, et sa jurisprudence sur ce point n'a donné lieu à aucune critique.

On peut donc tenir pour définitivement établie, depuis la loi du 5 mai 1855, la distinction si essentielle de la capacité civile et de l'aptitude administrative dans toutes les élections dont le contentieux appartient à la juridiction administrative ([1]).

De l'aptitude personnelle en matière de jouissance de biens communaux. — La distinction de la capacité civile et de l'aptitude administrative apparaît aussi dans d'autres matières, dont une des

---

tefois, cette dernière jurisprudence était critiquée par M. de Cormenin, qui reprochait au Conseil d'État d'affirmer « sans dire pourquoi » que l'article 22 de la loi du 22 juin 1833 ne s'appliquait pas aux questions d'incompatibilité, alors que, selon lui, elles rentraient dans les questions d'incapacité légale et devaient être renvoyées comme elles au jugement des tribunaux. — (De Cormenin, *Droit administratif* [5e édition], t. II, p. 148, note 2.)

1. Voy. à notre Tome II, le livre V, chapitre VI, consacré au *Contentieux électoral*.

plus importantes est celle de l'affouage et des autres modes de partage des biens communaux.

Les droits à cette jouissance sont subordonnés, par les différents textes qui la règlent, à certaines conditions d'aptitude personnelle. En matière d'affouage, le partage a lieu, d'après l'article 105 du Code forestier, « par feu, c'est-à-dire par chef de famille ayant domicile réel et fixe dans la commune » ; les anciens édits relatifs aux partages des biens communaux d'Artois et des Trois-Évêchés, qui sont encore en vigueur aujourd'hui (¹), exigent que les ayants droit aient « feu et ménage particulier » ou « pot et rôt » dans la commune. La juridiction administrative, qui est compétente, en vertu des lois du 10 juin 1793 et du 9 ventôse an XII, pour statuer « sur toutes les réclamations qui pourront s'élever à raison du mode de partage des biens communaux », l'est-elle également pour prononcer sur les questions d'aptitude personnelle que soulèvent ces réclamations, ou doit-elle les renvoyer à l'autorité judiciaire ?

Jusqu'en 1850, il y a eu dissentiment sur ce point entre le Conseil d'État et la Cour de cassation. Le Conseil d'État a décidé par de nombreux arrêts que la compétence attribuée aux directoires de département puis aux conseils de préfecture par les lois de 1793 et de l'an XII s'étendait aux questions d'aptitude personnelle, toutes les fois qu'il s'agissait de l'aptitude spécialement requise pour la jouissance des biens communaux et non de questions d'état et de capacité civile (²).

Au contraire, la jurisprudence de la Cour de cassation et des cours d'appel revendiquait pour l'autorité judiciaire les contestations relatives au droit de jouissance des habitants, et ne réservait à la juridiction administrative que celles qui portaient sur le mode de répartition adopté (³).

Le Tribunal des conflits, appelé à se prononcer à son tour, fit prévaloir la jurisprudence de la Cour de cassation et consacra la com-

---

1. Pour l'Artois, arrêts du Conseil des 25 février, 27 mars et 13 novembre 1779 ; pour les Trois-Évêchés, édit de juin 1769.

2. Nombreux arrêts, dont 13 rendus dans la période 1843-1850, le premier le 4 mai 1843 (*Clément*), le dernier le 21 décembre 1849 (*Commune de Plaines*).

3. Nombreux arrêts, dont deux de la chambre des requêtes du 14 juin et du 19 avril 1847, et deux arrêts de cassation de la chambre civile du 13 février 1844 et du 4 mars 1845.

pétence judiciaire sur toutes les questions d'aptitude, par une décision du 10 avril 1850 (*Caillet*). Cette solution fut vivement critiquée par M. Serrigny ([1]), mais elle fut acceptée par le Conseil d'État qui voulut faire acte de déférence envers le Tribunal des conflits qui venait d'être institué. Le Conseil modifia donc sa jurisprudence pour les affouages et pour tous autres modes de jouissance des biens communaux ([2]), et il persista jusqu'en 1870 dans cette doctrine qui fut également celle de la commission provisoire chargée de remplacer le Conseil d'État ([3]).

Mais cette jurisprudence n'alla pas sans soulever, dans la pratique, des réclamations et des difficultés. Les parties intéressées et l'administration se plaignirent de la complication des instances, des lenteurs et des frais qu'occasionnait le renvoi de toutes les questions d'aptitude aux tribunaux judiciaires ; plusieurs conseils de préfecture, en présence de ces inconvénients vivement ressentis par les habitants des campagnes ([4]), revinrent d'eux-mêmes à l'ancienne jurisprudence du Conseil d'État. Celui-ci la fit revivre à son tour, d'abord implicitement et en statuant en appel sur des questions d'aptitude jugées par les conseils de préfecture, puis explicitement, en rejetant le grief d'incompétence relevé contre leurs décisions ([5]).

De quelque compétence que l'on soit partisan en cette matière, on doit reconnaître que la question est délicate ; les hésitations de la jurisprudence en font foi aussi bien que les dissentiments des auteurs ([6]). Mais la doctrine que le Conseil d'État avait pratiquée

1. Serrigny, *Questions de droit administratif*, v° *Affouage*.
2. Conseil d'État, 30 novembre 1850 (*Triste*) ; — 21 décembre 1850 (*Commune d'Ambly*) ; — 17 juin 1851 (*Tabouret*).
3. Conseil d'État, 15 mars 1870 (*Mersaul*) ; — 29 novembre 1870 (*Bourgeois*).
4. M. Dalloz (*Jurisprud. gén.*, 1850, II, 49), tout en approuvant la décision du Tribunal des conflits de 1850, ne se dissimulait pas ses inconvénients pratiques :
« On doit désirer, disait-il, que le législateur intervienne pour soumettre les contestations relatives aux distributions affouagères à une juridiction rapide et peu coûteuse, si l'on ne veut pas que les habitants des communes préfèrent le sacrifice de leurs droits au dispendieux avantage que peut leur procurer le gain d'un procès accompagné de procédures dont presque toujours les frais absorberont au delà de la valeur de ces droits. »
5. Conseil d'État, 26 novembre 1875 (*Durdos et Ricaud*) ; — 4 août 1882 (*Hardelin*) ; — 22 mai 1885 (*Cerf*) ; — 8 juin 1883 (*Veuve Laurent*).
6. La jurisprudence du Conseil d'État a été appuyée par Proudhon, *Droit d'usage*, n° 948 ; par Serrigny, *Compétence administrative*, t. II, n° 806, et *Questions de droit*,

jusqu'en 1850, et à laquelle il est revenu, nous paraît la plus conforme aux règles de la compétence. Il n'est pas douteux, selon nous, que le contentieux des partages, entre les communes ou entre les ayants droit, est un contentieux administratif. Les lois de 1793 et de l'an XII ont fait une répartition d'attributions très nette entre les tribunaux judiciaires et les directoires de départements ou les conseils de préfecture ; elles ont donné aux premiers toutes les contestations relatives à la propriété des biens et à l'existence des droits d'usage, soit entre les communes, soit entre celles-ci et les propriétaires([1]) ; aux seconds toutes les contestations relatives au « mode de partage », soit entre les communes, soit entre les copartageants([2]). Or les difficultés relatives à l'attribution des lots rentrent manifestement dans celles qui touchent au mode de partage, sinon il faudrait dire que la législation des partages a laissé hors de ses prévisions les difficultés les plus fréquentes et celles qui devaient le plus la préoccuper. Le contentieux du partage étant administratif, le conseil de préfecture ne peut être dessaisi de la question d'aptitude personnelle que si elle constitue une question de droit civil. Nul doute qu'elle n'ait ce caractère quand elle se confond avec une question de nationalité ou de capacité civile ; mais le *feu*, le *ménage séparé*, le *chef de famille ou de maison ayant domicile réel et fixe*, ou *ayant pot et rôt* dans la commune ne sont point définis par le Code civil. Ces cas d'aptitude ne relèvent que de l'article 105 du Code forestier ou des anciens édits.

Même le *domicile réel et fixe* de l'article 105 du Code forestier, qui semble le plus se rapprocher du droit commun, n'est pas le domicile légal, le domicile sans épithète de l'article 102 du Code civil, il est plutôt une résidence effective, permanente ; il est, comme le dit très bien M. Serrigny, « un domicile d'une nature particulière, que la loi spéciale qualifie de réel et fixe, de sorte que les décisions rendues en cette matière n'ont aucune espèce d'auto-

---

v° *Affouage*. — Celle de la Cour de cassation par M. Dalloz, *Répertoire*, v° *Forêts*, n° 1898 ; par M. Migneret, *De l'Affouage*, p. 317 ; par M. Meaume, *Comment. du Code forestier*, t. III, page 411.

1. Loi du 10 juin 1793, section V, art. 3, 4 et 5.
2. Loi du 10 juin 1793, section V, art. 1 et 2.

rité de chose jugée lorsqu'il s'agit d'examiner le domicile sous le rapport de ses autres effets légaux ([1]) ».

Nous sommes donc bien là en présence de questions d'aptitude administrative dont le contentieux se confond avec celui du partage, et non de questions de capacité civile relevant de l'autorité judiciaire.

Incapacités et déchéances d'ordre administratif. — De même que la législation administrative présente des questions d'aptitude qui ne se confondent pas avec la jouissance des droits civils, de même elle présente des questions d'incapacité et de déchéance d'ordre administratif qui relèvent de la juridiction administrative et ne comportent point le renvoi de questions préjudicielles aux tribunaux lorsqu'elles donnent lieu à contestation.

On peut citer comme exemples : — la déchéance du droit à pension, lorsqu'elle résulte, pour un militaire ou marin, de la résidence hors du territoire français sans l'autorisation du Gouvernement ([2]); lorsqu'elle résulte, pour un fonctionnaire civil, de la démission, de la révocation ou de la constatation d'un déficit pour détournement de deniers ou de matières ([3]) ; — la suspension ou la privation des droits de membre de la Légion d'honneur, lorsqu'elle est prononcée par le Gouvernement à la suite de condamnations qui n'entraînent pas la perte des droits civils, ou pour des actes qui portent atteinte à l'honneur sans pouvoir être l'objet de poursuites judiciaires ([4]) ; — l'interdiction du droit d'enseigner, à temps ou à toujours, prononcée contre les membres de l'enseignement public ou de l'enseignement libre dans les cas prévus par la loi ([5]).

---

1. Serrigny, *op. cit.*, vᵒ *Affouage*, § 2. — Le Conseil d'État a même décidé (8 avril 1892, *Trucchi*) qu'il appartenait aux tribunaux administratifs de juger la question d'aptitude, en matière d'affouage, en présence d'une délibération de conseil municipal qui attribuait ce droit aux habitants « ayant *leur domicile légal* dans la commune ». Il résultait, en effet, de l'ensemble de cette délibération, que le conseil municipal avait eu en vue une *résidence de fait* s'ajoutant au domicile légal, lequel peut exister sans résidence : c'était en réalité le domicile spécial de l'article 105 du Code forestier, et non celui du Code civil, que le conseil municipal avait entendu exiger.

2. Loi du 11 avril 1831, art. 26 ; — loi du 18 avril 1831, art. 28.

3. Loi du 9 juin 1853, art. 29.

4. Décret organ. du 16 mars 1852, art. 46 ; — loi du 25 juillet 1873, art. 6 ; — décret du 14 avril 1874.

5. Lois du 15 mars 1850 et du 27 février 1880.

Quant aux déchéances qui résultent de condamnations judiciaires, et qui sont également prévues par la législation des pensions, par celle de la Légion d'honneur, de l'enseignement, et par la législation électorale, une distinction est nécessaire. Si ces condamnations opèrent comme ayant entraîné la privation des droits civils et, par voie de conséquence, une déchéance d'ordre administratif, il semble difficile de ne pas réserver la compétence judiciaire, s'il y a contestation sur l'effet juridique de ces condamnations. Dans ce cas, en effet, la véritable question en jeu est une question de privation de droits civils ; la déchéance administrative n'est qu'un résultat de cette privation.

Si, au contraire, la condamnation judiciaire est sans effet sur les droits civils, si elle n'entraîne que des déchéances d'ordre administratif, il appartient à la juridiction administrative de rechercher quel a été l'effet de ces condamnations et d'en faire l'application aux parties. En statuant ainsi, elle n'empiète ni sur la juridiction civile ni sur la juridiction pénale ; elle se borne à appliquer la législation administrative dans les limites de sa compétence.

Ainsi, les conseils de révision, qui doivent renvoyer aux tribunaux les questions d'état et de droits civils (loi du 15 juillet 1889, art. 31), peuvent prononcer eux-mêmes sur la question de savoir si un individu est ou non exclu de l'armée, comme ayant été condamné à l'une des peines prévues par l'article 4 de la loi du 15 juillet 1889.

De même, le Conseil d'État, appelé à statuer sur la déchéance du droit à pension résultant d'une condamnation à une peine afflictive ou infamante, ou sur l'inéligibilité d'un candidat atteint par l'une des condamnations qui font perdre les droits électoraux, ou sur l'exclusion prononcée contre un membre de la Légion d'honneur par l'effet des condamnations qui entraînent cette exclusion de plein droit, n'a pas à renvoyer aux tribunaux la question de savoir si ces déchéances administratives ont été encourues. Il n'aurait à surseoir pour attendre une décision de l'autorité judiciaire que si, au lieu d'appliquer les jugements ou arrêts de condamnation, il était nécessaire de les interpréter. L'application des règles générales en matière d'interprétation des décisions judiciaires donnerait alors lieu à une question préjudicielle ; mais celle-ci porterait uniquement sur le sens de l'arrêt contesté, et non sur les effets qu'il doit produire au point de vue de la déchéance administrative.

Par application des mêmes règles de compétence, les tribunaux administratifs appelés à statuer sur les déchéances résultant de condamnations judiciaires n'excèdent pas leurs pouvoirs en recherchant quels ont été les effets de la grâce, de la réhabilitation ou de l'amnistie sur les déchéances encourues. La loi du 9 juin 1853 (art. 27) prévoit expressément les effets de la réhabilitation en matière de suspension du droit à pension. Plusieurs fois aussi le Conseil d'État, saisi de recours contre des décisions portant exclusion de l'ordre de la Légion d'honneur, a apprécié les effets de la réhabilitation ou de l'amnistie au point de vue de la demande en réintégration formée par le légionnaire ([1]).

III. — DES DROITS INDIVIDUELS AUTRES QUE LES DROITS CIVILS.

Compétence judiciaire sur les droits individuels. Restrictions. — En dehors des droits civils proprement dits, il existe des droits individuels, des facultés légales attachées à la personne, qui sont reconnues d'une manière plus ou moins large par la constitution et par les lois politiques. Telles sont : la liberté individuelle, la liberté de la presse, la liberté du travail et de l'industrie, le droit de réunion, le droit d'association.

Les difficultés auxquelles peut donner lieu l'exercice de ces droits relèvent, en principe, de l'autorité judiciaire ; c'est devant elle que l'on doit se défendre contre les atteintes qui leur seraient illégalement portées, soit par des tiers, soit par l'administration elle-même. Mais ce principe comporte deux sortes de restrictions.

En premier lieu, il ne faut pas confondre avec de véritables droits placés sous la protection de l'autorité judiciaire de simples facultés qui ne peuvent être exercées qu'avec l'autorisation de l'administration. Ainsi, dans l'état actuel de notre législation, le droit d'association n'existe que s'il s'agit de sociétés civiles et commerciales ou de syndicats ; il ne constitue pas un droit quand il s'agit d'asso-

---

1. Conseil d'État, 13 mai 1881, *Brissy ;* — 20 février 1885, *Delahourde.*

ciations politiques ou religieuses que l'administration peut autoriser ou dissoudre. De même, la liberté du travail et de l'industrie n'est pas un droit qu'on puisse revendiquer devant les tribunaux, lorsqu'il s'agit d'établissements industriels dangereux ou insalubres, que l'administration autorise sous des conditions déterminées, et dont elle peut ordonner la fermeture, en cas d'infraction aux conditions imposées ou d'inconvénients graves pour le voisinage.

En second lieu, même en présence de facultés légales ayant incontestablement le caractère d'un droit, telles que la liberté individuelle, la loi peut réserver à l'administration certains pouvoirs exceptionnels, par exemple la faculté d'expulser les étrangers, d'interner les aliénés, de soumettre les voyageurs à des quarantaines dans l'intérêt de la santé publique, d'infliger des incarcérations disciplinaires aux citoyens soumis à la discipline militaire.

Dans tous ces cas, à moins d'exceptions formellement prévues par la loi, la compétence judiciaire cesse dès qu'apparaît l'action administrative. Le principe de la séparation des pouvoirs fait obstacle à ce que les autorisations, les injonctions, les défenses émanées de l'administration soient discutées devant les tribunaux et puissent être infirmées par eux. Les réclamations auxquelles donnent lieu ces actes administratifs ne peuvent être portées, en principe, que devant le juge des excès de pouvoir, c'est-à-dire devant le Conseil d'État.

Rappelons quelques applications de ces règles de compétence.

Nous avons vu que, si l'administration portait atteinte à l'exercice d'un droit individuel entièrement soustrait à ses décisions ; si, par exemple, elle ordonnait arbitrairement l'arrestation d'un citoyen jouissant de la plénitude de ses droits, la saisie d'une propriété, la fermeture d'un établissement industriel ou commercial libre, la partie lésée pourrait directement se pourvoir devant les tribunaux et obtenir un jugement qui la réintégrerait dans ses droits. Dans cette hypothèse, en effet, il n'y aurait pas à proprement parler un acte administratif, mais une voie de fait qui ne saurait faire obstacle à la compétence judiciaire et qui pourrait même rendre son auteur personnellement justiciable des tribunaux.

Si, au contraire, l'administration fait subir au droit individuel une des restrictions que la loi autorise, les tribunaux doivent décliner leur compétence devant cet acte de la puissance publique.

Ainsi l'étranger, atteint par l'arrêté d'expulsion que le ministre de l'intérieur a le droit de prendre, en vertu de l'article 7 de la loi du 3 décembre 1849, ne peut pas actionner le ministre devant les tribunaux en alléguant une atteinte portée à sa liberté individuelle ; il ne peut que déférer l'arrêté au Conseil d'État, s'il estime que cet acte administratif est entaché d'excès de pouvoir. Par application du même principe, le Tribunal des conflits a décidé que l'autorité judiciaire n'est pas compétente pour connaître d'une action en dommages-intérêts formée par un soldat des milices coloniales contre ses chefs, à raison d'une punition disciplinaire qu'il dénonçait comme une atteinte à sa liberté ([1]).

La législation des aliénés présente cependant un cas où une décision intéressant la liberté individuelle, régulièrement prise par l'autorité administrative, peut être contestée devant l'autorité judiciaire et être mise à néant par elle. Ce cas est celui où le préfet, par application de l'article 18 de la loi du 30 juin 1838, ordonne le placement d'office, dans un établissement d'aliénés, d'une personne dont l'état d'aliénation compromet l'ordre ou la sécurité. D'après l'article 29 de la même loi, la personne intéressée ou tout parent ou ami peuvent, à toute époque, se pourvoir devant le tribunal et faire ordonner la sortie immédiate. Cette disposition est justifiée par le danger que pourrait présenter une erreur de l'administration entraînant une atteinte prolongée à la liberté individuelle. Le Conseil d'État l'a interprétée comme consacrant la compétence exclusive de l'autorité judiciaire et comme faisant obstacle à tout recours contentieux devant la juridiction administrative contre les arrêtés préfectoraux ordonnant le placement d'aliénés ([2]). La dérogation aux règles ordinaires de la compétence résulte ici d'un texte spécial.

1. Tribunal des conflits, 31 octobre 1885, *Francomme*.

2. Conseil d'État, 16 décembre 1881 (*département de la Sarthe*). Cette jurisprudence, qui s'appuie sur l'article 29 de la loi de 1838 et sur la compétence judiciaire qui en résulte, est plus nette que celle qui avait été adoptée par un arrêt du 20 décembre 1855 (*Ville d'Issoudun*), qui représentait l'arrêté de placement comme un acte de police administrative échappant à tout recours contentieux.

Du cas où l'administration donne ou retire des autorisations. — A l'égard des facultés qui ne peuvent s'exercer qu'en vertu d'une autorisation de l'administration et qui, par suite, ne sauraient avoir le caractère de véritables droits individuels, il n'y a même pas lieu à un partage de compétence entre les tribunaux et l'administration ; celle-ci exerce seule le droit de donner ou de retirer les autorisations ; ses décisions constituent des actes administratifs dont les tribunaux ne peuvent discuter la validité, ni entraver l'exécution.

Ainsi, lorsque l'administration ordonne la fermeture d'établissements soumis à une autorisation administrative et qui ne sont pas pourvus de cette autorisation, ou bien à qui elle a été retirée, il n'appartient pas aux tribunaux d'ordonner la réouverture de ces établissements ou la levée des scellés qui y ont été apposés par l'administration. Cette solution a été appliquée par la jurisprudence aux établissements industriels soumis à une autorisation administrative en vertu du décret du 15 octobre 1810 [1] ; aux chapelles domestiques dont l'ouverture doit être autorisée par le Gouvernement d'après la loi du 18 germinal an X, art. 44, et le décret du 22 décembre 1812, art. 8 [2] ; aux congrégations religieuses que les lois des 13-19 février 1790, 18 août 1792, 18 germinal an X et 3 messidor an XII soumettent à l'autorisation du Gouvernement et qui peuvent être dissoutes lorsqu'elles ne sont pas autorisées [3].

Les difficultés de compétence auxquelles ont donné lieu, en 1880 et en 1881, les réclamations formées par les congrégations religieuses non autorisées, contre les décisions prononçant leur dissolution et prescrivant l'évacuation des locaux par elles occupés, les dissidences qui se sont produites, à cette occasion, entre un certain nombre de tribunaux judiciaires et le Tribunal des conflits, se rattachaient aux questions que nous venons d'indiquer.

Pour se déclarer compétents, les tribunaux judiciaires se fon-

---

1. Cass., 21 août 1874, *Pariset.*

2. Cour de Paris, 3 décembre 1836, *Pillot;* — Tribunal des conflits, 5 novembre 1880, *Bouffier.*

3. Tribunal des conflits, 5 novembre 1880, *Marquigny,* et nombreux arrêts postérieurs.

daient sur ce que les réclamants invoquaient de véritables droits individuels, tant à raison des sociétés civiles qu'ils avaient formées entre eux, que du domicile privé qu'ils avaient établi au siège de la congrégation. La police des associations religieuses, qui relève du droit public, s'effaçait ainsi, aux yeux de ces tribunaux, devant des notions de droit privé : la propriété, le domicile, la liberté des sociétés civiles.

Le Tribunal des conflits s'est appliqué, au contraire, à dégager le régime spécial des associations religieuses des facultés de droit commun avec lequel on s'efforçait de le confondre ; il a rappelé les lois qui consacrent le droit d'autorisation du Gouvernement et son droit de dissolution quand l'autorisation n'a pas été donnée ; il a constaté le caractère administratif des actes par lesquels le Gouvernement exerce la police des cultes et des associations religieuses ; il en a déduit le défaut de pouvoir de l'autorité judiciaire pour annuler ces actes ou en paralyser l'exécution, et la compétence exclusive de la juridiction administrative pour connaître des excès de pouvoir qui seraient relevés contre eux (¹).

Le Tribunal des conflits a appliqué ainsi, quoi qu'on en ait dit, les **véritables** principe de compétence ; il s'est inspiré de la distinction fondamentale que nous venons de rappeler entre les droits individuels qui ne relèvent que de la loi et des tribunaux, et les facultés qui ne peuvent légalement s'exercer qu'en vertu d'actes de la puissance publique, et qui peuvent être interdites par des actes de même nature.

---

1. Voir la décision *Marquigny* du 5 novembre 1880 et notamment les motifs suivants : « que le décret du 29 mars 1880, qui donnait à la Compagnie de Jésus un délai de trois mois pour se dissoudre et pour évacuer les établissements occupés par elle sur le territoire de la République, a été rendu pour l'application des lois des 13-19 février 1790, du 18 août 1790, du 18 germinal an X et du décret du 3 messidor an XII, et qu'il constituait une mesure de police dont le ministre de l'intérieur était chargé d'assurer l'exécution ; que le préfet du département du Nord, en prenant l'arrêté du 30 juin 1880 et en le faisant exécuter par le commissaire central d'après les ordres du ministre de l'intérieur, a agi en vertu du décret précité du 29 mars 1880 dans le cercle de ses attributions comme délégué du pouvoir exécutif... ; qu'il ne saurait appartenir à l'autorité judiciaire d'annuler les effets et d'empêcher l'exécution de cet acte administratif... ; que si les sieurs Marquigny et consorts se croyaient fondés à soutenir que la mesure prise contre eux n'était autorisée par aucune loi, et que, par suite, le décret et l'arrêté précités étaient entachés d'excès de pouvoir, c'était à l'autorité administrative qu'ils devaient s'adresser pour faire prononcer l'annulation desdits actes... »

Ce n'est point là d'ailleurs un régime uniquement réservé aux associations religieuses ; il s'applique également, sauf certaines nuances qui ne modifient pas le fond du droit, aux associations politiques, aux cercles et aux autres lieux de réunion où se pratique la vie en commun. Les pouvoirs de police de l'administration s'exercent nonobstant les sociétés civiles que les membres de ces associations peuvent former entre eux, et bien qu'ils possèdent souvent en commun des propriétés mobilières et immobilières.

On s'est quelquefois demandé comment il faut procéder quand les difficultés de compétence résultent de dissidences sur le fond même du droit. Les parties soutiennent, par exemple, que la loi sainement interprétée leur donne un véritable droit placé sous la sauvegarde des tribunaux, l'administration prétend au contraire que la loi n'a créé qu'une simple faculté soumise à l'autorisation et aux pouvoirs de police du Gouvernement. L'allégation d'un droit individuel suffit-elle, en ce cas, pour attribuer compétence aux tribunaux sur le litige ? Ceux-ci ont-ils seuls qualité, à l'exclusion de la juridiction administrative et du Tribunal des conflits, pour interpréter les lois contestées et pour dire si elles ont ou non consacré un véritable droit individuel ?

Cette question s'est incidemment présentée dans les affaires des congrégations non autorisées. L'un des arguments invoqués à l'appui de la compétence judiciaire consistait à dire que les lois de 1790, de 1792, de germinal an X et de messidor an XII, invoquées par le Gouvernement comme base légale de son droit d'autorisation et de dissolution, ont cessé d'être en vigueur, qu'elles ont été abrogées, soit par désuétude, soit par les principes de liberté individuelle et de liberté des cultes inscrits dans nos constitutions modernes ; on en concluait que les congrégations religieuses sont devenues complètement libres et qu'en admettant que la question fût douteuse, il n'appartenait qu'à l'autorité judiciaire de la résoudre, parce qu'il s'agissait de vérifier l'existence même d'un droit individuel, vérification qui ne peut appartenir qu'aux tribunaux [1].

---

1. Cette opinion a été développée dans la consultation publiée par M⁰ Rousse « sur la situation dans laquelle les décrets du 29 mars 1880 placent les personnes appartenant à des associations religieuses non reconnues et vivant en commun ». Les conclusions de cette consultation portent: « qu'aucune loi actuellement en

Le Tribunal des conflits n'a pas admis cette thèse, qui tendait en réalité à lui refuser le droit de juger la question de compétence, sous prétexte qu'elle était connexe à une question du fond relevant des tribunaux judiciaires.

Remarquons d'abord qu'il n'est point exact d'appeler « question du fond » une question d'interprétation législative, d'existence ou d'abrogation de lois. L'interprétation des textes, la vérification des situations juridiques dont ils sont la base légale, domine à la fois les questions de compétence et les questions du fond, elle sert à les résoudre les unes et les autres, mais elle ne se confond point avec elles. Interpréter les lois est le droit et le devoir de toute juridiction chargée de les appliquer. Le juge de la compétence ne va pas au delà de sa mission quand il interroge les textes propres à l'éclairer sur la nature juridique d'une contestation dont il doit désigner le juge. S'il s'abstenait de procéder lui-même à cette vérification, sans laquelle il ne peut statuer sur la compétence, s'il la renvoyait au juge du fond, sous prétexte qu'elle peut exercer une influence sur le fond même du litige, il abdiquerait sa propre juridiction, il abandonnerait le jugement du conflit à l'autorité judiciaire.

On a d'ailleurs quelque peine à comprendre quelles pourraient être, dans la pratique, les conséquences de cette doctrine. Comment le Tribunal des conflits pourrait-il procéder, pour renvoyer à l'autorité judiciaire l'interprétation des lois qui doivent servir à la fois à résoudre la question de compétence et la question du fond ? Il ne peut évidemment pas demander une interprétation préjudicielle de ces lois à l'autorité judiciaire et surseoir à statuer jusqu'à ce que celle-ci la lui ait fait connaître ; la procédure de conflit ne comporte point de sursis de la part du juge des compétences. Le Tribunal des conflits ne pourrait donc renvoyer

---

vigueur ne prohibe la vie en commun des personnes appartenant à des congrégations religieuses non reconnues ; que dans le cas où le Gouvernement voudrait dissoudre ces associations, il n'aurait pas le droit de le faire par voie administrative, mais que les tribunaux ordinaires devraient d'abord en connaître ». — Cf. en sens contraire Ducrocq, *Cours de droit administratif*, t. II, p. 698 ; — Dalloz, v° *Culte*, n° 405 ; — Cour de Paris, 18 août 1826, *Montlosier* ; — Cour de Caen, 20 juillet 1846, *Cladel* ; — Cass., 26 février 1849, *Cladel*, et le rapport de M. le conseiller Meynard sur cette dernière affaire.

à l'autorité judiciaire l'interprétation dont il voudrait s'abstenir qu'en lui renvoyant en même temps le litige tout entier, c'est-à-dire en annulant l'arrêté de conflit. Mais comment pourrait-il annuler un arrêté de conflit, fondé sur une prérogative prétendue de l'administration, sans avoir lui-même vérifié si cette prérogative existe? Nous n'hésitons pas à penser que le Tribunal des conflits a mission d'interpréter lui-même toutes les lois qui sont nécessaires pour fixer la compétence, sans avoir à se préoccuper de l'influence que cette interprétation peut exercer sur le jugement du fond. En procédant ainsi, il n'empiète pas sur la juridiction d'autrui, il se borne à exercer la sienne.

CHAPITRE III

DE LA COMPÉTENCE SUR LES QUESTIONS DE PROPRIÉTÉ

Le droit de propriété a, au plus haut degré, le caractère d'un droit individuel ; à ce titre, les contestations auxquelles il donne lieu relèvent, en principe, de la compétence judiciaire.

Mais, d'un autre côté, le droit de propriété, dans une de ses applications les plus importantes, s'exerce sur le sol, qui fait partie du territoire national en même temps que du patrimoine privé des citoyens. De là des rapports fréquents entre l'administration qui a la police du territoire, et les individus qui ont la propriété du sol ; de là la nécessité et la légitimité d'actes de la puissance publique destinés à assurer la circulation, la défense nationale, la sûreté et la salubrité publiques en imposant diverses restrictions au droit de propriété, et souvent le sacrifice de la propriété elle-même moyennant une indemnité pécuniaire. De là, enfin, la compétence administrative, lorsque ces actes de la puissance publique sont en cause, et la nécessité de combiner cette compétence avec celle des tribunaux judiciaires.

I. — DISTINCTION DES COMPÉTENCES EN MATIÈRE D'EXPROPRIATION.

Expropriation directe. — La cession forcée d'une propriété nécessaire à l'exécution d'un ouvrage public offre l'exemple le plus frappant des obligations que l'intérêt général peut faire peser sur la propriété privée. L'article 545 du Code civil a expressément prévu cette cession, sous réserve d'une juste et préalable indemnité. La prédominance de l'intérêt public a paru autoriser, en cette matière, de si profondes dérogations aux règles ordinaires de la compétence, que les tribunaux judiciaires ont été, pendant longtemps, complètement écartés des opérations d'expropriation. Dans l'ancien droit, dans le droit intermédiaire, et même sous l'empire des lois du 28 pluviôse an VIII et du 16 septembre 1807, la cession forcée de la propriété et la liquidation des indemnités étaient l'œuvre exclusive de l'administration et des tribunaux administratifs.

La compétence judiciaire n'a été reconnue que par la loi du 8 mars 1810, qui a chargé les tribunaux civils de prononcer l'expropriation et de liquider les indemnités ; puis par celles du 22 juillet 1833 et du 3 mai 1841, qui ont partagé cette double mission entre les tribunaux et le jury, en laissant aux premiers le droit d'opérer la translation forcée de la propriété, et en donnant au jury le droit d'évaluer l'indemnité ([1]).

L'expropriation proprement dite, c'est-à-dire la translation forcée de la propriété, « s'opère par autorité de justice », dit l'article 1er de la loi du 3 mai 1841 ; elle résulte d'une décision de l'autorité judiciaire qui est le jugement d'expropriation. Il en est de même du règlement de l'indemnité ; il est l'œuvre du jury d'expropriation qui exerce une juridiction d'ordre judiciaire avec le concours du magistrat directeur du jury. Mais la compétence judiciaire s'exerce-t-elle également sur les actes administratifs qui précèdent et motivent le jugement d'expropriation, actes qui consistent dans la déclaration d'utilité publique et dans l'arrêté de cessibilité ?

Il n'était pas aisé de concilier ici les droits de l'administration

---

1. On a quelquefois présenté l'institution du jury d'expropriation comme étant une concession faite par le législateur aux intérêts de la propriété, une protection nouvelle assurée aux propriétaires contre l'administration. Cette institution a eu au contraire pour but de faciliter la tâche de l'administration, en atténuant les complications et les lenteurs de la procédure judiciaire, ainsi que l'exagération des indemnités. On lit dans l'exposé des motifs de la loi du 22 juillet 1833 (séance du 21 mars 1832) : « Vous connaissez les plaintes qui s'élèvent tous les jours et de toutes parts sur les entraves sans nombre, les délais sans terme, les sacrifices sans limite que l'administration est condamnée à subir lorsqu'il s'agit pour elle d'obtenir la possession des terrains nécessaires à l'emplacement des travaux qu'elle veut entreprendre. Le mal est arrivé aujourd'hui à ce point qu'on peut dire avec vérité qu'aucune entreprise de route, de canal ou de chemin de fer n'est plus possible en France, si l'on ne trouve le moyen de poser des limites aux exigences de l'intérêt particulier et de faire prévaloir l'intérêt général. »

et ceux des tribunaux. Si l'on s'était renfermé trop étroitement dans l'application du principe de la séparation des pouvoirs, si l'on avait interdit aux tribunaux tout examen des actes administratifs qui précèdent l'expropriation, le jugement d'expropriation n'aurait plus été qu'une formalité ; les tribunaux auraient été réduits au rôle de simples agents d'exécution. Si, d'autre part, on leur avait donné juridiction sur ces actes administratifs, on aurait subordonné le pouvoir exécutif au pouvoir judiciaire.

La loi s'est arrêtée à un moyen terme : elle a donné aux tribunaux le droit de vérifier si les formalités qui doivent précéder l'expropriation ont été remplies ; mais non le droit d'apprécier si elles ont été bien et valablement remplies, si la déclaration d'utilité publique et l'arrêté de cessibilité ne soulèvent aucune critique au point de vue de leur légalité.

La limite ainsi assignée à la compétence judiciaire résulte des articles 2 et 14 de la loi du 3 mai 1841. « Les tribunaux, dit l'article 2, ne peuvent prononcer l'expropriation qu'autant que l'utilité publique a été constatée et déclarée *dans les formes prescrites par la présente loi* », puis il énumère limitativement ces formes qui consistent : « 1° dans la loi ou l'ordonnance royale qui autorise les travaux pour lesquels l'expropriation est requise ; 2° dans l'acte du préfet qui désigne les localités ou territoires sur lesquels les travaux doivent avoir lieu, lorsque cette désignation ne résulte pas de la loi ou de l'ordonnance royale ; 3° dans l'arrêté ultérieur par lequel le préfet détermine les propriétés particulières auxquelles l'expropriation est applicable. Cette application ne peut être faite à aucune propriété particulière qu'après que les parties intéressées ont été mises en état d'y fournir leurs contredits selon les règles exprimées au titre II. » Ces règles sont confirmées par l'article 14 de la même loi, d'après lequel l'expropriation est prononcée sur le vu des pièces constatant l'accomplissement des formalités prescrites par l'article 2 précité et par le titre II, auquel il se réfère.

Il résulte de là que le tribunal appelé à prononcer l'expropriation ne peut pas autoriser les parties à discuter devant lui la légalité de l'acte déclaratif d'utilité publique ; il doit se borner à en vérifier l'existence.

Cet acte devant consister, selon les cas, dans une loi ou dans un décret, le tribunal excéderait-il ses pouvoirs en refusant de prononcer l'expropriation sur le vu d'un décret, dans un cas où il estimerait qu'elle ne peut avoir lieu qu'en vertu d'une loi? Cette question est délicate, et nous pensons qu'elle doit être résolue d'après la distinction suivante :

S'il s'agit de travaux qui ne peuvent manifestement être exécutés qu'en vertu d'une loi, et si l'administration ne produit qu'un décret, le tribunal peut refuser de prononcer l'expropriation, car il lui suffit de constater, par un simple rapprochement entre la nature des travaux et celle de l'acte portant déclaration d'utilité publique, que celui-ci ne constitue pas un titre légal.

Mais, si une simple constatation ne suffit pas, s'il s'élève des doutes sérieux sur la nature des travaux et sur la compétence qui y correspond, nous ne pensons pas que le tribunal puisse résoudre lui-même la difficulté. On doit alors appliquer les mêmes règles que lorsque l'interprétation ou la validité d'un acte administratif sont contestées au cours d'une instance judiciaire. Si la solution est claire, le tribunal l'énonce et l'applique ; si elle est obscure, il doit surseoir jusqu'à ce qu'elle ait été donnée par l'autorité ou par la juridiction administrative compétente [1].

Le tribunal excéderait aussi la limite de ses pouvoirs, s'il refusait de prononcer l'expropriation, en se fondant sur ce que la déclaration d'utilité publique n'aurait pas été précédée des formalités prévues par l'article 3 de la loi de 1841 et par les règlements d'administration publique rendus pour son exécution ; ces formalités ne sont pas, en effet, au nombre de celles dont les tribunaux sont chargés de constater l'observation en vertu des articles 2 et 14 de la loi [2].

En ce qui touche l'arrêté de cessibilité, la compétence des tribu-

---

1. Voy. ci-dessus, page 498 et suiv.

2. Civ., 22 janvier 1845, 1re espèce, *de Maudhuit*, et 2e espèce, *Passerat de la Chapelle* ; — 9 février 1863, *Barenne-Delcambre* ; — 9 avril 1877, *Hainque.* « Il est interdit aux tribunaux, dit ce dernier arrêt, de connaître des actes d'administration de quelque nature qu'ils soient ; par application de ce principe, l'article 14 de la loi du 3 mai 1841 n'autorise le tribunal saisi d'une demande d'expropriation qu'à vérifier l'accomplissement des formalités prescrites par l'article 2 du titre Ier et par le titre II de cette même loi. »

naux est également limitée aux vérifications prévues par l'article 2 et le titre II, et qui ont pour objet les formalités préalables à cet arrêté, savoir la publication du plan parcellaire, les enquêtes et les observations auxquelles la désignation des parcelles peut donner lieu. Toute autre vérification portant sur la légalité de l'arrêté est interdite aux tribunaux ([1]).

Il est cependant nécessaire d'assurer la légalité d'actes qui peuvent avoir des conséquences si graves pour les propriétés privées. A défaut de l'autorité judiciaire, dont la compétence est renfermée dans d'étroites limites, cette tâche incombe à la juridiction administrative. Conformément aux règles ordinaires, c'est devant elle, par la voie du recours pour excès de pouvoir, qu'on pourra relever les illégalités dont la déclaration d'utilité publique ou l'arrêté de cessibilité seraient entachés, et demander l'annulation de ces actes. La question de savoir si ces actes sont réguliers et valables pourrait également se poser sous forme de question préjudicielle soulevée par l'autorité judiciaire et renvoyée à la décision de la juridiction administrative.

Le Conseil d'État a souvent statué sur de pareils recours ; il a expressément affirmé leur recevabilité, par deux arrêts du 27 mars 1856 (*de Pommereu* ; *Camusat-Busserolles*), rendus malgré les conclusions contraires du ministre de l'intérieur. Il a admis que l'annulation de la déclaration d'utilité publique ou de l'arrêté de cessibilité peut être prononcée, soit pour incompétence, soit pour vice de forme, soit même pour violation de la loi ([2]).

Toutefois, la compétence du Conseil d'État comme juge des excès de pouvoir comporte ici deux réserves. En premier lieu, le recours ne serait pas recevable si la déclaration d'utilité publique était prononcée sous forme de loi, parce que le Parlement, même quand il fait des actes d'administration, ne relève pas de la juridiction administrative. En second lieu, un recours recevable *ab initio* cesserait de l'être, si l'expropriation était consommée et si, par suite, la déclaration d'utilité publique et l'arrêté de cessibilité avaient acquis, en vertu d'une décision judiciaire, un caractère

1. Civ., 12 novembre 1873, *Esquirol*.
2. Cf. Conseil d'État, 19 avril 1859, *Marsais* ; — 31 mars 1882, *Chastenet*.

définitif qui ne saurait être remis en question par aucune décision de la juridiction administrative ([1]).

Expropriation indirecte. — La compétence qui appartient à l'autorité judiciaire pour le règlement des indemnités d'expropriation lui est également reconnue par la loi et par la jurisprudence, lorsque des actes administratifs ont pour résultat indirect de déposséder un propriétaire au profit de l'administration.

Parmi les actes administratifs qui peuvent produire exceptionnellement cet effet, on peut citer : les décisions des commissions départementales (autrefois des préfets) qui fixent la largeur d'un chemin vicinal, et qui, d'après l'article 15 de la loi du 21 mai 1836, attribuent définitivement au chemin le sol compris dans les limites qu'elles déterminent ; le droit des propriétaires riverains se résout alors en une indemnité qui est réglée, après expertise, par le juge de paix du canton ; — les plans généraux d'alignements, qui obligent les propriétaires des immeubles en saillie à céder à la voie publique, moyennant une indemnité fixée par le tribunal, les terrains non bâtis compris dans les limites que ces plans ont tracées.

En dehors de ces cas de dépossession administrative, prévus par des dispositions spéciales de la loi, la jurisprudence en a admis plusieurs autres, notamment dans la matière des occupations temporaires et dans celle des délimitations du domaine public.

L'occupation de propriétés privées pour l'établissement de chantiers de travaux publics, ou pour l'extraction de matériaux nécessaires à l'exécution des ouvrages, n'entraîne par elle-même aucune translation de propriété ; les anciens règlements de voirie et les lois plus modernes qui ont autorisé cette occupation ([2]) prévoient qu'elle sera temporaire, et c'est à raison de la gêne purement passagère qu'elle est présumée produire, qu'elle peut être ordonnée par des arrêtés administratifs. Mais il peut arriver que l'occupation temporaire se transforme en occupation définitive, soit qu'elle

---

1. Conseil d'État, 26 décembre 1873, *Garret ;* — 13 février 1874, *André et Champetier ;* — 11 février 1876, *Chemin de fer de Lyon.*

2. Arrêts du Conseil des 7 septembre 1755 et 20 mars 1780 ; — Code civil, art. 650 ; — Loi du 16 septembre 1807, art. 55 et 56 ; — Loi du 21 mai 1836, art. 17 ; — Loi du 15 juillet 1845, art. 8 ; — Décret du 8 février 1868 ; — Loi du 29 décembre 1892. — Voy. t. II, livre V, chap. II.

aboutisse à une expropriation directe dont elle aura devancé la date, soit que des faits nouveaux et non prévus des parties aient transformé après coup le caractère de l'occupation. Dans ces différents cas, le propriétaire aura droit à une indemnité définitive pour dépossession de sa propriété, et non à de simples indemnités périodiques pour dommages et privation de jouissance ; en même temps, le règlement de l'indemnité cessera d'appartenir à la juridiction administrative et sera transféré à l'autorité judiciaire ([1]).

La jurisprudence a également assimilé à une expropriation déguisée, relevant de l'autorité judiciaire : l'interdiction permanente d'exploiter une mine située sous la voie ferrée, et dont les galeries auraient pu compromettre la solidité et la sécurité des ouvrages ([2]) ; le dérasement de la partie supérieure d'une maison et l'interdiction faite à un propriétaire d'en relever le niveau, afin de faciliter la manœuvre d'un pont tournant dont le tablier pouvait, dans certains cas, pivoter au-dessus de cette maison ([3]).

Dans ces deux cas, il n'y avait pas seulement une privation définitive de jouissance, il y avait aussi une sorte de prise de possession des espaces interdits, devenus une dépendance de l'ouvrage public. C'est sur cette considération que le Tribunal des conflits et le Conseil d'État se sont fondés pour reconnaître la compétence judiciaire dans ces différentes espèces. Mais, s'il n'y avait qu'une privation permanente de jouissance sans appropriation par l'admi-

---

1. Conseil d'État, 11 février 1876, *Chemin de fer du Nord ;* — 14 juillet 1876, *Espitalier.* — Cf. Loi du 29 décembre 1892 sur les occupations temporaires, art. 9.

2. Tribunal des conflits, 5 mai 1877, *Houillères de Saint-Étienne.* Dans cette affaire, non seulement la durée de l'interdiction était illimitée, mais encore elle avait pour effet d'annexer au sol de la voie ferrée et d'une gare le sol de la mine qui en devenait en quelque sorte la fondation. La solution serait différente s'il s'agissait d'une simple interdiction d'exploiter dans le voisinage des chemins de fer. Dans ce cas, il n'y aurait qu'un dommage relevant des conseils de préfecture en vertu de la loi de pluviôse an VIII (Conseil d'État, 11 mars 1861, *Chemin de fer de Lyon ;* Tribunal des conflits, 2 mai 1884, *Coste et Clavel*). Cette dernière décision relève la double circonstance qu'il n'est pas certain que l'exploitation de la zone interdite ne pourra jamais être autorisée sans compromettre la sécurité des ouvrages, et que, le jour où il serait permis de l'exploiter, ce serait au profit et pour le compte du concessionnaire.

La même jurisprudence est applicable aux carrières. (Voy. Conseil d'État, 16 février 1878, *Chemin de fer de Lyon ;* — 18 mars 1881, *Ministre des travaux publics ;* — 8 juin 1881, *Chemin de fer du Nord.*)

3. Conseil d'État, 29 décembre 1860 et 9 février 1865, *Letessier.*

nistration, il y aurait dommage permanent et non expropriation indirecte ; l'expropriation suppose, en effet, que l'administration a acquis ce que le propriétaire a perdu. Or, la jurisprudence est depuis longtemps fixée en ce sens que les dommages permanents causés par les travaux publics relèvent, comme les dommages temporaires, de la compétence des conseils de préfecture (¹).

En conséquence, il a été jugé qu'on ne doit pas considérer comme une expropriation indirecte, entraînant la compétence judiciaire, l'érosion des berges d'une propriété riveraine par les eaux d'un fleuve, à la suite de travaux publics ayant changé le régime des courants, ni l'invasion par des eaux courantes ou stagnantes de terrains excavés par des extractions de matériaux. Dans ces deux cas, il n'y a pas une prise de possession par l'administration, il n'y a qu'un dommage permanent relevant de la juridiction administrative (²).

Du cas où une délimitation du domaine public naturel empiète sur la propriété privée. — L'expropriation indirecte et la compétence judiciaire peuvent-elles résulter d'une délimitation inexacte du domaine public naturel opérée par l'autorité administrative ? Cette question a longtemps divisé la doctrine et la jurisprudence.

Les actes administratifs à l'occasion desquels elle peut se poser sont les décrets du chef de l'État qui déterminent les limites des rivages de la mer, et les arrêtés préfectoraux qui fixent celles des cours d'eau navigables (³). Ces actes, qui ont pour but de séparer le

---

1. Il y a eu pendant longtemps un dissentiment sur ce point entre le Conseil d'État et la Cour de cassation. Celle-ci revendiquait la compétence judiciaire lorsque le dommage était permanent ; elle l'assimilait alors à une expropriation partielle ; le Conseil d'État, au contraire, admettait la compétence du conseil de préfecture, aussi bien pour le dommage permanent que pour le dommage temporaire. Le Tribunal des conflits de 1850 s'est rangé à l'opinion du Conseil d'État (29 mars 1850, *Thomassin* ; 30 avril 1850, *Mallez*, etc.), et la Cour de cassation s'est ralliée à son tour à cette jurisprudence par un arrêt du 29 mars 1852. — Voy. t. II, livre V, chap. II.

2, Tribunal des conflits, 23 décembre 1850, *Martin* ; — Conseil d'État, 4 juillet 1872, *Cassau.*

On doit cependant réserver le cas où les terrains envahis par les eaux seraient, en fait, incorporés au lit du fleuve. Si cette incorporation était le résultat de travaux publics, on pourrait admettre qu'il y a eu expropriation indirecte au profit du domaine public fluvial. — Voir ci-après la question relative aux délimitations administratives du lit des fleuves et du rivage de la mer.

3. La délimitation des rivages de la mer est prévue par le décret-loi du 21 fé-

domaine public des propriétés privées qui lui confinent, peuvent avoir pour effet, s'ils fixent des limites inexactes, de comprendre dans le lit des fleuves ou dans les rivages de la mer des terrains susceptibles de propriété privée et d'en enlever la disposition aux riverains.

Nous avons vu plus haut que le même résultat peut se produire quand des voies publiques sont élargies par un plan général d'alignement ; il appartient alors à l'autorité judiciaire de régler l'indemnité due aux propriétaires riverains. Mais il est à remarquer que les pouvoirs de l'administration ne sont pas les mêmes dans les deux cas : à l'égard des voies de communication qui font partie du domaine public *artificiel,* telles que les routes, les rues, les chemins vicinaux, l'administration qui crée ce domaine peut en modifier les limites ; à l'égard des choses du domaine public *naturel,* telles que la mer et les fleuves, elle ne peut que constater les limites que la nature a dessinées, parce qu'elle n'a sur ce domaine que des droits de conservation et de police, destinés à le protéger et non à l'étendre. L'absorption d'une propriété privée par le domaine public naturel ne peut donc pas légalement résulter d'une délimitation ; les décrets ou les arrêtés qui fixent les limites de la mer ou des fleuves ne peuvent jamais réaliser, en droit, une expropriation indirecte ; s'ils la réalisent en fait, ils excèdent les pouvoirs de conservation qui appartiennent à l'administration et sont, par suite, annulables pour excès de pouvoir.

Pendant longtemps cependant, et jusque vers 1860, la jurisprudence du Conseil d'État a déclaré non recevables les recours formés contre les actes de délimitation, lorsque ces recours relevaient d'autres griefs que l'incompétence ou le vice de formes, et qu'ils critiquaient la délimitation même comme non conforme à l'état naturel des lieux. Le Conseil d'État décidait que la délimitation constitue un acte de pure administration non susceptible de lui être déféré par la voie contentieuse ([1]). Il était cependant impossible de laisser sans juges les réclamations de riverains qui se préten-

---

vrier 1852 ; celle des cours d'eau navigables par la loi du 22 décembre 1789, section II, art. 2-6°.

1. Conseil d'État, 4 avril 1845, *Balias de Soubran ;* — 31 mars 1847, *même partie ;* — 20 avril 1854, *Ville de Nogent-sur-Seine.*

daient atteints dans leur propriété par des délimitations abusives ; aussi l'autorité judiciaire, par une jurisprudence dont on ne peut contester l'équité, se reconnaissait le droit d'apprécier ces réclamations. Elle ne s'attribuait point le pouvoir d'annuler ou de modifier l'acte de délimitation, ni d'ordonner la restitution des terrains englobés dans le domaine public, mais elle décidait qu'une délimitation empiétant sur la propriété privée avait pour effet de l'exproprier indirectement, de la réunir au domaine public fluvial ou maritime et de résoudre le droit de riverain en un droit à indemnité ([1]).

Cette jurisprudence atténuait, pour la propriété privée, les effets des délimitations abusives, mais elle était périlleuse à d'autres points de vue. Elle consacrait, en faveur de l'administration, un droit d'expropriation indirecte qu'aucune loi ne lui a donné ; elle l'autorisait à attribuer aux cours d'eau navigables un lit artificiel que plusieurs arrêts appelaient le « lit administratif » par opposition au lit naturel. L'administration pouvait ainsi se croire encouragée par la jurisprudence des tribunaux judiciaires à étendre les rivages de la mer et le lit des fleuves, comme les routes et les chemins, au moyen de simples décisions administratives. Plus d'une fois elle céda à cette tentation, afin d'accroître l'espace dont elle disposait pour des travaux publics, et cela sans déclaration d'utilité publique, sans expropriation, moyennant de simples allocations d'indemnités réglées à l'amiable ou par les tribunaux.

Le Conseil d'État reconnut la nécessité de réagir, dans l'intérêt commun de la bonne administration et de la propriété. Il renonça à opposer une fin de non-recevoir aux recours formés contre les délimitations abusives. Il admit que l'excès de pouvoir pouvait résulter d'une extension du domaine public naturel aux dépens de la propriété privée ; il permit qu'on discutât devant lui leurs limites respectives ; il se reconnut à lui-même le droit de les vérifier au moyen d'expertises et de visites de lieux, et il n'hésita plus à annuler les délimitations qui avaient méconnu l'état naturel des choses. De nombreuses décisions furent rendues en ce sens de 1860 à

---

1. Cass., 23 mai 1849, *Combalot ;* — 20 mai 1862, *Perrachon ;* — 21 mai 1865, *Hédouville ;* — 14 mai 1866, *Aurousseau ;* — Tribunal des conflits, 20 mai 1850, *Fixe.*

1870 ([1]) et dénièrent formellement à l'administration le pouvoir que lui attribuait la jurisprudence judiciaire d'étendre le domaine public naturel par voie de délimitation.

La doctrine ainsi affirmée par le Conseil d'État, statuant comme juge administratif, ne pouvait pas rester sans influence sur sa doctrine comme juge des conflits. En refusant à l'administration le droit d'expropriation indirecte, il détruisait la fiction juridique que les cours d'appel et la Cour de cassation semblaient avoir adoptée comme base unique de leur compétence. D'un autre côté, en annulant les délimitations abusives, il obligeait l'administration à restituer aux riverains les terrains qu'elle avait indûment incorporés au domaine public ; il assurait ainsi au droit de propriété une protection plus complète encore que celle qu'il pouvait attendre des tribunaux, puisqu'il faisait opérer la restitution en nature au lieu d'un simple paiement d'indemnité. Il semblait dès lors qu'il n'y avait plus de raison pour que l'autorité judiciaire appréciât et critiquât, contrairement au principe de la séparation des pouvoirs, les décrets ou les arrêtés de délimitation qui sont de véritables actes de la puissance publique et non de simples actes de gestion.

Cette conclusion fut plus d'une fois formulée et discutée, soit par les commissaires du Gouvernement devant le Conseil d'État, soit dans d'intéressantes polémiques juridiques, avant d'être nettement adoptée par des décisions sur conflit ([2]).

Elle fut enfin consacrée, dans les termes les plus formels, par deux décrets sur conflit en date du 7 mai 1871 (*Jabouin*) et du 13 mars 1872 (*Patron*). On lit dans cette dernière décision : « Le droit qui appartient à l'administration de délimiter les cours d'eau navigables ne donne aux préfets d'autre pouvoir que celui de reconnaître et déclarer la ligne séparative du domaine public et de la propriété privée ; il s'ensuit que les limites fixées par l'administration doivent se confondre avec les limites naturelles du cours

---

1. Conseil d'État, 23 mai 1861, *Coquard ;* — 27 mai 1863, *Drillet de Lanigou ;* — 13 décembre 1866, *Coicaud ;* — 9 janvier 1868, *Archambault ;* — 21 juillet 1870, *Bertrand-Lemaire* et *Ville de Châlons.*

2. Ces polémiques eurent lieu dans la *Revue critique de législation et de jurisprudence* entre MM. Aucoc, Christophle, Serrigny et Batbie, en 1867, 1869 et 1870.

Voy. *Revue critique,* t. xxxii, p. 385 ; — t. xxxiv, p. 121 et 356 ; — t. xxxv, p. 101 et 297.

d'eau, et qu'aucune parcelle de terrain située en dehors desdites limites naturelles ne saurait, même sous la réserve d'une indemnité, être comprise par voie de délimitation administrative dans le lit du cours d'eau, sans qu'il en résultât un excès de pouvoir ouvrant aux intéressés le recours autorisé par la loi ; ainsi, les dispositions qui consacrent et qui circonscrivent tout à la fois le droit de l'administration, excluent, pour les tribunaux civils, tout pouvoir de reviser la délimitation administrative, aussi bien au point de vue d'une indemnité à accorder aux riverains, qu'au point de vue de la possession des terrains, et par suite la compétence que supposerait un tel pouvoir ([1]). »

Il devenait difficile à l'autorité judiciaire de persister dans la doctrine de l'expropriation indirecte, successivement battue en brèche sur le terrain de l'excès de pouvoir et sur celui du conflit. La Cour de cassation le comprit ; elle renonça à prendre pour base de ses décisions le droit, qu'elle attribuait naguère à l'administration, d'incorporer au domaine public des terrains qui n'en étaient pas une dépendance naturelle. Mais, tout en acceptant sur ce point la doctrine du Conseil d'État, elle n'en accepta pas les conséquences au point de vue des compétences. Par un arrêt du 6 novembre 1872 (*Ouizille*), elle affirma de nouveau le droit des tribunaux de rechercher si la délimitation administrative avait ou non respecté les limites de la propriété privée et d'allouer, le cas échéant, une indemnité de dépossession :

« S'il appartient aux préfets, disait la Cour de cassation, dans cet arrêt du 6 novembre 1872, de fixer les limites d'un fleuve et de déterminer les terrains qui, compris entre les deux rives ainsi définies, sont des dépendances du domaine public, les tribunaux civils n'en sont pas moins compétents pour connaître des questions de propriété ou de possession annale, que les propriétaires riverains

---

1. A la suite de cette décision une nouvelle polémique eut lieu, dans la *Revue critique de législation et de jurisprudence*, entre M. Reverchon et nous (année 1872, *nouvelle série*, t. I, p. 275 et 353). Nous prîmes alors entièrement parti pour la doctrine des décisions sur conflit de 1871 et de 1872, sans faire les réserves qui nous ont été inspirées depuis par la jurisprudence du Tribunal des conflits rapportée ci-après, et par une nouvelle étude de la question. Les conclusions auxquelles nous arrivons aujourd'hui sont moins absolues que celles que nous avions formulées, en 1872, dans la *Revue critique* et dans nos conclusions sur le conflit *Patron*.

peuvent soulever, à l'occasion des terrains d'alluvion dont ils prétendent avoir acquis la propriété ou la possession, en vertu des
articles 556 et 557 du Code civil. Toutefois, au lieu d'ordonner le
délaissement immédiat des terrains dont ces propriétaires auraient
été dépossédés et de s'opposer ainsi à l'exécution de cet acte administratif, les tribunaux civils *doivent se borner à reconnaître et déclarer*
le droit de propriété réclamé par les propriétaires riverains, sauf à
eux à invoquer ultérieurement le bénéfice de cette décision, soit
à l'effet de demander à l'autorité administrative l'annulation de
l'arrêté de délimitation, soit à l'effet de demander à l'autorité
judiciaire une indemnité d'expropriation si cet arrêté est maintenu. »

Le choses étaient en cet état lorsque le Tribunal des conflits fut
à son tour saisi de la question. Il se prononça par deux décisions
en date du 11 janvier 1873 (*Paris-Labrosse*) et du 1er mars 1873
(*Guillié*). Ces décisions consacrèrent de nouveau la doctrine du
Conseil d'État sur la nature et l'étendue des pouvoirs de l'administration en matière de délimitation, sur l'illégalité des actes administratifs qui étendent le domaine public aux dépens de la propriété
privée, sur la compétence exclusive du Conseil d'État quand la
partie lésée veut faire mettre à néant la délimitation abusive et
recouvrer sa propriété. Mais en même temps, le Tribunal des conflits décida que la compétence administrative sur la validité de
l'acte n'excluait pas la compétence judiciaire sur l'atteinte portée à
la propriété. Il confirma ainsi l'alternative offerte au propriétaire
par l'arrêt de la Cour de cassation de 1872, entre la restitution en
nature, qui ne peut résulter que de l'annulation de l'arrêté par le
Conseil d'État, et l'indemnité de dépossession qui peut résulter
d'une décision des tribunaux. « Les actes de délimitation, portent
les deux décisions sur conflit de 1873 (¹), sont des actes d'administration à l'occasion desquels l'autorité administrative ne peut ni
se constituer juge des droits de propriété qui appartiendraient aux
riverains, ni s'attribuer le pouvoir d'incorporer au domaine public,

---

1. La rédaction des deux décisions est la même sur les points de doctrine. Elles
ont été adoptées, la première au rapport de M. Mercier, alors président de la chambre
civile, et depuis premier président de la Cour de cassation ; la seconde au rapport de
M. Aucoc, alors président de section au Conseil d'État.

sans remplir les formalités exigées par la loi du 3 mai 1841, les terrains dont l'occupation lui semblerait utile aux besoins de la navigation. En ce qui concerne la détermination des limites de la mer, l'article 2 du décret du 21 février 1852 dispose expressément qu'elle est faite par l'autorité supérieure tous droits des tiers réservés ; c'est là une application du principe de la séparation des pouvoirs, et la même règle doit être suivie lorsqu'il s'agit des limites des fleuves ou des rivières navigables. Cette réserve des droits des tiers est générale et absolue, elle s'étend aux droits fondés sur une possession constante ou sur des titres privés, comme à ceux qui reposeraient sur des aliénations ou sur des concessions émanées de l'administration, et elle doit être maintenue et appliquée même alors que l'autorité administrative prétendrait déterminer non seulement les limites actuelles, mais encore les limites anciennes de la mer ou des fleuves.

« Il résulte des principes ci-dessus posés que les tiers dont les droits sont réservés peuvent se pourvoir, soit devant l'autorité administrative pour faire rectifier la délimitation, soit devant le Conseil d'État à l'effet d'obtenir l'annulation pour cause d'excès de pouvoir des arrêtés de délimitation qui porteraient atteinte à leurs droits ; ils ne peuvent en aucun cas s'adresser aux tribunaux de l'ordre judiciaire, pour faire rectifier ou annuler les actes de délimitation du domaine public et se faire remettre en possession des terrains dont ils se prétendent propriétaires.

« Mais il appartient à l'autorité judiciaire, lorsqu'elle est saisie d'une demande en indemnité formée par un particulier qui soutient que sa propriété a été englobée dans le domaine public par une délimitation inexacte, de reconnaître le droit de propriété invoqué devant elle, de vérifier si le terrain litigieux a cessé, par le mouvement naturel des eaux, d'être susceptible de propriété privée, et de régler, s'il y a lieu, une indemnité de dépossession dans le cas où l'administration maintiendrait une délimitation contraire à sa décision. »

Tel est le dernier état de cette jurisprudence, dont nous avons cru devoir rappeler les différentes phases, parce qu'elle touche à l'une des questions les plus délicates auxquelles puisse donner lieu le principe de la séparation des pouvoirs, lorsqu'on se trouve en présence de questions de propriété. Bien que les décisions du Tribunal des conflits n'aient pas éteint toute dissidence dans la doctrine ([1]), on peut les considérer comme ayant fixé la jurisprudence, et comme l'ayant fixée conformément aux véritables règles sur l'indépendance respective des autorités administrative et judiciaire.

En ce qui nous concerne, la doctrine que nous avons exposée plus haut sur la réciprocité du principe de la séparation des pouvoirs, sur l'indépendance respective des autorités administrative et judiciaire dans les questions qui ressortissent à la fois à l'une et à l'autre, nous paraît de nature à dissiper les doutes qu'on peut tout d'abord éprouver sur la compétence de l'autorité judiciaire comme juge du droit à indemnité.

En effet, chaque compétence a ici son domaine propre. Il est bien certain que les délimitations du domaine public sont des actes administratifs, de véritables actes de puissance publique qui échappent à la censure des tribunaux. Mais ils ne lui échappent que dans la mesure où la puissance publique est réellement appelée à s'exercer. Or, les pouvoirs de l'administration consistent uniquement à tracer les limites du domaine public, sans s'occuper de ce qui est au delà. La délimitation de la propriété privée n'est point dans les pouvoirs de l'administration, quand même cette propriété confine au domaine public, et cela parce que l'administration est sans qualité pour constater juridiquement l'existence et la consistance d'une propriété privée. C'est là une mission exclusivement réservée à l'autorité judiciaire, chargée de reconnaître les droits de propriété et l'étendue des biens sur lesquels ils s'exercent.

C'est par application de ce principe que les auteurs du Code ont placé dans le domaine du droit civil, et par suite du juge civil, la propriété des alluvions et des relais qui se forment sur les rives d'un cours d'eau, « soit qu'il s'agisse d'un fleuve ou d'une rivière navigable, flottable ou non ([2]) », ainsi que la propriété des îles

---

1. La jurisprudence du Tribunal des conflits a été critiquée par M. Ducrocq (*Cours de droit administratif*, 6ᵉ édit., t. II, p. 151) et par M. Schlemmer, ingénieur en chef des ponts et chaussées, dans une étude très complète de la question publiée dans le tome VIII des *Annales des ponts et chaussées* (année 1874).

2. Code civil, art. 556 ; Cf., art. 557.

qui se forment, non par atterrissement, mais par l'irruption d'un nouveau bras au travers d'une propriété privée, « encore que l'île se soit formée dans un fleuve ou dans une rivière navigable ou flottable (¹) ». Nul doute que l'administration n'ait le droit de délimiter le fleuve aux points où se sont formées ces alluvions ou ces îles ; mais quel pouvoir resterait aux tribunaux pour l'application des articles 556, 557 et 562 du Code civil, si la délimitation venait à comprendre dans le lit du fleuve tout ou partie de ces terrains, et si le riverain n'avait d'autre action que le recours au Conseil d'État ? Ce serait, en réalité, ce tribunal administratif qui serait chargé d'appliquer la loi civile au riverain et de rechercher si son droit de propriété existe ou n'existe pas.

A l'objection d'incompétence qui surgit ici d'elle-même s'en ajoute une autre non moins grave. En effet, le recours au Conseil d'État contre un acte administratif argué d'excès de pouvoir n'est recevable que pendant trois mois ; il en résulte que les propriétés dont il s'agit pourraient être définitivement incorporées au domaine public à l'expiration de ce délai et que, dans tous les cas de délimitation administrative, les propriétés riveraines du domaine public pourraient être perdues pour leurs propriétaires par l'effet d'une prescription trimestrielle au lieu d'une prescription trentenaire.

On ne peut refuser non plus une sérieuse portée juridique à l'argument que le Tribunal des conflits a tiré de la « réserve du droit des tiers » insérée dans le décret du 21 février 1852 sur la délimitation de la mer, réserve qui s'applique également, tout le monde le reconnaît, à la délimitation des fleuves. Cette réserve veut dire que l'acte administratif de délimitation ne fait pas obstacle aux droits que les tiers pourraient tenir de leurs titres : non seulement de ces titres exceptionnels qui ont pu être conférés sur le domaine public, soit par des concessions antérieures à 1566, soit par des ventes nationales, mais encore de tous les titres de droit privé dont l'appréciation appartient à l'autorité judiciaire.

En résumé, il nous paraît y avoir une notable différence entre la délimitation du domaine public et un véritable bornage : le bornage

---

1. Code civil, art. 562.

est une opération bilatérale, commune aux deux fonds bornés, et qui s'impose également à l'un et à l'autre ; la délimitation est une opération unilatérale qui ne vise et ne peut viser que le domaine public sans s'imposer à la propriété privée. Celle-ci a droit, elle aussi, à sa délimitation propre ; elle peut la demander au juge de la propriété, comme le domaine public demande la sienne à l'autorité administrative. Deux pouvoirs indépendants l'un de l'autre sont ainsi appelés à tracer une double limite, qui doit se confondre en une seule pour que toute contestation soit évitée. Mais, comme il n'y a point d'autorité qui puisse mettre ces pouvoirs d'accord lorsqu'ils diffèrent, il faut bien accepter, comme un résultat possible de ce parallélisme de juridictions, l'éventualité d'un défaut de concordance entre les limites adoptées de part et d'autre. Lorsque ce désaccord se produit, le seul moyen de tenir la balance égale entre les deux pouvoirs et de respecter leur mutuelle indépendance, c'est de laisser à l'un le droit de tracer et de rectifier la délimitation du domaine public, à l'autre le droit de vérifier les limites de la propriété privée et de compenser en argent les emprises qui auraient été faites sur elle. Plus nous y réfléchissons, plus nous en venons à reconnaître, avec le Tribunal des conflits, qu'il n'y a point d'autre moyen de concilier les deux compétences.

II. — DES VENTES ET AUTRES MUTATIONS VOLONTAIRES DE PROPRIÉTÉ.

Compétence de l'autorité judiciaire. — Les mutations de propriété, autres que les mutations forcées qui ont fait l'objet du paragraphe précédent, relèvent aussi, en principe, de la compétence judiciaire. Toutefois, cette règle ne s'applique pas : 1° aux aliénations de biens de l'État effectuées au moyen de *ventes nationales* et, d'après la jurisprudence qui a prévalu, aux ventes domaniales en général ; — 2° aux aliénations de biens de l'État résultant des *concessions* administratives dont il sera ci-après parlé (chapitre V) ; — 3° aux acquisitions de choses mobilières, matériaux ou fournitures, faites par l'État, en vertu de marchés de travaux publics ou de fournitures ; — 4° aux acquisitions gratuites d'immeubles faites par l'État ou par les autres administrations publiques, en vertu d'offres de concours assimilées à des marchés de travaux publics.

En dehors de ces exceptions, la compétence judiciaire s'exerce sans partage sur les actes translatifs de propriétés mobilières ou immobilières, intéressant l'État ou les administrations locales, comme sur les actes de même nature intéressant les particuliers.

Cette compétence n'est point modifiée par la forme administrative que l'acte peut revêtir, parce que les compétences se règlent d'après la nature des actes et non d'après leurs formes.

Peu importe donc qu'une vente ait été faite de gré à gré ou par adjudication publique, qu'elle ait été passée devant un notaire ou devant un fonctionnaire administratif ayant qualité pour y procéder. L'article 56 de la loi du 3 mai 1841 sur l'expropriation prévoit expressément que « les contrats de vente, quittances et autres actes relatifs à l'acquisition des terrains peuvent être passés dans la forme des actes administratifs ». La loi municipale du 5 avril 1884, qui reproduit sur ce point les règles antérieurement en vigueur, charge le maire de procéder, avec l'assistance de deux membres du conseil municipal, aux adjudications faites pour le compte de la commune (art. 89) et de passer en la forme administrative les actes de vente, d'acquisition, d'échange et de partage des biens communaux (art. 90).

L'administration exerce donc pour elle-même l'office de notaire, mais les actes d'aliénation et d'acquisition qu'il lui appartient de dresser ne deviennent pas pour cela des actes administratifs soumis au principe de la séparation des pouvoirs, ils conservent le caractère de contrats de droit commun, d'actes translatifs de propriété et ils relèvent à ce double point de vue de la compétence judiciaire.

Cette compétence n'est pas non plus modifiée par les décisions administratives portant approbation des actes d'acquisition ou d'aliénation qui intéressent les administrations publiques. Ces décisions ne sont que des actes de tutelle qui ne communiquent point un caractère administratif aux contrats dont ils assurent la validité ([1]). A la vérité, les contestations auxquelles donnerait lieu l'interprétation de ces décisions ou l'appréciation de leur légalité ressortiraient, comme nous l'avons vu, à la juridiction administrative ; mais les questions préjudicielles qui pourraient s'élever à leur occasion n'empêcheraient pas que le contrat lui-même, la mutation de propriété qu'il a eu pour but de réaliser, et toutes les clauses qui s'y rattachent, ne fussent exclusivement du ressort des tribunaux.

On s'est demandé si l'on pouvait détacher du contentieux des adjudications de biens communaux, sous forme de question préjudicielle, les difficultés qui peuvent s'élever sur les opérations préparatoires de l'adjudication. Aux termes de l'article 89, § 2, de la loi du 5 avril 1884, ces difficultés « sont résolues séance tenante « par le maire et les deux assesseurs à la majorité des voix, sauf le « recours de droit ». Sous l'empire de la loi du 18 juillet 1837 (art. 16, § 3), qui contenait la même disposition, il a été jugé que l'autorité judiciaire est incompétente pour statuer sur ces réclamations ([2]).

Nous admettons volontiers que le recours prévu par ces textes n'est pas un recours aux tribunaux ; par suite, les difficultés dont il s'agit doivent être renvoyées à la juridiction administrative, sans qu'il y ait à distinguer si elles se présentent sous forme de recours principal ou de question incidente et préjudicielle. Mais ces formalités de l'adjudication, de même que les actes de tutelle, ne se confondent pas avec le contrat lui-même, avec l'acte translatif de propriété. Le contentieux de cet acte reste, dans tous les cas, dévolu aux tribunaux.

Ventes nationales et domaniales. — La règle de compétence étant ainsi posée, étudions l'importante exception qu'elle comporte, en ce qui touche le contentieux des domaines nationaux, attribué aux conseils de préfecture par la loi du 28 pluviôse an VIII.

Remarquons d'abord qu'en cette matière la compétence n'a pas été créée par cette loi ; elle avait existé pendant toute la période révolutionnaire : la loi de l'an VIII s'est bornée à transférer aux

1. Conseil d'État, 27 mars 1885, *Hutel*, et jurisprudence constante.
2. Conseil d'État (sur conflit) 21 janvier 1847, *Doumas*.

conseils de préfecture la juridiction qui avait appartenu antérieurement à d'autres autorités administratives.

Remarquons aussi que l'expression « contentieux des domaines nationaux » est beaucoup trop large, et qu'elle ne doit s'entendre que du « contentieux des *ventes* de biens nationaux ». Jamais, en effet, la législation antérieure ou postérieure à l'an VIII n'a exclu de la compétence judiciaire toutes les réclamations contentieuses dirigées contre le domaine de l'État. Loin de là, les lois des 28 octobre-5 novembre 1790 et des 15-27 mars 1791 ont attribué aux tribunaux la plupart des affaires domaniales qui étaient autrefois réservées aux chambres des comptes et à d'autres juridictions spéciales. D'un autre côté, la disposition générale de la loi des 16-24 août 1790 (titre IV, art. 4) qui donnait compétence aux tribunaux sur « les actions personnelles, réelles ou mixtes, en toutes matières », excepté celles réservées par la loi, a été reconnue applicable à tous les litiges soulevant des questions de propriété entre l'État et les citoyens. Le Directoire a lui-même affirmé cette doctrine par un arrêté du 2 nivôse an VI, inséré au *Bulletin des lois* (¹).

Tout autre était la législation des *Ventes nationales*. De grands intérêts d'ordre politique et financier s'y rattachaient. La République voulait donner des garanties exceptionnelles aux acquéreurs de ses biens, tant pour soutenir la valeur des assignats dont ils étaient le gage, que pour favoriser la diffusion des propriétés provenant de l'ancien domaine, ou des biens du clergé et des émigrés. De là, le régime exceptionnel de ces ventes, où l'État n'agissait pas seulement comme propriétaire, mais comme puissance publique conférant aux acquéreurs, en vertu de sa souveraineté, des droits qui n'auraient jamais pu naître d'un contrat de vente de droit civil.

---

1. Par cet arrêté, le Directoire approuvait un rapport du ministre de la justice contenant les propositions suivantes : « La garantie des propriétés particulières, dont les tribunaux sont de droit les conservateurs, est fondée sur des principes sacrés et elle se rattache à cette idée fondamentale que les propriétés des citoyens ne sont pas moins inviolables que celles de la nation. Toutes les fois qu'il y a litige sur le domaine, la nation elle-même se dépouille, par une admirable fiction, de sa souveraineté, et se présente par ses agents vis-à-vis des tribunaux impassibles, devant lesquels elle discute ses droits, et se soumet d'avance aux mêmes condamnations que celles qu'un simple particulier pourrait subir. »

En effet, les ventes nationales purgeaient les droits réels antérieurs, mettaient l'acquéreur à l'abri de toute revendication, même
si l'État lui avait vendu la chose d'autrui ('). L'État couvrait son
acquéreur ; il déclarait par des textes constitutionnels que le Trésor indemniserait le propriétaire évincé, mais que celui-ci ne pourrait dans aucun cas inquiéter le nouveau possesseur. La Constitution de l'an III (art. 374) et celle de l'an VIII (art. 94) disposaient :
« La nation française déclare qu'après une vente légalement con-
« sommée de biens nationaux, quelle qu'en soit l'origine, l'acqué-
« reur légitime ne peut en être dépossédé, sauf aux tiers réclamant
« à être, s'il y a lieu, indemnisés par le Trésor public. »

Bien plus, si des portions du domaine public inaliénable et
imprescriptible, telles que des rivages de la mer ou des forces
motrices empruntées à des cours d'eau navigables, se trouvaient
comprises dans les biens vendus, le principe de l'inaliénabilité
fléchissait devant le principe absolu de l'irrévocabilité des ventes
nationales, et l'acquéreur conservait ses droits sur les choses du
domaine public.

Il est donc vrai de dire que les ventes nationales, telles qu'elles
se pratiquaient sous la Révolution, constituaient de véritables actes
de puissance publique ; c'est à ce titre qu'elles échappaient à la
compétence des tribunaux judiciaires, et que l'administration revendiquait le pouvoir de prononcer soit entre l'État et l'acquéreur,
soit entre l'acquéreur et les tiers (²). Avant l'an VIII, toutes ces
contestations étaient soumises aux administrations centrales des
départements, sauf recours au ministre des finances et au Directoire (³). En vertu de la loi de pluviôse an VIII, elles furent défé-

---

1. Contrairement au principe de droit civil d'après lequel « la vente de la chose
d'autrui est nulle » (art. 1599, C. civ.).

2. Il est si vrai que la compétence administrative résultait, non de la domanialité,
mais de la vente, que les tribunaux ont toujours été reconnus compétents pour
juger les actions en revendication et autres réclamations dirigées contre l'État tant
que les biens n'étaient pas vendus. Voir arrêté du 2 nivôse an VI. — Conseil d'État,
29 avril 1809, *Serin ;* — 28 septembre 1813, *Veckbeker ;* — Cf. Serrigny, *Compétence
administrative,* t. II, p. 503.

3. Le Directoire n'hésitait pas à annuler par la voie du conflit les jugements des
tribunaux qui s'immisçaient dans les questions de ventes nationales. On lit dans des
arrêtés sur conflit en date des 12 frimaire et 4 nivôse an VI (rapportés par M. de
Cormenin) : « que l'effet des ventes nationales ne saurait être modifié, suspendu ou
annulé que par l'autorité administrative, que l'entreprise des juges tend à établir

rées au conseil de préfecture ; ce sont elles que vise l'article 4 de cette loi, lorsqu'il parle du « contentieux des domaines nationaux ».

Sous la Restauration, cette compétence fut modifiée partiellement. La charte de 1814 n'ayant pas reproduit les dispositions exceptionnelles des Constitutions de l'an III et de l'an VIII, qui transformaient en actions en indemnités contre l'État les réclamations élevées par des tiers contre les acquéreurs de domaines nationaux, on en conclut que ces réclamations faisaient retour aux tribunaux et que la juridiction administrative ne restait compétente que sur les questions d'exécution, d'interprétation et de validité de ventes nationales, s'élevant entre l'administration et ses acquéreurs, et sur les recours en garantie formés par ceux-ci contre l'État en cas d'éviction totale ou partielle. Ainsi restreinte, la compétence administrative fut maintenue avec beaucoup de fermeté par le Conseil d'État, qui considérait comme un devoir de ne point abandonner l'œuvre de pacification politique et de sécurité sociale à laquelle il s'était appliqué, depuis l'an VIII, comme juge suprême des ventes nationales ([1]).

Mais que devait-on décider à l'égard des ventes de biens de l'État postérieures à 1814 ? Elles ne constituaient plus des ventes *nationales*, dans le sens des lois révolutionnaires, mais simplement des ventes *domaniales* ; la puissance publique ne jouait plus aucun rôle dans ces mutations de propriétés, et les principes généraux de la compétence auraient certainement pu justifier leur renvoi à l'autorité judiciaire.

La jurisprudence s'est cependant invariablement prononcée pour le maintien de la compétence administrative. Cette compétence, affirmée par de nombreux arrêts du Conseil d'État ([2]), consacrée par

une lutte dangereuse entre les autorités et à confondre tous les pouvoirs, à entraver la marche du Gouvernement, et à détruire les mesures les plus propres à consolider la révolution et à perpétuer l'existence de la République. »

En l'an V, le Conseil des Cinq-Cents, saisi d'une proposition qui tendait à établir la compétence judiciaire, la rejeta par une résolution du 8 vendémiaire an V, fondée sur le caractère politique et exceptionnel des ventes nationales.

1. Sur l'esprit de la jurisprudence du Conseil d'État à cette époque et sur sa haute portée politique, on peut consulter : Macarel, *Jurisprudence administrative*, t. I, p. 295 ; — Cormenin, *Droit administratif*, t. II, p. 56 (édit. de 1840).

2. Conseil d'État (sur conflit), 27 février 1835, *Touillet* ; — 24 décembre 1863, *Hesse* ; — 8 mars 1866, *Hottot* ; — 10 février 1869, *Lamotte* ; — 27 avril 1870, *ardoisières Truffy*.

le Tribunal des conflits de 1850 et par le Tribunal actuel des conflits ([1]), a acquis, par une pratique de trois quarts de siècle, une
autorité qu'une loi seule pourrait mettre désormais en échec. Lors
de la discussion de la loi du 21 juin 1865 sur les conseils de préfecture, M. Boulatignier, répondant au nom du Gouvernement à
un amendement de M. Josseau, qui proposait de renvoyer aux tribunaux le contentieux des ventes domaniales ([2]), ne repoussait pas,
en principe, cette réforme législative. Elle a été plus d'une fois signalée comme désirable, soit devant le Conseil d'État, soit devant
le Tribunal des conflits, dans les conclusions des commissaires du
Gouvernement, qui se refusaient néanmoins à l'accomplir par une
simple évolution de jurisprudence ([3]).

Malgré l'autorité des précédents, nous persistons à penser que la
différence signalée ci-dessus, entre les anciennes ventes nationales
auxquelles la puissance publique imprimait un caractère spécial
et exorbitant du droit commun, et les ventes domaniales actuelles
qui ne diffèrent des ventes ordinaires d'immeubles que par la qualité du vendeur, aurait pu fournir les éléments d'une distinction
rationnelle entre la compétence administrative et la compétence judiciaire. La première doit être assurément maintenue pour les contestations auxquelles peut encore donner lieu l'exécution ou l'interprétation des anciennes ventes nationales ; mais la compétence
judiciaire devrait, selon nous, être consacrée pour les ventes domaniales ordinaires qui sont de simples actes de gestion accomplis
par l'État, personne civile, pour la disposition de ses propriétés ([4]).

---

1. Tribunal des conflits, 1er mai 1885, *Tarbé des Sablons ;* — 24 juin 1876, *Bienfait.*
Voy. cependant, à la page suivante, les deux décisions du 20 juillet 1889, *Chabannes*
et *Jumel de Noireterre.*

2. Duvergier, *Lois et Décrets,* 1865, p. 276.

3. Voir les conclusions de M. l'Hôpital devant le Conseil d'État dans l'affaire *Hottot*
(5 mai 1864), et celles de M. Reverchon devant le Tribunal des conflits dans l'affaire
Tarbé des Sablons (1er mai 1875).

4. On sait que les lais et relais de mer parvenus à maturité font partie du domaine
privé de l'État, à la différence des lais et relais en formation qui font partie du domaine public comme les rivages de la mer dont ils restent une dépendance. On a
depuis longtemps signalé à ce sujet l'inadvertance commise par les rédacteurs du
Code civil, qui ont placé les lais et relais de la mer parmi les choses du domaine
public énumérées par l'article 538 du Code civil. L'aliénation de ces lais et relais,
qualifiée de concession par l'article 41 de la loi du 16 septembre 1807, n'est pas
pour cela un acte d'administration du domaine public, mais un acte de disposition
du domaine privé, une véritable vente d'un bien de l'État.

La jurisprudence même du Conseil d'État a d'ailleurs admis de tout temps que l'aliénation d'un bien de l'État par voie d'échange constitue un contrat de droit commun, et que les contestations auxquelles l'échange peut donner lieu ne rentrent pas dans le « contentieux de domaines nationaux » attribué aux conseils de préfecture (¹).

Pourquoi cette distinction entre la vente et l'échange? Apparemment parce que l'échange n'a jamais été employé pour les anciennes aliénations de biens nationaux, auxquelles s'attachaient de si grands intérêts politiques et financiers, et qui étaient visées par l'article 4 de la loi de pluviôse an VIII. Mais, s'il y a en effet une grande différence entre les ventes nationales effectuées de 1790 à 1814, et les échanges de parcelles domaniales qui s'opèrent de nos jours, il n'y a point de différence appréciable entre la vente et l'échange de ces mêmes parcelles. Dans les deux cas, il n'y a que des actes d'aliénation faits par l'État en sa qualité de propriétaire, et l'on ne s'explique pas pourquoi ils ne relèveraient pas l'un et l'autre du même juge, du juge de la propriété.

On peut d'ailleurs se demander si le Tribunal des conflits ne sera pas amené, par une évolution progressive de sa jurisprudence, à consacrer la distinction que nous proposons entre les anciennes ventes nationales et les ventes domaniales ordinaires. En effet deux décisions de ce Tribunal du 20 juillet 1889 (*Chabannes* et *Jumel de Noireterre*) ont décidé que les tribunaux judiciaires sont compétents, *en Algérie*, pour connaître des contestations relatives à des ventes domaniales. Ces décisions se fondent sur l'article 13 de la loi du 16 juin 1851, relative au régime de la propriété en Algérie, qui attribue aux tribunaux civils le jugement des actions immobilières intentées par le domaine ou contre lui, et sur l'article 23 de la même loi qui, en abrogeant toutes dispositions contraires, aurait mis à néant la disposition de la loi du 28 pluviôse an VIII qui ré-

---

1. Conseil d'État, 6 novembre 1822, *Rambourg* ; — 27 mars 1885, *Hutel.* — Ce dernier arrêt décide expressément qu'un échange d'immeubles passé entre l'État et la ville d'Alger « constitue un contrat de droit commun ». Telle est aussi la doctrine de MM. Macarel et Boulatignier dans leur *Traité de la fortune publique*, de M. de Cormenin et de M. Dufour. En sens contraire, on peut citer M. Dareste (*La Justice administrative*, p. 380).

serve aux tribunaux administratifs le contentieux des domaines nationaux. Le Tribunal des conflits n'avait pas tiré de ces mêmes textes les mêmes conclusions lorsqu'il avait décidé, le 24 juin 1876 (*Bienfait*), que la compétence sur les ventes domaniales est administrative, aussi bien en Algérie qu'en France. Nous ne pouvons qu'approuver l'effort qui a été fait en 1889 par cette haute juridiction pour rompre, en cette matière, l'ancienne unité de sa doctrine. Mais nous devons constater qu'il en résulte cette conclusion assez imprévue, que la propriété serait mieux garantie en Algérie qu'en France, puisque le recours aux tribunaux judiciaires ne lui ferait défaut dans aucun cas. Cette disparate s'effacera quand on voudra bien reconnaître avec nous que les ventes *domaniales*, telles qu'elles s'opèrent de nos jours en France ou en Algérie, ne sont pas les ventes *nationales* en vue desquelles la loi de pluviôse an VIII avait institué la compétence des conseils de préfecture.

Offres de concours en immeubles en vue de travaux publics. — La règle d'après laquelle les actes translatifs de propriété relèvent de la compétence judiciaire subit encore une exception, dans le cas d'*offres de concours* faites en vue de travaux publics, et ayant pour objet la cession gratuite de terrains à l'administration en vue de favoriser l'exécution de ces travaux. La jurisprudence a subi quelques fluctuations en cette matière. Elle a admis de tout temps que l'offre de concours, provoquée ou acceptée par l'administration, constitue un contrat d'une nature particulière, qui a pour objet essentiel l'exécution de travaux publics, et qui ressortit à ce titre au conseil de préfecture en vertu de l'article 4 de la loi du 28 pluviôse an VIII (¹). Mais des doutes se sont élevés sur la compétence administrative, dans le cas où l'offre de concours faite à l'administration avait à la fois pour objet une somme d'argent et des terrains, et à plus forte raison des terrains seuls. On s'est demandé si, dans ce cas, on n'était pas en présence d'une convention analogue à la cession amiable prévue par la loi sur l'expropriation, alors même qu'aucun prix n'était stipulé pour la remise des terrains.

---

1. Conseil d'État (sur conflit), 20 avril 1839, *préfet du Cher;* — 18 décembre 1846, *commune de Nanteuil.*

Après quelques hésitations, la jurisprudence du Conseil d'État et celle du Tribunal des conflits ont consacré la distinction suivante. Lorsqu'un propriétaire n'offre la cession de ses terrains qu'après que l'ouvrage a été déclaré d'utilité publique, et afin d'obtenir un tracé plus favorable à ses intérêts, les tribunaux civils sont compétents. Dans ce cas, en effet, l'offre de concours ne fait que devancer une expropriation imminente et elle a le caractère d'une cession amiable ([1]).

Si, au contraire, l'exécution de l'ouvrage n'a pas encore été décidée et déclarée d'utilité publique ; si c'est en vue d'amener l'administration à entreprendre le travail que le propriétaire intéressé offre gratuitement les terrains nécessaires à cette exécution, le conseil de préfecture est compétent, parce que l'idée qui domine est celle d'un concours directement offert à un travail public et destiné à le provoquer. C'est en ce sens que le Tribunal des conflits, mettant fin aux hésitations de la jurisprudence, s'est prononcé par une décision du 27 mai 1876 (de Chargère). On y lit que les engagements pris par un propriétaire en vue de concourir à l'établissement d'un canal, et le décret qui en a pris acte, « constituent un contrat ayant pour objet l'exécution d'un travail public ; que la juridiction administrative est seule compétente pour statuer sur les contestations auxquelles il peut donner lieu ; qu'il importe peu que l'offre de concours consiste dans l'abandon gratuit de terrains qui seraient traversés par la rigole navigable ; qu'il n'y a pas lieu de distinguer les engagements de payer des sommes d'argent et ceux qui consistent en abandons gratuits de terrains ».

A la vérité la Cour de cassation a persisté à affirmer la compétence judiciaire sur une question d'offre de concours en terrain (Civ. cass., 18 janvier 1887, Guillaumin) ; mais le Tribunal des conflits, appelé à statuer dans la même affaire ([2]), s'est prononcé contrairement à l'arrêt de la chambre civile ; il a maintenu sa juris-

---

1. Conseil d'État, 17 juillet 1861, commune de Craon ; — 5 mars 1864, Cristofini ; — 1er août 1873, Abadie.

2. La Cour de cassation avait cassé un arrêt de la Cour d'appel de Paris du 10 novembre 1889 déclarant l'incompétence de l'autorité judiciaire, et elle avait renvoyé la cause et les parties devant la Cour d'appel d'Orléans. C'est au cours de la procédure engagée devant cette Cour que le conflit a été élevé et a donné lieu à la décision précitée.

prudence de 1876 et il l'a affirmée de nouveau par une décision du 11 janvier 1890 (*Veil*). On doit donc considérer la controverse comme définitivement close en jurisprudence, et accepter la distinction d'ailleurs rationnelle à laquelle le Tribunal des conflits s'est arrêté entre les deux sortes d'offres de terrains : d'une part celle qui a le caractère d'une cession amiable, même gratuite, et pour laquelle la compétence est judiciaire ; d'autre part celle qui ne constitue qu'une offre de concours en vue d'obtenir l'exécution d'un travail public, et pour laquelle la compétence reste administrative.

CHAPITRE IV

RÈGLES DE COMPÉTENCE CONCERNANT QUELQUES PROPRIÉTÉS SPÉCIALES

———

I. — DE LA PROPRIÉTÉ DES MINES.

Esprit général de la législation. — La législation des mines présente un des exemples les plus remarquables du partage qui s'opère entre la compétence judiciaire et la compétence administrative, lorsque le droit individuel et la puissance publique s'exercent l'un et l'autre dans une même matière.

L'article 552 du Code civil a posé la règle générale que « la « propriété du sol emporte la propriété du dessus et du dessous », mais il a expressément réservé les règles spéciales résultant des lois et règlements relatifs aux mines.

A toute époque, ces lois ont attribué au Gouvernement, d'une manière plus ou moins large, le droit de concéder et de surveiller l'exploitation des mines. Là apparaît, en effet, sous son aspect le plus saillant, le double caractère que présente toute propriété foncière, d'être à la fois un patrimoine privé et une fraction du territoire national dont l'utilisation importe à la société tout entière ; celle des mines lui importe d'autant plus que les produits à exploiter sont limités, qu'ils ne se renouvellent pas et que la négligence ou l'impéritie du propriétaire de la surface, s'il s'abstenait d'exploiter ou s'il exploitait mal la propriété souterraine, pourrait priver la société tout entière de richesses dont la nature a doté son territoire.

La législation de l'ancien régime, s'inspirant presque exclusivement de l'idée d'intérêt général, considérait les mines comme des portions du domaine public indépendantes de la propriété privée ;

la couronne ne les aliénait pas, elle se bornait à en concéder la jouissance en vertu de son droit régalien. La loi du 29 juillet 1791, tout en maintenant le droit de concession, établit un lien entre la propriété du sol et la propriété souterraine, et assura au propriétaire de la surface un droit de préférence à la concession. La loi du 21 avril 1810 (complétée par celle du 27 juillet 1880) a relâché ce lien sans le rompre complètement ; elle a reconnu au propriétaire de la surface un droit tréfoncier sur la mine, en vertu duquel il peut réclamer une redevance calculée sur les produits de l'exploitation, mais non un droit de préférence à la concession. La faculté de concéder demeure libre entre les mains du Gouvernement, qui est seulement tenu d'observer toutes les formalités destinées à assurer une instruction sérieuse et contradictoire des demandes.

Une fois la concession accordée, la mine cesse d'être *res nullius,* elle devient une véritable propriété créée par cet acte administratif. « L'acte de concession, dit l'article 7 de la loi du 21 avril 1810, « donne la propriété perpétuelle de la mine, laquelle est dès lors « disponible et transmissible comme tous les autres biens, et dont « on ne peut être exproprié que dans les cas et selon les formes pres- « crites pour les autres propriétés. » La propriété de la mine ainsi constituée est tellement distincte de la propriété du sol, qu'elle ne peut se confondre avec elle, même quand la concession est faite au propriétaire de la surface. Dans ce cas, dit l'article 19, la propriété de la mine « sera considérée comme propriété nouvelle sur laquelle « de nouvelles hypothèques pourront être assises ». La propriété ainsi créée reste cependant soumise, quant à son exploitation, à la surveillance du Gouvernement. Celui-ci a même le droit de retirer la concession dans les cas prévus par la loi.

Examinons maintenant comment la compétence se partage entre les tribunaux judiciaires et la juridiction administrative, dans les contestations auxquelles les mines peuvent donner lieu.

Règlement des indemnités pour la période antérieure à la concession. — Pendant la période qui précède la concession, la mine ne peut être l'objet que de travaux d'exploration destinés à constater l'existence du gîte et les moyens de l'exploiter. L'intérêt public et, par suite, la compétence administrative dominent dans cette période. L'administration peut délivrer à toute personne des permis de recherches qui donnent le droit de pratiquer des fouilles dans les terrains de la surface, autres que les terrains clos ou attenant aux habitations (¹). Ces décisions ne peuvent être attaquées que devant la juridiction administrative. L'indemnité due par l'explorateur au propriétaire de la surface est réglée par le conseil de préfecture (²). Il en est de même de l'indemnité qui peut être due par le concessionnaire de la mine à l'explorateur qui n'a pas obtenu la concession, mais qui a fait des travaux susceptibles d'être utilisés (³).

En dehors de ces indemnités, qui peuvent être débattues devant la juridiction contentieuse, deux autres espèces d'indemnités sont souverainement réglées par l'acte de concession.

L'une est l'indemnité d'invention, qui ne doit pas être confondue avec l'indemnité pour travaux utiles (⁴). Elle a pour but de tenir compte à l'inventeur des investigations auxquelles il s'est livré pour révéler l'existence de richesses minérales exploitables, et des sacrifices pécuniaires auxquels elles l'ont entraîné. Elle constitue une sorte de récompense accordée à l'inventeur alors même que ses puits et galeries de recherches ne peuvent pas être utilisés pour l'exploitation (⁵).

---

1. Loi du 21 avril 1810, art. 10 et 11, et loi du 27 juillet 1880, art. 11.

2. Loi du 21 avril 1810, art. 46.

3. Conseil d'État, 13 août 1868, *Mines de Meurchin*; — 11 mai 1872, *Brémond, Maurel et autres*; — 27 avril 1877, *Joly*.

4. Loi du 21 avril 1810, art. 16; — Conseil d'État, 11 mai 1872, *Javal*.

5. Cette distinction entre l'indemnité d'invention et l'indemnité pour travaux utiles est très nettement faite dans plusieurs avis du Conseil d'État. Un avis du 30 décembre 1879 qui propose d'allouer une indemnité de 45,000 fr. à l'inventeur d'une mine en Algérie, porte « qu'il y a lieu, eu égard aux circonstances de l'affaire et à la grande valeur attribuée à la concession, de *récompenser* l'inventeur du service que, par son industrie, il a rendu à notre colonie ». Un autre avis du 28 mars 1882 propose d'allouer, par l'acte de concession, une indemnité de 50,000 fr. à l'inventeur pour des travaux de recherche « dont la plupart ne pourront pas être utilisés pour l'exploitation proprement dite, mais qui ont permis de déterminer l'allure du gisement et d'en constater la concessibilité ».

Il y a lieu de noter ici une différence de rédaction entre la loi de 1810 et celle de 1880. L'article 42 nouveau ne dit plus, comme l'ancien, que l'indemnité est réglée « à *une somme déterminée* par l'acte de concession », mais « *sous la forme* fixée par l'acte de concession ». Cette dernière rédaction a eu pour but de faire disparaître une difficulté, née des articles 6 et 42 combinés de la loi de 1810, sur le point de savoir si l'indemnité devait être proportionnelle au produit de la mine ou pouvait être fixée une fois pour toutes. Il était d'ailleurs admis, en pratique, que le Gouvernement

Elle est souverainement réglée par l'acte de concession, et la disposition de cet acte qui la fixe ou qui refuse de l'accorder ne peut pas être l'objet d'un recours contentieux ([1]).

L'autre indemnité pécuniaire que règle souverainement l'acte de concession est la redevance tréfoncière qui représente les droits des propriétaires de la surface sur le produit des mines concédées. Ces droits sont reconnus par les articles 6 et 42 de la loi de 1810, complétés par la loi du 27 juillet 1880. Ils sont réglés par l'acte de concession. L'article 18 ajoute que la valeur de ces droits demeurera réunie à celle de la surface et sera affectée avec elle aux hypothèques prises par les créanciers du propriétaire. Il s'agit donc bien là d'un véritable droit, inhérent à la propriété de la surface et qui s'y ajoute par voie d'accession. Il n'en résulte pas que l'autorité judiciaire soit compétente pour connaître des réclamations du propriétaire de la surface en cas d'insuffisance prétendue de la redevance tréfoncière, car la liquidation de cette redevance est l'œuvre de la puissance publique comme la concession elle-même, et elle échappe à ce titre au contrôle des tribunaux ([2]). Mais échapperait-elle également à tout contrôle de la juridiction administrative? Nous ne le pensons pas: le propriétaire à qui toute redevance tréfoncière serait refusée, pourrait dénoncer le silence de l'acte de concession comme une infraction aux textes législatifs qui lui assurent cette redevance, et se pourvoir devant le Conseil d'État pour excès de pouvoir; mais il ne pourrait pas discuter devant lui l'évaluation d'une redevance qu'il estimerait insuffisante, cette évaluation étant exclusivement confiée au pouvoir concédant.

Si, au contraire, le propriétaire de la surface se borne à réclamer au concessionnaire le paiement de la redevance fixée par l'acte de concession, les tribunaux judiciaires sont compétents sur cette action.

Période postérieure à la concession. — L'acte de concession étant un acte de puissance publique, les contestations auxquelles

---

pouvait procéder d'après l'un ou l'autre mode, et c'est cette faculté que la loi de 1880 a entendu expressément consacrer.

1. Conseil d'État, 10 mai 1889, *Reinach*.

2. Tribunal des conflits, 5 novembre 1851, *Vincent et Jalabert*.

son interprétation ou sa validité peuvent donner lieu échappent à l'autorité judiciaire [1]. Mais en même temps cet acte crée une propriété; il en résulte que les rapports du concessionnaire avec les propriétaires de la surface ou avec les concessionnaires voisins sont des rapports de propriétaire à propriétaire, et que l'autorité judiciaire est compétente pour juger les contestations auxquelles ils peuvent donner lieu. Aussi, n'est-ce plus devant le conseil de préfecture, comme avant la concession, mais devant les tribunaux que doivent être discutées les indemnités dues pour travaux de recherches ou d'exploitation postérieurs à la concession [2]. Les autorisations administratives que le concessionnaire doit obtenir pour occuper des terrains de surface, y pratiquer des fouilles, y établir des machines ou des chemins d'exploitation, ne font pas obstacle à la compétence judiciaire, parce qu'elles sont de simples permissions de police; elles ne créent pas le droit d'occupation, lequel résulte de la propriété de la mine et des nécessités de son exploitation; elles se bornent à en régler l'exercice, les droits des tiers demeurant réservés.

La compétence est également judiciaire pour le règlement des indemnités dues par les concessionnaires de mines aux propriétaires de minières, lorsque ceux-ci voient leur exploitation interdite par le Gouvernement dans l'intérêt de l'exploitation de la mine [3].

A plus forte raison, l'autorité judiciaire est-elle compétente pour connaître des conventions de droit commun dont la mine peut être l'objet en tant que propriété privée, telles que la vente ou l'apport en société; ou des mesures d'exécution que les créanciers du concessionnaire pratiqueraient sur la mine. Toutefois, la vente d'une mine par lots, ou tout autre mode de partage pouvant nuire à l'exploitation, ne peut valablement avoir lieu qu'avec l'autorisation préalable du Gouvernement donnée dans la même forme que la concession [4].

L'article 28 de la loi de 1810 consacre une application remar-

---

1. Conseil d'État, 28 mars 1879, *Mines de Villefort et Vialas*; — Tribunal des conflits, 28 février 1880, *Mines de Fillo's*.

2. Loi du 21 avril 1810, art. 43 et suiv., et loi du 27 juillet 1880, mêmes articles. — Conseil d'État, 12 août 1854, *de Grimaldi*.

3. Lois du 21 avril 1810 et du 27 juillet 1880, art. 70.

4. Loi du 21 avril 1810, art. 7.

quable de la compétence judiciaire sur les questions de propriété
des mines. Il décide que si la demande en concession provoque
une opposition motivée sur la propriété de la mine acquise par
concession ou autrement, les parties seront renvoyées devant les
tribunaux et que l'émission du décret sera suspendue jusqu'à ce
que cette question de propriété soit jugée (¹).

La propriété d'une mine peut prendre fin par l'expropriation pour
cause d'utilité publique, ainsi que le prévoit l'article 7 de la loi de
1810. Dans ce cas, la dépossession ne peut être prononcée que par
l'autorité judiciaire conformément à la loi du 3 mai 1841.

Retrait de la concession. — La dépossession peut aussi résulter
du retrait de la concession prononcé par décision du ministre des
travaux publics. Dans ce cas, la compétence est administrative, et
le propriétaire de la mine ne peut se pourvoir que devant le Conseil
d'État statuant au contentieux.

Le droit de l'administration de retirer la concession et de supprimer ainsi la propriété de la mine n'a pas été explicitement reconnu par la loi de 1810. On s'est même demandé s'il n'était pas
écarté par l'article 7, d'après lequel l'acte de concession « donne
« la propriété perpétuelle de la mine dont on ne peut être exproprié
« que dans les cas et selon les formes prescrites pour les autres
« propriétés ». A la vérité, l'article 49 de la même loi dispose que
« si l'exploitation est restreinte ou suspendue de manière à inquiéter
« la sûreté publique ou les besoins des consommateurs, les préfets,
« après avoir entendu les propriétaires, en rendront compte au mi-
« nistre de l'intérieur (actuellement des travaux publics) *pour y être*
« *pourvu ainsi qu'il appartiendra.* » On a conclu de ce texte que le
droit de propriété n'est garanti par l'article 7 que pour les mines
exploitées conformément aux conditions essentielles de la conces-

---

1. Ce texte semble déroger à la règle que nous avons indiquée (p. 502), et
d'après laquelle les questions préjudicielles ne s'imposent qu'aux juridictions et non
à l'administration active. Mais cette dérogation n'est qu'apparente, car si l'acte de
concession est un acte de puissance publique, il n'en est pas de même des décisions
rendues sur les oppositions aux concessions de mines, lesquelles sont des actes de
juridiction d'une nature spéciale ainsi que cela résulte de l'article 28 : « L'opposition,
dit ce texte, aura lieu par requête signée et présentée par un avocat au Conseil
comme il est pratiqué pour les affaires contentieuses. »

sion, et notamment à la condition de mettre à la disposition des consommateurs les richesses minérales qu'elles contiennent. Dans le cas contraire, la concession manque de cause et peut être retirée. C'est en ce sens que les auteurs de la loi du 27 avril 1838 paraissent avoir compris la loi de 1810, car en fixant les formes du retrait de concession, prononcé dans les cas prévus par l'article 49 de la loi de 1810, ils ne semblent pas avoir voulu établir un droit nouveau, mais seulement régler l'exercice d'un droit préexistant.

Le retrait des concessions de mines fait l'objet de dispositions importantes de la loi du 27 avril 1838. Cette loi a pour objet principal l'assèchement des mines menacées d'inondation ; elle organise tout un système de travaux à exécuter à frais communs par les propriétaires intéressés réunis en syndicat, et elle prononce le retrait de la concession comme sanction des obligations qu'elle impose. D'après l'article 6 de la loi, à défaut de paiement des taxes destinées à acquitter la part contributive d'une mine dans les travaux d'assèchement exécutés par le syndicat, « la mine sera réputée « abandonnée ; le ministre pourra prononcer le retrait de la con- « cession, sauf le recours au roi en son Conseil d'État par la voie « contentieuse. » Les conséquences de ce retrait sont les mêmes que celles des déchéances prononcées contre les concessionnaires de travaux publics qui n'exécutent pas leurs engagements ; la concession réputée abandonnée est mise en adjudication par la voie administrative ; le prix de l'adjudication est payé au concessionnaire déchu ou à ses ayants droit sous telles déductions que de droit ; s'il ne se présente pas d'adjudicataire, la mine fait retour au domaine, libre et franche de toute charge (¹).

L'article 10 de la loi de 1838 généralise le droit de l'administration et l'étend à tous les cas prévus par l'article 49 de la loi de 1810, c'est-à-dire ceux où « l'exploitation est restreinte ou sus- « pendue de manière à inquiéter la sûreté publique ou les besoins « des consommateurs ». Dans tous ces cas, dit l'article 10, « le « retrait de la concession et l'adjudication de la mine ne pourront « avoir lieu que dans les formes prescrites par l'article 6 de la « présente loi ». Cette rédaction indique que, dans la pensée du

---

1. Loi du 27 avril 1838, art. 6.

législateur de 1838, l'article 49 de la loi de 1810 aurait permis d'opérer le retrait sans aucune formalité, et que l'innovation de 1838 a uniquement consisté à prévoir la réadjudication et le recours au Conseil d'État([1]).

La décision par laquelle le ministre des travaux publics prononce le retrait d'une concession de mine est un acte de puissance publique qui échappe au contrôle des tribunaux judiciaires. Mais cet acte peut, aux termes de l'article 6 précité, faire l'objet d'un recours devant le Conseil d'État statuant au contentieux.

Ce recours est-il limité au cas d'excès de pouvoir, ou bien constitue-t-il une sorte d'appel de la décision ministérielle permettant au Conseil d'État d'apprécier tous les griefs de fait et de droit invoqués par le concessionnaire contre l'arrêté de déchéance? Cette dernière solution nous paraît résulter du texte et de l'esprit de la loi du 27 avril 1838. L'article 6 de cette loi prévoit en effet un recours « par la voie contentieuse ». Or le législateur de 1838 savait qu'un texte spécial n'est pas nécessaire pour autoriser le recours pour excès de pouvoir contre un acte administratif, qui y est soumis de plein droit, en vertu des principes généraux. D'un autre côté, en employant l'expression « recours par la voie contentieuse », il a suffisamment indiqué, d'après les habitudes de langage usitées à cette époque, qu'il n'avait pas en vue le recours pour excès de pouvoir, mais un véritable appel ([2]).

Il est, d'ailleurs, permis de supposer que le législateur de 1838 a voulu tempérer le pouvoir exceptionnel donné au ministre des

1. Voir les cas de retrait de concession cités par M. Dupont dans son *Traité de la législation des mines* (1831, p. 316). — Cf. Conseil d'État, 26 mai 1876, *Lebreton-Dulier*. — On peut aussi consulter sur la question des retraits de concession une étude de M. Menant (*Annales de l'École des sciences politiques*, avril 1886).

2. Ces habitudes de langage se sont modifiées, mais seulement à une époque récente et depuis que le recours pour excès de pouvoir est devenu, par les progrès de la jurisprudence, une branche importante du contentieux administratif. Plusieurs arrêts du Conseil d'État, rendus depuis 1872, comprennent les recours pour excès de pouvoir parmi les recours formés « par la voie contentieuse », et nous pensons que c'est à bon droit, car si les recours en annulation ne peuvent pas relever les mêmes griefs et produire les mêmes effets que les recours en réformation, ils n'en sont pas moins des recours de nature contentieuse. (Voy. ci-dessus, page 7, et ci-après, tome II, livre VI, *Contentieux de l'annulation*.) — Mais ces idées n'étaient pas encore reçues en 1838 et jamais alors, ni dans les lois, ni dans la jurisprudence, l'expression de « recours par la voie contentieuse » ne s'appliquait aux recours limités aux cas d'incompétence ou d'excès de pouvoir.

travaux publics, en reconnaissant au Conseil d'État un droit de contrôle vraiment efficace sur des décisions aussi graves que celles qui retirent une concession de mine. D'après les règles ordinaires de la compétence administrative, la concession ne pourrait être retirée que dans les formes où elle a été donnée, c'est-à-dire par décret en Conseil d'État. En permettant qu'elle le soit par simple décision ministérielle, sauf recours au Conseil d'État, la loi de 1838 a voulu fortifier les pouvoirs de police et de haute surveillance des mines qu'elle reconnaît au ministre des travaux publics, et modifier, sans le supprimer, le contrôle du Conseil d'État. Dans le cas de déchéance, ce contrôle a lieu sous une autre forme qu'au moment de la concession : au lieu d'être administratif, il est juridictionnel ; au lieu de s'exercer de plein droit, il faut qu'il soit provoqué par une réclamation contentieuse de la partie intéressée. Mais, ces réserves faites, le contrôle subsiste avec toute l'étendue que peut avoir le contrôle d'une juridiction ; il s'applique à la décision ministérielle tout entière, à tous les moyens de fait et de droit que le concessionnaire peut invoquer pour se défendre contre un retrait de concession qu'il estimerait contraire à ses droits.

II. — DE LA PROPRIÉTÉ INDUSTRIELLE.

Compétence ordinaire des tribunaux judiciaires. — La propriété industrielle naît du seul fait d'inventions ou de découvertes susceptibles d'être exploitées industriellement. Le titre administratif que le Gouvernement délivre à l'inventeur sous le nom de *brevet d'invention* ne crée pas cette propriété, comme un acte de concession crée la propriété d'une mine ; il ne fait que la constater. Cette idée est clairement exprimée par l'article 1er de la loi du 5 juillet 1844 : « Toute nouvelle découverte ou invention dans tous les « genres d'industrie confère à son auteur le droit exclusif d'exploi- « ter à son profit ladite découverte ou invention. *Ce droit est cons-* « *taté* par des titres délivrés par le Gouvernement sous le nom de « brevets d'invention. »

D'un autre côté, l'article 11 de la loi de 1844 dispose que les brevets sont délivrés « sans examen préalable, aux risques et pé-

« rils des demandeurs et sans garantie, soit de la réalité, de la
« nouveauté ou du mérite de l'invention, soit de la fidélité ou de
« l'exactitude de la prescription ».

Le rôle de l'administration est donc très restreint en cette matière, on pourrait le comparer à celui d'un officier public qui reçoit
des déclarations, les constate en forme authentique, mais ne se
porte point garant de leur teneur. Aucune prérogative de la puissance publique n'étant en jeu pour la consécration du droit dont se
prévaut l'inventeur, il n'y a lieu à aucune intervention de la juridiction administrative quand il s'agit d'apprécier la valeur de ce
droit. L'administration est désintéressée dans les débats qui portent sur l'invention ; aussi, les actions tendant à faire prononcer la
nullité ou la déchéance du brevet sont-elles exclusivement de la
compétence des tribunaux ([1]), de même que les actions en contrefaçon ([2]).

La même règle de compétence s'applique aux contestations qui
s'élèvent au sujet de la transmission ou de la cession des brevets,
quoique ces mutations ne soient valables, à l'égard des tiers, qu'a-
près avoir été l'objet d'une constatation administrative résultant
d'un enregistrement au secrétariat de la préfecture ([3]), et qu'un
décret du chef de l'État, inséré au *Bulletin des lois,* doive tous les
trois mois publier les délivrances et les transmissions de brevets ([4]).

**Compétence exceptionnelle de l'administration en matière de
brevets d'invention.** — Mais si le ministre du commerce, en délivrant les brevets, ne statue rien sur le fond du droit, s'ensuit-il
qu'il ait un rôle purement passif et qu'il ne puisse pas même apprécier, en la forme, la régularité des déclarations qu'on lui apporte ? Nous touchons ici le seul point sur lequel la compétence
administrative peut exister, le seul sur lequel nous pensons qu'elle
existe réellement, bien qu'elle ait été contestée.

Précisons la question. Les articles 5 et suivants de la loi du
5 juillet 1844, relatifs aux demandes de brevet, énumèrent les

1. Loi du 5 juillet 1844, art. 34.
2. Loi du 5 juillet 1844, art. 40 et suiv.
3. Loi du 5 juillet 1844, art. 20.'
4. Loi du 5 juillet 1844, art. 14 et 21.

conditions que ces demandes doivent remplir pour être recevables ; ils exigent qu'elles soient formées sans condition, restriction, ni réserve, qu'elles soient limitées à un seul objet principal avec les objets de détail qui le constituent, accompagnées de descriptions, de dessins et d'un récépissé constatant le versement d'une somme à valoir sur le montant de la taxe. Le ministre peut-il se faire juge de l'exécution de ces conditions et refuser la délivrance d'un brevet au demandeur qui ne les a pas remplies, ou bien doit-il délivrer le brevet aux risques et périls de ce demandeur et laisser aux tribunaux le soin de prononcer ultérieurement la nullité du brevet? Le droit du ministre nous paraît résulter de l'article 11 de la loi de 1844, aux termes duquel « les brevets *dont la demande aura été* « *régulièrement formée* seront délivrés aux risques et périls des de- « mandeurs... » D'où il semble bien résulter qu'il n'y a pas lieu à délivrance, si la demande est irrégulière en la forme.

Cette interprétation est confirmée par les travaux préparatoires de la loi de 1844. M. Marie, qui voulait que la délivrance eût lieu dans tous les cas, demanda qu'on supprimât de l'article 11 les mots : « dont la demande aura été régulièrement formulée », afin de refuser au ministre toute appréciation de la régularité de la demande. Mais cette proposition fut repoussée sur les observations de M. Philippe Dupin qui revendiqua pour l'administration le droit de faire cette vérification : « Refuser à l'administration cette vérification matérielle, dit-il, c'est porter trop loin la défiance ; et dire qu'il faut réserver un procès, c'est vouloir ôter à la loi sa simplicité et à l'administration le jugement de ce qui appartient à l'administration. »

On doit donc reconnaître au ministre du commerce le droit de refuser la délivrance d'un brevet qui n'est pas demandé dans les formes de droit ; la décision de refus est alors susceptible de recours devant le Conseil d'État, et devant lui seulement ; car elle constitue une véritable décision administrative dont il n'appartient pas aux tribunaux de connaître [1].

Mais que décider si le brevet a été délivré, bien que la demande ait été irrégulièrement présentée? L'adversaire du breveté pourra-

---

1. Conseil d'État, 12 août 1879, *Giroud-Dargaud.*

t-il invoquer cette irrégularité devant les tribunaux judiciaires et conclure de ce chef à la nullité du brevet, soit par action principale, soit comme défense à une action en contrefaçon ? Nous ne pensons pas que l'autorité judiciaire puisse se saisir de cette difficulté, car elle ne porte pas sur les droits du breveté, mais sur la légalité de l'acte accompli par le ministre dans l'exercice des pouvoirs qu'il tient de l'article 11. Tout au plus pourrait-on admettre que cette question, soulevée au cours d'un procès judiciaire, constituerait une question préjudicielle ressortissant à la juridiction administrative. M. Renouard pense qu'elle ne peut, dans aucun cas, ni sous aucune forme, jouer un rôle dans une contestation judiciaire : « Il ne faut pas, dit-il, ajouter aux causes de nullité et de déchéances invocables devant les tribunaux et limitativement réglées par les articles 30 et 32 de la loi, les griefs tirés des vices qu'aurait présentés la demande. Ces vices autorisaient l'administration à rejeter la demande ; ils sont couverts si l'autorité administrative, juge des formalités extrinsèques, a délivré le brevet ; pourvu que de ces vices ne résulte pas contre le brevet délivré une des causes de nullité et de déchéance que les articles 30 et 32 ont prévues ([1]). »

La compétence administrative est-elle strictement limitée à l'appréciation des formes de la demande, ou bien peut-elle s'étendre à la question de savoir si le produit est brevetable ? Dans une affaire jugée par le Conseil d'État en 1864, le ministre du commerce revendiquait le droit — qu'il avait d'ailleurs exercé par la décision attaquée — de refuser un brevet, qui lui était demandé pour des inventions ou découvertes non susceptibles d'être brevetées d'après l'article 3 de la loi de 1844 ([2]) ; il soutenait aussi qu'il ne pouvait être tenu de délivrer un brevet qui viserait une invention contraire à l'ordre ou à la sûreté publique, aux bonnes mœurs ou aux lois de l'État, et qui serait frappé de nullité en vertu de l'article 20, § 4. Il estimait qu'une demande de brevet, ainsi viciée par son objet même, n'est pas une demande « régu-

---

1. Renouard, *Traité des brevets d'invention,* p. 402.

2. Les découvertes non susceptibles d'être brevetées sont, d'après l'article 3 : les compositions pharmaceutiques ou remèdes de toute espèce ; les plans ou combinaisons de crédit ou de finance.

lièrement formée » dans le sens de l'article 11 ; qu'on ne pouvait d'ailleurs obliger le Gouvernement, gardien de l'ordre public et des lois de l'État, à breveter une invention qui les viole. Le Conseil d'État a admis cette thèse par un arrêt du 14 avril 1864 (*Laville*) ; il a jugé qu'un produit rejeté par le ministre comme constituant un remède, n'avait pas ce caractère, et il a annulé par ce motif la décision attaquée ; il a en même temps décidé en termes généraux que « le ministre du commerce ne doit pas délivrer de brevets lorsque la demande se rapporte à l'un des objets désignés dans l'article 3 ».

La doctrine de cet arrêt nous paraît difficilement conciliable avec le droit qui appartient à l'autorité judiciaire seule, aux termes de l'article 34, de juger les cas de nullité ou de déchéance du brevet. En effet, l'article 30 prévoit expressément, parmi les cas de nullité, celui où l'invention ne serait pas susceptible d'être brevetée, comme étant contraire aux lois et aux bonnes mœurs. Ce seraient de véritables cas de nullité de brevet que le ministre opposerait au demandeur, et dont le Conseil d'État se ferait juge au détriment de la compétence judiciaire.

En vain objecterait-on que l'on méconnaîtrait les attributions du ministre en l'obligeant à breveter un produit contraire à l'ordre public et aux bonnes mœurs, et que cet abus risquerait de n'être pas réprimé par les tribunaux, si les parties intéressées s'abstenaient de former devant eux une action en nullité. L'article 37 répond péremptoirement à cette objection, en disposant que « le « ministère public pourra se pourvoir directement par action prin-« cipale pour faire prononcer la nullité dans les cas prévus par les « n⁰ˢ 2, 4 et 5 de l'article 30 ». Or, les cas visés sont précisément ceux qui nous occupent. Il n'y a donc aucune raison pour déroger ici à la compétence judiciaire. La véritable marche à suivre par le ministre du commerce nous paraît être celle-ci : délivrer le brevet si la demande est régulière en la forme, puis aviser le ministre de la justice, afin qu'il fasse introduire l'action en nullité par le ministère public.

Au surplus, le législateur de 1844 a eu lui-même à se prononcer sur le droit que l'arrêt de 1864 a cru devoir reconnaître au ministre, et il le lui a refusé après une discussion approfondie de la question. En effet, la commission de la Chambre des députés avait d'abord attribué au ministre le droit de refuser tout brevet demandé pour un produit non brevetable ou contraires aux lois ; le Gouvernement demanda lui-même et obtint la suppression de cette disposition, en invoquant la compétence des tribunaux et en déclinant la responsabilité qu'un pareil droit ferait peser sur le ministre. La même idée fut reprise à la Chambre des pairs et un amendement fut ainsi formulé : « Le ministre refusera le brevet en ordonnant la restitution de la taxe lorsque, conformément à l'article 3, l'invention pour laquelle le brevet sera demandé ne serait pas susceptible d'être brevetée. Le recours au Conseil d'État sera ouvert aux parties contre la décision du ministre qui leur refusera leur demande. » Mais, après un long débat, cet amendement fut rejeté par la Chambre des pairs (séance du 28 mars 1843).

Nous avons donc le regret de ne pouvoir accepter la doctrine de l'arrêt du Conseil d'État du 14 avril 1864. Nous pensons que le ministre excéderait ses pouvoirs s'il écartait une demande de brevet en se fondant sur ce que le produit ne serait pas brevetable. Son droit de refus est limité au cas unique où la demande ne serait pas « régulièrement formée » dans le sens de l'article 11. Dans tous les autres cas, la compétence est exclusivement judiciaire, parce qu'il s'agit de vérifier la nature de l'invention et les droits de l'inventeur, c'est-à-dire l'existence même de la propriété industrielle.

III. — DES OFFICES MINISTÉRIELS.

C'est plutôt par une convention de langage que par une exacte application de l'idée de propriété, que l'on a l'habitude d'assimiler le droit des officiers ministériels sur les charges qu'ils exercent à un droit de propriété. Sans doute le titulaire d'un office ministériel possède un cabinet, une étude, une clientèle, qui sont des sources de revenus susceptibles d'être évaluées en argent, et qui peuvent faire l'objet de transactions privées ; mais il ne possède ce capital, il ne peut le faire fructifier, que grâce au titre que le Gouvernement lui a conféré et aux fonctions spéciales dont il est investi. Or ce titre et ces fonctions sont hors de commerce et résistent à toute idée de propriété privée.

On s'est quelquefois prévalu des souvenirs de l'ancien régime pour soutenir que la possession d'un office auquel des fonctions publiques sont attachées ne répugne pas absolument à l'idée de propriété. Mais, même avant 1789, lorsque la couronne créait les offices à prix d'argent et en encaissait le montant, il était de principe qu'elle n'aliénait pas la fonction, et que celle-ci ne s'incorporait pas au patrimoine privé de l'officier. Le roi ne la conférait qu'à vie, il était toujours libre d'en disposer en cas de décès ou de démission du titulaire, à la condition de rembourser la *finance* de l'office, c'est-à-dire la somme que le Trésor avait perçue lors de la création.

Tel était le droit maintes fois affirmé par les édits et notamment par l'édit de février 1771 où on lit : « Ni la faculté de résigner, ni la sorte d'hérédité résultant du paiement de l'annuel n'ont pu donner atteinte au droit inséparable de notre souveraineté de disposer des offices, vacation arrivant. Cette faculté et cette hérédité ne sont qu'un privilège qui, sans anéantir la règle générale, peut simplement déterminer le choix que nous faisons du successeur à l'office mais non le contraindre, et ne donne d'autre droit que de revendiquer la finance qui ne doit en aucun cas être confondue avec le corps même de l'office. »

A plus forte raison le droit de propriété des offices ministériels n'a-t-il pu résulter de la législation moderne. L'Assemblée constituante, en abolissant la vénalité des charges, a usé du droit, que l'ancien gouvernement s'était toujours réservé, de reprendre la libre disposition des offices à condition d'en rembourser la finance. Ce remboursement a eu lieu conformément aux lois du 24 décembre 1790 et du 29 septembre 1791. Les anciens offices sont alors devenus de véritables fonctions publiques qui n'ont conféré aux titulaires aucun droit de propriété susceptible de transmission entre vifs ou héréditaires, ni même, jusqu'en 1816, aucun droit de présenter un successeur à l'agrément du Gouvernement ([1]).

---

1. Loi du 29 septembre 1791 sur le notariat : « Il sera créé des fonctionnaires publics chargés de recevoir tous les actes qui sont actuellement du ressort des notaires royaux

La loi du 28 avril 1816 a reconnu aux officiers ministériels le droit de présentation qu'ils pratiquaient indirectement depuis le Consulat, mais elle ne leur a pas conféré pour cela, au regard du Gouvernement, la propriété de leurs offices. Les clauses financières que cette loi contient n'éveillent nullement l'idée d'une aliénation de fonctions publiques à prix d'argent ; aucun prix de vente, aucune prestation pécuniaire analogue à l'ancienne *finance* ne fut demandée aux titulaires d'offices ni encaissée par le Trésor. La seule charge que la loi de 1816 leur imposa fut le versement d'un cautionnement, ou plutôt une augmentation des cautionnements qu'ils étaient déjà tenus de fournir en vertu des lois antérieures ([1]) ; le

ou autres. » — Loi du 25 ventôse an XI (art. 1er) : « Les notaires sont les fonctionnaires publics établis pour recevoir tous les actes et contrats auxquels les parties doivent ou veulent faire donner le caractère d'authenticité attaché aux actes de l'autorité publique. » — Loi du 27 ventôse an VIII sur l'organisation des tribunaux, art. 92 : « Les greffiers de tous les tribunaux seront nommés par le premier Consul, qui pourra les révoquer à volonté » ; art. 93 et 95 : « Il sera établi un nombre fixe d'avoués qui sera réglé par le Gouvernement sur l'avis du tribunal auquel les avoués devront être attachés... Les avoués seront nommés par le premier Consul sur la présentation du tribunal dans lequel ils devront exercer leur ministère. » L'article 96 contient une disposition semblable sur les huissiers.

Il est vrai de dire que, parallèlement à cette législation, qui ne reconnaissait dans les officiers ministériels que des fonctionnaires publics, il s'était développé une coutume faisant revivre, dans une certaine mesure, la vénalité des offices. Les notaires dès le Directoire, les avoués dès le Consulat, remirent peu à peu en vigueur les usages qui étaient pratiqués dans les anciennes corporations des notaires royaux et des procureurs : ils firent des traités pour la cession de leurs charges. Comme il fallait que ces transactions privées, pour produire leur effet, fussent suivies d'une attribution du titre au cessionnaire, les chambres de discipline usèrent du droit que leur donnait la loi de constater l'aptitude des candidats par des certificats de capacité, pour ramener indirectement le Gouvernement au régime des démissions en faveur et des transmissions héréditaires ; il suffisait pour cela que les chambres de discipline ne consentissent à délivrer le certificat de capacité qu'à l'aspirant qui avait traité avec le titulaire en exercice, ou avec ses héritiers. Ce procédé fut en usage pendant toute la durée du premier Empire ; le Gouvernement, craignant d'indisposer les officiers ministériels, laissa revivre l'ancien droit de présentation sous la forme détournée du certificat de capacité ; aussi M. Roland de Villargues proposant, en 1815, de rétablir la vénalité des offices, pouvait dire : « Il ne s'agit que de consacrer dans la forme légale un usage conforme aux mœurs et qui a été toléré et publiquement avoué par les différents gouvernements qui se sont succédé. » — Voir sur ce régime antérieur à 1816 : E. Durand, *Des offices considérés au point de vue des transactions privées*, et notre étude sur les *Décrets de suppressions d'offices ministériels* (*Revue critique de législation et de jurisprudence*, année 1873, p. 692).

1. Loi du 7 ventôse an VIII ; loi du 27 ventôse an VIII, art. 87, et tarifs annexés ; loi du 25 ventôse an XI, art. 33 et 34, et tarifs annexés. — Les suppléments de cautionnement demandés en 1816 aux officiers ministériels variaient de 1,000 à 4,400 fr.

seul droit que cette loi leur reconnut, par son article 91, fut celui de « présenter à l'agrément de Sa Majesté des successeurs pourvu « qu'ils réunissent les qualités exigées par les lois ». Mais en même temps la loi stipula que cette faculté n'aurait pas lieu pour les titulaires destitués, et qu'elle ne dérogerait pas « au droit de « Sa Majesté de réduire le nombre desdits fonctionnaires, notam- « ment celui des notaires dans les cas prévus par la loi du 25 ven- « tôse an XI », c'est-à-dire dans les cas de vacance par décès, dé- mission ou destitution.

En ce qui touche les droits des héritiers ou ayants cause des offi- ciers ministériels, l'article 91 ajoutait qu'il serait statué par une loi spéciale. Cette loi n'a pas été faite, mais on a admis avec juste rai- son que le droit de présentation des héritiers et ayants cause résul- tait suffisamment de la promesse inscrite dans l'article 91.

Pour ériger en droit de propriété des offices le droit de présen- tation reconnu par la loi de 1816, pour soutenir que l'État est ainsi devenu garant de la valeur des offices, même de ceux sur lesquels son droit de suppression était expressément réservé, il faudrait admettre que le législateur de 1816 a entendu grever éventuellement le Trésor d'une dette de plus d'un milliard (¹) en percevant, en échange, 31 millions seulement; et encore ces 31 millions n'entraient-ils pas définitivement dans les caisses de l'État, mais seulement à titre de dépôt portant intérêt au profit des déposants. Il faut reconnaître que les déplorables opérations financières que l'ancien régime a faites sur les offices auraient été bien dépassées par l'étrange combinaison qu'on a quelquefois prêtée au législateur de 1816.

On ne saurait donc admettre, sur le terrain du droit, cette notion de la propriété des offices dont on a trop souvent abusé dans des débats parlementaires. Les déclarations que les orateurs politiques

---

pour les avoués, de 1,150 à 2,500 fr. pour les notaires (loi du 28 avril 1816, art. 88, et tarifs annexés); ils formaient ensemble une somme de 31 millions destinée à com- bler une partie du déficit que présentait le budget de 1816 par suite des indemnités de guerre payées aux alliés. D'autres suppléments de cautionnement, s'élevant en- semble à 20 millions, étaient demandés aux percepteurs des contributions, aux rece- veurs de l'enregistrement et des domaines, aux conservateurs des hypothèques, etc.

1. En 1838, M. Roger du Nord évaluait à 1,200 millions la valeur totale des offices. (Chambre des députés, séance du 25 mai 1838.)

ont souvent faites à ce sujet, en s'inspirant de sympathies bien naturelles pour les titulaires d'offices, pour les intérêts attachés à leurs charges, pour l'utile et honorable mission qu'ils remplissent dans l'État, n'ont pu changer ni la nature des choses ni la loi([1]).

Deux éléments doivent donc être soigneusement distingués dans les offices ministériels : d'une part, l'instrument de travail, le cabinet, la clientèle, qui constituent un capital productif de revenus au même titre que le cabinet et la clientèle d'une personne exerçant une profession libre, et qui peuvent, comme eux, être l'objet de transactions privées ; d'autre part, la fonction publique et le droit de présentation qui sont en dehors du commerce. Dans ses rapports avec les tiers, l'officier ministériel agit comme propriétaire d'un fonds auquel sont attachés certains produits ; dans ses rapports avec le Gouvernement il ne peut agir que comme fonctionnaire public nommé à vie, ayant le droit de présenter un successeur, mais n'ayant pas le droit de lui transmettre lui-même son titre, ni même d'exiger le maintien d'un office que le Gouvernement aurait résolu de supprimer.

A cette distinction correspond celle des compétences.

Tous les traités qui ont pour objet la cession de l'étude ou du cabinet, des relations d'affaires qui y sont attachées, des dossiers, minutes et répertoires, des recouvrements à opérer sur la clientèle, sont des contrats de droit commun ayant pour objet la cession de droits de propriété ou de droits similaires. Par suite, toutes les con-

---

1. On ne saurait citer un meilleur commentaire de la loi de 1816 que la circulaire adressée le 21 février 1817, par M. Pasquier, garde des sceaux. On y lit : « Quelques officiers ont pensé que l'article 91 de cette loi avait entièrement changé l'état de choses antérieur en leur laissant la libre disposition de leur état. Il est vrai que la loi leur donne la faculté de présenter des successeurs à l'agrément de Sa Majesté, mais il serait déraisonnable de penser que cette faculté ne doit pas être subordonnée à des règles d'ordre public. Il vous appartient de prévenir dans votre ressort les abus qui pourraient résulter d'une fausse interprétation de la loi du 28 avril 1816.

« Vous êtes sans doute bien convaincu qu'elle n'a pas fait revivre la vénalité des offices, qui n'est pas en harmonie avec nos institutions. Vous ne devez donc voir dans les dispositions de l'article 91, qu'une condescendance, qu'une probabilité de préférence accordée aux officiers ministériels comme un dédommagement pour les suppléments de cautionnement exigés d'eux, dédommagement qui, étant susceptible d'une évaluation, doit être circonscrit, pour les avantages qu'ils peuvent en retirer, dans des limites qu'il ne leur est point permis de dépasser. »

testations auxquelles ces traités peuvent donner lieu sont de la compétence exclusive des tribunaux judiciaires.

Il est vrai que ces transactions privées ne peuvent devenir définitives que si le cessionnaire du fonds devient en même temps le titulaire de l'office ; d'où il résulte qu'elles doivent être considérées comme provisoires et faites sous condition suspensive, tant que le Gouvernement ne s'est pas prononcé sur la présentation du successeur, et qu'elles doivent être déclarées non avenues, s'il refuse de nommer le cessionnaire (¹). Mais la constatation et l'application de ces causes de caducité ne relèvent que du tribunal appelé à juger le traité.

Il est vrai aussi que le Gouvernement se réserve, en vertu d'un droit de haute tutelle inhérent à ses pouvoirs de collateur du titre, la faculté d'examiner le traité, de contrôler les évaluations qu'il contient, de s'opposer à l'exagération ou à l'avilissement du prix, à l'insertion de clauses contraires aux devoirs ou à la dignité du nouveau titulaire ; mais cette intervention ne saurait modifier ni la nature du contrat ni la compétence.

De même, l'approbation du traité par la chancellerie ne fait pas obstacle à ce que le cessionnaire, mis en possession de l'office, saisisse les tribunaux d'une action en réduction du prix, si ce prix a été déterminé d'après des documents inexacts (²), ou si la faillite du cédant, sa déconfiture, une condamnation survenue peu de temps après l'installation du cessionnaire, a causé à l'office une dépréciation qui n'avait pas été prévue lors de la passation du traité (³).

Mais, dès qu'il ne s'agit plus de ces transactions privées, qui sont soumises à la surveillance du Gouvernement et non à son autorité, dès qu'il s'agit d'actes relevant de la puissance publique, tels que la nomination ou le refus de nomination d'un successeur, le maintien ou la suppression d'un office, la compétence judiciaire disparaît et fait place à la compétence administrative.

Si donc le Gouvernement use du droit, qu'il s'est réservé par

---

1. Civ., 14 mai 1851, *Commerson;* — 26 mai 1851, *Labourmène.*

2. Civ., 2 août 1847, *Gravelle;* — Req., 2 avril 1849, *Poisson;* — 6 décembre 1852, *Leroy des Plantes.*

3. Lyon, 2 mai 1850, *Lalande;* — Bordeaux, 19 novembre 1850, *Tornezy;* — Paris, 27 février 1852, *Legendre.*

l'article 91 de la loi du 28 avril 1816, de supprimer un office ministériel dans les cas prévus par cette loi, ni l'acte qui prononce la suppression, ni les décisions relatives à l'indemnité ne peuvent faire l'objet d'un débat devant les tribunaux judiciaires. Ces actes de l'autorité publique ne pourraient même pas être discutés devant eux, soit dans leur principe, soit dans leurs conséquences, sous prétexte qu'ils constitueraient, à l'égard du titulaire de l'office, une expropriation directe ou indirecte ; en effet, toute expropriation suppose une propriété, et l'office, nous l'avons dit, ne saurait avoir ce caractère au regard du Gouvernement. Il y a plus : la loi de 1816 ayant réservé au Gouvernement le droit de suppression, tel qu'il s'exerçait avant que les officiers ministériels eussent le droit de présenter des successeurs, et le Trésor n'ayant encaissé aucun prix qu'il ait à restituer lors de la suppression ; il en résulte que l'État n'est personnellement débiteur d'aucune indemnité envers le titulaire de l'office ou ses héritiers. En droit strict, il n'a à rembourser que le cautionnement puisqu'il n'a pas touché autre chose. La question d'indemnité ne pourrait se poser à son égard, que s'il prononçait des suppressions d'offices en dehors des cas qu'il a expressément réservés, les cas de destitution, de décès ou de démission prévus par les lois de 1816 et de l'an XI.

Des considérations d'équité ont cependant fait admettre qu'une indemnité doit être payée au titulaire ou à sa famille, même dans les cas de suppression prévus par la loi, pourvu que le titulaire n'ait pas été déchu de son droit de présentation par l'effet d'une destitution disciplinaire. La chancellerie s'est appliquée de tout temps à faire payer cette indemnité par les titulaires des offices conservés, qui sont naturellement appelés à recueillir la clientèle de l'office supprimé. Cette mesure est assurément équitable ; mais quand il s'est agi de la traduire en obligation juridique pour les titulaires en exercice, des difficultés se sont présentées, tant sur l'existence de l'obligation que sur la compétence.

On a d'abord pensé que la question pouvait être résolue par la voie judiciaire, au moyen d'une sorte d'action *de in rem verso* formée par le titulaire de l'office supprimé ou par ses représentants contre les officiers ministériels qui profitaient de la suppression. Plusieurs décisions judiciaires, s'inspirant du principe que nul ne peut s'en-

richir aux dépens d'autrui, ont vu là le germe d'une action purement civile relevant de la compétence des tribunaux [1].

Mais la chancellerie, après quelques hésitations, a admis que
l'allocation d'une indemnité de suppression et sa répartition entre
les titulaires conservés étaient, comme la suppression elle-même,
dans les attributions du Gouvernement, et que celui-ci pouvait y
procéder par décret, après avis des chambres de discipline, du parquet et du tribunal. C'est ainsi que le Gouvernement avait procédé,
sans soulever de réclamations, avant la loi de 1816. Par un décret
du 19 mars 1808, il avait supprimé à Paris cent douze avoués et
réduit leur nombre à cent cinquante, puis, par un autre décret du
25 mars suivant, il avait chargé les avoués maintenus d'indemniser « de la perte de leur pratique » ceux dont les offices étaient
supprimés [2]. S'inspirant de ces précédents, le Gouvernement a
appliqué aux indemnités individuelles les procédés qui avaient été
suivis pour des indemnités collectives.

La légalité des décrets de répartition, et leur caractère obligatoire à l'égard des officiers ministériels constitués débiteurs de
l'indemnité, pouvaient être contestés au début, mais ils ont été reconnus par la loi de finances du 25 juin 1841, dont l'article 13 est
ainsi conçu : « En cas de suppression d'un titre d'office, lorsqu'à
« défaut de traité, l'ordonnance qui prononcera l'extinction fixera
« une indemnité à payer au titulaire de l'office supprimé ou à ses
« héritiers, l'expédition de cette ordonnance devra être enregistrée
« dans le mois de la délivrance. Le droit de 2 p. 100 sera perçu
« sur le montant de l'indemnité. » L'ordonnance prévue par cette
disposition n'est pas la ratification pure et simple d'un accord
survenu entre les intéressés, puisqu'elle intervient « à défaut de
traité » ; elle émane d'un véritable droit de décision du Gouvernement puisqu'elle « fixe l'indemnité » ; elle constitue par elle-
même un titre de créance puisqu'elle est soumise à l'enregistre-

---

1. Rennes, 29 juin 1833 ; — Riom, 5 juillet 1851 ; — Bordeaux, 24 mars 1859. —
La même doctrine a été soutenue par M. Perriquet (*Traité des offices ministériels,*
nos 626 et suiv.).

2. D'après le décret de 1808, une commission de trois magistrats statuant en dernier ressort était chargée de fixer l'indemnité totale, dont la charge devait être ensuite également répartie entre tous les avoués maintenus.

ment. C'est d'ailleurs ce que le rapporteur de la loi déclarait expressément : « Il peut arriver, disait-il, que le Gouvernement, en prononçant la suppression d'un office, attribue au titulaire de l'office supprimé ou à ses ayants droit une indemnité qui doit être acquittée par les titulaires conservés. L'ordonnance qui constituera leur droit de répétition, et devra par conséquent leur servir de titre, sera enregistrée ([1]). »

Quant à l'objection tirée de ce que la loi de 1841 est une loi de finances, qui n'aurait touché la question qu'au point de vue fiscal, et qui n'aurait pas entendu la résoudre au point de vue du fond du droit et des compétences, on ne saurait s'y arrêter, moins encore dans cette matière qu'en toute autre. Qu'est-ce en effet que la loi du 28 avril 1816 qui a créé le droit de présentation, sinon une loi de finances, de même nature que la loi de 1841 ?

Le droit du Gouvernement de statuer sur l'attribution et la répartition de l'indemnité a été consacré par la jurisprudence du Conseil d'État. Dans une affaire jugée le 27 juin 1873 (*Tranouez*) un recours pour excès de pouvoir avait été formé contre un décret de répartition, par le motif qu'aucune disposition de loi n'aurait attribué au Président de la République le droit d'imposer aux titulaires des offices conservés l'obligation de payer une indemnité aux représentants de l'office supprimé, et qu'il n'appartiendrait qu'aux tribunaux de statuer sur une réclamation de cette nature. On lit dans l'arrêt qui a rejeté ce recours : « Les suppressions d'offices prononcées par le Gouvernement ont pour résultat de priver le titulaire de l'office supprimé ou ses ayants droit de la faculté de présenter un successeur et, d'un autre côté, d'amener la répartition des affaires qui pouvaient lui être confiées entre les titulaires restant en fonctions ; les pouvoirs réservés au Gouvernement impliquent nécessairement le droit de déterminer les conditions dans lesquelles la suppression des offices sera prononcée et de régler, entre les titulaires de l'office supprimé et les titulaires restant en fonctions, les conséquences de cette suppression. » L'arrêt ajoute que « cette pratique a été reconnue et sanctionnée par l'article 13 de la loi du 25 juin 1841 ». Le Conseil d'État a affirmé de nouveau cette doc-

---

1. Rapport de M. Rivet, séance du 3 mai 1841.

trine par plusieurs décisions rendues en 1886, en 1890 et en 1894 [1].

La jurisprudence des tribunaux s'est prononcée dans le même sens et a reconnu que le décret de répartition constitue, au profit des titulaires supprimés, un titre exécutoire dont ils peuvent poursuivre l'exécution devant les tribunaux, et dont ceux-ci ne peuvent paralyser ni modifier les dispositions [2].

---

1. Conseil d'État, 11 juin 1886, *Lasserre*; — 16 mai 1890, *Galy-Gasparron*; — 19 décembre 1890, *Bernard*; — 29 juin 1894, *Guyonnet*.

2. Orléans, 12 janvier 1863, *Faucon*, et plusieurs jugements de tribunaux de première instance (*Saint-Brieuc*, 12 mai 1861; *Chalon-sur-Saône*, 16 juillet 1867) qui n'ont pas été frappés d'appel.

CHAPITRE V

DE LA COMPÉTENCE EN MATIÈRE DE CONTRATS

———

Division. — La matière des contrats est peut-être celle où les règles de compétence sont les plus complexes. Rien n'est plus varié, en effet, que la nature et l'objet des conventions dans lesquelles l'administration peut être intéressée. D'un autre côté, l'administration ne contracte pas toujours en la même qualité ; tantôt elle agit pour la gestion de biens productifs de revenus et dépendant du domaine privé de l'État, des départements ou des communes ; tantôt comme autorité préposée à la gestion des services publics ; tantôt enfin comme puissance publique faisant des actes qui portent l'empreinte de cette puissance et qui ont en même temps un caractère contractuel.

Pour déterminer les juridictions qui ont compétence sur ces différents contrats, le législateur ne s'est pas toujours inspiré de vues d'ensemble et de doctrines juridiques bien arrêtées. Il a fait une part assez large à des considérations d'opportunité administrative qui l'ont plus ou moins impressionné selon les temps et les circonstances. Cependant, quelques idées générales se dégagent de la législation et de la jurisprudence.

On peut formuler les règles suivantes :

1° Lorsque l'administration agit pour la gestion de son domaine privé, c'est-à-dire des biens productifs de revenus qu'elle possède comme personne civile, les conventions qu'elle passe sont des contrats de droit commun du ressort des tribunaux judiciaires, à moins d'exceptions spécialement prévues par la loi. Ces exceptions sont rares et la jurisprudence répugne à les étendre.

2° Lorsque l'administration agit pour la gestion des services publics, c'est encore l'autorité judiciaire qui est compétente en principe et sous réserve des exceptions légales ; mais ces exceptions sont nombreuses, elles peuvent résulter de dispositions générales de la loi aussi bien que de dispositions spéciales, et la jurisprudence se refuse moins à les étendre par voie d'analogie.

3° Enfin, quand l'administration agit comme puissance publique, et que l'accord de volontés survenu entre elle et des tiers n'est en quelque sorte que l'accessoire et la condition de l'acte administratif qu'elle accomplit, la compétence est administrative de plein droit, en vertu du principe de la séparation des pouvoirs, parce que l'acte de puissance publique est l'élément qui domine.

Dans ce dernier cas seulement, le contrat est administratif *par sa nature ;* dans les deux autres il n'est administratif que *par la détermination de la loi.* (Voy. p. 7 et suiv.)

Étudions successivement ces trois catégories de contrats et les règles de compétence qui s'y rapportent.

I. — CONTRATS PASSÉS PAR L'ADMINISTRATION DANS L'INTÉRÊT DE SON DOMAINE PRIVÉ.

Les biens qui forment le domaine privé de l'État, des départements ou des communes sont des propriétés régies par la loi civile ; les conventions faites à leur occasion ne diffèrent pas, quant à leur nature juridique, de celles que peut faire un simple citoyen ; elles sont l'exercice des mêmes droits et relèvent des mêmes juges.

C'est pourquoi les contrats qui ont pour but l'exploitation et la mise en valeurs des biens domaniaux que l'État possède privativement, échappent à la compétence administrative, si des textes spéciaux ne les lui ont pas déférés.

On peut citer, à titre d'exemples, les contrats suivants :

Adjudications de coupes dans les forêts de l'État. — Le contentieux de ces adjudications relevait autrefois des maîtrises des eaux et forêts en vertu de l'ordonnance d'août 1669. Après la suppression de cette juridiction, on s'est demandé s'il ne devait pas être attribué aux conseils de préfecture comme rentrant dans le contentieux des domaines nationaux : la vente des coupes, disait-on, surtout celles des futaies, est une vente de la superficie du domaine, qui doit être soumise aux mêmes règles que la vente même du fonds. Mais le Conseil d'État a toujours reconnu la compétence judiciaire ([1]), sauf dans le cas spécial prévu par l'article 26 du Code forestier qui attribuait aux conseils de préfecture toutes les contestations relatives à la validité des surenchères. Les surenchères ayant été abolies, et l'article 26 ayant été abrogé par la loi du 4 mai 1837, cette réserve n'existe plus aujourd'hui.

La même règle s'applique aux adjudications des produits accessoires des forêts : glands, herbages, etc., faisant l'objet des droits de glandée, panage et paisson prévus par l'article 53 du Code forestier.

Baux de chasse. — Les baux ayant pour objet le droit de chasse dans les forêts de l'État sont des contrats de droit commun. La compétence judiciaire s'exerce sur toutes les obligations qui incombent à l'État bailleur, notamment celle d'assurer au fermier de la chasse une paisible jouissance de la chose louée. Alors même que l'adjudicataire se plaindrait d'un trouble qui ne serait pas l'œuvre de l'État agissant comme propriétaire, mais celle de l'administration exerçant la puissance publique, l'action en résiliation, en réduction de prix, ou en dommages-intérêts n'en serait pas moins de la compétence exclusive des tribunaux. Cette solution a été consacrée par plusieurs décisions du Tribunal des conflits. Dans une affaire jugée le 21 mars 1891 (*Cahen d'Anvers*) l'adjudicataire se plaignait d'un trouble provenant de l'exploitation d'une carrière par l'administration dans la forêt louée ; dans une autre affaire jugée le 29 novembre 1884 (*Jacquinot*) la question pouvait paraître plus délicate parce qu'il s'agissait d'un trouble causé non par l'administration des domaines représentant l'État propriétaire, mais par l'autorité militaire qui avait fait procéder à des manœuvres de troupes et à des exercices de tir dans la forêt domaniale ; l'administration soutenait que la réclamation ne pouvait être portée que devant le ministre de la guerre, sauf recours au Conseil d'État ; mais le Tribunal des conflits a décidé que « le bail étant un contrat

---

1. Conseil d'État, 11 décembre 1814, *Baudoin ;* — 28 février 1828, *Guisse.*

de droit commun, les contestations auxquelles son exécution peut donner lieu entre l'administration et l'adjudicataire sont de la compétence de l'autorité judiciaire, à moins qu'il n'en soit autrement ordonné par une disposition formelle de la loi, et que cette compétence, dérivant de la nature même du contrat, ne peut être modifiée par le caractère des faits qui auraient causé la privation partielle ou totale de jouissance alléguée par le demandeur. »

A peine est-il besoin d'ajouter que la compétence judiciaire ne saurait être mise en échec par une clause du cahier des charges d'un bail de chasse qui attribuerait compétence au ministre ou au conseil de préfecture. Les cahiers des charges ne peuvent en effet déroger aux règles de la compétence *ratione materiæ* ([1]).

Bâtiments et chemins d'exploitation. — Les marchés ayant pour objet la construction de bâtiments d'exploitation dans des domaines agricoles ou forestiers, ou la création de chemins destinés à faciliter cette exploitation et non à servir de voies publiques, ne sont pas des marchés de travaux publics relevant des conseils de préfecture ; ils sont du ressort des tribunaux comme s'ils étaient passés par des particuliers ([2]).

L'administration des forêts a cependant contesté la compétence judiciaire pour les travaux de construction et d'entretien des chemins destinés à faciliter l'exploitation des coupes.

Pendant longtemps elle a inséré, dans les marchés ayant ces chemins pour objet, des clauses stipulant la compétence du ministre, sauf recours au Conseil d'État ; elle se fondait sur ce que ces contrats, en admettant qu'ils ne fussent pas des marchés de travaux publics prévus par la loi du 28 pluviôse an VIII, constituaient tout au moins des marchés passés par un ministre pour le service de son département, et prévus par l'article 14 du décret du 11 juin 1806. Mais le Conseil d'État n'a pas admis cette opinion ; il a maintenu la compétence judiciaire ([3]), à moins que les chemins fo-

---

1. Conseil d'État, 5 août 1887, *commune de Divonne.*

2. La question serait plus délicate si ces domaines étaient affectés à un service public, soit comme établissements d'instruction, soit comme établissements pénitentiaires, et n'avaient pas ainsi le caractère exclusif de biens privés productifs de revenus.

3. Conseil d'État, 2 mai 1873, *ministre des finances c. Barliac.*

restiers n'eussent en même temps le caractère de voies publiques
destinées à la circulation générale ou locale. Dans ce cas, l'article 4 de la loi du 28 pluviôse an VIII deviendrait applicable, et
le conseil de préfecture serait compétent (¹).

Baux de pêche. — A l'égard des adjudications de droits de pêche
dans les cours d'eau navigables, un doute aurait pu naître de ce
que ces cours d'eau dépendent du domaine public, et non du domaine privé de l'État ; or la concession de droits de jouissance sur
le domaine public constitue, en général, un acte administratif en
forme contractuelle, et non un bail proprement dit. Mais on a reconnu que si le cours d'eau lui-même, c'est-à-dire l'eau courante et
son lit, fait partie du domaine public, il n'en est pas de même du
droit de pêche qui représente un bien incorporel d'une nature spéciale, productif de revenu et susceptible de figurer dans le domaine
privé. La loi du 15 avril 1829 sur la pêche fluviale (art. 4) a d'ailleurs tranché la question en disposant que « les contestations entre
« l'administration et les adjudicataires relatives à l'interprétation
« et à l'exécution des baux et adjudications, et toutes celles qui
« s'élèveraient entre l'administration et ses ayants cause et des tiers
« intéressés à raison de leurs droits ou de leurs propriétés seront
« portées devant les tribunaux ». En conséquence, toutes les réclamations dirigées contre l'État à raison d'un trouble de jouissance,
quelle qu'en soit la cause, doivent être portées devant les tribunaux (²).

Les exemples qui précèdent suffisent pour montrer l'application
de la règle. Voyons maintenant les exceptions.

Baux de sources minérales. — Des dispositions spéciales de
l'arrêté des consuls du 3 floréal an VIII (art. 1 et 2) ont créé la
compétence administrative pour les baux des sources minérales
appartenant à l'État. D'après ces textes, le produit des sources
« appartenant à la République » doit être adjugé aux enchères par
les soins des préfets ; « à défaut de paiement du prix du bail ou de

---

1. Conseil d'État, 3 juillet 1852, *Mercier*.
2. Tribunal des conflits, 11 décembre 1875, *Maisonnabe*.

« l'exécution des clauses y contenues, il pourra être résilié *par*
« *le conseil de préfecture* et réadjugé à la folle enchère du fer-
« mier ».

Bien que le texte ne vise que l'action en résiliation, on a admis
que le contentieux du contrat ressortit tout entier au conseil de
préfecture. Mais la jurisprudence du Conseil d'État s'est toujours
refusée à étendre la compétence administrative aux baux de sources minérales appartenant aux départements et aux communes.
L'arrêté du 3 floréal an VIII ne vise en effet que les sources appartenant « à la République », c'est-à-dire à l'État, et un arrêt du
4 décembre 1822 (*hospice de Bagnères*) a considéré cette disposition
comme limitative.

L'opinion de l'administration était différente ; elle s'est efforcée
de la faire prévaloir au moyen de dispositions insérées dans l'ordonnance du 18 juin 1823. Le titre III de cette ordonnance, relatif
à « l'administration des sources appartenant à l'État, aux départements, aux communes et aux établissements charitables », contient un article 22 portant que « les clauses des baux stipuleront
toujours que la résiliation pourra être prononcée immédiatement
par le conseil de préfecture en cas de violation du cahier des
charges ».

Mais l'ordonnance de 1823 ne pouvait pas être considérée comme
ayant force de loi en matière de compétence, l'ordre des juridictions ne pouvant être réglé que par le législateur et non par le
pouvoir exécutif [1] ; à plus forte raison ne peut-il pas résulter des
clauses d'un cahier des charges. Aussi le Conseil d'État a-t-il tenu
pour non avenue, au point de vue des compétences, l'assimilation
faite par l'ordonnance de 1823 entre les sources des départements
et des communes et celles qui appartiennent à l'État. Il a maintenu
pour les premières la compétence judiciaire, en se fondant sur ce
que « aucune disposition *législative* n'attribue aux conseils de préfecture le pouvoir de statuer sur les contestations qui peuvent s'é-

---

1. On aurait pu faire la même objection à l'arrêté des consuls du 3 floréal an VIII,
mais on sait que d'après la jurisprudence du Conseil d'État et de la Cour de cassation, les arrêtés consulaires et les décrets impériaux, qui empiétaient sur le domaine
législatif, mais qui n'avaient pas été déférés au Sénat comme inconstitutionnels,
sont réputés avoir acquis force de loi.

lever au sujet de l'exécution des baux faits pour la location des eaux minérales appartenant aux communes (¹) ».

Faut-il conclure du caractère spécial, attribué aux sources minérales de l'État par l'arrêté de l'an VIII, que les travaux faits pour leur exploitation sont des travaux publics relevant de la compétence administrative ? Nous ne le pensons pas, car ces sources dépendent du domaine privé de l'État. Quant à l'intérêt qui s'attache à leur exploitation au point de vue de la santé publique, il existe également pour toutes les sources minérales et thermales reconnues d'intérêt public, quels qu'en soient les propriétaires. Les dérogations à la compétence judiciaire ne devant pas être étendues par voie d'analogie quand il s'agit de conventions intéressant le domaine privé, il y a lieu d'appliquer à l'exploitation de ces sources la même règle qu'à l'exploitation des forêts, et de réserver aux tribunaux le contentieux des travaux qui s'y rapportent. A la vérité, le Conseil d'État a reconnu le caractère de travaux publics à la construction des routes dites « routes thermales », destinées à favoriser l'accès et à embellir le séjour des stations balnéaires (²). Mais à peine est-il besoin de faire remarquer que les routes thermales ne desservent pas uniquement les sources, qu'elles s'étendent au delà des terrains possédés par l'État, qu'elles jouent un rôle important dans la circulation locale, et qu'elles ont à ce titre le caractère de véritables voies publiques.

On peut citer d'autres cas assez nombreux où des baux, ou bien des conventions spéciales qu'on a plus ou moins justement assimilées à des baux, relèvent de la compétence administrative. Mais lorsqu'on les passe en revue, on voit qu'ils ne concernent pas des biens exploités comme domaines privés productifs de revenus, mais des biens affectés à des services publics, et susceptibles de produire des redevances assimilables à des taxes, tels que les abattoirs, les halles, les marchés. A plus forte raison, ne faut-il pas confondre avec le contrat civil de bail, la mise en ferme de revenus publics, tels que les octrois, ni le droit donné à un concessionnaire de tra-

---

1. Conseil d'État, 20 juin 1861, *Morel*. — Un arrêt antérieur du 6 avril 1854, *Bouville*, avait cependant admis la compétence administrative pour le bail d'une source thermale appartenant à un département.

2. Conseil d'État, 8 mars 1836, *Lafond*.

vaux publics de percevoir des péages sur ceux qui font usage de l'ouvrage qu'il a construit, tel qu'un pont à péage, un chemin de fer, un canal. Ces conventions d'une nature particulière sont régies, selon les cas, soit par la législation des marchés ou des concessions, soit par des lois spéciales que nous avons mentionnées en traitant des attributions des conseils de préfecture ([1]).

Baux de biens communaux, d'octroi, de droits de place, etc. — Nous réunissons ici différents contrats de location qui intéressent les communes et que l'on désigne sous la dénomination générale de *baux*, mais en faisant remarquer qu'il s'agit en réalité d'actes de nature différente, et qu'il peut en résulter certaines distinctions au point de vue de la compétence.

S'il s'agit de la location de biens communaux proprement dits, c'est-à-dire de biens dépendant du domaine privé de la commune, nul doute que le contentieux du contrat ne soit judiciaire par sa nature, comme il l'est pour l'État en pareil cas, et par *à fortiori*. Seulement, si la validité des contrats ressortit aux tribunaux, il n'en est pas de même de la validité des actes administratifs qui ont autorisé le contrat, délibérations du conseil municipal, décisions du bureau d'adjudication, approbation préfectorale, etc. Si ces derniers actes sont contestés il peut y avoir lieu, conformément aux règles ordinaires, à une question préjudicielle du ressort des tribunaux administratifs ([2]).

S'il s'agit non de biens du domaine privé de la commune, mais de biens affectés à un service public et susceptibles de produire des redevances assimilables à des taxes, tels que les abattoirs, les halles, les marchés, et à plus forte raison s'il s'agit d'affermer des revenus communaux tels que les octrois, on n'est plus en présence des baux prévus par le Code civil, mais de conventions d'une nature particulière qui peuvent être soumises par la loi à des règles spéciales de compétence.

Ces règles ont été déterminées par l'article 136 du décret du 17 mai 1809, qui a institué pour les baux d'octroi une compétence

---

1. Voy. ci-dessus, page 365 et suiv.
2. Conseil d'État, 8 février 1889, *Sargos*. — Cf. ci-dessus, page 484.

mixte, étendue par la jurisprudence à la ferme des autres taxes communales. Cette compétence est judiciaire pour tout ce qui touche au contentieux du contrat (exécution, résiliation, indemnité, etc.). Mais elle est administrative en ce qui touche l'interprétation de ce contrat. D'après le décret de 1809, c'est au conseil de préfecture qu'il appartient de déterminer « le sens des baux ».

Cette dualité de compétence peut assurément être critiquée, et l'on comprend difficilement que l'autorité judiciaire, compétente pour prononcer une résiliation, pour allouer des indemnités à raison de l'inexécution de ce contrat, soit obligée de demander à la juridiction administrative l'interprétation de ce même contrat. Mais la jurisprudence a toujours considéré les dispositions du décret de 1809 comme impératives, et de récents arrêts du Conseil d'État en ont de nouveau consacré l'application (¹).

II. — Contrats passés par l'administration dans l'intérêt des services publics.

Le fait que l'administration contracte pour assurer un service public n'exclut pas, par lui-même, la compétence judiciaire. Celle-ci subsiste, en principe, car les marchés et les autres conventions passées en vue de services publics sont presque tous de simples actes de gestion et non des actes de puissance publique ; or, nous savons que les actes de puissance publique sont les seuls qui échappent de plein droit à la compétence judiciaire. Mais, si cette compétence est encore ici la règle, le législateur y a presque toujours dérogé quand il s'est agi de marchés et autres contrats intéressant les services publics.

Location et réquisition d'immeubles. — Parmi les contrats faits en vue des services publics, ceux pour lesquels la compétence judiciaire a été le mieux respectée par le législateur et le plus sévèrement maintenue par la jurisprudence, sont ceux qui intéressent la propriété foncière. Nous ne parlons plus ici des contrats

1. Conseil d'État, 13 mars 1891, *Médiani ;* — 17 avril 1891, *commune de Saint-Justin.*

translatifs de propriété, sur lesquels nous nous sommes précédemment expliqué ([1]), mais des autres conventions qui peuvent intervenir entre l'administration et le propriétaire d'un immeuble pour les besoins d'un service public.

Toute location d'immeuble en vue d'installer des ateliers ou manufactures de l'État, des services administratifs, des casernements de troupes, ressortit aux tribunaux judiciaires ([2]). Ceux-ci peuvent appliquer à l'administration toutes les obligations que le Code civil impose aux locataires ordinaires, notamment celle d'indemniser le propriétaire en cas d'incendie, à moins que l'État locataire n'établisse que l'incendie est résulté du fait d'autrui ou de la force majeure (C. civ., art. 1733). Le Tribunal des conflits s'est prononcé en ce sens par une décision du 23 mai 1851 [*Lapeyre*] ([3]).

La compétence ne change pas lorsque l'occupation d'un immeuble en vue d'un service public résulte d'une réquisition. La loi du 3 juillet 1877 (art. 26) a expressément attribué aux tribunaux le règlement de toutes les indemnités de réquisitions. Elle avait d'ailleurs été devancée, en ce qui touche les réquisitions d'immeubles, par le décret du Gouvernement de la Défense nationale du 12 novembre 1870, qui attribuait aux tribunaux la connaissance de toute difficulté relative à l'occupation d'ateliers requis pour les besoins de la défense, et par la jurisprudence du Tribunal des conflits et du Conseil d'État, qui avait assimilé la réquisition à une location forcée, et l'avait soumise aux mêmes règles de compétence ([4]).

Toutefois, cette législation et cette jurisprudence ne seraient pas applicables aux occupations qui auraient le caractère de faits de

1. Voy. ci-dessus, p. 553.

2. Conseil d'État, 18 janvier 1855, *Bourgoin*; — 30 avril 1868, *Richard*.

3. Cette solution ne doit pas être étendue au cas où l'État ne serait pas personnellement locataire ; par exemple, s'il s'agissait d'une caserne de gendarmerie dont la location incombe au département ; ou bien si l'occupation d'un immeuble résultait d'une réquisition pour le logement de troupes. Dans ces cas, des dispositions particulières des lois des 8 juillet 1791 et 23 mai 1792 limitent la responsabilité de l'État au cas où il est justifié que l'incendie est imputable aux troupes; c'est alors devant le ministre, sauf recours au Conseil d'État, que le propriétaire doit porter sa réclamation. (Cf. loi du 3 juillet 1877, art. 14; — Tribunal des conflits, 25 mars 1881, Cᶦᵉ *la Providence* ; — Conseil d'État, 9 février 1883, Cᶦᵉ *la Providence*.)

4. Tribunal des conflits, 11 janvier 1873, *Péju* ; — 11 janvier 1873, *Joannon* ; — Conseil d'État, 30 avril 1875, *Société des deux Cirques*.

guerre, ou qui seraient le résultat de conventions diplomatiques. Les tribunaux judiciaires et administratifs seraient également incompétents pour connaître d'occupations de cette nature qui auraient le caractère d'actes de gouvernement échappant à toute juridiction contentieuse. Nous reviendrons sur ces questions en étudiant les limites des pouvoirs de juridiction à l'égard de l'autorité gouvernementale (¹).

Marchés de travaux et de fournitures. — En dehors du cas où la propriété immobilière est en cause, le législateur a doté la juridiction administrative d'une compétence étendue en matière de contrats passés pour la gestion des services publics.

Rappelons d'abord deux grandes catégories de contrats : les marchés de travaux publics, prévus par la loi du 28 pluviôse an VIII, qui ressortissent aux conseils de préfecture ; les marchés de fournitures prévus par le décret du 11 juin 1806, qui ressortissent au Conseil d'État par voie de recours contre les décisions des ministres.

Les marchés de travaux publics relèvent de la compétence administrative, quelle que soit l'administration intéressée : État, département, commune, colonie, fabrique paroissiale, consistoire ; quelquefois même lorsque les travaux ne sont l'œuvre d'aucune administration publique, mais touchent à des intérêts généraux : tels sont les travaux des associations syndicales autorisées et les entreprises de desséchement de marais, prévus par les lois du 16 septembre 1807, du 21 juin 1865, du 29 décembre 1884. Cette catégorie de contrats comprend, en dehors des marchés et des concessions de travaux publics proprement dits, et en vertu d'une jurisprudence d'abord contestée mais aujourd'hui bien assise, des conventions de nature très diverse, savoir : les offres de concours en argent ou en terrains en vue de travaux publics, les marchés de distribution d'eau et de gaz dans les villes, les entreprises de nettoiement et de balayage, les marchés passés pour l'entretien et le travail des détenus dans les prisons.

---

1. Voy. tome II, livre IV, chapitre II, §§ 3 et 4.

Dans les marchés de fournitures sont compris tous les marchés d'approvisionnement, de fabrication, de transport passés pour le compte de l'État ou des colonies, mais non ceux qui sont passés pour le compte des départements ou des communes. A la vérité, les principaux marchés de fournitures intéressant les communes relèvent aussi des tribunaux administratifs, depuis que les marchés d'éclairage, de distribution d'eau, de balayage, de pompes funèbres, ont été assimilés à des marchés de travaux publics ; mais ils n'en relèvent qu'en vertu de cette assimilation, et non à titre de marchés de fournitures.

Contrats relatifs à la Dette publique. — En dehors des contrats que des textes spéciaux ont prévus, et de ceux que la jurisprudence leur a assimilés, il existe beaucoup d'autres contrats auxquels on a reconnu un caractère administratif en vertu des principes généraux qui régissent la Dette publique et les engagements du Trésor. Ces principes reposent encore aujourd'hui sur la loi du 17 juillet 1790 par laquelle l'Assemblée nationale « décrète *comme un principe constitutionnel* que nulle créance sur le Trésor public ne peut « être admise parmi les dettes de l'État qu'en vertu d'un décret de « l'Assemblée nationale », et sur la loi du 26 septembre 1793, aux termes de laquelle « toutes les créances sur l'État seront *réglées administrativement* ». Nous nous sommes déjà expliqué, en traitant des attributions des ministres comme liquidateurs des dettes de l'État, sur la force légale toujours inhérente à ces textes [1].

La jurisprudence a modéré les applications souvent excessives que ces lois ont reçues à l'origine ; elle a combiné sur plusieurs points les principes de compétence qu'elles ont posés, avec d'autres principes également vrais et plus favorables à la compétence judiciaire ; mais elle les a laissés subsister dans toute leur force, quand il s'est agi de la Dette publique proprement dite et des contrats qui s'y rattachent.

Le plus important de ces contrats est celui qui intervient entre l'État et ses créanciers sous la forme de constitution de rentes perpétuelles ou amortissables. Le ministre des finances, gardien du

---

1. Voy. ci-dessus, p. 198 et suiv., 432 et suiv.

grand-livre de la Dette publique, prononce, sauf recours au Conseil d'État, sur toutes les contestations auxquelles peuvent donner lieu l'émission et la répartition des rentes émises par souscription publique, la délivrance des titres, le paiement des arrérages, le remboursement des titres amortis.

La compétence administrative n'est limitée, en cette matière, que par le droit qui appartient aux tribunaux judiciaires de statuer sur les questions de propriété et sur les conventions de droit commun dont les rentes peuvent être l'objet. Ces tribunaux ont seuls qualité pour connaître de tous les actes translatifs de la propriété des rentes : ventes, successions, donations, apport en société, etc. ; de tous les cas d'inaliénabilité se rattachant au droit civil, tels que la dotalité, l'incessibilité stipulée par le testateur. Aucune de ces questions ne peut, en effet, affecter les rapports de l'État avec son créancier, qui dispose librement de sa créance sur le Trésor. Mais la compétence administrative reprend ses droits dès que les conventions intervenues entre particuliers doivent se traduire sur le grand-livre. C'est pourquoi le transfert est une opération administrative, qui se distingue de toutes les mutations civiles qui peuvent y donner lieu, et qui rentre exclusivement dans les attributions du ministre des finances. Les tribunaux, compétents pour faire l'attribution de la rente, ne le sont pas pour statuer sur le transfert ; les contestations auxquelles peuvent donner lieu les décisions ministérielles rendues en cette matière ne peuvent être portées que devant le Conseil d'État (¹).

Nous avons déjà eu occasion de signaler une conséquence importante de cette règle en ce qui touche les attributions de rentes aux créanciers des titulaires. Le principe de l'insaisissabilité des rentes importe trop au crédit public, il se rattache trop étroitement au contrat passé entre l'État et ses créanciers, pour que son application ait pu être abandonnée aux tribunaux judiciaires. Aussi le ministre des finances, appelé à réaliser une mutation de rente au moyen d'un transfert, a-t-il toujours le droit de rechercher si le

---

1. Conseil d'État, 11 mars 1843, *Lepelletier de Mortefontaine ;* — 17 juillet 1843, *Debrée ;* — 5 janvier 1847, *Dutreich.* — Voy. Dareste, *la Justice administrative,* p. 365 ; Perriquet, *les Contrats de l'État,* p. 422.

transfert est requis par le propriétaire du titre ou par un de ses créanciers, et de refuser de l'opérer dans ce dernier cas ([1]).

Pour le paiement des arrérages, la règle de compétence est la même que pour le transfert du titre. Ce paiement constitue l'exécution du contrat entre l'État et le rentier, et il n'appartient qu'au ministre, sauf recours au Conseil d'État, de prononcer sur les difficultés auxquelles il pourrait donner lieu, et sur celles qui naîtraient d'oppositions faites sur ces arrérages. De telles questions, dit un décret sur conflit du 23 juin 1846 (de Rancy), sont de la compétence de l'autorité administrative, « comme se rattachant à l'ordonnancement et au paiement des arrérages d'une partie de la Dette publique. »

Il en est de même de la conversion des rentes. La question de savoir si certaines catégories de titres tombent ou non sous l'application d'une loi de conversion ressortit exclusivement à la juridiction administrative, ainsi que les difficultés relatives à l'opération même de la conversion, à la délivrance des nouveaux titres et au paiement des soultes s'il y a lieu ([2]).

Les contrats qui ont pour objet la dette consolidée ne sont pas les seuls auxquels les lois générales de 1790 et de 1793 imposent un caractère administratif. Il en est de même de ceux qui ont pour objet la dette remboursable, les obligations trentenaires, sexennaires, ou à court terme, qui peuvent être émises dans des circonstances déterminées. Toutefois, s'il s'agissait de subventions dues à des concessionnaires de travaux publics de l'État, en vertu de l'acte de concession, la compétence, sans cesser d'être administrative, n'appartiendrait plus au ministre, mais au conseil de préfecture, d'après l'article 4 de la loi de pluviôse an VIII ([3]).

Opérations de trésorerie. — Par application des mêmes principes, les tribunaux judiciaires sont incompétents sur toutes les difficultés auxquelles peuvent donner lieu les opérations de trésorerie. Ces opérations ont beaucoup d'analogie avec des opérations

---

1. Voy. ci-dessus, page 509 et les arrêts cités.
2. Conseil d'État, 7 décembre 1884 (*Caisse Lafarge*).
3. Voy. tome II, livre V, chapitre I.

de banque. Elles consistent principalement dans l'émission d'un papier à courte échéance, les *bons du Trésor*, que le ministre des finances met en circulation dans la mesure autorisée par les lois annuelles de finances.

En émettant ce papier, susceptible d'escompte et transmissible par endossement, le ministre est un véritable banquier, mais un banquier administratif dont les engagements ne relèvent pas des tribunaux de commerce. C'est devant le ministre, sauf recours au Conseil d'État, que doivent être portées les contestations, entre le Trésor et le porteur, relatives au paiement des bons, au cautionnement à fournir pour obtenir le remboursement de ceux qui ont été détruits ou perdus, aux conditions dans lesquelles ce cautionnement peut être restitué ([1]). Les tribunaux judiciaires sont, au contraire, compétents sur les contestations entre porteurs et endosseurs, et sur les conventions auxquelles peut donner lieu, entre parties privées, le cautionnement à fournir en cas de perte du bon ([2]).

On s'est demandé si la compétence administrative doit également s'appliquer aux traites que le caissier-payeur central du Trésor public, spécialement autorisé à cet effet, peut transmettre en paiement à un tiers. Le doute peut venir de ce que le décret du 11 janvier 1808 assimile ces traites à des lettres de change et leur rend applicables plusieurs dispositions du Code de commerce; mais cette assimilation n'existe en réalité, d'après les termes mêmes du décret, que pour le délai de la prescription, pour le cautionnement à fournir par le propriétaire qui aurait obtenu paiement quoique les originaux des traites fussent adirés, et pour les règles de forme et de transmission tracées par les articles 155, 187 et 189 du Code de commerce. Il ne résulte pas de là que ces traites constituent des actes de commerce; les dispositions du Code de commerce qui leur sont applicables ne prévoient rien sur la compétence, car elles s'appliquent également aux billets à ordre (art. 187, C. com.) qui ne sont des effets de commerce que s'ils expriment une dette commerciale. Or, les traites du caissier-payeur

1. Conseil d'État, 31 juillet 1822, *préfet de la Seine.*
2. Conseil d'État, 30 juillet 1850, *Tilhard.*

central expriment une dette administrative ; elles constituent donc une opération de trésorerie, non une opération de commerce, et elles échappent à ce titre à la compétence judiciaire (¹).

On doit considérer aussi comme des opérations administratives, et non comme des contrats de droit commun, les comptes courants du Trésor avec la Banque de France, avec les trésoriers-payeurs généraux, les marchés passés avec des banquiers pour placer entre leurs mains, moyennant le versement de capitaux déterminés, des titres que le Trésor a dans son portefeuille (²).

Cautionnements. — C'est encore au principe de la liquidation administrative des dettes de l'État que doit être rattachée la compétence en matière de cautionnement. « L'acte qui autorise le remboursement du cautionnement, dit M. Dumesnil, engage l'État, le constitue débiteur d'une somme exigible, et il n'y a que le ministre ordonnateur qui puisse ainsi créer un titre contre l'État (³). »

Les garanties que la loi impose aux comptables et aux officiers ministériels pour sûreté de leur gestion, aux fournisseurs et aux entrepreneurs comme gage d'une bonne exécution de leurs marchés, résultent plutôt d'un contrat de *nantissement* que d'un contrat de *cautionnement*, car elles consistent dans le dépôt de valeurs affectées à l'exécution des obligations, et non dans l'engagement personnel d'une caution. Toutefois, ce dernier mode de garantie est également usité en droit administratif : on en trouve des exemples dans la matière des marchés. Dans ce cas, l'engagement de la caution relève de la compétence administrative comme celui de l'obligé principal ; mais cette compétence ne résulte pas ici du principe de

---

1. Voir en ce sens un jugement du tribunal de commerce de la Seine du 27 octobre 1857 cité par MM. Dumesnil et Pallain, *Traité de la législation du Trésor public*, page 454.

2. Conseil d'État, 20 février 1869, *Pinard*. — Il s'agissait d'un traité par lequel un syndicat de banquiers s'engageait à verser 50 millions au Trésor, et recevait en échange 174,000 obligations mexicaines que le Trésor avait en portefeuille. « Le marché relatif à la négociation de ces obligations ne peut être assimilé, dit l'arrêt, à un acte de simple gestion du domaine de l'État, il constitue une opération de trésorerie, et il a été passé par le ministre des finances pour le service de son département. » L'arrêt vise à la fois les lois de 1790 et de 1793 sur la liquidation des dettes de l'État, et le décret du 11 juin 1806 sur les marchés passés par les ministres.

3. Dumesnil et Pallain, *op. cit.*, p. 231.

l'État débiteur, puisque l'État ne reçoit aucun dépôt et se borne à agir comme créancier ; elle se détermine d'après la nature du marché qui a exigé la constitution d'une caution.

La compétence n'est administrative, relativement aux cautionnements en numéraire, que s'il y a débat entre l'administration et le titulaire du cautionnement. En cas de contestation entre ce dernier et ses bailleurs de fonds, cessionnaires ou créanciers, la compétence est judiciaire parce qu'il s'agit alors de conventions privées auxquelles l'administration est étrangère. Il appartient donc aux tribunaux de statuer sur les réclamations ayant pour objet : — le privilège de premier ordre que l'article 1er de la loi du 25 nivôse an XIII et l'article 2102-7° du Code civil accordent aux parties lésées par des faits de charge ; — le privilège de second ordre que la même loi de l'an XIII et les décrets des 28 août et 22 décembre 1808 permettent au bailleur de fonds de stipuler ; — le privilège spécial que l'article 3 de la loi du 28 pluviôse an II confère aux ouvriers d'un entrepreneur et à ceux qui lui ont fourni des matériaux ; — les oppositions formées par tous créanciers, tant sur le capital que sur les intérêts du cautionnement, conformément à la loi du 9 juillet 1836 (art. 14 et 15) et à l'avis du Conseil d'État des 18 juillet-12 août 1807. Toutefois les règles de compétence applicables aux rentes sur l'État demeurent réservées, si le cautionnement est fourni en valeurs de cette nature.

Quant au cautionnement en immeubles, dans les cas où il est exceptionnellement autorisé, et quelle que soit la forme sous laquelle il se réalise, il ne constitue, à proprement parler, qu'une affectation hypothécaire, contrat civil auquel ne se rattache aucune liquidation de dette de l'État, et dont le contentieux est exclusivement judiciaire, tant entre le fonctionnaire ou entrepreneur et l'État, qu'entre celui-ci et les autres créanciers hypothécaires ou privilégiés. Notons cependant que la compétence judiciaire ne s'exerce que sur la garantie hypothécaire proprement dite, et non sur les créances pour sûreté desquelles l'État l'a stipulée, lorsque ces créances relèvent de la compétence administrative, comme en matière de marchés ou d'obligations de comptables.

III. — ACTES DE PUISSANCE PUBLIQUE AYANT UN CARACTÈRE CONTRACTUEL.

Contrats administratifs par leur nature. — Il y a des contrats qui sont administratifs par leur nature et qui échappent de plein droit à la compétence judiciaire, en vertu des dispositions générales des lois des 16-24 août 1790 et du 16 fructidor an III, qui interdisent aux tribunaux de connaître des actes de l'administration.

Ces contrats ne sont pas des actes de gestion, comme ceux que nous venons d'étudier, mais de véritables actes de puissance publique auxquels s'ajoute un élément contractuel. Aussi, ces sortes de contrats excèdent-ils les facultés que le droit privé reconnaît aux citoyens ; ils ne peuvent se réaliser qu'avec le concours de l'autorité publique et en vertu des pouvoirs dont elle dispose ; ils ne relèvent que du droit administratif et de la juridiction administrative.

On peut citer comme exemples de ces contrats d'une nature toute particulière, la concession, l'affectation, la collation de fonctions publiques, les enrôlements par voie d'engagements volontaires (¹).

Concessions. — Le mot *concession* est employé, en droit administratif, dans des acceptions très différentes ; nous devons avant tout distinguer entre ses diverses significations.

Il y a des concessions qui sont de véritables ventes domaniales. Telles sont les concessions de lais et de relais de mer et celles des îles émergées dans un cours d'eau navigable. Il n'y a là que des actes de gestion du domaine privé sans nulle intervention de la puissance publique.

On appelle aussi *concession* certaines autorisations données sur le domaine public inaliénable et imprescriptible, telles que l'auto-

---

1. Nous n'hésitons pas à mentionner les engagements volontaires parmi les contrats qui sont administratifs par leur nature, malgré une décision contraire de la Cour de cassation, que nous discuterons plus loin.

risation de pratiquer une prise d'eau sur un cours d'eau navigable, ou de lui emprunter une force motrice, ou la permission d'occuper certaines portions des rivages de la mer. Il n'y a là que des actes d'administration, non des contrats; les clauses imposées au permissionnaire ne peuvent être assimilées aux clauses d'une convention. Mais, en dehors de ces deux espèces de concessions, dont la première n'est qu'un contrat, et la seconde qu'un acte d'administration, il en est d'autres où l'on trouve réunis l'acte d'administration et le contrat. Telles sont les suivantes :

I. — Les concessions de mines. Nous avons déjà expliqué la nature mixte de ces concessions qui sont des actes de puissance publique, et en même temps des actes constitutifs de droits privés, et qui impliquent des engagements réciproques de l'administration et du concessionnaire ([1]).

II. — Les concessions de travaux publics. L'élément contractuel domine tellement ici, que la jurisprudence a pu assimiler ces concessions à des marchés de travaux publics, et déférer ainsi aux conseils de préfecture les contestations auxquelles elles donnent lieu. Mais, à la différence des marchés proprement dits, qui sont des contrats de louage d'ouvrage avec fourniture de matériaux, et qui existent en droit privé, les concessions de travaux sont réservées à l'administration, parce qu'une de leurs clauses essentielles suppose l'intervention de la puissance publique. La rémunération du concessionnaire ne consiste pas en effet dans un prix déterminé, ni dans les subventions ou les garanties d'intérêt qui peuvent lui être accordées, et qui n'ont jamais qu'un caractère accessoire; elle consiste essentiellement dans le droit qui lui est concédé de percevoir une redevance sur ceux qui usent de l'ouvrage public. Cette redevance est une sorte d'impôt assimilable aux taxes indirectes; l'autorité publique l'établit par des tarifs et délègue au concessionnaire le droit de le percevoir. La taxe imposée au public et la délégation du droit de perception au concessionnaire exigent une double intervention de la puissance publique et impriment au contrat de concession un caractère administratif.

III. — Les concessions de biens de l'État faites à des administra-

---

1. Voy. ci-dessus, p. 564 et suiv.

tions particulières dans l'intérêt des services publics. Parmi ces concessions, qui ont joué un rôle important au début de notre organisation administrative moderne, on peut citer celles qui ont été faites à l'Université par le décret du 11 décembre 1808, aux départements, arrondissements et communes par le décret du 9 avril 1811. Ces concessions, et beaucoup d'autres qui ont eu lieu à la même époque, ont constitué de véritables aliénations de biens de l'État. Si l'on voulait leur chercher des analogies dans le droit civil, il faudrait les comparer à des donations avec ou sans charges. Le décret de 1808 porte en effet que « les biens ayant appartenu au ci-devant Prytanée français, aux universités, académies et collèges et qui ne sont point aliénés, ou qui ne sont point définitivement affectés par un décret spécial à un autre service public, *sont donnés* à l'Université impériale ». Le décret de 1811 porte : « *nous concédons gratuitement* aux départements, arrondissements ou communes la *pleine propriété* des édifices et bâtiments nationaux actuellement occupés pour le service de l'administration, des cours et tribunaux et de l'instruction publique ». Cette dernière concession était faite à la charge de payer les impôts et les réparations de toute nature.

Pourrait-on dire cependant que ces actes constituent des donations assimilables à celles du droit civil et relevant des tribunaux judiciaires, à défaut de textes instituant d'autres compétences ? On méconnaîtrait ainsi la part prise à ces décisions par l'État puissance publique plus encore que par l'État propriétaire. Le domaine n'est, en pareil cas, qu'un moyen d'action pour le Gouvernement, car l'idée dominante est celle de doter et de développer des services publics, et non d'enrichir le bénéficiaire de la libéralité.

Le caractère administratif de ces concessions, l'incompétence de l'autorité judiciaire pour connaître de leur contentieux, sont reconnus depuis longtemps par une jurisprudence concordante de la Cour de cassation, du Conseil d'État et du Tribunal des conflits. Ces actes « sont administratifs par leur nature comme par leur origine », dit un arrêt de la Cour de cassation du 2 mars 1870 : « Ils ne contiennent que des concessions administratives lesquelles d'ailleurs n'ont été faites que pour pourvoir aux besoins des services publics », dit aussi le Tribunal des conflits dans une décision du 12 décembre 1874 (*ville de Paris* [1]).

IV. — Des concessions gratuites des terres domaniales peuvent être faites à des particuliers. La législation de l'Algérie et des colonies en offre de remarquables exemples ; elle autorise le Gouvernement à concéder des terres à des colons ou à des sociétés particulières qui s'engagent à les mettre en valeur. Le but poursuivi par l'État n'est pas l'exploitation d'une partie de son domaine, car il n'est pas appelé à en recueillir les produits ; c'est un intérêt supérieur de colonisation ; l'État agit moins ici comme propriétaire que comme pouvoir politique. Dans ce cas encore le domaine privé se borne à fournir à l'État, puissance publique, les moyens d'exercer ses pouvoirs.

Pour ne parler que des concessions en Algérie ([2]), elles sont entièrement gratuites en vertu du décret du 30 septembre 1878 ([3]) et elles présentent deux périodes distinctes. Pendant une première période de cinq ans, le concessionnaire n'occupe les terres domaniales qu'en vertu d'un titre administratif, qui lui impose certaines conditions d'exploitation et de résidence qu'il doit remplir sous peine de déchéance. Cette déchéance est prononcée par le préfet ou par le général commandant la division, selon le territoire, sauf opposition du concessionnaire devant le conseil de préfecture et devant le Conseil d'État en appel ([4]). A l'expiration de cette période de cinq ans, le concessionnaire peut se faire délivrer un titre définitif de propriété ([5]) ; il peut même l'obtenir au bout de trois

---

1. En 1844, la Cour de cassation avait implicitement admis la compétence judiciaire, en statuant elle-même sur l'interprétation d'un décret de concession (6 mai 1844, *ville de Pau*) ; mais elle s'est prononcée pour la compétence administrative dès que la question s'est nettement posée devant elle (24 juin 1851, 2 mars 1870).

Quant à la jurisprudence du Conseil d'État, elle n'a jamais varié : 26 août 1831, *ministre de l'intérieur* ; — 4 mai 1843, *ville de Bar-le-Duc* ; — 7 décembre 1854, *ville d'Aire* ; — 17 janvier 1868, *ville de Paris*, etc.

2. Ces concessions ont fait l'objet d'un grand nombre de décrets échelonnés dans toute la période de colonisation. Leur législation la plus récente résulte des décrets du 15 juillet 1874 et du 30 septembre 1878.

3. Le décret du 30 septembre 1878, article 2, modifie sur ce point celui du 15 juillet 1874, qui établissait un système de location avec redevance sous promesse de propriété définitive.

4. Décret du 30 septembre 1878, art. 17 et suiv.

5. Décret du 30 septembre 1878, art. 22 à 24.

ans en justifiant de certaines dépenses réalisées en améliorations permanentes (¹).

On voit que la concession a successivement un double caractère. Pendant sa période provisoire, elle est un acte de puissance publique avec clauses contractuelles, un contrat administratif par sa nature, et elle échappe à la compétence judiciaire en vertu du principe de la séparation des pouvoirs. L'acte qui convertit la concession provisoire en concession définitive a le même caractère ; les contestations auxquelles elle peut donner lieu entre le concessionnaire et l'administration ne relèvent pas des tribunaux ; elles n'appartiennent pas non plus aux conseils de préfecture, aucun texte ne les leur ayant déférées ; mais elles peuvent être portées devant le Conseil d'État, en vertu de la juridiction qu'il exerce sur les actes administratifs entachés d'excès de pouvoir ou lésant un droit acquis (²).

Au contraire, lorsque la concession est devenue définitive, un véritable droit de propriété est constitué et les tribunaux judiciaires sont compétents sur toutes les difficultés auxquelles peut donner lieu l'exercice de ce droit. Toutefois, comme l'acte qui a créé la propriété est un acte administratif, les difficultés d'interprétation qui surgiraient au cours d'un débat judiciaire devraient être renvoyées à la juridiction administrative. On appliquerait ici la même répartition de compétences qu'en matière de concessions de mines.

V. — La concession de créments futurs, c'est-à-dire de lais ou relais de mer, ou d'alluvions fluviales, non encore parvenus à maturité.

Cette concession contient deux éléments : d'abord une autorisation donnée au concessionnaire d'occuper des portions du domaine public, d'y construire des digues ou autres ouvrages destinés à favoriser la formation des alluvions ; puis la cession d'une chose future, de l'alluvion qui sera formée et deviendra susceptible de propriété privée.

---

1. Décret du 30 septembre 1878, art. 25.

2. Conseil d'État, 9 février 1870, *Gaultier de Claubry* ; — 31 mai 1878, *de Méritens* ; — 21 juin 1878, *Jumel de Noireterre*.

Le premier élément est un acte administratif, le second est un contrat à terme ou sous condition ; leur réunion forme un contrat administratif d'une nature spéciale, dans lequel l'exercice de la puissance publique vient à l'appui des conventions passées avec le domaine. En effet, l'objet de ces conventions, c'est-à-dire la prise de possession éventuelle de terrains conquis sur la mer ou sur les fleuves, pourrait ne jamais se réaliser, si on ne donnait pas au concessionnaire les moyens d'assurer cette conquête au moyen de travaux faits sur le domaine public.

Nous ne sommes donc pas ici en présence d'un simple acte de gestion qui relèverait des tribunaux à défaut d'attribution à la juridiction administrative, mais en présence d'un acte administratif, que sa connexité avec des stipulations contractuelles n'empêche pas d'échapper à la compétence judiciaire, en vertu du principe de la séparation des pouvoirs.

On ne saurait d'ailleurs refuser le caractère d'acte administratif à une autorisation d'occuper le domaine public et d'y faire des travaux ; ces sortes d'autorisation n'émanent pas de l'État propriétaire, puisque le lit des fleuves et les rivages de la mer ne lui appartiennent pas ; elles émanent de l'État puissance publique, exerçant son autorité propre sur les choses de ce domaine inaliénable et imprescriptible. Cette autorité est si réelle, que les permissions qu'elle confère font disparaître les contraventions de grande voirie qui résulteraient du seul fait d'une occupation ou de travaux non autorisés.

La Cour de cassation a, ce semble, méconnu cette distinction lorsqu'elle a fait résulter la compétence judiciaire, sur les concessions de créments futurs, d'une assimilation entre ces concessions et celles de portions du domaine de l'État. « Lorsque le Gouvernement autorisé par une loi, dit-elle dans un arrêt du 2 mai 1848, concède une partie du domaine public ou du domaine de l'État, il ne figure pas dans l'acte comme pouvoir administratif procurant l'exécution des lois par des règlements ou des décisions, mais il stipule comme représentant l'État propriétaire et aliénant, par une convention du droit civil, une partie de son domaine. Cet acte n'est pas un acte d'autorité, mais un contrat formé par le concours de deux volontés ; les questions de propriété auxquelles donnent lieu les rapports de cet acte avec les droits des tiers sont de la compétence des tribunaux (¹). »

Le Conseil d'État et le Tribunal des conflits appliquent, au contraire, la distinction que nous venons de rappeler, entre l'administration du domaine public et la gestion du domaine privé de l'État, entre l'État puissance publique et l'État propriétaire ; ils décident, avec juste raison, que les concessions dont il s'agit sont des actes administratifs qu'il n'appartient pas aux tribunaux d'interpréter (²).

Affectation. — L'affectation d'un bien de l'État à un service public ou d'utilité publique diffère de la concession en ce qu'elle ne confère jamais la propriété, mais seulement la jouissance. L'acte d'affectation est essentiellement révocable ; il peut être rapporté, en vertu d'un acte de désaffectation émané de la même autorité (³).

Nous ne parlons pas seulement ici de l'affectation prévue par l'ordonnance du 14 juin 1833, d'après laquelle les immeubles domaniaux peuvent être affectés à un service public par des décrets concertés entre le ministre préposé à ce service et le ministre des finances. Ces sortes d'affectation sont des actes d'administration intérieure qui n'ont point, en général, un caractère contractuel.

Mais le caractère contractuel apparaît nettement dans les affectations faites par l'État au profit d'un département, d'une commune, d'un établissement hospitalier ou de bienfaisance, d'un établissement religieux, ou même d'un particulier. Dans tous ces cas, il y a un concours de volontés entre l'autorité publique et l'affectataire, et la jouissance de l'immeuble domanial peut être l'objet de diverses stipulations. Mais cet accord de volontés ne peut, dans aucun cas, créer un droit acquis au profit de l'affectataire. « Les affectations,

---

1. Civ., 2 mai 1848 ; — Cf. Civ., 8 janvier 1861, *Azema*.

2. Tribunal des conflits, 1ᵉʳ juillet 1850, *de Gouvello ;* — Conseil d'État, 31 mai 1851, *Duhamel.* Voy. aussi un avis des sections réunies des travaux publics et des finances du 29 juin 1881 (Imprimés du Conseil d'État, 1881, n° 378).

3. Conseil d'État, 12 mars 1875, *asile d'aliénés de Bailleul;* — 12 juillet 1878, *département de l'Allier ;* — 27 avril 1888, *évêque d'Autun.*

dit M. Gaudry, sont essentiellement temporaires, révocables par de simples actes administratifs, sans que l'affectataire puisse invoquer aucune prescription, quand même il serait une personne privée, car nul ne prescrit contre son titre et ici le titre transfère seulement une jouissance précaire (¹). »

Si donc on voulait chercher dans le droit privé quelque chose d'analogue à l'affectation administrative, il ne faudrait s'arrêter ni à l'idée de contrat à titre onéreux (car l'affectation est essentiellement gratuite), ni à celle de donation ou de constitution d'usufruit, mais plutôt à celle de prêt à usage ou *commodat,* avec faculté pour l'État prêteur de reprendre à son gré la disposition de la chose prêtée (²). Mieux vaut cependant reconnaître que c'est un acte *sui generis,* propre au droit administratif, et sans analogie avec le droit privé.

De là le caractère essentiellement administratif qui lui a été reconnu par la jurisprudence, et qui a pour conséquence de réserver exclusivement à la juridiction contentieuse l'interprétation des actes d'affectation ou de désaffectation, l'appréciation de leur validité et la discussion des droits et obligations qui en dérivent (³).

Cette solution, qui n'a jamais fait doute pour les affectations d'immeubles appartenant à l'État, est-elle également certaine pour les affectations d'immeubles appartenant aux communes ?

Ces derniers immeubles sont, eux aussi, susceptibles d'affectations qui émanent, soit de l'État directement, soit de l'autorité municipale agissant seule ou sous la tutelle de l'État. Ainsi, l'affectation au service du culte des églises paroissiales, qui sont des immeubles communaux (⁴), et la désaffectation de tout ou partie de

---

. 1. Gaudry, *Traité du domaine,* t. II, p. 530.

2. Sur ce caractère essentiellement précaire de l'affectation, on peut consulter : Conseil d'État, 31 janvier 1817, *Godfroy-Dosberg;* — 27 juillet 1827, *consistoire de Nérac;* — 13 janvier 1847, *congrég. des Bénédictines;* — 22 juin 1854, *Ursulines de Redon.*

3. Tribunal des conflits, 22 décembre 1880, *de Dreux-Brézé;* — 14 avril 1883, *Freppel.* — Dans cette dernière affaire, il s'agissait de la jouissance d'un palais épiscopal : « Le palais, dit la décision, appartient sans contestation à l'État, il a été affecté administrativement à l'évêque pour son habitation personnelle, et les droits et obligations résultant de cette affectation spéciale ne sont pas de ceux dont il appartient à l'autorité judiciaire de connaître. »

4. Avis du Conseil d'État des 3 et 6 nivôse an XIII, qui attribuent aux communes la propriété des églises rendues au culte en vertu du Concordat.

ces édifices exigent une décision spéciale du Gouvernement ([1]). Mais l'autorité municipale est compétente quand il s'agit d'affectations d'immeubles communaux à des services municipaux, ou d'affectations faites avec ou sans charges à des établissements civils ou religieux indépendants de la commune, mais concourant à des services d'intérêt communal.

Avant la loi municipale du 5 avril 1884 qui ne laisse plus aucun doute sur la solution de cette question, on a contesté qu'il pût y avoir, dans le cas qui nous occupe, une simple affectation susceptible d'être mise à néant par une désaffectation. On a dit qu'on était en présence d'une véritable aliénation de l'immeuble communal, entraînant la compétence des tribunaux judiciaires ; on en a donné pour raison que la précarité des affectations domaniales résulte de l'impossibilité où est l'administration d'aliéner légalement une propriété de l'État, et par suite d'en concéder la jouissance perpétuelle, sans le concours du pouvoir législatif ; tandis qu'une propriété communale peut être valablement aliénée par l'autorité municipale à ce dûment autorisée. On en a conclu que lorsqu'une commune a déclaré mettre un immeuble à la disposition d'un évêque pour y installer un petit séminaire, une congrégation religieuse, un établissement scolaire ou hospitalier, elle a fait un contrat de droit civil entraînant translation de propriété et relevant des tribunaux judiciaires, non une affectation administrative susceptible d'être révoquée et ne relevant que de la juridiction administrative ([2]).

Même dans le silence des textes, cette thèse était beaucoup trop absolue. Assurément, il peut y avoir, dans certains cas, une véritable aliénation de l'immeuble communal. On doit l'admettre si l'acte lui-même le déclare ; mais il ne faut pas trop aisément le présumer si l'acte ne le déclare pas, et surtout si l'immeuble a été mis gratuitement à la disposition d'un tiers. Il est en effet de principe que les libéralités ne se présument pas, même si elles sont faites

1. Conseil d'État, 21 novembre 1884, *fabrique de Saint-Nicolas-des-Champs*.

2. Cass., 31 août 1881, *ville de Foix* ; — 24 juillet 1882, *ville de Chambéry*. — Cf. les conclusions du commissaire du Gouvernement devant le Conseil d'État sur l'arrêt du 29 juin 1883, *archevêque de Sens* (*Recueil des arrêts du Conseil d'État*, année 1883, p. 597).

sous conditions et avec charges ; cette règle, qui s'applique aux particuliers, s'applique plus encore au pouvoir municipal qui ne saurait faire des largesses avec le patrimoine de la commune, pour réaliser ses vues propres et souvent passagères.

On disait encore que l'affectation, la mise à la disposition, le prêt immobilier, ou de quelque nom qu'on le nomme, est un procédé d'administration réservé à l'État et interdit aux communes. Aucun texte, aucune induction légale n'autorisait cette distinction qui est contraire à la nature des choses, car, toutes proportions gardées, il est dans le rôle des communes comme dans celui de l'État d'avoir des biens et de les affecter d'une manière plus ou moins permanente à des usages utiles à la commune.

Le Tribunal des conflits a d'ailleurs explicitement reconnu le caractère administratif d'une affectation de bien communal faite à un établissement d'enseignement ([1]) ; de son côté, le Conseil d'État a évité de reconnaître le caractère d'un contrat civil d'aliénation à un acte mettant un immeuble communal à la disposition de l'autorité épiscopale pour y établir un petit séminaire ([2]).

En tout cas, et en admettant que le doute fût permis antérieurement à la loi du 5 avril 1884, il ne l'est plus depuis que l'article 167 de cette loi, édicté tout exprès pour trancher la difficulté, a consacré la disposition suivante : « Les conseils municipaux pourront prononcer la *désaffectation* totale ou partielle d'immeubles consacrés — « en dehors des prescriptions de la loi organique des cultes du « 18 germinal an X et des dispositions relatives au culte israélite « — à des services religieux ou à des établissements quelconques « ecclésiastiques et civils. Ces *désaffectations* seront prononcées « dans la même forme que les *affectations*. » Il résulte de cette disposition que les affectations dont il s'agit sont bien des actes administratifs qui peuvent être faits et défaits dans les mêmes formes, c'est-à-dire en vertu d'une délibération du conseil municipal approuvée par l'autorité administrative supérieure.

Il nous semble résulter également de là que si la désaffectation donne lieu, eu égard aux circonstances dans lesquelles elle se pro-

---

1. Tribunal des conflits, 13 janvier 1883, *Muller et Derien.*
2. Conseil d'État, 29 juin 1883, *archevêque de Sens.*

duit, à une réclamation d'impenses ayant profité à la commune, ou de toute autre indemnité, cette demande sera du ressort des tribunaux administratifs, puisqu'elle aura pour cause, non un simple acte de gestion, mais un véritable acte administratif se rattachant à l'exercice de la puissance publique.

Engagements militaires. — Le recrutement de l'armée est un acte de la puissance publique. Il a ce caractère, soit que le recrutement s'opère par la voie des appels, soit qu'il ait lieu par enrôlements volontaires. Dans ce dernier cas, un contrat se forme entre l'engagé et l'État ; ce contrat se lie étroitement à l'acte d'enrôlement ; il en est une condition nécessaire, puisque l'État ne pourrait pas imposer en vertu de la loi le service qui lui est librement offert par l'engagé volontaire, ou par le militaire qui contracte un rengagement.

Aussi, tous les textes qui ont prévu le contentieux des engagements militaires l'ont-ils assimilé au contentieux du recrutement quant à la compétence respective de l'administration et des tribunaux ; ils ont réservé à l'administration les difficultés relatives à l'exécution, à l'interprétation et à la validité de l'engagement ; aux tribunaux les questions d'état et de capacité. La seule différence que ces textes ont établie consiste à remplacer la décision du conseil de revision par celle du ministre de la guerre, sauf recours au Conseil d'État. — « Tout engagé volontaire, dit l'article 15 « du décret du 30 novembre 1872, qui contesterait la légalité ou la « régularité de l'acte qui le lie au service militaire, adressera sa « réclamation au préfet du département où l'acte a été contracté. Les « préfets transmettront les demandes en annulation d'acte d'enga- « gement volontaire au ministre de la guerre, qui statuera s'il y a « lieu, ou renverra la contestation devant les tribunaux. » Ce texte n'est d'ailleurs que la reproduction de l'article 17 du décret du 10 mai 1869 et de l'article 18 de l'ordonnance du 28 avril 1832, où cette disposition a été insérée pour la première fois. M. Duvergier, en commentant l'ordonnance de 1832, disait : « Toutes les fois que la validité de l'acte sera subordonnée à une question relative à l'état ou aux droits civils, les tribunaux devront juger. Dans tous les autres cas, le ministre prononcera, sauf le recours au Conseil d'État, car c'est là du contentieux administratif. Cette solution est fondée sur les règles ordinaires touchant la compétence et sur l'article 26 de la loi du 21 mars 1832 (¹). »

Ces règles de compétence ont été exactement appliquées par la cour de Dijon (8 février 1878, *Grenier*), qui était saisie d'une question de nullité d'engagement, renvoyée à son examen comme question préjudicielle, au cours d'une poursuite pour désertion pendante devant un conseil de guerre. « Attendu, dit cet arrêt, que l'engagement, qui se résout en une obligation de faire contractée exclusivement dans l'intérêt de l'État, est essentiellement un contrat administratif dont la connaissance appartient à la juridiction administrative ; qu'il en est ainsi notamment de l'engagement volontaire contracté dans les conditions prévues par l'article 26 de la loi du 27 juillet 1872 ; que l'appréciation de cet engagement et des suites qu'il doit recevoir doit être faite par l'autorité militaire, à moins que cette appréciation ne soulève des questions de droit civil, telles, par exemple, que des questions d'état... »

Cet arrêt a cependant été cassé par la chambre civile de la Cour de cassation le 10 décembre 1878 (*Grenier*). La distinction si justement faite par la cour de Dijon, par l'ordonnance de 1832, par les décrets de 1869 et de 1872, a été écartée par cet arrêt qui proclame, dans tous les cas, la compétence judiciaire. Les motifs sont : « Que le contrat d'engagement militaire est une convention librement consentie de la part de l'engagé qui s'oblige envers l'État, et dans laquelle l'administration stipule comme simple partie contractante sans statuer ni disposer par voie de commandement comme autorité publique ; qu'aucune disposition spéciale de la loi n'a dessaisi les juges civils du droit d'en connaître ; qu'il est régi, quant à la forme, par l'article 50 de la loi du 27 juillet 1872, lequel se borne à emprunter au Code civil les principales formalités dont ledit contrat doit être entouré, sans déroger en rien aux règles spéciales de la compétence ; qu'enfin le décret du 30 novembre 1872, qui n'a pu ni voulu créer une juridiction exceptionnelle au profit du ministre de la guerre, laisse intacte la compé-

---

1. Cet article 26 est relatif aux réclamations portées devant les conseils de revision. (Voir Duvergier, *Lois et Décrets*, année 1832, p. 88.)

tence des tribunaux ordinaires, pour vider entre l'autorité militaire et l'engagé les questions contentieuses concernant la validité du contrat dont il s'agit ([1])... »

L'arrêt se fonde, comme on voit, sur des motifs tirés de la nature du contrat et de sa forme.

En ce qui touche la nature du contrat, l'arrêt semble reconnaître qu'elle serait administrative si l'État agissait comme puissance publique, mais il affirme qu'en recevant des engagements militaires il ne statue pas par voie de commandement et comme autorité, mais comme « simple partie contractante ».

Il est vrai qu'en recevant ces engagements, l'État n'agit pas par voie de commandement, et qu'il a besoin du consentement de l'engagé pour l'enrôler; mais par cela seul qu'il l'enrôle, il procède au recrutement de l'armée d'après un des modes formellement prévus par la loi. Lorsqu'on se reporte aux appels faits par le Gouvernement lui-même à ce mode de recrutement pour la guerre de Crimée, pour la guerre d'Italie, pour la guerre d'Allemagne, lorsqu'on lit les circulaires adressées aux chefs de corps par les ministres de la guerre et de la marine, en janvier 1884, pour provoquer des engagements et des rengagements dans l'infanterie de marine en vue d'expéditions coloniales, on a quelque peine à admettre qu'il n'y ait là qu'une intervention de l'État « simple partie contractante », comme s'il s'agissait d'appels faits au commerce pour des fournitures d'équipements ou des marchés de subsistances. Et encore ces marchés seraient-ils des contrats administratifs.

La vérité est que l'État ne contracte ici que parce qu'il enrôle. Il fait une opération de recrutement qui est au premier chef un acte de la·puissance publique, et qui reste tel nonobstant les éléments contractuels qui viennent s'y associer ([2]). De là résulte une différence profonde entre les engagements dans l'armée et la marine militaire, et les engagements dans la marine de commerce ;

---

1. Voir cet arrêt, les conclusions sur lesquelles il a été rendu et les critiques dont il a été l'objet dans la *Jurisprudence générale* de M. Dalloz (année 1879, 1re partie, p. 113).

2. C'est pour ce motif que la loi des 9-25 mars 1791 (titre III, art. 20 et 21) avait déféré les contestations sur la validité des engagements aux municipalités et aux directoires de département. Sous l'ancien régime, elles étaient jugées par les intendants.

les premiers sont des contrats administratifs, parce qu'ils se lient étroitement à l'exercice de la puissance publique ; les seconds sont des contrats de droit commun, parce que le recrutement des équipages de commerce ne met pas cette puissance en jeu.

L'argument de forme est tiré de ce que, d'après l'article 50 de la loi du 27 juillet 1872 (actuellement l'article 62 de la loi du 15 juillet 1889), les engagements sont contractés devant les maires des chefs-lieux de canton, dans les formes prévües par les articles 34 à 44 du Code civil, c'est-à-dire avec le concours de témoins, sur des registres tenus en double, et suivant les formes de rédaction prescrites pour les actes de l'état civil. Mais il n'en résulte nullement que l'engagement constitue par lui-même un acte de l'état civil, ni que le maire qui le reçoit agisse en qualité d'officier de l'état civil. Nous avons plusieurs fois expliqué que la compétence résulte de la nature des actes et non de leur forme. De même qu'un contrat de droit commun passé en la forme administrative ne cesse pas pour cela d'appartenir aux tribunaux, de même un contrat administratif, auquel on applique quelques-unes des formes d'un acte civil, ne change pas pour cela de juges. Il est d'ailleurs à remarquer que si les engagements sont reçus par les maires, les rengagements sont reçus par les officiers de l'intendance, bien que la nature de l'acte soit absolument la même. Faudrait-il donc, en s'attachant à cette différence de forme, soumettre à des juges différents le contentieux des engagements et celui des rengagements ?

Quant aux textes des ordonnances et décrets de 1832, de 1869, de 1872 qui n'ont pu, dit l'arrêt, ni voulu créer une juridiction exceptionnelle, ils n'auraient certainement pas eu le pouvoir d'instituer la compétence administrative ; ils n'ont pas eu non plus en vue de la créer, mais seulement de la transférer du conseil de revision au ministre de la guerre et au Conseil d'État. Dans cette mesure leurs dispositions sont obligatoires pour l'autorité judiciaire, car elles sont simplement déclaratives et non attributives de la compétence administrative : celle-ci résulte du principe de la séparation des pouvoirs qui interdit aux tribunaux de troubler les opérations administratives, parmi lesquelles figurent les opérations de recrutement. On concevrait difficilement un trouble plus grave que la libération d'engagés ou de rengagés, qui prétendraient quitter le service militaire en vertu de jugements de tribunaux civils annulant leurs engagements.

Engagement décennal dans l'enseignement public. — La plupart des considérations qui précèdent s'appliquent aux engagements décennaux contractés par les membres de l'enseignement, en vue d'obtenir la dispense du service militaire prévue par l'article 23, § 1, de la loi du 15 juillet 1889. D'après ce texte, la dispense est acquise aux membres de l'instruction publique et aux membres et novices des associations religieuses vouées à l'enseignement et reconnues comme établissements d'utilité publique qui prennent, avant le tirage au sort, l'engagement de se consacrer pendant dix ans au service de l'enseignement et qui font accepter cet engagement par le recteur de l'académie. Les contestations auxquelles peut donner lieu la réalisation de cet engagement sont étrangères au droit commun et à la compétence judiciaire. Elles se rattachent au contentieux du recrutement et des dispenses. Aucun texte ne les ayant distraites de la juridiction des conseils de revision, c'est devant eux qu'elles doivent être portées ([1]). Ces conseils n'ont pas d'ailleurs à attendre une décision préjudicielle du ministre de l'instruction publique sur la validité ou sur les effets de l'engagement décennal, car les questions d'état et de droits civils sont les seules qui imposent aux conseils de revision l'obligation de surseoir ; or les droits nés de l'engagement décennal ne sont pas des droits civils. Toutefois, le conseil de revision ne peut pas être saisi de questions relatives à cet engagement décennal par voie d'action principale ; il ne peut l'être qu'incidemment à une question de recrutement et de dispense. Celle-ci se poserait naturellement le jour où l'engagé serait porté sur la liste des jeunes gens appelés au service.

Fonctions et emplois publics. — Plusieurs auteurs ont représenté la collation de fonctions et emplois publics comme un contrat analogue au mandat salarié, contrat administratif par sa nature, parce qu'il se rattache indissolublement à la nomination, qui est

---

1. Conseil d'État, 6 juillet 1883, *Filhol*. Cet arrêt annule une décision du ministre de la guerre, qui avait statué lui-même sur l'inexécution de l'engagement et avait procédé d'office à l'incorporation du sujet.

un acte de la puissance publique. « L'État, dit M. Dareste, en même temps qu'il demande un certain service aux fonctionnaires, leur communique une partie de son pouvoir. Le contrat qui se forme entre l'État et le fonctionnaire est un mandat salarié, mais un mandat *sui generis*. Le caractère politique y prédomine, et c'est pourquoi presque en tous pays les contestations auxquelles il peut donner lieu sont réservées à la juridiction administrative ([1]). » De son côté M. Perriquet, dans son traité des *Contrats de l'État*, a réuni dans les chapitres qu'il consacre au mandat toutes les notions relatives à l'état, aux traitements et aux pensions des fonctionnaires civils et militaires ([2]).

Nous comprenons cette manière de voir, mais nous ne la partageons pas entièrement. Il est très vrai que la fonction publique suppose, entre l'autorité qui nomme et l'agent qui est nommé, un accord de volontés qui doit également se produire dans le cas de démission volontaire ; en outre, la fonction comporte des obligations réciproques du fonctionnaire et de l'État. Mais ces obligations dérivent de la loi et non de contrats. Ni l'administration, ni le fonctionnaire ne peuvent, en général, les modifier par des conventions particulières : l'amovibilité ou la perpétuité du titre, la nature des services à rendre, le taux des traitements, les conditions du droit à pension sont fixés, pour tous les emplois de l'État, par des actes législatifs ou réglementaires auxquels il ne pourrait être suppléé ni dérogé par des contrats.

Cette règle ne nous paraît comporter d'exception, en ce qui concerne l'État, que pour des missions, des travaux d'une nature spéciale et temporaire qui ne constituent pas à proprement parler des fonctions ou des emplois : telles sont les missions données et rétribuées par l'État dans un intérêt public ou scientifique, les tâches confiées à des employés auxiliaires, ne figurant pas dans les cadres du personnel administratif. Dans ces cas, il n'intervient, en général, qu'un contrat analogue à un louage de service ou d'ouvrage. Mais si ces missions spéciales et temporaires comportaient l'exercice de certains pouvoirs conférés par le Gouvernement, il faudrait les

---

1. Dareste, *op. cit.*, p. 372.
2. Perriquet, *op. cit.*, p. 435 et suiv.

assimiler à de véritables collations de fonctions et emplois publics (¹).

Si ce contrat est passé avec un ministre pour le service de son département, il ressortit à la juridiction administrative, soit en vertu du décret du 11 juin 1806, soit en vertu des lois de 1790 et de 1793 sur la liquidation des dettes de l'État. S'il est passé avec un département ou une commune, sans collation de fonction ou d'emploi, il ressortit aux tribunaux judiciaires, aucun texte ne faisant échec à leur compétence. Aussi est-ce avec raison que le Tribunal des conflits a refusé de renvoyer à la juridiction administrative une contestation relative à des travaux extraordinaires de recensement de la population, exécutés pour une commune par des personnes spécialement engagées à cet effet (²). La même jurisprudence s'applique, à plus forte raison, aux arrangements intervenus entre l'administration et des officiers ministériels, ou des personnes exerçant une profession libérale, qui prêtent leurs services à l'administration dans les mêmes conditions qu'à des particuliers.

On a voulu aller plus loin et distinguer, dans le personnel des administrations départementales et communales, entre les fonctionnaires et les simples employés : les premiers, a-t-on dit, sont dépositaires d'une certaine autorité, et l'acte de nomination qui la leur confie est un acte de puissance publique ; les seconds, au contraire, ne sont que des auxiliaires, et il n'y a entre eux et l'administration qu'un contrat de louage d'ouvrage (³). La jurisprudence a rejeté avec raison cette distinction ; elle a reconnu que les collations d'emploi sont des actes administratifs aussi bien que les collations de fonctions (⁴). Le préfet, qui nomme aux emplois départe-

1. Cour d'appel de Paris, 25 avril 1885, *Blondel* c. le journal *la Lanterne*. Il s'agissait dans cette affaire d'une mission conférée à un explorateur des régions africaines qui avait reçu le droit d'entretenir des rapports officiels avec les autorités administratives et maritimes du Gabon.

2. Tribunal des conflits, 17 mai 1873, *Michallard*.

3. Cette opinion a été soutenue dans le *Recueil périodique* de M. Dalloz (1879, II, 161) et dans le *Journal des Conseillers municipaux* (1879, p. 159).

4. Tribunal des conflits, 27 décembre 1879, *Guidet*. — Cf. Aix, 8 août 1878 et 10 décembre 1878 ; — Nîmes, 24 février 1879 ; — Civ., 7 juillet 1879. On a cité en sens contraire une décision du Tribunal des conflits du 20 juin 1879 (*Labrebis*), qui a reconnu l'autorité judiciaire compétente sur la réclamation d'un secrétaire de mairie se plaignant d'une retenue illégalement faite sur son traitement par le maire. Mais

mentaux en vertu du décret-loi du 25 mars 1852, le maire, qui nomme aux emplois communaux en vertu de la loi du 5 avril 1884, font acte d'autorités hiérarchiques et non de contractants ; ils exercent les pouvoirs qu'ils tiennent de ces lois, à l'égard des employés aussi bien que des fonctionnaires, soit qu'ils les nomment, soit qu'ils les révoquent ; le Code civil, le contrat de louage d'ouvrage, sont hors de cause dans les deux cas.

Par application de ces principes, le Tribunal des conflits et la Cour de cassation ont décidé qu'un employé communal ne peut pas saisir les tribunaux judiciaires d'une action en indemnité pour révocation non justifiée, en assimilant cette mesure à la résiliation d'un contrat de louage d'ouvrage. L'autorité judiciaire, incompétente pour apprécier la validité de la révocation, ne peut évidemment apprécier une demande en dommages-intérêts fondée sur ce que cette révocation serait irrégulière ou inopportune. Ne pouvant entraver directement l'exécution de cet acte administratif, elle ne peut pas l'entraver indirectement, en infligeant à l'administration des condamnations pécuniaires à raison de l'usage qu'elle aura fait de ses pouvoirs (¹).

si la distinction des fonctions et des emplois apparaît dans les conclusions du commissaire du Gouvernement, elle n'apparaît pas dans la décision. Celle-ci ne se fonde pas sur ce qu'il n'y aurait qu'un contrat de louage d'ouvrage entre une commune et un secrétaire de mairie, mais sur ce qu' « aucun texte ne confère à l'autorité municipale le pouvoir de retenir, par voie de mesure administrative et à titre disciplinaire, tout ou partie des appointements dus par la commune à ses employés ; que dès lors l'arrêté pris par le maire ne constituait pas un acte administratif faisant obstacle à la demande en paiement... »

1. Tribunal des conflits, 27 décembre 1869, *Guidet ;* — Civ., 7 juillet 1880, *ville de Marseille ;* — Civ., 7 juillet 1880, *ville d'Alais.*

CHAPITRE VI

DE LA COMPÉTENCE EN MATIÈRE CRIMINELLE ET CORRECTIONNELLE

La répression des crimes, délits et contraventions appartient exclusivement à l'autorité judiciaire. L'exception qui est faite à cette règle pour les contraventions de grande voirie et pour les infractions qui leur sont assimilées, est plus apparente que réelle, car les sanctions pécuniaires que la juridiction administrative est chargée de procurer aux lois qui garantissent la conservation et la destination légale du domaine public, n'ont pas à proprement parler le caractère de pénalités ; elles se rapprochent plutôt des amendes civiles ou fiscales qui sont souvent prononcées par les tribunaux civils.

Les tribunaux judiciaires investis de la juridiction répressive n'ont pas seulement le pouvoir d'appliquer la loi pénale ; ils exercent aussi une juridiction d'ordre civil lorsqu'ils statuent sur une action tendant à la réparation du dommage causé par un crime ou par un délit, et fondée sur les articles 1382 et 1384 du Code civil. Aussi cette action est-elle appelée action civile, par opposition à l'action publique qui tend à l'application des peines ([1]).

Quand les tribunaux de répression font office de juges civils en statuant sur l'action en réparation du dommage, ils sont soumis aux mêmes règles de séparation des pouvoirs que les juges civils eux-mêmes.

Quand les tribunaux de répression remplissent leur fonction propre en statuant sur l'action publique, ils sont soumis, quant à

1. C. d'instr. crim., art. 1 à 4.

l'application du principe de la séparation des pouvoirs, à des règles spéciales, qui ne sont pas les mêmes pour les tribunaux criminels et pour les tribunaux correctionnels, et qui sont édictées par les articles 1 et 2 de l'ordonnance du 1ᵉʳ juin 1828.

Étudions successivement les rapports de la compétence administrative et de la compétence judiciaire, en ce qui touche les matières criminelles et les matières correctionnelles, et les questions souvent délicates auxquelles ces rapports peuvent donner lieu.

I. — MATIÈRES CRIMINELLES.

Interdiction du conflit en matière criminelle. — L'article 1ᵉʳ de l'ordonnance du 1ᵉʳ juin 1828 dispose : « A l'avenir, le conflit « d'attributions entre les tribunaux et l'autorité administrative ne « sera jamais élevé en matière criminelle. »

En décidant que le conflit ne serait *jamais* élevé, ce texte interdit le conflit non seulement sur le fond, mais encore sur les questions préjudicielles. Ses prescriptions absolues s'opposent à ce que l'on fasse une distinction entre ces deux cas de conflit, en argumentant du premier mot de l'article : *à l'avenir.* Ce mot contient une allusion à un passé que l'ordonnance de 1828 condamne ; il vise la jurisprudence pratiquée pendant la période révolutionnaire, et spécialement sous le Directoire, d'après laquelle l'administration revendiquait pour elle-même le jugement de certains procès criminels, soit pour atteindre plus sûrement des inculpés qu'elle craignait de voir absoudre, soit pour en protéger d'autres qu'elle craignait de voir condamner (¹). Il ne s'agissait point alors de questions préjudicielles ; c'était le fond même du procès criminel qui était évoqué par l'administration. Aussi M. de Cormenin, dans son rapport sur l'ordonnance de 1828, qualifiait-il cette jurisprudence de « monstrueuse ». Une épithète aussi sévère ne pourrait certainement pas s'appliquer à la revendication d'une simple question

---

1. Par exemple, pour atteindre des émigrés, des prêtres déportés, des déserteurs ; pour protéger des agents du Gouvernement, des fournisseurs. Voir *suprà*, p. 209, et Boulatignier (vᵒ *Conflit*, p. 512) dans le *Dictionnaire général d'administration* de M. Alfred Blanche.

préjudicielle qui n'attribuerait à l'administration ni le droit de condamner ni celui d'absoudre. Aussi a-t-on quelquefois soutenu que le conflit serait légitime en pareil cas, et que la prohibition de l'article 1er ne vise que la poursuite, et non les questions préjudicielles qu'elle peut soulever.

Ces arguments sont plausibles, mais ils ne peuvent prévaloir contre un texte formel. Le texte dit : « *jamais* », ce qui veut dire *dans aucun cas* et exclut toute distinction.

Il faut cependant reconnaître qu'il peut y avoir, dans des procès criminels, des questions que l'administration seule est en mesure de résoudre. On en trouve des exemples : — dans l'article 114 du Code pénal relatif aux attentats à la liberté, qui mentionne, comme circonstance absolutoire pour l'agent inférieur, l'ordre donné par un supérieur, pour un objet de son ressort, et sur lequel obéissance hiérarchique lui était due ; — dans l'article 155 relatif aux faux en écriture publique commis par des fonctionnaires et comptables ; — dans l'article 174 relatif à la concussion ; — dans les articles 430 et suivants qui punissent les fournisseurs de l'État qui ont fait manquer le service, et dans plusieurs dispositions du Code pénal militaire. Il est vrai que, dans la plupart de ces cas, l'administration provoque elle-même la poursuite et apporte la solution des questions d'ordre administratif qui peuvent préoccuper le juge. Mais, d'une part, le ministère public peut agir d'office ; d'autre part, il y a des questions qui ne peuvent pas être résolues par l'administration active, mais seulement par une juridiction administrative, par exemple, par la Cour des comptes.

Dans cette dernière hypothèse, un arrêt ancien de la Cour de cassation (15 juillet 1819, *Fabry*) a décidé qu'il y avait une véritable question préjudicielle excédant la compétence du tribunal criminel ; elle a décidé qu'un conseil de guerre avait excédé sa compétence en condamnant un comptable militaire accusé de dilapidation de deniers publics, alors que sa comptabilité n'avait pas été vérifiée par la Cour des comptes, et qu'un arrêt de cette cour l'avait ultérieurement reconnu régulière ([1]). L'arrêt décide que l'accusé

---

1. La doctrine de cet arrêt a été approuvée par M. Duvergier, *Lois et Décrets, notes sur l'Ordonnance* de 1828, et par M. Boulatignier, *op. cit.*, p. 512. — Cf. Reverchon, vo *Conflit* dans le *Dictionnaire d'administration française* de M. Block, p. 535.

« ne pouvait être déclaré coupable qu'autant qu'il aurait été préalablement décidé par l'autorité compétente qu'il était reliquataire dans les comptes de sa gestion », et que les juges, en le condamnant sans qu'il eût été procédé à cet examen préjudiciel, « ont commis une violation des règles de la compétence ».

La compétence des tribunaux criminels ne serait donc pas illimitée au regard de l'administration ; de véritables questions préjudicielles pourraient se poser devant eux, mais sans que l'administration pût les revendiquer par la voie du conflit.

Malgré l'autorité de cet arrêt et des jurisconsultes qui l'ont approuvé, nous avons des doutes sur la solution qu'il consacre.

En premier lieu, — nous avons déjà eu occasion de le dire, — l'autorité judiciaire possède, pour le jugement des accusations criminelles, des pouvoirs de pleine juridiction qui ne souffrent aucun partage : ses attributions, en cette matière, ont un caractère fondamental et d'ordre constitutionnel ; elles excluent toute intervention de l'autorité administrative, aussi bien dans le jugement de questions préjudicielles que dans le jugement du fond. Sans doute, il y a des accusations qui rendent nécessaires des vérifications d'ordre administratif ou politique ; si le juge criminel s'abstient d'y recourir, s'il cherche à y suppléer par d'autres mesures d'instruction ou par ses propres lumières, il peut en résulter un mauvais jugement, peut-être même une atteinte aux droits de la défense, mais non un cas d'incompétence.

En second lieu, les questions préjudicielles comportent nécessairement un sursis. Or, il est de principe que les débats criminels une fois commencés « doivent être continués sans interruption jusqu'à la déclaration du jury inclusivement » (art. 353, C. d'instr. crim.). Il ne peut être dérogé à cette règle que dans les cas de prorogation de délais ou de renvoi à une autre session, prévus par les articles 306, 352, 354 et 406, C. d'instr. crim. ; mais il est de jurisprudence constante que ces prorogations et ces renvois ne sont qu'une faculté pour le juge, jamais une obligation, et que leur refus ne saurait créer un moyen de cassation. La doctrine que nous critiquons aboutirait à créer un cas de renvoi forcé et de sursis obligatoire, en dehors des prévisions de la loi.

Enfin, il nous paraît impossible de concilier l'interdiction absolue du conflit, prononcée par l'article 1er de l'ordonnance de 1828, avec l'incompétence prétendue de la juridiction criminelle sur certaines questions préjudicielles. Le conflit est la sanction du principe de la séparation des pouvoirs ; si ce principe était réellement en jeu, sa sanction ne pourrait pas lui être retirée en faveur d'une seule juridiction et *reverentiæ causa*. En vain dirait-on que la séparation des pouvoirs peut exister sans la sanction du conflit, qu'on en trouve la preuve dans ce fait, que le conflit ne peut pas être élevé devant les tribunaux de paix, de police et de commerce ; mais il est facile de répondre que le droit de conflit existe devant les juridictions d'appel auxquelles ressortissent ces tribunaux spéciaux, ce qui sauvegarde suffisamment le principe et sa sanction.

C'est pourquoi nous ne nous croyons autorisé, ni par les textes, ni par les principes généraux de la matière, à refuser à la juridiction pénale l'examen des questions administratives que peut comporter une accusation criminelle dont elle est légalement saisie.

Il en serait autrement s'il s'agissait, non d'une accusation criminelle, mais d'une poursuite correctionnelle. Dans ce dernier cas, en effet, le conflit n'est pas interdit ; il est même expressément prévu par l'article 2 de l'ordonnance de 1828 toutes les fois qu'il existe une question préjudicielle du ressort de l'autorité administrative. (Voy. le paragraphe suivant.) La différence qui existe entre ce texte et l'article 1er de la même ordonnance interdisant tout conflit en matière criminelle suffit, selon nous, pour justifier, et même pour imposer la différence des solutions.

De l'action civile formée devant les tribunaux criminels. — L'interdiction du conflit « en matière criminelle » ne vise que l'action publique et non l'action civile.

On sait les différences profondes qui existent entre ces deux actions, même quand elles s'exercent l'une et l'autre devant le tribunal de répression, ainsi que l'autorise l'article 3 du Code d'instruction criminelle — différence quant à leur objet : l'action publique tend à la répression dans un intérêt social, l'action civile tend à la réparation pécuniaire d'un dommage, dans un intérêt privé ; — différence quant à l'auteur de l'action : l'action publique ne peut être exercée que par les magistrats auxquels elle est confiée par la loi, l'action civile appartient à tous ceux qui ont souffert du dommage ; — différence quant à la personne contre qui l'action est dirigée : l'action publique ne peut atteindre que l'auteur du crime ou du délit et elle s'éteint par son décès ; l'action civile peut atteindre les héritiers du délinquant et les tiers qui sont civilement responsables des dommages causés par autrui, en vertu de l'article 1384 du Code civil ; — différence quant à la durée de la prescription ; — différence enfin quant à la juridiction : l'action publique ne peut être portée que devant le tribunal de répression, l'action civile peut, au gré de la partie, être portée devant le tribunal civil, ou bien devant le tribunal de répression conjointement à l'action publique. Toutefois, si la juridiction saisie est la cour d'assises, le jury reste étranger au jugement de l'action civile qui ne relève que de la cour.

Il résulte manifestement de ces distinctions que ni les conclusions prises, ni les décisions rendues sur une question de dommages-intérêts motivée par un acte criminel, ne rentrent dans les *matières criminelles,* dans le sens juridique du mot ; le principe de la séparation des pouvoirs conserve donc à leur égard toute sa force, ainsi que sa sanction légale. Les auteurs et la jurisprudence sont d'accord sur ce point : « L'action criminelle et l'action civile, dit M. Reverchon, quoique portées devant la même juridiction, n'en constituent pas moins deux actions. L'action civile, accidentellement jointe à l'action criminelle, ne constitue pas pour cela une matière criminelle, et dès lors la disposition exceptionnelle de l'article 1er de l'ordonnance du 1er juin 1828 ne doit pas faire obstacle à l'application des principes ordinaires de la compétence (1). »

Le Tribunal des conflits a consacré la même doctrine par trois décisions du 22 décembre 1880 (*Roucanières ; Thiébaut ; Kervennic*), dans lesquelles on lit : « L'article 1er de l'ordonnance du 1er juin 1828, en interdisant à l'autorité administrative d'élever le conflit en matière criminelle, a eu uniquement pour but d'assurer le libre exercice de l'action publique devant la juridiction criminelle et la compétence exclusive de cette juridiction pour statuer sur ladite

---

1. Reverchon, *op. cit.*, p. 585. — Cf. Boulatignier, *op. cit.*, p. 513 ; — Serrigny, *Compétence administrative*, t. I, p. 232.

action ; mais ce texte n'a pas eu pour but et ne saurait avoir pour effet de soustraire à l'application du principe de la séparation des pouvoirs l'action civile formée par la partie se prétendant lésée, quelle que soit la juridiction devant laquelle cette action est portée. »

De la plainte avec constitution de partie civile. — La plainte doit-elle être assimilée à l'action publique ou à l'action civile, lorsqu'elle est formée devant le juge d'instruction conformément à l'article 53 du Code d'instruction criminelle ? D'après ce texte, « toute personne qui se prétendra lésée par un crime ou délit « pourra en rendre plainte et se constituer partie civile devant le « juge d'instruction soit du lieu du crime ou du délit, soit du lieu de « la résidence du prévenu, soit du lieu où il pourra être trouvé ». On a beaucoup discuté sur le caractère de cette plainte. D'après une première opinion, elle constituerait une véritable action publique, souvenir de l'ancien droit d'accusation que le droit romain donnait aux citoyens ; la constitution de partie civile, exigée par l'article 63, ne serait pas alors une véritable action civile — sur laquelle le juge d'instruction n'aurait pas d'ailleurs le pouvoir de statuer, — mais une simple soumission de payer les frais de la procédure. D'après une seconde opinion, la plainte ne constituerait point une action publique, mais une simple dénonciation adressée aux magistrats, pour obtenir d'eux qu'ils mettent cette action en mouvement, conjointement avec l'action civile que la loi prescrit au plaignant d'introduire.

Cette dernière opinion a prévalu devant le Tribunal des conflits. Par les décisions précitées du 22 décembre 1880, il a jugé que la plainte avec constitution de partie civile « ne constituait pas l'exercice de l'action publique ; qu'ainsi la matière n'était pas criminelle dans le sens de l'article 1er de l'ordonnance de 1828, et que ledit article 1er ne faisait pas obstacle à ce que le conflit fût élevé sur l'action engagée par le plaignant ».

La jurisprudence du Tribunal des conflits semble donc bien fixée en ce sens qu'il n'y a *matière criminelle* que lorsque l'action publique est en jeu ; les plaintes, les dénonciations, les constitutions de partie civile, qui tendent à provoquer cette action, ne suffisent pas par elles-mêmes pour créer la matière criminelle et mettre obstacle au conflit (¹).

Cette jurisprudence a paru rigoureuse à quelques commentateurs de ces décisions ; ils ont exprimé la crainte qu'elle ne permît d'entraver, dans certains cas, le cours régulier de la justice criminelle.

Nous n'avons pas ici à prendre parti sur la question de savoir si une poursuite peut réellement être engagée, et aboutir à une accusation criminelle, par l'action combinée d'une partie et d'un juge d'instruction, sans aucune réquisition du ministère public et même nonobstant ses réquisitions contraires. En admettant qu'une procédure aussi exceptionnelle rentre, comme on l'a dit, dans l'exercice régulier de la juridiction criminelle, il faut reconnaître que rien ne serait plus facile que d'éluder, par ce moyen, le principe de la séparation des pouvoirs. Il suffirait pour cela — et l'expérience a montré que ce n'était point impossible — qu'il se trouvât des plaignants et des magistrats instructeurs, disposés à assimiler des actes de la puissance publique à des crimes, et à s'affranchir, grâce à cette qualification, des bornes imposées à la compétence judiciaire (²).

On peut se demander si une telle pratique ne serait pas aussi dangereuse, au point de vue de la séparation des pouvoirs, que la pratique inverse si justement reprochée au Directoire. Celui-ci avait prétendu remettre la justice criminelle à des administrateurs lorsque ses intérêts ou ses passions l'y portaient ; d'autres ont voulu livrer des actes de la puissance publique à la juridiction crimi-

---

1. M. Ducrocq professe la même doctrine : « Nous pensons, dit-il, bien que la question soit controversée, que le magistrat instructeur saisi par la partie civile ne peut procéder à sa mission d'instruction que sur la réquisition du ministère public. Nous croyons aussi que, dans cette hypothèse d'une partie civile ayant saisi les juridictions d'instruction, l'autorité administrative a le droit d'élever le conflit d'attributions, lorsque le principe de la séparation des deux autorités est engagé, alors même que la plainte de la partie civile viserait des faits qualifiés crimes par la loi. » (*Cours de droit administratif*, t. I, p. 703.)

2. On avait cru pouvoir recourir à cette procédure pour déférer aux tribunaux judiciaires les décrets du 29 mars 1880, ordonnant la dissolution des congrégations non autorisées, et les arrêtés préfectoraux pris pour leur exécution. Ces actes d'exécution, auxquels le Tribunal des conflits a reconnu le caractère d'actes administratifs, étaient dénoncés dans les plaintes comme constituant des attentats à la liberté individuelle, crime prévu et puni par l'article 114 du Code pénal.

nelle. Ce dernier empiétement ne serait pas moins grave que celui qui l'a précédé ; aussi ne doit-on pas regretter que le Tribunal des conflits s'y soit opposé.

Nous ferons cependant une réserve sur sa jurisprudence, réserve qui a pour objet non les motifs, mais le dispositif de la décision du 22 décembre 1880 (*Roucanières*) et des décisions semblables. Ce dispositif ne se borne pas à mettre à néant l'action civile résultant de la constitution de partie civile jointe à la plainte; il annule la plainte elle-même et les ordonnances du magistrat instructeur (1).

On peut se demander si le Tribunal des conflits ne devait pas se borner à annuler l'action civile, en vertu de la jurisprudence ci-dessus rapportée relative à cette action, et laisser à l'autorité judiciaire le soin d'annuler la plainte et les ordonnances. En effet, la question de savoir si la plainte est non avenue quand il n'y a pas eu ou qu'il n'y a plus de constitution de partie civile, celle de savoir si les ordonnances, rendues sur une plainte à qui on a retiré l'appui d'une action civile, deviennent nulles, sont essentiellement des questions de droit criminel ; il est difficile de dire qu'en discutant cette matière on ne discute pas une matière criminelle. N'est-ce pas restreindre un peu trop la portée de l'article 1er de l'ordonnance de 1828, que de ne voir la matière criminelle que dans l'action publique exercée par le ministère public ? Ne doit-on pas la voir aussi dans les ordres d'informer et autres ordonnances rendues par un juge d'instruction saisi d'une plainte régulière ou non ?

Nous inclinons donc à penser qu'en présence d'une plainte jointe à l'action civile, le conflit ne doit être élevé que sur cette action. Celle-ci supprimée, si l'on estime que la plainte et les ordonnances auxquelles elle a pu donner lieu sont frappées de nullité, c'est à l'autorité judiciaire qu'il appartient de prononcer l'annulation.

---

1. Ce dispositif est ainsi conçu : — « Art. 1er. L'arrêté de conflit est confirmé. — Art. 2. Sont considérées comme non avenues : 1° la plainte du sieur Roucanières en date du 4 août 1880, par laquelle celui-ci a déclaré se porter partie civile; 2° les ordonnances rendues par le premier président de la Cour de Bordeaux les 11 et 14 août 1880. » — Le premier président exerçait les fonctions de juge d'instruction à raison de la qualité des inculpés.

II. — MATIÈRES CORRECTIONNELLES.

Application des règles générales de compétence. — Nous avons dit plus haut que les règles relatives à la compétence et aux conflits ne sont pas les mêmes pour les tribunaux correctionnels que pour les tribunaux criminels. En effet, l'action publique correctionnelle est soumise au principe de la séparation des pouvoirs dans la même mesure que l'action civile, elle peut donner lieu à conflit soit sur le fond, soit sur des questions préjudicielles. L'article 2 de l'ordonnance du 1er juin 1828 est formel à cet égard ; il dispose que le conflit peut être élevé : « 1° lorsque la répression « du délit est attribuée par une disposition législative à l'autorité « administrative ; — 2° lorsque le jugement à rendre par le tribunal « dépendra d'une question préjudicielle, dont la connaissance ap- « partiendrait à l'autorité administrative en vertu d'une disposition « législative. Dans ce dernier cas, le conflit ne pourra être élevé « que sur la question préjudicielle. »

Le premier cas prévu par l'ordonnance est celui où la juridiction administrative est exceptionnellement investie du droit de réprimer des contraventions. On sait que des lois spéciales lui ont conféré cette attribution en matière de grande voirie, de servitudes militaires, et pour certaines infractions à la police du roulage, à la législation des mines, des carrières, des chemins de fer, des lignes télégraphiques, etc. (¹). Les tribunaux correctionnels qui seraient saisis de procès-verbaux constatant ces contraventions, devraient se déclarer incompétents, et, dans le cas où ils les retiendraient, ils pourraient être dessaisis par la voie du conflit.

On s'est demandé si la diffamation peut figurer parmi les infractions déférées par la loi à l'autorité administrative, lorsqu'elle résulte d'imputations contenues dans une délibération d'un conseil municipal. Pendant longtemps il y a eu dissentiment sur ce point entre le Conseil d'État et les tribunaux judiciaires, qui interprétaient différemment l'article 60 de la loi des 14-22 décembre

---

1. Voir, au tome II, le livre VIII, consacré au *contentieux de la répression*.

1789. D'après ce texte, tout citoyen qui croit être personnellement lésé par quelque acte du corps municipal, peut « exposer ses sujets « de plainte à l'administration ou au directoire du département qui « y fera droit, sur l'avis de l'administration de district qui sera char- « gée de vérifier les faits ». Jusqu'en 1870 le Conseil d'État a inter- prété ce texte en ce sens, que le citoyen diffamé par une délibéra- tion municipale ne pouvait exercer que le recours administratif prévu par l'article 60 (¹). La Cour de cassation et les cours d'appel décidaient au contraire que ce recours n'excluait pas les voies de droit commun devant les tribunaux de répression, lorsqu'il s'agis- sait de diffamations et d'outrages (²).

Le Conseil d'État s'est rallié avec raison à cette doctrine par une décision sur conflit du 7 mai 1871 (*Taxil*). Le Tribunal des conflits l'a également consacrée (28 décembre 1878, *Moulis* ; — 22 mars 1884, *Bérault*). On lit dans ce dernier arrêt : « Que si l'ar- ticle 60 du décret du 14 décembre 1789 a réservé à l'autorité ad- ministrative la connaissance des réclamations des citoyens, tendant à faire annuler l'acte du corps municipal par lequel ils se croient lésés, cet article ne porte aucune atteinte au droit de poursuivre devant la juridiction correctionnelle les délits prévus par la loi pé- nale. » La jurisprudence est donc aujourd'hui unanime à recon- naître qu'une inculpation de diffamation, relevée dans une déli- bération municipale, ne saurait être du ressort de la juridiction administrative considérée comme juge de cette inculpation.

Mais la jurisprudence du Conseil d'État admet aussi que l'arti- cle 60 du décret du 14 décembre 1789 est toujours en vigueur et que le préfet est compétent pour censurer administrativement la délibération diffamatoire, et pour en prononcer l'annulation (³).

Le second cas prévu par l'ordonnance est celui où le jugement d'un délit prévu par le Code pénal exigerait la solution de ques- tions préjudicielles relevant de l'autorité administrative.

---

1. Conseil d'État, 14 février 1842, *Dessaux* ; — 11 avril 1848, *Lenourichel* ; — 6 mai 1863, *Lessagier* ; — 17 août 1866, *Benoist d'Azy* ; — 25 mai 1870, *Girod*.

2. Crim., 17 mai 1845, *de Rhéville* ; — Rouen, 17 novembre 1853, *Conseil municipal du Havre* ; — Bourges, 25 mai 1866, *Benoist d'Azy*.

3. Conseil d'État, 25 mars 1881, *commune de Montreux* ; — 2 mai 1890, *Moinet* ; — 1ᵉʳ mars 1895, *cardinal Langénieux*.

Tel est le cas où les moyens de défense invoqués par le prévenu rendraient nécessaire l'interprétation d'ordres émanés de l'autorité administrative, ou la vérification d'actes administratifs dont l'existence serait contestée, ou l'examen d'une comptabilité dont la vérification appartient à des juridictions administratives spéciales, Cour des comptes ou Conseils de préfecture (¹). L'autorité administrative peut alors revendiquer la question préjudicielle ; mais elle n'a pas qualité pour statuer sur l'inculpation et pour déclarer applicable ou non l'article du Code pénal visé par la citation ; elle doit laisser ce soin à l'autorité judiciaire, après l'avoir éclairée sur le caractère de l'acte invoqué.

Toutefois, cette nécessité d'un renvoi à l'autorité judiciaire pour statuer sur la poursuite après solution de la question préjudicielle, n'existe qu'en présence d'une action publique exercée par les magistrats qui ont qualité à cet effet, et non en présence d'une citation directe de la partie lésée. Cette citation n'est, aux termes de l'article 183 du Code d'instruction criminelle, qu'une action civile qui tient lieu de plainte. Or, nous avons vu qu'en présence d'une action civile le conflit peut être élevé, non seulement sur la question préjudicielle, mais sur le fond, quel que soit le juge devant lequel cette action est portée.

Quels conflits sont interdits devant la juridiction correctionnelle ? — Le droit de conflit s'exerce donc très largement en matière correctionnelle ; si largement qu'on s'est demandé pourquoi l'article 2 de l'ordonnance de 1828 a employé cette formule restrictive : « *il ne pourra* être élevé de conflit en matière correctionnelle *que dans les deux cas suivants...* » Ces deux cas sont, on effet, les seuls où le droit de conflit peut s'exercer, puisqu'ils embrassent à la fois ceux où l'administration est compétente sur le fond, et ceux où elle ne l'est que sur la question préjudicielle. Quels autres cas l'ordonnance de 1828 a-t-elle entendu écarter ?

Elle écartait d'abord, ainsi que le dit expressément l'article 3 de l'ordonnance, le cas où un fonctionnaire aurait été poursuivi correctionnellement à raison d'actes de ses fonctions, sans l'autorisa-

---

1. Crim. cass., 16 mars 1888, *Henriot.*

tion du Gouvernement, autrefois requise par l'article 75 de la Constitution de l'an VIII. A la vérité, on a soutenu, avec raison croyons-nous, que c'était par un abus du conflit qu'on l'avait appliqué, sous le premier Empire et la Restauration, à ce défaut d'autorisation préalable ; mais il n'en est pas moins vrai que cette application avait eu souvent lieu, qu'elle avait soulevé de justes réclamations de l'autorité judiciaire, et qu'il était utile de la proscrire par un texte.

La formule restrictive de l'ordonnance nous paraît aussi viser d'autres cas, ceux où l'action publique s'exerce pour assurer une sanction pénale à un acte administratif. Ces cas sont très nombreux. Sans revenir ici sur ce que nous avons dit à propos des règlements de police et de la compétence reconnue à l'autorité judiciaire par l'article 471, § 15, du Code pénal pour en apprécier la légalité (¹), on peut citer un grand nombre d'actes administratifs réglementaires ou individuels, dont l'infraction entraîne, non des peines de simple police, mais des peines correctionnelles. Comme exemple des premiers, on peut citer les décrets et les arrêtés préfectoraux concernant la police, la sûreté et l'exploitation des chemins de fer, dont la violation est punie d'amendes correctionnelles et d'emprisonnement en cas de récidive, par l'article 21 de la loi du 15 juillet 1845. Comme exemple des seconds, on peut citer les arrêtés du ministre de l'intérieur interdisant le territoire français à des étrangers, arrêtés qui trouvent une sanction pénale dans l'article 8 de la loi du 3 décembre 1849, prononçant contre le contrevenant des peines correctionnelles de un à six mois de prison.

Le jugement de ces délits peut rendre nécessaire la vérification préalable de l'acte administratif dont la sanction est requise, son interprétation, l'appréciation de sa validité et de sa force obligatoire. Aucun texte ne proclame en ce cas la plénitude de juridiction des tribunaux correctionnels, comme l'article 471, § 15, l'a fait pour les tribunaux de police ; mais les tribunaux correctionnels n'en sont pas moins compétents pour résoudre ces questions ; non qu'ils puissent invoquer par analogie cet article 471, § 15, qui ne vise que des règlements de moindre importance, mais parce que

1. Voy. ci-dessus, p. 480.

ce texte lui-même est plutôt déclaratif qu'attributif de compétence, et parce que le droit qu'il proclame est inhérent à la mission de tout tribunal de répression, lorsqu'on lui demande de procurer une sanction pénale à un acte administratif.

Par cela seul que l'autorité judiciaire est requise de prêter main-forte à l'administration et de punir ceux qui enfreignent ses prescriptions, elle a le droit d'apprécier toutes les exceptions et moyens de défense opposés à la poursuite par le prévenu, et notamment le moyen tiré de ce que l'acte serait illégal et non obligatoire. L'administration, qui exerce ou fait exercer la poursuite, ne peut pas, dans ce cas, revendiquer le droit d'apprécier elle-même la légalité de son acte. Après avoir mis en mouvement la juridiction répressive, elle ne peut pas demander à la partager ; elle livre au juge son acte tout entier, par cela seul qu'elle lui demande d'en assurer l'exécution. La question d'interprétation ou de légalité de cet acte ne saurait donc constituer une question préjudicielle dans le sens de l'article 2, § 2, de l'ordonnance.

La formule restrictive de cet article — qui ne saurait être une simple inadvertance de la part de rédacteurs aussi exercés que M. de Cormenin et les autres auteurs de l'ordonnance de 1828 — ne peut-elle pas s'expliquer par la pensée de faire obstacle à toute revendication de la compétence administrative dans l'hypothèse que nous venons de signaler ?

Quoi qu'il en soit, la règle est certaine et nous en trouvons de nombreuses applications dans la jurisprudence judiciaire, qui n'est contredite sur ce point par aucune décision sur conflit. Aussi, les tribunaux correctionnels se sont-ils toujours reconnus compétents pour apprécier le sens et la légalité des règlements relatifs à la police des chemins de fer [1], et pour vérifier si des arrêtés d'expulsion pris contre des étrangers sont ou non entachés d'incompétence ou d'excès de pouvoir [2].

Le Conseil d'État s'est également prononcé sur ce dernier point par un arrêt très net du 15 mars 1884 (*Morphy*) : il a même décidé

---

1. Crim., 24 avril 1847, *Petiet ;* — 2 mai 1873, *Bizelzky.*

2. Crim., 7 décembre 1883, *Gallibert ;* — Douai, 25 juillet 1853, *Dulaurier ;* — Paris, 11 juin 1883, *Gallibert.*

que la compétence du tribunal correctionnel exclut celle du Conseil d'État statuant comme juge de l'excès de pouvoir, lorsque l'illégalité de l'arrêté d'expulsion est invoquée devant la juridiction répressive comme un moyen de défense contre une poursuite pour infraction à l'arrêté. « Considérant, dit cet arrêt, que l'autorité judiciaire, compétente pour statuer sur les poursuites exercées en vertu de l'article 8 de la loi du 3 décembre 1849, l'est également pour apprécier les moyens de défense que le prévenu croit pouvoir tirer de l'illégalité prétendue de l'arrêté pris contre lui par le ministre de l'intérieur, et qu'il n'appartient pas au Conseil d'État de statuer sur le mérite desdits moyens de défense par la voie du recours pour excès de pouvoir... »

CHAPITRE VII

DE LA COMPÉTENCE SUR LES POURSUITES DIRIGÉES CONTRE LES FONCTIONNAIRES PUBLICS AUTRES QUE LES MINISTRES

I. — Historique de la législation et de la jurisprudence.

Article 75 de la Constitution de l'an VIII et jurisprudence antérieure à 1870. — L'article 75 de la Constitution de l'an VIII, qui subordonnait à une autorisation préalable du Conseil d'État les poursuites dirigées contre les fonctionnaires publics autres que les ministres « pour des faits relatifs à leurs fonctions », ne s'inspirait pas uniquement du principe de la séparation des pouvoirs, mais aussi de la pensée d'assurer une protection spéciale au fonctionnaire poursuivi à l'occasion de ses fonctions.

L'article 75 ne dérogeait point en cela aux règles établies pendant la période révolutionnaire. Nous avons vu, dans la partie historique de cet ouvrage, que plusieurs lois de l'Assemblée constituante avaient édicté des dispositions analogues, notamment : la loi du 14 décembre 1789, article 61, qui interdisait de dénoncer aux tribunaux les « délits d'administration » imputés aux officiers municipaux, si cette dénonciation n'avait pas été préalablement autorisée par le directoire du département ; la loi générale des 16-24 août 1790, qui interdisait aux juges, à peine de forfaiture, de « citer devant eux les administrateurs pour raison de leurs fonctions », et surtout la loi des 7-14 octobre 1790, aux termes de laquelle « aucun administrateur ne peut être traduit dans les tribunaux pour raison de ses fonctions publiques, à moins qu'il n'y ait été renvoyé par l'autorité supérieure, conformément aux lois ».

Sous ce régime, l'autorité qui devait donner l'autorisation était celle dont le fonctionnaire relevait hiérarchiquement : les directoires de département pour les officiers municipaux, le pouvoir central pour les administrateurs des départements, les ministres pour les agents placés sous leur autorité, et même les chefs des grandes régies financières et domaniales (douanes, contributions indirectes, forêts) pour les agents préposés à ces services.

A ces autorisations diverses la Constitution de l'an VIII substitua celle du Conseil d'État, sauf pour quelques agents inférieurs de services spéciaux, qui continuèrent à relever de leurs supérieurs hiérarchiques.

Cette législation était assurément restrictive du principe d'égalité devant la loi ; mais l'inégalité qu'elle créait entre les fonctionnaires et les autres citoyens était relative au droit de poursuite, à l'introduction de l'action publique ou de l'action civile, elle ne modifiait pas l'ordre des juridictions ; elle laissait expressément subsister la compétence judiciaire à l'égard des fonctionnaires poursuivis pour délits ou quasi-délits commis dans l'exercice de leurs fonctions. L'article 75 n'était pas moins formel à cet égard que les lois de 1789 et de 1790 : « En ce cas, dit-il (le cas d'une autorisation donnée par le Conseil d'État), la poursuite a lieu devant les tribunaux ordinaires ([1]). »

Cette attribution de compétence aux tribunaux judiciaires, pour statuer sur la poursuite une fois qu'elle était autorisée, suffit à elle seule pour montrer combien il y avait de différence entre les « actes relatifs aux fonctions », prévus par l'article 75, et les « actes d'administration » prévus par les lois de 1790 et de l'an III. L'ar-

---

1. La législation de 1790 et de l'an VIII diffère notablement sur ce point de celle de l'ancien régime. Avant 1789, les fonctionnaires poursuivis à raison de leurs fonctions relevaient de juridictions spéciales : soit des Chambres des comptes, Cours des aides, amirautés, eaux et forêts, s'il s'agissait d'agents des administrations fiscales ou domaniales, soit des intendants ou du Conseil du Roi lorsqu'il s'agissait d'agents employés au service du Gouvernement. Dans ce dernier cas, le privilège de juridiction ne résultait pas de la législation, comme pour les agents du domaine et du fisc, mais de la pratique du droit d'évocation, qui s'exerçait très largement, même en faveur des agents les plus modestes, par exemple un piqueur des ponts et chaussées chargé de surveiller la corvée, un sergent chargé de conduire une chaîne de galériens. — Voy. Dareste, *la Justice administrative*, p. 515 ; de Tocqueville, *l'Ancien Régime et la Révolution*, p. 87.

ticle 75 n'avait certainement pas pour but d'autoriser le Conseil d'État à rendre les tribunaux juges d'actes administratifs dont la connaissance leur est interdite par le principe constitutionnel de la séparation des pouvoirs ; mais, au contraire, de permettre au Conseil d'État de soustraire aux tribunaux des actes qui seraient tombés sous leur juridiction, en vertu du même principe.

Les actes ainsi prévus étaient des faits personnels, des infractions individuelles, des délits ou quasi-délits que la fonction ne comportait pas, mais qui se produisaient à l'occasion de la fonction et qui avaient, non en droit mais en fait, une corrélation avec elle.

C'est ce que la Cour de cassation avait très bien indiqué dans un arrêt du 8 mai 1846 (*Regnault*) qui visait un cas très significatif, celui d'un préposé des contributions indirectes qui, pendant qu'il remplissait son service, s'était porté à des voies de fait contre un maire : « L'article 75, dit l'arrêt, n'exige pas que les faits aient lieu pour l'exercice des fonctions de l'agent ; s'il en était ainsi, il resterait toujours sans application, puisque le droit de commettre un délit ne peut faire partie d'aucune fonction publique ; l'article 75 veut seulement que les faits soient relatifs aux fonctions ; cette corrélation des fonctions et du délit imputé à l'agent est manifeste dans l'espèce actuelle... » La Cour de cassation avait, au contraire, méconnu la véritable portée de cette législation en déclarant, dans un arrêt du 31 mars 1864 (*Chéronnet*), « que la garantie de l'article 75 n'est que la conséquence du principe fondamental de la séparation des pouvoirs, qu'elle n'a pour objet que d'assurer l'indépendance de l'administration à l'égard de l'autorité judiciaire et de protéger *non la personne inculpée, mais l'acte administratif,* qu'il faut essentiellement que les faits soient relatifs aux fonctions, en d'autres termes qu'ils soient *un acte de la fonction elle-même* avec laquelle ils s'identifient et dont ils constituent l'exercice, bien qu'abusif ».

La doctrine de l'arrêt de 1846 était la vraie. L'arrêt de 1864 confondait les deux systèmes de protection organisés en faveur de l'administration, d'un côté la protection donnée aux actes administratifs par le principe de la séparation des pouvoirs et garantie par le conflit, de l'autre côté la protection donnée au fonctionnaire poursuivi en sadite qualité, à raison de fautes personnelles, et assurée par l'autorisation préalable.

La protection donnée aux actes administratifs n'a jamais été impopulaire en France, où l'on n'a admis à aucune époque que le pouvoir exécutif fût subordonné au pouvoir judiciaire. Au contraire, la protection accordée aux personnes, l'impunité trop souvent assurée à des fautes ou à des délits qui n'avaient rien de commun avec l'exercice de la puissance publique, a jeté un profond discrédit sur l'article 75 de la Constitution de l'an VIII. Vivement attaqué sous la Restauration, remis en question devant les Chambres sous le gouvernement de Juillet, condamné sous le second Empire par des manifestations unanimes de tous les représentants de l'opinion libérale, le système de l'autorisation préalable devait fatalement succomber avec le gouvernement qui en avait le plus tendu les ressorts. Il fallait d'ailleurs que la réaction contre cette institution fût bien vive, pour que le gouvernement de la Défense nationale se crût obligé d'abroger, par son décret du 19 septembre 1870, l'article 75 de la Constitution de l'an VIII, au moment où il prenait lui-même la responsabilité du pouvoir dans les circonstances les plus difficiles ; il fallait que cette réaction fût bien générale pour qu'en 1871, la commission chargée par l'Assemblée nationale d'exercer un contrôle sévère sur tous les actes législatifs du Gouvernement provisoire, n'ait élevé aucune objection contre le maintien de cette réforme.

Décret du 19 septembre 1870. Ses premières applications. — Le décret législatif qui a abrogé l'article 75 de la Constitution de l'an VIII est ainsi conçu : « L'article 75 de la Constitution de « l'an VIII est abrogé. Sont également abrogées toutes les dispositions des lois générales ou spéciales ayant pour objet d'entraver « les poursuites dirigées contre les fonctionnaires publics de tout « ordre. — Il sera ultérieurement statué sur les peines civiles « qu'il peut y avoir lieu d'édicter, dans l'intérêt public, contre « ceux qui auraient dirigé des poursuites téméraires contre les « fonctionnaires. »

On a beaucoup discuté sur la portée de ce décret et sur le contrecoup qu'il pouvait exercer sur le principe de la séparation des pouvoirs. A ne consulter que le texte, aucune dérogation n'est apportée à ce principe constitutionnel ni aux lois des 16-24 août 1790 et du 16 fructidor an III, qui n'en sont que l'application. En admettant que le gouvernement de la Défense nationale, qui exerçait en fait une véritable souveraineté, se fût reconnu le pouvoir de modifier ces bases de notre droit public, encore eût-il fallu qu'il s'expliquât sur ce point, qu'il manifestât sa volonté de déroger à ces lois fondamentales. Il s'est tu sur ces lois de compétence ; il n'a parlé que du système de l'autorisation préalable, résultant de l'article 75 et « des autres dispositions de lois ayant pour objet d'entraver les poursuites dirigées contre des fonctionnaires publics de tout ordre ». Puis, craignant d'aller trop loin, d'alarmer les fonctionnaires, de les livrer sans défense à des poursuites téméraires, il leur a fait entrevoir une protection d'une autre nature, non plus préventive mais répressive, consistant en peines civiles, c'est-à-dire en dommages-intérêts, à prononcer contre les auteurs de poursuites vexatoires. Le décret visait donc bien l'autorisation autrefois requise pour poursuivre un fonctionnaire public devant les tribunaux, et non les règles de compétence applicables aux actes administratifs.

Mais avant que cette interprétation ait définitivement prévalu dans la jurisprudence, plusieurs décisions ont consacré une doctrine différente. D'après cette doctrine, le décret du 19 septembre 1870 aurait eu pour effet de donner compétence aux tribunaux judiciaires pour interpréter et apprécier les actes administratifs discutés au cours d'une poursuite contre un fonctionnaire. Juges du délit ou du quasi-délit relevés par la citation, ces tribunaux auraient eu seuls qualité pour décider si les actes incriminés avaient le caractère de délit ou de faute, ou bien s'ils constituaient l'exercice d'attributions légales.

La première décision rendue en ce sens est un décret sur conflit du 7 mai 1871 (*de Cumont et Stofflet*), délibéré par la commission provisoire chargée de remplacer le Conseil d'État. Il s'agissait d'une poursuite en diffamation dirigée contre le préfet de Maine-et-Loire par les propriétaires du journal *l'Union de l'Ouest*, qui se prétendaient diffamés par les termes d'un arrêté rendu pendant la guerre, qui prononçait la suspension de ce journal et l'accusait d'excitation à la guerre civile et de connivence avec l'ennemi.

Cette décision annule le conflit par les motifs « que l'action exercée dans l'espèce tendait, non à faire annuler l'acte administratif de suspension pris contre les demandeurs, mais à obtenir réparation du préjudice résultant des faits délictueux qui auraient accompagné cet acte... (faits consistant dans les imputations contenues dans les considérants de l'arrêté)... qu'une telle action, quoique dirigée contre un fonctionnaire public à l'occasion ou dans l'exercice de sa fonction est, aux termes des lois de 1790, des articles 1, 3, 179 et suivants du Code d'instruction criminelle, 13 et 18 de la loi du 27 mai 1819, de la compétence exclusive de l'autorité judiciaire, en l'absence d'une disposition qui en défère la répression aux tribunaux administratifs ; que si, sous l'empire de l'article 75 de la Constitution de l'an VIII, la poursuite était en pareil cas subordonnée à l'autorisation préalable du Gouvernement, statuant après avoir entendu le Conseil d'État, cette disposition a été abrogée par le décret du 19 septembre 1870 (¹) ».

Une autre décision, qui eut un grand retentissement, fut celle de la Cour de cassation dans l'affaire du général Meyère (*Req.* 3 juin 1872). Il s'agissait d'une demande en dommages-intérêts formée contre le général commandant l'état de siège dans la place de Langres, par un sieur Rollin qui avait été incarcéré par son ordre à la suite d'une altercation avec un officier. Après une condamnation à des dommages-intérêts prononcée contre le général par le tribunal de Dijon, et un arrêt confirmatif de la cour de Dijon du 8 août 1871 (*Rollin*), la chambre des requêtes, saisie du pourvoi du général Meyère, le rejeta par un arrêt où on lit : « que le décret du 19 septembre 1870 qui abroge l'article 75 de la Constitution de l'an VIII, ainsi que toutes les autres dispositions de lois générales ou spéciales... a nécessairement pour effet d'appeler les tribunaux à apprécier et qualifier les actes imputés à un agent du Gouvernement et qui donnent lieu à une action en réparation civile ; que si les tribunaux saisis devaient surseoir à statuer sur le fond jusqu'à

---

1. Cette décision a été rendue contrairement à nos conclusions, dans lesquelles nous soutenions l'opinion qui a prévalu depuis devant le Tribunal des conflits.

ce que l'acte imputé eût été soumis à l'examen de l'autorité administrative, ce serait faire revivre sous une autre forme, en faveur des agents poursuivis, la garantie stipulée par l'article 75, que le décret du 19 septembre 1870 a eu pour but de faire entièrement disparaître... » ; puis l'arrêt, appréciant au fond la mesure prise par le général commandant l'état de siège, décide qu'elle n'était autorisée par aucun texte de loi et que la condamnation à des dommages-intérêts était justifiée.

Plusieurs arrêts dans le même sens furent rendus sur des poursuites dirigées contre des préfets et contre d'autres fonctionnaires du gouvernement de la Défense nationale ([1]).

Interprétation du décret de 1870 par le Tribunal des conflits. — Bientôt, le Gouvernement vit les poursuites se multiplier contre les fonctionnaires de tout ordre, pour des actes qui avaient au plus haut degré le caractère d'actes de la puissance publique. Il résolut de poser de nouveau la question de compétence devant le Tribunal des conflits qui venait d'être institué. Il le fit à propos d'une demande en dommages-intérêts formée par le propriétaire d'un journal suspendu contre le général Ladmirault, commandant l'état de siège dans le département de l'Oise, contre le préfet de ce département et contre le commissaire de police chargé d'exécuter la décision. Le tribunal de Senlis s'étant déclaré compétent ([2]), le conflit fut élevé et il fut confirmé par décision du 26 juillet 1873 (*Pelletier*). L'importance de cette décision, sa haute portée doctrinale et le renom juridique de son rapporteur ([3]), nous font un devoir de reproduire ses principales déductions.

Après avoir rappelé les lois de 1799 et de l'an III, les défenses

1. Cf. Req., 25 janvier 1873, *Engelhard* ; — Crim., 20 juin 1873, *Petit*.

2. Dans ce jugement, en date du 7 mai 1873, le tribunal de Senlis n'avait point dissimulé les conséquences de la doctrine de la commission provisoire et de la Cour de cassation sur le principe de la séparation des pouvoirs. « Il est vrai, disait ce jugement, que le décret du 19 septembre 1870 porte atteinte au principe de la séparation des pouvoirs, mais il est net, précis et formel ; il en résulte qu'aujourd'hui les fonctionnaires et agents du Gouvernement peuvent être directement traduits à *raison des actes de leurs fonctions* devant les tribunaux, lesquels ont pouvoir et qualité pour *examiner, apprécier et qualifier lesdits actes...* »

3. M. Mercier, alors président de la chambre civile de la Cour de cassation et depuis premier président.

faites aux tribunaux de connaître des actes administratifs de quelque espèce qu'ils soient, puis l'article 75 de la Constitution de l'an VIII, la décision poursuit ainsi :

« L'ensemble de ces textes établissait deux prohibitions distinctes qui, bien que dérivant l'une et l'autre du principe de la séparation des pouvoirs, dont elles avaient pour but d'assurer l'exacte application, se référaient néanmoins à des objets divers et ne produisaient pas les mêmes conséquences au point de vue de la juridiction ; la prohibition faite aux tribunaux judiciaires de connaître des actes d'administration de quelque espèce qu'ils soient, constituait une règle de compétence absolue et d'ordre public, destinée à protéger l'acte administratif, et qui trouvait sa sanction dans le droit conféré à l'autorité administrative de proposer le déclinatoire et d'élever le conflit d'attributions, lorsque, contrairement à cette prohibition, les tribunaux judiciaires étaient saisis de la connaissance d'un acte administratif ; la prohibition de poursuivre les agents du Gouvernement sans autorisation préalable, destinée surtout à protéger les fonctionnaires publics contre des poursuites téméraires, ne constituait par une règle de compétence, mais créait une fin de non-recevoir formant obstacle à toutes poursuites dirigées contre ces agents pour des faits relatifs à leurs fonctions, alors même que ces faits n'avaient pas un caractère administratif et constituaient des crimes ou délits de la compétence des tribunaux judiciaires ; cette fin de non-recevoir ne relevait que des tribunaux judiciaires et ne pouvait jamais donner lieu, de la part de l'autorité administrative, à un conflit d'attributions. — Le décret rendu par le gouvernement de la Défense nationale, qui abroge l'article 75 de la Constitution de l'an VIII, n'a eu d'autre effet que de supprimer la fin de non-recevoir résultant du défaut d'autorisation et de rendre ainsi aux tribunaux judiciaires toute leur liberté d'action, dans les limites de leur compétence ; mais il n'a pu avoir également pour conséquence d'étendre les limites de leur juridiction, de supprimer la prohibition qui leur est faite par d'autres dispositions que celles spécialement abrogées par le décret, de connaître des actes administratifs, et d'interdire dans ce cas à l'autorité administrative le droit de proposer le déclinatoire et d'élever l'arrêté de conflit. — Une telle interprétation serait inconciliable avec la loi du 24 mai 1872 qui, en instituant le Tribunal des conflits, consacre à nouveau le principe de la séparation des pouvoirs et les règles de compétence qui en découlent. »

L'arrêt relève ensuite le caractère administratif des décisions invoquées à l'appui de la poursuite ; il constate « qu'en dehors de cet acte le demandeur n'impute aux défendeurs aucun fait personnel de nature à engager leur responsabilité particulière, et qu'en réalité la poursuite est dirigée contre cet acte lui-même, dans la personne des fonctionnaires qui l'ont ordonné ou qui y ont coopéré ».

Nous voyons apparaître dans ce dernier motif la distinction fondamentale sur laquelle repose, en cette matière, la jurisprudence du Tribunal des conflits : distinction entre la faute personnelle du fonctionnaire, qui relève des tribunaux, et l'acte administratif qui leur échappe.

Mais avant de préciser les éléments de cette distinction, terminons l'historique de la jurisprudence.

Depuis 1873 le Tribunal des conflits a toujours maintenu l'interprétation donnée au décret de 1870 par sa décision *Pelletier* du 26 juillet 1873. Presque toutes les cours d'appel se sont ralliées à sa jurisprudence (¹). Quant à la Cour de cassation, elle avait d'abord manifesté sa doctrine par deux arrêts de la chambre des requêtes (3 juin 1872, *Meyère* ; 25 janvier 1873, *Engelhard*), et par un arrêt de la chambre criminelle (20 juin 1873, *Petit*). On pouvait se demander si la chambre civile n'hésiterait pas à suivre la même voie, après la décision sur conflit du 26 juillet 1873, rendue sur le rapport de son président. Mais l'occasion ne s'est pas présentée pour elle de formuler explicitement sa doctrine. Dans deux affaires concernant des préfets, elle a évité de donner l'interprétation du décret du 19 septembre 1870 ; elle a préféré se placer sur un autre terrain : elle s'est fondée soit sur ce que le préfet avait agi en qualité d'officier de police judiciaire (3 août 1874, *Valentin*), soit sur ce qu'il n'était encore investi d'aucune fonction publique à l'époque où il avait fait l'acte incriminé [8 février 1876, *Labadié*] (²).

---

1. Rennes, 31 décembre 1878, *Perio ;* — Aix, 10 décembre 1878, *ville de Marseille;* — Bourges, 10 février 1879, *Colas ;* — Nîmes, 24 février 1879, *ville d'Alais*, etc.

2. Dans l'affaire *Valentin,* M. le premier avocat général Blanche, tout en concluant

Les occasions de statuer sur ces questions de compétence sont d'ailleurs devenues plus rares pour la Cour suprême, depuis que les procédures suivies ont eu pour effet, depuis 1873, de soumettre directement ces questions au Tribunal des conflits.

II. — Conséquences juridiques du décret de 1870 et de la jurisprudence du Tribunal des conflits.

Distinction entre l'acte administratif et le fait personnel du fonctionnaire. — Le décret de 1870 devant être interprété en ce sens que les tribunaux judiciaires sont compétents pour connaître des fautes personnelles commises par les fonctionnaires dans l'exercice de leurs fonctions, mais non de leurs actes administratifs, il en résulte que la délimitation des compétences dépend de la distinction à faire entre l'acte administratif et l'acte personnel du fonctionnaire.

Cette distinction, que quelques jurisconsultes ont critiquée et ont taxée de subtile et d'arbitraire, est conforme à la nature des choses. Nos lois civiles et criminelles l'ont depuis longtemps consacrée à l'égard des fonctionnaires de l'ordre judiciaire. Le

---

au rejet, parce que le préfet avait agi en qualité d'officier de police judiciaire, avait incidemment examiné l'autre hypothèse, celle où le préfet aurait agi comme fonctionnaire administratif, et il n'avait pas hésité à dénier dans ce cas la compétence judiciaire, et à critiquer la doctrine admise par la chambre des requêtes.

« Est-il vrai, disait-il, que le décret de 1870 n'a pas seulement abrogé l'article 75 de la Constitution de l'an VIII, mais qu'il a aussi modifié les règles de compétence si fortement établies par les lois des 16-24 août 1790 et du 16 fructidor an III ? Pour moi, je ne le crois pas, je suis même profondément convaincu que cette opinion est une erreur et une erreur très dangereuse. Le défaut d'autorisation n'a jamais été qu'une fin de non-recevoir ; le décret de 1870 l'a fait disparaître ; il est irrationnel d'admettre que, par voie de conséquence forcée, les tribunaux sont devenus compétents pour apprécier des faits dont la loi, la loi constitutionnelle, leur interdit de connaître. »

Puis, rappelant l'arrêt *Meyère* rendu par la chambre des requêtes, M. Blanche ajoutait : « Je suis fâché de le dire, mais selon moi cet arrêt va beaucoup trop loin. Il admet que, depuis l'abrogation de l'article 75, tous les faits imputables au fonctionnaire pourront être dénoncés à l'autorité judiciaire. Que devient donc la séparation des pouvoirs ? J'espère que la chambre civile ne suivra pas cette jurisprudence. »

Citant enfin la décision *Pelletier* du Tribunal des conflits, il disait : « Voilà, selon moi, la vérité juridique. » (V. Dalloz, *Rec. périod.*, 1876, I, 297.)

Code de procédure civile (art. 505) ne permet pas que les juges soient pris à partie en dehors des cas de dol, de fraude, de concussion, de déni de justice, c'est-à-dire des fautes personnelles les plus graves qui puissent être commises dans l'exercice des fonctions judiciaires. La jurisprudence de la Cour de cassation applique aux magistrats du ministère public et aux officiers de police judiciaire les règles que l'article 505 du Code de procédure a édictées pour les « juges » ; elle décide que « cette dénomination ne comprend pas seulement les juges proprement dits, mais aussi par une évidente parité de motifs, et notamment *par le même besoin de protection contre des réclamations téméraires ou vexatoires*, tous ceux qui, par les fonctions dont ils sont investis, appartiennent à l'ordre judiciaire, soit qu'ils concourent à l'action de la justice comme chargés du ministère public ou de l'instruction, soit qu'ils agissent comme officiers de police judiciaire ou auxiliaires du ministère public ([1]). »

Le Code d'instruction criminelle (art. 479 et 483) ne permet pas non plus que des magistrats ou des officiers de police judiciaire soient poursuivis par les parties lésées, à raison de délits commis dans l'exercice de leurs fonctions. Au procureur général seul appartient le droit d'apprécier s'il y a délit ou exercice même abusif de la fonction judiciaire, et de traduire ou non l'inculpé devant la juridiction répressive. La Cour de cassation a refusé d'admettre que ces règles, destinées à protéger les magistrats et les fonctionnaires de l'ordre judiciaire, aient été effacées par l'article 2 du décret du 19 septembre 1870, qui abroge toutes les dispositions de loi générales ou spéciales ayant pour objet d'entraver les poursuites contre les fonctionnaires de tout ordre. « En l'absence d'une abrogation formelle, dit l'arrêt de la chambre civile du 14 juin 1876, il est impossible d'admettre que ce décret ait supprimé de nos Codes toute une procédure prudemment instituée comme une garantie essentielle de la justice. »

On voit que si le Tribunal des conflits n'avait reconnu aucune limite au droit de poursuivre les fonctionnaires administratifs, l'inégalité eût été grande entre eux et les fonctionnaires judiciaires.

---

1. Civ., 14 juin 1876, *Perrin*.

Bien que leur mission soit différente, c'est toujours la puissance publique qui est en jeu en leur personne, et l'on comprendrait difficilement qu'elle fût soustraite, dans un cas, aux entreprises des plaideurs téméraires et qu'elle leur fût complètement livrée dans l'autre. Le contraste serait encore plus frappant à l'égard de fonctionnaires, tels que les préfets et les commissaires de police, qui sont, selon les cas, officiers de police judiciaire ou fonctionnaires administratifs. Selon qu'ils agiraient en l'une ou l'autre qualité, ils devraient ou non subir ces « réclamations téméraires et vexatoires » dont parle l'arrêt de la chambre civile du 14 juin 1876.

La jurisprudence du Tribunal des conflits n'a fait qu'appliquer aux actes des fonctionnaires administratifs des distinctions analogues, sinon identiques, à celles que la loi civile et criminelle a prescrites pour les actes des fonctionnaires judiciaires. Ces distinctions n'ont donc en elles-mêmes rien de subtil ni d'arbitraire. Mais on doit reconnaître que si l'esprit et la conscience du juge discernent à merveille la différence qu'il y a entre une faute personnelle commise dans l'exercice des fonctions et l'exercice même de ces fonctions, si les faits mettent souvent cette différence en pleine lumière, souvent aussi la ligne de démarcation est difficile à préciser : il faut cependant s'efforcer de la tracer, puisque la compétence en dépend.

Éléments de la distinction. Principales applications. — Dans des conclusions données, en 1877, devant le Tribunal des conflits, nous nous efforcions d'indiquer en ces termes la base de la distinction entre la faute administrative et la faute personnelle : « Si l'acte dommageable est impersonnel, s'il révèle un administrateur, un mandataire de l'État plus ou moins sujet à erreur, et non l'homme avec ses faiblesses, ses passions, ses imprudences, l'acte reste administratif et ne peut être déféré aux tribunaux ; si, au contraire, la personnalité de l'agent se révèle par des fautes de droit commun, par une voie de fait, un dol, alors la faute est imputable au fonctionnaire, non à la fonction ; l'acte perd son caractère administratif et ne fait plus obstacle à la compétence judiciaire..... De même que le magistrat qui rend une décision illégale ne tombe pas sous le coup de la prise à partie, de même l'administration qui fait un acte irrégulier n'encourt pas de plein droit une responsabilité personnelle. La responsabilité civile ne s'ajoute à la responsabilité administrative que si l'irrégularité commise par le fonctionnaire constitue en même temps une faute lourde, excédant les risques ordinaires de la fonction, ou si elle révèle une intention mauvaise : *malitiis non est indulgendum* [1]. »

Cette distinction, qu'une formule mathématique ne saurait traduire, mais que l'esprit conçoit bien parce qu'elle a pour elle la réalité des faits, est celle dont s'inspire la jurisprudence du Tribunal des conflits.

En présence d'imputations diffamatoires relevées contre un fonctionnaire, le Tribunal des conflits a vu une faute personnelle et non un acte administratif ; — dans le fait d'un commissaire de police qui s'emporte contre un ancien magistrat faisant obstacle à sa mission, et lui dit : « Le parquet est bien heureux d'être débarrassé d'un magistrat tel que vous [2] » ; — dans le fait d'un préfet qui, par une lettre rendue publique, accuse des personnes ayant pris des permis de chasse hors de la commune où ils devaient être délivrés, « d'avoir voulu frustrer cette commune d'une ressource quand elle en avait besoin pour venir en aide aux malheureux [3] » ; — d'un préfet déclarant démissionnaire un membre d'un comité et ajoutant « qu'il a entre les mains un volumineux dossier contre M. X., tel que s'il en donnait lecture l'opinion du comité serait gravement impressionnée... [4] » ; — dans le fait de membres d'un conseil municipal insérant dans une délibération des qualifications outrageantes et des accusations de détournement de deniers publics dirigées contre un ancien maire [5].

Dans d'autres cas, il a considéré que les décisions incriminées ne renfermaient aucune imputation étrangère à leur objet administratif, « aucun passage ne pouvant être détaché pour être apprécié isolément [6] », d'où il a conclu que ce n'était pas une impu-

---

1. Conclusions données sur l'affaire *Laumonnier-Carriol* (Tribunal des conflits, 5 mai 1877).
2. Tribunal des conflits, 2 avril 1881, *Catta*.
3. Tribunal des conflits, 11 décembre 1880, *de Rebelles*.
4. Tribunal des conflits, 5 juillet 1884, *Vimont*.
5. Tribunal des conflits, 13 décembre 1879, *Anduze*.
6. Tribunal des conflits, 22 avril 1882, *Soleillet*. — Cf. 28 novembre 1874, journal

tation diffamatoire, mais l'acte administratif lui-même qui avait été déféré aux tribunaux. En conséquence, il a validé le conflit.

En présence de réclamations fondées sur des faits de négligence et d'imprudence, il a reconnu qu'il y avait faute personnelle et qu'une action pouvait être introduite devant les tribunaux judiciaires contre un facteur qui avait par inadvertance donné une fausse direction à une lettre ; — contre des employés de télégraphe qui avaient mal transmis des dépêches ou retardé leur expédition ; — contre un sous-préfet qui avait rendu nulles des opérations de tirage au sort en négligeant de vérifier si le nombre des numéros mis dans l'urne était égal à celui des conscrits ; — contre un ingénieur des ponts et chaussées qui, par imprévoyance et inobservation des règles de l'art, s'était rendu responsable de l'écroulement d'un pont et de la mort de plusieurs ouvriers [1] ; — contre un officier dont le cheval avait blessé un passant, dans une promenade ne rentrant pas dans les exercices réglementaires [2] ; — contre un conducteur des ponts et chaussées ayant détérioré un véhicule appartenant à un particulier et dont il n'avait pas le droit de faire usage [3].

En présence de réclamations fondées sur des abus de pouvoir, le Tribunal des conflits s'est appliqué à distinguer entre les faits rentrant dans le cercle des attributions du fonctionnaire et ceux qui étaient en dehors. Il a admis la compétence judiciaire sur une demande en dommages-intérêts formée contre un sous-préfet et contre des agents de police qui avaient lacéré des affiches électorales, acte interdit tout spécialement aux fonctionnaires par l'article 17 de la loi du 29 juillet 1881 [4]. Il a considéré comme s'étant placé en dehors d'un règlement administratif qui avait pour but de

---

la *Réforme* ; — 29 décembre 1877, *Viette* (affaire dite du *Bulletin des communes* ; la décision a été rendue contrairement aux conclusions de M. l'avocat général Charrins, dont nous préférons l'opinion à celle qui a prévalu dans la décision) ; — 12 janvier 1878, *Bousquet*.

1. Tribunal des conflits, 7 juin 1873, *Godart* ; — 4 juillet 1874, *Bertrand* ; — 10 juillet 1874, *Rimbaud* ; — 31 juillet 1875, *Pradines* ; — 31 décembre 1875, *Mancel* ; — 22 novembre 1878, *de Parcevaux* ; — 29 novembre 1879, *de Boislinard* ; — 19 novembre 1881, *Bouhier*.

2. Tribunal des conflits, 18 février 1893, *Tubeuf*.

3. Tribunal des conflits, 24 novembre 1894, *Suffroy*.

4. Tribunal des conflits, 15 février 1890, *Vincent*.

défendre un établissement de l'État contre les chiens errants, par l'emploi de substances vénéneuses, le fait d'un agent qui avait lui-même attiré un de ces animaux et l'avait provoqué à absorber l'appât([1]) ; — le fait d'un maire qui, au lieu de faire déclarer démissionnaire, dans les formes de droit, un conseiller municipal qui avait manqué à plusieurs convocations, l'avait lui-même expulsé de la salle des séances ([2]).

Il a considéré au contraire comme des faits rentrant dans l'exercice des attributions et comme ne constituant que des fautes administratives : la délivrance par un préfet d'autorisations de colportage subordonnées à la condition que le colporteur ne vendrait que les journaux portés sur un catalogue déterminé ([3]) ; — la fermeture ordonnée et exécutée *manu militari* par un préfet, d'après les instructions du ministre des finances, d'une fabrique d'allumettes réputée non autorisée, dans le but d'enlever à son propriétaire le bénéfice de l'expropriation pour cause d'utilité publique, accordé à ces fabriques par la loi du 2 août 1872, qui confère à l'État le monopole de la fabrication ([4]) ; — le refus fait par un receveur buraliste de délivrer un acquit-à-caution ([5]).

L'acte administratif illégal peut-il dégénérer en quasi-délit de droit commun ? — Il résulte de cette jurisprudence que l'illégalité prétendue d'un acte administratif n'a pas nécessairement pour

1. Tribunal des conflits, 13 décembre 1879, *Requillé.*
2. Tribunal des conflits, 15 décembre 1883, *Dézétrée.*
3. Tribunal des conflits, 24 novembre 1877, *Gounouilhou.* — Dans des affaires identiques nous avions émis l'opinion, qui n'a pas été admise par le Tribunal des conflits, mais dans laquelle nous avons persisté, que des conditions ainsi mises à l'autorisation de colportage équivalaient à l'interdiction de vendre sur la voie publique les journaux exclus du catalogue ; qu'elles constituaient une atteinte à la liberté de la presse étrangère aux attributions de l'autorité administrative, depuis que la faculté d'interdire la vente sur la voie publique lui a été retirée par la loi, qu'ainsi et par application des principes reçus, il y avait là un abus de pouvoir ayant le caractère d'une faute personnelle. Le Tribunal des conflits a pensé, au contraire, que la condition mise à l'autorisation se confondait avec elle et participait de son caractère administratif.

4. Tribunal des conflits, 5 mai 1877, *Laumonnier-Carriol.* — Dans cette affaire, c'est l'État qui a été rendu responsable, devant la juridiction administrative, de la faute commise par ses agents.

5. Tribunal des conflits, 3 décembre 1892, *Roudière.* — Cf. 9 juin 1882, *de Divonne ;* — 7 juillet 1883, *Dalmany ;* — 5 juin 1886, *Augé.*

effet de le transformer en un quasi-délit de droit commun ; elle peut n'engendrer qu'une faute administrative, relevant de l'administration supérieure ou de la juridiction administrative et non des tribunaux judiciaires. « La prohibition faite aux tribunaux de connaître des actes administratifs leur interdit également de rechercher s'ils ne seraient pas entachés d'erreur ou d'excès de pouvoir ; l'illégalité reprochée à un acte administratif ne le dépouillerait pas de ce caractère pour le faire dégénérer en un fait particulier, et à l'autorité administrative seule il appartiendrait d'apprécier si ce reproche est fondé. » Cette rédaction, empruntée à la décision sur conflit du 24 novembre 1877 (*Gounouilhou*), se retrouve dans un grand nombre d'arrêts.

Cependant elle a été légèrement modifiée, ou plutôt complétée, par une décision du 15 décembre 1877 (*de Roussen et About*), où on lit : « que l'illégalité ou l'excès de pouvoir n'aurait pas pour effet *nécessaire* de faire dégénérer la faute ou l'erreur qui aurait été commise en une faute personnelle de laquelle seule peut résulter la responsabilité civile. » L'addition du mot « nécessaire », que nous avions sollicitée dans nos conclusions sur cette affaire, a eu pour but d'atténuer ce que la première formule avait de trop absolu et de réserver la compétence judiciaire dans le cas où l'illégalité, l'excès de pouvoir aurait en même temps le caractère d'une faute lourde.

La faute personnelle pourrait alors coexister avec l'acte administratif et la compétence judiciaire s'en déduire. Supposons, par exemple, qu'un maire ait pris un arrêté prescrivant la démolition d'une maison menaçant ruine, et qu'il le fasse exécuter nonobstant un arrêt du Conseil d'État ordonnant le sursis ; ce maire sera certainement dans l'exercice de ses attributions administratives en exécutant son arrêté, qui est un acte administratif, mais en même temps, en passant outre au sursis, il commettra une faute lourde d'ordre administratif, qui pourra dégénérer en un fait personnel et engager sa responsabilité devant les tribunaux.

Cette réserve est d'autant plus utile à maintenir, qu'il arrive souvent qu'une simple faute administrative engage la responsabilité pécuniaire de l'administration intéressée, de la collectivité qu'elle représente, précisément parce que la faute est réputée impersonnelle, et censée commise par l'administration plutôt que par l'administrateur. Or il y a des cas — et nous venons d'en citer un à titre d'exemple — où il serait également regrettable de refuser toute indemnité à la partie lésée, et de la faire payer par l'État ou par la commune, l'auteur de la faute restant indemne.

Mais si l'illégalité d'un acte administratif et son annulation pour excès de pouvoir n'excluent pas toujours l'idée d'une faute personnelle, il faut se garder de croire qu'elle l'implique nécessairement. Ce serait là une erreur dans laquelle les tribunaux sont quelquefois tombés et que le Tribunal des conflits n'a pas manqué de redresser. Dans l'affaire *Laumonnier-Carriol,* jugée le 5 mai 1877, le propriétaire d'une fabrique d'allumettes illégalement fermée avait fait annuler pour excès de pouvoir les décisions ordonnant la fermeture [1]. Le tribunal d'Angers, devant lequel il avait ensuite assigné le ministre des finances et le préfet de Maine-et-Loire, s'était déclaré compétent en se fondant sur cette annulation : « Attendu, disait-il, qu'il importe peu que, pour abriter un excès de pouvoir, M. le préfet l'ait revêtu d'une forme administrative ; la forme brisée, l'excès reste et la justice civile est juge des conséquences [2]. » A quoi il a été justement répondu par la décision précitée du Tribunal des conflits : « que les arrêtés (ordonnant la fermeture) sont des actes administratifs, que l'annulation prononcée par le Conseil d'État ne leur a pas fait perdre le caractère d'actes administratifs ; que la décision du Conseil d'État déclare, au contraire, que les arrêtés préfectoraux ont été pris en exécution d'instructions émanées du ministre des finances, dans l'intérêt d'un service financier de l'État. »

Il ne faut pas se méprendre, en effet, sur le caractère de l'annulation par la voie contentieuse et confondre l'excès de pouvoir avec l'abus de pouvoir, l'abus d'autorité prévu par le Code pénal. L'expression peut prêter à équivoque pour les personnes peu familières avec la langue du contentieux administratif ; elle est énergique, elle l'est trop peut-être pour ce qu'elle veut dire : en réalité, elle peut s'appliquer à des incorrections de forme, à des erreurs excu-

---

1. Conseil d'État, 26 novembre 1875, *Laumonnier-Carriol.*
2. Jugement du tribunal d'Angers sur le déclinatoire, du 5 février 1877.

sables sur des questions de compétence et de légalité. Mais de même que le juge de paix, dont la sentence est cassée pour excès de pouvoir, ou le juge d'instruction dont l'ordonnance est annulée, ne tombent pas sous le coup de la prise à partie, de même l'administrateur, dont la décision est annulée par le Conseil d'État, n'encourt pas de plein droit une responsabilité personnelle. La responsabilité civile ne s'ajoute à la responsabilité administrative que si l'illégalité, censurée par le Conseil d'État, constitue en même temps une faute personnelle de l'agent. Tel est l'esprit de la jurisprudence du Tribunal des conflits ; telle est aussi, selon nous, la véritable portée du décret du 19 septembre 1870, rapproché du principe de la séparation des pouvoirs.

CHAPITRE VIII

DE LA COMPÉTENCE SUR LES POURSUITES DIRIGÉES
CONTRE LES MINISTRES

———

I. — DES POURSUITES A FINS PÉNALES.

Les ministres n'étaient pas compris parmi les fonctionnaires publics auxquels s'appliquait l'article 75 de la Constitution de l'an VIII, ainsi que ce texte l'indique expressément : « Les agents « du Gouvernement *autres que les ministres* ne peuvent être pour-« suivis, pour des faits relatifs à leurs fonctions, qu'en vertu d'une « décision du Conseil d'État... »

Il suit de là que le décret du 19 septembre 1870, en abrogeant l'article 75 de la Constitution de l'an VIII, n'a pas modifié les règles de compétence et de procédure qui pouvaient être antérieurement applicables aux poursuites dirigées contre les ministres.

En ce qui touche l'action publique exercée contre les ministres, pour des actes de leurs fonctions engageant leur responsabilité personnelle et pénale, on sait qu'elle a toujours été l'objet de dispositions spéciales du statut constitutionnel. Elle est actuellement régie par l'article 12 de la loi constitutionnelle du 16 juillet 1875, aux termes duquel « le Président de la République *ne peut* être mis « en accusation *que* par la Chambre des députés et *ne peut* être jugé « *que* par le Sénat. Les ministres *peuvent* être mis en accusation « par la Chambre des députés pour crimes commis dans l'exercice « de leurs fonctions. *En ce cas*, ils sont jugés par le Sénat. »

Il résulte du rapprochement des deux dispositions contenues dans l'article 12, que ce texte doit être interprété comme donnant au Sénat une compétence absolue et exclusive pour juger le Président de la République, mais seulement une compétence conditionnelle pour juger les ministres. Cette compétence existe à leur égard toutes les fois qu'ils sont l'objet d'une mise en accusation prononcée par la Chambre des députés ; mais si la Chambre n'a pas pris cette initiative, la poursuite et le jugement peuvent avoir lieu devant la juridiction criminelle ordinaire, même s'il s'agit de crimes commis dans l'exercice des fonctions ([1]).

Que décider à l'égard des délits ? Nous pensons que les délits commis dans l'exercice de la fonction ministérielle peuvent échapper, comme les crimes, à la compétence des tribunaux judiciaires, et être soumis à la juridiction des Chambres ; cette solution nous paraît 's'imposer, quelque choix que l'on fasse entre deux interprétations possibles de l'article 12 de la loi constitutionnelle.

D'après une première interprétation, l'article 12 n'aurait autorisé la mise en assusation des ministres que pour les « crimes », en prenant cette expression dans le sens que lui donne le Code pénal, et d'après la distinction qu'il établit entre les crimes et les délits, selon la pénalité encourue ; il aurait strictement limité la responsabilité pénale des ministres aux actes d'une gravité exceptionnelle, et il aurait refusé de l'étendre à des infractions moins graves ([2]).

D'après une seconde interprétation, le crime ministériel prévu par l'article 12 de la loi constitutionnelle ne devrait pas uniquement s'entendre des infractions que le Code pénal a classées parmi

1. Cette interprétation est conforme aux déclarations faites devant la Chambre des députés (séances du 16 novembre 1880 et du 12 janvier 1893). Elle a été confirmée, en 1893, par le fait de la mise en jugement devant la Cour d'assises de la Seine, de M. Baïhaut, ancien ministre des travaux publics accusé de corruption dans l'exercice de ses fonctions (affaire de *Panama*). — Voy. dans le même sens : Eug. Pierre, *Traité de droit politique, électoral et parlementaire*, nos 609 et suiv.

2. C'est à cette interprétation restrictive de l'article 12 de la loi constitutionnelle que semblent se référer les déclarations faites devant la Chambre des députés par le ministre de la justice, dans une discussion relative à des actes ministériels que des membres du Parlement considéraient comme des délits ou quasi-délits préjudiciables à l'État : « Je crois, disait l'honorable M. Devès, qu'en l'absence d'une loi sur la responsabilité des ministres, que j'appelle de tous mes désirs et qui trancherait toutes les difficultés, nous ne pouvons pas saisir le Sénat..... Si vous voulez assurer la responsabilité ministérielle *en matières de délits correctionnels*, de délits et de quasi-délits, faites une loi. » (Chambre des députés, séance du 4 mai 1882.)

les crimes, mais des actes coupables de toute nature, préjudiciables à la chose publique, auxquels peuvent s'appliquer les dénominations générales de trahison, concussion, prévarication, malversation. Le crime ministériel échapperait, par sa nature, aux définitions rigoureuses de la loi pénale, aux distinctions qu'elle a faites entre le crime et le délit ; il serait réputé exister toutes les fois qu'on pourrait relever dans un acte les deux éléments essentiels de la criminalité, un tort grave fait à la société ou aux personnes, et une intention coupable. Il appartiendrait alors aux pouvoirs politiques, investis du droit d'accuser et de juger les ministres, de reconnaître leur culpabilité et d'appliquer à leurs actes la qualification de crimes ministériels. Il résulterait de là que non seulement les délits, mais même les actes susceptibles d'être incriminés comme dolosifs et dommageables à l'État, pourraient, aussi bien que les actes qualifiés crimes par le Code pénal, être déférés par la Chambre au jugement du Sénat (¹).

Quel que soit le système qu'on adopte, on doit admettre que la compétence judiciaire, à l'égard des ministres, inculpés pour des actes relatifs à leurs fonctions, ne peut exister que si l'affaire n'a pas été retenue par le Parlement, et si l'inculpation n'a pas pris la forme d'une mise en accusation prononcée par la Chambre des députés.

Des questions délicates pourraient se poser dans le cas où la Chambre se saisirait de poursuites déjà engagées devant une autre juridic-

---

1. Cette conception du crime ministériel est conforme à la doctrine des publicistes anglais, qui désignent sous les expressions générales de *trahison*, de *félonie*, de *grands crimes et délits* (*high crimes and misdemeanours*), tous les actes coupables engageant la responsabilité des ministres, et reconnaissent au Parlement le droit de les apprécier souverainement. (V. Fischel, *Constitution d'Angleterre*, liv. VIII, chap. 9.)

Rossi s'inspirait de la même doctrine quand il écrivait : « Est-il possible de définir les crimes de la responsabilité ministérielle ?... Il n'y a pas de définition, il ne peut y en avoir. La position d'un ministre est chose toute particulière ; le crime ministériel, si vous exceptez quelques faits qui sont presque inconcevables, est un fait complexe. C'est un crime *constructif*, comme disent les Anglais, c'est-à-dire un crime qui résulte d'un ensemble de choses, d'actes, de tendances, de directions ; et voilà pourquoi la poursuite d'un ministre sera toujours un acte essentiellement politique... » (*Cours de droit constitutionnel*, t. IV, p. 385 et 386.) — Voy. les appréciations du même auteur sur les tentatives qui avaient été faites pour définir la trahison, la concussion et la prévarication, dans les projets de loi sur la responsabilité ministérielle élaborés sous le gouvernement de Juillet. (*Op. cit.*, p. 390 et suiv. — Cf. Faustin-Hélie, *Traité de l'instruction criminelle*, t. II, p. 426.)

tion, ou réciproquement. Nous n'avons pas à les examiner ici ; qu'il nous suffise de dire que des difficultés de cette nature ne pourraient pas être résolues par la voie du conflit. En effet, s'il est vrai que le conflit peut être élevé au profit de l'autorité politique ou gouvernementale, aussi bien que de l'autorité administrative, c'est toujours à condition qu'il ait en vue de sauvegarder les prérogatives du pouvoir exécutif. S'il s'agissait des prérogatives des Chambres, ce n'est pas par une procédure de conflit qu'elles pourraient être défendues. Les Chambres trouveraient dans leurs pouvoirs propres des moyens plus efficaces d'affirmer leur compétence ; elles trouveraient aussi dans leur sagesse le moyen de respecter les droits des autres juridictions, et d'éviter tout ce qui pourrait rappeler l'ancien abus des évocations.

II. — DES POURSUITES A FINS CIVILES EXERCÉES CONTRE LES MINISTRES PAR LES PARTICULIERS.

L'autorité judiciaire, qu'elle soit ou non incompétente pour connaître de poursuites à fins pénales intentées contre les ministres, à raison d'actes de leurs fonctions, peut-elle connaître de réclamations civiles formées par un particulier, et tendant à la réparation d'un préjudice causé par un crime, par un délit ou par un quasi-délit ministériel ?

La Constitution de 1875 est muette sur ce point. Faut-il en conclure qu'elle prohibe implicitement les poursuites à fins civiles comme pouvant compromettre la sécurité et la dignité de la fonction ministérielle ? Ou bien, au contraire, n'a-t-elle entendu les soumettre à aucune règle spéciale et permet-elle qu'elles s'exercent contre les ministres, dans les mêmes conditions que contre les autres représentants de l'autorité publique ?

Recherchons d'abord si, antérieurement à la Constitution de 1875, la loi, la doctrine et la jurisprudence avaient consacré quelques solutions dont on pourrait s'inspirer aujourd'hui.

La responsabilité civile des ministres à l'égard des parties privées a été reconnue, en principe, par plusieurs textes législatifs ou constitutionnels, savoir : — l'article 31 de la loi du 27 mai 1791 qui

dispose : « Tout ministre contre lequel il sera intervenu un décret
« du Corps législatif déclarant qu'il y a lieu à accusation, pourra
« être poursuivi en dommages-intérêts par les citoyens qui éprouve-
« ront une lésion résultant des faits qui auront donné lieu au dé-
« cret » ; — l'article 13 de la loi du 10 vendémiaire an IV, qui
reproduit textuellement la disposition qui précède ; — l'article 98
de la Constitution du 4 novembre 1848, d'après lequel « dans
« tous les cas de responsabilité des ministres, l'Assemblée natio-
« nale peut, selon des circonstances, renvoyer le ministre inculpé
« soit devant la Haute-Cour de justice, soit devant les tribunaux
« ordinaires pour les réparations civiles ».

En dehors de ces textes, qui n'ont été que peu de temps en vigueur, on peut citer, comme ayant manifesté les tendances du
législateur, plusieurs dispositions des projets de loi sur la responsabilité ministérielle qui ont été élaborés, de 1832 à 1837, par la
Chambre des députés et par la Chambre des pairs.

L'un de ces projets, présenté par M. Devaux à la Chambre des
députés le 3 décembre 1832, autorisait les particuliers lésés par
un délit ministériel à conclure à des réparations civiles, mais seulement lorsque ce délit avait été déféré à la Chambre des pairs
par la Chambre des députés. La Chambre des pairs pouvait statuer
elle-même sur les conclusions de la partie civile, ou les renvoyer
à l'examen des tribunaux.

Deux autres projets présentés successivement, au nom du Gouvernement, par M. Barthe le 12 décembre 1832, et par M. Persil
le 1er décembre 1834, reconnaissaient aux parties lésées, non seulement le droit d'intervenir devant la Chambre des pairs lorsqu'un
ministre était accusé devant elle par la Chambre des députés, mais
encore le droit de citer elles-mêmes un ministre devant la Chambre des pairs, avec l'autorisation de la Chambre des députés.

Toutes ces dispositions furent adoptées par la Chambre des
députés, en mars 1835. Mais cette Assemblée, conformément à l'a-
vis de ses commissions (¹), réserva exclusivement à la Chambre

1. Deux commissions de la Chambre des députés furent successivement chargées
de l'examen des projets de loi sur la responsabilité ministérielle : l'une fut saisie
des deux projets présentés en 1832 par M. Devaux et par M. Barthe (voy. le rapport
de M. Bérenger, présenté au nom de cette commission, le 20 avril 1833) ; — l'autre

des pairs le droit de statuer sur les conclusions de la partie civile, et supprima la faculté que le projet de M. Devaux lui avait donnée de renvoyer aux tribunaux l'examen de ces demandes. M. Béranger en donnait pour raison, dans son rapport du 20 avril 1833, « qu'il y avait quelque danger à laisser à la juridiction ordinaire le soin de juger des hommes qui, revêtus d'un grand pouvoir, pourraient en une telle occasion en faire suspecter l'usage. Il était nécessaire de les rendre justiciables d'un tribunal qui fût entièrement à l'abri de leur influence. »

Aucune de ces résolutions ne fut ratifiée par la Chambre des pairs.

La commission de cette Assemblée supprima d'abord la disposition qui permettait à la partie lésée de traduire elle-même un ministre devant la Chambre des pairs, avec l'autorisation de la Chambre des députés; elle laissa seulement subsister le droit d'intervenir et de conclure à fins civiles devant la Chambre des pairs, saisie d'une accusation par la Chambre des députés ([1]). Mais ce droit d'intervention fut lui-même vivement contesté devant la Chambre des pairs, notamment par le baron Pasquier, et la Chambre le supprima par son vote ([2]).

Il ne resta donc rien, après ce vote de la Chambre des pairs, de toutes les propositions faites pour organiser l'action civile soit par voie d'intervention, soit par voie d'action directe.

Tout ce qui touche à cette action fut également écarté d'un autre projet de loi présenté par M. Persil, en 1837, et qui traitait uni-

---

fut saisie du projet déposé par M. Persil en 1834 (voy. le rapport de M. Sauzet, présenté le 5 mars 1835). Sur la question qui nous occupe, les conclusions des deux commissions furent les mêmes.

1. Article 21 du projet amendé par la commission de la Chambre des pairs. Ce projet et le rapport de M. Barthe furent déposés le 8 avril 1836.

2. Dans cette discussion, M. Pasquier disait : « Quand il s'agit d'une accusation portée par la Chambre des députés contre un ministre, on est en droit de soutenir que l'intérêt privé disparaît en présence de l'intérêt public qui se trouve si manifestement en jeu. S'il y a des crimes envers des particuliers, s'il y a une loi à faire sur cette matière, ce n'est pas en ce moment que vous devez vous en occuper..... » M. Sauzet, alors garde des sceaux, accepta l'ajournement et déclara que le jour où l'on ferait cette loi, et où l'on donnerait une action aux particuliers lésés, ce serait devant la Chambre des pairs qu'elle devrait être portée : « Il n'y a que la Chambre des pairs, disait-il, qui soit placée assez haut pour juger cette poursuite. » (*Moniteur*, 1836, p. 754.)

quement de la mise en accusation et du jugement des ministres en cas de trahison, concussion et prévarication. M. Persil déclara qu'il avait volontairement laissé de côté les questions relatives aux réclamations des particuliers : « C'était, disait-il, méconnaître le caractère des accusations ministérielles, que de donner accès aux poursuites privées dans le débat solennel auquel ces accusations donnent lieu. C'est dans l'intérêt de l'État seulement que ces procès s'instruisent et se jugent. Les conséquences privées de la responsabilité appartiennent à un autre ordre d'idées et doivent être réglées par une autre loi ([1]). » Cette loi n'a jamais été faite.

Des précédents législatifs que nous venons de rapporter se dégage-t-il quelque idée qui puisse actuellement nous éclairer ? Il en est une qui apparaît avec une véritable évidence, soit dans les textes promulgués, soit dans les textes projetés, c'est que le législateur n'a admis, à aucune époque, qu'une action civile dirigée contre un ministre, à raison d'actes de ses fonctions, pût être soumise aux règles du droit commun. Pendant la longue élaboration législative qui a occupé les premières années du gouvernement de Juillet, les Chambres ont hésité entre deux solutions : faire juger l'action civile par la juridiction parlementaire chargée de statuer sur les accusations ministérielles ; ou bien permettre à cette juridiction de la renvoyer devant les tribunaux civils ; de telle sorte qu'une décision des Chambres était toujours considérée comme nécessaire, quand l'acte incriminé se rattachait à la fonction ministérielle.

La même idée apparaît dans les trois textes que nous avons rapportés et qui ont, à diverses époques, prévu l'action civile. La loi du 27 mai 1791 et celle du 10 vendémiaire an IV admettent bien que les ministres peuvent être poursuivis en dommages-intérêts, mais seulement lorsqu'un décret de mise en accusation a été rendu contre eux et « lorsque la lésion résulte des faits qui ont donné lieu au décret ». De même, l'article 98 de la Constitution de 1848 prévoit que des poursuites à fins civiles pourront être portées soit devant la Haute-Cour, soit devant les tribunaux judiciaires ; mais seulement en vertu d'une décision de l'Assemblée nationale, re-

---

1. *Moniteur,* 1837, p. 37.

connaissant, que la responsabilité personnelle du ministre est engagée ([1]).

L'ensemble des précédents législatifs répugne donc à l'idée qu'il puisse exister, en dehors de la responsabilité ministérielle politique et pénale qui relève des Chambres, une responsabilité ministérielle d'un autre ordre, qui relèverait des tribunaux judiciaires et qui permettrait de leur soumettre, à la requête de toute partie se prétendant lésée, l'exercice même de la fonction ministérielle.

Voyons maintenant les documents de jurisprudence qui touchent à cette question. Nous rappellerons d'abord l'arrêt rendu par la Chambre des pairs, sur les conclusions à fins civiles qui furent prises, devant elle, contre les ministres de Charles X mis en accusation par la Chambre des députés.

Cet arrêt, en date du 29 novembre 1830, dispose en ces termes : « Considérant que dans le procès porté devant elle par la résolution de la Chambre des députés, la Cour des pairs, à raison de la nature de l'action et des formes dans lesquelles cette action est poursuivie, ne se trouve pas constituée de manière à statuer sur des intérêts civils, la Cour des pairs déclare que dans lesdits débats ne seront appelés ni reçus aucun intervenant ou parties civiles, tous leurs droits réservés pour se pourvoir s'il y a lieu. »

Cette réserve impliquait-elle une reconnaissance de la compétence judiciaire ? Nous le pensons, car le rapport de M. le comte Bastard, sur lequel l'arrêt a été rendu, tout en mettant en doute l'existence de toute action au profit des parties lésées, concluait ainsi : « Les tribunaux, juges naturels des parties, seront appelés à décider ces graves questions et nous devons nous abstenir ici d'un avis qui pourrait gêner leur décision future. » Mais il est à remarquer qu'au moment où les conclusions des parties civiles étaient prises devant la Chambre des pairs, celle-ci était déjà saisie de l'accusation contre les ministres ; on se trouvait donc dans le cas où les lois de 1791 et de l'an IV et la Constitution de 1848 ont admis l'existence d'une action civile.

1. On peut rapprocher de ce texte constitutionnel l'article 17 du projet de loi sur la responsabilité ministérielle adopté par le Conseil d'État en 1850, qui portait : « Lors-« que la Haute-Cour de justice a été saisie, en vertu d'une accusation admise contre « le Président de la République ou un ministre, elle connaît aussi des dommages-« intérêts envers l'État ou la partie civile. »

Mais, toutes les fois que des actions en responsabilité ont été directement formées contre des ministres pour des actes de leurs fonctions, elles ont été déclarées non recevables, soit devant les tribunaux judiciaires quand le ministre était assigné devant eux, soit devant le Conseil d'État quand le ministre était l'objet d'une demande en autorisation de poursuites.

La cour de Paris a statué en ce sens par un arrêt du 2 mars 1829, rendu sur une demande en 100,000 fr. de dommages-intérêts formée contre M. de Peyronnet, ministre de la justice, à raison du retard qu'il avait mis à transmettre à la Cour de cassation le pourvoi de deux condamnés, qui depuis furent reconnus innocents ([1]). « Considérant, porte l'arrêt, qu'en l'absence de lois particulières sur la responsabilité des ministres, l'autorité judiciaire ne peut être saisie d'aucune action dirigée contre eux pour raison de leurs fonctions... »

La section de législation du Conseil d'État, saisie de demandes en autorisation de poursuites contre des ministres, les a déclarées non recevables par décisions du 28 janvier 1863 et du 26 décembre 1868, fondées sur ce que l'article 75 de la Constitution de l'an VIII n'était pas applicable aux ministres, et sur ce qu'ils ne pouvaient être mis en accusation que par le Sénat d'après l'article 13 de la Constitution du 14 janvier 1852 ([2]).

Parmi les auteurs, la plupart ont soutenu que l'action civile ne saurait exister qu'accessoirement à une mise en accusation, ou tout au moins après une autorisation émanée de la Chambre des députés.

« Il n'est pas permis, dit Mangin, de traduire les ministres devant les tribunaux pour des faits relatifs à leurs fonctions. Ce droit est interdit non seulement au ministère public, mais encore aux

---

1. Affaire *Fabien et Bisette* contre *de Peyronnet*. Les demandeurs avaient été condamnés aux travaux forcés par la cour de la Martinique. Le dossier de leur pourvoi, transmis au ministre de la justice qui devait l'adresser à la Cour de cassation dans les vingt-quatre heures (art. 424, C. instr. crim.), fut égaré pendant deux ans par la chancellerie. Le dossier ayant été retrouvé, l'arrêt de condamnation fut cassé, et les sieurs Fabien et Bisette furent acquittés par la cour de renvoi. Ils soutenaient que le ministre était personnellement responsable des deux années de travaux forcés que ce retard leur avait fait subir.

2. Conseil d'État, 28 janvier 1863, *Sandon* contre *le ministre de l'intérieur* ; — 26 décembre 1868, *Barbal* contre *le ministre de l'agriculture et du commerce*.

parties qui se prétendent lésées par les actes des ministres, car leur action ne peut être qu'accessoire à la poursuite des délits commis par les ministres (¹). »

« C'est au Sénat, écrivait M. F. Laferrière en 1860, qu'il appartiendrait de décider, d'après les circonstances et la nature des intérêts blessés, si le ministre inculpé devrait être renvoyé soit devant la Haute-Cour de justice, soit devant les tribunaux ordinaires pour réparations civiles (¹). »

M. Faustin-Hélie enseigne que « les ministres ne peuvent être poursuivis sans une autorisation préalable », autorisation qui varie d'après la nature de l'action et des faits incriminés, et qui doit émaner du pouvoir politique quand l'acte est relatif aux fonctions, du Conseil d'État pour les infractions d'une autre nature (³).

M. Batbie et M. Ducrocq estiment au contraire qu'en l'absence de dispositions spéciales de la loi constitutionnelle, les poursuites à fins civiles contre les ministres pour des actes de leurs fonctions, ne sont soumises à aucune règle particulière. Les raisons qu'ils en donnent, en dehors de l'argument tiré du silence des textes, ne nous paraissent pas décisives. D'après M. Batbie, « cette conséquence s'explique par le rang qu'occupe le ministre. Sa position est trop considérable pour qu'à son égard les tracasseries des tribunaux soient à craindre, et il a paru inutile de le protéger, parce que l'entreprise sur les attributions confiées à des fonctionnaires d'un ordre si élevé n'est pas à redouter. » Mais on pourrait répondre que les dispositions destinées à protéger la fonction ministérielle ne s'appliquent pas seulement aux ministres en place, mais aussi à ceux qui ne sont plus protégés par le prestige du pouvoir; que d'ailleurs les uns et les autres « sont plus exposés que de simples particuliers au dépit des passions blessées et doivent trouver

1. Mangin, *De l'Action publique*, t. II, p. 13.

2. F. Laferrière, *Cours de Droit public et administratif*, t. I, p. 133 (5e édit.).

3. Faustin-Hélie, *Traité de l'instruction criminelle*, t. II, p. 424 et 427. — L'autorisation du Conseil d'État à laquelle l'éminent jurisconsulte fait allusion n'est pas celle qu'a prévue l'article 75 de la Constitution de l'an VIII, mais celle qui était prévue par les articles 70 et 71 de la même Constitution pour les délits privés des hauts dignitaires de l'État. Nous doutons que ces derniers textes soient aujourd'hui applicables.

dans les formes de procéder une protection équitable et suffisante (^{1}) ».

M. Ducrocq tient pour certain que les ministres pouvaient, avant 1870, être actionnés civilement pour faits relatifs à leurs fonctions, sans autorisation d'aucune sorte ; il conclut, tant du décret du 19 septembre 1870 que du silence des lois constitutionnelles de 1875, que la situation est la même aujourd'hui. Nous reconnaissons volontiers que ces textes n'ont rien changé aux règles antérieures, mais nous croyons avoir montré que, d'après ces règles et d'après la jurisprudence constamment appliquée jusqu'en 1870, les particuliers n'étaient pas recevables à actionner directement les ministres devant les tribunaux.

Nous n'avons plus maintenant qu'à formuler nos conclusions au point de vue des compétences.

L'action civile dirigée contre un ministre à raison d'actes réputés criminels et qui ont fait l'objet d'une mise en accusation, ne peut être jugée par les tribunaux de droit commun que si le Sénat constitué en cour de justice, ou tout au moins la Chambre des députés exerçant le droit d'accusation, leur a réservé le jugement de cette action.

Si l'action civile est jointe à une poursuite criminelle que les Chambres ont laissée suivre son cours devant la juridiction ordinaire, celle-ci est compétente sur l'action civile aussi bien que sur l'action publique.

Si la poursuite à fins civiles avait pour objet, non un acte criminel ou délictueux ou une faute personnelle imputée au ministre, mais de faits ayant le caractère d'actes administratifs, il n'est pas douteux que le conflit pourrait être élevé dans le procès fait à un ministre aussi bien que dans un procès fait à tout autre fonctionnaire (^{2}). Dans ce cas, en effet, il n'y aurait aucune raison pour refuser à l'acte administratif déféré aux tribunaux la protection que le conflit assure à tous les actes de l'administration de quelque autorité qu'ils émanent.

1. Benjamin Constant, *Principes politiques,* chap. IX.
2. Tribunal des conflits, 5 mai 1877, *Laumonnier-Carriol.* — Dans cette affaire, une action en responsabilité personnelle avait été dirigée à la fois contre un préfet et contre deux anciens ministres des finances. Le conflit a été validé à l'égard de toutes les parties, à raison du caractère administratif des actes incriminés.

III. — Des poursuites a fins civiles exercées contre les ministres au nom de l'État.

L'État peut-il exercer une action en réparations civiles contre les ministres à raison du préjudice que leurs actes lui auraient causé? En cas d'affirmative, quelle serait la juridiction compétente pour connaître de cette action?

Rossi admettait le principe de l'action, tout en faisant des réserves sur son application. « Si l'on part du fait en soi, dit-il (le crime ministériel), le doute n'est pas permis. Il est incontestable que le ministre concussionnaire, prévaricateur, en même temps qu'il commet un mal moral, produit aussi un mal matériel et appréciable et, par la nature des choses, est responsable du dommage causé. Mais la responsabilité civile, dans l'application, offre de graves inconvénients. Le premier c'est que plus le crime est grave, moins il y a de chances d'obtenir un dédommagement. Quel dédommagement obtiendrez-vous d'un ministre qui, dans des intentions de trahison, aura engagé l'État dans une guerre funeste qui aura coûté deux ou trois cents millions, et jeté le deuil dans une foule de familles? Quel dédommagement voulez-vous obtenir d'un ministre concussionnaire qui aura dilapidé des millions?... Vous voyez donc que la responsabilité civile, vraie en principe, est très difficile comme chose d'application ([1]). »

Quant à la mise en œuvre de cette responsabilité, Rossi admettait une action civile au profit de l'État, connexe à une accusation pour crime ministériel et portée devant la même juridiction. « Si un ministre, dit-il, est traduit devant la Cour des pairs comme coupable de concussion, la Cour pourra le condamner à la peine des prévaricateurs, à tant d'années de détention, et elle pourra ajouter à cette peine des dommages-intérêts envers le Trésor public ([2]). » Mais il n'admettait pas que de simples fautes, ne pouvant pas donner lieu à une accusation ministérielle, puissent ouvrir à l'État une action en dommages-intérêts contre un ministre.

---

1. Rossi, *Cours de droit constitutionnel,* t. IV, p. 383 et suivantes.
2. *Op. cit.,* t. IV, p. 393.

Ces idées sont celles qui ont prévalu devant la Chambre des pairs dans la discussion des projets de loi sur la responsabilité ministérielle. Ce sont aussi, croyons-nous, celles qui se dégagent des textes qui ont prévu la responsabilité civile des ministres en 1791, en l'an IV, en 1848, en l'associant toujours à l'idée d'une accusation ministérielle, quelle que soit la partie lésée.

Mais en dehors de cette question générale, des dispositions législatives particulières ont fait naître une question spéciale relative à la responsabilité personnelle que les ministres peuvent encourir envers le Trésor, lorsqu'ils ont engagé l'État dans des dépenses non autorisées par la loi du budget.

Les articles 151 et 152 de la loi de finances du 25 mai 1817 disposent que les « ministres ne pourront, *sous leur responsabilité,* dé-« penser au delà des crédits... Le ministre des finances ne pourra, « *sous la même responsabilité,* autoriser les paiements excédants que « dans les cas extraordinaires et urgents et en vertu des ordon-« nances du roi qui devront être converties en lois... »

Ces dispositions ont été confirmées par l'article 9 de la loi du 15 mai 1850 : « Aucune dépense ne pourra être ordonnée ni liqui-« dée sans qu'un crédit préalable ait été ouvert par une loi ([1]). « Toute dépense non créditée ou portions de dépense dépassant le « crédit *sera laissée à la charge personnelle du ministre contrevenant.* »

Le cas de responsabilité prévu par ces textes se distingue des cas de mise en accusation prévus par la Constitution, car il vise des infractions à la loi du budget pouvant causer un dommage au Trésor, et non des infractions à la loi pénale. Quelle est la juridiction compétente pour connaître de cette faute? La loi de 1817 et celle de 1850 sont également muettes sur ce point. A défaut de textes, la jurisprudence parlementaire fournit-elle quelque solution? Les seuls précédents que l'on peut citer témoignent des difficultés de la question, mais ne donnent pas de règles pour la résoudre sûrement.

Rappelons brièvement ces précédents.

---

1. Il faut réserver le cas, prévu par la même loi et par la législation actuelle (loi du 16 septembre 1871), où les crédits supplémentaires ou extraordinaires peuvent être ouverts par décret, pendant la prorogation des Chambres, sauf ratification ultérieure du Parlement.

Le premier, qui a été souvent cité, est relatif à une dépense de 179,000 fr. que M. de Peyronnet, ministre de la justice, avait engagée sans crédits, en 1828, pour l'embellissement de l'hôtel du ministère. Dans la session de 1829, la commission de la Chambre des députés proposa de voter la dépense sous cette réserve : « A la « charge par le ministre des finances d'exercer *telle action en indem-* « *nité qu'il appartiendra* contre le ministre qui a ordonné la dépense « sans crédit préalable. »

Quelle action en indemnité la commission avait-elle en vue ? M. Dupin constata que la loi du 25 mai 1817 n'en organisait aucune, et il proposa de combler cette lacune en substituant à la réserve formulée par la commission une disposition ainsi conçue : « A la charge par le ministre des finances d'*exercer devant les tribu-* « *naux une action en indemnité* contre l'ancien ministre qui a ordonné « la dépense sans crédit préalable. » M. Dupin reconnaissait d'ailleurs que sa proposition dérogeait, pour un cas spécial, au principe de la séparation des pouvoirs administratif et judiciaire.

Cette disposition fut votée par la Chambre des députés ; mais elle fut rejetée par la Chambre des pairs dont le rapporteur, M. de Barante, fit observer que « les tribunaux seraient, contre tout notre droit public, introduits dans l'administration ». D'après les opinions émises devant la Chambre des pairs, la responsabilité prévue par la loi de 1817 ne pouvait être qu'une responsabilité politique et morale dans le cas d'une simple faute, ou une responsabilité pénale donnant lieu à une mise en accusation, dans le cas de manœuvres criminelles [1]. Le crédit fut définitivement rejeté, mais aucune action ne fut intentée contre le ministre.

Le second précédent est relatif à une dépense de 271,000 fr. que M. de Montbel, ministre des finances, avait ordonnancée sans crédit pour le paiement de distributions faites aux troupes pendant les journées de juillet 1830 [2]. Dans la session de 1833, lors de la discussion de la loi des comptes de 1830, la Chambre des députés rejeta le crédit. En même temps, elle vota une proposition de M. Isambert ainsi conçue : « Dans tous les cas où les Chambres

1. *Moniteur* du 17 juin 1829.
2. Voy. le discours de rentrée de M. Audibert, procureur général près la Cour des comptes, du 3 novembre 1885 (*Journal officiel* du 12 novembre 1885).

« auront rejeté des dépenses portées au budget de l'État, il sera
« pris immédiatement, à la diligence de l'agent judiciaire du Tré-
« sor, toutes mesures conservatoires *par voie de contrainte adminis-*
« *trative* contre les ministres ordonnateurs, sauf leur recours contre
« les parties prenantes. »

Cette disposition fut encore rejetée par la Chambre des pairs sur
un rapport de M. le comte Roy rappelant les considérations qui
avaient prévalu en 1829.

En 1848, lors de la discussion de l'article 98 de la Constitution
qui autorisait l'Assemblée nationale à renvoyer les ministres inculp-
pés soit devant la Haute-Cour, soit devant les tribunaux ordinaires
pour les réparations civiles, la commission de Constitution fut appelée à s'expliquer sur l'application que ce texte pourrait recevoir
dans le cas de responsabilité prévu par la loi du 25 mai 1817. Il résulta des réponses faites à M. Isambert, par MM. Dupin et Martin,
de Strasbourg, membres de la commission, que l'article 98 devait
être interprété comme autorisant l'Assemblée nationale à renvoyer
le ministre devant les tribunaux civils, et que ces tribunaux pourraient, à la requête de l'agent judiciaire du Trésor, statuer sur les
répétitions exercées par l'État contre le ministre qui aurait excédé
ses crédits, aussi bien que sur les réparations civiles réclamées par
un particulier ([1]).

Plus récemment, la Chambre des députés a été saisie, le 25 juin
1882, d'une proposition de loi de M. Guichard ainsi conçue : « Le
« ministre qui, dans la gestion des affaires de l'État, aura commis
« une faute lourde, conséquence de l'inexécution volontaire des
« mesures prescrites par les lois, pourra, à la suite d'une informa-
« tion parlementaire et sur l'invitation de la Chambre des députés,
« être renvoyé devant les tribunaux ordinaires pour les réparations
« civiles. »

On voit que cette proposition va bien au delà du cas de responsabilité prévu par les lois de 1817 et de 1850 ; elle tend à établir la
responsabilité civile des ministres envers l'État dans tous les cas
de fautes lourdes et volontaires préjudiciables au Trésor. Si d'ailleurs on se rapporte à l'exposé des motifs, on voit que l'honorable

---

1. Duvergier, *Collection des lois,* 1848, p. 604, col. 2.

auteur de la proposition assimile la responsabilité des ministres envers l'État à celle du mandataire envers le mandant, qu'il la considère comme régie par les principes du droit civil, et qu'il cite à ce propos l'article 1992 du Code civil et l'autorité de Pothier. De là, sans doute, l'attribution de compétence à l'autorité judiciaire.

Nous n'insisterons pas sur ce qu'il peut y avoir d'artificiel dans de pareils rapprochements entre le mandat privé que régit le Code civil, et le mandat public dont un ministre est investi, et qui ne saurait relever que des lois politiques et constitutionnelles. Rappelons seulement que les deux commissions de la Chambre des députés qui ont successivement examiné cette proposition, tout en admettant l'extension proposée de la responsabilité ministérielle, se sont formellement prononcées contre la compétence judiciaire.

La commission d'initiative a fait remarquer que le renvoi de la question de responsabilité aux tribunaux civils, après des informations et des résolutions émanées de la Chambre des députés, pourrait créer un conflit entre le pouvoir législatif et le pouvoir judiciaire : « On comprend, dit le rapport, le partage des fonctions d'accusateur et de juge entre les deux branches du Parlement, on ne le comprend pas entre la Chambre et un tribunal. » En conséquence, la commission s'est prononcée pour la compétence du Sénat, ou d'une juridiction politique spéciale à instituer tout exprès ([1]).

La commission chargée de l'examen définitif de la proposition a également écarté la compétence des tribunaux judiciaires : « On ne comprend guère, dit le rapport, que la pensée soit venue à quelques-uns de soumettre de pareilles questions à l'examen des tribunaux de l'ordre judiciaire. Ils n'ont pas vu que ce serait méconnaître complètement le grand principe de la séparation des pouvoirs ([2]). » La commission a également écarté la juridiction du Sénat (qui ne doit s'exercer, dit-elle, que dans le cas de poursuites criminelles), ainsi que celle du Conseil d'État. Elle a proposé de

1. Voy. le rapport de M. *Rodat,* annexe à la séance du 28 juillet 1882.
2. Voy. le rapport de M. *Antonin Dubost* (annexe à la séance du 14 juin 1883). Ce rapport contient de très intéressants développements sur la question de compétence et sur les éléments constitutifs de la responsabilité dans les cas prévus par la proposition de loi.

confier le jugement des fautes lourdes des ministres ayant causé un dommage à l'État, et l'appréciation des indemnités auxquelles le Trésor aurait droit, à un comité parlementaire, composé des membres de la commission des finances du Sénat et des membres de la commission du budget de la Chambre des députés. La juridiction de ce comité serait mise en jeu par une résolution de l'une ou l'autre Chambre décidant qu'il y a lieu d'examiner si la responsabilité d'un ministre ou ancien ministre est engagée (art. 2 et 3 du projet de la commission). Le comité fixerait la quotité des dommages-intérêts dus à l'État par le ministre ou ancien ministre. L'exécution de ces décisions serait confiée au ministre des finances qui recouvrerait le montant des condamnations par voie d'arrêté de débet et de contrainte (art. 5).

Pour compléter l'indication des documents parlementaires relatifs à cette question, nous devons mentionner :

1° Une résolution votée par le Sénat le 5 juillet 1887 (*Journal officiel* du 6 juillet 1887). Il s'agissait de dépassements de crédits reprochés à M. Caillaux, ancien ministre des travaux publics, pour la reconstruction du pavillon de Marsan. La commission du Sénat chargée d'examiner le projet de loi portant règlement définitif du budget de 1875 proposa, et le Sénat vota une résolution ainsi conçue : — « Le Sénat, infligeant un blâme sévère aux actes de grave « négligence commis par M. Caillaux, ministre des travaux publics, « lors de la préparation du projet de loi portant affectation du pa- « villon de Marsan à la Cour des comptes, appelle l'attention du « Gouvernement sur l'insuffisance de la législation existante en « matière de responsabilité ministérielle. »

2° Une proposition présentée à la Chambre des députés par M. Gaston Bozérian le 8 novembre 1894, d'après laquelle, si un ministre engage une dépense sans crédit, dépasse un crédit ou opère un virement d'un chapitre ou d'un exercice à un autre, chacune des deux Chambres pourra déclarer « que le ministre a encouru la responsabilité civile ». Le montant des réparations dues à l'État sera ensuite fixé par une loi qui « recevra pleine et entière exécution sur les biens du ministre ».

3° Une autre proposition d'initiative parlementaire, présentée à la Chambre des députés par M. Gauthier de Clagny le 1er juillet

1895, et portant que « les tribunaux civils sont compétents pour connaître des actions en responsabilité intentées à la requête de l'État contre les ministres (¹) ».

Aucun projet de loi du Gouvernement n'est venu, pendant cette période, prêter son autorité, dans un sens ou dans l'autre, aux solutions peu concordantes proposées par des membres ou par des commissions des assemblées législatives.

On doit donc reconnaître que non seulement la question de compétence que soulève l'application des lois de 1817 et de 1850 n'a pas été législativement résolue, mais encore qu'elle n'a pas donné lieu, dans les Chambres, à un courant d'idées assez accentué pour qu'on puisse préjuger la solution à venir.

Étant ainsi réduit aux seules dispositions des lois du 25 mai 1817 et du 15 mai 1850 qui sont muettes sur la compétence, on ne peut guère, en s'inspirant des principes généraux du droit, arriver qu'à des solutions négatives.

Nous n'hésitons pas, quant à nous, à écarter la compétence judiciaire sur toute action qui tendrait à rendre un ministre pécuniairement responsable envers le Trésor de l'infraction prévue par les lois précitées. Il suffit ici d'appliquer le principe de la séparation des pouvoirs. Il est évident, en effet, que si l'ordonnancement illégal de dépenses non autorisées est une faute, c'est une faute d'ordre administratif et non une faute de droit commun. L'ordonnancement est, de sa nature, une opération administrative, un des attributs essentiels de la fonction ministérielle ; qu'il soit ou non conforme à la loi du budget, les tribunaux ne peuvent connaître de cet acte ni de ses conséquences à l'égard du Trésor.

Nous n'hésitons pas davantage à écarter la compétence de la juridiction administrative. En effet, dans l'état actuel de la législation, le Conseil d'État ne pourrait être saisi d'une réclamation pécuniaire de l'État contre un ministre ou ancien ministre qui aurait excédé ses crédits, qu'à la suite d'un arrêté de débet et d'une contrainte administrative décernés contre lui par le ministre des

---

1. La déclaration d'urgence, demandée par l'auteur de la proposition, a été acceptée par le président du Conseil (M. Ribot) qui a en même temps déclaré « qu'il faisait toutes réserves sur le fond et qu'il aurait de graves objections à présenter contre la compétence des tribunaux civils ». (Chambre des députés, séance du 1ᵉʳ juillet 1895.)

finances. Or, nous avons vu que l'arrêté de débet et la contrainte
ne peuvent atteindre que les comptables, entrepreneurs, fournisseurs et autres personnes nanties de deniers publics, mais non les
ordonnateurs, les administrateurs, ayant causé un dommage à l'État
par des fautes de leur gestion. La jurisprudence du Conseil d'État
est formelle en ce sens (¹).

Quant à la Cour des comptes, — qui serait peut-être la juridiction la mieux placée pour apprécier les cas spéciaux de responsabilité prévus par les lois de 1817 et de 1850, — on sait que sa
juridiction est restreinte aux comptables et ne s'étend pas aux
ordonnateurs. A l'égard de ces derniers, la Cour ne peut jamais
procéder que par voie de déclarations, et il faudrait une loi pour
qu'elle pût exceptionnellement prononcer une condamnation contre
un ministre.

Reste la juridiction du Sénat. C'est la seule, croyons-nous, qui,
dans l'état de législation, ne serait pas absolument incompétente
pour connaître des infractions dont il s'agit. Mais comme sa juridiction ne peut s'exercer que sur les crimes ministériels, le Sénat
ne pourrait connaître des violations de la loi du budget que si elles
constituaient en même temps des malversations ou prévarications
ayant un caractère criminel (²). Dans ce cas, nous pensons que l'action civile exercée au nom de l'État, accessoirement à l'action publique mise en mouvement par une accusation de la Chambre des
députés, pourrait être accueillie par la Chambre haute. Mais il n'en
serait pas de même d'une action civile isolée, exercée au nom de
l'État en dehors de la procédure parlementaire de mise en accusation.

1. Voy. ci-dessus, p. 437 et suiv.
2. Voy. ci-dessus, p. 656-657, l'extension dont est susceptible la notion du crime
ministériel.

CHAPITRE IX

DE LA COMPÉTENCE SUR LES ACTIONS EN RESPONSABILITÉ DIRIGÉES CONTRE L'ÉTAT,
LES DÉPARTEMENTS OU LES COMMUNES, A RAISON DE FAUTES DE LEURS AGENTS

I. — DES ACTIONS EN RESPONSABILITÉ DIRIGÉES CONTRE L'ÉTAT.

Nous n'avons pas à rechercher ici dans quels cas l'État peut encourir une responsabilité pécuniaire à raison de fautes commises par ses agents ; les règles du fond seront examinées dans une autre partie de cet ouvrage (¹). Nous n'avons à nous occuper, dans cette étude, que de la compétence respective des tribunaux judiciaires et administratifs sur les actions tendant à mettre cette responsabilité en jeu.

Pour arriver à la déterminer, il est nécessaire de rechercher quelle est la nature juridique de la responsabilité qui peut incomber à l'État par le fait de ses agents. Si c'est une responsabilité de droit commun dérivant des articles 1382 et 1384 du Code civil, la compétence judiciaire devra prévaloir ; si, au contraire, c'est une responsabilité d'une nature particulière, régie par le droit administratif et non par le droit civil, dérivant de rapports spéciaux entre l'État et ses agents, et non des rapports ordinaires d'un commettant avec ses préposés, la compétence appartiendra, en principe, à la juridiction administrative.

Motifs invoqués à l'appui de la compétence judiciaire. — Dans le sens d'une responsabilité de droit commun relevant des tribu-

---

1. Voy. au tome I, le livre V, chap. II, § 2.

naux judiciaires, on a invoqué les termes généraux de l'article 1384 du Code civil : « On est responsable non seulement du dom-
« mage que l'on cause par son propre fait, mais encore de celui qui
« est causé par le fait des personnes dont on doit répondre ou des
« choses dont on a la garde... Les maîtres et les commettants sont
« responsables du dommage causé par leurs domestiques et prépo-
« sés dans les fonctions auxquelles ils sont employés. »

Des jurisconsultes autorisés ont pensé qu'on pouvait déduire de ce texte général une règle applicable à l'État aussi bien qu'aux particuliers. Marcadé n'émet aucun doute à cet égard : « Les maîtres et commettants, dit-il, sont tenus du dommage causé par leurs domestiques et préposés. La règle, bien entendu, s'applique à l'État et aux diverses administrations publiques par rapport à leurs agents, préposés ou employés, comme aux commettants particuliers (¹). »

M. Sourdat, dans son estimable *Traité de la responsabilité*, professe la même opinion : « Que les tribunaux judiciaires, dit-il, soient incompétents pour connaître des suites d'un acte de la puissance publique, d'un acte d'administration proprement dit, cela est certain, et nous l'admettons sans hésitation. Mais quant aux crimes, délits ou contraventions que commettent les agents de l'administration dans leurs différents services ; quant aux quasidélits et fautes dommageables pouvant donner lieu à des réparations aux termes du droit commun, nous persistons à croire que l'État doit en répondre civilement comme commettant, et que les tribunaux sont compétents pour reconnaître à sa charge et cette qualité et pour prononcer sur la responsabilité qui en résulte (²). »

Outre l'argument tiré des termes généraux de l'article 1384, on invoque l'esprit de la loi : si le commettant est responsable, dit-on, c'est parce que l'opération qui a donné lieu à l'acte dommageable a été accomplie dans son intérêt ; aussi la responsabilité n'existe-t-elle du fait des préposés que si cet acte s'est produit « dans les fonctions auxquelles ils sont employés » ; mais quand cette condition se réalise, il n'y a pas à distinguer entre les fonctions publiques ou

---

1. Marcadé, *Explication théorique et pratique du Code Napoléon*, t. V, p. 270 (5° éd.).
2. Sourdat, *Traité de la responsabilité*, t. II, p. 482 (édit. de 1876).

privées ; la nature juridique de l'obligation et la compétence du juge sont les mêmes dans les deux cas.

Cette doctrine a été plusieurs fois consacrée par la Cour de cassation. On lit dans un arrêt du 1ᵉʳ avril 1845 (*Lepeyre*), « que s'il est prescrit aux tribunaux de s'abstenir de tout examen et de toute critique des règlements et actes administratifs, il est incontestable qu'il appartient à l'autorité judiciaire d'apprécier, dans les cas prévus par les articles 1382, 1383 et 1384 du Code civil, les faits résultant de l'exécution plus ou moins intelligente, plus ou moins prudente des règlements administratifs ». Cette thèse s'est surtout affirmée par un arrêt de la chambre civile du 19 décembre 1854 (*administration des postes*), qui dispose : « Les tribunaux civils sont compétents pour statuer sur toutes les réparations de dommages causés par le fait d'autrui, par sa négligence, par son imprudence et par l'inobservation des règlements ; cette compétence est générale et elle ne saurait être modifiée parce que les faits de négligence ou d'imprudence constitueraient en même temps des infractions, de la part des employés des administrations publiques, aux règlements de ces administrations. A l'égard de ces employés, l'action exercée contre eux a son principe dans le droit commun et doit être jugée par les principes de ce droit. Si cette action par sa nature réagit contre l'administration elle-même, et peut amener des condamnations envers elle comme responsable du fait de ses agents, *cette responsabilité n'est aussi que la conséquence du droit commun* ; les administrations publiques, comme représentant l'État, ne sont pas à l'abri des poursuites judiciaires qui ont pour objet de faire établir et déclarer cette responsabilité et de faire reconnaître les conséquences légales qui en découlent... »

Nous verrons ci-après que la Cour de cassation ne professe plus aujourd'hui cette doctrine absolue. Sa jurisprudence la plus récente, s'inspirant de celle du Tribunal des conflits, admet que les actions dirigées contre l'État, à raison de fautes ou de négligences commises par ses agents dans l'accomplissement d'un service public, soulèvent des questions d'ordre administratif relevant de la juridiction administrative, et non des questions de droit civil relevant des tribunaux judiciaires. Mais les arrêts précités de 1845 et de 1854 n'en ont pas moins été invoqués, notamment par M. Sourdat,

comme prêtant un sérieux appui à la doctrine qui rattache la responsabilité de l'État à l'article 1384 du Code civil. Examinons donc
cette doctrine en elle-même.

L'article 1384 du Code civil est-il applicable à l'État ? — La
doctrine d'après laquelle les rapports de l'État avec ses fonctionnaires seraient assimilables à ceux d'un commettant avec ses préposés et seraient régis par l'article 1384 du Code civil, nous paraît
avoir contre elle les textes qu'elle invoque, l'intention des rédacteurs du Code et la nature même des choses.

En premier lieu, les textes. L'article 1384 ne doit pas être
séparé de ceux qui le précèdent et notamment de l'article 1382,
d'après lequel « tout fait quelconque *de l'homme* qui cause à autrui
« un dommage oblige celui par la faute duquel il est arrivé à le ré-
« parer ». *L'homme,* c'est le citoyen, la personne privée, individuelle
ou collective, que régit le droit civil, ce n'est pas l'administration
et la puissance publique. Quand l'article 1384 dit que les *maîtres*
et *commettants* sont responsables du dommage causé par leurs *domestiques* ou *préposés,* il prévoit les rapports de droit civil qui
s'établissent entre des personnes privées, dont l'une emprunte le
concours de l'autre pour son service personnel ou pour ses affaires,
et non les rapports très différents qui s'établissent entre l'État et
ceux qui sont investis d'une partie de la puissance publique afin
de concourir à l'intérêt général.

Si les rédacteurs du Code civil avaient entendu soumettre l'État,
les diverses administrations publiques et les fonctionnaires de tout
ordre aux règles des articles 1382 et 1384, il est probable qu'ils
auraient employé, pour exprimer cette idée, d'autres expressions
que celles d'homme, de commettant, de préposé. Tout au moins, une
telle application du principe de responsabilité leur aurait-il paru
assez digne d'attention pour qu'ils s'en fussent expliqués, pour que
le Conseil d'État et le Tribunat eussent échangé quelques observations, tant sur l'idée elle-même — qui ne répondait guère aux idées
générales du temps et qui était certainement digne de quelque discussion — que sur la rédaction des textes destinés à l'exprimer.
Mais, si l'on consulte les procès-verbaux de la section de législation
ou de l'assemblée générale du Conseil d'État, le rapport de Treil-

hard au nom du Conseil, celui de Tarrible au nom du Tribunat, on n'y voit nulle part la trace de pareilles intentions (¹). Jamais les auteurs du Code n'ont pensé que la question pût même se poser sur ces textes, et il y avait pour cela deux raisons péremptoires : la première c'est qu'ils faisaient un Code *civil* et que, pendant toute la durée de leur œuvre, ils avaient maintes fois manifesté leur volonté de ne tracer que des règles de droit civil et privé, et de ne les rendre applicables aux administrations publiques qu'en vertu de dispositions expresses. Ils ont même cru nécessaire de procéder ainsi dans beaucoup de cas où l'État n'agit que comme propriétaire (²).

La seconde raison, c'est qu'en 1804 le caractère administratif de la responsabilité de l'État était consacré d'une manière absolue, quelquefois même trop absolue, par la jurisprudence de la période révolutionnaire et par celle que le Conseil d'État venait d'inaugurer ; la pensée de lui ôter ce caractère par des articles du Code civil, d'ailleurs muets sur cette question, n'avait pu venir à l'esprit de personne.

D'ailleurs, abstraction faite de ces impossibilités d'ordre historique et législatif, la doctrine que nous critiquons n'est même pas d'accord avec le Code civil. En effet, les rapports du fonctionnaire avec l'État, si l'on veut les faire rentrer dans les prévisions de ce Code, ne sont pas des rapports de préposé à commettant ou de domestique à maître, mais des rapports de mandataire salarié à mandant, ainsi que l'ont reconnu tous les auteurs qui ont essayé de faire ces sortes de rapprochements entre le droit civil et le droit administratif. Or, d'après l'article 1998 du Code civil, « le mandant est « tenu d'exécuter les engagements contractés par le mandataire

---

1. L'article 1384 n'a donné lieu au Conseil d'État qu'à une observation. La section de législation demanda que l'on supprimât une réserve que le projet proposait de faire en faveur des commettants, dans le cas où ils auraient prouvé qu'ils n'ont pu empêcher le fait reproché à leur préposé. C'est pour faire droit à cette observation qu'on a supprimé cette réserve dans l'article 1384, § 3, et qu'on l'a remplacée par les mots « dans les fonctions auxquelles ils les ont employés ». Mais on ne pensait certainement pas qu'il pût venir à l'esprit de commentateurs d'interpréter le mot « fonction » comme comprenant les fonctions publiques.

2. Voy. au Code civil : art. 538 et suiv. relatifs aux biens ; art. 636, sur les droits d'usage dans les bois et forêts ; art. 650, relatif aux servitudes ; art. 2227, sur la prescription, etc.

« *conformément au pouvoir qui lui a été donné*. Il n'est tenu de ce qui
« a été fait au delà qu'autant qu'il l'a ratifié expressément ou taci-
« tement. » La doctrine que nous combattons conduirait à ce résultat
que l'État serait responsable d'infractions dont il a lui-même à
se plaindre, de violation du mandat qu'il a conféré, de désobéis-
sances aux règles qu'il a tracées à ses agents. On arriverait aussi,
sous prétexte d'appliquer le droit commun à l'État, à y déroger à
son préjudice.

Nous n'insisterons pas davantage sur ce point, parce que le fonctionnaire n'est, en réalité, ni un mandataire ni un préposé de
l'État dans le sens des articles 1988 et 1384 du Code civil. Les
rapports qui existent entre lui et cet être impersonnel qu'on appelle l'État ou la puissance publique, sont des relations d'une nature toute spéciale qui diffèrent notablement de celles que le Code
civil a prévues. Le commettant et le mandant prennent des préposés
ou mandataires pour la gestion de leurs intérêts propres, l'État
puissance publique a des fonctionnaires pour la gestion d'intérêts
généraux ; les personnes privées choisissent librement leurs auxiliaires, l'État ne peut connaître tous les siens dont l'admission est
l'avancement dépendent souvent du concours et de l'ancienneté ;
quelques-uns sont même des auxiliaires obligés de l'État, tels
que les citoyens soumis au service militaire et les officiers propriétaires de leur grade. Enfin les commettants ordinaires peuvent
et doivent surveiller tous les actes de leurs préposés et mandataires, tandis que l'État est obligé de procéder par voie de règlements, d'instructions générales ayant pour sanction des peines disciplinaires ; il ne peut attacher d'inspecteur à tous ses services, et
d'ailleurs par qui les inspecteurs seraient-ils eux-mêmes inspectés ?
Quis custodiet custodes ?

Ce n'est donc pas l'article 1384 du Code civil considéré comme
règle de droit positif qui impose à l'État, dans certains cas, le devoir d'indemniser ceux qui ont souffert de fautes commises par un
fonctionnaire dans l'exercice de ses fonctions. Ce devoir découle
uniquement d'un principe de justice dont la loi civile s'est inspirée
pour régler les rapports de particuliers à particuliers, dont la jurisprudence administrative s'est inspirée à son tour pour régler
les rapports de l'État avec ses fonctionnaires et avec les tiers, et

que des lois spéciales ont appliqué dans quelques cas particuliers, par exemple en matière de postes, de douanes, de contributions indirectes. Il ne serait pas juste, en effet, que des particuliers, lésés par les erreurs ou les fautes de fonctionnaires, restent victimes d'accidents dont un service public est la cause ou tout au moins l'occasion, et il est conforme à l'équité que la responsabilité de l'État se substitue ou s'ajoute, dans certains cas, à celle du fonctionnaire.

Seulement, comme cette responsabilité ne résulte pas d'une règle fixe de droit positif, comme elle doit varier d'après la nature des fautes, d'après les ordres donnés à l'agent, d'après l'indépendance plus ou moins grande de ses fonctions, il est naturel que l'appréciation de ces circonstances d'ordre administratif relève de la juridiction administrative et non de l'autorité judiciaire.

Compétence administrative consacrée par la jurisprudence. — Telle est la doctrine que le Conseil d'État, le Tribunal des conflits de 1850 et celui de 1872 ont constamment affirmée et fermement maintenue, et à laquelle la Cour de cassation s'est ralliée dans ces dernières années.

Jusqu'en 1870, le Conseil d'État a fondé la compétence administrative sur un double motif : d'une part, la nécessité d'apprécier les rapports de l'État avec ses fonctionnaires ; d'autre part, l'incompétence des tribunaux ordinaires pour connaître des actions tendant à déclarer l'État débiteur ([1]). Ce dernier motif, qui pouvait prêter à contestation dans les affaires de cette nature ([2]), a disparu, dans ces dernières années, de la rédaction des arrêts du Conseil. Mais le motif tiré de l'inapplicabilité de l'article 1384 du Code civil a été, à toute époque, retenu par le Conseil d'État. Un des arrêts les plus fortement motivés en ce sens est celui du 6 décembre 1855 (*Rothschild*), rendu sur conflit, où on lit : « A l'administration seule il appartient, sous l'autorité de la loi, de régler les conditions des services publics dont elle est chargée d'assurer le cours, de déterminer les rapports qui s'établissent entre l'État,

---

1. Conseil d'État, 1er juin 1861, *Baudry;* — 7 mai 1862, *Vincent;* — 20 février 1868, *Saëns;* — 15 avril 1868, *Bourdet,* et nombreux arrêts antérieurs.

2. Voy. ci-dessus, p. 432 et suiv.

les nombreux agents qui agissent en son nom et les particuliers
qui profitent de ces services, et dès lors de connaître et d'apprécier le caractère et l'étendue des droits et des obligations réciproques qui en doivent naître ; ces rapports, ces droits et ces
obligations ne peuvent être réglés selon les principes et les dispositions du seul droit civil et comme ils le sont de particulier à
particulier ; notamment, en ce qui touche la responsabilité en cas
de faute, de négligence ou d'erreur commises par un agent de l'administration ; cette responsabilité n'est ni générale, ni absolue ;
elle se modifie suivant la nature et la nécessité de chaque service ; dès lors l'administration seule peut en apprécier les conditions et la nature. »

C'est aussi sur cet ordre d'idées qu'a toujours reposé la jurisprudence du Tribunal des conflits, soit en 1850, soit depuis 1872.
Elle s'est d'abord manifestée par une décision du 20 mai 1850
(*Manoury*), qui confirme un conflit élevé sur une action tendant à
rendre l'administration des postes responsable de la faute d'un de
ses agents. Elle s'est affirmée de nouveau par une décision du 1er février 1873 (*Blanco*), qui empruntait une importance particulière au
dissentiment qui avait subsisté, malgré la décision de 1850, entre
la jurisprudence de la Cour de cassation et celle du Conseil d'État,
et qui intervenait dans une espèce tout particulièrement délicate.
Il s'agissait, en effet, de blessures faites à un enfant par le fait d'ouvriers employés dans une manufacture de tabacs, et l'on pouvait
se demander si l'État, dans l'exercice de ce monopole industriel et
fiscal, devait bénéficier de la compétence administrative. Après des
débats approfondis, après un partage qui fut vidé sous la présidence
de M. Dufaure, alors garde des sceaux, le Tribunal des conflits
s'est prononcé pour la compétence administrative, par des motifs
qui sont presque littéralement empruntés à l'arrêt du Conseil
d'État du 6 décembre 1855 (¹).

1. Voici les termes de cette décision : — « Considérant que l'action intentée par le
sieur Blanco a pour objet de faire déclarer l'État civilement responsable, par application des articles 1382, 1383 et 1384 du Code civil, du dommage résultant de la bles-
sure que sa fille aurait éprouvée par le fait d'ouvriers employés par l'administration
des tabacs ; que la responsabilité qui peut incomber à l'État pour les dommages
causés aux particuliers par le fait des personnes qu'il emploie dans le service public,
ne peut être régie par les principes qui sont établis dans le Code civil pour les rap-

La jurisprudence du Conseil s'est ainsi trouvée définitivement consacrée par le Tribunal des conflits dont la doctrine n'a pas varié depuis cette époque, et a encore été récemment affirmée par une décision du 15 février 1890 (*Piéri*) et du 8 décembre 1893 (*Gresler*). Dans ces deux affaires, il s'agissait de blessures causées par l'imprudence de soldats pendant un service commandé ([1]).

La Cour de cassation, renonçant à la doctrine absolue de ses arrêts de 1845 et de 1854, paraît s'être également ralliée, par plusieurs décisions, à la jurisprudence du Conseil d'État et du Tribunal des conflits.

Deux arrêts de cassation de la chambre civile du 4 avril 1876 (*Contributions indirectes* contre *Larre-Brusset* et contre *Vigoureux*) ont distingué avec soin : d'une part, les demandes de dommages-intérêts formées contre l'État, à raison de poursuites de la régie déclarées nulles et vexatoires, demandes sur lesquelles la compétence judiciaire résulte de dispositions spéciales de la loi du 5 ventôse an XII ; d'autre part, les réclamations d'indemnité fondées sur des fautes commises par des agents des contributions indirectes dans l'exercice de leurs fonctions. Dans ce dernier cas, la Cour a reconnu la compétence administrative : « Attendu, portent ces deux arrêts, que la demande motivée, non sur une contestation du fond de l'impôt ou sur une nullité de la contrainte, mais sur un fait reproché à l'État puissance publique, ne rentrait pas dans les termes de la loi du 5 ventôse an XII, mais devait être déférée à l'autorité administrative, à laquelle seule appartient le pouvoir de rechercher si l'administration ou ses agents ont agi dans la limite des intructions qu'ils ont reçues, et quelle peut être la responsabilité qui incomberait à l'État en raison de fautes prétendues commises dans un service public. »

Un autre arrêt de la chambre civile, du 19 novembre 1883 (*ministre de la marine*), a décidé que les tribunaux judiciaires sont

---

ports de particulier à particulier ; que cette responsabilité n'est ni générale ni absolue ; qu'elle a ses règles spéciales qui varient suivant les besoins du service et la nécessité de concilier les droits de l'État avec les droits privés ; que dès lors, aux termes des lois ci-dessus visées (lois des 16-24 août 1790 et du 16 fructidor an III), l'autorité administrative est seule compétente pour en connaître. »

1. On peut encore citer : Tribunal des conflits, 29 mai 1875, *Ramel* ; — 31 juillet 1875, *Renaux* ; — 20 mai 1882, *de Divonne* ; — 20 décembre 1884, *Maillé*.

incompétents pour connaître d'une demande tendant à faire déclarer l'État civilement responsable de la perte d'une embarcation, imputée à l'incurie des agents de l'État chargés de la surveillance d'un port : « Attendu qu'il n'appartient qu'à l'autorité administrative de connaître des actions tendant à faire condamner l'État, puissance publique, comme responsable du fait ou de la négligence de ses agents dans l'exécution d'un service public... »

Plusieurs autres décisions de la Cour de cassation ou des cours d'appel ont consacré la même doctrine (1).

On peut donc considérer comme étant désormais établi l'accord de la jurisprudence judiciaire et administrative sur cette importante question de compétence.

Remarquons, pour terminer sur ce point, que les règles qui consacrent la compétence administrative s'appliquent à l'égard de l'État assigné comme responsable des fautes de ses agents, sans qu'il y ait à distinguer si ces fautes sont des infractions administratives ou des fautes personnelles commises par l'agent dans l'exercice de ses fonctions. La nature de la faute, qui fait varier la compétence à l'égard du fonctionnaire, n'y apporte aucun changement pour l'État; dans les deux cas, elle reste administrative. Il suit de là que si le fonctionnaire accusé d'une faute personnelle et l'État civilement responsable sont assignés en même temps devant un tribunal judiciaire, il y a lieu de disjoindre l'instance et de renvoyer l'État devant la juridiction administrative (2). Il en est de même si le fonctionnaire assigné appelle l'État en garantie ; en effet, la règle d'après laquelle « ceux qui seront assignés en garantie sont tenus de procéder devant le tribunal où la demande originaire sera pendante, encore qu'ils dénient être garants » (3), peut bien déroger à la compétence *ratione personæ*, mais non à la compétence *ratione materiæ,* surtout quand elle dérive du principe de la séparation des pouvoirs.

---

1. Cass. 17 mars 1884, *Gelyot* ; — Cass. 26 août 1884, *Administration pénitentiaire de la Guyane.*
   Cf. Paris, 10 juillet 1870, *Ville ;* — Alger, 12 février 1877, *Préfet d'Oran ;* — Tribunal de la Seine, 9 juillet 1873, *Baudin.*
2. Tribunal des conflits, 20 mai 1882, *de Divonne.*
3. Code de procéd. civ., art. 181.

Cas particuliers où la compétence est judiciaire. — Ces règles de compétence comportent cependant quelques exceptions provenant de principes déjà exposés ou de dispositions spéciales de la loi.

Le principe que l'État, agissant comme propriétaire et comme administrateur de son domaine privé, est soumis aux règles du droit civil, entraîne comme conséquence l'application des articles 1382 et 1384 du Code civil aux actes dommageables se rattachant à la gestion de ce domaine, et par suite la compétence des tribunaux judiciaires. L'État agissant en cette qualité peut avoir des préposés qui, bien que rétribués sur les fonds de l'État, n'ont pas le caractère de fonctionnaires ou agents chargés d'un service public. Tel serait, par exemple, le régisseur d'un domaine particulier de l'État ; l'architecte ou l'ingénieur exécutant des travaux qui n'auraient pas le caractère de travaux publics ; l'administrateur des biens d'une succession en déshérence, qui ferait pour leur exploitation des actes abusifs et préjudiciables aux voisins. La compétence judiciaire résulterait ici de la qualité purement civile dans laquelle l'État serait assigné, qualité qui ne laisserait subsister aucun des arguments donnés à l'appui de la compétence administrative.

L'État, considéré comme propriétaire, pourrait aussi être déclaré responsable, par application de l'article 1386 du Code civil, d'accidents causés par la chute d'un édifice dépendant de son domaine privé, en cas de défaut d'entretien ou de vice de construction. Son obligation relèverait alors du droit commun, et la compétence serait judiciaire, ainsi que l'a jugé le Tribunal des conflits par une décision du 30 mai 1884 (*Linas*). Mais il en serait autrement si l'édifice avait le caractère d'un ouvrage public affecté à un service d'intérêt général. On serait alors dans le cas de dommages causés par des travaux publics, prévu par la loi du 28 pluviôse an VIII.

Plusieurs textes de lois spéciales ont aussi reconnu compétence à l'autorité judiciaire pour prononcer sur la responsabilité de l'État, à raison de fautes commises par ses agents dans l'exercice de leurs fonctions administratives. On peut citer :

La loi du 22 août 1791 sur les douanes (titre XIII, art. 19) portant que « la régie sera responsable du fait de ses préposés, et pour l'exercice de leurs fonctions seulement, sauf son recours contre eux ou leurs cautions » ;

Le décret du 1ᵉʳ germinal an XIII (art. 29), relatif aux contributions indirectes, d'après lequel « si le tribunal juge la saisie mal fondée, il pourra condamner la régie non seulement aux frais, mais encore à une indemnité proportionnée à la valeur des objets pendant le temps de la saisie » ;

L'article 22 de la loi du 15 juillet 1845 sur les chemins de fer, d'après lequel l'État, exploitant un chemin de fer à ses frais et pour son compte, est soumis à la même responsabilité que les compagnies concessionnaires. Il n'est pas douteux que l'assimilation faite entre l'État et les autres exploitants quant à la nature et à l'étendue des obligations, entraîne une assimilation semblable quant à la compétence ;

Les lois du 4 juin 1859 et du 25 janvier 1873, qui déclarent l'administration des postes responsable jusqu'à concurrence de 10,000 fr. ([1]), et sauf le cas de perte, par force majeure, des valeurs déclarées insérées dans les lettres, et qui défèrent l'action en responsabilité aux tribunaux civils.

C'est à ces exceptions que faisait sans doute allusion une décision du Tribunal des conflits du 1ᵉʳ mai 1875 (*Colin*) portant que « les tribunaux civils ne peuvent connaître des actions en responsabilité formées contre l'État, à raison du fait de ses agents, que dans le cas où la connaissance leur en aurait été spécialement attribuée par la loi ». Une décision du 20 mai 1882 (*de Divonne*) a accentué cette idée, en disant « que, si quelques lois spéciales très peu nombreuses ont, pour des cas particuliers et à l'égard de certains services publics nommément désignés, édicté en termes exprès la responsabilité civile de l'État et la compétence des tribunaux ordinaires, ces dispositions légales ne se comprendraient pas si cette responsabilité était engagée dans les termes du droit commun ».

Ces cas fussent-ils plus nombreux, le principe n'en subsisterait pas moins : plus le législateur prend soin de les préciser, plus on peut dire que l'exception confirme la règle.

---

1. La responsabilité était limitée à 2,000 fr. par la loi du 4 juin 1859.

II. — Des actions dirigées contre les départements et les communes.

Nous n'avons parlé jusqu'ici que de l'action en responsabilité dirigée contre l'État. Les règles sont-elles les mêmes quand l'action est dirigée contre un département ou contre une commune ?

Les actions en responsabilité dirigées contre les départements et les communes, à raison de fautes commises par leurs agents, sont soumises, en principe, aux mêmes règles de compétence que les actions dirigées contre l'État. Nous avons vu, en effet, que la jurisprudence du Tribunal des conflits évite de s'appuyer sur les lois de 1790 et de 1793, relatives à la liquidation des dettes de l'État. Elle repose uniquement sur cette considération que les rapports des administrations publiques avec les fonctionnaires qui les représentent ne sont pas des rapports de commettant à préposé régis par l'article 1334 du Code civil, mais des rapports d'ordre administratif.

Cette considération s'applique également aux rapports des administrations locales avec la plupart de leurs représentants et agents. Aussi les tribunaux judiciaires seraient-ils incompétents pour connaître d'une action en responsabilité dirigée contre un département à raison de fautes imputées au préfet, au conseil général, à la commission départementale ou aux fonctionnaires préposés aux services départementaux ; contre une commune, à raison de décisions irrégulières du maire ou du conseil municipal, ou de fautes commises par des agents de la commune dans l'exercice de leurs fonctions. Là s'appliquent les distinctions si justement faites par le Tribunal des conflits, et les conséquences qu'il en a tirées au point de vue des compétences.

L'incompétence des tribunaux judiciaires à l'égard des départements et des communes cités comme civilement responsables, est encore plus manifeste lorsque la réclamation se fonde, non sur la faute personnelle d'un agent, mais sur une décision dont le caractère administratif ne peut pas être contesté ; par exemple, sur un arrêté du préfet ou du maire révoquant un agent du département ou de la commune (¹) ou sur des mesures de police critiquées comme préjudiciables à des tiers. Les tribunaux judiciaires, incompétents pour connaître de ces actes administratifs quand un procès est directement fait aux fonctionnaires dont ils émanent, ne peuvent davantage en connaître quand le procès est fait au département ou à la commune poursuivis comme civilement responsables. Quel que soit, en effet, le défendeur mis en cause, c'est toujours l'acte administratif qui est le véritable objet du litige.

Dans ces différents cas, l'application des règles de compétence aboutit nécessairement à la compétence administrative.

A la vérité, on a pendant longtemps éprouvé des difficultés à déterminer quel est, dans ce cas, le juge administratif compétent. Mais ces difficultés sont actuellement résolues, ainsi que nous l'avons expliqué plus haut : le juge compétent est le Conseil d'État, par voie de recours contre la décision de l'autorité départementale ou municipale refusant l'indemnité qui lui est réclamée à raison d'une faute administrative d'un de ses agents (²).

Deux réserves doivent cependant être faites en faveur de la compétence judiciaire, en présence d'actions dirigées contre les administrations locales à raison de fautes de leurs agents.

En premier lieu, on doit reconnaître que, parmi les auxiliaires que ces administrations emploient, il y en a qui n'ont pas le caractère de véritables agents de l'administration, mais plutôt de simples préposés et même de serviteurs dans le sens de l'article 1384 du Code civil. Tels sont, par exemple, les pâtres communaux, dont les délits forestiers peuvent engager la responsabilité pécuniaire de la commune, par application de l'article 106 du Code forestier, qui rend les maîtres et commettants responsables des délits de cette nature commis par leurs subordonnés.

Telles sont aussi les autres personnes qui seraient uniquement employées à gérer des biens dépendant du domaine privé du département ou de la commune.

En second lieu, il ne faut pas perdre de vue les dispositions spéciales de la loi qui ont attribué aux tribunaux judiciaires la

---

1. Tribunal des conflits, 27 décembre 1879, *Guidet.*
2. Voy. ci-dessus, p. 324.

connaissance de certaines actions en responsabilité formées contre les communes.

On doit mentionner ici les articles 106 et suivants de la loi municipale du 5 avril 1884, relatifs à la responsabilité des communes en cas de dommages causés aux personnes ou aux propriétés par des attroupement séditieux. La loi du 10 vendémiaire an IV, que ces textes ont remplacée et modifiée en quelques points, consacrait expressément la compétence judiciaire ; elle disposait (titre V, art. 4) que « les dommages-intérêts dont les communes seront « tenues *seront fixés par le Tribunal civil du département* ». Cette disposition ne se retrouve pas dans la loi de 1884, mais l'article 107 reconnaît incidemment la compétence judiciaire, en décidant que si les désordres ont été causés par les habitants de plusieurs communes, « chacune d'elles est responsable des dégâts et des dom- « mages causés, *dans la proportion qui sera fixée par les tribunaux* ».

La compétence judiciaire subsiste donc sous l'empire de la loi de 1884, et l'on ne saurait lui refuser le caractère très général qu'elle avait antérieurement. Elle comporte l'appréciation de toutes les circonstances pouvant influer sur la question de responsabilité, notamment de celles que l'article 108 de la loi municipale a prévues comme absolvant la commune, savoir : si l'autorité municipale a pris les mesures qui étaient en son pouvoir pour prévenir les attroupements ; si elle n'avait pas, dans la commune où les désordres ont été commis, la disposition de la police locale ou de la force armée ; si les faits dommageables avaient le caractère de faits de guerre. Ni ces questions, ni les contestations qui peuvent s'élever au sujet des instructions données par l'autorité municipale, et même par les autorités civiles ou militaires dont elle aurait réclamé le concours, n'auraient même, selon nous, le caractère de questions préjudicielles nécessitant un renvoi à l'autorité administrative.

Il est permis de douter que les lois de vendémiaire an IV et de 1884 se soient inspirées ici des véritables principes de la compétence. La responsabilité pécuniaire des communes et de leurs habitants, dans le cas d'attroupements séditieux, n'est point une responsabilité *civile,* quoique ces textes l'aient ainsi qualifiée. Elle ne dérive pas du droit commun ; elle a été créée par des lois politiques dans un intérêt supérieur de sécurité publique ; elle est étroitement liée à l'appréciation d'actes d'administration, de mesures de police, de fautes administratives commises par l'autorité municipale ; elle n'est pas de celles qui relèvent de plein droit de l'autorité judiciaire, elle ne lui appartient qu'en vertu d'une attribution expresse de la loi dérogeant aux principes généraux. Cette dérogation se comprenait en l'an IV, car les corps administratifs locaux, qui exerçaient alors la juridiction administrative à l'égard des communes, étaient à bon droit suspects au législateur, quand il s'agissait de réprimer les désordres dont ils étaient trop souvent les complices et même les instigateurs. Mais il n'en était pas de même en 1884, et peut-être la question aurait-elle mérité un nouvel examen, lorsque la loi de vendémiaire an IV a été l'objet d'une revision.

CHAPITRE X

DES MATIÈRES ADMINISTRATIVES DÉFÉRÉES PAR LA LOI
A L'AUTORITÉ JUDICIAIRE

———

La compétence judiciaire a été établie par la loi dans quelques matières qui se rattachent à l'administration des intérêts généraux.

Ces matières sont : 1° le contentieux des contributions indirectes ; 2° les contestations relatives aux élections des membres des tribunaux de commerce ; 3° la plus grande partie du contentieux de la petite voirie.

Examinons comment s'opère, dans chacune de ces matières, la délimitation des compétences entre les autorités judiciaire et administrative.

I. — CONTRIBUTIONS INDIRECTES.

Dispositions législatives relatives à la compétence. — La législation de l'ancien régime ne distinguait pas, au point de vue de la répartition générale des compétences, entre les impôts directs et les impôts indirects. Pour ces deux sources du revenu public, les difficultés relatives à l'assiette et à la perception échappaient également aux tribunaux judiciaires, mais elles n'étaient pas toutes soumises aux mêmes juridictions administratives. Le jugement des contestations se partageait entre les *cours des aides* — statuant directement, ou comme juridiction d'appel à l'égard des tribunaux spéciaux, tels que les *greniers à sel* ou les *juges des traites,* — et les intendants, sauf recours au conseil du roi. La juridiction des intendants avait pris un grand développement, pour les affaires fiscales de toute nature, dans le dernier siècle de la monarchie (¹).

La commission de l'Assemblée constituante chargée d'élaborer la loi d'organisation judiciaire s'était d'abord inspirée de cet état de choses, en attribuant le contentieux des impôts directs et indirects au *tribunal d'administration* qu'elle proposait d'établir dans chaque département (²) ; mais quand l'Assemblée eut écarté cette institution et décidé que les affaires contentieuses locales seraient soumises aux directoires de département, elle ne leur attribua que le contentieux des impôts directs, et elle remit celui des impôts indirects aux tribunaux de district par l'article 2 de la loi des 7-11 septembre 1790 : « Les actions civiles relatives à la per- « ception des impôts indirects seront jugées en premier et dernier « ressort sur simples mémoires et sans frais de procédure par les « juges du district lesquels, une ou deux fois la semaine, selon les « besoins du service, se formeront en bureau ouvert au public « d'au moins trois juges, et prononceront après avoir entendu le « commissaire du roi. »

Cette attribution de compétence a été confirmée : pour les contributions indirectes proprement dites, autrefois désignées sous le nom de droits réunis, par la loi du 5 ventôse an VII, article 88 ; pour l'enregistrement, par la loi du 22 frimaire an VII, article 65 ; pour les octrois, par la loi du 2 vendémiaire an VIII, article 1ᵉʳ. Pour les taxes postales, la loi des 26-29 août 1790, titre 4, article 3, avait déjà posé la même règle.

Motifs de la compétence judiciaire. — L'idée qui a présidé à cette répartition des compétences est fort juste : elle s'inspire de la différence qu'il y a entre les procédés d'assiette et de recouvrement applicables aux deux grandes catégories d'impôts. Pour les impôts directs, la cote assignée à chaque contribuable s'établit à la suite de diverses opérations administratives destinées à recenser et à évaluer la matière imposable, à répartir entre les contri-

---

1. Voir ci-dessus, p. 169 et suiv.
2. Voy. ci-dessus, p. 190.

buables les impôts de répartition demandés en bloc à la commune, à immatriculer les personnes imposées, sur un *rôle* qu'un acte de puissance publique rend exécutoire, et dont les extraits constituent de véritables décisions administratives formant titre de perception.

Rien de semblable pour les impôts indirects et pour toutes les taxes perçues au moyen de tarifs. Ces tarifs, annexés à la loi ou au décret qui les rend exécutoires, visent des faits matériels de consommation, de fabrication, de transport, d'entrée ou de sortie de marchandises, etc. Sans doute toutes ces perceptions intéressent l'administration générale, mais elles ne mettent en cause aucun acte de la puissance publique, sauf le tarif qui est promulgué une fois pour toutes ; elles ne comportent ni rôles nominatifs, ni décisions administratives individuelles ([1]).

Aussi la compétence judiciaire ne s'applique-t-elle pas seulement aux contributions indirectes proprement dites, mais encore à toutes les perceptions d'intérêt général ou local qui sont effectuées au moyen de tarifs, soit par l'État, soit par les communes, les établissements publics, ou les concessionnaires de travaux publics. Telles sont les taxes postales et télégraphiques, les droits d'octroi, les droits de place sur les halles et marchés, les droits de stationnement sur la voie publique, les droits de tonnage perçus par les chambres de commerce, les péages payés sur les chemins de fer ou sur les ponts à péage ([2]).

---

1. L'usage ou l'absence de rôles et de décisions administratives individuelles est si bien le *criterium* des compétences, que l'on voit la compétence administrative apparaître, même en matière de contributions indirectes, lorsque des dispositions exceptionnelles de la loi autorisent des actes ou décisions de cette nature. Ainsi, le conseil de préfecture prononce sur les contestations qui s'élèvent entre les débitants et la régie, sur le taux et sur le recouvrement de l'abonnement destiné à remplacer le droit de vente au détail, parce que l'abonnement exige une décision administrative, et que le recouvrement s'opère au moyen d'un rôle exécutoire. (Loi du 28 avril 1816, art. 70 et 77.)

De même, le conseil de préfecture prononce entre les planteurs de tabac indigène et la régie, sur les réclamations auxquelles donne lieu le recouvrement des manquants de tabac réclamés aux cultivateurs, parce que ce recouvrement s'opère dans la forme des contributions directes, sur un état dressé par le directeur des contributions indirectes et rendu exécutoire par le préfet. (Loi du 18 avril 1816, art. 201.)

2. Parmi les décisions les plus récentes qui constatent sur ce point la jurisprudence concordante du Conseil d'État et de la Cour de cassation, quelle que soit d'ailleurs

Le caractère de contribution indirecte résulte si nécessairement de la perception faite au moyen d'un tarif, et au profit d'une administration publique ou d'un concessionnaire, que le Tribunal des conflits et le Conseil d'État n'ont pas hésité à reconnaître ce caractère aux *droits de chancellerie* perçus, en vertu d'un tarif, dans les chancelleries consulaires, sur ceux qui y déposent des titres et valeurs. Cette solution était cependant vivement contestée par le ministère des affaires étrangères, qui présentait ces droits comme un émolument destiné à subvenir aux frais de la chancellerie, à rétribuer un service rendu et à compenser les responsabilités du dépositaire ([1]).

Incompétence du Conseil d'État et des ministres en matière de taxes indirectes. — De cette incompétence de la juridiction administrative en matière de taxes indirectes, on doit conclure que le Conseil d'État ne saurait connaître de recours dirigés contre des décisions ministérielles se prononçant sur des questions de perception ou de remboursement de taxes. Dans ce cas, en effet, il ne peut y avoir de véritables décisions prises par les ministres en matière contentieuse, et soumises à la juridiction du Conseil d'État, mais de simples déclarations ou prétentions, qui ne font point obstacle à ce que le débat soit porté devant l'autorité judiciaire.

La jurisprudence du Conseil d'État est très nette sur ce point. Un arrêt du 3 mars 1876 (*Pillas*) déclare non recevable un recours

---

la nature des difficultés auxquelles donne lieu la perception de la taxe, on peut citer :

Pour les droits de pesage, jaugeage et mesurage dans les halles et marchés : — Cass., 18 avril 1893, *Cadenat et Bourgade ;*

Pour les taxes d'abatage : — Conseil d'État, 27 juillet 1888, *Savary ;*

Pour les droits de voirie : — Cass., 8 mai 1889, *commune de Saint-Nazaire ;* — et spécialement, pour les droits afférents à la pose de fils téléphonique, Conseil d'État, 27 mai 1892, *ville de Rouen ;*

Pour les droits de stationnement et les droits de place : — Conseil d'État, 11 juillet 1886, *commune de Courbevoie ;* — 11 mars 1887, *Compagnie parisienne du gaz ;*

Pour les taxes de cimetières imposées à raison de la présence du délégué municipal à l'ouverture des caveaux de famille : — Conseil d'État, 12 février 1892, *Martin.*

1. Tribunal des conflits, 1er mai 1875, *Colin ;* — Conseil d'État, 17 février 1882, *Lemaître.*

Cf. Conseil d'État, 4 janvier 1878, *Sougues,* qui déclare d'office la juridiction administrative incompétente pour connaître du *droit de sortie sur les sucres* imposé à la Guadeloupe, bien qu'on eût soutenu que cette taxe avait le caractère d'impôt direct, comme représentant l'impôt foncier sur les terres plantées en canne à sucre.

formé contre une décision du ministre des finances refusant à des commerçants le remboursement de droits d'importation, par le motif « que si les requérants se croyaient fondés à discuter la quotité des droits qu'ils ont payés à raison de l'importation de savons transparents, c'est devant l'autorité judiciaire qu'ils devaient porter leur réclamation ; que la dépêche par laquelle le ministre des finances a refusé d'accorder la restitution partielle de ces droits ne constitue pas une décision qui soit de nature à être déférée au Conseil d'État ». Un arrêt du 13 juillet 1886 (*commune de Courbevoie*) décide également qu'une décision du ministre des travaux publics refusant d'établir, au profit de la commune, un droit de stationnement sur un dock flottant et sur un appareil de levage installé au bord de la Seine « ne fait pas obstacle à ce que la commune poursuive le recouvrement de la redevance, sauf à l'autorité judiciaire à statuer sur les contestations qui pourraient s'élever à l'occasion de cette perception ».

La juridiction administrative doit donc rigoureusement s'interdire toute immixtion dans les questions de perception de taxes indirectes, si voisines que ces questions puissent quelquefois paraître de ses propres attributions. Ainsi elle ne saurait statuer, au point de vue fiscal, sur les droits de timbre ou d'enregistrement qui sont perçus à l'occasion des procédures faites devant elle. Sans doute il lui appartient de vérifier si les requêtes ont été timbrées et enregistrées, et d'en tirer telles conclusions que de droit au point de vue de la recevabilité des recours. Mais elle ne peut aller au delà et se prononcer sur l'exigibilité ou la non-exigibilité de la taxe, en ordonner le paiement ou la restitution. En s'attribuant ce droit, elle méconnnaîtrait les règles de compétence, et spécialement l'article 65 de la loi du 22 frimaire an VII sur l'enregistrement, d'après lequel la connaissance et la décision des réclamations sont réservées aux tribunaux civils et « sont interdites à toutes autres autorités constituées ou administratives ». Aussi le Conseil d'État a-t-il refusé de se prononcer sur le remboursement de droits d'enregistrement qu'on soutenait avoir été perçus à tort sur des requêtes présentées devant lui ([1]).

---

1. Conseil d'État, 5 décembre 1879, *Juan*.

La même doctrine s'est affirmée dans une espèce qui pouvait soulever plus de doutes. Il s'agissait d'une réclamation formée par un évêque contre une décision ministérielle refusant d'admettre en franchise certains documents adressés par l'évêque à son clergé, ou à lui transmis par l'archevêque. On aurait pu se demander si la question d'application des tarifs n'était pas ici dominée par une appréciation tout administrative du caractère des correspondances. Mais le Conseil, sans s'arrêter à cette objection qui avait été produite au débat, a décidé que la décision « ne faisait pas obstacle à ce que le requérant fît juger par l'autorité compétente la question de savoir si ces pièces de correspondance devaient ou non acquitter la taxe ; qu'il suit de là que la décision précitée n'est pas susceptible d'être attaquée devant le Conseil d'État » (16 janvier 1874, *évêque de Rodez*).

La même règle de compétence a été consacrée par le Tribunal des conflits en matière de prélèvements à opérer sur les octrois, pour dépenses de casernement, en exécution de l'article 46 de la loi du 15 mai 1818. Le Conseil d'État, s'attachant au caractère administratif des décisions ministérielles qui fixent l'effectif des troupes à caserner et, par suite, le montant des sommes à prélever sur les recettes de l'octroi, d'après le nombre des hommes et des chevaux et d'après le tarif qui leur est applicable en vertu dudit article 46, écartait dans ce cas la compétence judiciaire, et prononçait lui-même sur les contestations entre l'administration et les villes, par voie de recours contre les décisions ministérielles ([1]). Mais le Tribunal des conflits, par décision du 24 novembre 1888 (*ville de Lorient*), a jugé que ce prélèvement a, à l'égard des villes soumises aux frais de casernement, le caractère d'une contribution indirecte, qu'il figure à ce titre dans les états annexés aux lois annuelles de finances, et que la compétence judiciaire en résulte quelle que soit la nature des difficultés auxquelles le prélèvement peut donner lieu ([2]). Le Conseil d'État s'est rallié à cette jurisprudence par un arrêt du 6 mars 1891 (*ville de Paris*).

---

1. Conseil d'État, 29 juillet 1846, *ville de Lyon ;* — 10 janvier 1873, *ville de Lourdes ;* — 16 février 1883, *ville de Lorient ;* — même date, *ville de Besançon.*

2. Cette décision est d'autant plus digne de remarque que, dans l'affaire qui avait donné lieu au conflit, la difficulté était de savoir si les troupes de marine pouvaient

Compétence des tribunaux judiciaires sur les questions de légalité et d'interprétation des tarifs. — Les tribunaux judiciaires doivent être considérés comme ayant pleine juridiction sur le contentieux des contributions indirectes, même si la réclamation soulève une question d'interprétation des actes administratifs servant de base à la taxe, ou d'appréciation de leur légalité. Il arrive souvent en effet que le titre de perception résulte non d'une loi, mais d'un décret ou des clauses d'un contrat administratif, d'une concession assimilée à un marché de travaux publics. Si le sens ou la validité de ces actes sont contestés par le redevable, il n'en résulte pas de questions préjudicielles que l'autorité judiciaire doive renvoyer à la juridiction administrative.

Cette dérogation apparente aux règles ordinaires de la séparation des pouvoirs, cette abstention forcée de la juridiction administrative et cette plénitude de juridiction des tribunaux, en présence d'actes de la puissance publique qui semblent échapper à leur compétence, tient à la nature même de ces actes. Ils constituent le titre de perception contre les redevables, la base de leur obligation prétendue. Les tribunaux, juges de cette obligation, sont aussi les juges du titre d'où elle dérive, de son interprétation s'il est ambigu, de sa légalité si l'on conteste son caractère obligatoire.

De nombreuses décisions ont été rendues en ce sens, tant sur la question de légalité que sur la question d'interprétation.

Le Conseil d'État, s'appuyant sur la compétence exclusive de l'autorité judiciaire touchant les taxes indirectes et les tarifs qui les établissent, a déclaré non recevables des recours pour excès de pouvoir formés : contre un arrêt du préfet de la Seine modifiant un tarif des droits de mesurage de la pierre à Paris, ledit arrêté attaqué pour incompétence et pour empiétement sur les attributions du Chef de l'État, comme ayant dérogé aux tarifs résultant d'anciens arrêts du Conseil et de décrets impériaux ([1]) ; — contre un décret autorisant la chambre syndicale des courtiers interprètes

---

être comprises dans les troupes à caserner. La ville de Lorient soutenait que l'article 36 de la loi du 15 mai 1818 n'était applicable qu'aux troupes dépendant dn ministère de la guerre, et non à l'armée de mer.

1. Conseil d'État, 28 février 1866, *Lavenant.*

et conducteurs de navires à percevoir sur les chargeurs un droit
d'un franc par tonne de marchandise embarquée, décret attaqué
comme ayant empiété sur le domaine de la loi (¹) ; — contre des
arrêtés du préfet de la Seine et du ministre des finances ayant établi
un tarif des locations dans un entrepôt de Paris qui ne pouvait
résulter, d'après la requête, que d'un décret du Chef de l'État (²).

La juridiction administrative est également incompétente quand
il s'agit de l'interprétation des tarifs et des règlements faits pour
leur exécution, par exemple, du règlement du service des postes,
des règlements de douane, d'octroi, etc. Cette interprétation
appartient tout entière aux tribunaux, parce que, dit un décret sur
conflit du 18 décembre 1862, « l'autorité compétente pour appliquer
le tarif, l'est nécessairement aussi pour reconnaître le sens et la
portée des dispositions qu'il s'agit d'appliquer (³) ». Aussi un
arrêt du 12 avril 1866 (*chemin de fer de Lyon*) a-t-il annulé un
arrêté de conflit par lequel l'autorité administrative avait revendiqué l'interprétation préjudicielle d'un tarif de chemin de fer,
« considérant qu'il résulte des lois des 7-11 septembre 1790 et
5 ventôse an XII que l'autorité judiciaire est seule compétente
pour connaître des contestations auxquelles peut donner lieu le
recouvrement des impôts indirects entre les redevables et les
administrations chargées du recouvrement, que dès lors le litige
ne présentait aucune question préjudicielle dont la connaissance
pût être revendiquée par l'autorité administrative (⁴) ».

Une application remarquable de cette jurisprudence a été faite
par le Conseil d'État (15 février 1884, *Jurie et Courtet*). Une contestation s'étant élevée entre des habitants de Bordeaux et la compagnie des tramways au sujet de l'application du tarif, la cour

1. Conseil d'État, 26 juin 1874, *Lacampagne*. — Cf. Cass., 19 mars 1890, *South-Eastern Railway.*
2. Conseil d'État, 5 avril 1878, *Valentin.* — Cf. 18 décembre 1862, *Roy.*
3. Conseil d'État, 18 décembre 1862, *chemin de fer d'Orléans.* — Cf. 17 mai 1855, *Mahé:* — La formule de l'arrêt de 1862 ne devrait pas être généralisée et étendue à des matières qui ne relèveraient pas aussi complètement de la compétence judiciaire que le contentieux des contributions indirectes. Le plus souvent, en effet, les tribunaux compétents pour *appliquer* un acte administratif ne le sont pas pour l'*interpréter,* et c'est précisément ce qui donne lieu aux questions préjudicielles d'inter-prétation.
4. Cf. Aucoc, *Conférences,* t. III, p. 792.

de Bordeaux, par arrêt du 15 mars 1882, sursit à statuer jusqu'à ce que l'autorité administrative eût donné l'interprétation de la clause du cahier des charges qui réglait les conditions du service dans le cas litigieux ; la cour se fondait sur ce que ce cahier des charges était un contrat administratif, et qu'il n'appartenait pas aux tribunaux d'en connaître. Mais, si le traité avait en effet ce caractère entre l'administration et le concessionnaire, il n'en était pas de même entre le concessionnaire et les redevables ; à leur égard il ne constituait que le tarif en vertu duquel s'opérait la perception, et l'autorité judiciaire était seule compétente pour l'interpréter. Aussi le Conseil d'État dut-il se déclarer incompétent pour statuer sur la question que la cour de Bordeaux lui avait renvoyée, par le motif « que la clause contestée n'a pas *entre les requérants et la compagnie* le caractère d'un acte ou d'un contrat administratif ; que la requête portée devant le Conseil d'État constitue une demande d'interprétation d'une clause d'un tarif ; que le jugement des contestations relatives soit à l'application et à la perception, soit à l'interprétation des tarifs autorisés pour le transport des voyageurs dans les tramways a lieu comme en matière de contributions directes : qu'ainsi et aux termes des lois ci-dessus visées des 7-11 septembre 1790 et du 5 ventôse an XII, la juridiction administrative n'est pas compétente pour en connaître ». Le Conseil d'État se trouvait, comme on voit, dans le seul cas où la juridiction saisie d'une question préjudicielle peut refuser de la résoudre, celui où elle n'est pas compétente sur la question qui lui a été renvoyée (¹).

Ce qui est vrai des clauses du cahier des charges qui fixent la portée des tarifs, l'est également des conventions accessoires passées dans le même but entre l'administration et un concessionnaire. Aussi est-ce avec raison qu'un arrêt du Conseil d'État du 17 janvier 1867 (*Chemin de fer de Lyon*) a décidé qu'il n'y avait pas lieu de soumettre à la juridiction administrative l'interprétation d'une convention spéciale, passée entre le ministre des travaux publics et une compagnie de chemin de fer, au sujet du transport des houilles sur

---

1. Voy. ci-dessus, p. 501 et suiv. — Cf. Conseil d'État, 29 mars 1855, *Pointurier ;* — 1ᵉʳ juin 1870, *Voilquin ;* — Cass., 30 mars 1863, *chemin de fer de Lyon ;* — 26 août 1874, *Compagnies des Dombes.*

les chemins de fer d'embranchements de mines, tant que cette question ne se posait qu'entre la compagnie et un exploitant de mines au sujet de l'application du tarif.

Incompétence des tribunaux judiciaires sur les contestations administratives étrangères à la perception de la taxe. — La plénitude de juridiction qui appartient à l'autorité judiciaire, entre les redevables et l'administration, ou les concessionnaires chargés de la perception des taxes, étant uniquement fondée sur les lois des 7-11 septembre 1790 et 5 ventôse an XII, qui attribuent aux tribunaux judiciaires le contentieux des contributions indirectes, il en résulte que ces lois sont inapplicables et que les règles ordinaires de la compétence reprennent leur empire quand le contentieux de la perception n'est plus en cause.

Ainsi, si les réclamations formées par un redevable contre une compagnie concessionnaire ne tendaient pas à contester l'existence ou la quotité de la taxe, mais à obtenir la réparation de dommages que le remaniement des tarifs ou la création de tarifs spéciaux causerait à certaines industries, les questions relatives à la légalité de ces tarifs et des actes administratifs qui les ont autorisés, devraient être renvoyées à la juridiction administrative. Cette difficulté s'est présentée à l'occasion de demandes en dommages-intérêts formées par des industriels contre des compagnies de chemin de fer, à raison de l'application des *tarifs différentiels* dont la légalité avait d'abord été mise en doute. Après quelques hésitations, la jurisprudence a été fixée sur ce point par un décret sur conflit du 21 avril 1853 (*Dupont*) portant « que sous prétexte d'un dommage prétendu causé par des modifications de tarif à des intérêts privés, l'autorité judiciaire ne saurait, sans méconnaître le principe de la séparation des pouvoirs, s'immiscer directement ou indirectement dans l'appréciation d'actes de cette nature et y porter atteinte ». Cette jurisprudence a été acceptée par la Cour de cassation ([1]).

A plus forte raison les lois de 1790 et de l'an XII sont-elles sans application, et les règles ordinaires de la compétence doivent-elles

---

1. Cass., 12 février 1857, *Vasse* ; — 22 février 1858, *chemin de fer du Nord.* — La doctrine contraire avait momentanément prévalu, en vertu d'une décision du Tribunal des conflits du 3 janvier 1851. — Cf. Aucoc, *Conférences,* t. III, p. 581.

être suivies lorsqu'il y a contestation entre l'administration et le concessionnaire ou fermier chargé de percevoir les taxes, sur le sens et l'exécution de leurs marchés.

Le décret du 17 mai 1809 (art. 136, § 2) sur les octrois a résolu la question en ce sens, quand il s'agit d'interpréter des conventions passées entre les communes et les fermiers ou les régisseurs intéressés des octrois. La jurisprudence a consacré la même solution quand il s'agit des fermiers des droits de place dans les halles et marchés (¹). La question pouvait faire doute dans ces deux cas, parce qu'il s'agissait de contrats passés par les communes et n'ayant pas le caractère de marchés de travaux publics. La compétence administrative a d'ailleurs été limitée, par le texte même de l'article 136 du décret de 1809, aux questions d'interprétation ; elle ne s'étend pas, entre la commune et le fermier ou le régisseur, à tout le contentieux de ces contrats spéciaux.

Mais, quand il y a contestation entre l'administration et un concessionnaire sur les clauses du cahier des charges d'une concession, aucun doute ne peut s'élever sur la compétence administrative, puisqu'il s'agit d'actes assimilés à des marchés de travaux publics, et que la loi du 28 pluviôse an VIII soumet aux conseils de préfecture « les difficultés qui pourraient s'élever entre les entrepreneurs de travaux publics et l'administration, concernant le sens ou l'exécution des clauses de leurs marchés ». Il importe peu, dans ce cas, que la clause débattue entre l'administration et le concessionnaire soit relative à des exemptions de taxe ou à des tarifs de faveur stipulés dans un but d'intérêt général ; ces stipulations constituent des clauses de la concession ; les litiges auxquels elles donnent lieu se rattachent donc au contentieux du marché de travaux publics, et non au contentieux des contributions indirectes.

Jurisprudence relative aux exemptions ou réductions de taxes stipulées en faveur des services publics. — La jurisprudence est fixée en ce sens qu'il appartient aux conseils de préfecture et non aux tribunaux judiciaires d'appliquer et d'interpréter, entre l'État et les compagnies de chemin de fer, les clauses des cahiers des

---

1. Tribunal des conflits, 15 mars 1879, *Renaud* ; — Cf. Tribunal des conflits, 4 août 1877, *commune de Langeac.*

charges relatives aux transports des lettres et dépêches, des corps de troupes ou des militaires voyageant isolément, de leurs chevaux et bagages, du matériel militaire ou naval, des prisonniers ou des gardes qui les conduisent, des agents chargés de la surveillance des chemins de fer et des lignes télégraphiques, etc.

La même règle de compétence a été appliquée, en matière de ponts à péage, quand il s'est agi des exemptions de taxes stipulées en faveur d'agents des postes, de gendarmes, et même d'enfants se rendant à l'école. Dans ces cas, en effet, il s'agit de contestations entre l'administration et des concessionnaires de travaux publics sur le sens et l'exécution de clauses de leurs marchés.

La juridiction administrative serait également compétente, mais pour un autre motif, s'il s'agissait de transports exécutés pour le compte de l'administration, non en vertu des clauses du cahier des charges, mais en vertu de marchés spéciaux passés par les ministres pour le service de leurs départements. Les marchés de transport sont, en effet, de véritables marchés de fournitures régis par le décret du 11 juin 1806 ; les difficultés auxquelles ils donnent lieu relèvent donc des ministres, sauf recours au Conseil d'État.

Mais lorsque l'administration ne peut pas se prévaloir, vis-à-vis d'un concessionnaire, des stipulations particulières du cahier des charges, ou de marchés passés pour le service d'un département ministériel, lorsqu'elle se borne à user de l'ouvrage concédé dans les mêmes conditions que le public, à effectuer des transports sur les voies ferrées comme tout particulier pourrait le faire, le droit commun lui devient applicable. Les perceptions auxquelles elle est alors soumise ont le caractère de contributions indirectes, pour elle comme pour tout autre expéditeur, et les difficultés auxquelles elles peuvent donner lieu relèvent exclusivement des tribunaux judiciaires. Ces solutions ont été très nettement consacrées par un arrêt du Conseil d'État du 13 juillet 1883 (*chemin de fer de Lyon*) qui distingue, parmi les transports effectués pour l'approvisionnement de la capitale, aux approches du siège de Paris, ceux qui l'ont été en vertu de marchés passés par les ministres, ou dans les conditions du droit commun. Pour ces derniers transports, l'arrêt décide que les liquidations opérées par le ministre du commerce « ne font pas obstacle à ce que la compagnie porte sa réclamation devant l'autorité judiciaire, seule compétente pour connaître des contestations relatives à l'application des tarifs ».

On a souvent parlé de la complication et de l'obscurité des règles de compétence dans la matière que nous venons d'examiner ; on voit que leur complexité est plus apparente que réelle. Ces règles peuvent, en résumé, se ramener à ces deux propositions très simples : 1° le contentieux des contributions indirectes et des taxes assimilées est un contentieux judiciaire entre l'agent de perception et le redevable, même quand ce redevable est l'État usant des tarifs généraux ; 2° le contentieux des concessions de travaux publics est administratif, entre l'État et le concessionnaire, même lorsque les clauses litigieuses stipulent des exemptions ou des réductions de tarifs en vue de services publics ou d'autres intérêts généraux.

II. — ÉLECTIONS AUX TRIBUNAUX DE COMMERCE.

Le contentieux électoral est, en principe, un contentieux administratif. En effet, en dehors des élections législatives qui confèrent un mandat politique dont la vérification n'appartient qu'aux Chambres, les opérations électorales, même si elles sont suivies d'une approbation ou d'une investiture du Gouvernement, sont des opérations administratives analogues aux actes de la puissance publique portant collation de fonctions, grades, emplois administratifs, militaires ou judiciaires. C'est ce qui différencie profondément le contentieux de l'élection du contentieux des listes électorales, lequel est judiciaire, en principe, parce qu'il touche à l'exercice d'un droit individuel.

Le législateur n'a dérogé à la compétence administrative en cette matière, que pour les élections des juges aux tribunaux de commerce. D'après l'article 621 du Code de commerce (actuellement loi du 8 décembre 1883, art. 11), le contentieux de ces élections appartient aux cours d'appel ; c'est devant elles que doivent être portées dans un délai déterminé, les réclamations des électeurs et celles du procureur général. Ce magistrat exerce en cette matière l'attribution qui appartient aux préfets ou aux ministres compétents dans les autres élections.

En ce qui touche l'inscription sur les listes électorales consulaires, la compétence est à plus forte raison judiciaire ; elle appartient au juge de paix, sous la seule réserve du recours en cassation (loi du 8 décembre 1883, art. 5 et 6) ([1]).

Ces dispositions ne laissent aucune place à la compétence administrative ; aussi le Conseil d'État l'a-t-il écartée dans le seul cas où l'administration avait demandé qu'elle fût reconnue. Ce cas est celui où la commission, chargée de dresser la liste des électeurs consulaires, n'aurait pas régulièrement procédé à ses opérations. En matière électorale ordinaire, le préfet peut déférer au conseil de préfecture, en vertu de l'article 4 du décret du 2 février 1852, les opérations de la commission de revision des listes, si les formes ou délais n'ont pas été observés. En l'absence de toute disposition similaire dans la législation des élections consulaires, le recours au conseil de préfecture ne pourrait évidemment pas avoir lieu, mais on s'est demandé si le recours pour excès de pouvoir ne serait pas recevable devant le Conseil d'État, contre des opérations de la commission attaquées pour incompétence ou vice de formes. L'affirmative a été soutenue en 1877, par l'administrateur du territoire de Belfort, qui avait formé un recours en annulation fondé sur ces griefs, et par le ministre de la justice qui s'était associé à ses conclusions ; ils se fondaient sur ce que la commission est une autorité administrative et que, par suite, ses décisions doivent être soumises à l'annulation pour excès de pouvoir, en vertu du principe général établi par les lois des 7-14 octobre 1790 et du 24 mai 1872, article 9. Mais le Conseil d'État a déclaré le recours non recevable, en se fondant sur les articles 619 et 621 du Code de commerce, et parce qu' « aucune disposition de loi n'autorise l'autorité administrative à connaître des difficultés relatives à la confection des listes électorales consulaires ».

Il est à remarquer que ces règles de compétence ne sont pas applicables aux conseils de prud'hommes, bien qu'ils constituent, pour certains différends entre patrons et ouvriers, une juridiction commerciale qui relève des tribunaux de commerce en appel ([2]).

---

1. Sous l'empire du Code de commerce (art. 619), le contentieux de la liste appartenait au tribunal civil sauf appel à la Cour.
2. Loi du 1er juin 1853, art. 13.

Les lois du 27 mai 1848 et du 1er juin 1853 ont déféré aux conseils de préfecture non seulement le contentieux des opérations électorales, mais encore le contentieux des listes électorales ([1]). On pourrait souhaiter plus d'harmonie dans la législation.

III. — PETITE VOIRIE.

La compétence de l'autorité judiciaire en matière de voirie était fort étendue sous la législation de l'Assemblée constituante. La loi des 7-11 septembre 1790 attribuait aux tribunaux « la police de conservation, tant pour les grandes routes que pour les chemins vicinaux »; la loi du 29 floréal an X lui a retiré la répression des contraventions de grande voirie pour la confier aux conseils de préfecture, auxquels la loi du 9 ventôse an XIII a en outre déféré (sous réserve de la controverse dont nous allons parler) les usurpations et anticipations commises sur les chemins vicinaux.

Dans l'état actuel de la législation et de la jurisprudence, les attributions des tribunaux judiciaires en matière de voirie se bornent à réprimer les contraventions de petite voirie, à ordonner la réparation des dégradations causées aux chemins vicinaux et aux voies urbaines non classées dans la grande voirie, ainsi que la restitution du sol usurpé sur les voies urbaines.

La juridiction administrative n'a donc à intervenir ni dans la répression des contraventions de petite voirie et dans la réparation des dommages, ni dans la répression des usurpations commises en matière de voirie urbaine; mais elle n'en conserve pas moins une attribution importante : elle est gardienne de l'intégrité du domaine public vicinal, et elle demeure chargée, à ce titre, de réprimer les anticipations commises sur les chemins dépendant de ce domaine. Cette répartition des compétences en matière de voirie vicinale ne fait plus doute aujourd'hui en jurisprudence, mais elle a été longtemps contestée par l'autorité judiciaire.

On doit reconnaître que les textes qui servent de base à la compétence des conseils de préfecture sur les questions d'anticipation

1. Loi du 1er juin 1853, art. 7.

et d'usurpation, n'ont pas toute la précision désirable. Ils consistent dans les articles 6, 7 et 8 de la loi du 9 ventôse an XIII, « relative aux plantations des grandes routes ou des chemins vicinaux ». D'après ces textes, « l'administration fera rechercher les. « anciennes limites des chemins vicinaux et fixera, d'après cette « reconnaissance, leur largeur suivant les localités. A l'avenir nul « ne pourra planter sur le bord des chemins vicinaux, même dans. « sa propriété, sans leur conserver la largeur qui leur aura été fixée. « Les poursuites en contravention aux dispositions de la présente « loi seront portées devant les conseils de préfecture, sauf recours. « au Conseil d'État. »

La compétence attribuée par cette loi aux conseils de préfecture était-elle limitée aux questions de plantations, ou bien s'étendait-elle à toute usurpation commise sur le sol de ces chemins auxquels. la loi de l'an XIII voulait assurer une assiette fixe, également protégée contre les empiétements de toute espèce, constructions, plantations et labours ?

Cette dernière interprétation était celle du Conseil d'État, qui avait rédigé cette loi dans le même esprit que celle du 29 floréal an X, afin que les routes et chemins fussent mieux défendus à l'avenir qu'ils ne l'avaient été, depuis 1790, par les tribunaux judiciaires [1]. C'est en ce sens que se prononcèrent plusieurs arrêts. du Conseil [2], auxquels la Cour de cassation opposait une jurisprudence contraire [3], et qui aboutirent à un partage de compétence. entre les deux juridictions : les tribunaux prononcèrent l'amende, les conseils de préfecture ordonnèrent la restitution du sol usurpé.

Mais la controverse se réveilla avec beaucoup de vivacité après. la revision du Code pénal, opérée par la loi du 28 avril 1832. Cette loi introduisit dans l'article 479, § 11, du Code pénal, une disposition empruntée au Code rural de 1791 [4], et punit des peines de. police « ceux qui auront dégradé ou détérioré, de quelque ma-

---

1. Sur l'esprit de cette législation, voy. ci-dessus, p. 221 et la note.

2. Conseil d'État, 3 septembre 1808, *Godinot;* — 16 août 1808, *Daniélon;* — 6 juin. 1811, *Soulaire.*

3. Cass., 30 janvier 1807 ; 30 janvier 1808. — Cf. Serrigny, *Compétence administrative,* t. II, p. 442.

4. Lois des 28 septembre-6 octobre 1791, tit. II, art. 40.

nière que ce soit, les chemins publics *ou usurpé sur leur largeur* ».
La Cour de cassation décida par plusieurs arrêts que le conseil de
préfecture était désormais privé de toute compétence en matière
d'usurpations, soit en vertu de ce texte, soit en vertu de la loi du
21 mai 1836 sur les chemins vicinaux, et que l'article 8 de la loi
du 9 ventôse an XIII était complétement abrogé [1].

De son côté, le Conseil d'État, refusant de considérer la loi de
l'an XIII comme abrogée, soit par l'article 479 du Code pénal, soit
par la loi du 11 mai 1836, persista dans sa jurisprudence et décida
que le conseil de préfecture était seul compétent pour ordonner la
restitution du sol usurpé [2]. Sa doctrine a été adoptée par le Tribunal des conflits.

La première décision émanée de ce Tribunal (21 mars 1850,
Morel-Wass) est un véritable arrêt de doctrine qui aborde et résout
en peu de mots tous les éléments de la controverse : « La compétence établie par la loi du 9 ventôse an XIII se rattache aux pouvoirs généraux qui appartiennent à l'autorité administrative chargée
d'assurer la libre circulation des citoyens et la viabilité publique ;
cette compétence n'a été changée par aucune loi. L'article 479, § 11,
du Code pénal, tel qu'il a été modifié par la loi du 28 avril 1832,
s'est borné à reproduire les dispositions de la loi des 26 septembre-
6 octobre 1791, dans le seul but de placer parmi les contraventions
de police, les infractions prévues par ledit article ; il doit se combiner avec la loi du 9 ventôse an XIII, en ce sens que les conseils
de préfecture sont chargés de faire cesser les usurpations commises
sur les chemins vicinaux, et les juges de police de prononcer les
amendes. Cette combinaison attribue à chaque autorité les pouvoirs
qui lui appartiennent, en réservant à l'autorité administrative les
mesures de conservation de la voie publique et à l'autorité judiciaire l'application des pénalités [3]. »

1. Cass., 2 mars 1837 ; 8 février 1840 ; 10 septembre 1840 ; 8 décembre 1843.
2. Conseil d'État, 1er mars 1837, *de Rougemont ;* — 22 février 1838, *Manget ;* —
25 avril 1839, *Bataille ;* — 2 septembre 1840, *Mathieu.*
3. La répartition des compétences, ainsi tracée par le Tribunal des conflits de 1850,
est assurément rationnelle et conforme aux principes. Mais il faut reconnaître que la
législation ne s'en est pas toujours inspirée, et qu'on ne saurait la présenter comme
une règle générale applicable à toute la matière de la petite voirie. Elle ne s'applique
pas, en effet, lorsqu'il s'agit de rues et places dépendant exclusivement de la voirie
urbaine. Pour ces voies publiques, il n'existe aucun texte qui ait réservé à la juri-

La jurisprudence résultant de cette décision, qui fut promptement suivie de deux autres (¹), a clos la controverse qui durait depuis près de cinquante ans. La Cour de cassation s'est ralliée à la doctrine qui avait prévalu devant le juge des compétences, et elle a entraîné dans cette sage évolution les autres corps judiciaires (²). Aussi le Tribunal des conflits de 1872 n'a-t-il été appelé à consacrer à son tour cette jurisprudence, que d'une manière incidente, en statuant sur des conflits négatifs provoqués par une double déclaration d'incompétence des tribunaux de police et des conseils de préfecture, sur des questions de *dégradations* de chemins vicinaux, et non d'*usurpations*.

Il est à remarquer en effet que la Cour de cassation, en modifiant sa jurisprudence, était quelquefois allée, dans le sens de la compétence administrative, au delà de la doctrine du Tribunal des conflits et du Conseil d'État. Elle avait admis que la compétence du conseil de préfecture s'étend non seulement aux usurpations, mais encore à certaines dégradations des chemins vicinaux (³). Les dégradations n'étant pas prévues par la loi du 9 ventôse an XIII, elles restent soumises à la compétence judiciaire en vertu de la loi des 28 septembre-6 octobre 1791 et de l'article 479, § 11, du Code pénal. C'est en ce sens que s'est prononcé le Tribunal des conflits par deux décisions du 17 mai 1873 (*Desanti*) et du 13 mars 1875 (*Gérentet*) : « Si la loi du 9 ventôse an XIII, disent ces décisions, attribue aux conseils de préfecture la connaissance des usurpations commises sur les chemins vicinaux, les détériorations ou dégradations sont exclusivement régies par l'article 479, § 11, du Code pénal et soumises au tribunal de simple police, conformément à l'article 138 du Code d'instruction criminelle, soit pour l'application de la peine, soit pour la réparation du dommage. »

---

diction administrative la répression des usurpations, comme la loi du 9 ventôse an XIII l'a fait pour les chemins vicinaux. Aussi la doctrine et la jurisprudence sont-elles d'accord pour reconnaître que le jugement de ces usurpations appartient à l'autorité judiciaire, aussi bien que l'application des pénalités. (Conseil d'État, 22 février 1855, *Moreau*. Cf. Guillaume, *Traité de la voirie urbaine*, p. 245.)

1. Tribunal des conflits, 7 novembre 1850, *Deswarte*; — 8 mars 1851, *Bataille*. — Cf. 17 mai 1873, *Desanti*; — 13 mars 1875, *Gérentet*.

2. Cass., 19 juin 1851, *Bausseron*; — 30 décembre 1859, *Ricord*.

3. Arrêts précités du 30 décembre 1859 et du 12 avril 1867.

De son côté, le Conseil d'État refuse compétence au conseil de préfecture lorsqu'il s'agit d'ouvrages exécutés sur le sol ou sur les talus d'un chemin vicinal, mais qui n'impliquent pas, de la part de leur auteur, l'intention de s'approprier le sol du chemin, par exemple de travaux tendant à modifier ou à détourner l'écoulement des eaux du chemin. Ce ne sont pas là des usurpations, mais des dégradations relevant de la compétence judiciaire (¹).

Nous avons essayé d'exposer, dans ce Livre III, les principales règles qui servent à délimiter la compétence administrative à l'égard de l'autorité judiciaire. Nous devons maintenant rechercher les limites des attributions des tribunaux administratifs à l'égard du Parlement et du Gouvernement considéré comme pouvoir politique.

Ce sera l'objet du Livre IV.

1. Conseil d'État, 6 mars 1891, *Galvié*.

TABLE ANALYTIQUE

DES

MATIÈRES CONTENUES DANS LE PREMIER VOLUME

LIVRE PRÉLIMINAIRE

NOTIONS GÉNÉRALES ET LÉGISLATION COMPARÉE

Chapitre Iᵉʳ. — Notions générales.

Chapitre III. — Législation comparée (suite). — Belgique et États du système belge.

Chapitre IV. — Législation comparée (suite et fin). Système anglo-américain.

LIVRE PREMIER

HISTOIRE DE LA JURIDICTION ADMINISTRATIVE EN FRANCE

Chapitre Ier. — Ancien régime.

Chapitre II. — Période révolutionnaire.

Chapitre III. — De l'an VIII à 1848.

LIVRE II

ORGANISATION DE LA JURIDICTION ADMINISTRATIVE

Chapitre Iᵉʳ. — Conseil d'État statuant au contentieux.

Chapitre II. — Conseils de préfecture.

Chapitre III. — Conseils du contentieux des colonies.

Chapitre IV. — Juridictions spéciales. Cour des comptes.

Chapitre V. — Juridictions spéciales (suite).

Chapitre VI. — Attributions des ministres
en matière contentieuse.

LIVRE III

LIMITES DE LA COMPÉTENCE ADMINISTRATIVE A L'ÉGARD DE L'AUTORITÉ JUDICIAIRE

Chapitre Ier. — Règles générales sur la séparation des compétences administrative et judiciaire.

Chapitre II. — De la compétence sur les questions d'état, de droits civils et autres droits individuels.

Chapitre III. — De la compétence sur les questions de propriété.

Chapitre IV. — Règles de compétence concernant quelques propriétés spéciales.

Chapitre V. — De la compétence en matière de contrats.

Chapitre VI. — De la compétence en matière criminelle et correctionnelle.

Chapitre VII. — De la compétence sur les poursuites dirigées contre les fonctionnaires publics autres que les ministres.

Nancy, imprimerie Berger-Levrault et Cie.